연구방법론의 이해

이 균 희

북넷

들어가는 말

이 책은 경험적 연구를 어떻게 과학적 방법으로 진행할 것인지를 설명한 책이다. 이러한 점을 염두에 두고, 개념적이고 추상적인 연구방법론을 실용적이고 의미있는 구체적인 형태로 표현하고자 노력하였다. 추상적인 개념들을 경험적 수준으로 표현하는 과정에서 중요한 역할을 하는 학문이 통계학이다. 따라서 통계학에 대한 올바른 이해는 올바른 연구방법론 측면에서 매우 중요하다. 만일 기초통계학을 오래 전에 배운 독자라면 그 내용을 다시 공부한 뒤 이 책을 학습하기보다는, 이 책을 읽어나가면서 통계학의 부족한 부분을 함께 공부하는 형식으로 접근하는 방법을 권장하고 싶다.

이 책은 총 5부로 구성되어 있다.

제1부는 연구목적, 이론의 구축 과정, 연구방법을 진행하기 위한 절차를 설명하였다. 제2부는 자연현상이나 사회현상으로부터 정보를 얻기 위한 과정에서 나타나는 측정에 대하여 신뢰성과 타당성을 중심으로 설명하였다. 제3부는 다양한 형태의 연구설계와 연구방법에 대하여 설명하였다. 특별히 결론적 연구의 한 형태인 인과관계 연구를 깊이있게 다루었다. 제4부에서는 샘플링의 개념과 자료의 질을 높이기 위한 자료준비과정에 대하여 설명하였고, 제5부에서는 통계분석의 기초가 되는 개념과 대표적인 분석모형인 회귀분석과 분산분석에 대하여 설명하였다

이 책의 특징은 크게 3가지로 설명될 수 있다.

먼저 새로운 개념이나 분석기법에 대한 설명은 가급적 사례를 중심으로 설명하고 있다. 즉, 사례를 통하여 문제점을 확인하고, 해결하는 과정에서 연구방법론상에 나타나는 개념상의 문제나 분석기법을 자연스럽게 이해할 수 있도록 유도하였다. 두 번째 특징으로는 사회과학에서는 매우 실용적이고 중요한 위치를 차지하지만 대부분의 연구방법론 책에서는 다루고 있지 않는 공분산분석과 반복측정에 의한 분산분석 문제를 보다 깊게 다루었다. 하지만 이러한 내용은 회귀분석과 분산분석의 사전적인 충분한 지식이 요구되므로 통계분석 방법론을 처음 접하는 독자라면 생략하여도 좋지만 욕심있는 독자라면 도전해 볼만한 주제라는 생각이 든다. 마지막으로 언급하고자 하는 특징은, 이 책에

사용되고 있는 모든 용어는 대한수학회와 한국통계학회에서 규정하고 있는 표준용어이며, 그 밖에 다른 용어는 사회과학에서 사용되는 일반적인 용어를 선택하였고, 사회과학분야에서도 일관되지 않게 사용되는 용어는 영문의 발음을 그대로 사용하거나 영문의 의미를 알기 쉽게 풀어서 사용하였다는 것이다.

이 책이 여러분 연구와 분석적 사고에 도움이 되기를 바란다.

감사의 글

통계학을 전공한 내가 처음 연구방법론을 접했을 때 '아, 내가 배운 통계지식이 이렇게 사용될 수도 있구나!' 하는 감탄과 흥분을 나는 아직도 잊지 않고 있다. 그리고 이러한 열정과 흥분으로 연구방법론의 내용을 정리하기 시작하였고 3년 동안의 노력으로 2001년 8월에 '사회과학 연구방법론'이라는 책을 마무리할 수 있게 되었다. 하지만 방법론을 공부하면서 느낀 나의 열정에 비하여 책을 마무리하기 위하여 쏟아야 하는 노력이 너무 컸기에 나는 책을 마무리 하면서 더 이상 방법론 책은 절대 쓰지 않겠다고 다짐하였다. 그리고 12년이 지난 후 북넷의 류재식 사장님이 나의 마음을 움직이게 하였다. 류재식 사장님의 이 책에 대한 열정이 없었다면 아마도 이 책은 출간되지 못하였을 것이다. 이제는 이 책을 살아있는 생명체처럼 잘 가꾸어서 성장시키고 싶다는 욕심이 생겼다.

이 책을 위하여 아내와 딸들을 포함한 가족들의 희생이 있었고, 그분들이 나에게는 큰 힘이 되었음을 밝히고 싶다. 그리고 이 모든 것을 허락하신 하나님께 영광을 돌립니다.

2014년 2월

이 군희

목 차

Part I 연구방법론의 기본적 개념

Part Ⅱ 측정이론

제1부

연구방법론의 기본적 개념

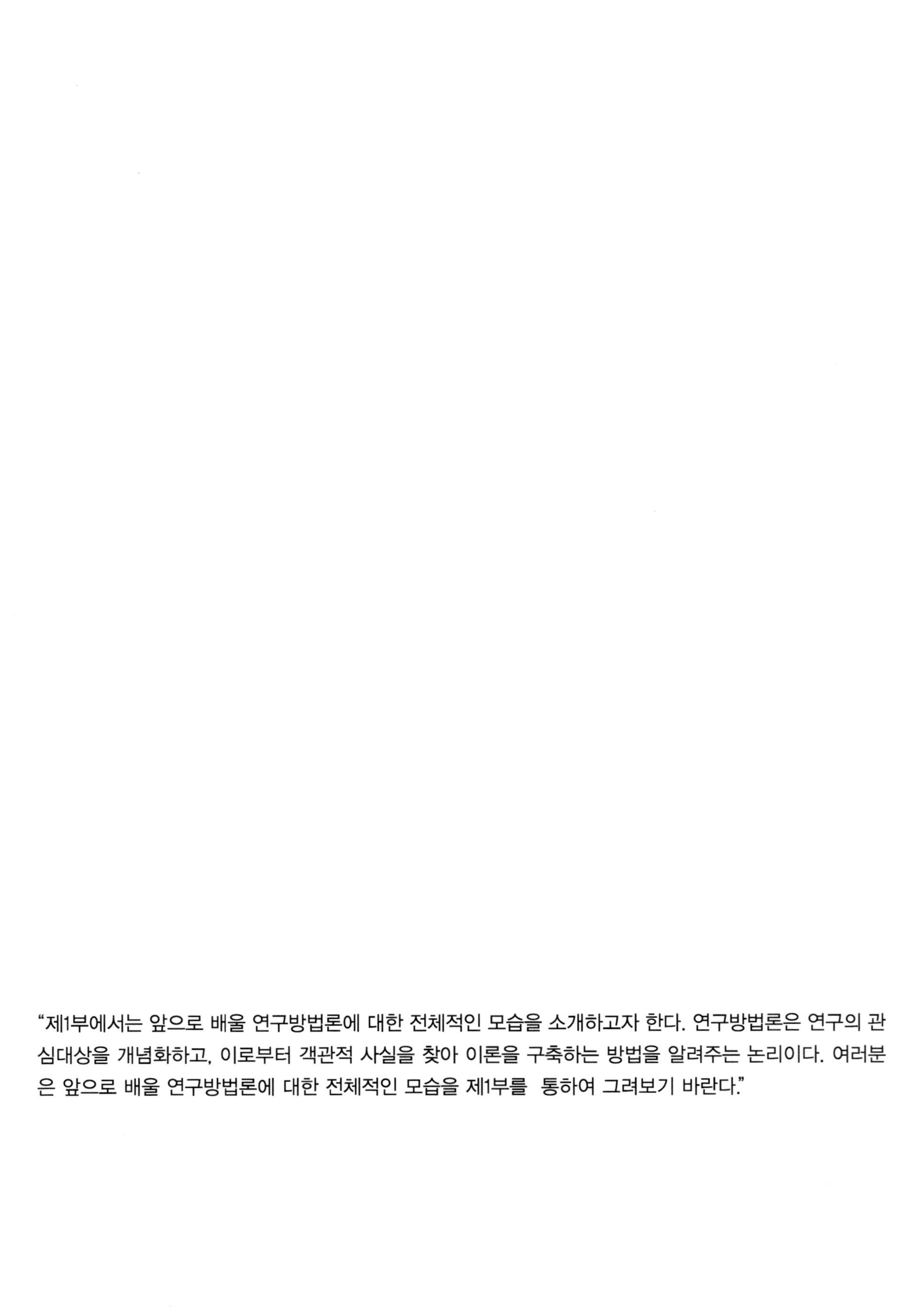

"제1부에서는 앞으로 배울 연구방법론에 대한 전체적인 모습을 소개하고자 한다. 연구방법론은 연구의 관심대상을 개념화하고, 이로부터 객관적 사실을 찾아 이론을 구축하는 방법을 알려주는 논리이다. 여러분은 앞으로 배울 연구방법론에 대한 전체적인 모습을 제1부를 통하여 그려보기 바란다."

CHAPTER 1

연구방법론이란?

"대부분의 사회과학연구는 개념으로 구성된 추상화된 수준의 명제와 변수로 구성된 경험적 수준의 연구가설 사이의 관계를 설명하는 것이라고 볼 수 있다. 즉, 연구방법론은 명제와 연구가설 사이의 논리적 관계를 올바르게 설정하고, 이를 통하여 자연현상이나 사회현상을 설명하고 예측할 수 있도록 지식이나 이론을 개발하는 체계적인 방법을 말한다. 특별히, 연구자가 조사하여 어떠한 결과가 나오는지를 관찰하는 연구를 경험적 연구라고하며, 본서에서는 이러한 경험적 연구를 대상으로 연구방법론을 전개하고자 한다."

연구방법론에 대하여 설명하기 전에 연구에 대한 개념을 먼저 정의할 필요가 있다. 일반적으로 학생들이 생각하는 연구라면, 도서관에서 책을 읽으면서 보고서를 작성하거나 연구실에서 실험을 하는 것을 연상할 것이다. 연구보고서를 작성하는 경우, 먼저 읽어야 할 책들을 조사하여 읽고, 읽은 내용을 파악하고 분석하여 요약된 보고서를 작성하는 것이 일반적인 절차이다. 하지만 이러한 일련의 과정이 본서에서 의미하는 연구의 개념은 아니다. 기존의 문헌을 조사하고 분석하는 것은 문헌연구(literature review)라고 부르는 연구의 한 단계일 뿐이다.

01 연구의 진행절차 및 설계

본서에서 언급하는 연구(research)는 ① 연구문제를 파악하고(identifying a problem), ②연구문제에 관련된 기존 문헌을 조사하고(reviewing the literature), ③ 연구문제를 구체화시킨 연구가설을 설정하고(developing research hypotheses), ④ 자료를 수집하여(collecting data), ⑤ 자료를 분석하고 (analyzing the data), ⑥ 결과를 해석하는 (interpreting the results) 일련의 체계적 과정을 의미한다.

그림 1-1 | 연구의 진행절차

1단계: 연구문제의 파악

2단계: 기존 문헌의 조사 및 분석

3단계: 연구가설의 설정

4단계: 자료의 수집

5단계: 자료분석

6단계: 결과의 해석

각 과정에 대한 구체적인 내용은 다음 장부터 자세히 다룰 것이다. 특별히 본서에서 다루는 주요 연구의 형태는 경험적 연구이다. 경험적 연구(empirical research)는 연구문제와 관련된 현상을 연구자가 조사하여 어떠한 결과가 나오는지를 관찰하는 연구를 말한다. 모든 연구가 경험적 연구의 형태를 취하는 것은 아니지만, 자연과학과 사회과학을 포함한 많은 연구들이 이러한 경험적 연구로부터 만들어진 이론과 지식을 기반으로 발전하고 있다.

연구를 진행하는 과정에서 연구설계는 연구문제의 목적, 자료의 수집 방법, 자료분석 및 해석단계와 연관되어 있기 때문에, 연구설계는 매우 중요한 과정이다. 예를 들어, 어느 광고회사에서 '지나친 흡연은 당신의 건강을 해칠 수 있습니다' 라는 문구를 삽입하였을 경우와 삽입하지 않았을 경우의 제품에 대한 소비자 반응을 보고 싶다고 가정하자. 이 경우 두 가지 형태의 연구설계, 즉, 반복측정 설계(repeated measure design)와 독립그룹 설계(independent group design)가 가능하다. 반복측정 설계는 소비자에게 두 광고를 모두 보여준 후 두 광고에 대한 반응을 조사하는 연구설계이고, 독립그룹 설계는 소비자를 두 그룹으로 나누어 각각 한 광고만을 보여주어 이에 대한 반응을 조사하는 연구설계이다.[1] 독립그룹 설계를 적용하여 흡연에 대한 문구가 삽입되었을 경우와 삽입되지 않았을 경우의 제품에 대한 선호도 차이를 알고자 한다면, 연구자는 두 그룹의 평균점수 차이를 이용하여 소비자의 반응을 비교할 수 있을 것이다.

하지만 반복측정 설계를 적용하는 경우는 각각의 소비자로부터 얻은 두 제품 선호도 차이에 대한 평균이 얼마나 0값에 가까운지를 기준으로 선호도 차이를 비교할 수 있을 것이다.

요약하면, 연구자가 직접 주관하고 관찰하는 경험적 연구는 연구자의 주장에 대한 타당한 근거를 제시하는 방법으로 유용하게 사용된다.

02 이론을 통한 예측과 이해

연구자는 어떠한 현상들을 관찰하면서 나타나는 원인에 대한 논리적 관계를 알고 싶어 한다. 예를 들어, 경제현상을 관찰하면서, 어떠한 요인이 인플레이션을 발생시키는지를 알고 싶어 하며, 회사의 조직형태가 최고경영자의 지도력에 어떠한 영향을 줄 것인지에 대하여 알고 싶어 한다는 것이다. 이러한 두 가지 사례는 모두 미래의 행동에 대한 예측과 관련된 문제로 분류될 수 있거나, 특정한 현상을 이해하는 문제로 분류되어, '이러한 현상이 관찰되면, 특정

1) 이에 대한 자세한 분석내용은 제5부의 그룹비교 연구와 반복측정 연구에서 자세히 다룬다.

한 현상이 나타난다'라는 형태의 결론을 얻을 수 있게 된다.

이론(theory)은 현상에 대한 예측과 이해를 주요목적으로 하고 있다. 예측은 현상의 모습이나 특성을 관찰함으로써 앞으로 나타날 다른 현상에 대한 모습이나 특성을 추측하는 것이라고 볼 수 있다. 이론을 통한 미래의 예측연구가 중요한 부분을 차지하는 것은 사실이지만, 이러한 예측연구는 이해를 목적으로 하는 연구와 구분되어 취급되어야 한다. 예를 들어, '대통령 선거에서 누가 선출될 것인가?'에 대한 예측문제는 '그 사람이 어떠한 이유로 대통령이 되었는가?'의 문제와 전혀 다른 별개의 연구문제라고 볼 수 있기 때문이다. 대부분의 경우, 예측과 이해는 서로 밀접한 관계를 가지고 있다. 즉, 어떠한 현상을 예측하기 위해서는 현상이 어떠한 이유 때문에 나타나는지를 설명할 수 있어야 하며, 이론은 이러한 설명을 제시하여 준다.

연구방법론(research methodology)의 궁극적인 목적은 복잡하게 이루어진 자연현상이나 사회현상을 설명하고 예측하는 이론을 개발하는 것이라고 볼 수 있다.

예를 들어, 다음과 같은 이론으로부터 미래를 예측하는 연구가설을 만들 수 있다.

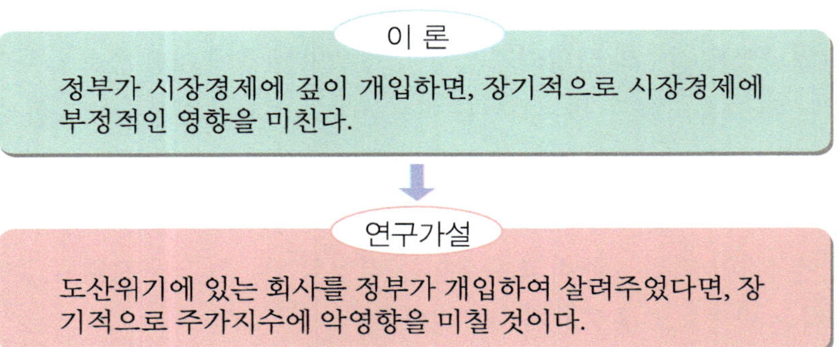

그렇다면 이론은 어떻게 구성되고, 개발되어야 하는지에 대하여 알아보도록 하자.

(1) 이론과 개념

이론이란 논리적으로 연결된 명제(proposition)들의 집합으로 정의될 수 있으며 관찰된 현상을 설명하는 원리로 사용된다. 따라서 이론에서 가장 중요한 의미를 갖는 요소는 명제이다. 또한 이러한 명제가 표현되기 전에 반드시 이론적인 개념(theoretical concept)이 정립되어 있어야 한다.

이론구축이란 높은 수준의 추상적 개념을 기반으로 특정현상을 기술하는 과정을 의미한다. 개념(concept) 또는 구성개념(construct)이란 어떠한 사물에 대한 분류나 특성, 속성 등에 이름을 주어 일반화시킨 아이디어를 의미한다. 예를 들어, 조직행동 이론의 연구에서 중견간

그림 1-2 | 개념의 추상성

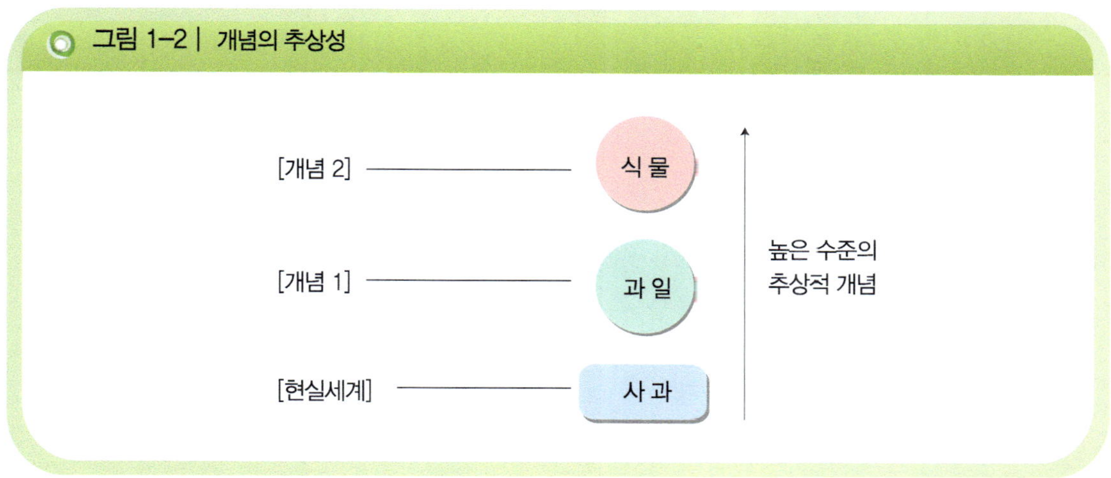

부나 고위 관리자들의 행동 형태에 관심이 있다면, 중견간부나 고위 관리자들의 관찰된 행동으로부터 나타나는 현상을 개념으로 바꾸는 과정이 반드시 필요하다. 이 경우에 사용될 수 있는 개념은 '리더십', '생산성', '도덕성' 등이 되며, 이러한 개념은 이론을 구축하기 위한 기본적인 요소가 된다. 만일 경제에 관련된 연구라면, '자산의 건전성', '투자성향', '시장의 효율성' 등이 자주 사용되는 개념이 된다.

개념은 실제현상을 추상화시킨 것이다. 즉, 다양한 사건이나 현상, 사물을 표현하기 위하여 개념이 사용된다. 예를 들어, 자산이라는 개념은 추상적인 개념이지만, 현실세계에서는 명확하고 구체적으로 정의되어 표현된다. 개념이라고 모두 같은 수준의 추상적 개념을 가지고 있는 것은 아니다. 〔그림 1-2〕는 이러한 추상적 개념에 관련된 서로 다른 수준의 예를 설명하고 있다. 〔그림 1-2〕에서 위로 올라가면 갈수록 개념이 높은 수준의 추상성을 가지고 있다는 의미이며, 넓은 의미를 가지고 있어서, 측정하기가 점점 더 어려워지게 된다.

대부분의 연구는, 크게 두 가지 수준으로 분류할 수 있다. 첫 번째 수준은 명제와 관련된 개념의 추상화된 수준(abstract level)이며, 두 번째 수준은 연구가설(research hypothesis)과 관련된 변수(variable)의 경험적 수준(empirical level)이다. 경험적 수준에서는 현상이나 사물의 관찰등이 조작을 통하여 통제가 가능하며 이를 통하여 현실세계를 경험할 수 있게 된다. 〔그림 1-3〕은 이러한 두 가지 수준에 대한 관계를 설명하고 있다.

(2) 명제의 특성

개념은 이론구축의 기본이 되는 가장 중요한 요소라고 앞에서 설명한 바 있다. 하지만, 추가

그림 1-3 | 연구의 두 가지 수준

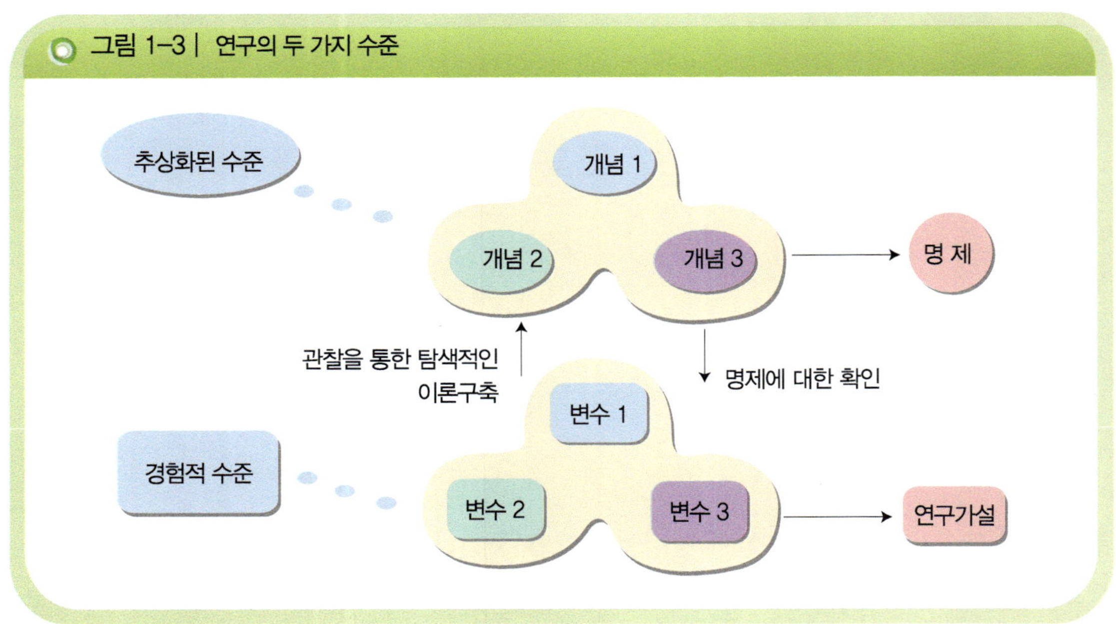

적으로 이론은 개념들 사이에 어떠한 관계가 존재하는지를 설명할 수 있어야 한다. 즉, 현상들이 추상화되어 개념으로 표현되면, 연구자는 이러한 개념들을 이용하여, 개념들 사이에 어떠한 관계가 존재하게 되는지에 연구의 초점이 맞추어지게 된다. **명제**(proposition)는 이러한 개념들 사이의 관계를 설명하는 문장을 의미한다. 다시 말하여 명제는 실제현상과 관련된 개념이 다른 개념과 어떠한 특징을 가지고 연결되어 있는지를 나타내는 문장이라고 할 수 있다.

예를 들어, '부실회계 감사에 대한 행정처벌을 무겁게 하면, 기업경영의 투명성이 매우 높아질 것이다'라는 명제를 생각하여 보자. 이러한 명제는 '부실회계 감사에 대한 행정처벌'이라는 개념과 '기업경영의 투명성'이라는 두 가지 개념에 대한 이론적 원인과 결과를 나타내는 인과관계를 설명하고 있다. 또한 이 명제는 인과관계의 방향성과 연관성에 대한 강도를 또한 설명하고 있다. 이 경우 행정처벌의 형량에 따라 부실회계 감사에 대한 행정처벌의 무거운 정도를 파악할 수 있으며, 투자자의 소송건수나 부실회계 감사의 적발건수를 통하여 기업경영의 투명성 정도를 파악할 수 있어 변수와 개념을 연결시킬 수 있다.

이와 같이, 명제는 현실세계로부터 끌어 올린 높은 수준의 추상적 논리형태의 문장을 의미한다. 개념의 설정은 추상화된 수준을 위한 첫 단계이며, 좀더 높은 수준의 추상화된 단계가 명제이다. 이론은, 가장 높은 단계의 추상화된 수준으로, 명제들의 관계를 나타내는 네트워크라고 말할 수 있다. 〔그림 1-4〕는 이론구축에 요구되는 추상화의 단계를 설명하고 있다.

그림 1-4 | 이론구축에 요구되는 추상화 단계

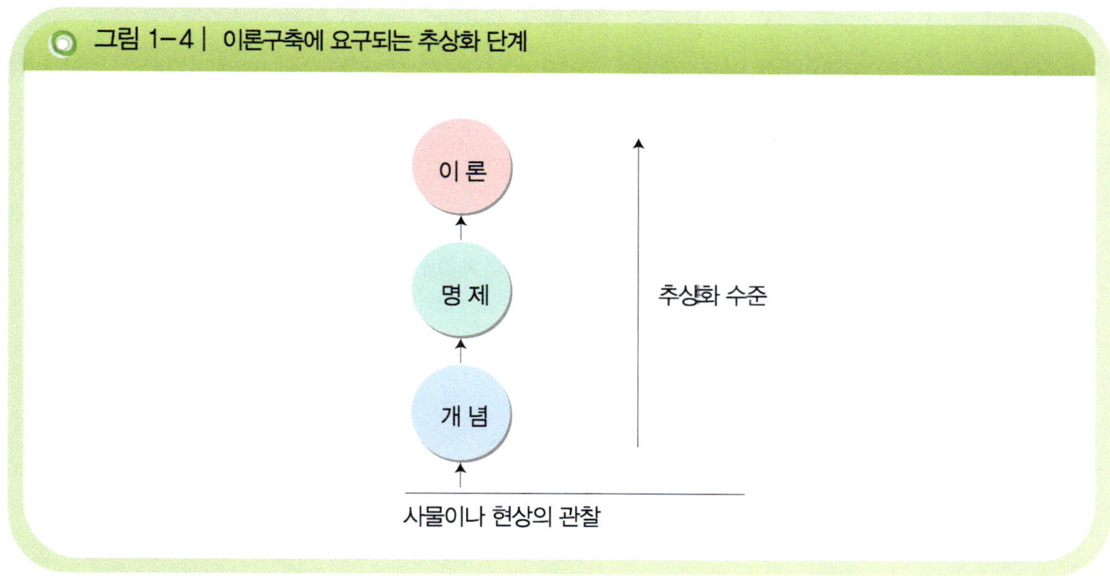

(3) 이론을 얻는 방법

'이론을 어떻게 얻을 수 있을까?'라는 질문은 그렇게 간단한 질문은 아니지만, 본 절에서는 이에 대한 논리적인 전개방법을 간단하게 언급하고자 한다. 이론구축 단계는 크게 추상화된 수준과 경험적 수준으로 구분될 수 있다고 앞에서 언급한 바 있다. 이러한 두 수준을 기준으로 접근되는 두 가지 형태의 이론구축방법에 대하여 살펴보도록 하자.

추상화된 수준에서 시작하는 이론전개는 일반적인 사실에서 특정한 사실을 도출하는 연역적 추론(deductive reasoning)에 의하여 접근된다. 예를 들어, '모든 공무원은 인간이다'라는 사실을 알고 있고, '김아무개씨가 공무원이다' 라는 사실을 알고 있다면, 우리는 '김아무개씨는 사람이다'라는 사실을 연역적 추론을 통하여 얻을 수 있다는 것이다.

경험적 수준에서 시작하는 이론전개는 특정한 사실의 관찰로부터 일반적인 명제를 만들어 나가는 귀납적 추론(inductive reasoning)에 의하여 접근된다. 예를 들어, 모든 공무원이 인간으로 관찰되었다면, '모든 공무원은 인간이다'라는 사실을 귀납적 추론에 의하여 얻을 수 있다는 것이다. 다른 예로, 20년 동안 증권거래소에서 주식을 거래하던 투자자가 선거 시즌이 되면 주가가 폭등하는 현상이 발생되는 것을 여러 번 경험하였다고 하자. 그렇다면, 다음번 선거에서도 이러한 주식가격의 폭등 현상이 나타날 것이라고 예상할 수 있을 것이다. 따라서 연구자는 이러한 경험을 좀더 일반화된 상황에 적용하여, '정치적인 사건이 주식가격에 영향을 미친다'라는 명제를 얻을 수 있을 것이다. 이와 같이 귀납적 추론은 과거의 경험이나 관찰된 특정한 현상을 기초로 보다 일반적인 명제를 도출하는 논리적 전개방법이라고 볼 수 있다.

이론을 구축하는 과정에서 연역적 추론과 귀납적 추론은 모두 유용하게 사용되고 있으며 한 연구에서 두 가지 방법 모두 사용될 수 있어서 서로 보완적 관계를 가지고 있다. 대부분의 사회과학연구에서는, 경험을 통하여 결론이 유도되고, 과학적 방법을 통하여 명제에 대한 경험적 증거를 찾는다. 그렇다면 연구자가 주장하는 특정한 명제를 확인하기 위하여 이루어지는 과학적 방법이란 무엇인지에 대하여 다음 절에서 살펴보도록 하자.

03 과학적 방법

과학적 방법(scientific method)이란 연구자가 주장하는 이론적 주장에 대한 경험적 증거(empirical evidence)를 찾거나, 불확실한 미래의 예측을 위하여 진행되는 체계적이고 논리적인 절차를 의미한다. 과학적 방법을 진행하는 절차에 대해서는 많은 의견들이 있지만, 대체적으로 ① 문헌연구를 통하여 사전지식을 정리하고, ② 개념을 정의하여 명제를 구성하고, ③ 연구가설을 설정한 다음, ④ 연구가설을 검정하기 위한 연구설계를 만들고, ⑤ 만들어진 연구설계를 기반으로 경험적 자료를 수집하고, ⑥ 자료를 분석하고 평가하여, ⑦ 연구결과를 설명하고 이 연구를 통하여 나타난 새로운 문제점을 제시하는 절차를 따른다. 하지만 과학적 방법이라는 것이 특정한 절차를 의미한다기 보다는 논리적으로 접근하는 합리적인 절차로 생각하는 것이 타당하다.

따라서 과학적 방법에 의한 문제해결 절차는 우리의 일상생활에서도 쉽게 적용할 수 있다. 예를 들어, USB에 저장된 서류파일을 컴퓨터로 읽었는데 에러가 발생하였다고 하자. 이 경우 다음과 같은 가능성을 생각할 수 있다.

가설 1 H_1: USB에 결함이 있다.
가설 2 H_2: 컴퓨터 본체의 USB 인식장치가 고장이다.
가설 3 H_3: 사용할 워드 프로세서가 제대로 설치되어 있지 않았다.
가설 4 H_4: 컴퓨터가 바이러스에 감염되었다.
가설 5 H_5: 컴퓨터가 고장이다.
가설 6 H_6: 사용할 파일이 깨져있다.

이와 같이 모든 가능한 가설을 설정한 다음, 하나씩 검사를 하면서 가설들을 하나씩 기각시킨다면, 결국 한 개의 가설만이 남게 될 것이다. 예를 들어 (가설 3)이 남았다면, 새롭게 워드프로세스를 설치하여 문제를 해결할 수 있을 것이다.

하지만 모든 연구가 과학적 방법에 따른 검정을 통하여 명확하게 나타나는 것은 아니다. 오히려 대부분의 연구는 연구가설에 대한 검정이 복잡하고, 검정을 통한 결과는 명확하게 나타나지 않는다. 이러한 경우, 확률을 이용하여 어떠한 결론에 대한 가능성을 파악할 수 있는데, 이와 같이 경험적인 자료를 가지고 확률을 이용하여 객관적으로 의사결정을 내리는 과정을 통계적 추측(statistical inference)이라고 한다. 즉, 통계적 추측은 경험적 증거로부터 시작하여 연구가설의 기각 여부를 판단하는 과정을 확률을 이용하여 논리적으로 판단하게 만들어 주는 역할을 한다.

04 경험적 연구

경험적 연구는 연구자가 직접 개입하여 결과를 직접 관찰하는 연구를 말한다. 이러한 경험적 연구의 진행은 연구질문(research question)으로부터 시작한다. 연구질문은 어떠한 현상에 대하여 '왜 그럴까?'라고 의문을 갖는 것으로부터 시작한다. 하지만 연구질문은 연구주제가 명확하게 정의되어 있지 않은 상태에서는 도출될 수 없으므로, 연구질문과 연구주제는 밀접한 관계에 있다고 볼 수 있다.

일단, 연구주제와 연구질문이 설정되면, 이러한 막연한 연구질문으로부터 보다 구체적인 연구가설(research hypothesis)을 구성하게 된다. 연구가설이란, 연구과정에서 해결하여야할 문제를 보다 구체적이고 논리적으로 표현된 검정이 가능하도록 만들어진 기대형의 문장을 말한다. 즉, 연구자가 기대하고 있는 사실을 보다 논리적으로 검증할 수 있도록 만들어진 문장이라고 볼 수 있다. 명확한 연구주제를 바탕으로 연구문제가 만들어지면, 연구가설은 통계적 검정을 통하여 확인될 수 있는 문장의 형태로 표현되어야 한다. 다음의 간단한 예를 통하여 연구문제와 연구가설에 대한 차이점을 이해하여 보도록하자.

연구문제와 연구가설을 비교하여 보면, 연구문제는 연구자가 궁금하게 느끼는 단순한 보통의 문장이라고 말할 수 있는 반면에, 연구가설은 교육연수, 월 평균소득, 실업률, 주가지수와 같이 어떠한 개념들이 서로 논리적으로 연결되어 있다는 사실을 발견할 수 있다. 이 경우, 논리적으로 연결되는 대상을 변수(variable)라고 한다. 즉, 변수란 연구자가 관찰하고자 하는 특성을 대표하는 것으로써, 동질의 개념을 포함하면서 두 개 이상의 서로 다른 값으로 서로 다

연구문제	연구가설
학력에 따라 소득의 차이가 있을까?	교육연수의 차이가 월 평균소득의 차이에 영향을 줄 것이다.
실업률이 높아지면 경제가 나빠질까?	실업률이 증가하면, 주가지수가 떨어질 것이다.

른 특성을 표현할 수 있는 상징을 의미한다.

경험적 연구는 항상 변수의 움직임에 대한 관찰을 통하여 진행된다. 따라서 적절한 변수의 선택은 경험적 연구의 뼈대를 만드는 것과 같이 중요한 과정이다. 경험적 연구를 진행할 경우 중요하게 고려해야 할 문제는 어떠한 변수를 사용할 것인지를 판단하는 문제와 연구에 사용할 변수에 대한 의미를 정확하게 이해하는 것이다. 예를 들어, 성별이라는 변수는 남자와 여자라는 서로 다른 두 개의 특성값을 갖고 있는 하나의 상징을 표현하기 위하여 사용된다. 나이라는 변수는 성별에 비하여 매우 많은 수의 가능한 값을 가질 수 있다. 사람의 나이를 예로 들면, 생후 6개월, 5살, 11살, 37살 등 매우 다양한 값을 가질 수 있으며, 특정한 시점에서 모든 사람은 이러한 다양한 값 중에서 오직 한 개의 값만을 취하게 된다. 이와 같이 연구에 사용할 변수가 어떠한 과정을 통해 변수값이 만들어지고 어떠한 형태의 값을 취하는지를 파악하는 것은 경험적 연구에서 매우 중요한 단계라고 볼 수 있다. 두 번째 연구가설을 살펴보도록 하자.

'실업률이 증가하면, 주가지수가 떨어질 것이다'라는 연구가설은 '실업률'이라는 변수와 '주가지수'라는 변수가 어떠한 관계를 가지고 있다는 주장이며, 두 변수의 분석을 통하여 이러한 사실을 검증할 수 있게 된다. 이러한 가설은 실업률이 원인이 되어 주가지수가 떨어지는 결과가 나타난다는 의미이다. 이 경우, 실업률을 독립변수(independent variable) 또는 원인변수(causal variable)라고 부르고, 주가지수를 종속변수(dependent variable) 또는 결과변수(response variable)라고 부른다.

또한 연구의 관심이 되는 변수를 조사하기 위하여 연구자는 연구대상을 선정하여야 한다. 연구대상은 사람이 될 수도 있으며, 동물 또는 물건이 될 수도 있다. 모집단(population)이란

연구자가 관심을 가지고 있는 모든 연구대상을 의미한다. 연구자가 모집단을 대상으로 연구를 진행하는 경우도 있지만, 대부분의 연구에서는 모집단을 대표할 수 있는 표본(sample)을 이용하여 연구를 진행한다. 표본은 모집단의 일부분으로 일정한 확률적인 규칙에 의하여 뽑힌 모집단의 일부분으로 정의된다. 표본을 이용하여 모집단의 형태를 파악하고자 하는 경우는 통계적 추측과정을 통하여 결과를 얻게 된다.

연구자가 경험적 연구를 통하여 해답을 찾고자 한다면, 먼저 연구질문을 만들고, 이에 따른 적절한 연구가설을 설정하고, 독립변수와 종속변수를 제대로 구분할 수 있는 연구설계(research design)를 구성하는 것이다. 이러한 과정은 어렵고도 중요한 단계로 경험적 연구진행

05 연구방법의 종류

의 핵심이라고 볼 수 있다.

연구방법의 형태는 연구자가 연구를 바라보는 관점에 따라 매우 다양하게 나누어 질 수 있다. 다시 말하면, 연구를 바라보는 관점을 무시하고 연구방법의 형태를 이해하고자 할 경우, 매우 혼란스러워 질 수 있다는 것이다. 예를 들어, 자료를 어떠한 방법으로 수집하느냐에 따라 연구방법의 형태를 구분할 수 있으며, 연구설계에 따라, 또는 자료분석 기법에 따라 연구방법의 형태를 구분할 수 있다. 따라서 다양한 시각에서 바라보는 연구의 형태에 대한 이해는 중요하다. 본 장에서는, 연구의 형태가 다양한 시각에 따라 구분될 수 있다는 사실 정도만을 소개하면서, 연구방법의 구분에 대하여 간단하게 언급하고자 한다. 아마도 이 책을 모두 읽은 후라면, 연구방법의 구분이 명확해지리라 기대한다.

다양한 시각에서 연구의 형태를 구분하는 예를 살펴보도록 하자. 예를 들어, 많은 연구에서는 사례연구(case study), 현장연구(field study), 설문조사(survey)라는 용어를 사용한다. 이러한 용어는 서로 다른 관점에서 바라보는 연구의 형태이다. 즉, 현장연구를 통한 설문조사가 가능하며, 현장연구를 바탕으로 하는 사례연구도 가능하다는 것이다. 사례연구는 한 개의 그룹이나 한 개의 연구대상만을 대상으로 심도있게 관찰하는 연구를 의미하고, 현장연구는 연구대상이 소속되어 있는 환경, 즉, 조사할 연구문제가 발생한 지역에 연구자가 직접 참여하여 진행되는 연구를 의미하며, 설문조사는 자료를 수집하는 방법의 한 형태로서 구분되는 연구를 의미한다. 결국 이러한 연구형태의 구분은 전혀 다른 관점에서이루어지기 때문에 사례

연구, 현장연구, 설문조사를 서로 구분하여 이해하는 것은 잘못된 생각임을 지적하고 싶다.

다양한 관점에서 바라본 연구방법의 분류를 살펴보면, ① 수집된 자료의 형태에 따라 질적연구와 양적연구로 나누어지며, ② 자료수집의 환경에 따라 실험실 연구와 현장연구로 나누어지고, ③ 연구목적에 따라 탐색적 연구와 결론적 연구로 나누어지고, ④ 논리를 전개하는 방법에 따라 연역적 연구와 귀납적 연구로 구분될 수 있으며, ⑤ 연구결과의 형태에 따라 순수연구와 응용연구로 구분되며, ⑥ 분석방법에 따라 통계적 실험설계를 다양한 형태로 분류할 수 있다. 이제 다양한 연구형태에 대하여 알아보도록 하자.

(1) 수집된 자료형태에 따른 구분

수집된 자료형태를 고려하는 경우는 연구의 형태를 질적연구(qualitative research)와 양적연구(quantitative research)로 구분된다. 질적연구는 연구자가 연구대상이나 현상을 묘사하거나, 사물에 대하여 어떻게 인식하고 있는지를 주관적인 느낌으로 기술하는 방법을 의미한다. 반면에 양적연구는 어떠한 현상을 측정하여 나타난 수치화된 자료를 분석하여 통계적 추측과정을 이용하여 연구결과를 얻는 방법을 말한다. 질적연구나 양적연구의 장점 및 단점에 대해서는 많은 학자들 사이에서 논쟁이 되고 있다. 하지만, 이러한 두 방법의 선택 문제는 연구의 목적과 연구문제의 형태를 고려하여 연구자의 주관적인 판단아래 결정되는 것이 일반적이다.

(2) 자료수집 환경에 따른 구분

자료수집 환경에 따라 연구의 형태는 실험실 연구(laboratory research)와 현장연구(field re-

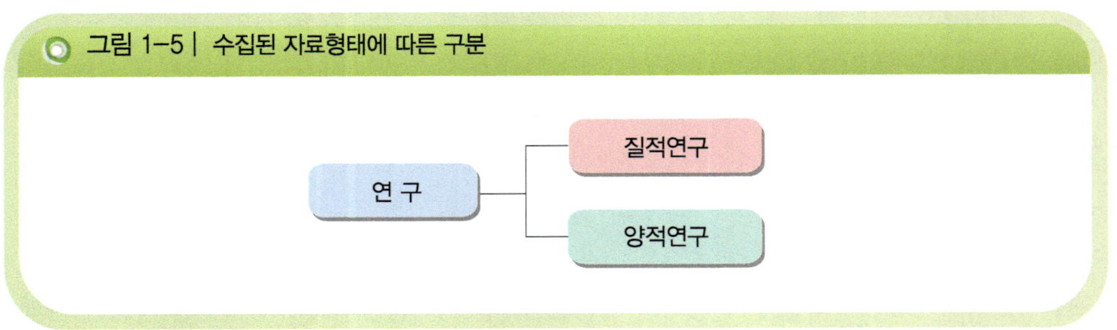

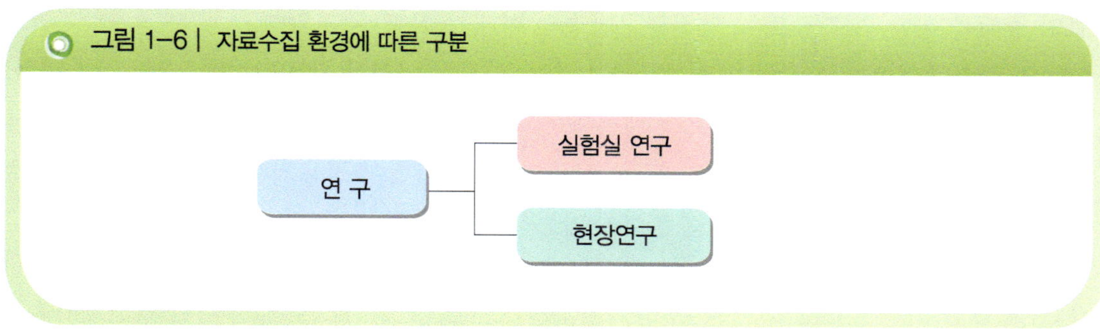

그림 1-6 | 자료수집 환경에 따른 구분

search)로 구분된다. 실험실 연구에서는 연구에 관심있는 변수 이외에 결과에 영향을 미칠 수 있는 모든 다른 변수들의 영향을 최소화 하도록 연구자가 실험환경을 철저하게 통제한 후 연구가 진행된다. 연구자가 임의로 실험환경을 설계하는 실험실 연구와는 달리, 현장연구는 실제환경 또는 실제환경과 가장 가까운 상태에서 진행되는 연구로 상황이 허락하는 한도 내에서 한 두 개 혹은 최소의 변수들을 변화시켜 이에 대한 반응을 분석하는 연구로 설명될 수 있다.

(3) 연구목적에 따른 구분

연구의 목적을 고려하는 경우, 연구의 형태는 탐색적 연구(exploratory research), 기술적 연구(descriptive research), 인과관계 연구(causal research)로 구분된다. 탐색적 연구는, 연구주제에 대한 선행연구나 사전지식이 거의 없는 상태에서, 연구문제에 대한 방향을 잡아보고, 연구주제에 대한 보다 폭넓은 시야를 얻고자 하는 목적으로 진행되는 연구이다. 즉, 탐색적 연구는 어떠한 주장을 검증하거나 확인하는 목적보다는 연구주제에 대한 방향, 연구가설의 탐색, 전체적인 흐름을 파악하는 목적으로 진행되는 연구이다. 따라서, 탐색적 연구 이후에 보다 체계적인 연구가 따르게 된다. 탐색적 연구의 전형적인 예로서 사례연구(case study), 관측연구(observational study), 역사연구(historical study)를 들 수 있으며, 이러한 연구들은 질적연구방

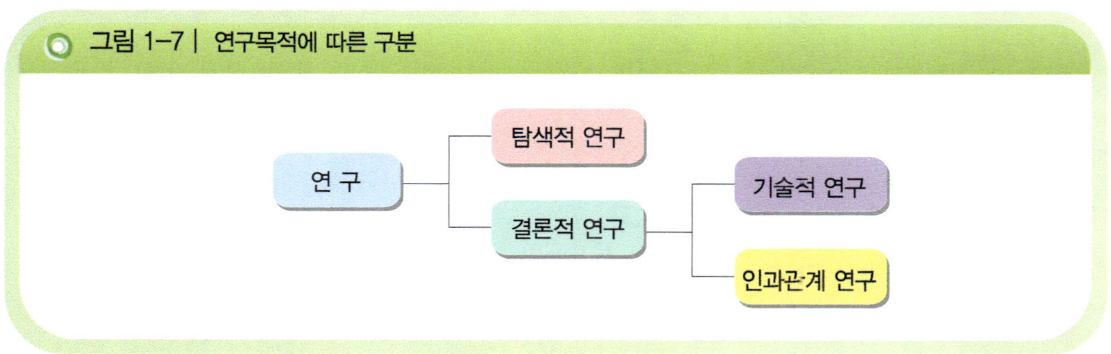

그림 1-7 | 연구목적에 따른 구분

법의 형태를 취할 수도 있으며, 양적연구방법의 형태를 취할 수도 있다.

기술적 연구는 연구대상의 환경이나 특성을 묘사하는 연구를 의미하며, 특정한 주제나 이슈에 대한 특성을 확인하거나 정보를 얻는 목적으로 진행되는 연구를 말한다. 기술적 연구를 통하여 얻는 대부분의 자료는 양적자료이므로, 통계적 기법이 적용되어 정보들이 요약될 수 있으며, 탐색적 연구보다 심층적인 분석이 가능하다는 특징을 가지고 있다.

인과관계 연구는 특정한 현상이 왜 나타났으며, 어떻게 나타났는지를 파악하는 연구를 의미하며, 분석연구(analytical study) 또는 설명연구(explanatory study)라 부르기도 한다. 결국 인과관계 연구는 원인과 결과의 관계에 대하여 증거를 파악하고자 하는 것이 주요목적이라고 볼 수 있다. 인과관계 연구의 핵심은, 변수들 사이를 논리적으로 연결시키고 인과관계를 구성하여야 하기 때문에, 연구에 관련된 변수를 정의하고 변수들 사이에 관계를 파악하는 것이라고 볼 수 있다. 인과관계에서 보다 심층적으로 분석하는 연구의 종류로써 예측연구(predictive study)가 있다. 예측연구는 현재의 상황에 대한 원인을 파악하고, 이를 미래에 적용시켜 앞으로 어떻게 될 것인지를 예측하는 것이 연구의 주요목적이 된다. 이러한 기술적 연구와 인과관계 연구는 결론적 연구(conclusive research)로 구분되며, 이는 어떤 현상에 대하여 이미 설정된 가설을 확인하거나 의사결정에 도움을 줄 수 있다는 의미에서 탐색적인 연구와 대조되는 연구가 된다.

(4) 논리적 전개방법에 따른 구분

연역적 연구(deductive research)는 보다 포괄적인 이론을 기반으로 체계적인 체계를 고려하였을 경우 특정한 관측결과가 어떻게 나타나는지를 경험적으로 관찰하는 연구방법을 말한다. 다시 말하면, 일반적인 이론으로부터 특정한 사례를 추론하는 연구를 연역적 연구라고 한다. 예를 들어, 연봉제도가 업무성과에 긍정적인 영향을 미친다는 이론을 접하고, 이러한 이론이 사실인지를 확인하기 위하여 연구자가 속해있는 직장에 연봉제도를 도입하여 실제로

그림 1-8 | 논리적 전개방법에 따른 구분

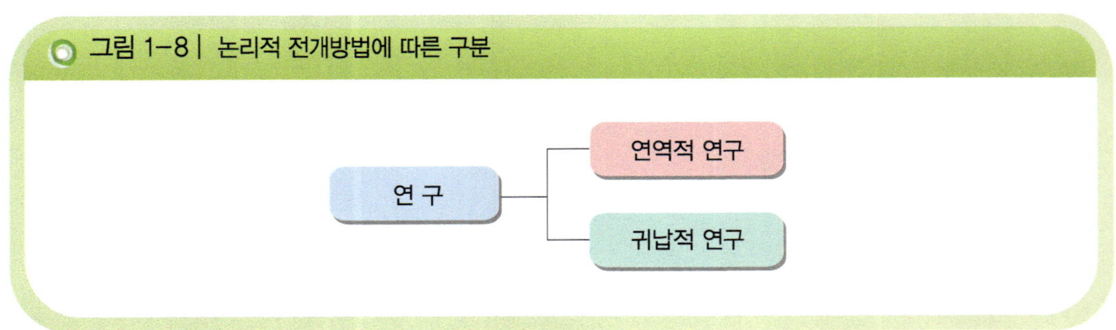

업무성과의 변화를 확인하는 연구가 연역적 연구에 해당된다.

귀납적 연구(inductive research)는 경험적으로 관찰된 사실로부터 포괄적인 이론을 도출하는 연구방법을 말한다. 다시 말하면, 경험적인 사례들로부터 일반적인 사실을 추론하는 연구를 귀납적 연구라고 한다. 연구자가 귀납적 연구를 진행하여 몇 개의 사례들로부터 일반적인 사실을 추론하는 경우, 연구자는 몇 개의 사례들에서 나타난 결과를 일반적인 상황에 적용시켜도 문제가 발생되지는 않는지에 대하여 주의 깊게 살펴보아야 한다. 여기서 특수한 사례가 일반적인 상황에서는 적용될 수 없는 경우가 발생될 수 있으며, 이러한 문제를 일반화 문제(generalization problem)라고 한다.

(5) 연구결과의 형태에 따른 구분

연구결과의 형태에 따라 연구방법은 순수연구(basic research)와 응용연구(applied research)로 구분된다. 연구주제가 개념적이고 이론적인 경우는 응용연구와 반대되는 의미에서 순수연구라고 한다. 예를 들어, 어느 제품에 대한 관여도가 소비자의 선호도에 영향을 미친다는 이론이 있다고 하자. 이 경우 경험적 연구를 통하여 이러한 이론에 대한 타당성을 조사할 수 있을 것이다. 이와 같이 소비자 행동이론을 대상으로 이론에 대한 타당성이나 경험적 증거를

그림 1-9 | 연구결과의 형태에 따른 구분

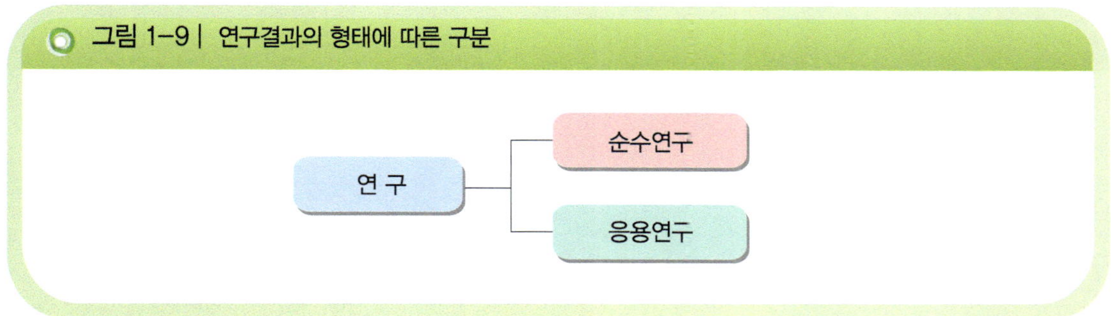

찾는 것이 주요 목적일 경우는 순수연구에 해당된다.

이와는 반대로, 어떠한 이론에 근거하지 않고 실생활의 문제점 해결에 초점이 맞추어져 이에 대한 지식습득을 목적으로 수행되는 연구를 응용연구라고 한다. 예를 들어, 고속도로상의 과속 감시 카메라를 설치하였을 경우, 과속으로 인한 교통사고가 줄어드는지 파악하는 연구가 있다면, 이러한 연구는 응용연구에 속한다. 이 경우, 연구의 목적은 어떠한 이론적 내용도 포함하고 있지 않으며, 단순히 과속 감시 카메라의 설치가 교통사고를 줄이는 효과가 있는지를 파악하는 것이기 때문에 응용연구라고 보는 것이다.

순수연구와 응용연구의 공통된 특징은 경험적으로 얻은 결과를 바탕으로 일반화(generalization)과정을 거치면서 일반적인 결론을 유도한다는 것이다. 즉, 일반화란 가상의 모집단(population)을 설정하고 이를 대표할 수 있는 표본(sample)을 선정한 다음, 표본으로부터 얻은 결과를 바탕으로 모집단의 일반적인 특성을 파악하는 과정을 말한다.

이러한 일반화 과정을 거치는 두 연구형태와는 대조적으로, 연구의 주요목적이 일반화된 사실을 발견하는 것과는 관련이 없는 연구도 있다. 이러한 연구를 실행연구(action research)라고 한다. 실행연구는 특별한 집단을 대상으로 특별한 상황에서 어떠한 결과가 나타나는지를 조사하는 연구로서 앞에서 언급한 일반화 과정을 거치지 않는 연구를 의미한다. 예를 들어, 새로운 샴푸가 개발되었다고 가정하자. 이 경우 연구의 궁극적인 목적은 어떠한 일반적인 이론이나 사실을 확인하는 것이라기 보다는, 현재의 시장상황에서 신제품 샴푸의 매출이익을 높일 수 있는 방법을 찾는 것이라고 볼 수 있다. 따라서 이 연구는 실행연구에 해당된다. 즉, 이 연구는 주어진 상황에서 주어진 제품에 대한 매출이익을 높이고자 하는 주요목적을 가지고 있으므로 일반화과정을 거칠 필요가 없는 연구가 된다.

(6) 분석방법에 따른 구분

분석방법, 즉, 통계적 실험설계(statistical design)에 따른 구분은 ① 관심있는 변수의 효과

그림 1-10 | 분석방법에 따른 실험설계의 구분

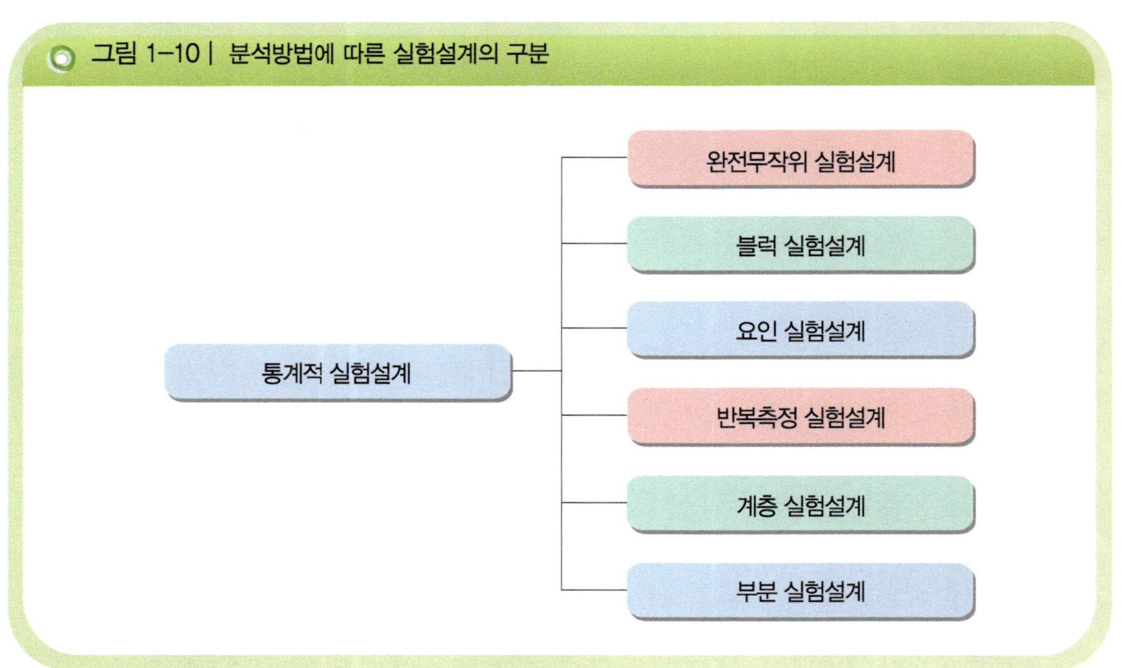

를 정확하게 측정하고, ② 그 이외의 변수들을 통제하고, ③ 최소의 실험비용으로 최대의 효과를 얻기 위한 목적으로 만들어진 실험설계 방법을 의미한다. 실험환경이나 관심있는 변수들의 효과가 어떤 방식으로 측정되는지에 따라, 다음과 같은 6가지 실험설계방법으로 구분된다. 이에 대한 자세한 내용은 제3부 연구설계 및 방법에서 자세히 다르도록 한다.

요 약

1. 연구의 진행절차

▶ 연구란 문제를 파악하고, 관련된 기존 문헌을 조사하고, 의문점을 연구가설로 만들고, 자료를 수집하여 분석하고, 결과를 해석하는 일련의 체계적 과정을 의미한다.

2. 연구방법론을 통한 이론구축

▶ 연구방법론은 어떠한 현상을 설명하고 예측하는 이론이나 지식을 발견할 목적으로 만들어진 체계적인 방법을 의미한다.

▶ 이론은 현상에 대한 예측과 이해를 목적으로 논리적으로 연결된 명제들의 집합이다.

▶ 개념 또는 구성개념이란 어떠한 사물에 대한 분류나 특성, 속성, 발생되는 과정 등에 이름을 주어 일반화시킨 아이디어를 의미하며, 이론의 기본요소이다.

▶ 연구에서는 두 가지 수준이 존재하게 되는데, 첫 번째 수준은 명제와 관련된 개념의 추상화된 수준이며, 두 번째 수준은 연구가설과 관련된 변수의 경험적 수준이다.

▶ 명제는 개념들 사이의 관계를 나타내는 문장을 의미한다.

▶ 이론은 연역적 추론 또는 귀납적 추론에 의하여 전개된다.

3. 과학적 방법

▶ 과학적 방법은 경험적 증거를 기초로 현상에 대한 설명이나, 예측을 목적으로 진행되는 체계적인 절차방법을 의미한다.

4. 경험적 연구

▶ 경험적 연구는 연구에 관심이 되는 현상을 연구자가 직접 조사하여 관찰하는 연구를 말한다.

▶ 경험적 연구는 항상 변수의 변화를 관찰하면서 이루어진다.

▶ 모집단이란 연구자가 관심을 가지고 있는 모든 연구대상을 의미한다.
▶ 표본은 모집단을 대표할 수 있는 모집단보다는 작은 형태를 말한다.
▶ 표본을 이용하여 모집단의 형태를 파악하고자 하는 경우는 통계적 추측과정을 통하여 이루어진다.

5. 연구방법의 종류

▶ 연구방법의 종류는 바라보는 관점에 따라 다양하게 구분된다.
▶ 연구방법은 수집된 자료형태, 자료수집 환경, 연구목적, 논리적 전개방법, 연구결과의 형태, 분석방법에 따라 다양하게 분류될 수 있다.

논의사항

1. 사회과학분야에는 어떠한 이론들이 있는가? 예를 들어 설명하시오.

2. 명제와 연구가설, 개념과 변수의 차이에 대하여 설명하시오.

3. '현실적이고 실제적인 것 보다 더 훌륭한 이론은 없다'라는 주장에 대하여 논의하시오.

4. 우리 주위에서 나타나는 일상적인 문제에 대한 해결방법을 과학적 방법을 이용하여 접근하여 보시오.

5. 대통령 선거에 대한 여론조사를 실시하고자 한다. 연구형태의 분류방법에 따라 어떠한 연구방법을 적용할 수 있는지에 대하여 논의하시오.

CHAPTER 2

연구주제의 설정

"연구주제의 설정을 위하여 필요한 조건은 먼저 (1) 연구자의 관심이 있어야 하며, (2) 연구결과를 얻기 위한 연구진행의 실현 가능성을 동시에 고려하면서 결정되어야 한다. 연구주제를 선정하는 처음 단계에서는 넓은 개념을 가진 주제가 적절하지만 점차적으로 좁은 개념으로 구체화되어야하며, 여러 연구 질문의 형태로 세분화되어 있어야 한다."

연구주제(research topic)의 설정은 연구진행에 있어서 가장 기본적이고 중요한 절차이므로 신중하게 결정되어야 한다. 연구주제라는 용어는 넓은 의미 혹은 좁은 의미의 개념으로 모두 사용될 수 있기 때문에 한마디로 간단하게 정의하기는 어렵지만, 본서에서는 다른 관심있는 분야와 단순히 구분하기 위하여 '사용되는 학문영역'으로 정의하고 논의를 시작하고자 한다. 만약 연구의 주제가 '성공한 사업가'라고 한다면 이러한 주제의 연구는 '청소년의 방황'과 같은 연구주제와 명확하게 구분되어야 한다. 이러한 두 가지 연구주제는 모두 넓은 개념을 가지고 있으며, 이들은 더욱 세분화되는 좁은 의미의 주제로 다시 나뉘어질 수 있다. 예를 들어 '성공한 사업가'는 '사업가의 리더십(leadership)'이라든가 '사업가의 태도(attitude)에 관한 연구' 등으로 세분화될 수 있으며, 이를 더 세분화하면 '강한 리더십이 기업에 미치는 영향' 등으로 나뉘어질 수 있다. 이와 같이 폭넓게 설정된 연구주제는 다시 좁은 개념의 연구주제로 세분화하는것이 가능하다.

연구주제가 설정된 후 다양한 형태의 세분화된 연구문제(research problem)가 만들어지기 때문에 연구를 진행하는 시작시점에서 폭넓은 연구주제를 정하고 진행하는 것이 바람직하다. 여기서 연구주제와 연구가설(research hypothesis) 사이의 구분이 필요하다. 연구가설은 연구주제와 관련되어 있는 것으로 연구결과를 예측할 수 있는 보다 구체적인 주장을 말한다. 예를 들어 '강한 리더십이 기업에 미치는 영향'이라는 연구주제와 관련되어, '강한 리더십은 기업의 매출 성장률을 증가시킨다.' 또는 '강한 리더십은 직원의 만족도를 저하시킨다'와 같은 연구가설을 만들 수 있다. 이와 같이 연구가설은 연구자가 연구를 진행하면서 실제로 측정이 가능하고, 테스트가 가능한 문장이어야 한다.

01 연구주제의 선정

몇 가지 연구주제가 주어진 경우, 어떠한 기준으로 연구주제를 선정하여야 하는가? 연구주제의 선정문제는 일반적으로 다음에 설명하는 두 가지 원칙, ① 연구주제에 대한 연구자의 관심과, ② 연구의 실현 가능성에 따라 판단하는 것이 바람직하다.

(1) 연구주제에 대한 연구자의 관심

연구주제 선정에 가장 중요하게 고려되어야할 사항은 연구자가 이 연구주제에 어느 정도 관심이 있느냐는 것이다. 선정된 연구주제에 대하여 연구자는 상당히 많은 시간과 노력을 투자하고 에너지를 소모하여야 하기 때문에 연구자의 관심과 함께 끝마쳐진 연구는 그 진행과정과 결과를 통하여 연구자에게 어떤 의미나 희열, 혹은 새로운 지식 발견의 기쁨을 제공하게 될 것이다. 반면에 연구자가 관심을 갖지 않은 연구는 결국 지루한 과제물 제출형태로 연구가 마무리 되어 버리게 된다. 연구자가 흥미로운 연구주제를 선정하기 위해서는 연구자 스스로 그 연구를 진행할 수 있도록 연구주제의 선택범위를 제한하는 것이 필요하다. 연구주제를 선정하는 과정에서도 연구자는 주어진 상황을 고려하여 주제를 선정하여야 하고, 연구를 설계해야 하며, 이러한 구체적인 연구설계에 따라 실제로 연구가 진행된다는 생각을 명심하여야 한다. 결국 연구자가 관심을 가지고 있는 연구이며 그 연구결과가 연구자에게 의미있는 연구인지 고려하여야 하고, 동시에 다음에서 언급되는 바와 같이 실제로 연구의 진행이 가능한지를 판단하여야 한다.

(2) 연구의 실현 가능성

연구를 마칠 수 있는 실현 가능성에 대한 문제도 연구주제 선정시 반드시 고려하여야 하는 사항이다. 몇 가지 연구문제는 경험적 연구를 통하여 답을 얻기 어렵다. 예를 들어, 부모가 생후 1년이 지난 아이에게 하루에 한 시간씩 글을 읽어주면, 그 아이가 초등학교 1학년이 되었을 때, 어휘능력이 다른 학생보다 뛰어나다고 주장하는 연구문제를 생각하여 보자. 이러한 연구문제는 경험적 연구를 통한 조사가 현실적으로 어려운 경우이다. 만일 부모들을 설득하여 생후 1년이 지난 아이에게 하루에 한 시간씩 글을 읽도록 한다면, 그 아이가 초등학교 1학년이 되기까지는 7년을 기다려야 하기 때문에 많은 비용과 시간이 필요하다. 이와 같이 연구문제를 실제 연구로 구현시키는 과정에는 많은 제약이 따를 수 있지만, 이러한 제약 요인에 집착하기보다는 적극적인 사고로 주어진 연구문제를 실현성 있는 경험적 연구로 바꿀 수 있도록 생각하는 것이 바람직하다.

02 연구문제의 탐색

연구문제 탐색에 있어서 가장 중요한 것은 연구자의 계속적인 사고이다. 동일한 연구문제라고 할지라도, 직접 관련된 주체자의 입장과 관찰자의 입장에 따라 서로 그 정의가 다를 수 있으며, 다양한 시각에서 다양한 각도의 연구문제를 구성할 수 있다. 따라서 연구문제를 탐색하는 과정에서는 다양한 시각, 풍부한 상상력이 요구되는데, 이를 위해서는 기존에 이미 실행되어진 연구에 대한 조사를 통하여 그 능력을 키우는 것이 바람직하다.

연구문제는 또한 주위 사람으로부터도 얻을 수 있으므로 연구자는 관심있는 연구분야나 이에 대한 실현 가능성에 대하여 여러 사람들과 논의하는 것이 바람직하다. 결국 연구자의 사고에 따라 연구주제가 결정되지만, 다른 사람과 논의함으로서 연구자는 다양한 관점에서 연구문제를 바라볼 수 있게 된다. 만일 서로 다른 의견을 접하게 된다면, 이를 해결하기 위하여 연구를 다시 설계하거나 전문가의 의견을 듣는 것도 연구과정의 정선을 위해 큰 도움이 된다.

연구문제를 얻는 다른 방법으로는 데이터베이스화된 자료목록들을 조사하는 것이다. 요즘은 도서관이나 인터넷을 통하여 키워드만으로도 쉽게 관련자료들을 탐색할 수 있으며, 얻어진 자료들의 참고문헌을 이용하면 같은 주제의 다른 책으로 자료의 이용범위를 넓힐 수 있을 것이다.

03 구체적인 연구주제의 설정

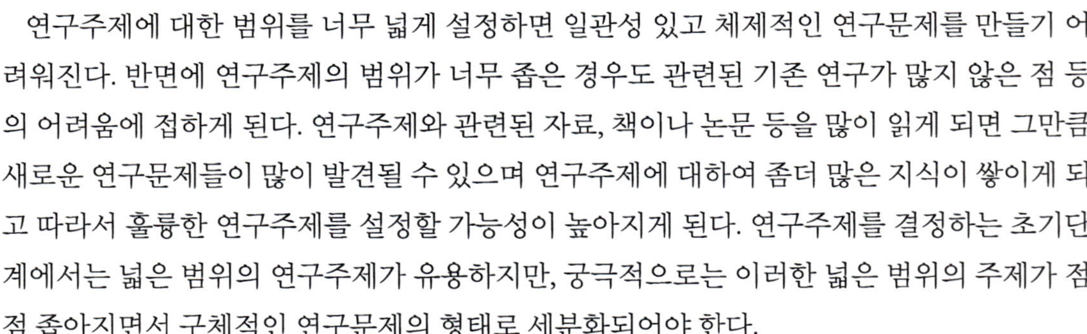

연구주제에 대한 범위를 너무 넓게 설정하면 일관성 있고 체제적인 연구문제를 만들기 어려워진다. 반면에 연구주제의 범위가 너무 좁은 경우도 관련된 기존 연구가 많지 않은 점 등의 어려움에 접하게 된다. 연구주제와 관련된 자료, 책이나 논문 등을 많이 읽게 되면 그만큼 새로운 연구문제들이 많이 발견될 수 있으며 연구주제에 대하여 좀더 많은 지식이 쌓이게 되고 따라서 훌륭한 연구주제를 설정할 가능성이 높아지게 된다. 연구주제를 결정하는 초기단계에서는 넓은 범위의 연구주제가 유용하지만, 궁극적으로는 이러한 넓은 범위의 주제가 점점 좁아지면서 구체적인 연구문제의 형태로 세분화되어야 한다.

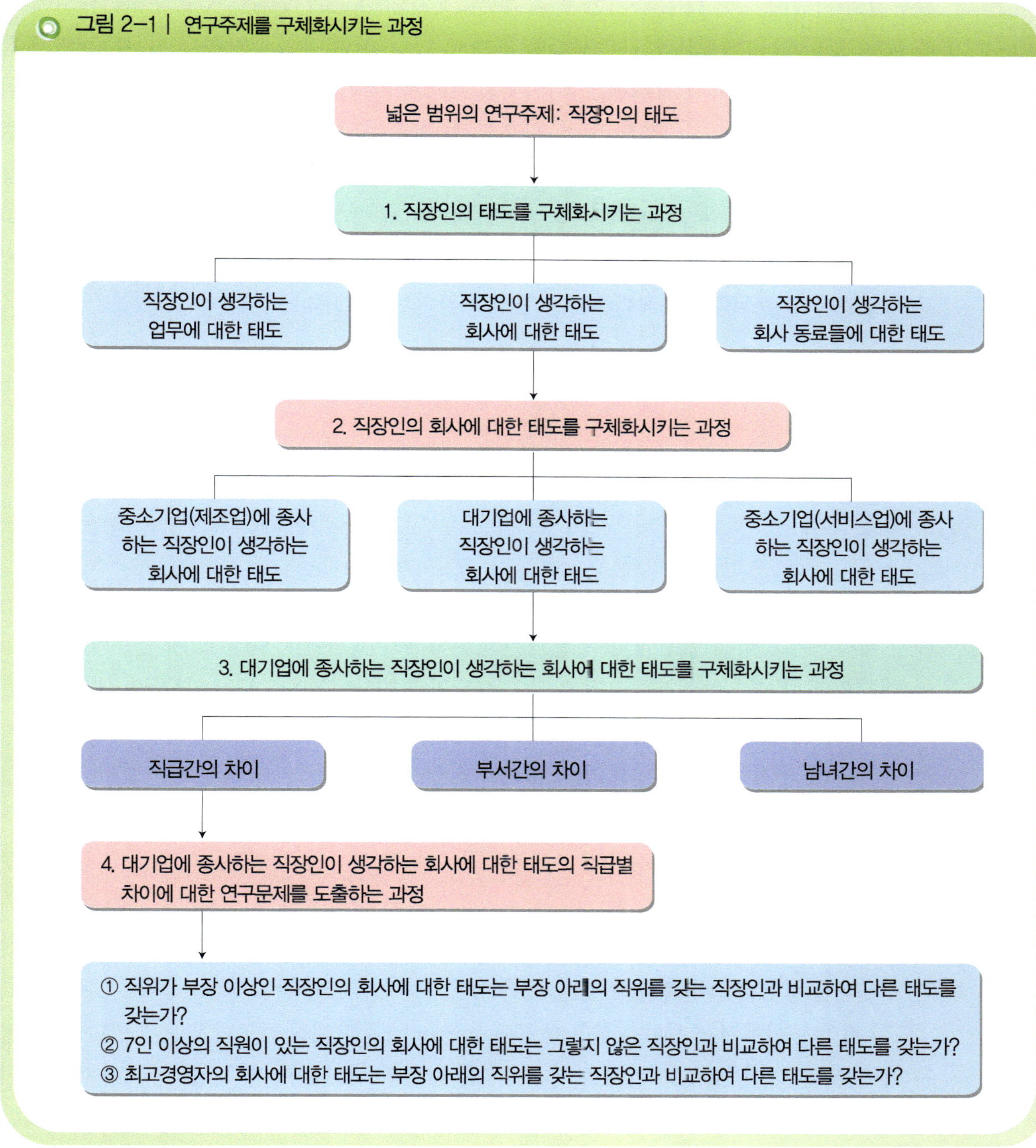

그림 2-1 | 연구주제를 구체화시키는 과정

예를 들어, 직장인이 가지고 있는 직업에 대한 태도를 연구주제로 생각하여 보자. 초기 단계에서는 넓은 의미의 주제로부터 시작하므로, 관련된 연구들을 통하여 보다 구체화된 내용의 주제를 찾아야 한다. 즉, '경력에 따른 직장인의 직업에 대한 태도에 관한 연구', '직급에 따른 직장인의 직업에 대한 태도에 관한 연구', 또는 '회사의 규모에 따른 직장인의 직업태도에 관한 연구' 등의 더 구체화된 연구주제를 발견할 수 있다. 이와 같이 구체화된 연구주제의 특징은 변수의 정의가 명확한 상태에서 두 변수의 관계를 파악하는 형태를 한다는 것이다. 즉, 위에서 언급한 예로부터 직장인의 경력, 직급, 회사의 규모는 각각 하나의 변수로서, 다른 변수인 직장인이 가지고 있는 자신의 직업에 대한 태도와의 연관성은 구체화된 연구주제의 한 형태가 된다. 이와 같이 연구자는 연구주제를 좁혀가면서 변수들을 정의하고 변수들 간의 연관성을 파악하면서 연구 가능한 구체적인 형태의 연구문제들을 다루게 된다. 앞에서 언급한 예를 이용하여 연구주제를 구체화시키는 과정을 살펴보면 〔그림 2-1〕과 같다.

04 기존 연구로부터의 탐색

대부분의 경험적 연구는 연구문제를 연구자가 직접 조사하여 결론을 내린다. 하지만, 문헌에서 제시하는 경험적 연구에 대한 결과는 다른 연구문제를 생각할 수 있게 만든다. 예를 들어 '대기업에 종사하는 직위가 부장 이상인 직장인의 회사에 대한 태도는 부장 아래의 직위를 갖는 직장인과 비교하여 긍정적인 태도를 갖는다' 라는 결론을 갖는 문헌을 발견하였다고 하자. 이 경우 연구자는 만일 중소기업에 있는 직장인을 대상으로 하여도 동일한 결과가 나타날 수 있는지 궁금할 것이다. 이러한 연구문제는 문헌에서 제시하는 타당한 논리적인 과정으로부터 만들어져야 한다. 만일 기존 문헌에서 직위가 부장 이상인 직장인은 더 많은 책임감과 부담감이 급여와 함께 주어지기 때문에 보다 적극적이고 긍정적인 태도를 갖는다는 논리에 의하여 결과가 설명되었다면, 이러한 논리를 근거로 연구자는 중소기업의 경우에도 동일한 결과가 나타날 것이라고 추측할 수 있을 것이다.

또한 기존 문헌에서 제시하는 향후 연구(future study)를 자세히 검토할 필요가 있다. 이 부분은 기존 연구에서 언급하는 현재의 연구주제를 확장한 새로운 아이디어를 제시하기 때문이다. 결국 기존의 연구문제를 검토하면서 모집단을 변화시켜 오거나 변수를 바꾸어 보는 것은 새로운 연구주제를 구상하기 위하여 도움이 되는 시도이다.

(1) 기존 연구질문에 대한 모집단의 변화

앞에서 언급한 '대기업에 종사하는 직장인이 생각하는 회사에 대한 태도의 직급별 차이'에 관한 연구문제를 생각해 보자. 이 경우 모집단은 대기업에 있는 직장인이 되며, 연구대상이 되는 변수는 직장인의 태도와 직급이 된다. 기존의 연구문제에서 단순히 모집단을 변화시킴으로써 새로운 연구주제를 만들 수 있다. 예를 들어, 중소기업에 있는 직장인을 대상으로 연구가 진행될 수 있으며, 정부기관에 종사하는 공무원 또는 연구범위를 좁혀서 금융기관에 종사하는 직장인을 모집단으로 하여 연구문제를 구체화시킬 수 있다는 것이다. 이와 같이 기존의 연구문제를 다른 모집단에 적용하여 연구 가능한 새로운 연구문제를 만들 수 있다.

(2) 연구대상이 되는 변수의 변화

새로운 연구문제를 찾는 다른 방법으로 기존의 연구문제에서 사용한 변수를 수정하거나, 새로운 변수를 추가하거나, 제거하는 상황을 고려하여 보는 것도 유용하다. 예를 들어 앞에서 언급한 '대기업에 종사하는 직장인이 생각하는 회사에 대한 태도의 직급별 차이'에 관한 연구문제에서 원인이 되는 변수인 직급에 성별이라는 새로운 원인 변수를 추가하여 다른 연구문제를 생각할 수 있다. 이러한 접근은 직급에 따라 태도가 변할 수 있고, 또한 성별에 따라서도 태도가 변할 수 있다는 연구자의 주장으로부터 유도된다.

기존의 연구문제를 가지고 모집단과 변수를 모두 변화시킴으로써 새로운 연구주제를 구성하는 것도 가능하다. 모집단과 변수를 모두 변화시키는 경우, 변화된 모집단의 구성과 새로운 변수들이 논리적으로 잘 연관되어 있는지를 확인하여 변수들의 개념적인 연결(conceptual link)을 파악할 필요가 있다. 예를 들어 '중소기업에 종사하는 직장인이 생각하는 정부에 대한 태도의 직급별 차이'라는 연구문제를 생각해 보자. 이러한 연구문제는 모집단을 기존 연구의 대기업 직장인에서 중소기업 직장인으로 바꾸고, 기존 연구의 직장에 대한 태도를 정부에 대한 태도로 바꿈으로써 만들어진 새로운 연구문제이다. 하지만 기존의 연구문제와 새로운 연구문제 사이의 개념적인 연결이 전혀 이루어지지 않았기 때문에 기존 연구와는 전혀 다른 연구문제가 도출되었다. 이와 같이 기존 문헌과의 개념적 연결을 무시하고 단순히 모집단이나 변수를 바꾸어서 새로운 연구문제를 만들려고 하는 경우, 이미 설정된 넓은 의미의 연구주제에서 벗어나는 연구문제가 만들어질 수 있으므로 연구자는 이러한 연구주제를 설정하는 경우 개념적인 연결이 제대로 이루어지고 있는지 확인하여야 한다.

요 약

- 연구주제는 다른 관심있는 분야와 구분하기 위하여 사용되는 학문영역을 지칭한다.
- 연구주제가 결정되면 이에 관련된 많은 연구문제를 만들 수 있다.
- 연구가설은 연구결과를 예측할 수 있는 보다 구체적인 주장이다.

1. 연구주제의 선정

- 연구주제는 연구자의 관심과 연구결과의 현실 가능성을 고려하여 선정되어야 한다.

2. 연구문제의 탐색

- 연구문제는 자신을 포함한 주위 사람, 교재, 책이나 논문, 도서관이나 인터넷에서 제공되는 데이터베이스화된 자료목록 등을 통하여 얻을 수 있다.

3. 구체적인 연구주제의 설정

- 연구주제를 선정하는 경우, 처음에는 넓은 의미의 연구주제를 설정하여 점차적으로 좁은 의미로 연구주제를 구체화시키는 것이 바람직하다.

4. 기존 연구로부터의 탐색

- 기존의 연구문제에 대하여 다른 모집단을 생각하거나 변수를 바꾸었을 경우를 생각하면, 새로운 연구주제를 구성하는데 많은 도움이 된다.
- 기존 연구문제에 대한 모집단과 변수를 모두 변화시키는 경우, 변화된 모집단의 구성과 새로운 변수들이 논리적으로 잘 연관되어 있는지를 확인하여 변수들의 개념적인 연결을 파악할 필요가 있다.

논의사항

1. 연구주제를 선정함에 있어서, 넓은 범위의 연구주제로 시작하는 이유를 기술하시오.
2. 넓은 범위의 연구주제를 기술하고, 이에 관련된 좁은 범위의 연구문제를 제시하시오.

CHAPTER 3

문헌연구

"기존 문헌을 조사하다보면 서로 상반된 결과를 갖는 논문들을 발견할 수 있다. 이러한 경우에는 전반적인 연구진행 과정을 살펴봄으로써 왜 그러한 결과가 나타났는지를 파악하는 노력이 필요하다. 이러한 노력에도 불구하고 만일 상반된 결과를 설명할 수 없다면, 연구결과의 예측이 불확실하다는 사실을 문헌연구에서 언급할 필요가 있다. 상반된 결과가 없는 것처럼 또는 모든 연구결과가 질서 정연하게 일관된 내용을 제시하는 것처럼 언급하여 기존의 상반된 결과를 숨겨서는 안 된다."

연구주제가 선정되면 관련된 참고문헌을 심도있게 조사하여야 한다. 이러한 문헌의 조사는 ① 주제와 관련된 다양한 연구문제(research question)를 짧은 시간에 검토할 수 있도록 도움을 주고, ② 기존 연구가 어떻게 진행되었는지에 대한 전체적인 과정을 보여줄 수 있게 된다. 여기서 문헌연구(literature review)란 주어진 연구주제에 대한 책, 논문 등 인쇄된 자료의 소재를 파악하여 종합하고 분석하는 일련의 과정을 의미한다.

01 문헌연구의 개요

문헌연구는 주어진 연구주제에 대하여 ① 다른 연구자들이 기존에 어떠한 사실을 발견하였는가를 파악하고, ② 어떠한 연구설계를 사용하였으며, ③ 어떠한 측정방법을 사용하였고, ④ 어떠한 통계분석을 적용하였는지에 대한 정보를 추가적으로 제공한다. 잘 쓰여진 연구논문은 풍부한 문헌적 고찰을 제공하고 있으며, 이러한 부분은 특히 연구주제를 소개하는 서론 부분에서 중요한 역할을 한다. 서론 부분은 일반적으로 다음과 같은 내용으로 구성되어 있다.

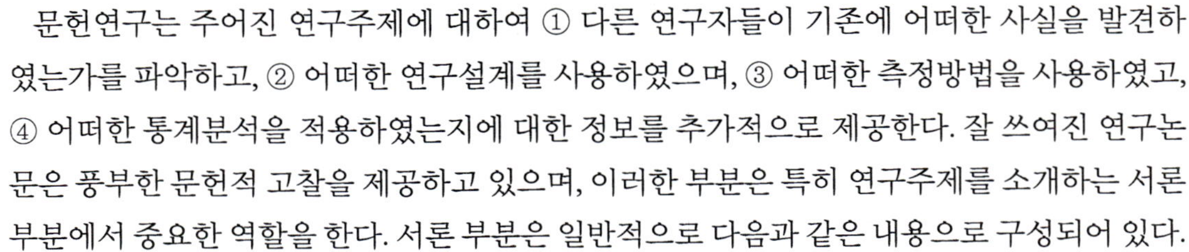

연구의 서론 부분을 위한 내용

① 연구문제가 만들어진 상황과 배경에 대한 개요

② 연구의 필요성과 중요성

③ 연구문제에 대한 논리적 근거를 제시하는 기존 연구에 대한 분석

결국 연구의 서론에서는 연구의 필요성과 함께 연구문제를 함께 소개하여야 한다. 연구문제를 도출하는 과정은 연구의 배경, 연구의 필요성, 기존 연구의 분석을 통하여 자연스럽게 이루어져야 한다. 소개된 연구문제를 해결하기 위해서는 연구설계 과정을 반드시 거쳐야 하는데 이 과정에서 문헌연구는 상당히 중요한 역할을 한다.

(1) 문헌연구의 역할

문헌연구는 연구자로 하여금 기존의 연구결과를 제시하고 이를 바탕으로 연구문제를 도출하고 이에 따른 연구결과의 예측을 가능하게 한다. 기존 문헌을 분석할 경우, 연구자는 기존 연구가 제대로 수행되었는지를 판단하여야 하며, 다양한 관점에서 연구가 신중하게 진행되었는지를 평가하여야 한다. 또한 선행된 연구결과들이 어떠한 패턴을 보여주는지도 문헌연구에서 검토되어야 한다. 일반적으로 기존 연구에서 제시된 연구절차와 연구모형(research model)을 바탕으로 연구가 계획되고 진행되기 때문에 기존 연구를 종합적으로 분석하는 과정 또한 매우 중요하다고 볼 수 있다.

(2) 상반된 기존연구가 있는 경우

문헌연구를 진행하면서 기존 연구에 대한 비판적 자세를 갖는 것은 중요하다. 연구자가 처음 단계에서 설정한 연구주제에 대한 개념은 기존문헌을 분석하고 그 결과를 정리하면서 계속적으로 수정되어야 한다. 만일 연구자가 의도하는 주장과 상반된 주장을 하는 기존의 연구가 있다면 무시하지 말고 주의깊게 분석할 필요가 있다. 사실 기존 연구를 조사하다보면 서로 상반된 연구결과를 갖는 논문을 발견할 수 있다. 이는 연구모형이나 연구진행방법의 차이로 인해 나타날 수 있으므로 이러한 과정을 살펴봄으로써 상반된 결과를 설명하도록 노력하는 것이 바람직하다. 만일 이러한 상반된 결과를 설명할 수 없다면, 최소한 이러한 상반된 결과가 있다는 사실을 확인하고 언급할 필요가 있다. 상반된 결과가 없는 것처럼 또는 모든 연구결과가 질서정연하게 일관된 내용을 제시하는 것처럼 언급하여 기존의 상반된 결과를 숨겨서는 안 된다. 다시 말하면 상반된 연구결과가 존재한다는 사실을 언급하고, 이러한 연구주제의 특성으로 인하여 연구결과의 예측이 불확실하다는 사실을 인지시켜 줄 필요가 있다.

(3) 문헌연구를 통한 연구주제의 발전

훌륭한 연구문제는 선행연구를 조사하여 그 결과를 분석하고 이에 따라 주어진 연구문제를 수정하는 반복적인 과정을 통하여 얻어진다. 이와 같이 연구주제는 계속적으로 수정되는 노력을 통하여 점차 그 범위가 좁혀질 수 있으며, 연구에서 관심을 가져야 할 변수들을 찾을 수 있다. 이러한 접근방법은 연구문제에 대한 논리적 전개를 명확하게 만들어 준다. 따라서 문헌

그림 3-1 | 문헌연구를 통한 연구주제의 발전

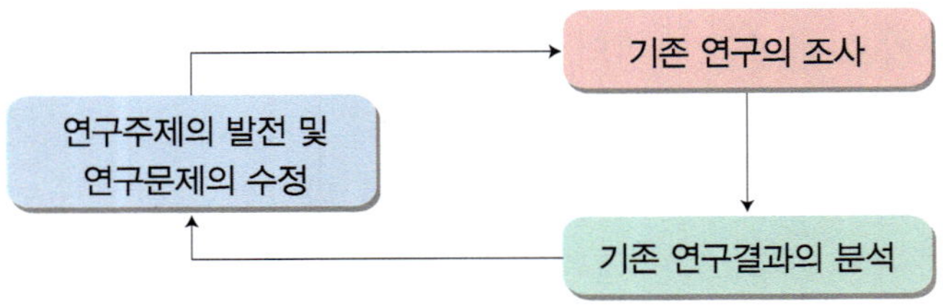

연구의 목적은 자신이 설정한 연구문제와 관련된 연구가 이미 존재한다는 사실을 보여주는 것이라기 보다는 기존 연구에 대한 분석을 통하여, 연구주제에 대한 관점이나 생각을 발전시키는 것에 있다고 볼 수 있다 (그림 3-1 참조).

(4) 선행연구가 없는 연구문제의 경우

연구자가 구체적인 연구문제를 가지고 문헌연구를 진행한다면, 연구문제가 어떠한 논리적 전개의 바탕에서 도출되었는지를 생각해 볼 필요가 있다. 지나치게 구체적인 연구문제가 선정된 경우에는 종종 기존 연구가 존재하지 않거나, 있어도 매우 한정될 것이다. 예를 들어, '빨간색을 초록색보다 좋아하는 사람들이 업무성과가 높을 것이다'라는 연구문제를 가지고 문헌연구를 한다면, 이러한 주제에 관련된 기존 연구는 없을 수도 있다. 이 경우는 색의 선호도에 따른 일반적인 특성을 주제로 한 문헌연구를 실시하고, 업무성과에 미치는 요인에 관련된 일반적인 연구에 대한 고찰을 개별적으로 실시하여야 한다. 색의 선호도와 업무성과의 관계에 대한 연구는 아마도 매우 찾기 어려울 것이지만, 색의 선호도에 따른 일반적인 특성을 파악하는 과정에서 사용하였던 연구설계와 변수, 업무성과에 미치는 요인을 파악하기 위하여 사용하였던 연구설계와 변수를 접목하여 새로운 연구설계와 변수를 구성하도록 노력하여야 한다. 결국 연구자는 넓은 범위의 연구주제를 대상으로 문헌연구를 실시하는 것이 바람직하며, 이러한 문헌연구를 바탕으로 얻은 내용으로부터 최종의 연구문제가 만들어지는 것이 바람직하다.

간단히 말하자면, 연구자는 관심을 가지고 있는 연구주제와 동일한 기존 연구를 찾을 수 없을 경우, 가급적 비슷한 기존 연구를 찾는 노력이 필요하다. 여기서 비슷한 연구의 의미는 동일한 연구는 아니지만 개념적으로 연관된 연구를 의미한다. 즉, 연구자가 설정한 연구문제나 연구주제는 좀 더 큰 영역에서 바라보는 일반적인 현상의 한 모습이라고 생각하자는 것이다.

이와 같이 비록 정확하게 동일한 기존연구를 찾지는 못하는 경우라도 개념적으로 연관된 연구(conceptually related study)를 찾아 문헌연구를 진행하는 것이 필요하다.

02 연구주제와 연구문제에 대한 검토

(1) 연구문제의 구체화

기존 연구가 어떠한 방법으로 넓은 범위의 연구주제를 좁은 범위의 연구문제로 구체화 시켰는지를 파악할 필요가 있다. 예를 들어, '업무에 대한 적성'을 연구주제로 결정한 후 어떠한 연구문제를 구체적으로 다루어야 할 지 모르고 있는 상태라면, '적성'이라는 일반적인 연구주제에 관련된 기존 연구를 조사함으로써 어떠한 연구문제가 있었는지 검토할 수 있다. 이러한 과정을 통하여 연구자는 특별히 관심있는 연구문제를 찾을 수 있게 된다. 예를 들어, ① 적성에 맞는 업무가 할당되었을 경우, 그렇지 못한 경우와 비교하여, 업무성과에 유의한 차이가 있는가? ② 적성에 맞는 업무가 할당되었을 경우, 업무 이외에 다른 부분에서는 어떠한 평가를 받는가? ③ 적성에 맞는 업무가 할당되었을 경우, 대인관계는 어떠한가? ④ 적성에 맞는 업무가 할당되었을 경우, 출신학교나 출신지에 따라 업무평가에서 다른 패턴을 보이고 있는가? ⑤ 적성에 맞는 업무가 할당되었을 경우, 회사에 대한 태도나 직업의식이 다르게 나타나는가? 등의 매우 다양한 연구문제를 얻을 수 있다.

(2) 연구문제의 모집단에 대한 검토

직장인의 업무가 적성에 맞는 경우와 그렇지 않는 경우의 업무성과 효율성을 비교하고자 한다면, 이 연구문제는 두 모집단－업무가 적성에 맞는 직장인집단과 적성에 맞지 않은 직장인집단－에 대한 두 모집단에 대한 비교연구가 되고, 동시에 두 변수－적성에 맞는지 여부와 업무성과의 효율성－의 관계를 파악하는 두 변수간의 관계연구가 된다. 반면에 한 모집단, 즉, 업무가 적성에 맞는 직장인만을 대상으로 연구한다면, 업무가 적성에 맞지 않은 직장인은 연구대상에서 제외되므로 두 그룹간의 비교보다는, 주어진 한 모집단내에서 서로 다른 변수간의 관계를 규명하는 연구문제로 구체화시킬 수 있게 된다. 예를 들어, 업무가 적성에 맞는 직장인을 대상으로, '적성과 부서간 업무의 효율성 관계'에 대한 연구가 이에 해당된다. 또한 한 모집단내에서도 관심있는 변수를 새롭게 정의함으로써 세부 그룹의 비교연구가 가능하다. 즉, '성별'이라는 변수를 정의하여 성별에 대한 업무성과의 차이를 파악하고자 한다면, 두 그룹-업무가 적성에 맞는 남자와 여자-에 대한 업무능력의 차이를 검토함으로써 두 변수의 관계를 비교할 수 있을 것이다.

(3) 연구문제에 대한 기존 연구의 심층분석

일단 관심있는 연구문제가 결정되면, 그와 관련된 기존 연구를 깊게 조사하여 연구문제를 더 구체화시키는 것이 필요하다. 만일 대기업 직장인에 대하여 업무의 적성이 업무의 효율성에 어떠한 관계를 갖는지에 대한 연구문제에 관심이 있다면, 이에 관련된 기존 연구를 찾아 깊게 조사하는 것이 그 다음 단계의 작업이다. 지나치게 많은 기존 연구가 이 문제에 관련되어 있다면, 연구자는 기준을 설정하여 연구목적에 맞는 연구만을 선택하여 고려하는 것이 바람직하다. 결국 문헌연구는 연구자의 연구주제에 대한 이해정도와 연구의 심층분석을 위한 연구자의 노력에 의하여 결정된다고 하여도 과언이 아니다.

03 문헌연구에서 고려할 사항

문헌연구를 진행하면서 고려하여야 할 사항은 일차 자료원과 이차 자료원의 구분, 기존 연구에 대한 정리 및 요약, 경험적 연구가 아닌 기존 연구를 발견하였을 경우로 구분하여 설명될 수 있다. 이에 대하여 자세히 살펴보도록 하자.

(1) 일차 자료원과 이차 자료원

일차 자료원(primary sources)이란 문헌연구 과정에서 연구자가 이미 발견된 기존의 사실을 직접 접할 수 있는 책이나 논문을 의미한다. 이에 반하여, 이차 자료원(secondary sources)은 연구자의 간접적 자료원으로, 직접 연구를 진행한 사람이 아닌, 다른 사람에 의하여 인용되어 설명된 논문이나 책을 의미한다. 예를 들어, 저자 A가 저자 B의 연구를 설명하였을 경우, 저자 A의 논문은 이차 자료원이 된다. 기존의 한 연구가 일차 혹은 이차 자료원 두 가지로 각각 이용되었다면, 일차 자료원과 이차 자료원은 같은 내용을 가져야 하지만, 때때로 그렇지 못한 경우가 있다. 왜냐하면, 이차 자료원은 연구결과를 다른 사람이 설명한 것이므로 전달과정에서 오류의 가능성이 있기 때문이다. 즉, 이차 자료원의 설명이 원래의 연구를 잘못 설명할 수도 있으며, 중요한 연구내용을 빠트리고 다른 결과를 부각시켜서 그 의도를 흐리게 만들 수 있다는 것이다. 따라서 일차 자료원의 이용이 바람직한데, 이는 일차 자료원이 이차 자료원에 비하여 보다 정확하기 때문이다.

(2) 기존 연구에 대한 정리 및 요약

문헌연구를 하면서 기존 연구를 정리 및 요약하는 목적은 ① 검토한 기존 연구로부터 필요한 정보를 모두 얻었는지를 확인하는 것과, ② 다양한 자료원에서 얻은 정보를 체계적으로 구성하기 위해서이다. 기존 연구를 검토하는 경우, 논문의 모든 필요한 정보를 얻었는지를 확인하기 위하여, 다음의 8가지 체크 리스트를 확인하는 것이 바람직하다.

기존 연구의 정리를 위한 체크 리스트

- ✓ 논문에 대한 인용을 자세히 기록한다.
- ✓ 논문에서 사용한 연구질문과 연구가설을 기록한다.
- ✓ 연구대상에 대한 특징과 표본 수를 기록한다.
- ✓ 측정방법이나 측정도구에 대하여 간단히 기술한다.
- ✓ 연구진행 절차에 대하여 기술한다.
- ✓ 연구가설에 대한 결과와 연구질문에 대하여 어떠한 결론이 나타났는지를 정리한다.
- ✓ 연구결과에 대한 논의나 연구고찰 부분에 대한 중요한 내용을 기록한다.
- ✓ 비판적인 입장에서 논문을 평가하고 기록한다.

이러한 과정을 통하여 모든 자료원의 정보를 체계적으로 정리하여 다양한 관점을 이해하는 것이 중요하다. 예를 들어, '직장인의 스트레스'에 대하여 10개의 기존 연구를 참고하는 경우, 위의 8가지의 항목을 확인하면서 기존 연구를 각각 검토하여 각 연구에 대한 관점을 정리하여야 한다. 즉, 종사하는 산업군에 따라 직장인이 받는 스트레스에 대한 차이, 스트레스를 측정하는 방법, 성별, 나이, 출신지에 따른 직장인의 스트레스 차이 등 기존 연구에서 사용한 구체화된 연구문제를 적당한 카테고리로 구분하여 정리할 필요가 있다. 연구주제의 다양한 관점에 대한 기록은 연구설계에 도움을 줄 뿐만 아니라 연구의 서론에서 연구문제를 전개시킬 때 매우 유용하게 사용될 수 있다.

(3) 경험적 연구가 아닌 기존 연구

본서에서는 경험적 연구만을 다루기 때문에, 문헌연구도 경험적 연구이어야 한다는 잘못된 생각을 가지기 쉽다. 그러나 경험적 연구가 아니면서 연구주제와 밀접한 관련을 갖는 중요한 역할을 하는 기존 연구도 있다. 따라서 문헌연구는 연구주제와 관련된 모든 연구, 예를 들면, 연구주제와 관련된 전문가의 의견이나 이론적 모형에 대한 논쟁 등도 포함시킬 수 있다. 대부분의 연구자들은 경험적 연구에 익숙해져 있기 때문에 경험적 연구에 대한 기존 연구를 강조하면서 문헌적 고찰을 진행하는 경향이 있지만, 경험적 연구가 아니라는 이유만으로 연구주제와 관련이 없고 중요하지 않다고 생각하는 것은 바람직하지 못하다.

경험적 연구가 아닌 기존 연구는 연구자에게 연구주제에 대한 개념적이고 이론적인 배경과 연구주제에 대한 경험적 연구의 필요성을 제시하여 준다. 예를 들어, '논리적 사고방법'에 대한 연구주제를 생각하여 보자. 연구자가 연구의 필요성을 전개하기 위하여 기존의 경험적 연구에서 나타난 '고등학교 졸업자들의 논리적 사고는 사회에서 필요한 논리적 사고 수준에 미치지 못한다'라는 연구결과를 강조한다고 하자. 이 경우 연구자는 '논리적 사고'가 무엇인지 설명하는 경험적 연구가 아닌 기존 연구를 조사하여 학자들의 의견을 종합할 필요가 있다. 비록 경험적 연구를 통하여 입증된 것은 아니지만, 학자들이 주장하는 '논리적 사고를 높이기 위한 학습방법'에 대한 전문가적 의견은 '논리적 사고'를 정의함에 있어서 중요한 역할을 한다. 기존 연구를 검토하다보면 경험적 연구없이 논리적 전개를 통하여 어떠한 이론을 주장하는 논문들을 발견할 수 있다. 이러한 경험적 증거를 확보하지 못한 이론에 대한 경험적 연구의 진행은 연구를 수행하여야 하는 중요한 이유가 될 수 있다.

요 약

1. 문헌연구의 개요

- ▶ 문헌연구의 주요 목적은 연구의 진행에 필요한 전체적인 설계와 구체적이고 타당한 연구문제를 만들 수 있도록 도움을 주는 것이다.

2. 연구주제와 연구문제에 대한 검토

- ▶ 연구문제를 찾는 과정에서 문헌연구는 중요한 역할을 하며, 기존 연구에 대한 범위를 점차적으로 좁혀 나가면서 탐색하는 것이 바람직하다.
- ▶ 일단 연구문제가 결정되면, 주어진 연구문제에 대한 기존 문헌의 깊은 탐색이 필요하다.
- ▶ 연구주제에 대한 기존 연구를 발견하지 못하였다면, 일반적인 현상의 한 구체적인 형태로 연구주제를 취급하는 개념화 과정을 통하여 개념적으로 연관된 새로운 기존 문헌을 찾을 수 있다.

3. 문헌연구에서 고려할 사항

- ▶ 일차 자료원은 연구자의 직접 자료원이 되는 논문이나 책을 의미하고 이차 자료원은 다른 연구자가 언급한 논문이나 책, 즉, 연구자의 간접 자료원을 의미한다.
- ▶ 자료원에서 얻은 정보를 보다 체계적으로 구성하기 의하여 연그주제의 다양한 관점에 대하여 정리하는 것은 중요하다.
- ▶ 문헌연구 과정에서는 경험적 연구뿐만 아니라 경험적 연구가 아닌 기존 연구도 중요하게 고려되어야 한다.

논의사항

1. 연구문제를 가지고 문헌연구를 하는 경우와, 연구문지를 찾기 의하여 문헌연구를 하는 경우의 차이에 대하여 논의하시오.
2. 관심있는 연구문제에 대한 기존 연구를 찾지 못한 경우, 어떻게 접근하여야 하는지에 대하여 논의하시오.

CHAPTER 4
연구가설의 설정

"연구가설(research hypothesis)이란 예측되는 연구결과를 의미하며, 결과변수값이 어떻게 나타날지를 설명하는 주장이다."

문헌연구를 진행하는 경우, 처음에는 넓은 연구주제를 선정하여 다양한 기존연구를 조사한 다음, 연구주제의 범위를 좁혀 나가는 것이 바람직하다고 앞장에서 언급한 바 있다. 이러한 과정을 통하여 연구문제가 구체화되면, 연구목적에 따른 연구문제에 대하여 좀더 깊은 분석이 필요하다. 이 시점에서 연구목적(purpose of research)에 대하여 명확하게 이해할 필요가 있다. 연구목적을 이해한다는 것은 무엇을 위하여 왜 이 연구를 진행해야 하는지를 파악하는 것이다.

일반적으로 연구목적은 몇 개의 연구문제로 구성되어 있거나 변수들 사이의 연관성을 나타내는 연구가설로 구성되어 있다. 연구문제(research question)는 변수들 사이에 어떠한 연관성을 가지고 있는지를 나타내는 질문의 형태를 가진 문장이다. 반면에 연구가설(research hypothesis)은 변수의 연관성을 이용한 시험적이고, 통계적 검정(statistical test)이 가능한 구체적인 형태의 문장이다. 연구문제와 연구가설은 모두 변수들 사이의 연관성을 중요하게 고려하고 있다는 공통된 특징을 가지고 있다. 따라서 연구가설을 설명하기 전에, 경험적 연구에서 정의하는 변수에 대한 개념을 좀 더 알아볼 필요가 있다.

01 변수의 정의

먼저 변수의 정의를 알아보도록 하자. 변수(variable)란, 1장에서 언급한 바와 같이, 동질의 개념을 갖는 두 개 이상의 서로 다른 값들을 묶어놓은 집합을 표현한 것이다. 만약 '기업의 종류'라는 변수가 있다면, 이 변수는 어떻게 개념적으로 정의되었느냐에 따라 매우 다양한 형태의 값을 가질 수 있다. 예를 들어, 기업의 종류라는 변수는 출자자에 따라, 혹은 기업의 본사의

출자에 따른 기업의 종류

변 수 값	변수값의 의미
공 기 업	정부가 100% 출자한 모든 기업
사 기 업	개인이 100% 출자한 모든 기업
공사기업	정부와 개인이 모두 출자한 기업

기업 본사의 위치에 따른 기업의 종류

변수값	변수값의 의미
서 울	본사가 서울에 있는 기업
부 산	본사가 부산에 있는 기업
광 주	본사가 광주에 있는 기업

위치에 따라 다음과 같이 각기 다른 변수값을 가질 수 있다.

여기서 한 가지 특징적인 사실은 모든 기업은 이러한 세 가지 부류에서 오직 한 가지 값만을 취한다는 것이다. 즉, 공기업이면서 공사기업의 형태를 취하는 기업은 존재하지 않게 된다. 또한 본사의 위치에 따라서도, 만일 본사가 서울과 부산에 동시에 있는 기업은 존재하지 않게 된다. 만일 이러한 경우가 있다면, 이는 연구대상에서 제외되어야 한다. 이와 같이 변수는 오직 유일한 한 가지 값만을 취하게 되고, 일단 그 값을 갖게되면 다른 값을 가질 수 없게 되는 성질을 가지고 있는데 이를 상호배반 성질(mutually exclusive property) 이라고 한다.

기업의 종류는 이 밖에도 다양한 형태로 정의될 수 있다. 즉, 기업의 종류를 산업별로 구분할 수도 있으며, 재무구조의 건전한 상태에 따라 구분할 수도 있고, 기업의 규모에 따라 구분할 수도 있다. 결국 변수에 대한 개념의 정의가 이루어지게 되면, 이에 대응하는 변수값이 정해지고 모든 관측값은 상호배반성질을 갖는 유일한 변수값을 취하게 된다.

연구를 처음 진행하는 연구자들은 변수와 변수값에 대한 차이를 명확히 구분하지 못할 수도 있다. 이러한 경우는 ① 부적절한 변수정의, ② 변수와 변수값의 연관성에 대한 불충분한 이해로 나누어 질 수 있다.

(1) 부적절한 변수의 정의

부적절한 변수의 정의는 변수를 개념적으로 정의함에 있어서 통일되고 일관된 개념을 사용하지 않고 여러 개념을 복합적으로 사용하는 경우에서 발생한다. 이 경우 변수가 취하는 값은 상호배반 성질을 갖지 못하게 된다. 예를 들어, '기업의 종류'라는 변수에 제조업에 속한 기업, 공기업, 사기업, 공사기업을 변수값으로 할당하였다면, 어느 기업은 제조업에 속해 있으면서 공기업이 될 수 있기 때문에 상호배반 성질을 만족하지 못하게 된다는 것이다. 제조업에 속한 기업은 기업을 산업별로 구분하였을 경우의 기업종류에 대한 개념이며, 공기업은 기업의 출자자 형태에 따라 구분하는 기업종류에 대한 개념이기 때문에 두 개념을 섞어서 하나의 변수로 사용한다면 이러한 문제점이 발생한다. 따라서 변수를 정의할 경우에는 개념적으로 일관된 내용인지를 확인하고 변수값이 상호배반 성질을 가지고 있는지를 확인해 볼 필요가 있다.

(2) 변수와 변수값의 연관성에 대한 불충분한 이해

두 번째로 언급하고자 하는 주의사항은 변수값과 변수의 연관성에 대하여 정확한 이해가 필요하다는 것이다. 예를 들어, '기업의 종류'가 관심있는 변수인 경우, 사기업은 변수의 정의의 기준에 따라 얻어진 하나의 변수값이 된다. 하지만, 또 다른 경우, 즉 '사기업'을 관심있는 변수로 하여 연구하고자 하는 경우라면 사기업은 서울에 있는 사기업과 지방에 있는 사기업으로 분류되는 개념화된 변수의 역할을 하게 된다. 이 경우 변수값의 형태를 취하는 사기업과 변수의 형태를 취하는 사기업의 개념은 서로 다르다는 사실을 이해하여야 한다. 변수는 항상 변수값보다 넓고 일반적인 개념을 나타내야 한다. 변수와 변수값의 정의를 내리고자 하는 경우, 두 개념에 대한 이러한 상호 연관성을 이해하면서 정의를 내리는 것이 중요하다.

변수와 변수값의 관계는 일반적으로 〔그림 4-1〕과 같이 계층적 개념을 갖는다. 예를 들어, 사기업은 기업이라는 변수가 가질 수 있는 변수값이다. 즉, 기업은 공기업과 사기업으로 구분될 수 있으며, 변수값이 아닌 변수로서의 사기업은 다시 제조업과 비제조업으로 구분되는 변수역할을 한다. 또한 비제조업은 서울소재 기업과 지방소재 기업의 변수값을 갖는 변수역할을 한다.

이러한 변수와 변수값을 정의하는 것은 연구목적이나 방법에 따라 달라질 수 있다. 특히, 양적연구(quantitative research)에서는 연구목적이 변수의 변화와 변수들 사이의 연관성을 분석

그림 4-1 | 변수와 변수값 관계의 예

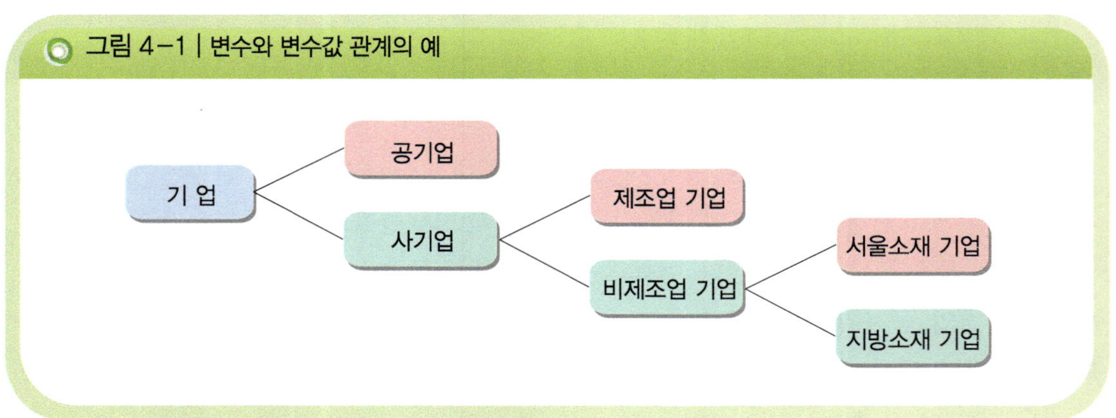

하는 것이므로, 연구를 진행하기전, 연구에 사용할 변수를 명확하게 정의하는 것이 더욱 중요하다. 예를 들어, 기업의 이직율과 기업규모 간의 관계를 파악하고자 하는 연구가 있다면, 연구가 진행되기전에 이미 연구자는 이직율이라는 변수와 기업규모라는 변수가 필요하다는 것을 확인하고, 이에 대한 명확한 정의가 이루어져 있어야 한다.

하지만 어떤 경우의 질적연구(qualitative research)에서는 현상을 관찰하고 연구를 진행하는 과정에서 변수들이 확인되기 때문에, 변수를 먼저 정의한 후 연구를 진행하는 방법을 적용하지 못할 수도 있다. 예를 들어, 기업의 이직율을 조사하는 질적연구는 이직율에 관련된 관심있는 변수를 미리 확인한 후 연구를 시작하기보다는 이직한 사람들과 인터뷰하고, 이직한 사람들에 대한 자료를 수집하고, 이직한 사람들의 행동을 관찰함으로써 중요한 변수들을 확인하고, 변수들과 이직하는 사람들과의 관계를 관찰하고 기술하면서 연구를 진행한다.

02 변수의 조작적 정의

변수의 정의는 경험적 연구에서 매우 중요한 역할을 한다. 경험적 연구에서 언급하는 변수의 정의를 변수정의의 일반적인 개념과 구분하기 위하여 변수의 조작적 정의(operational definition)라는 용어를 사용한다. 조작적 정의는 대부분 연구자에 의해서 정의되며, 변수가 어떻게 측정되고 있는지를 설명하고 변수에 대한 의미를 부여하는 내용을 가지고 있어야 한다. 즉, 변수의 개념과 그 변수의 측정값 사이에서 연결고리 역할을 하는 것이 변수의 조작적 정의이다 (그림 4–2 참조). 조작적 정의가 가지고 있는 중요한 특징은 측정(measurement)과정과 밀접한 연관이 있다는 것이다. 측정에 대한 보다 자세한 내용은 제2부에서 다루기로 한다.

예를 들어, '영업활동능력'이라는 변수에 대한 조작적 정의는 영업사원이 1년 동안 판매한

그림 4–2 | 조작적 정의의 이해

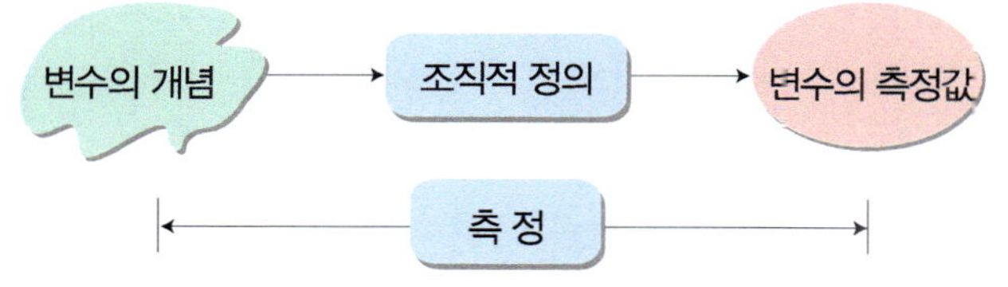

변수의 개념 → 조작적 정의 → 변수의 측정값

|← 측 정 →|

금액으로 정할 수 있다. 또는 '영업활동능력'에 대한 조작적 정의를 6개월 동안 판매한 제품의 수라고 정할 수 있다. 이러한 두 가지 조작적 정의 모두 '영업활동능력'을 나타내는 같은 개념이지만, 변수가 의미하는 내용은 전혀 다르며, 두 변수가 취하는 변수값도 서로 다르다. 이와 같이, 연구자의 연구내용에 따라 같은 개념을 가지고 다양한 조작적 정의가 가능하다. 경험적 연구에서는 변수를 어떻게 측정하느냐가 중요한 문제이므로 이러한 조작적 정의문제를 해결하지 않은 상태에서는 연구를 더 이상 진행할 수 없게 된다. 따라서 사전에 변수에 대한 명확한 정의가 필요하다. 같은 개념과 같은 이름의 변수를 사용하고 있는 기존의 연구들을 비교하는 경우, 서로 다른 조작적 정의로 인하여 전혀 다른 결과를 얻을 수 있다는 사실을 명심하기 바란다.

조작적 정의에 의하여 만들어진 변수는 어떠한 개념을 수량화할 수 있다는 특징을 가지고 있다. 따라서 개념 자체가 수량적 의미를 가지고 있는 경우에는 훨씬 쉬운 조작적 정의 과정을 거치게 된다. 예를 들어 나이와 같은 변수는 변수 자체가 수치의 의미를 가지고 있기 때문에, 그 변수의 특징을 쉽게 표현할 수 있다.

하지만 매우 복잡한 조작적 정의 과정을 거치는 경우도 있다. **구성개념**(construct)은 이러한 복잡한 조작과정을 거치는 경우 사용되는 용어로, 관측이 불가능한 요소들로 구성된 복잡한 현상을 설명하기 위하여 사용된다. 예를 들어, 영업활동능력, 기업의 자생능력, 서비스 품질, 불안감, 우울증, 학습능력, 창의력 등과 보다 추상적인 의미의 단어가 구성개념의 예가 될 수 있다.

(1) 수량적 의미로 표현이 불가능한 개념

수량적 의미로 표현이 불가능한 개념의 경우는 조작적 정의를 내리는 과정이 매우 어렵다. 예를 들어, '학습방법'이라는 변수를 생각하여 보자. 학습방법에 대한 조작적 정의는 학습과정에서 나타나는 모든 활동이나 자세한 내용들을 나열함으로써 이루어진다. 따라서 같은 이름으로 언급되는 학습방법들이라도 조작적 정의에 따른 자세한 세부 내용들을 살펴보면 서로 다른 학습방법이라는 사실을 발견할 수 있다. 이러한 이유 때문에 같은 연구주제에 대하여 서로 다른 연구결과를 얻어 상반된 주장을 하는 경우가 발생하는 것이다.

일부 선행 연구들을 살펴보면 새로운 방법과 기존의 방법을 비교하는 연구가 종종 있다. 어떤 경우 연구자들은 새로운 방법에 대해서는 자세한 설명과 함께 신중한 조작적 정의를 내리지만, 기존의 방법에 대해서는 충분한 분석과 이해없이 간단히 언급하고, 피상적인 결과만을 비교하기도 한다. 이러한 비교연구에서 두 연구의 조작적 정의를 소홀히 하게 되면, 같은 용어를 다른 환경하에서 사용함으로써 혼돈을 일으킬 수 있다. 즉, 두 방법의 차이를 명확히 설명하지 못하거나, 또는 기존의 방법을 제대로 이해하지 못하였다면, 전혀 다른 연구결과를 얻을 수 있으므로 상당한 주의가 필요하다. 이러한 문제는 변수의 조작적 정의 과정에서의 다양한 설정 가능성 때문에 발생되므로 이에 대한 세심한 분석이 필요하다. 대부분의 잘못된 연구들은 조작적 정의를 적절하게 구성하지 못하고 이 결과로 인해 일반화된 지식을 얻지 못하기 때문에 발생된다. 따라서 수량적 의미로 표현이 불가능한 개념에 대한 조작적 정의 과정은 연구결과로부터 일반화된 지식을 얻을 수 있도록 세심한 노력과 주의가 필요하다.

(2) 변수 정의의 모호성

우리가 사용하는 언어 자체는 대부분의 경우 모호성을 가지고 있다. 경험적 연구에서도 역시 이러한 모호성을 완전히 제거하는 것은 불가능하겠지만, 가급적 줄이도록 노력하는 것이 바람직하다. 예를 들어, 창의력에 대하여 여러 사람이 모여서 논의를 한다고 하자. 모든 사람들은 창의력은 좋은 것이며 창의력을 키워주는 것이 바람직하다는 내용에 동의할 것이다. 하지만, 창의력이라는 것이 무엇이냐는 질문에는 의견차이가 있을 수 있다. 만일 어떤 사람이 창의력이 이러한 것이고 따라서 이와 같이 측정하여야 한다고 조작적 정의를 내린다면, 이에 대하여 다른 의견을 가진 사람들이 있을 수 있다. 따라서 창의력이라는 구성개념의 조작적 정의에 대한 동의를 모으기가 어렵게 된다. 이렇게 창의력이라는 구성개념에 대한 동의를 모으지 않고, 창의력에 대하여 서로 다른 개념을 가진 상태에서, 창의력에 대하여 깊게 논의하는 것은 매우 어리석은 일이다. 또한 만일 창의력에 대한 조작적 정의를 내리는 과정이 생략된다면, 창의력의 개념에 대한 다른 측면의 견해는 고려되지 않은 상태에서 논의가 이루어지게 된다. 논의의 초기단계에서 창의력에 대한 일반적 개념을 논의하는 경우는 의견차이를 서로 자유스럽게 교환할 수 있다. 하지만 일단 창의력에 대한 논의가 깊게 진행되면, 이러한 의견차이로 인해 결국 매우 다른 연구의 접근방법이 유도될 수 있으므로 의견차이는 중요하게 다루어져야 한다.

창의력과 같은 추상적인 구성개념은 사람들마다 견해의 차이가 있을 수 있어, 서로 다른 조작적 정의를 내리게 되고 이에 따라 연구결과도 다르게 얻을 수 있다. 따라서 이러한 추상적인 구성개념의 변수는 조작적 정의과정에 대한 검토가 우선적으로 주의 깊게 이루어져야 한다.

조작적 정의의 주요 목적은 변수에 대한 구성개념을 측정이 가능한 형태로 바꾸는 것이다. 이 과정에서는 많은 제약이 따르므로 다른 연구자로부터 조작적 정의가 불충분하고 부정확하다는 비판을 받기 쉽다. 하지만 이러한 비판과정은 새로운 지식을 발견하고 불확실한 개념을 명확하게 하는 과정이기 때문에, 경험적 연구에서는 더욱 중요하다. 기존 연구에서 사용한 변수의 조작적 정의를 사용할 것인지 아니면 새로운 조작적 정의를 만들 것인지에 대한 문제는 연구의 목적과 기존 연구에서 변수를 어떻게 개념화하였는지를 고려하여 연구자가 판단하여야 한다.

일단 변수에 대한 조작적 정의가 이루어지면, 연구가설을 설정해야 한다. 변수에 대한 조작적 정의가 제대로 이루어지지 않은 상태에서의 연구가설 설정은 무의미하게 된다.

03 연구가설의 구성

연구가설(research hypothesis)이란 연구결과로서 예측되는 결과변수에 대한 주장을 말한다. 비교연구와 관계연구에 대한 예를 이용하여 설명하여 보면 다음과 같다.

연구가설1 (비교연구)

정책 1을 적용하는 것이 정책 2를 적용하는 것보다 연간 매출액이 더 높게 나타날 것이다.

연구가설 1의 비교연구에서는 위에 제시한 바와 같은 변수와 변수값을 확인할 수 있고, 두 변수의 관계를 나타내는 정책방법과 매출액의 관계를 통한 예측도 명확하게 표현되었다. 즉, 정책 1을 적용하였을 경우의 매출액은 정책 2를 적용하였을 경우의 매출액 보다 높게 나타난다는 예측이다.

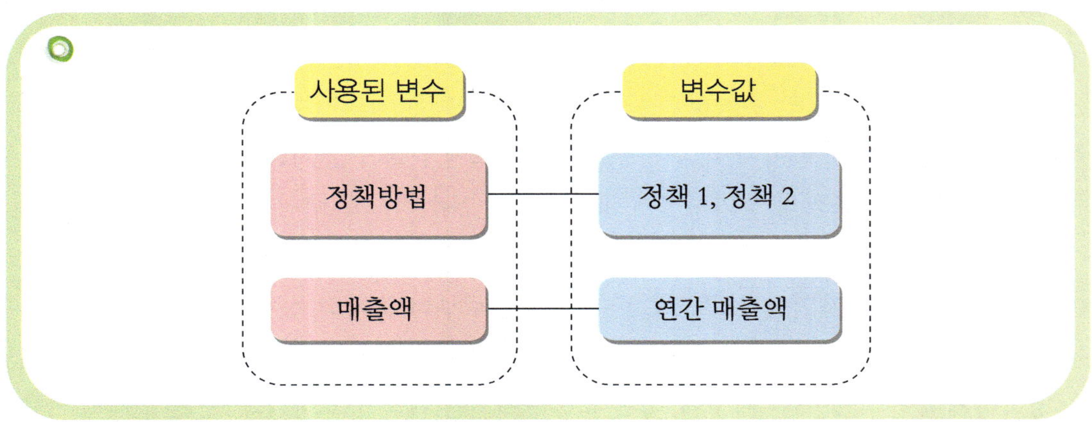

연구가설2 (상관관계연구)

직장경력이 있는 사람의 경우, 동료들 사이의 관계와 업무능력 사이에는 유의한 양의 상관관계가 있을 것이다

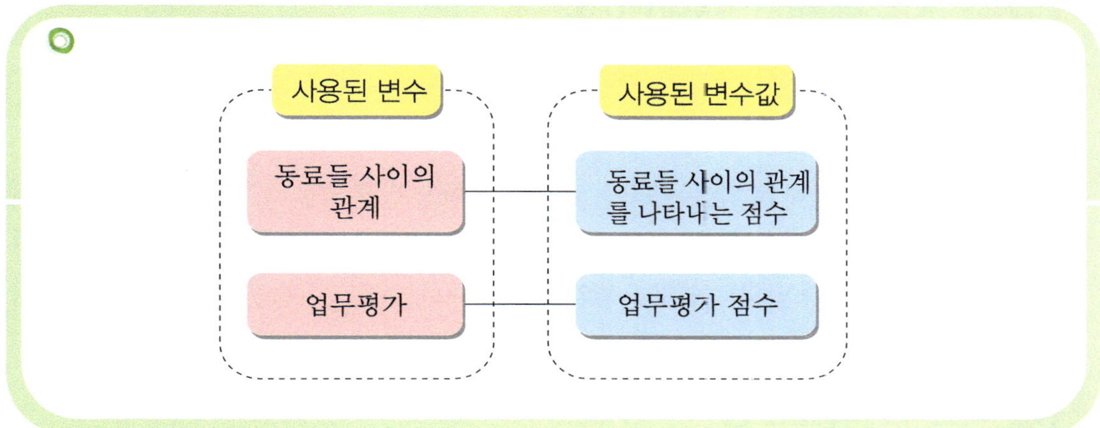

연구가설 2의 상관관계연구에서는 직장경력이 있는 사람은 변수의 역할을 하는 것이 아니고 모집단으로서의 역할을 한다. 이러한 연구가설에 따르면 동료들 사이의 관계에 대한 점수가 높으면 업무평가 점수가 높을 것이라고 예측할 수 있을 것이며, 동료들 사이의 관계에 대한 점수가 낮으면 업무평가 점수도 낮을 것이라고 예측할 수 있을 것이다.

연구가설은 반드시 통계적 검정(statistical test)이 가능한 형태의 문장이어야 한다. 앞에서 언급한 모든 연구가설의 예는 검정이 가능한 형태의 문장이다. 예를 들어, 연구가설 1인 '정책 1

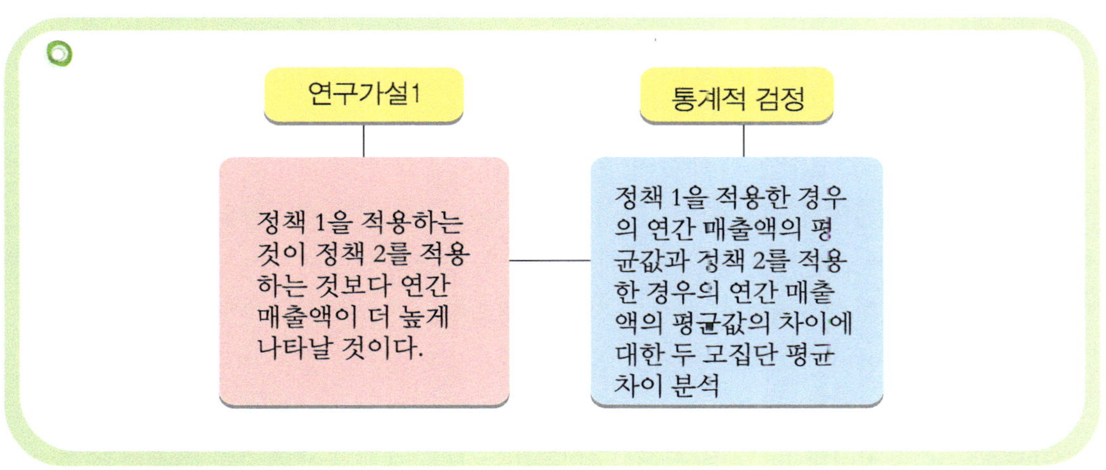

을 적용하는 것이 정책 2를 적용하는 것보다 연간 매출액이 더 높게 나타난다'는 정책 1을 적용한 경우의 연간 매출액의 평균값과 정책 2를 적용한 경우의 연간 매출액의 평균값의 차이를 비교함으로써 통계적 검정을 할 수 있게 된다.

04 잘못된 연구가설의 유형

연구가설을 잘못 설정하는 경우는 크게 두 가지 유형으로 구분될 수 있다. 가장 흔하게 나타나는 첫 번째 유형은 연구가설에서 비교대상이 명확하지 않기 때문에 발생하는 경우이고, 두 번째 유형은 연구자가 임의로 연구가설의 내용에 대하여 좋고 나쁨을 부여하는 경우이다.

(1) 비교대상의 모호성

예를 들어, '학습방법 A를 적용하면 영어 독해능력이 더 좋아진다'라는 주장을 생각하여 보자. 이 경우 학습방법 A를 이용하면 다른 방법을 이용한 것에 비하여 영어 독해능력이 더 좋아진다는 주장인지 또는 학습방법 A를 이용하면 다른 과목과 비교하여 특별히 영어과목의 독해능력에서 더 좋은 학습효과를 나타낸다고 주장하는 것인지 불명확하다. 다시 말하면, 비교하고자 하는 대상이 명확하게 제시되어 있지 않기 때문에 '더 좋아진다'라는 의미가 어떠한 기준에서 평가된 주장인지를 명확하게 파악할 수 없게 된다.

(2) 연구자의 주관적 가치가 연구가설에 반영되는 경우

연구자가 임의로 가설 내용에 대하여 좋거나 나쁨의 기준을 할당하는 경우 즉, 연구결과에서 어떠한 사건이 일어나거나 유의한 차이가 발견되는 것을 연구자가 임의로 좋은 경우로 판단하여 연구가설에 표현하는 경우가 이에 해당된다. 경험적 연구에서는 연구자가 임의로 좋고 나쁨의 기준을 할당하여 이에 대한 검정을 진행해서는 안 된다.

또한, 연구자가 어떠한 가치를 가지고 연구주제를 설정하였을 경우, 연구자는 그러한 주관적인 가치가 연구가설에 반영되지 않도록 하여, 연구자가 설정한 가치를 판단하는 검정이 되지 않도록 주의하여야 한다. 예를 들어, '국민윤리는 모든 대학생이 수강하여야 하는 중요한 과목이다'라는 주장을 생각하여 보자. 이러한 주장은 두 가지의 이유 때문에 연구가설이라고 볼 수 없다. 첫 번째 이유는 통계적 검정이 가능하지 못하기 때문이며, 두 번째는 연구자의 견해, 즉, '중요한 과목'이라는 주관적 가치가 부여되었기 때문이다. 연구가설은 보다 구체적이고 객관적인 기준에 따라 만들어져야 한다. 만일 '왜 모든 대학생은 반드시 국민윤리 과목을 수강하여야 하는가?'라는 질문을 받았을 경우 아마도 현대사회에서 나타나는 도덕적 위험문제를 방지하기 위해서라고 대답할 수 있을 것이다. 이 경우, 도덕적 위험은 좋고 나쁨을 구분하는 가치와 직접 관련된 의미를 갖지만 연구가설은 통계적 검정이 가능한 형태의 주장을 가지고 있어야 하므로 이러한 대답 또한 연구가설이 될 수는 없다. 이 주장이 올바른 연구가설의 형태가 되려면 '국민윤리 과목을 수강한 학생은 국민윤리 과목을 수강하지 않은 학생과 비교하였을 경우, 도덕적 해이에 따른 나쁜 행동을 적게 한다'라고 표현되어야 한다.

05 문헌연구를 통한 연구가설의 수정

충분한 문헌연구가 진행된 후에 연구가설을 설정하는 것이 바람직한 경우도 있지만, 때로는 문헌연구를 진행하기 이전에 연구자가 이미 검정하고자 하는 구체적이고 훌륭한 연구문제나 연구가설을 인지하고 있는 경우도 있다. 하지만 이미 훌륭한 연구가설을 가지고 연구를 시작한다고 할지라도, 문헌연구를 통한 연구가설의 수정은 필요하다. 다시 말해서, 절차상으로 문헌연구 후에 연구가설을 설정한다고 생각할 수도 있지만, 연구가설의 수정과 문헌연구는 동시에 진행되는 것이 바람직하다는 것이다.

06 연구가설의 방향성

연구가설에는 방향성 있는 연구가설(directional hypothesis)과 방향성 없는 연구가설(nondirectional hypothesis)이 있다. 이에 대한 내용을 설명하기 위하여 다음과 같은 예를 들어보자.

초등학교 학생에게 국어를 가르칠 때 A라는 방법을 사용하는 것이 더 효과적이라고 연구자는 경험을 통하여 느끼고 있다고 가정하자. 그리고 주위의 몇몇 사람은 이러한 연구자의 의견에 동의하지 않고 B라는 방법을 사용하는 것이 더 효과적이라고 생각하고 있다고 가정하자. 이 경우 연구자는 경험적 연구를 통하여 어떠한 학습방법이 초등학생에게 더 효과적인지를 객관적인 입장에서 판단하여야 한다. 연구자의 의도나 주장은 연구가 제대로 진행되는 것을 방해할 수 있다. 따라서 연구자가 객관적 입장을 취한다는 것이 가끔은 쉽지 않을 수도 있지만, 반드시 객관적 입장에서 연구가설의 방향성을 설정하여야 한다.

이 경우 연구자는 처음에 'A방법을 적용하였을 경우는 B방법을 적용하였을 경우보다 초등학교 학생의 국어 성적 점수가 더 높게 나타난다'라고 연구자의 의도를 나타내는 연구가설을 만들 수 있다. 하지만 이러한 연구가설을 결정하기 위하여 연구자는 문헌연구를 통한 타당한 근거를 제시할 수 있어야 한다. 기존 연구를 살펴보면 아마도 다음과 같은 가능한 연구결과를 얻을 수 있을 것이다.

가능한 연구결과 1	A방법이 B방법보다 우수하다.
가능한 연구결과 2	B방법이 A방법보다 우수하다.
가능한 연구결과 3	어느 기존 연구에서는 A방법이 우수하다고 나타나며, 다른 기존 연구에서는 B방법이 우수하다고 나타난다.
가능한 연구결과 4	A방법과 B방법에 대한 학습효과는 서로 유의한 차이를 나타내고 있지 않다.

여기서 가능한 연구결과 4는 두 학습방법에 따른 학습효과의 차이가 존재하지 않는다는 의미이므로, 이러한 연구결과가 기존 연구에서 나타났다면, 두 방법에 대한 비교연구는 특별한 이유가 있지 않는 이상에는 진행하지 않는 것이 현명할 것이다.

(1) 방향성 있는 연구가설

만일 기존 연구에서 가능한 연구결과 1과 같은 결과가 나타났다면, 연구자는 초기에 설정한 'A방법을 적용하였을 경우는 B방법을 적용하였을 경우보다 초등학교 학생의 국어 성적 점수가 더 높게 나타난다'라는 연구가설을 그대로 유지하여 연구를 진행할 수 있다. 이와 같이 연구자가 어떠한 방법이 더 좋게 나타날 것이라고 예측하는 연구결과에 대한 방향을 제시하여 주는 연구가설을 방향성 있는 연구가설(directional hypothesis)[1)]이라고 한다. 이 경우 문헌연구는 단순히 연구자가 처음에 설정하였던 연구가설을 그대로 사용할 수 있다는 근거를 제공한다. 따라서 기존연구에서 이미 알려진 사실을 확인하는 연구가 되기 때문에 연구 자체가 특별히 새로운 지식을 제공하는 연구가 될 수 없다.

만일 기존 연구의 결과가 가능한 연구결과 2와 같이 B방법이 더 우수하다고 나타나는 경우는 연구자의 의도와는 상반되지만 이러한 연구자의 의도와는 상관없이 'B방법을 적용하였을 경우는 A방법을 적용하였을 경우보다 초등학교 학생의 국어 성적 점수가 더 높게 나타난다'라고 표현되는 연구가설로 재구성하여야 한다. 이러한 연구가설 또한 방향성 있는 연구가설이 된다. 하지만 이 경우는 처음에 설정한 연구자가 의도한 연구가설과 방향이 반대인 'B방법이 A방법보다 더 우수하다'라는 의미를 가지고 있다. 이 경우 연구가설의 방향이 바뀌었다고 연구문제 자체가 바뀌어서는 안 된다. 결론적으로 말하자면, 연구가설은 연구자의 의도에 따라 설정되는 것이 아니라 기존 연구에 대한 결과를 근거로 만들어져야 한다는 것이다.

(2) 방향성 없는 연구가설

문헌연구과정에서 연구자가 혼란스럽게 되는 경우는 아마도 기존 연구의 결과가 가능한 연구결과 3과 같이 '어느 기존 연구에서는 A방법이 우수하다고 나타나며, 다른 기존 연구에서는 B방법이 우수하다고 나타난다'라는 결과가 나타난 경우이다. 즉, 두 가지의 상반된 경우가 동시에 주장되기 때문에 기존 연구의 혼돈된 결과로 명확한 방향성 있는 연구가설을 설정할 수 없는 상황이 되어 버린다. 이 경우 연구자는 어떠한 상황에서 서로 다른 연구결과가 나타났는지를 비교 분석할 필요가 있다. 예를 들어, 교육수준에서 차이가 있는 서로 다른 지역을 모집단으로 사용하였기 때문에 연구결과의 차이가 발생할 수 있으며, 국어능력을 측정하는 방법의 차이 때문에 이러한 연구결과의 차이가 발생할 수도 있다.

이와 같이 연구결과에 대한 차이가 발생되면, 연구자는 기존 연구들을 비교 분석하여 결과에 영향을 미치는 요인들을 알아보고, 현재 연구가 어떠한 기존 연구와 가장 비슷한 상황인지를 파악하여 이에 대한 연구결과에 따라 연구가설을 설정하여야 한다. 즉, 기존 연구에서 낮은 소득수준과 낮은 교육수준의 환경에서 방법 B가 방법 A보다 더 효과적으로 나타났다면, 그리고 현재 진행하고 있는 연구가 이러한 학생들을 대상으로 하는 것이라면 방법 B가 방법 A보다 더 효과적이라는 예측을 기존 연구를 통하여 할 수 있을 것이다. 따라서 이 경우에는 방법 B가 방법 A보다

---

1) 방향성 있는 연구가설을 통계학적 용어로는 단측가설(one-sided hypothesis)이라고 하며, 통계적 검정은 단측검정(one-sided test)이라고 한다.

더 효과적이라는 내용의 연구가설을 설정하여야 한다는 것이다.

하지만 만일 연구자가 기존 연구들을 비교 분석하여 연구결과의 차이에 영향을 미치는 요인을 발견하지 못하였다면, **방향성 없는 연구가설**(nondirectional hypothesis)[2]을 사용하여야 한다. 다시 말하면, 어떠한 방법이 더 효과적인지를 나타내지 않는 형태의 연구가설, 'A방법을 적용하였을 경우의 국어 성적 점수와 B방법을 적용하였을 경우의 국어 성적 점수는 서로 유의한 차이를 나타낸다'라고 설정하여야 한다는 것이다. 방향성 있는 연구가설은 어떠한 방법이 더 높은 국어 점수를 얻도록 하는지를 예측하는 내용이 연구가설에 포함되어 있지만 방향성 없는 가설은 이러한 내용이 포함되어 있지 않고 단순히 차이가 있을 것이라는 내용만을 포함하게 된다.

연구가설의 설정단계

연구가설을 설정하는 전체적인 과정을 정리하여 보자.

1단계 연구를 진행하는 처음단계로 우선 연구가설이 아닌 넓은 연구주제를 선택하여 점차적으로 연구주제의 범위를 좁혀 나간다.

2단계 연구주제를 좁혀 나가면서 특정한 연구문제가 나타나게 되면, 연구 대상이 되는 모집단이나 비교할 여러 모집단을 생각한다.

3단계 모집단이 결정되면, 이를 기초로 연구가설을 설정한다. 여기서 연구가설은 반드시 변수들 사이의 연관성을 나타내고 있어야 하며 통계적 검정이 가능한 형태의 문장이어야 한다.

4단계 연구가설에 사용되는 변수들은 조작적 정의에 의하여 정확하게 설명되어야 하며 연구가설은 좋고 나쁨을 판단하는 연구자의 주관적 판단기준의 내용이 아니라 객관적으로 검정이 가능한 형태로 표현되어야 한다.

5단계 마지막으로 문헌연구에서 얻은 사실을 근거로 방향성 있는 연구가설로 표현할 것인지 또는 방향성 없는 연구가설로 표현할 것인지를 판단하여야 한다.

---

2) 방향성 없는 연구가설을 통계학적 용어로는 양측가설(two-sided hypothesis)이라고 하며, 통계적 검정은 양측검정(two-sided test)이라고 한다.

요 약

▶ 연구목적은 어떠한 이유로 그리고 무엇을 위하여 연구가 수행되어야 하는지를 기술한 문장이다.

▶ 연구가설은 변수의 연관성을 이용한 시험적이고 통계적 검정이 가능한 문장으로 표현되어야 하며 연구결과로서 예측되는 결과변수에 대한 주장이다.

1. 변수의 정의

▶ 같은 이름의 변수를 사용할지라도 다른 방식으로 개념화가 정의되면, 전혀 다른 변수값을 갖는 변수가 만들어진다.

▶ 어떠한 변수는 변수의 역할과 동시에 다른 변수의 변수값이 될 수도 있다.

2. 변수의 조작적 정의

▶ 구성개념은 관측이 불가능한 요소들로 구성된 복잡한 현상을 설명하기 위하여 사용되는 용어로 영업활동능력, 기업의 자생능력, 서비스 품질, 불안감, 우울증, 학습능력, 창의력 등과 같은 예가 있다.

▶ 변수의 조작적 정의는 변수와 구성개념을 구체화시키는 과정을 통하여 어떻게 측정할 것인지를 설명하는 과정을 의미한다.

3. 연구가설의 구성

▶ 연구가설은 반드시 통계적 검정이 가능한 형태의 문장이어야 한다.

4. 잘못된 연구가설의 유형

▶ 잘못 구성된 연구가설은 ① 비교대상이 불명확한 주장이거나, ② 검정이 가능하지 못하면서 연구자의 가치 기준이 반영된 주장의 형태로 구분될 수 있다.

5. 문헌연구를 통한 연구가설의 수정

▶ 문헌연구를 통하여 얻은 연구문제에 대한 결과를 기초로 연구가설이 만들어져야 하며, 연구자의 의도가 연구가설의 방향성을 결정해서는 안 된다.

6. 연구가설의 방향성

▶ 방향성 있는 연구가설은 어떠한 그룹이 더 높은 평균값을 갖는지 또는 두 변수가 서로 양의 관계를 갖는지를 구체적으로 표현한 주장인 반면에 방향성 없는 연구가설은 단순히 두 그룹의 차이나 두 변수의 연관성이 존재한다는 주장을 나타내는 가설이다.

논의사항

1. 연구가설의 설정과정에서 사용되는 변수에 대한 조작적 정의의 중요성에 대하여 논의하시오.
2. 잘못된 연구가설의 한 가지 예를 제시하고, 올바른 연구가설로 바꾼 후 이에 대한 타당한 이유를 제시하시오.

제2부

측정이론

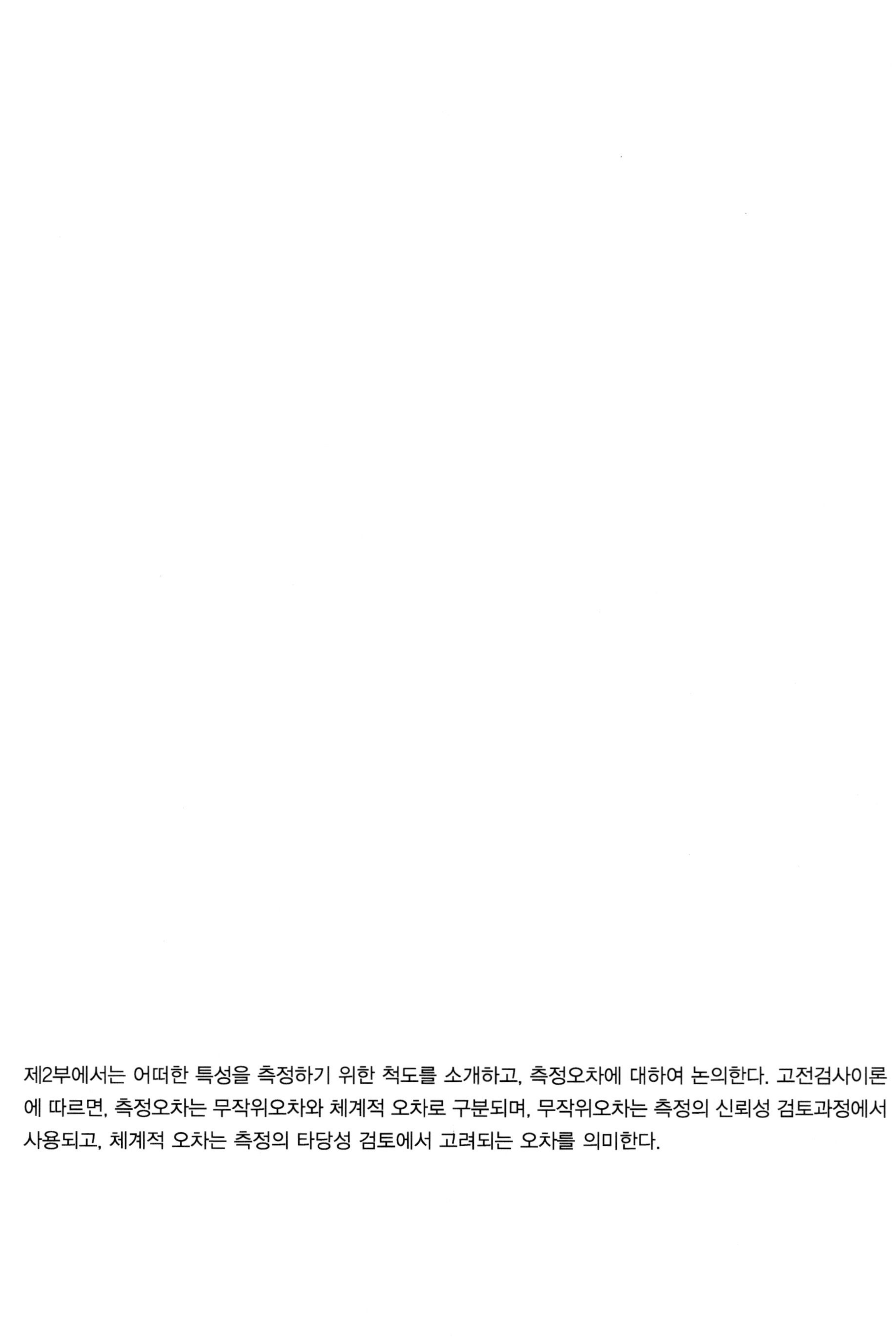

제2부에서는 어떠한 특성을 측정하기 위한 척도를 소개하고, 측정오차에 대하여 논의한다. 고전검사이론에 따르면, 측정오차는 무작위오차와 체계적 오차로 구분되며, 무작위오차는 측정의 신뢰성 검토과정에서 사용되고, 체계적 오차는 측정의 타당성 검토에서 고려되는 오차를 의미한다.

CHAPTER 5

측정의 개념

척도는 어떠한 특성을 갖는 측정대상의 상대적 또는 절대적인 위치를 표현하기 위하여 만들어진 체계를 의미한다. 주요 척도로는 명목척도, 서열척도, 등간척도, 비율척도가 있다. 연구대상의 특성을 효과적으로 표현하기 위해서는 다양한 척도가 존재하는데, 크게 보면 수량의 의미를 갖는 메트릭척도와 수량의 의미를 갖지 못하는 비메트릭척도로 구분되며, 메트릭척도는 다시 연속형 평가척도와 항목형 평가척도로 구분된다. 사회과학에서 많이 사용되는 리커드척도는 메트릭척도의 항목형 평가척도에 해당된다.

측정(measurement)이란 미리 결정된 규칙에 의하여 연구대상의 특징을 수치나 기호로 할당하는 과정을 의미한다. 즉, 측정은 연구대상이 무엇인가에 관심있는 것이 아니라 연구대상의 특성이나 태도에 대한 특징이 어떠한가에 관심이 있다. 예를 들어, 소비자를 대상으로 마케팅 조사를 실시한다면, 소비자를 측정한다는 것이라기 보다는 소비자의 지각된 서비스품질, 선호도 등이 측정 대상이 된다는 것이다. 대부분의 연구에서 측정은 수치로 할당하는 방법을 사용하는데, 그 이유는 ① 수치로 측정하면 통계적 분석이 가능해지며, ② 측정규칙과 결과의 관계를 쉽게 파악할 수 있기 때문이다.

측정에서 가장 중요한 것은 측정하고자 하는 특성을 수치나 기호로 할당하는 규칙을 정하는 것이다. 이러한 규칙은 반드시 일대일 대응관계를 가져야 한다. 즉, 하나의 특성이 여러 수치나 기호로 표현되면 측정이 될 수 없다는 것이다. 또한 측정규칙은 모든 대상에 일관성있게 적용되어야 한다. 측정규칙이 시간에 따라 변하거나, 대상에 따라 한다면 올바른 측정이 될 수 없다.

측정의 개념을 더욱 발전시킨 개념이 척도(scale)이다. 척도는 측정대상이 위치하고 있는 **연속적인 체계**(continuum)라고 말할 수 있다 (그림 5-1참조). 예를 들어, 서비스에 대한 태도를 조사하는 경우를 생각하여 보자. 만일 서비스에 대하여 불만족스러운 상태를 1로 하고, 보통인 경우를 2로 하고, 만족스러운 경우를 3으로 정하였다면, 응답자의 태도는, 앞에서 설명한 규칙에 의하여 1, 2, 3이라는 수치로 할당한 측정이 된다. 여기서 척도는 서비스에 대한 태도를 나타내는 응답자의 위치(불만족, 보통, 만족)를 파악할 수 있는 체계가 된다.

그림 5-1 | 측정과 척도의 이해

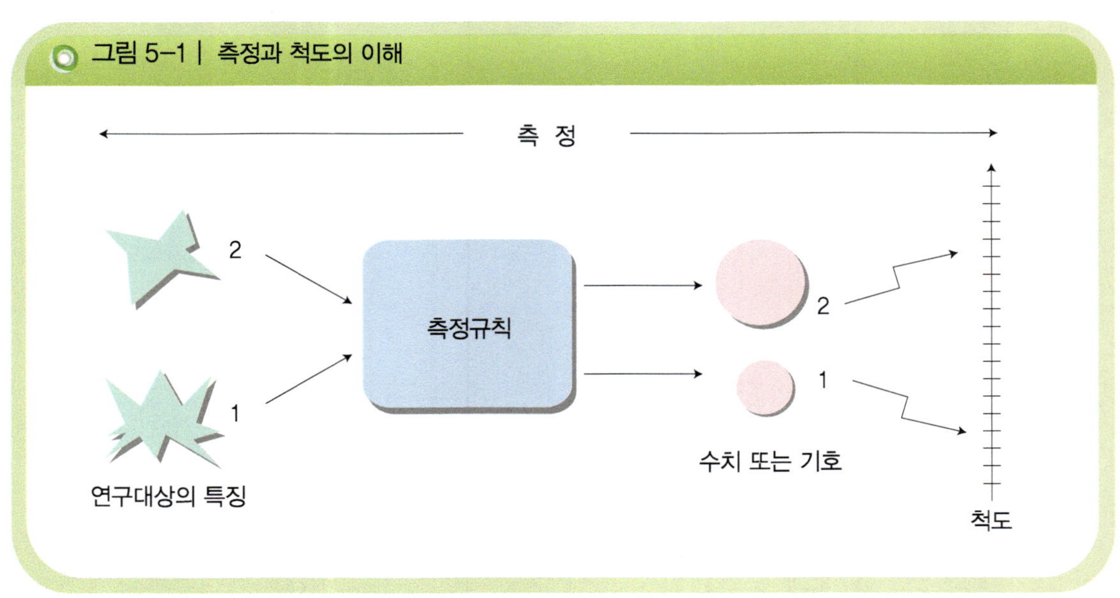

01 측정의 주요 척도

측정에 대한 주요 척도는, 명목척도(nominal scale), 서열척도(ordinal scale), 등간척도(interval scale), 비율척도(ratio scale)로 구분할 수 있다. 이러한 네 가지 주요 척도는 〔그림 5–2〕에 설명되어 있다. 이에 대하여 자세히 살펴보면 다음과 같다.

그림 5–2 | 측정을 위한 주요 척도의 해석

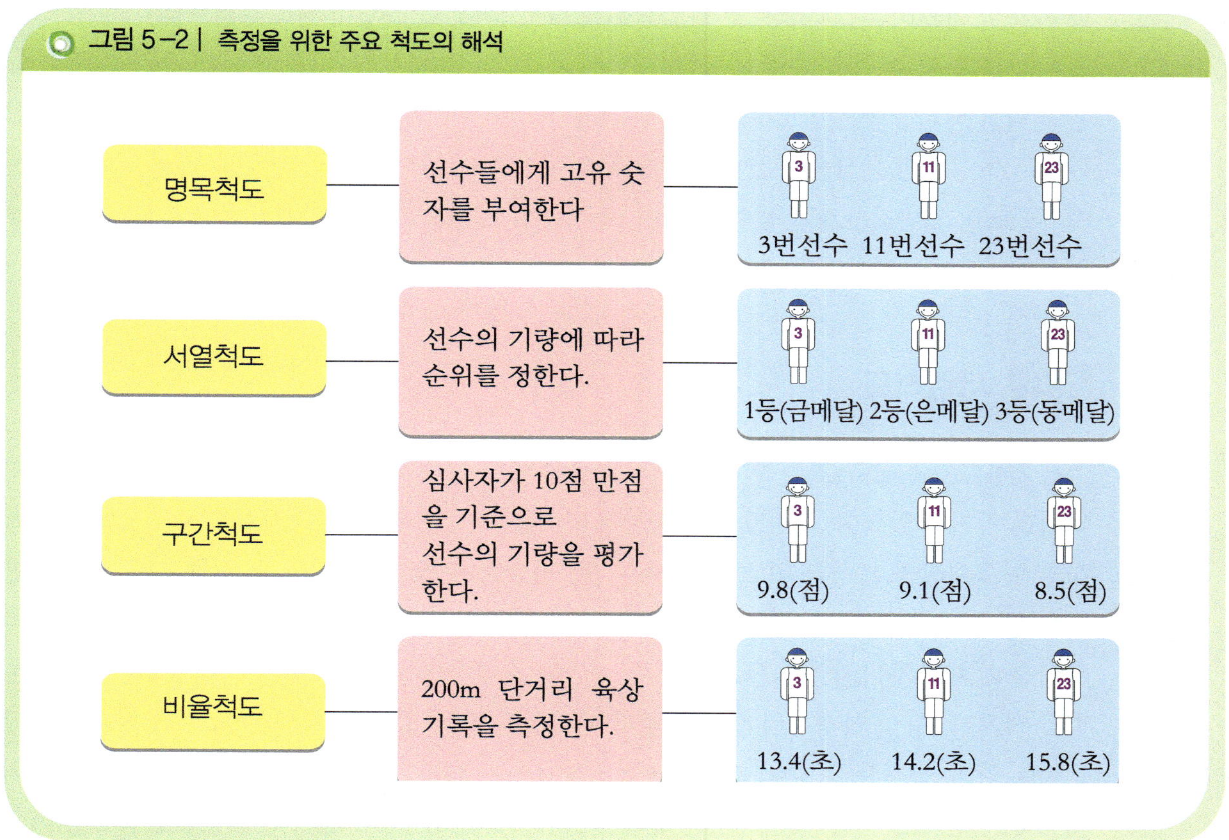

(1) 명목척도

명목척도(nominal scale)는 연구대상을 구분하거나 분류할 목적으로 라벨을 부여하는 척도를 의미한다. 예를 들어, 대학교 학생들에게 학번을 부여하는 것이 명목척도에 해당된다. 명목척도가 적용되는 경우에는 엄격하게 일대일 대응이 이루어져야 한다. 즉, 한 대상이 여러 개의 라벨을 가지고 있으면 안 된다는 것이다. 특히, 연구대상을 구분할 목적으로 명목척도가 사용되었다면, 한 개의 라벨이 한 연구대상과 대응되어야 한다. 분류목적으로 명목척도가 사용되는 경우, 라벨은 **카테고리**(category) 또는 **부류**(class) 역할을 한다. 예를 들어, 광고를 보지 않는 대조그룹을 1로 표기하고, 광고를 본 실험그룹을 2로 표현하는 것이 이에 해당된다. 이 경우 연구대상은 반드시 한 부류에 소속되어야 하며, 한 그룹에 속하게 되면, 다른 그룹에는 속하지 않는 **상호 배반적** (mutually exclusive) 특성을 갖는 것이 일반적이다.

명목척도가 나타내는 수치는 연구대상의 특성 정도를 나타내는 것이 아니다. 예를 들어, 어떤 학생의 이름이 가나다순으로 나열되어 있다고 하여, 그 학생이 가나다순으로 뒤에 있는 학생보다 더 높은 능력을 가지고 있다는 것은 아니라는 의미이다. 따라서 분석에 사용될 수 있는 유일한 통계방법은 빈도수와 관련된 통계량을 이용한 분석이다. 즉, 학번의 평균값을 계산한다든가 성별의 분산을 계산하는 것은 무의미한 것이 된다. 이에 관련된 통계량으로는 **퍼센트**(percent), **최빈값**(mode) 등이 있으며, 통계분석 방법으로는 카이제곱 검정(χ^2–test), **이항 검정**(binomial test) 등이 있다.

(2) 서열척도

서열척도(ordinal scale)는 연구대상의 특성에 대한 상대적인 정도를 수치로 할당한 순서의 의미를 가지고 있으며, 측정값들의 차이에 의미를 부여할 수 없다. 따라서 연구대상의 특성이 다른 연구대상의 특성과 비교하여 높은지는 판단할 수 있지만, 어느 정도 높은지에 대한 판단은 할 수 없다. 즉, 서열척도를 이용하여 두 연구대상의 특성을 측정하는 경우, 두 측정값의 차이를 가지고 차이의 정도를 표현할 수 없다는 것이다. 예를 들어, 학급 석차가 1등인 학생은 학급 석차가 2등인 학생보다 성적이 좋다는 사실은 알 수 있지만, 어느 정도의 점수 차이가 있는지는 알 수 없다는 것이다. 즉, 1등과 2등의 차이는 3등과 4등의 차이의 간격과 다르다는 의미이다. 설문지를 이용한 연구에서 이러한 서열척도는 종종 사용된다. 이 경우 응답자는 다른 제품과 비교하여 더 선호하는지 또는 다른 문항과 비교하여 이 문항이 내가 생각하는 태도와 더 일치하는지를 비교하여 상대적인 순위를 결정하는 과정을 거치게 된다.

서열척도는 명목척도와 마찬가지로 한 연구대상에 대하여 반드시 하나의 순위와 대응되어야 한다. 또한, 연구대상의 특성들에 대한 순서만 유지된다면, 연구대상에 어떠한 수치도 할당될 수 있다. 즉, 서열척도에서는 할당된 수치의 차이에 대한 의미가 없기 때문에, 크기의 순서만 유지된다면, 서열척도로 얻은 수치를 얼마든지 변환하여 사용하여도 관계가 없다는 것이다.

서열척도에서 사용할 수 있는 통계량은 명목척도에서 사용할 수 있는 빈도수와 관련된 통계량을 포함하여, 백분위수(percentile), 제4분위수(quartiles), 중앙값(median) 등을 사용할 수 있으며, 분석방법으로 순위상관계수(rank–order correlation), 순위를 이용한 분산분석(Friedman's ANOVA) 등이 있다.

(3) 등간척도

등간척도(interval scale)에서는 두 연구대상이 가지고 있는 특성에 대한 측정값의 차이와 다른 두 연구대상이 가지고 있는 측정값의 차이는 동일한 간격을 가지고 측정이 된다는 특징을 가지고 있다. 따라서, 등간척도는 서열척도가 가지고 있는 모든 정보에 두 특성의 차이를 비교할 수 있다는 추가적인 특징을 가지고 있다. 즉, 측정값들의 차이는 일정한 간격(등간)을 가진 척도에 의하여 거리의 개념으로 나타난다. 즉, 1과 2의 차이는 15와 16의 차이와 같다는 것이다. 예를 들어, 우리가 일상생활에 접하는 온도가 등간척도에 속하며, 소비자에게 선호정도를 물어보는 경우, 등급정도가 5개 이상일 경우에는 등간척도로 취급된다.

등간척도에서는 '0'에 대한 의미와 측정단위가 고정되지 않고 자의적으로 설정된다. 따라서 어떠한 선형함수의 양의 변환 (예를 들면, 3×(측정값)+1)에 대해서도 변환된 측정값은 등간척도의 성질을 그대로 유지하게 된다. 즉, 이 척도에서는 측정값들의 간격이 일정하기 때문에 1, 2, 3의 측정값이 갖는 등간척도의 의미는 4 (=3×(1)+1), 7, 10이 갖는 등간척도의 의미와 동일하게 된다. 하지만, 이 경우 기준이 되는 0의 의미가 전자의 측정값 (1, 2, 3)과 후자의 측정값 (4, 7, 10)에서 서로 다르기 때문에, 두 측정값의 비율을 계산한다는 것은 의미가 없어진다. 이것은 전자의 측정값에서 얻은 비율이 1/2이라면, 변환된 후자의 측정값에서는 4/7로 달라지기 때문이다. 하지만, 두 측정값의 차이에 대한 비율은 사용이 가능하다. 즉, 3과 2의 차이와 2와 1의 차이에 대한 비율과 10과 7의 차이와 7과 4의 차이에 대한 비율은 각각 1로 동일하다는 것이다. 이와 같이 등간척도에서는 '0'이 자의적인 의미를 갖게 되지만, 등간척도의 '0'이 자의적인 의미가 아닌 고정된 의미있는 원점을 갖게 된다. 결국 등간척도를 갖는 두 측정값의 차이는 의미있는 원점을 갖는 비율척도로 취급된다. 비율척도에 대한 설명은 다음 절에서 자세히 소개하기로 한다.

등간척도에서 사용할 수 있는 통계량은 서열척도에서 사용할 수 있는 통계량을 포함하여, 평균(mean), 표준편차(standard deviation) 등이며, 통계분석 방법으로 피어슨상관계수(Pearson's product–moment correlation), 분산분석(ANOVA), 회귀분석(regression analysis) 등이 있다. 하지만 기하평균(geometric mean), 조화평균(harmonic mean), 변동계수(coefficient of variation)와 같은 특별한 통계량은 등간척도에서 사용할 수 없다.

(4) 비율척도

비율척도(ratio scale)는 명목척도, 서열척도, 등간척도가 갖는 모든 성질을 가지고 있으면서, 추가적으로 절대 불변의 의미있는 '0'을 가지고 있다. 따라서 비율척도를 통하여 얻어진 측정값은 연구대상을 구분하거나 분류할 수 있으며, 순위를 만들 수 있으며, 차이를 비교하여 분석할 수도 있고, 추가적으로 비율에 대한 분석이 가능하다. 예를 들어, 측정값 14는 측정값 2의 7배에 해당하는 값이라고 말할 수 있다는 것이다. 비율척도로 많이 언급되는 측정은 체중, 길이, 나이, 가격, 시장점유율, 어느 호텔에 1주일 동안 방문한 고객의 수 등이다. 비율척도는 절대불변의 의미있는 '0'을 가져야 하기 때문에, 절편이 없는 선형함수의 양의 변환 (예를 들면, 3×(측정값))에 대해서만 비율척도의 성질을 그대로 유지한다. 예를 들어, 미터단위를 센

표 5-1 | 주요 척도에 대한 요약

척 도	특 성	예 제	주요 통계량	분석 방법
명목척도	대상의 특성을 구분하는 목적으로 사용된다.	선수 번호, 성별, 이름	빈도수, 퍼센트, 최빈값	카이제곱 검정, 이항검정
서열척도	대상의 특성에 대한 상대적인 위치를 나타내며, 측정값들의 차이에 의미를 부여할 수 없다.	학급 석차, 제품 선호도 순위, 토너멘트 게임의 팀 순위	명목척도의 통계량, 백분위수, 제4분위수, 중앙값	순위 상관계수, 순위를 이용한 분산분석
등간척도	측정값들의 차이에 의미를 부여할 수 있다. 하지만 '0'의 의미가 어떠한 의미를 가지고 있지 않고 자의적이다.	화씨나 섭씨, 단위의 온도, 지능지수(IQ), 소비자 만족지수	서열척도의 통계량, 평균, 표준편차	서열척도의 모든 분석방법, 피어슨 상관계수, 회귀분석, 분산분석, 요인분석 등
비율척도	'0'의 의미를 자의적으로 해석할 수 없다. 측정값들의 비율(예를 들어, 3배)에 의미를 부여할 수 있다.	체중, 무게, 나이, 연간소득, 제품가격, 시장점유율, 경제성장률	모든 통계량	모든 통계분석 방법

티미터 단위로 바꾸는 경우, 측정값은 비율척도의 성질을 그대로 유지한다는 것이다. 비율척도에서는 기하평균, 조화평균, 변동계수를 포함한 모든 통계량을 사용할 수 있으며, 통계분석 방법도 모든 방법을 사용할 수 있다.

여기서 연구자가 주목하여야 할 사항은 모든 척도가 앞에서 언급한 네 가지 중 반드시 한 가지 척도만을 취할 필요는 없다는 것이다. 예를 들어, 주민번호의 앞 번호(생년월일)나 뒷 번호(성별과 가족관계)의 경우, 한 개인당 고유한 번호가 주어진다는 의미에서 명목척도라 볼 수 있지만, 부분적으로 서열의 의미를 가지고 있다고 볼 수 있기 때문이다. 또한 부분적으로 거리의 개념을 가지고 있는 등간척도도 존재할 수 있다. 이러한 척도의 한 형태로 서열메트릭 척도(ordered metric scale)가 있는데 이에 대한 자세한 내용은 본 책의 범위를 벗어나므로 생략하기로 한다.

02 비교척도

척도는 척도방법에 따라 두 가지 형태로 구분될 수 있는데, 그 첫 번째 형태는 비교척도(comparative scale) 또는 비메트릭척도(non–metric scale)이고, 두 번째 형태는 메트릭척도(metric scale) 또는 비교가 아닌 척도(non–comparative scale)이다. 비메트릭척도에 해당하는 비교척도[1]는 두 대상을 직접 비교하여 측정하는 척도이다. 예를 들어, 코카콜라와 펩시콜라를 시음

그림 5–3 | 비교척도의 분류

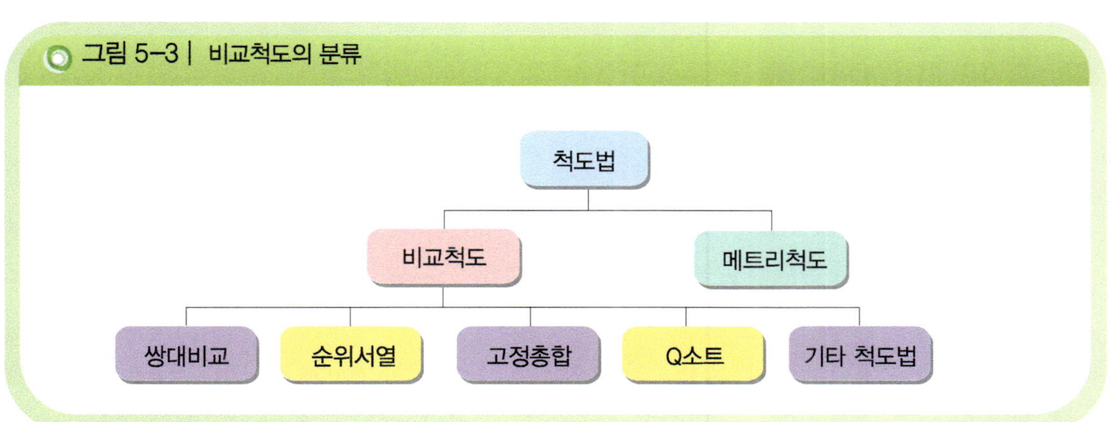

1) 비교척도와 비메트릭 척도는 같은 의미로 혼용하여 사용되는데, 본 장에서는 일관적으로 비교척도라 표현하기로 한다.

한 후, 두 가지 중에서 어느 것이 더 맛있는지를 측정하는 것이 이에 해당된다. 따라서 비교척도는 상대적인 의미로 해석되어야 하기 때문에, 순위나 순서에 관련된 서열척도가 된다. 〔그림 5−3〕에 나타난 바와 같이 비교척도는 쌍대비교척도법(paired comparison scaling), 순위서열척도법(rank order scaling), 고정총합척도법(constant sum scaling), Q소트척도법(Q–sort scaling) 등으로 구분된다.

비교척도에서는 여러 연구대상을 비교하여 어느 대상이 더 우월한지를 응답자가 반드시 선택하여야 하며, 평가를 내리는 과정에서 동일한 기준점(reference point)이 적용된다는 특징을 가지고 있다. 비교척도가 갖는 장점이라면 ① 적은 차이도 민감하게 발견할 수 있다는 것과, ② 같은 기준으로 측정되었기 때문에 상호 비교가 가능하다는 것이며, ③ 응답자가 쉽게 이해할 수 있으며, ④ 적용이 간편하고, ⑤ 척도 구성에 있어서 이론적 가정이 거의 필요없으며, ⑥ 한 응답자가 여러 번 반복 측정하는 경우 쉽게 나타날 수 있는 학습효과(pretest effect; learning effect; carry–over effect)를 줄일 수 있다는 장점을 갖는다.

하지만 비교척도는 서열척도로 취급되기 때문에 서열척도가 갖는 일반적인 한계점을 그대로 가지고 있다. 즉, 비교척도를 통하여 얻은 측정값은 두 측정값의 차이를 나타내는 거리의 개념이 없기 때문에, 이를 바탕으로 얻은 연구결과를 일반화시키는 것은 어렵다는 한계점을 가지게 된다. 예를 들어, 새롭게 개발된 콜라를 기존의 코카콜라와 비교하여 측정하는 척도는 펩시콜라가 기준이 되어 측정하는 척도와 다른 측정값이 된다. 왜냐하면, 비교의 대상이 되는 코카콜라와 펩시콜라가 갖는 기준점이 서로 다르므로 두 척도를 호환적으로 사용할 수 없기 때문이다. 이러한 문제점은 다음절에서 설명되는 메트릭척도를 사용함으로써 극복할 수 있다.

(1) 쌍대비교척도법

비교척도의 가장 대표적인 쌍대비교척도법(paired comparison scaling)은 응답자가 어떠한 기준에 의하여 두 연구대상 중 한 가지를 선택하도록 하는 측정방법이다. 따라서 측정된 값은 서열척도의 형태가 된다. 다음에 소개되는 <예제 5−1>은 백화점 5개를 대상으로 선호도를 측정한 쌍대비교척도법의 예이다. 이 경우, 백화점 5개는 10개의 쌍으로 구성되어 비교되었음을 확인할 수 있다. 일반적으로 백화점이 n개 있는 경우, 총 $n(n-1)/2$개의 가능한 쌍이 존재하게 된다.

예제 5-1 쌍대비교척도법을 이용한 백화점 선호도

다음은 5개의 백화점 이름을 이용하여 10개의 쌍을 만든 예입니다. 각각의 쌍에서 왼쪽에 정렬되어진 백화점을 선호하는 경우는 (열에 해당하는 백화점을 선호하는 경우), 0으로 표기하고 위쪽에 나열되어진 백화점을 선호하는 경우는 (행에 해당하는 백화점을 선호하는 경우) 1로 표기하여 주십시오.

	백화점 1	백화점 2	백화점 3	백화점 4	백화점 5
백화점 1		0	0	1	0
백화점 2	1		0	1	0
백화점 3	1	1		1	1
백화점 4	0	0	0		0
백화점 5	1	1	0	1	
합 계	3	2	0	4	1

이와 같이 <예제 5-1>에 소개된 쌍대비교척도법은 다른 형태로 응용될 수 있다. 예를 들어, 어느 한 백화점을 다른 백화점과 비교하는 경우, 그 상대적인 선호도를, '0'이나 '1'로 표기하는 대신에, 0에서 100 사이의 비율로 표현하는 것이다.

연구자는 이와 같은 쌍대비교자료를 순위로 바뀌어 분석에 이용할 수 있는데, 이 경우에는 추이성(transitivity)이라는 조건이 만족되어야 한다. 추이성을 예를 들어서 설명하면, 백화점 1을 백화점 2보다 더 선호하고, 백화점 2를 백화점 3보다 더 선호한다면, 반드시 백화점 1을 백화점 3보다 더 선호해야 한다는 성질이다. 만일 추이성이 만족되어 쌍대비교자료를 순위로 변환시키고자 한다면, <예제 5-1>에 나타난 바와 같이, 각 열에 있는 한 백화점이 5개의 행에 놓여져 있는 모든 다른 백화점을 거치면서 얻은 1의 합계를 계산하여 그 합계를 비교함으로써 순위를 결정할 수 있다. 예를 들어, 첫 행의 백화점 1은 백화점 2부터 백화점 5까지의 열에 놓여져 있는 백화점을 거치면서 1을 받은 합계가 3이 되었다. 따라서 <예제 5-1>에서는 백화점 4, 백화점 1, 백화점 2, 백화점 5, 백화점 3으로 순위를 정할 수 있다.

연구자는 또한 쌍대비교자료를 등간척도로도 바꿀 수 있는데, 이 경우 사용되는 방법 중의 하나로 서스톤 V 방법(Thurstone case V procedure)이 있다. 이에 대한 자세한 내용은 본 장의 범위에서 벗어나므로 생략하기로 한다.[2)]

2) 서스톤 V 방법에 관심있는 독자는 (1) L. L. Thurstone, The Measurement of Values (Chicago: University of Chicago Press, 1959); (2) Rensis Likert, Sydney Roslow, and Gardener Murphy, "A Simple and Reliable Method of Scoring the Thurstone Attitude Scales," Personnel Psychology, 46(3) (Autumn 1993): 689-690 논문을 참고하기 바란다.

그밖에도 쌍대비교척도법은 다양한 형태로 응용되어 사용될 수 있다. 예를 들어, 두 가지 중에서 한 가지를 선택하는 것 이외에 '차이가 없다' 또는 '잘 모르겠다' 등의 항목을 추가하여 응답자로 하여금 선택의 폭을 넓게 만들어 줄 수도 있으며, 두 가지 중에서 한 가지를 선택함에 있어서 어느 정도의 확신을 가지고 선택할 것인지를 동시에 물어보는 경우도 이에 해당될 수 있다. 또한 제6부에서 소개되는 MDS라 부르는 다차원척도법(multidimensional scaling)도 쌍대비교척도법을 응용하여 분석하는 통계적 분석방법으로, 두 가지 연구대상이 서로 얼마나 유사한지(유사성: similarity) 또는 서로 얼마나 차이가 있는지(거리: distance)를 측정하여 각각의 연구대상의 상대적인 위치를 파악하는 기법이다.

쌍대비교척도법은 직접적으로 비교가 일어나고 이에 따른 결과가 명확하기 때문에 연구대상의 수가 그다지 많지 않을 경우에는 유용하게 사용될 수 있다. 하지만, 쌍대비교척도법이 가지고 있는 문제점도 많이 있다. 우선 ① 연구대상의 수가 많아지면, 비교해야 하는 수가 기하급수적으로 늘어나기 때문에 적용이 어렵게 된다는 점과, ② 추이성이 만족되지 못하는 경우, 계산된 순위결과는 바이어스를 갖는다는 사실과, ③ 현실 상황과 다른 결과가 나타나는 경우가 발생할 수 있다는 것이다. 예를 들면, 백화점의 예에서 소비자는 5개 백화점 중에서 방문할 백화점을 선택하는 것이지, 2개 백화점에서 선택하는 것이 아니라는 것이다. 따라서 이러한 상황설정의 변화로 인하여 실제 소비자의 선택은 쌍대비교척도법에 의한 결과와 다르게 나타날 수 있다. 마지막으로 ④ 쌍대비교척도법에 의하여 선호도가 가장 높게 나타났다고 하여도 이 응답자가 절대적인 의미에서 높은 선호도를 가지고 있다고 판단하기 어렵다는 것이다. 즉, 쌍대비교척도법은 모든 백화점에 대해서 불만을 가진 응답자의 경우, 이를 구별할 수 없다는 문제점을 가지고 있다.

(2) 순위서열척도법

순위서열척도법(rank–order scaling)에서는 응답자가 여러 연구대상을 동시에 고려하여, 어떠한 기준에 따라, 이들의 순위를 정하는 방법이다. 예를 들어, 여러 기업들을 대상으로, 기업에 대한 전반적인 평판에 대하여 순위를 정하는 경우가 이에 해당된다. <예제 5–2>는 순위서열척도법에 의한 기업의 평판을 조사한 예이다.

예제 5-2 순위서열척도법을 이용한 기업 평판조사

다음 기업들을 대상으로 여러분이 느끼고 있는 전반적인 평판에 대한 순위를 적어주십시오. 가장 평판이 좋은 것으로 생각하는 기업은 '1'로 가장 평판이 좋지 않은 것으로 생각하는 기업은 '5'로 표기하여 주십시오.

두 기업에 같은 순위를 주는 것은 피하여 주십시오.

평판에 대한 기준은 전적으로 여러분의 생각에 따라 결정하여 주십시오.

이 설문에는 옳거나 틀린 답은 없습니다. 단지, 일관성을 가지고 순위를 적어 주십시오.

기 업	순 위
1. 삼성	______
2. SK	______
3. LG	______
4. 한화	______
5. 현대	______

순위서열척도법에서는 일반적으로 가장 선호하는 대상, 본 예제와 같이 가장 평판이 좋다고 생각하는 경우를 '1'로 표기하고, 두 번째에 해당하는 경우에는 '2'로 표기하며, 이와 같은 과정을 모든 연구대상에게 적용한다. 쌍대비교척도법과 마찬가지로 순위서열척도법은 비교의 의미를 가지고 있으므로 서열척도의 형태를 가지며, 평판조사에서 '1'의 값을 받았다는 것은 비교되는 기업 중에서 가장 좋다는 의미이고, 절대적인 의미에서 반드시 평판이 좋은 기업이라고 말할 수는 없다. 특별히 순위서열척도법은, 응답자에게 순위를 기입하게 함으로써 서로 다른 속성으로 구성된 연구대상들 사이의 구분을 명확하게 시켜주므로, 고급 통계분석 기법인 컨조인트 분석(conjoint analysis)에서 유용하게 사용된다.

쌍대비교척도법과 비교하여 보면, 순위서열척도법은 여러 연구대상을 동시에 고려하기 때문에 현실상황에 더 가깝다고 볼 수 있다. <예제 5-1>의 백화점의 선호도 측정에 순위서열척도법을 적용하면, 응답자는 백화점 5개를 동시에 고려하여 순위를 기입하기 때문에 쌍대비교척도법에 비하여 훨씬 현실상황에 가깝다는 것이다. 순위서열척도법이 가지고 있는 또 다른 특징은 쌍대비교척도법보다 시간이 절약되는 점이다. 백화점 5개의 경우 쌍대비교척도법은 10번의 비교 평가가 이루어졌지만, 순위서열척도법은 4번의 결정으로 모든 문제가 해결된다. 또한 쌍대비교척도법에서 나타날 수 있는 추이성 문제가 순위서열척도법에서는 나타나지 않는다. 즉, 순위서열척도법에 의한 측정값은 항상 추이성이 성립한다는 것이다. 또한 순위서열척도법에서는 응답자들이 순위를 기입하는 과정을 쉽게 이해할 수 있다는 장점을 가지고 있다. 다만 서열척도라는 한계점으로 인하여 측정값들의 차이에 어떠한 의미도 부여할 수 없으며, 따라서 제한적으로 분석이 이루어질 수밖에 없다. 또한 연구대상의 수가 많아지면, 동시에 비교해야하는 수가 늘어나기 때문에 응답자에게 부담이 되므로 이 점을 연구자는 고려하여야 한다.

일반적으로 순위서열척도법에 의한 자료들을 쌍대비교척도법에 의한 자료로 변환하는 것이 가능하다. 따라서 서스톤 V 방법을 이용하면 등간척도로 바꾸는 것도 가능하다. 그 이외에도 순위자료를 등간척도로 바꾸는 다양한 방법들이 존재한다.[3]

(3) 고정총합척도법

고정총합척도법(constant sum scaling)은 응답자에게 고정된 수치(예를 들면, 일정 포인트, 일

예제 5-3 고정총합척도법을 이용한 자동차 속성의 중요도 조사

다음은 자동차 구입시 고려되는 5가지 주요 속성입니다. 여러분이 생각하기에 중요하다고 생각하는 속성에 높은 점수를 부여하는 방식으로, 총 점수가 100점이 되도록 각 속성에 점수를 할당하여 주십시오. 만일 중요하지 않은 속성이라고 생각하는 경우에는 0점을 할당하고, 어떤 속성이 다른 속성보다 두 배 중요하다고 생각한다면, 두 배의 점수를 할당하여 주십시오.

속 성	점 수
1. 제조회사 이름	______
2. 디자인	______
3. 가격	______
4. 연비	______
5. 애프터 서비스	______
총 합	100 점

3) 순위서열척도법에서 얻은 자료를 등간척도로 바꾸는 방법에 관심있는 독자는 Michael W. Herman and Waldemar W. Koczkodaj, "A Monte Carlo Study of Pairwise Comparison," Information Processing Letters 57(1)(January 15, 1996): 25-29 논문을 참고하기 바란다.

정 금액, 일정량의 칩)를 주고, 응답자가 생각하는 기준에 맞추어 연구대상에 할당하는 방식이다. <예제 5-3>에서는 응답자가 100점의 고정총합을 이용하여, 자동차에 대한 각각의 속성에 대하여 중요도에 따라 점수를 배정하도록 요구하는 예제이다. 응답자가 전혀 중요하지 않게 생각하는 속성에는 0점이나 낮은 점수가 할당되며, 만일 어떤 속성이 다른 속성에 비하여 2배 중요하다면 2배 높은 점수를 받게 된다. 또한 모든 속성에 할당된 점수를 합하면 100점의 고정총합(constant sum)이 되어야 한다.

고정총합척도를 이용한 분석은 일반적으로 각 속성에서 얻은 총 점수를 응답자의 수로 나눈 평균점수를 비교함으로써 이루어진다. 하지만, 각각의 소비자마다 특성이 다르기 때문에 이러한 특성을 무시하고 평균값을 비교하는 것은 무의미할 수 있다. 예를 들어, 어떤 속성이 중요하게 부각되었다면, 모집단의 특성이 아닌 선택된 표본의 특성으로 인하여 나타나는 표본선택 바이어스(selection bias) 문제가 있을 가능성을 고려하여야 한다. 또한 표본을 매우 신중하게 선택하여 모집단을 잘 대표하고 있다고 하여도, 특정 소비자가 원하는 패턴이 다른 취향을 갖는 소비자의 점수와 희석되어 모든 평균값이 비슷하게 나타나는 현상도 나타날 수 있다.

이러한 경우, 속성에 대한 패턴을 조사하여 비슷한 패턴을 갖는 소비자끼리 묶어서 하나의 군집(cluster)으로 나누어 분석하는 통계적 방법이 있는데, 이 방법을 군집분석(cluster analysis)이라고 한다. <예제 5-4>의 결과는 세 개의 군집[4)]으로 구분하였을 경우, 각 군집이 갖는 속성에 대한 중요도의 평균값을 보여 주고 있다. 이러한 분석결과를 살펴보면, 군집 1은 가격과 연비에 매우 민감한 군집이며, 군집 2는 제조회사의 이름이나 디자인에 민감한 군집이라는 것

예제 5-4 고정총합척도법을 이용한 자동차 속성의 중요도 분석결과

군집분석에서 나타난 세 집단이 가지고 있는 중요도의 평균 점수

속 성	군집 1	군집 2	군집 3
1. 제조회사 이름	11	38	16
2. 디자인	9	31	20
3. 가격	37	5	27
4. 연비	36	5	19
5. 애프터 서비스	7	21	18
총 합	100 점	100 점	100 점

4) 마케팅분야에서는 이러한 군집을 세그먼트(segment)라고 표현한다.

을 확인할 수 있고, 군집 3은 모든 속성에 대한 중요도가 거의 차이가 없는 군집으로 나타난다.

여기서 한 가지 주목하여야 할 사실은, 군집분석이나 평균의 계산은 서열척도에서는 사용을 할 수가 없으며, 등간척도나 비율척도인 경우에만 적용이 가능하다는 것이다. 그렇다면, 고정총합척도법에 의하여 얻어진 자료의 척도를 생각하여 보자. 앞에서 언급한 바와 같이, 고정총합척도법에 의하여 얻어진 자료는, 중요하지 않은 속성에는 0점을 할당하고, 어떤 속성이 다른 속성보다 두 배 중요하다고 생각한다면, 두 배의 점수를 할당하는 특징을 가지고 있다. 따라서 이러한 자료는 비록 속성들의 상대적인 비교에 의하여 측정되었지만, 의미있는 절대적인 '0'을 가지고 있으며, 비율의 의미를 포함하고 있으므로 비율척도의 성격을 가지고 있다고 볼 수 있다. 이러한 이유 때문에 고정총합척도를 종종 메트릭척도로 취급하여 분석하는 경우를 볼 수 있다. 하지만 이러한 분석은 매우 제한적으로 사용되어야 하며, 특히, 이러한 연구결과를 확대 해석하는 것은 위험하다. 즉, 여기서 얻은 연구자료를 다른 연구자료와 비교 분석하는 것은 무의미할 수 있다는 것이다.

<예제 5-3>을 보면, 어떤 속성들이 선택되어 비교되고 있느냐에 따라 크게 영향을 받아, 측정값들이 만들어지고 있다는 사실을 확인할 수 있다. 따라서 고정총합척도법은, 비록 비율척도의 특성을 가지고는 있지만, 속성들을 서로 비교하면서 측정이 이루어진다는 측면과 연구결과를 일반화시키기 어렵다는 측면에서 서열척도로 받아들이는 것이 합당하다고 볼 수 있다.

고정총합척도법이 가지고 있는 장점이라면, 투여되는 시간에 비하여 연구대상들의 차이를 쉽게 구분할 수 있다는 것이다. 반면에, 고정총합척도법이 가지고 있는 단점은 첫 번째로 응답자가 점수를 할당하는 과정에서 할당된 총합 점수에 미달하거나 초과하는 경우가 발생할 수 있다는 것이다 (예를 들어, 총합점수가 89점 또는 120점인 경우) 이러한 경우 연구자는 분석에서 제외시키거나 수치를 100점 만점으로 재조정하여 분석에 포함시킬 수 있다. 두 번째로 갖는 문제점은 할당되는 연구대상(또는 속성)의 수가 너무 적을 경우 나타날 수 있는 부정확성과 연구대상(또는 속성)의 수가 너무 많은 경우 응답자에게 나타날 수 있는 혼란과 피로이다.

(4) Q소트척도법

Q소트척도법(Q-sort scaling)은 많은 연구대상에 대한 차이를 구분하기 위하여 만들어진 방법이다. 일반적으로 이 방법은, 어떠한 기준이 주어지면, 응답자에게 순위를 갖는 카테고리화된 유사성(similarity)을 만들어 연구대상이 어느 카테고리에 속하게 되는지를 판단하도록 한다. 예를 들면, 응답자가 100개의 광고문구가 적힌 카드를 1번부터 11번까지의 위치에 놓도록

하는 경우, 즉, 가장 싫어하는 문구에 해당하는 카드는 1번 자리에 놓게 하고, 가장 좋아하는 문구를 갖는 카드는 11번 자리에 놓게 하는 것이 Q소트척도법에 해당된다. 이러한 방법은 연구대상의 수가 60개에서 140개 사이에 있을 경우 적용될 수 있으며, 60개에서 90개 사이가 적절한 것으로 알려져 있다. 많은 경우 연구자는 응답자로 하여금 카드를 놓는 각 위치의 카드의 수를 제한하여, 측정된 값이 정규분포의 특성을 가질 수 있도록 한다. 예를 들어, 1번과 11번 자리는 한 장 혹은 두 장의 적은 수의 카드만 놓을 수 있으며, 중간 위치인 6번 자리는 6장~10장의 카드를 놓을 수 있도록 하는 경우가 이에 해당된다.

(5) 그 이외의 척도법

비교척도에서 사용되는 다른 척도법으로 중요정도추정(magnitude estimation)이 있다. 이 방법은 이미 설정된 기준에 대한 상대적 비율을 응답자에게 요구하는 방법이다. 예를 들어, 제품에 대한 선호도를 측정하고자 하는 경우, 연구자가 미리 설정한 제품에 대한 선호 정도를 제시한 후, 응답자는 제시된 문항에 대한 동의 정도를 0에서 100까지의 수치로 표현하게 된다. 이 경우는 연구자에 의해 미리 제시된 선호 정도와 응답자가 느끼는 선호도와 비교하여 측정이 이루어지므로 비교척도로 분류될 수 있다. 마지막으로 언급하고자 하는 척도법으로 구트만척도법(Guttman scaling)과 스캘로그람분석(scalogram analysis)이 있다. 이 방법은 연구대상들의 순위가 일관성을 가지고 있는지를 파악하고, 단일차원의 척도를 형성하고 있는지를 판단하는 방법이다.

03 메트릭척도

메트릭척도[5)](metric scale)에서는 연구대상에 대한 측정이 다른 연구대상의 측정결과와 관계없이 측정된다. 다시 말하면, 측정하는 과정에서 어떠한 기준점이나 다른 연구대상과의 비교가 이루어지지 않는다는 것이다. 따라서 측정값은 모두 상대적이 아닌 절대적 기준에 의하여 하나의 차원을 형성하기 때문에 메트릭척도를 단일체계척도(monadic scale)라고 부르기

5) 메트릭척도는 비교가 아닌 척도(non-comparative scale) 또는 단일체계척도(monadic scale)와 같은 의미로 혼용하여 사용되는데, 본 장에서는 일관적으로 메트릭척도라 표현하기로 한다.

그림 5-4 | 메트릭척도의 분류

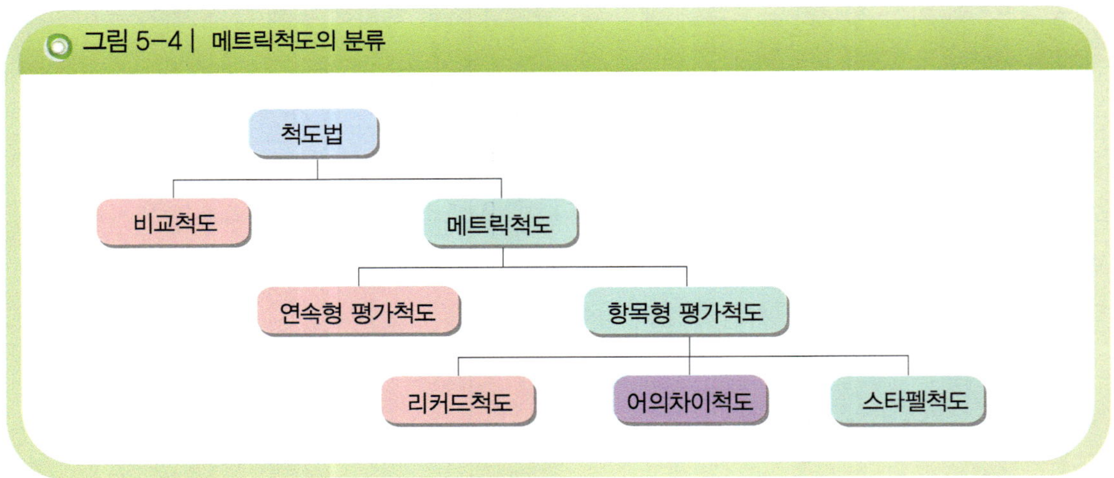

도 한다. 메트릭척도를 통하여 측정된 값들은 등간척도나 비율척도의 형태를 갖게 된다. 예를 들면, 코카콜라의 선호도를 1점(매우 싫어함)에서 7점(매우 좋아함) 사이의 값으로 평가하고, 펩시콜라에 대한 선호도 측정도 역시 1점에서 7점의 같은 평가방법을 이용하여 측정하는 경우를 들 수 있다. 이때 응답자는 코카콜라의 평가결과와 관계없이 펩시콜라의 선호도를 평가하게 된다. 〔그림 5-4〕에 나타난 바와 같이, 메트릭척도는 연속형 평가척도(continuous rating scale)와 항목형 평가척도(itemized rating scale)로 구분된다.

항목형 평가척도는 다시 리커드척도(Likert scale), 어의차이척도(semantic differential scale), 스타펠척도(Stapel scale)로 구분된다. 본 절에서는 각 척도에 대하여 설명하고, 항목형 평가척도를 구성하는 경우 고려되어야 할 사항에 대하여 논의하고자 한다.

(1) 연속형 평가척도

그래픽 평가척도(graphic rating scale)라고도 부르는 연속형 평가척도에서는 두 개의 상극된 개념 사이를 선으로 연결하여, 응답자가 느끼는 태도에 해당되는 위치를 그 선상에 마크하여 측정하는 방법으로, <예제 5-5>에는 세 가지 형태의 연속형 평가척도의 예가 나타나 있다.

연속형 평가척도는 다양한 형태로 변형되어 사용될 수 있다. 예를 들어, 척도를 나타내는 가로의 수평선을 세로의 수직선으로 변형할 수 있으며, <예제 5-5>에 나타난 <형태2>나 <형태3>과 같이 직선상의 점에 수치를 적어주거나, 간단한 설명을 넣어줄 수도 있다. 응답자가 선상에 마크를 하게되면, 연구자는 마크한 위치를 파악하여 이에 대한 스코어(score)를 측정하게 된다. 이러한 스코어는 등간척도로 취급된다.

예제 5-5 연속형 평가척도의 예

〈형태1〉 S백화점을 어떻게 생각하십니까?

가장 나쁘다 -------√--- 가장 좋다

〈형태2〉 S백화점을 어떻게 생각하십니까?

가장 나쁘다 ------------- √-------------------------------------- 가장 좋다

0 10 20 30 40 50 60 70 80 90 100

〈형태3〉 S백화점을 어떻게 생각하십니까?

매우 나쁘다 그저 그렇다 매우 좋다

가장 나쁘다 --------- √-- 가장 좋다

0 10 20 30 40 50 60 70 80 90 100

연속형 평가척도는 만들기가 쉽다는 장점을 가지고 있다. 하지만, 마크한 정확한 위치를 파악하여 스코어를 얻는다는 것은 귀찮은 작업이며, 대충 위치를 파악하여 스코어를 얻게되면, 신뢰성이 떨어지는 측정값을 얻게 된다. 또한 다른 척도법과 비교할 때, 특별히 추가적인 정보를 제공하지도 않는다. 이와 같은 이유 때문에 많은 사회과학 연구에서 연속형 평가척도는 제한적으로 사용되고 있다. 그러나 최근에는 스코어를 측정하는 프로그램이 소개되어 컴퓨터를 이용하여 마크된 위치가 자동으로 파악될 수 있어, 이러한 문제점이 해소됨으로 연속형 평가척도의 사용은 증가추세라고 볼 수 있다.

(2) 항목형 평가척도

항목형 평가척도에서는 연구자가 미리 설정한 카테고리(category) (예를 들어, 7점 척도는 7개의 카테고리로 구성된다)를 만들어 응답자로 하여금 선택하도록 하는 방법이다. 여기서 카테고리는 순서의 의미를 가지고 있으며, 응답자는 본인의 태도와 가장 유사한 카테고리를 선택하게 된다. 항목형 평가척도는 많은 사회과학 연구에서 사용되는 척도법으로, 본 절에서는 리커드척도, 어의차이척도, 스타펠척도에 대하여 논의하기로 한다.

◆ 리커드척도

리커드척도(Likert scale)는 이 척도의 개발자인 Rensis Likert의 이름에서 유래된 것으로, 응답자는 어떠한 주어진 문장을 읽고, 연구자가 미리 설정한 카테고리에 동의 정도를 응답하는 방법으로, 많은 사회과학 연구에서 사용되고 있는 척도이다. 연구자는 일반적으로 5개의 카테고리로 나누어 (1＝매우 동의하지 않음,… 5＝매우 동의함) 척도를 구성하는데, 이러한 경우를 '5점 척도를 갖는 리커드척도'라고 한다. 리커드척도에 대한 예는 <예제 5–6>에 나타나 있다.

리커드척도에 의하여 평가된 측정값은 1에서 5의 수치로 코딩되거나 –2에서 +2 사이로 코딩되기도 한다. 이와 같이 코딩된 측정값을 이용하여 문항별로 응답자들의 반응을 알아보는 **프로파일 분석**(profile analysis)을 실시할 수 있으며, 한 응답자에 대한 몇 개의 문항을 합하거나 평균을 계산하여 분석할 수 있다. 예를 들어, H백화점 이외에, S백화점의 경우도 같은 문항으로 구성된 리커드척도를 이용하여 측정값을 얻었다고 하자. 이 경우, 두 백화점의 각 문항별 응답자의 평균점수를 비교함으로써 두 백화점의 프로파일 분석을 실시할 수 있다.

한 응답자가 응답한 여러 문항을 합하거나 평균을 계산하여 분석하는 방법도 자주 사용되는데, 이러한 이유 때문에 리커드척도를 합산척도(summated scale)로 부르기도 한다. 합산척도를 사용하는 경우, 연구자가 주의할 사항은, 선호를 나타내는 방향으로 일관성이 있어야 한

예제 5-6 리커드척도의 예

다음은 H백화점에 대한 의견입니다. 아래의 기준을 이용하여, 여러분이 각 문항에 대하여 어느 정도 동의하는지를 답하여 주십시오.

1 = 매우 동의하지 않는다　　2 = 동의하지 않는다
3 = 보통이다　　4 = 동의한다
5 = 매우 동의한다

1. H백화점은 질 좋은 제품을 취급한다.	1 2 3 ④ 5
2. H백화점은 백화점내 서비스가 좋다.	1 2 ③ 4 5
3. 나는 H백화점에서 쇼핑하는 것이 즐겁다.	1 2 3 ④ 5
4. H백화점의 제품가격은 다른 백화점에 비하여 비싸다 .	1 2 3 ④ 5
5. H백화점은 다양한 품목을 취급한다.	1 ② 3 4 5

다는 것이다. <예제 5 – 6>의 경우를 보면, 네 번째 문항에서의 동의하는 응답은 백화점의 선호도와 반대되는 방향이다. 따라서 5점을 1점으로 바꾸고, 1점을 5점으로 바꾸는 리버스코딩(reverse coding) 작업이 필요하게 된다. 합산척도를 사용하는 경우, 연구자가 주의할 두 번째 사항은, 대상이 되는 문항들이 반드시 단일차원을 설명하고 있는 하나의 개념이어야 한다는 것이다. 다시 말하면, 만일 서로 다른 개념을 설명하고 있는 문항들을 서로 합하여 분석하게 되면, 그 결과에 어떠한 의미도 부여할 수 없게 된다. 이와 같이 문항과 문항들이 설명하고 있는 개념간의 관계는 측정의 신뢰성과 타당성에 관련된 문제이며, 이에 대한 자세한 내용은 다음 장에서 소개된다.

리커드척도는 관리하기가 쉬우며, 응답자가 이해하기 쉬운 특징 때문에 우편조사나 전화조사, 개인 인터뷰에 주로 사용된다. 하지만, 문장이 긴 여러 문항들로 구성되어 있는 경우에는 응답자가 긴 문장들을 모두 읽고 이해하여야 한다는 부담을 갖는다.

◆ 어의차이척도

어의차이척도(semantic differential scale)에서는 두 개의 서로 상반된 형용사적인 표현을 양방향의 끝점에 표시하고, 응답자로 하여금 해당하는 항목에 마크하도록 하는 방법으로 7점척도를 주로 사용한다. 어의차이척도에 대한 예는 <예제 5–7>에 나타나 있다.

예제 5-7 어의차이척도의 예

제품 A에 대한 본인의 느낌을 평가하여 주십시오.

1. 무겁다 :——:——:——:——:——:√—:——: 가볍다
2. 전통적이다 :——:√—:——:——:——:——:——: 현대적이다
3. 사용이 편하다 :——:——:——:——:√—:——:——: 사용이 불편하다
4. 사용이 즐겁다 :——:——:——:——:——:——:√—: 사용이 즐겁지 않다
5. 가격이 비싸다 :√—:——:——:——:——:——:——: 가격이 싸다

<예제 5–7>에서 보는 바와 같이, 어의차이척도법에서는 응답자가 본인이 생각하는 가장 가까운 느낌을 그에 해당하는 위치에 마크한다. <예제 5–7>의 경우를 보면, 제품에 대한 부정적인 문구가 왼쪽에 있는 문항도 있고, 오른쪽에 있는 문항도 있다. 이와 같은 문항의 구성은 문항을 제대로 읽지 않고 긍정적으로 또는 부정적으로만 표기하려는 응답자들을 통제시

켜 준다. 이러한 어의차이척도법은 제품에 대한 태도를 묻는 문제뿐만 아니라, 자신에 대한 태도, 우울증 측정 등에서도 자주 사용되는 척도이다.

어의차이척도법을 통하여 얻는 스코어는 1점에서 7점으로 코딩되거나, –3점에서 +3점으로 코딩된다. 일반적으로 각 문항별 평균이나 중앙값을 계산하여 비교하는 프로파일 분석을 주로 사용한다. 이러한 분석은 제품들간의 차이점 혹은 거리(distance) 그리고 유사성(similarity)을 알아보는데 유용하게 사용될 수 있으며, 군집 또는 세그먼트의 거리나 유사성 (예를 들어, 성별에 따른 차이, 10대와 20대의 공통점)을 파악하는 목적으로도 유용하게 사용될 수 있다. 이러한 어의차이척도법은 평균값을 계산하고 비교한다는 측면에서 등간척도로 취급될 수 있으나, 두 형용사적인 표현을 비교하여 평가를 내리므로 서열척도의 측면도 가지고 있기 때문에, 이에 대한 구분은 아직도 논쟁거리로 남아 있다.[6)]

어의차이척도법은 다양하게 응용 될 수 있기 때문에, 응답자의 태도나 특성 파악, 제품의 비교 연구, 회사의 평판조사 등을 위한 많은 사회과학 분야에서 다양한 형태로 사용되고 있다.

◆ 스타펠 척도

스타펠척도(Stapel scale)는 이 척도의 개발자인 네덜란드 학자, Jan Stapel의 이름에서 유래된 것으로, 한 가지 개념에 대하여 0점이 없는 –5점에서 +5점 사이의 10점 척도로 측정할 수 있도록 만든 척도이다. 스타펠척도는 일반적으로 세로의 형태로 측정기준이 제시되며, 응답자는 해당하는 항목이 얼마나 정확하게 표현되었는지에 대하여 수량화된 카테고리에 마크하게 된다. 높은 점수는 해당되는 항목이 적절하게 표현된 것(즉, 높은 정확성)을 의미한다. 스타펠척도에 대한 예는 <예제 5–8>에 나타나 있다.

스타펠척도를 통하여 얻은 측정값은 어의차이척도법의 측정값과 비슷한 특성을 갖기 때문에 분석방법도 비슷하다. 어의차이척도법과 비교하여 스타펠척도가 갖는 장점은 연구자는 두 개의 상반된 형용사적인 표현을 구성하기 위하여 고민할 필요가 없다는 것이다. 몇몇 학자들은 스타펠척도가 응답자로 하여금 혼란을 일으킬 수 있으며, 다양한 문제에 대한 응용이 어렵다는 단점을 지적하고 있는 반면에, 다른 학자들은 스타펠척도의 단점이 너무 과장되어 있음을 지적한다.

6) 이에 대한 자세한 내용은 M. D. Garciapena, et al., "Development and Validation of an Inventory for Measuring Job Satisfaction among Family Physicians," Psychology Reports 79(1) (August 1996): 291-301 또는 John Gation, "Measuring Scales and Statistics: Resurgence of an Old Misconception," Psychological Bulletin 87 (1980): 564-567, 논문을 참고하기 바란다.

예제 5-8 스타펠척도의 예

다음의 문장이나 단어가 제품 A를 얼마나 정확하게 표현하고 있는지를 평가하여 주십시오. 정확하게 표현되었다고 생각하였을 경우는 '+'에 해당하는 수치를 선택하고, 매우 정확하다고 생각하는 경우에는 높은 수치에 마크를 하여 주십시오. 만일 적절하지 못한 표현이라고 생각하였을 경우는 '–'에 해당하는 수치를 선택하고, 매우 부적절한 표현이라고 생각하는 경우에는 높은 수치의 '–'값에 마크를 하여 주십시오. 제품 A가 정확하게 표현되었다고 생각하는 경우는 +5까지 마크를 할 수 있으며, 제품 A가 부적절하게 표현되었다고 생각하는 경우는 –5까지 마크를 할 수 있습니다.

제품 A

높은 품질	사용이 편리하다
+5 : __	+5 : __
+4 : __	+4 : __
+3 : __	+3 : __
+2 : __	+2 : √
+1 : __	+1 : __
높은 품질	사용이 편리하다
–1 : __	–1 : __
–2 : __	–2 : __
–3 : __	–3 : __
–4 : √	–4 : __
–5 : __	–5 : __

(3) 항목형 평가척도의 구성에서 고려할 사항

앞에서 언급한 바와 같이, 항목형 평가척도는 연구목적에 따라 매우 다양한 형태로 변형되어질 수 있다. 하지만, 다양한 형태의 항목형 평가척도를 구성하더라도 공통적으로 고려해야 하는 부분이 있다. 연구자가 항목형 평가척도를 구성하는 경우, 고려사항을 다음과 같이 6가지로 요약하여 논의하고자 한다.

1. 몇점 척도를 사용할 것인가?
2. 균형된 척도와 불균형 척도
3. 카테고리 수의 짝수와 홀수 차이
4. 응답의 강요성 여부
5. 카테고리를 설명하는 표현의 형태
6. 척도를 표현하는 형태

◆ 몇점 척도를 사용할 것인가?

척도에 사용할 카테고리의 수를 결정하는 문제는 서로 상반된 두 가지 측면을 생각하여야 한다. 카테고리의 수가 많다면, 정밀한 척도를 사용한다는 의미이므로 측정의 변별력이 높아진다. 하지만, 응답자 입장에서는 많은 카테고리로 구성된 척도를 보면, 부담스럽고, 측정값에 대한 구분에 둔감해지게 된다. 예를 들어, 100점 척도를 갖는 어떠한 태도의 측정에서 응답자는 65점과 66점의 차이를 거의 느끼지 못할 것이다. 보통 5점에서 9점 사이의 척도로 구성하는 것이 바람직하다고 일반적으로 제안되고 있다. 하지만, 적절한 카테고리의 수를 정하는 문제는 연구대상이 누구이며, 어떠한 연구목적을 가지고 있느냐에 따라 다르게 나타날 수 있다.

만일 응답자가 연구주제에 관련된 문항에 대하여 해박한 전문가 집단이라면, 카테고리의 수를 많이 하는 것이 좋을 것이다. 하지만 연구주제에 대하여 거의 지식이 없는 집단을 대상으로 측정을 하고자 한다면, 적은 수의 카테고리를 구성하는 것이 바람직하다. 또한 연구주제와 관련된 내용이 세분될 수 없는 특성을 가지고 있다면, 적은 수의 카테고리로 구성하여도 충분할 것이다. 또한 카테고리의 수는 자료수집방법에 따라서도 달라질 수 있는데, 전화조사(telephone survey)와 같은 경우는 카테고리의 수를 많이 하면, 응답자는 혼란스럽게 될 수 있다.

자료를 어떻게 분석할 것인지에 대한 문제도 카테고리의 수를 결정하는데 고려되어야 할 사항이다. 예를 들어, 여러 문항들을 합하여 전반적인 태도를 알고자 하는 경우, 즉 합산척도를 이용하여 다른 그룹과 비교하고자 하는 경우는 5점 척도이면 충분할 수 있다. 하지만, 각 항목별 그리고 각 응답자별 측정결과를 이용하여, 세밀한 분석을 하고자 한다면, 7점 척도 이상의 카테고리를 정하는 것이 바람직하다. 상관계수(correlation coefficient)의 값도 이러한 카테고리의 수에 직접적으로 영향을 받는다. 즉, 카테고리의 수가 적으면, 상관계수의 값도 낮게 나타나면서, 이러한 결과는 추가로 분석되는 통계적 분석에 영향을 미치는 문제점을 가지게 된다.

◆ 균형된 척도와 불균형 척도

균형된 척도(balanced scale)란 긍정적인 카테고리의 수와 부정적인 카테고리의 수가 같은 경우의 척도를 의미하며, 불균형 척도(unbalanced scale)는 긍정적인 카테고리의 수와 부정적인 카테고리의 수가 같지 않은 경우의 척도를 의미한다. 균형된 척도와 불균형 척도에 대한 예는 <예제 5-9>에 나타나 있다. 일반적으로 말하면, 객관적인 측정을 위하여 균형된 척도를 사용하여야 한다. 하지만, 응답자의 반응이 긍정적인 방향이나 부정적인 방향으로 치우친 분포를 가지고 있다는 사실이 알려져 있는 경우에는 이에 맞는 불균형 척도를 사용하는 것이 척도의 정확성 측면에서 바람직할 수 있다. 불균형 척도를 사용하는 경우는 분석과정에서 불균형에 대한 적절한 보정이 이루어져야 한다.

예제 5-9 균형된 척도와 불균형 척도의 예

균형된 척도의 경우

제품 A의 품질은

매우 좋다 __ 좋다 √ 보통이다 __ 나쁘다 __ 매우 나쁘다 __

불균형 척도의 경우

제품 A의 품질은

가장 좋다 __ 매우 좋다 __ 좋다 √ 보통이다 __ 나쁘다 __

◆ 카테고리 수의 짝수와 홀수 차이

만일 척도의 카테고리 수가 홀수라면, 가운데 값은 중간 또는 보통의 의미를 갖는다. 이러한 중간의 의미를 척도에 삽입시키는지의 여부는 응답 결과에 상당한 영향을 미치는 것으로 알려져 있다. 카테고리 수를 짝수로 할 것인지 또는 홀수로 할 것인지의 결정은 실제로 중립으로 응답하는 사람이 얼마나 있을 것인가에 관련되어 있다. 다시 말하면, 중간 태도를 취하는 응답자가 많이 있을 것이라고 추측이 되는 연구에서는 반드시 홀수의 카테고리를 사용하여야 한다는 것이다. 하지만, ① 연구자의 판단으로는 중립의 태도를 갖는 응답자가 없을 것으로 예상되거나, ② 연구자가 강제로 긍정적인 또는 부정적인 측면 중에서 하나를 선택하도록 만들고 싶어한다면, 짝수의 카테고리를 사용하는 것이 바람직할 것이다. 이 문제는 다음에 소개될 응답의 강요성 여부와도 관련되어 있다.

◆ 응답의 강요성 여부

강요된 평가척도(forced rating scale)란 '무응답', '잘모르겠다', '의견이 없다', '보통이다' 등의 카테고리를 척도에서 제거함으로써 응답자에게 반드시 어떠한 의견을 제시하도록 강요하는 척도를 말한다. 강요된 척도에서는 응답자가 실제로 아무 의견이 없다면, 중간값에 마크를 하게 될 것이다. 만일 실제로 의견이 없는 응답자가 많이 있다면, 중간값에 마크한 응답자들로 인하여, 평균값은 중간값 근처에서 나타나고, 실제보다 낮은 분산이 나타나므로 이는 분석에서 왜곡된 결과의 원인이 될 수 있다. 따라서 의견이 없는 응답자가 많을 것으로 예상되는 경우는 '무응답', '잘모르겠다', '의견이 없다' 등의 카테고리를 척도에 추가시킴으로써 측정값의 정확성을 높여야 할 것이다. 왜냐하면 '잘모르겠다'와 '보통이다'라는 반응은 서로 다르기 때문이다.

◆ 카테고리를 설명하는 표현의 형태

척도의 카테고리를 설명하는 표현의 형태는 응답 결과에 영향을 미칠 수 있다. 척도의 카테고리를 설명하는 표현은 수치가 될 수 있으며, 간단한 문장, 그림도 될 수 있다. 또한 연구자는 양쪽 끝의 카테고리에만 설명을 넣을 것인지 아니면 모든 카테고리에 설명을 넣을 것인지, 또는 일정한 간격을 두고 설명을 넣을 것인지에 대하여 결정하여야 한다. 모든 카테고리에 설명을 넣는 방법이 측정자료의 신뢰성을 높이는데 큰 도움이 되는 것은 아니라는 보고가 있기는 하지만, 많은 학자들은 응답자에게 혼란을 주지 않기 위하여 가급적 자세히 설명하여 주는 것이 바람직하다고 말한다.

척도의 카테고리를 설명하는 표현의 형태는 응답 결과의 분포를 바꾸어 놓는다. 예를 들어, 7점 척도의 측정에서 7점을 '전적으로 동의한다'라고 설명하였을 경우는 7점에 응답하는 응답자가 별로 없기 때문에 분산이 적은 뾰쪽한 분포를 얻게 되겠지만, 7점에 대한 설명을 '동의한다'라고 설명하는 경우는 7점에 응답하는 응답자가 많을 것이며, 따라서 응답 결과의 분포는 분산이 큰 평평한 분포를 얻게 될 것이다.

◆ 척도를 표현하는 형태

척도를 구체적으로 표현하고자 하는 경우 매우 다양한 형태가 존재한다. 예를 들어, 가로로 척도의 카테고리를 나열할 수 있으며, 세로로 척도의 카테고리를 나열할 수 있다. 또한 카테고리를 박스로 표현할 수 있고, 수치로 설명할 수 있고, 간단한 문장으로 표현할 수도 있다. 〔그림 5-5〕는 척도를 표현하는 다양한 형태를 보여주고 있다.

그림 5-5 | 척도를 표현하는 다양한 형태

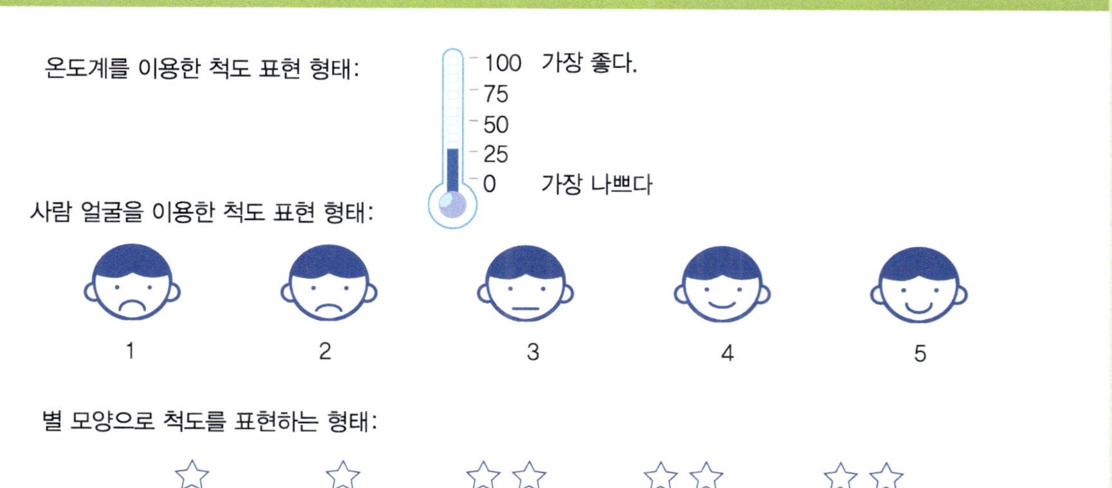

04 측정의 신뢰성과 타당성

앞 절에서 설명한 바와 같이, 측정(measurement)이란 관측이 불가능한 추상적인 개념이 관측 가능한 수치로 표현되도록 만드는 일련의 규칙으로 정의할 수 있다. 예를 들어, 사람의 지능을 측정하고 싶다고 가정하자. 이러한 경우 사람의 지능은 관측이 불가능한 추상적인 개념이 되며, 이를 어떠한 정해진 규칙에 의하여 수치로 표현할 경우 우리는 측정이라고 말할 수 있다. 이 경우 연구자는 규칙을 어떻게 만드느냐에 따라 올바른 측정이 될 수 있고, 잘못된 측정이 될 수도 있다. 올바른 측정이 이루어지기 위해서 연구자는 측정에 대하여 체계적인 검토를 하여야 하는데 이러한 검토는 신뢰성과 타당성에 의하여 이루어진다.

(1) 신뢰성과 타당성의 개념

신뢰성(reliability)은 유사한 조건 아래서 같은 대상을 반복하여 측정하였을 경우 비슷한 결과가 얼마나 자주 나타나는지를 나타내는 개념이다. 즉, 반복된 자료가 유사한 상황 아래서 어느 정도의 일관성을 가지고 나타나는지의 정도를 평가하는 개념이다. 만일 어떤 사람의 지능을 몇 일 동안 반복하여 여러 번 검사하였다면, 이 측정값들이 매번 정확하게 동일한 수치를 얻을 것이라는 기대는 하지 않을 것이다. 반복되는 검사과정에서 통제할 수 없는 수많은 요인들이 작용하여 (예를 들면, 비오는 날 검사를 실시함으로서 측정에 변화를 가져왔거나, 늦잠과 지각으로 인해 심리적으로 불안한 상태에서 검사를 받는 경우 등) 점수결과에 영향을 줄 수 있다. 연구자는 이러한 반복측정 수치들이 서로 큰 차이가 나지 않기를 원하며 일관성을 갖는 높은 신뢰성의 측정결과를 얻기 원한다. 또한 이러한 반복된 측정결과들이 서로 차이가 존재할 수는 있지만, 그 차이가 일정한 패턴을 갖는 것이 아니고 적은 차이의 무작위성에 의하여 나타나는 측정이기를 원한다. 따라서 신뢰성을 파악하는 주요목적은 이러한 측정 차이인 오차를 없애는 것이 아니라 무작위성임을 확인하고 그 크기를 줄이는 것이라 볼 수 있다.

타당성(validity)검토는 연구하고자 하는 개념을 측정값이 얼마나 잘 나타내고 있는지를 알아보는 것으로 추상적인 개념과 관측값 사이의 관계를 파악하고 평가하는 과정이다. 지능을 측정하고자 하는 경우 검사하는 문제가 사람의 지능을 제대로 나타내고 있는지를 파악하는 것은 타당성 검토의 한 예가 될 수 있다. 이 경우 연구자는 지능이라는 개념에 대한 정확한 의미를 먼저 파악하여야 타당성에 대한 검토를 할 수 있게 된다.

(2) 측정오차: 무작위오차와 체계적 오차

측정오차(measurement error)는 실제값과 측정값의 차이로 정의되며, 측정값은 알지만 실제

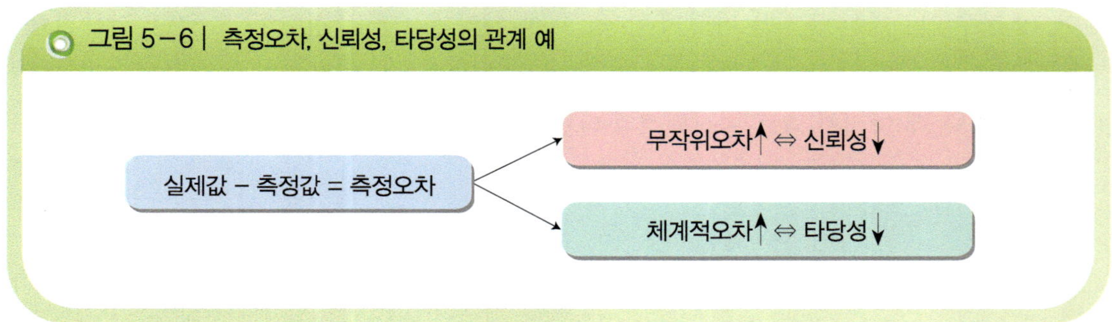

값은 대부분의 경우 모르기 때문에, 관측이 불가능한 수치이다. 이러한 측정오차는 패턴이 없는 무작위오차(random error) 와 패턴을 가지고 있는 체계적 오차(non-random error)로 구분된다 (그림 5-6 참조).

무작위오차는 측정값에 영향을 미치는 오차이며, 연구자가 통제할 수 없는 수많은 요인들에 의하여 발생된다. 따라서 무작위오차를 줄임으로써 연구의 신뢰성을 높일 수 있다. 예를 들어, 대포를 고정시켜 반복 사격하였을 경우 결과가 한 점에 밀집되어 나타났다면 '이 대포의 사격결과는 신뢰성이 높다'라고 말할 수 있다. 하지만 대포를 고정시켜 반복 사격하여도 결과가 여러 점에 흩어져 나타난다면 '이 대포의 사격결과는 신뢰성이 낮다' 라고 말할 수 있다. 이와 같이 높은 신뢰성을 가진 측정은 작은 무작위오차를 가지며, 일관된 측정값을 제공하게 되므로, 무작위오차는 신뢰성과 반비례 관계를 가지게 된다. 따라서 무작위오차는 신뢰성을 평가하는 중요한 개념이 된다.

체계적 오차는 측정과정에서 일정한 패턴을 갖는 바이어스(bias)를 나타내는 오차이다. 예를 들어, 체중계가 실제 몸무게와는 달리 항상 일정한 차이를 가져 많거나 혹은 적은 몸무게를 나타낸다면, 이 체중계는 일정한 차이, 즉, 체계적 오차를 가지고 있는 것이다. 앞에서 언급한, 대포를 고정시켜 반복 사격하는 경우의 예에서, 만일 결과가 목표점이 아닌 다른 한 지점에 밀집되어 있다면, 이 대포의 사격결과는 일정한 바이어스를 가짐으로 체계적 오차가 존재한다고 볼 수 있다. 따라서 어떤 개념에 대하여 체계적오차가 없다는 의미는 측정값이 연구개념을 바이어스 없이 잘 표현하고 있다는 것을 의미한다. 이러한 체계적 오차는 타당성과 반비례적인 관계를 가지고 있으며 타당성검토에서 핵심적인 개념으로 취급된다.

그림 5-7 | 신뢰성과 타당성의 이해

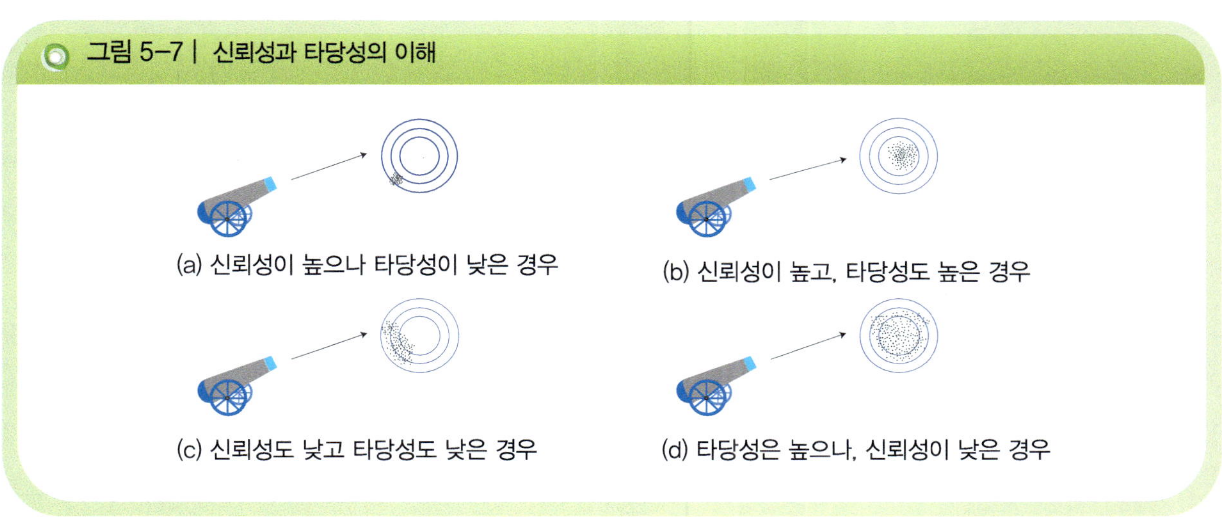

05 바람직한 측정척도

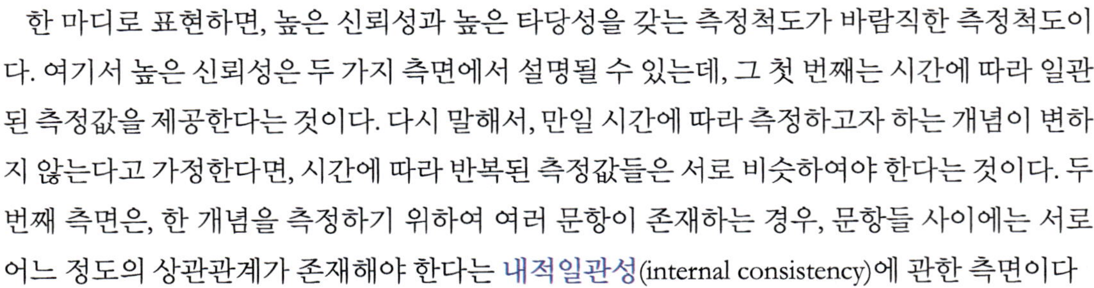

한 마디로 표현하면, 높은 신뢰성과 높은 타당성을 갖는 측정척도가 바람직한 측정척도이다. 여기서 높은 신뢰성은 두 가지 측면에서 설명될 수 있는데, 그 첫 번째는 시간에 따라 일관된 측정값을 제공한다는 것이다. 다시 말해서, 만일 시간에 따라 측정하고자 하는 개념이 변하지 않는다고 가정한다면, 시간에 따라 반복된 측정값들은 서로 비슷하여야 한다는 것이다. 두 번째 측면은, 한 개념을 측정하기 위하여 여러 문항이 존재하는 경우, 문항들 사이에는 서로 어느 정도의 상관관계가 존재해야 한다는 **내적일관성**(internal consistency)에 관한 측면이다

따라서 신뢰성에 대한 검토는 측정값이 한 개념을 얼마나 일관성있게 나타내는지를 판단하는 것이다. 하지만 이러한 측정값이 연구자가 원하는 개념을 바르게 측정하고 있는 지를 알려주는 것은 아니다. 측정값이 측정하고자 하는 개념을 얼마나 잘 표현하고 있는 지를 파악하는 것은 타당성에 관한 검토이다 (보다 자세한 내용은 7장 참조).

높은 신뢰성과 높은 타당성을 갖는 바람직한 측정척도를 만들기 위하여, 6장과 7장에서 설명된 분석적 측면 이외에 간과할 수 없는 부분을 다음과 같이 세 가지로 구분하여 설명할 수 있다.

① **명확하고 쉬운 문항** : 첫 번째 측면은 문항의 내용이 명확해야 하고, 문장이 잘 구성되어 있어야 하며, 하나의 내용만을 가지고 있어야 한다는 것이다. 애매모호한 질문이나 여러 내용을 한꺼번에 물어보는 문항은 피해야 한다. 또한 일반인들이 이해하기 어려운 전문용어들은 피해야 한다.

② **모집단에 맞는 문항**: 바람직한 측정척도의 두 번째 측면은 연구대상이 되는 모집단에 맞는 측정이어야 한다는 것이다. 만일 연구대상이 되는 모집단이 다양하다면, 문항이 다양한 모집단에 적용되어야 하므로, 문장이 짧고, 간결한 단어로 구성되어야 하며, 의미가 명확하여야 한다. 즉, 응답자가 문항의 의미를 제대로 이해하지 못하여, 추측을 통하여 응답하는 경우를 없애야 한다는 것이다.

③ **바이어스 요인을 고려한 문항**: 바람직한 측정척도가 갖는 마지막 측면은 측정값이 가질 수 있는 가능한 **바이어스 요인**(biasing factor)에 대한 고려가 필요하다는 것이다. 예를 들어, 개인 사생활에 민감한 질문은 응답자로 하여금 방어적으로 만들기 때문에, 측정값에 대한 바이어스가 발생할 가능성이 높다. 이러한 바이어스는 분석결과를 왜곡시키는

주요 원인이 된다. 예를 들어, 응답자의 평균 급여를 질문하는 경우, 응답자로 하여금 직접 급여를 작성하게 하는 방법보다는 연구목적에 맞게 급여수준을 적절하게 카테고리로 나누어 해당하는 급여수준에 체크하도록 하면, 이에 대한 바이어스를 줄일 수 있다.

06 측정척도의 설계

높은 신뢰성과 높은 타당성을 갖는 측정척도를 구성하기 위해서는 〔그림 5-8〕에 제시된 바와 같이 일반적으로 5단계의 과정을 거치게 된다.

그림 5-8 | 척도구성을 위한 주요 5단계

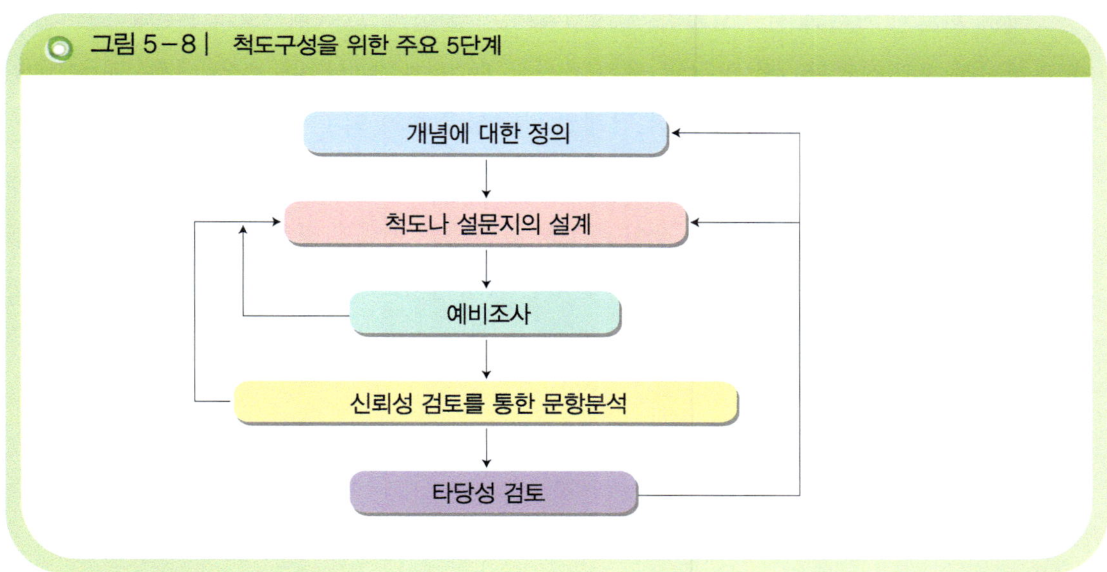

① **개념에 대한 정의**: 첫 번째 단계는 측정하고자 하는 개념을 명확히 정의하는 일이다. 이 단계는 연구진행에 있어서 가장 기본이 되는 단계이며, 이 단계에서 개념에 대한 명확한 정의가 이루어지지 않으면 모든 연구결과가 무의미하게 된다.

② **척도나 설문지의 설계**: 두 번째 단계는 설문지의 설계이다. 설문지의 설계는 설문문항을 만들고, 만들어진 설문문항 중 이용 가능한 문항들을 선택하고, 측정형태(예: 리커드척도)를 정하고, 지시사항을 작성하는 것을 말한다. 문항을 만드는 경우는 가능한 많은 초

기문항을 만든 다음, 나중 단계에서 선택할 수 있게 만드는 것이 바람직하다.

③ **예비조사** : 초기문항이 만들어진 후, 세 번째 단계는 **예비조사**(pilot test)를 실시하여 문항과 척도에 대한 문제점을 파악하는 단계이다. 예비조사를 위한 응답자는 실제연구에 참여하게 될 대상자와 유사하다고 판단되는 특성을 지닌, 하지만 실제연구에는 참여하지 않는 사람들을 대상으로 구성하는 것이 바람직하다. 이 경우 연구자는 응답자로부터 문항의 의미가 애매하거나 혼란의 소지가 있는 문장을 찾아 응답 결과에 영향을 미치지 않도록 하여야 한다. 물론 예비조사를 통하여 문제점이 발견되면, 이를 기초로 문항의 수정이 이루어져야 할 것이다.

④ **신뢰성 검토를 통한 문항분석**: 네 번째 단계는 신뢰성 검토를 통한 **문항분석**(item analysis) 단계이다. 신뢰성을 분석하기 위한 적절한 표본의 크기는 문항의 수나 문항의 변별력에 따라 다르겠지만, Spector(1992)는 100명에서 200명 정도의 표본이 되어야 척도에 대한 신뢰성 검토가 이루어질 수 있다고 제안하고 있다. 문항분석은 크론바하 알파값을 계산하여 내적일관성을 갖는 문항을 구성함으로서 이루어진다. 만일 내적일관성이 있는 것으로 나타났다면, 다섯 번째 단계인 타당성 검토가 이루어져야 할 것이다.

⑤ **타당성 검토**: 다섯 번째 단계는 측정된 자료값의 타당성에 대한 검토이다. 타당성 검토란 7장에서 이미 언급한 바와 같이 측정하고자 하는 개념을 제대로 측정하고 있는지를 조사하는 것이다. 하지만 이와 같은 설명은 타당성 검토를 너무 간단하고 쉽게 설명한 것이며, 타당성 검토는 문헌연구를 바탕으로 개념적이고 이론적 구조를 검토하는 측면이 강하기 때문에 척도 구성의 5단계에서 가장 어렵고 힘든 작업이다.

요 약

1. 측정의 주요 척도

- 측정의 주요 척도는 명목척도, 서열척도, 등간척도, 비율척도이다.
- 명목척도는 연구대상을 구분하거나 분류할 목적으로 라벨을 부여하는 것으로 상호 배반적 특성을 가져야 한다.
- 서열척도는 연구대상의 특성에 대한 상대적인 정도를 수치로 할당한 순서의 의미를 가지고 있으며, 측정값들의 차이에 의미를 부여할 수 없다.
- 등간척도에서는 어떤 두 연구대상이 가지고 있는 특성에 대한 측정값의 차이와 다른 두 연구대상이 가지고 있는 측정값의 차이는 동일한 간격을 가지고 측정된다.
- 비율척도는 명목척도, 서열척도, 등간척도가 갖는 모든 성질을 가지고 있으며, 추가적으로 절대 불변의 의미있는 '0'을 가지고 있다.

2. 비교척도

- 척도는 척도방법에 따라 비교척도와 메트릭척도로 구분된다.
- 비교척도는 쌍대비교척도법, 순위서열척도법, 고정총합척도법, Q소트척도법 등으로 구분된다.
- 쌍대비교척도법은 응답자가 어떠한 기준에 의하여 두 연구대상 중 한 가지를 선택하도록 하는 측정방법이다.
- 쌍대비교척도법을 이용하여 수집된 쌍대 비교자료는 순위로 바뀌어 분석에 이용될 수 있는데 이 경우에는 추이성 조건이 만족되어야 한다.
- 순위서열척도법에서는 응답자가 여러 연구대상을 동시에 고려하여, 이들의 순위를 정하는 방법이다.
- 고정총합척도법은 응답자에게 고정된 점수를 주고, 응답자가 생각하는 기준에 맞추어 연구대상에게 점수를 할당하는 방식이다.
- Q소트척도법은 많은 연구대상에 대한 차이를 구분하기 위하여 만들어진 방법이다.

3. 메트릭척도

- 메트릭척도는 연속형 평가척도와 항목형 평가척도로 구분되며, 항목형 평가척도는 다시 리커드척도, 어의차이척도, 스타펠척도로 구분된다.
- 리커드척도에서의 응답자는 어떠한 주어진 문장을 읽고, 연구자가 미리 설정한 카테고리에 동의 정도를 응답하는 방법으로, 많은 사회과학연구에서 사용되고 있는 척도이다.
- 어의차이척도에서는 두 개의 서로 상반된 형용사적인 표현을 양방향의 끝점에 표시하고, 응답자로 하여금 해당하는 항목에 마크하도록 하는 방법으로 7점 척도를 주로 사용한다.
- 스타펠척도는 한 가지 개념에 대하여 0점이 없는 –5점에서 +5점 사이의 10점 척도로 측

정할 수 있도록 만든 척도이다.

4. 측정의 신뢰성과 타당성

- ▶ 신뢰성 검토는 유사한 조건 아래서 같은 대상을 반복하여 측정하였을 경우 비슷한 결과가 얼마나 자주 나타나는지를 알아보는 것으로, 반복된 자료가 어느 정도의 일관성을 나타내는지의 정도를 평가하는 과정을 의미한다.
- ▶ 타당성검토는 연구하고자 하는 개념을 측정값이 얼마나 잘 나타내고 있는지를 알아보는 것으로 추상적인 개념과 관측값 사이의 관계를 파악하고 평가하는 과정을 의미한다.
- ▶ 측정오차는 실제값과 측정값의 차이로 정의되며, 관측이 불가능한 수치이며, 무작위오차와 체계적 오차로 구분된다

5. 바람직한 측정척도

- ▶ 높은 신뢰성과 높은 타당성을 갖는 측정척도가 바람직한 측정척도이다.
- ▶ 바람직한 측정척도를 만들기 위하여, 명확하고 쉬운 문항, 모집단에 맞는 문항, 바이어스 요인을 고려한 문항을 만들도록 노력하여야 한다.

6. 측정척도의 구성

- ▶ 높은 신뢰성과 높은 타당성을 갖는 측정척도를 구성하기 위해서는, 개념에 대한 정의, 척도나 설문지의 설계, 예비조사, 신뢰성 검토를 통한 문항분석, 타당성 검토의 과정을 거쳐야 한다.

논의사항

1. 비교척도와 메트릭척도의 차이점 및 장·단점에 대하여 논의하시오.
2. 현재 판매되고 있는 아래와 같은 5개의 주요속성을 가진 샴푸에 대하여 소비자의 인식을 조사하려고 한다. 가능한 척도법에 대하여 기술하고, 각 척도법에 대한 장점 및 단점에 대하여 논의하시오.

〈샴푸에서 고려되는 주요 속성〉

가격, 제조회사, 향, 용기의 디자인, 모피 보호 기능

CHAPTER 6

신뢰성 검토

체계적 오차가 없다고 가정한다면, 오차는 측정값과 관측이 불가능한 실제값의 차이인 무작위오차로 구성된다. 이 경우 신뢰성은 측정값의 분산에서 실제값의 분산이 차지하는 비율로 정의된다. 신뢰성의 정의는 관측이 불가능하면서 매우 추상적인 개념으로부터 시작하지만, 크론바하(Cronbach) 등의 선구적인 연구에 의하여 자료분석을 통한 신뢰성 검토가 가능하게 되었다.

신뢰성 개념에 필요한 통계지식

신뢰성에 대하여 설명하기 전에 신뢰성의 이해를 돕기 위한 기초적인 통계지식에 대하여 알아보자.

기대값의 표현

확률변수 X의 평균 또는 기대값은 μ 또는 $E(X)$로 표기한다.

기대값의 성질

확률변수 X, Y에 대하여

① $E(aX+b)=aE(X)+b$ 이 성립하며

② $E(aX+bY)=aE(X)+bE(Y)$의 관계가 성립한다.

<예> $E(X)=5$이고 $E(Y)=3$이라면, $E(2X+4Y)$는 다음과 같이 계산된다.

$$E(2X+4Y)=2E(X)+4E(Y)=2\times 5+4\times 3=22$$

분산의 정의

확률변수 X의 분산은 σ^2 또는 $Var(X)$로 표기하며, 다음과 같이 정의한다.

$$Var(X)=E[(X-\mu)^2]$$

분산의 성질1

$$Var(X)=E[X^2]-\mu^2$$

분산의 성질2

$$Var(aX+b)=a^2Var(X)$$

<예> $Var(X)=8$이라면, $Var(2X+4)$는 다음과 같이 계산된다.

$$Var(2X+4)=2^2Var(X)=2^2\times 8=32$$

공분산의 정의

두 확률변수 X와 Y의 공분산은 $Cov(X, Y)$로 표기하며, 다음과 같이 정의된다.

$$Cov(X,Y)=E[(X-\mu_X)(Y-\mu_Y)]$$

여기서 μ_X와 μ_Y는 확률변수 X와 Y의 각각 기대값이다.

공분산의 성질1

$$Cov(X, Y) = E[XY] - \mu_X \mu_Y$$

공분산의 성질2

$Cov(aX+b, cY+d) = ac\,Cov(X, Y)$

<예> $Cov(3X+10, 5Y+20) = 15Cov(X, Y)$

상관계수의 정의

확률변수 X와 Y의 상관계수(correlation coefficient)는 $\rho(X, Y)$[1] 또는 $Corr(X, Y)$로 표기하며, 다음과 같이 정의된다.

$$\rho(X, Y) = Corr(X, Y) = \frac{Cov(X, Y)}{\sigma_X \sigma_Y}$$

여기서 σ_X 와 σ_Y 는 확률변수 X와 Y의 표준편차이다.

상관계수의 성질1

만일 $ac>0$이라면,

$Corr(aX+b, cY+d) = Corr(X, Y)$이다.

상관계수의 성질2

만일 $ac<0$이라면,

$Corr(aX+b, cY+d) = -Corr(X, Y)$이다.

두 확률변수 합의 분산

(1) $Var(X+Y) = Var(X) + Var(Y) + 2\,Cov(X, Y)$

(2) $Var(X-Y) = Var(X) + Var(Y) - 2\,Cov(X, Y)$

두 확률변수의 독립

두 확률변수 X와 Y가 서로 독립이면, 다음의 관계가 성립한다.

(1) $E(XY) = E(X)E(Y)$

(2) $Cov(X, Y) = 0$이고, 또한 $Corr(X, Y) = 0$이다.

(3) $Var(X+Y) = Var(X-Y) = Var(X) + Var(Y)$

---

1) 영어로 'rho'라고 나타내며 '로'라고 읽는다

01 신뢰성의 정의

신뢰성(Reliability)의 정의와 이에 관련된 이론은 교육학 분야의 고전 검사이론(classical test theory)으로부터 발전되어 왔다. 고전 검사이론에 따르면, 우리가 접하는 거의 모든 측정은 항상 측정오차가 존재하며, 측정오차는 다시 체계적 오차와 무작위오차로 구분된다. 체계적 오차는 연구자의 세심한 주의로 제거할 수 있지만, 무작위오차는 제거하는 것이 불가능하기 때문에 크기에 대한 통제와 관리가 필요하다. 본 장에서는 신뢰성의 정의와 무작위오차를 기초로 만들어진 신뢰성을 측정하는 방법, 그리고 이에 따른 이론들을 소개하고자 한다.

체계적 오차가 없다는 가정 아래 다음과 같은 모형을 생각해 보자. 만일 연구자가 관측이 불가능한 실제값 T를 측정하기 위해 측정값 X를 사용하였다면, 무작위오차 ε[2]은 실제값과 측정값의 차이 (즉, $X-T$)로 표현할 수 있을 것이다. 따라서 고전 검사이론에서는 일반적인 측정모형을 다음과 같이 정의한다.

$$\text{측정값} = \text{실제값} + \text{무작위오차} \quad \rightarrow \quad X = T + \varepsilon$$

즉, 측정값 X는 관측이 불가능한 두 개의 구성요소로 나누어지는데, 처음부분은 실제값 T이고 나중부분은 무작위오차 ε이다.

실제값 T는 측정할 수 없는 이론적인 수치로서 무한히 반복하여 측정하였을 경우 얻어진 반복된 측정값의 평균, 즉, X의 기대값 또는 평균값으로 정의된다. 따라서 실제값 T는 한번의 측정으로 얻어지는 것이 아니고 수없이 반복하여 측정하였을 경우, 이 값들의 평균을 통하여 얻을 수 있다. 하지만 현실적으로 수없이 반복하여 측정한다는 것은 불가능한 일이기 때문에 실제값은 가상적이고 추상적인 수치이지만 신뢰성의 측정에 있어서 매우 중요한 역할을 한다.

무작위오차는 실제값과 측정값의 차이를 만드는 하나의 요인이다. 따라서 실제값은 측정값보다 클 수도 혹은 작을 수도 있는 무작위성에 의존한다. 만일 무작위오차가 0을 중심으로 대칭분포를 갖는다고 가정하면, 무한히 반복하여 측정하였을 경우 측정값이 실제값보다 큰 무작위오차 ($X-T=\varepsilon>0$)와 측정값이 실제값보다 적은 무작위오차($X-T=\varepsilon<0$)가 서로 상쇄되어 평균이 0이 될 것이다 (즉, $E(\varepsilon)=0$, 그림 6-1 참조).

따라서 이러한 사실을 고전 검사이론의 측정모형에 적용하면, 기대값의 성질에 의하여 다음과 같은 사실을 확인할 수 있다.

2) 영어로 epsilon이라고 나타내며, '엡실론'이라고 읽는다.

그림 6-1 | 무작위오차의 평균

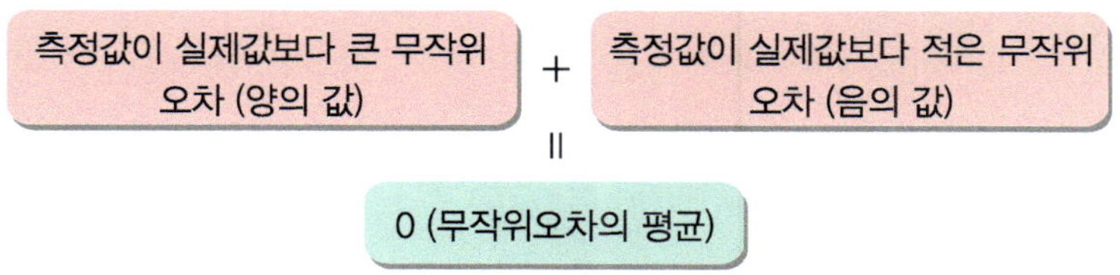

$$E(X)=E(T)+E(\varepsilon)=E(T)$$

즉, 위의 식은 $E(\varepsilon)=0$이 되어, 측정값의 기대값과 실제값의 기대값은 일치하게 된다는 의미 이다.

신뢰성의 측정은 한 대상을 여러 번 반복하여 계산되는 것이 아니라, 여러 대상을 동시에 여러번 반복 측정하여 이에 대한 전체적인 차이를 비교함으로써 이루어진다. 이러한 차이에 대한 개념은 분산으로 설명할 수 있는데, 고전 검사이론의 측정모형에 분산을 취하면, 분산의 성질에 의하여 다음과 같은 사실을 확인할 수 있다.

$$Var(X)=Var(T+\varepsilon)=Var(T)+Var(\varepsilon)+2Cov(T,\ \varepsilon)$$

만일 실제값과 무작위오차 사이의 상관관계가 없다고 가정하면, $Cov(T,\ \varepsilon)=0$이 되며, 위의 식은 다음과 같이 간단하게 표현될 수 있다.

$$\underset{\text{측정값의 분산}}{Var(X)} = \underset{\text{실제값의 분산}}{Var(T)} + \underset{\text{무작위 오차의 분산}}{Var(\varepsilon)}$$

즉, 측정값의 분산은 실제값의 분산과 무작위오차의 분산의 합으로 표현될 수 있다. 두 분산의 합으로 측정값의 분산이 이루어진다는 사실은, 측정값의 분산을 고정시켰을 경우, 실제값의 분산이 커지면 무작위 오차의 분산이 작아야 하고, 반대로 실제값의 분산이 적으면 무작위 오차의 분산이 커져야 한다는 의미를 가지고 있다. 이러한 원리를 기초로 분산 크기에 대한 상대적인 비교가 가능하기 때문에 이러한 관계식은 신뢰성 개념에서 매우 중요한 의미를 갖는다. 여기서 신뢰성(reliability), ρ는 측정값의 분산(전체 분산)에서 실제값의 분산이 차지하는

비율로 정의된다. 즉,

그림 6-2 | 신뢰성의 정의

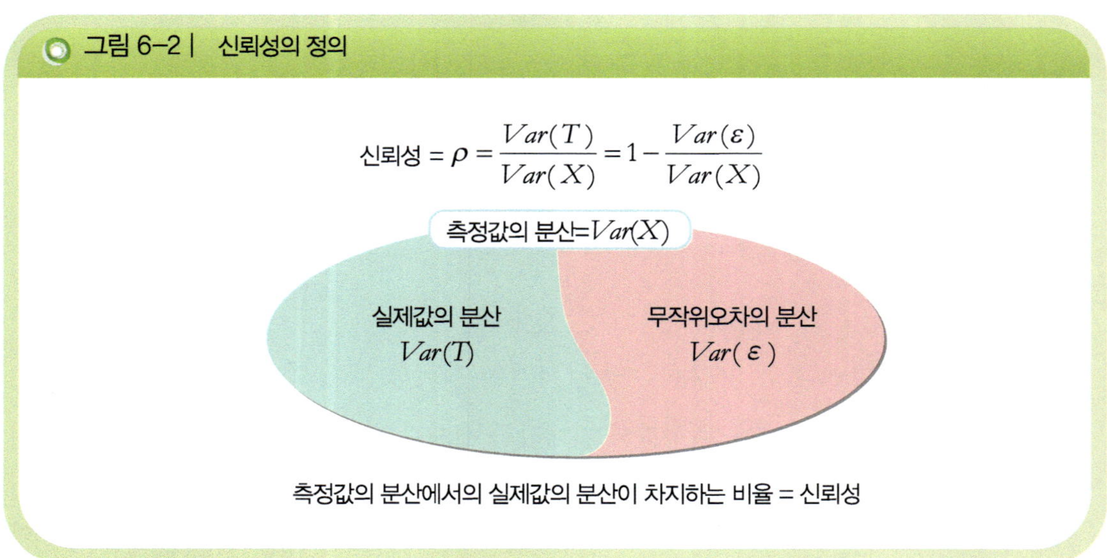

신뢰성은 0에서 1 사이의 값을 가진다. 따라서 측정값에 대한 분산의 대부분을 무작위오차가 차지하고 있으면 0에 가까운 값을 가지며, 반면에 무작위 오차의 크기가 0에 가까운 작은 값을 갖는 경우 신뢰성은 1에 가까운 값을 갖게 된다. 위의 식을 실제값의 분산에 관한 식으로 나타내면 다음과 같다.

$$Var(T) = \rho \times Var(X)$$

실제값의 분산 = 신뢰성 × 측정값의 분산

↓

$$0 < \rho < 1$$

즉, 실제값의 분산은 신뢰성과 측정값의 분산의 곱으로 표현될 수 있다는 것이다. 이와 같은 관계로부터 만일 우리가 신뢰성과 측정값의 분산을 알고 있다면, 실제값에 대한 분산을 계산할 수 있다.

02 상호 교환적인 두 측정에 대한 신뢰성

신뢰성을 측정한다는 것은 실제값의 분산을 모르기 때문에 사실상 불가능하지만 몇 가지 조건을 가정하면 신뢰성의 측정이 가능하게 된다. 예를 들어, 두 번 반복하여 측정하였을 경우의 신뢰성을 소개하기 위하여 다음과 같은 모형을 고려하여 보자.

	측정값	=	실제값	+	무작위오차
측정1:	X_1	=	T_1	+	ε_1
측정2:	X_2	=	T_2	+	ε_2

만일 측정 1과 측정 2의 두 실제값이 서로 같고 ($T_1=T_2=T$), 무작위오차가 독립이면서 ($Cov(\varepsilon_1, \varepsilon_2)=0$), 분산이 같을 경우 ($Var(\varepsilon_1)=Var(\varepsilon_2)$), 두 측정은 상호 교환적(parallel)이라고 정의한다. 두 측정이 상호 교환적이면 두 측정값, X_1과 X_2는 같은 개념을 나타내는 것이며 두 측정값의 차이는 단지 무작위 오차, ε_1과 ε_2의 값에만 의존하게 된다. 여기서 상호 교환적인 두 측정에 대한 측정값 1과 측정값 2의 상관계수 $\rho(X_1, X_2)$를 살펴보면 다음과 같다.

$$\rho(X_1, X_2) = \rho(T+\varepsilon_1, T+\varepsilon_2) = \frac{Cov(T+\varepsilon_1, T+\varepsilon_2)}{\sqrt{Var(X_1)Var(X_2)}}$$

측정값 1과 측정값 2의 상관계수의 계산을 간단히 만들기 위하여 다음과 같은 가정이 있어야 한다.

조건1 $T_1=T_2=T$: 두 측정에 대한 실제값은 동일하다.
조건2 $Var(X_1)=Var(X_2)$: 두 측정값의 분산이 같다.
조건3 $Cov(\varepsilon_1, \varepsilon_2)=0$: 두 측정값의 무작위오차가 서로 상관관계가 없다.
조건4 $Cov(T, \varepsilon_1)=Cov(T, \varepsilon_2)=0$: 실제값과 무작위오차가 서로 상관관계가 없다.

이러한 세 가지 조건 하에서, 공분산의 성질을 이용하여, 측정값 1과 측정값 2의 상관계수, $\rho(X_1, X_2)$를 재구성하면, 다음과 같이 나타낼 수 있다.

$$\rho(X_1, X_2) = \frac{Cov(T+\varepsilon_1, T+\varepsilon_2)}{\sqrt{Var(X_1)Var(X_2)}}$$
$$= \frac{Var(T) + Cov(T, \varepsilon_2) + Cov(\varepsilon_1, T) + Cov(\varepsilon_1, \varepsilon_2)}{\sqrt{Var(X_1)Var(X_2)}}$$
$$= \frac{Var(T)}{Var(X_1)} = \frac{Var(T)}{Var(X_2)} = \rho$$

위의 식은 신뢰성을 계산하는데 있어서 중요한 의미를 가지고 있다. 왜냐하면 상호 교환적인 두 측정에 대한 상관계수는 측정 1의 분산에서 실제값이 차지하는 비율 즉, 측정 1(또는 측정 2)에 대한 신뢰성과 일치하기 때문이다. 다시 말하면,

$\rho(X_1, X_2)$ = 측정 1의 신뢰성=측정 2의 신뢰성 = ρ

결국, 앞에서 소개한 관측이 불가능한 실제값과 관련된 신뢰성은 매우 막연하고 추상적인 정의였지만, 상호 교환적인 두 측정에 몇 가지 조건을 가정한다면 측정값에 대한 신뢰성을 구할 수 있게 된다.

이와 같은 관계는, 한 개념을 측정하기 위하여 두 개의 상호 교환적인 설문 문항이 존재하는 경우, 두 문항에 대한 상관계수를 계산함으로써 문항의 신뢰성을 얻을 수 있다는 의미를 가지고 있다. 만일 여러 대상을 표본으로 하기 때문에, 표본의 다양성으로 인하여 실제값에 대한 분산 ($=Var(T)$)과 측정값에 대한 분산 ($=Var(X_1)$)이 모두 크다면, 이 측정방법은 특정한 개념을 설명하는 변별능력이 뛰어나다고 말할 수 있으므로 신뢰성, ρ가 증가할 것이라는 사실을 식으로부터 확인할 수 있다.

또한 관측이 불가능한 개념적인 실제값의 분산은 다음의 식을 통하여 얻을 수 있다.

$$Var(T) = \rho(X_1, X_2) \times Var(X_1)$$

실제값의 분산 = 두 측정의 상관계수 (=신뢰성) × 측정값의 분산

상호 교환적인 두 문항에 대하여 마지막으로 언급하고 싶은 사실은 실제값과 측정값 사이의 상관계수는 신뢰성의 제곱근($\sqrt{\text{신뢰성}}$)이라는 것이다. 즉,

$$\rho(T, X_1) = \sqrt{\rho(T, X_1)} = \sqrt{\text{신뢰성}} \ (>\text{신뢰성})$$

→ 이 값은 반드시 신뢰성보다 커야 한다.

여기서 신뢰성은 0에서 1 사이의 값을 취하기 때문에 실제값과 측정값 사이의 상관계수를 나타내는 신뢰성의 제곱근은 신뢰성보다 반드시 커야 한다. 이러한 사실은 새로운 기준을 제시하는 측정방법이 기존의 측정방법에 대하여 상호 교환적인지를 판단하는 방법으로 응용될 수 있다. 다시 말하면, 두 측정이 상호 교환적이라면, 두 측정에 대한 상관계수는 신뢰성의 제곱근보다 클 수가 없다는 것이다.

예를 들어, 신뢰성이 0.81로 알려진 기존의 설문문항과 상호 교환적이라고 주장하는 새로운 설문문항 사이의 상관계수 수치는 $0.9(=\sqrt{0.81})$보다 클 수 없다는 것이다. 이와 같은 사실을 이용하여 새로운 측정방법에 대한 타당성 검증을 할 수 있다. 즉, 기존에 알려진 측정방법과 새로운 측정방법과의 상관계수는 이미 알려진 신뢰성의 제곱근보다 클 수 없기 때문에 그 크기를 비교함으로써 새로운 측정방법에 대한 타당성을 파악할 수 있다는 것이다. 물론 이 조건을 만족하였다고 연구자가 제시한 측정방법에 대한 타당성이 입증되는 것은 아니지만, 이 조건을 만족하지 못할 경우, 새로운 측정방법에 대한 타당성이 문제가 있다는 사실을 확인할 수 있다. 이러한 사실은 다음 장에 소개되는 기준타당성(criterion-related validity)과 밀접한 관계를 가지고 있다.

"측정의 신뢰성은 상호 교환적인 두 측정에 대한 상관계수와 동일한 값이다."

03 신뢰성 측정방법

실제 연구에서 얻는 측정된 자료를 이용한 신뢰성 평가는 무작위 오차를 분석함으로써 가능해 진다. 여기서는 이러한 무작위오차를 분석함으로써 신뢰성을 구체적으로 측정할 수 있

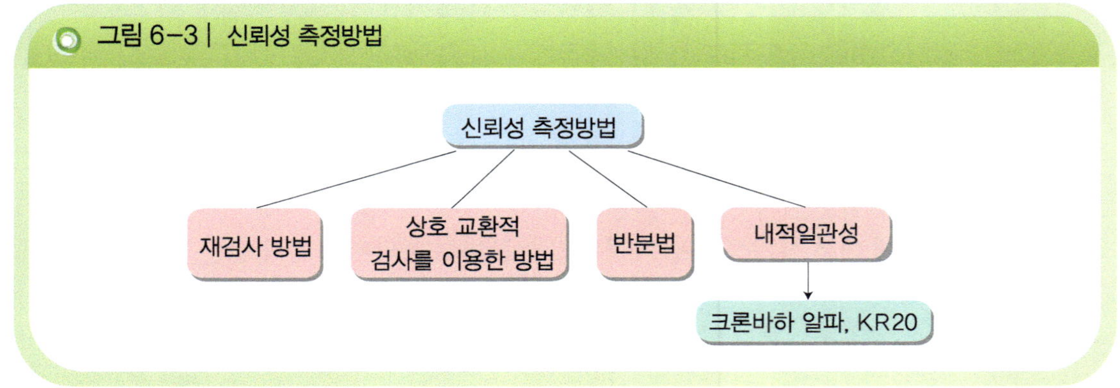

그림 6-3 | 신뢰성 측정방법

는 방법을 소개하고 이에 대한 한계점을 언급하고자 한다. 〔그림 6－3〕은 앞으로 소개될 신뢰성 측정방법의 종류를 나타내고 있다.

(1) 재검사 방법

신뢰성을 가장 쉽게 측정할 수 있는 방법으로 **재검사 방법**(retest method)을 들 수 있다. 이 방법은 같은 대상에 대하여 동일한 측정방법으로 일정한 시간 간격을 두고 두 번 측정하는 방법이다. 이 경우의 신뢰성은 두 측정값에 대한 상관계수가 된다. 이것을 **경로도**(path diagram)를 이용하여 그래프로 표시하면 〔그림 6－4〕와 같다.

그림 6－4 | 재검사 방법의 경로도

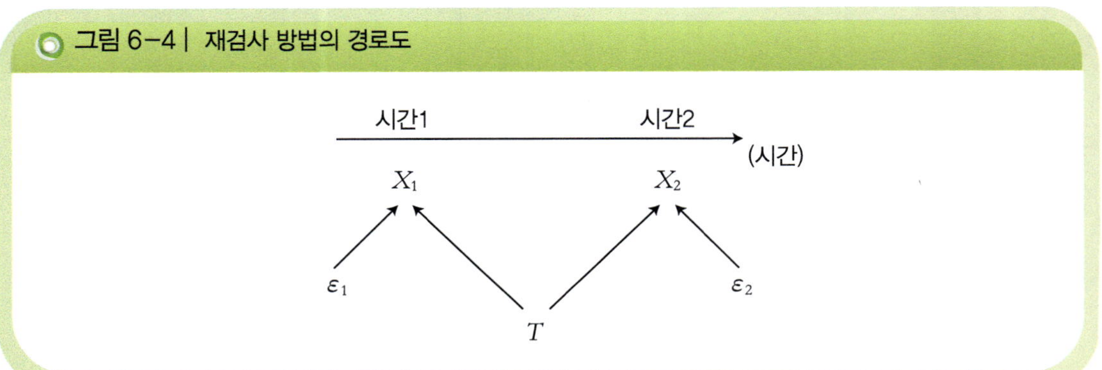

여기서 두 개의 측정값 X_1, X_2는 일정한 시간 간격을 두고 같은 개념 T를 측정하였기 때문에 두 개의 화살표가 T지점으로부터 시작되는 것이며, 무작위오차 ε_1, ε_2는 각각 실제값과 측정값의 차이로 표현된다. 이와 같은 경우를 수식으로 모형화하면 다음과 같다.

$X_1 = T + \varepsilon_1$(첫 번째 측정)
$X_2 = T + \varepsilon_2$ (일정한 시간이 지난 후의 두 번째 측정)
측정값 = 실제값 + 무작위 오차

이와 같이 재검사 방법은 같은 측정방법을 일정한 시간 간격을 두고 다시 측정하는 방법이기 때문에 상호 교환적인 측정으로 고려될 수 있다. 따라서 앞에서 소개한 고전 검사이론의 결과에 의하여 측정에 대한 신뢰성은 두 측정값의 상관계수가 되며 다음과 같이 나타낼 수 있다.

$\rho\ (X_1\ X_2) = X_1$의 신뢰성 $= X_2$의 신뢰성

여기서 만일 첫 번째 측정값과 두 번째 측정값이 일치한다면 상관계수는 1이 되므로 신뢰성도 역시 1이 된다.

재검사 방법은 직관적으로 매우 타당한 신뢰성 평가방법이라고 생각할 수 있지만 몇 가지 한계점을 가지고 있다. 일정한 시간 간격을 두고 다시 측정한다는 것은 시간적인, 경제적인 측면에서 실제 연구로 적용하기 어렵다는 문제점 이외에도 다음과 같이 세 가지 항목으로 그 한계점을 요약할 수 있다.

① 시간에 따른 실제값의 변화
② 선행측정의 결과에 대한 영향
③ 반복측정으로 인한 학습효과

이러한 한계점 때문에 일반적으로 대부분의 연구에서는 재검사 방법과 같이, 같은 대상을 두 번 이상 측정하는 경우보다는 한번의 측정으로 끝나는 경우를 많이 볼 수 있다. 그렇다면, 앞에서 언급한 한계점에 대하여 자세히 알아보도록 하자.

◆ 시간에 따른 실제값의 변화

일정한 시간 간격을 두고 측정이 반복되기 때문에, 시간의 변화에 따라 개념 자체가 변화되어 측정된 상관계수가 실제의 신뢰성보다 낮게 나타날 수 있다. 예를 들어, 우리나라 사람의 IMF에 대한 이미지를 조사하는 경우, 우리나라가 IMF 구제금융을 받기 전의 이미지와 받은 후의 이미지는 아마도 다르게 나타날 것이다. 이는 시간 간격을 두고 측정하는 경우, 어떠한 사건의 발생에 의해 또는 개인적인 이유로 인해 개념에 대한 관점 자체가 바뀌는 경우 나타날 수 있으며, 이로 인해 낮은 상관계수를 얻게 되는 것이다. 이 경우는 시간에 따른 실제값의 변화량이 신뢰성 측정에 포함되었기 때문에 얻어진 낮은 상관계수이므로 이러한 수치만으로 측정에 대한 신뢰성이 낮다고는 말할 수 없다. 재검사 방법을 실시하는 경우는 시간 간격이 길면 길수록, 실제값의 변화 가능성은 더욱 더 높아질 것이다. 이러한 이유로 재검사 방법에 의한 신뢰성 측정방법은 실제 신뢰성에 비해 다소 과소평가될 가능성을 갖고 있다.

◆ 선행측정의 결과에 대한 영향

재검사 방법에 사용되는 상관계수가 신뢰성을 과소평가하게 만드는 다른 한 가지 이유로서 측정 대상이 단순히 처음 측정한 결과로 인하여 (또는 이에 반발하여) 두 번째 결과를 다르게 응답하는 경우이다. 이 경우는 개념에 대한 실제 측정값 자체는 변하지 않는다는 의미에서 앞에서 소개한 문제점과는 구분된다. 즉, 첫 번째 측정결과가 원인이 되어 두 번째 측정값에 변화를 초래하는 경우이다. 예를 들어, 직원의 회사에 대한 충성도를 묻는 질문에 대하여 응답자가 첫 번째 측정에서 '매우 낮다' 라고 대답한 후, 두 번째 측정에서는, 회사에 조금 미안한 마음이 생겨서 '보통이다'라고 대답하는 경우가 이에 해당된다. 이러한 경우, 재검사 방법에 의한 신뢰성 평가방법은 실제의 신뢰성에 비해 과소평가될 가능성이 있다.

◆ 반복측정으로 인한 학습효과

재검사 방법은 측정이 반복되므로 이에 따른 기억으로 인하여 상관계수가 실제의 신뢰성보다 높게 나타날 수 있는데, 이는 측정대상이 처음 관측하였을 경우의 응답을 기억하여 다시 측정하였을 경우 그대로 응답하고자 하는 학습효과(pretesting effect) 때문에 나타나는 경우이다. 이러한 경우 연구자는 실제 측정방법의 신뢰성이 낮음에도 불구하고 높은 상관계수로 인하여 높은 신뢰성을 갖는 과대평가된 신뢰성을 얻을 수 있다. 일반적으로 재검사 시간 간격이 짧으면 짧을수록 처음 측정에서 얻은 결과를 기억하여 일관성 있게 응답하고자 하는 경향이 있기 때문에 과대평가된 신뢰성을 얻는 상황이 자주 발생된다.

따라서 Nunnally(1964)는 2주에서 4주 사이의 시간 간격이 적당하다고 하였는데, 이는 시간 간격이 길어지면서 발생되는 실제값의 변화를 줄이고, 시간 간격이 짧아지면서 우려되는 학습효과를 줄일 수 있는 적당한 시간 간격으로 보는 것이다.

(2) 상호 교환적 검사를 이용한 방법

상호 교환적 검사를 이용한 방법(parallel-form method)은 교육학분야에서 많이 사용되고 있는 방법으로 재검사 방법과 비슷한 과정을 거쳐서 신뢰성이 측정되지만, 한 측정대상에 대하여 두 형태의 서로 다른 상호 교환적인 측정방법이 적용된다는 측면에서 차이점이 있다. 이 방법에 의한 신뢰성은 재검사 방법과 마찬가지로 두 측정값 사이의 상관계수가 된다. 즉,

$$\text{두 측정값의 상관계수} = \rho(X_1, X_2) = X_1\text{의 신뢰성} = X_2\text{의 신뢰성}$$

Nunnally(1964)는 하루 하루의 개인적인 환경에 따른 변화량(즉, 무작위오차)을 신뢰성에 포함시키기 위하여 대략 2주 정도의 시간간격을 두고 상호 교환적인 두 형태의 측정방

법을 적용할 것을 권장하고 있다. 상호 교환적 검사를 이용한 신뢰성 측정은 재검사 방법에서 발생하는 학습효과에 따른 과대평가된 신뢰성 측정문제를 해결할 수 있으므로 보다 정확한 신뢰성을 제공한다. 하지만 이 방법은 재검사 방법에서 발생하는 문제와 마찬가지로 시간 간격으로 인한 실제 측정값의 변화를 제대로 구분하지 못하여 과소평가된 신뢰성을 얻을 수 있다는 문제는 해결하지 못하고 있다.

연구자가 이러한 방법을 실제로 적용하고자 하는 경우, 최소한 두 개 이상의 상호 교환적인 측정방법이 있어야 한다는 어려움이 발생한다. 일반적으로 한 개의 측정방법을 만드는 것도 어려운 문제인데 상호 교환적인 조건을 만족하는 새로운 측정방법을 개발한다는 것은 연구자에게 있어서 매우 부담되는 어려운 요구가 될 것이다. 이와 같은 사실은 상호 교환적 검사를 이용한 신뢰성 측정에 있어서 한계점으로 지적되고 있다.

(3) 반분법

반분법(split-halves method)은 측정에 사용되는 항목들을 두 그룹으로 적당히 나누어서 두 그룹의 결과에 대한 상관계수를 이용하여 신뢰성으로 측정하는 방법이다. 이 방법은 재검사 방법과 같이 두 번 측정할 필요도 없으며, 상호 교환적 검사를 이용한 방법과 같이 두 개의 상호 교환적인 측정도구를 요구하지도 않는다는 점이 특징이라고 할 수 있다. 또한 반분법은 나누어진 두 그룹 각각을 상호 교환적 검사로 취급하여 이론이 전개되므로 근사적으로 상호 교환적 검사를 이용한 방법과 동일하다고 볼 수 있다. 따라서 반분법을 사용하여 신뢰성을 측정할 경우는 나누어진 두 그룹이 상호 교환적인 검사라는 가정이 추가적으로 필요하다. 즉, 나누어진 두 그룹에 대한 내용은 서로 같은 개념을 측정하고 있으며. 이에 대한 두 분산도 서로 동일하다는 가정이다.

예를 들어, 20개의 문항으로 구성된 영어 단어시험을 생각하여 보자. 이 경우 연구자는 20개의 문항을 10개의 문항으로 적당히 나누어서 학생들의 점수를 파악할 것이다. 즉, 한 학생은 두 그룹으로 나누어진 각각 10개 문항으로 구성된 두 점수로 나누어서 기록된다. 이에 대한 두 점수 사이의 상관계수를 ρ'이라 한다면, 이 값은 10개 문항으로 구성된 상호 교환적인 시험에 대한 신뢰성이 된다. 하지만 연구자의 관심은 20개 문항으로 구성된 단어시험의 신뢰성이므로 이에 대한 수정이 필요하다. 이에 대한 수정에 관한 식은 우연하게도 1910년에 Spearman 과 Brown이 동시에 발표하였기 때문에 스페어만–브라운 예측공식(Spearman-Brown prophecy formula)이라고 부른다. 10개 문항에 대한 신뢰성 ρ'을 이용하여 20개 문항으로 구성된 단어시험의 신뢰성 ρ를 얻기 위한 스페어만–브라운 예측공식은 다음과 같다.

$$\rho = \frac{2\rho'}{1+\rho'} \rightarrow 20\text{개 문항의 신뢰성} = \frac{2\times 10\text{개 문항의 신뢰성}}{1+10\text{개 문항의 신뢰성}}$$

예를 들어, 10개의 문항으로 구성된 상관계수가 0.7이 나왔다면, 20개로 구성된 문항에 대한 신뢰성은 스페어만-브라운 예측공식에 의하여 0.824가된다.

$$\rho = \frac{2\rho'}{1+\rho'} = \frac{2\times 0.7}{1+0.7} = \frac{1.4}{1.7} = 0.824$$

이와 같이 10개의 문항에 대한 신뢰성을 이용하여 2배에 해당하는 20개의 문항에 대한 신뢰성을 알고자 할 경우 약간의 수정이 필요하다. 문항의 수가 증가하면 신뢰성이 함께 증가한다는 사실을 스페어만-브라운 예측공식으로부터 확인할 수 있다. 원래 문항의 n배에 해당되는 측정에 대한 신뢰성은 다음과 같이 스페어만-브라운 예측공식의 수정형태인 일반화된 스페어만-브라운 예측공식(generalized Spearman-Brown prophecy formula)을 이용하여 얻을 수 있다.

$$\rho = \frac{n\rho'}{1+(n-1)\rho'}$$

예를 들어, 5개 문항으로 구성된 측정에 대한 신뢰성이 0.7일 경우, 5개 문항의 4배인 20개 문항으로 구성된 측정에 대한 신뢰성은 일반화된 스페어만-브라운 예측공식에 의하여 0.903이 된다.

$$\rho = \frac{n\rho'}{1+(n-1)\rho'} = \frac{4\times 0.7}{1+3\times 0.7} = \frac{2.8}{3.1} = 0.903$$

이와 같이 일반화된 스페어만-브라운 예측공식은 5개의 문항으로 구성된 상호 교환적인 두 개의 측정방법에 대한 상관계수가 0.7이라면, 20개의 문항으로 구성된 상호 교환적인 두 개의 측정방법에 대한 상관계수는 0.903이 될 것이라고 예측하는 것이다.

만일 연구자가 일정한 신뢰성을 유지하면서 문항의 수를 결정하고 싶을 경우, 일반화된 스페어만–브라운 예측공식을 재구성하여 문항의 수를 정할 수 있다. 문항의 수를 얻기 위하여 일반화된 스페어만–브라운 예측공식을 n에 대하여 재구성하면 다음과 같다.

$$n = \frac{\rho(1-\rho')}{\rho'(1-\rho)}$$

예를 들어, 10개의 문항으로 구성된 두 개의 상호 교환적인 측정에 대한 신뢰성 (또는 상관계수)이 0.6이었다고 하자. 만일 연구자가 0.8의 신뢰성을 갖는 측정을 원한다면 다음의 식에 의하여 n의 값은 2.7이 된다.

$$n = \frac{\rho(1-\rho')}{\rho'(1-\rho)} = \frac{0.8(1-0.6)}{0.6(1-0.8)} = \frac{0.32}{0.12} = 2.7$$

따라서 10개 문항의 2.7배인 27개 문항으로 구성된 측정방법을 사용하면 원하는 신뢰성인 0.8을 얻을 수 있다. 물론 이 경우 27개의 문항은 앞에서 설정한 10개의 문항과 상호 교환적인 즉, 같은 개념을 측정하는 항목이어야 한다.

앞에서 우리는 반분법에 대한 절차를 소개하면서 문항들을 적당히 두 그룹으로 나누어야 한다고 설명하였다. 항목들을 두 그룹으로 나누는 일반적인 방법으로는 문항번호를 고려하여 짝수 번호와 홀수 번호로 나누는 방법이 있는데, 이 방법은 편리하기 때문에 사용하는 것이지 특별한 장점이나 이유가 있는 것은 아니다. 따라서 다른 방법을 이용하여 두 그룹으로 나누는 방법도 가능하며, 어떻게 나누느냐에 따라 신뢰성의 값은 달라지게 된다. 예를 들어, 10개의 문항으로 구성된 측정에서는 5개의 문항으로 구성된 두 그룹으로 나누기 위하여 ${}_{10}C_5 = 125$에 의해 총 125개의 가능한 구분이 존재하며 이에 대응하는 125개의 상관계수가 존재한다. 따라서 여기서 얻은 상관계수는 아마도 (비록 큰 차이는 나지 않겠지만) 서로 다른 신뢰성을 제공한다. 다시 말하면, 같은 자료를 가지고 한 연구자는 짝수 문항과 홀수 문항으로 구분하였고 다른 연구자는 문항을 무작위로 나누어서 신뢰성을 계산하였다면 두 연구자는 비록 같은 자료를 분석하였지만 서로 다른 신뢰성을 얻게 된다는 것이다. 이와 같이 반분법을 이용하여 신뢰성을 측정할 경우, 자료를 어떻게 구분하느냐에 따라 그 값이 서로 다르게 나타나는 **불확정성 문제**(indeterminacy)의 문제점을 가지게 된다.

(4) 내적일관성을 이용한 방법

앞에서 소개한 반분법은 한 번의 측정으로 신뢰성을 측정할 수 있다는 장점을 가지고 있는 반면에 전체문항을 어떻게 두 그룹으로 나누느냐에 따라 신뢰성의 결과가 다르게 나타나는 불확정성 문제가 발생한다는 사실을 배웠다. **내적일관성을 이용한 방법** (internal consistency method)은 재검사 방법이나 상호 교환적 검사방법과 같이 여러 번에 걸친 측정을 요구하지 않으며, 반분법과 같이 전체문항을 나눔으로서 일어나는 불확정성 문제도 발생하지 않으므로 연구자들이 자주 사용하는 신뢰성 측정방법이다. 즉, 내적일관성을 이용한 방법은, 반분법과는 다르게, 한 번의 측정으로 오직 한 개의 신뢰성을 얻게 된다. 특별히 여기서 얻어진 신뢰성을 **내적일관성에 대한 측정**(internal consistency measure)이라고 한다.

내적일관성에 대한 측정으로 잘 알려진 식은 **크론바하 알파**(Cronbach's alpha)로 다음과 같은 과정을 통하여 식이 유도된다.

◆ 크론바하 알파의 유도

만일 어떤 측정도구가 n개의 문항 $X_1, X_2, \cdots, X_n$으로 구성되었다고 하자. 여기서 가상의 상호 교환적인 측정도구 $Y_1, Y_2, \cdots, Y_n$을 고려하여 X_i와 Y_j 사이의 모든 공분산이 일정하다고 가정하면, 1에서 n 사이에 값을 갖는 모든 i, j에 대하여 $Cov(X_i, X_j) = \sigma_{XY}$라고 표현할 수 있을 것이다.

이 경우 n개 문항의 합에 대한 공분산은 다음과 같다.

$$
\begin{aligned}
&Cov(X_1 + \cdots + X_n, Y_1 + \cdots + Y_n) \\
&= Cov(X_1, Y_1) + Cov(X_1, Y_2) + Cov(X_1, Y_3) + \cdots + Cov(X_n, Y_n) \\
&= n^2 \times \sigma_{XY}
\end{aligned}
$$

상호 교환적인 두 검사의 특징과 분산의 성질에 의하여 다음과 같은 식이 성립함을 확인할 수 있다.

$$Var(Y_1+\cdots+Y_n)=Var(X_1+\cdots+X_n)$$
$$=\sum_{i=1}^{n}Var(X_i)+\sum_{i\neq j}Cov(X_i,\ X_j)=\sum_{i=1}^{n}Var(X_i)+n(n-1)\sigma_{XY}$$

여기서 얻은 식을 σ_{XY}에 대하여 정리하고, n개의 문항의 합에 대한 공분산에 대입하면 다음과 같은 결과를 얻을 수 있다.

$$\sigma_{XY}=\frac{1}{n(n-1)}\left[Var(X_1+\cdots+X_n)-\sum_{i=1}^{n}Var(X_1)\right]\text{이므로}$$
$$Cov(X_1+\cdots+X_n,\ Y_1+\cdots+Y_n)$$
$$=\frac{n}{n-1}\left[(Var(X_1+\cdots+X_n)-\sum_{i=1}^{n}Var(X_i))\right]$$

상호 교환적인 두 검사에 대한 신뢰성은 상관계수이므로 두 검사에 대한 상관계수를 계산하면 다음과 같다.

$$\rho=\rho(X_1+\cdots+X_n,\ Y_1+\cdots+Y_n)$$
$$=\frac{Cov(X_1+\cdots+X_n,\ Y_1+\cdots+Y_n)}{\sqrt{Var(X_1+\cdots+X_n)Var(Y_1+\cdots+Y_n)}}$$
$$=\frac{\frac{n}{n-1}\left[(Var(X_1+\cdots+X_n)-\sum_{i=1}^{n}Var(X_i))\right]}{Var(X_1+\cdots+X_n)}$$
$$=\frac{n}{n-1}\times\left(1-\frac{\sum_{i=1}^{n}Var(X_i))}{Var(X_1+\cdots+X_n)}\right)$$

결국 내적일관성을 이용한 신뢰성을 나타내는 크론바하 알파는 다음 식에 의하여 계산된다.

$$\text{크론바하 알파} \Rightarrow \alpha = \frac{n}{n-1} \times \left(1 - \frac{\sum_{i=1}^{n} Var(X_i)}{Var(X_1 + \cdots + X_n)} \right)$$

◆ 크론바하 알파의 다른 접근

크론바하 알파를 설명하는 의미를 다르게 접근하여 보자. 만일 상호 교환적인 여러 측정방법들이 있다면, 서로의 상관계수들은 모두 일치하여야 하며, 이 값이 신뢰성이 된다는 사실을 앞에서 설명한 바 있다. 따라서 측정방법을 구성하는 각각의 항목들이 상호 교환적이라면, 모든 가능한 조합으로 구성된 두 항목간의 상관계수에 대한 평균값, $\bar{\rho}$ 는 전체 항목을 대표하는 상관계수로 추정할 수 있으며, 이 수치는 한 항목에 대한 신뢰성의 대표값으로 판단할 수 있을 것이다. 만일 n개의 항목으로 구성된 측정의 신뢰성을 예측하고자 한다면, 일반화된 스페어만-브라운 예측공식에 의하여 다음과 같이 신뢰성을 추측할 수 있으며, 그 값이 크론바하 알파가 된다. 즉,

$$\alpha = \frac{n\bar{\rho}}{1+(n-1)\bar{\rho}}$$

$$\text{크론바하 알파} = \frac{\text{문항의 수} \times \text{상관계수들의 평균값}}{1+(\text{문항의 수}-1) \times \text{상관계수들의 평균값}}$$

여기서 모든 가능한 조합으로 구성된 두 항목간의 상관계수에 대한 평균값인 $\bar{\rho}$ 는 상호 교환적인 문항으로 구성된 한 개의 항목에 대한 신뢰성이 된다. 결국 크론바하 알파가 가지고 있는 의미는 한 항목의 신뢰성을 나타내는 $\bar{\rho}$ 를 이용하여 가상적으로 만들어진 완벽한 상호 교환적인 n개의 항목으로 구성된 측정의 신뢰성에 대한 추정값을 의미하는 것이다.

예를 들어, 5개 문항으로 구성된 측정도구를 이용한 결과 아래와 같은 항목간 상관계수를 얻었다고 하자. 이 경우 총 10개의 가능한 상관계수가 존재하며, 모든 가능한 조합의 상관계수를 더하여 10으로 나눈 평균값은 아래의 식에 의하여 0.3071이 된다.

표 6-1 | 크론바하 알파를 구하기 위한 5개 항목의 상관계수

항 목	1번 항목	2번 항목	3번 항목	4번 항목	5번 항목
1번 항목	–	0.185	0.451	0.399	0.413
2번 항목		–	0.048	0.209	0.248
3번 항목			–	0.350	0.399
4번 항목				–	0.369
5번 항목					–

$$\bar{\rho} = \frac{0.185 + \cdots + 0.369}{10} = \frac{3.071}{10} = 0.3071$$

여기서 10개의 가능한 상관계수에 대한 평균값인 0.3071은 한 개의 문항에 대한 신뢰성의 대표값이므로 연구자가 원하는 5개 문항으로 구성된 신뢰성은 일반화된 스페어만–브라운 예측공식에 의하여 다음과 같이 크론바하 알파값인 0.689를 얻게 된다.

$$\alpha = \frac{n\bar{\rho}}{1+(n-1)\bar{\rho}} = \frac{5 \times 0.3071}{1+(5-1)0.3071} = \frac{1.5355}{2.2284} = 0.689$$

위의 관계식으로부터 크론바하 알파값은 모든 가능한 조합의 항목간 상관계수에 대한 평균값, $\bar{\rho}$ 와 함께 0에서 1 사이의 값을 취한다는 사실을 확인할 수 있다.

◆ 크론바하 알파와 반분법의 관계

크론바하 알파는 반분법에서 측정된 신뢰성과 밀접한 관계를 가지고 있다. 구체적인 예로 어떤 문항의 크론바하 알파값은 문항을 두 그룹으로 나누어 계산한 모든 가능한 조합의 크론바하 알파값의 평균과 일치한다. 이러한 의미는, 기존의 측정방법과 완벽하게 상호 교환적인 가상적인 측정방법이 만일 존재한다면, 크론바하 알파는 이러한 가상적인 측정방법과 기존의 측정방법에 대한 상관계수를 추정하는 기대값 역할을 한다는 것이다.

◆ 신뢰성의 하한값으로서의 크론바하 알파

크론바하 알파값이 가지고 있는 다른 특징은, 이 수치가 일반적인 두 측정방법의 신뢰성에 대한 하한값 역할을 한다는 것이다 (즉, $\rho > \alpha$). 다시 말하면, 모든 항목이 서로 완벽하게 상호 교환적이라면 신뢰성과 크론바하 알파값은 일치하지만, 항목이 서로 상호 교환적이 아니더라도 신뢰성은 크론바하 알파값보다 적을 수는 없다는 것이다. 따라서 크론바하 알파는 측정의 신뢰성을 나타냄에 있어서 일반적으로 실제의 신뢰성 값보다 적게 나타내려고 하는 경향이 있다.

◆ 문항수와 크론바하 알파값의 관계

크론바하 알파는 모든 가능한 조합의 항목간 상관계수에 대한 평균값, $\bar{\rho}$ 와 항목의 수에 의존되어 결정된다. 좀더 구체적으로 말하면, 항목간 상관계수에 대한 평균값이 증가할수록, 그리고 항목의 수가 증가할수록, 크론바하 알파값은 커진다. 예를 들어, 두 항목으로 구성된 $\bar{\rho}$ 의 값이 0.2인 측정에서의 크론바하 알파값은 0.333이지만, 10개의 항목으로 구성된 $\bar{\rho}$ 의 값이 0.2인 측정에서는 크론바하 알파값은 0.714가 된다. 결국, 항목간 상관계수에 대한 평균값은 변화가 없는 상황이라도 항목을 추가시키면 크론바하 알파값은 증가하고, 따라서 측정에 대한 신뢰성도 증가하게 된다.

하지만 새로운 문항을 추가시키는 경우 몇 가지 고려해야할 사항이 있다. 첫 번째로는 문항이 많은 상태에서 추가적으로 문항을 늘리는 것은 신뢰성에 큰 영향을 주지 못한다는 것이다. 예를 들어, $\bar{\rho}$ 의 값이 0.4 라면, 두 문항에서 4개의 문항으로 증가시키면, 크론바하 알파값은 0.572에서 0.727로 0.155만큼 증가하지만, 8개의 문항에서 10개의 문항으로 증가시키면, 크론바하 알파값은 0.842에서 0.870으로 0.028밖에 증가하지를 않는다. 두 번째로 지적하고 싶은 사항은, 문항의 수가 증가되면, 시간과 비용이 많이 소모된다는 것이다. 특별히, 시간이 많이 소모되면 응답자가 피로하고 지치기 때문에 올바른 응답을 기대하기 어려워질 것이다. 마지막으로 추가된 항목으로 인하여 항목간 상관계수에 대한 평균값, $\bar{\rho}$ 의 값이 감소하였다면, 항목을 추가시켜도 측정의 신뢰성은 감소될 수 있다는 사실이다.

쿠더-리차드슨 20번 공식: KR20
(Kuder-Richardson formula number 20)

Kuder와 Rishardson은 1937년에 두 개의 카테고리로 구분되는 이항변수에 대한 신뢰성을 추정하는 식을 발표하였다. 여기서 두 개의 카테고리로 구분되는 이항변수란 변수가 취하는 값이 두 가지의 형태를 갖는것으로 예를 들어, 문항에 대한 결과가 맞음/틀림, 사망/생존, 도산/비도산, 남자/여자 등과 같은 것을 의미한다. 일반적으로 한 카테고리의 경우를 '1'로 표기하고 다른 한 카테고리의 경우를 '0'으로 표기한다.

<예> n개의 시험문제가 있을 경우,

시험문제를 제대로 풀었을 경우 (정답) : 1

시험문제를 제대로 풀지 못하였을 경우 (오답) : 0

X: n개의 시험문제에 대한 총합점수

p_i : i 번째 문제에서 정답(즉, 1의 값)을 갖는 비율

σ_X^2: 총합 점수의 분산

이 경우 KR20으로 표기되는 쿠더-리차드슨 20번 공식(Kuder-Richardson formula number 20)은 다음과 같이 계산된다.

$$KR20 = \frac{n}{n-1}\left[1 - \frac{\sum_{i=1}^{n} p_i(1-p_i)}{\sigma_X^2}\right]$$

여기서 크론바하 알파공식에 두 개의 카테고리로 구분되는 이항변수를 적용하면, KR20이 된다는 사실을 확인할 수 있다. 즉, KR20은 크론바하 알파의 특별한 경우이기 때문에, 그 의미를 해석함에 있어서 크론바하 알파를 설명하는 것과 동일하게 해석하면 된다. 즉, 가상적인 완벽한 상호 교환적인 측정도구가 있다면, KR20은 연구 대상이 되는 측정도구와 가상적인 측정도구와의 상관계수에 대한 예측값이라는 것이다.

04 크론바하 알파를 이용한 분석 사례

일반적으로 측정도구로 자주 사용되는 설문지는 응답자가 문항에 대하여 느끼는 정도를 파악하는 (예를 들어, 1 = 매우 불만족, …, 7 = 매우 만족) 리커드척도(Likert scale)이며, 문항들은 간단한 질문이나 문장으로 구성되어 있다. 이 경우 연구자는 해당되는 수치를 각 응답자 별로 합산하여 추가적인 분석을 실시하게 되는데, 이와 같이 합산한 수치의 척도를 **합산평가척도**(summated rating scale)라고 한다. 여러 문항으로 구성된 설문지를 이용하여, 합산평가척도를 사용하고자 하는 경우, 척도에 대한 내적일관성을 나타내는 신뢰성을 파악할 목적으로 크론바하 알파를 사용한다.

신뢰성은 추상적인 개념이기 때문에 실제로 연구에 적용하는 경우에는 많은 한계점을 갖게 된다. 따라서 이를 구체적으로 표현하기 위하여 신뢰성을 일관성(consistency)과 같은 의미로 혼용하여 사용하기도 한다. 다시 말하면, '측정의 신뢰성이 높다'라는 것은 반복하여 측정하였을 경우 측정값들이 일관성있게 나타나고 있다는 의미로 해석될 수 있다. 여기서 **내적일관성**(internal consistency)에 대한 분석은 두 가지 형태로 나눌 수 있다. 첫 번째는 문항과 문항 사이의 상관계수를 통하여 분석하는 것이며, 두 번째는 한 문항이 나타내는 리커드척도의 값과 그 한 문항을 제외한 나머지의 합산평가척도의 값 사이의 상관계수를 계산하여 분석하는 것이다. 이 두 가지 분석방법은 모두 문항들 사이가 어느 정도 일관성있게 나타나는지를 나타내는 수치로서 표현할 수 있으며, 이는 크론바하 알파를 이용한 분석과 밀접한 관련이 있다. 크론바하 알파를 이용한 내적 일관성의 검토는 한번 측정의 자료분석을 통하여 이루어지므로 실용적인 측면이 강하다고 볼 수 있다.

(1) 사례 연구

다음에 소개되는 것은 가상적인 사례로서 종업원의 직무만족을 측정하기 위한 연구이다. 이를 위해 6개 문항으로 구성된 설문지가 이용되었으며, 이는 <표 6-2>에 자세히 제시되어 있다. 여기서 직무만족은 직장상사에 대한 만족과 급여에 대한 만족이라는 서로 다른 두 개의 개념으로 구성되어 측정하도록 설계되었다. 직장상사에 대한 만족은 1번에서 3번까지의 문항으로 측정되며, 급여에 대한 만족은 4번에서 6번까지의 문항으로 측정된다. 이러한 설문지를 이용하여 50명의 직장인에게 설문조사를 실시하였다고 가정하자.

표 6-2 | 직무 만족도 측정을 위한 설문지

설문지 예제

다음은 직무 만족도를 측정하기 위한 설문문항입니다. 각 문항을 읽고 해당하는 번호에 표시하여 주십시오. 평가는 1에서 7 사이의 값이며, '1'은 전혀 동의하지 않음이고, '7'은 전적으로 동의하는 경우입니다.

문항 1. 나의 직장 상사는 항상 나에게 정당하게 대한다.	1 2 3 4 5 6 7
문항 2. 나의 직장 상사는 내 일과 관련된 의사결정시 내 의견을 반영한다.	1 2 3 4 5 6 7
문항 3. 내가 하는 일에 대하여 나의 직장 상사의 지원은 만족스럽다.	1 2 3 4 5 6 7
문항 4. 내가 하는 일을 고려할 때 나의 급여는 만족스럽다.	1 2 3 4 5 6 7
문항 5. 다른 회사의 비슷한 직무와 비교할 때 나의 급여는 만족스럽다.	1 2 3 4 5 6 7
문항 6. 나의 급여는 만족스러운 수준으로 매년 증가된다.	1 2 3 4 5 6 7

(2) 신뢰성에 대한 검토

문제를 간단하게 하기 위하여, 직장상사에 대한 만족의 신뢰성만을 고려하여 보자. 연구자가 실수로 4번 문항, 즉, 급여에 대한 만족을 묻는 문항을 직장상사에 대한 항목에 포함시켰다고 가정하자. 이 경우 직장상사에 대한 만족을 나타내는 신뢰성은 크론바하 알파를 이용하여 검토될 수 있는데, 이에 대한 분석결과의 예를 살펴보면 다음과 같다.

AS를 통한 분석 결과

Correlation Analysis
Cronbach Coefficient Alpha

for RAW variables : 0.490448 ①
for STANDARDIZED variables: 0.575912 ②

	Raw Variables		Std. Variables	
	Deleted Correlation		Correlation	
Variable	with Total ③	Alpha ④	with Total ③	Alpha ④
문항1	0.461961	0.243936	0.563691	0.326279
문항2	0.433130	0.318862	0.458438	0.420678
문항3	0.500697	0.240271	0.546203	0.342459
문항4	−0.037388	0.776635 ⑤	−0.030269	0.773264 ⑤

```
Pearson Correlation Coefficients / Prob > |R| under Ho: Rho=0 / N = 50 ⑦
              문항1        문항2        문항3        문항4

 문항1      1.00000      0.49439      0.71345     -0.10410
             0.0         0.0003       0.0001       0.4719

 문항2      0.49439      1.00000      0.38820      0.05349
             0.0003       0.0          0.0053       0.7122

 문항3      0.71345      0.38820      1.00000     -0.02471
             0.0001       0.0053       0.0          0.8648

 문항4     -0.10410      0.05349     -0.02471      1.00000
              0.4719       0.7122       0.8648       0.0
-----------------------------------------------------------------
```

SAS의 분석결과를 살펴보면 'Cronbach Coefficient Alpha for RAW variables'(분석결과 ① 참조)라고 하는 항목이 있는데, 이 항목은 크론바하 알파를 나타내는 수치로서 0.490448의 값을 제시하고 있다.

그 다음에 나타나는 항목 'Cronbach Coefficient Alpha for STANDARDIZED variables'(분석결과 ②참조)는 각 문항의 수치를 평균 0과 분산 1로 변환시킨 후, 다시 말하면, 모든 항목을 표준화시킨 후 크론바하 알파를 계산한 값이다. 문항을 표준화시키면, 모든 문항의 분산이 1이 되므로 크론바하 알파를 계산하는 과정에서 모든 문항의 영향력이 고르게 미치게 되지만, 표준화를 시키지 않는 경우는 분산이 큰 문항에 크게 의존하는 크론바하 알파값이 만들어진다.

따라서 모든 문항에 대해 차등을 두지 않고 공평하게 취급하여 계산한다는 측면에서 표준화된 문항의 크론바하 알파가 의미가 있을 수 있지만, 표준화를 시키게되면, 원래 자료의 특성을 잃어 버린다는 문제점을 가지고 있다. 즉, 항목마다 다른 변별력을 가짐으로써 나타나는 분산의 불일치성을 강제적으로 동일하게 취급한다는 문제점을 가지고 있다는 것이다. 이러한 이유로 대부분의 연구에서는 표준화된 크론바하 알파보다는 원 자료를 이용하여 계산된 크론바하 알파값 즉, Cronbach Coefficient Alpha for RAW variables에 나타나는 0.49를 주로 사용한다.

◆ 신뢰성 분석에서 요구되는 크론바하 알파값

그렇다면 크론바하 알파값이 어느 정도 커야 신뢰성이 있다고 볼 수 있을 것인가? 많이 사용되고 있는 기준값은, Nunnally(1978)가 제시한 0.7이다. 즉, 신뢰성이 0.7보다 적으면 신뢰성이 충분하지 못하다고 판단한다는 것이다. 하지만, 이 기준값은 이론적 근거를 바탕으로 제시된 값이라기 보다는 경험적으로 제시된 기준이기 때문에 엄격하게 적용될 필요는 없다. 어느 연구에서는 0.6보다 적은 값의 경우도 받아들이는 수준으로 활용되는 것을 종종 발견할 수 있다.

◆ 신뢰성 증가를 위한 문항제거

본 사례에서는 크론바하 알파값이 0.49로 나타났으며, 이 수치는 Nunnally(1978)가 제시한 0.7을 기준으로 보아 너무 낮은 수치이다. 이미 자료수집이 끝난 상태라면, 설문문항을 재구성하는 것이 불가능하므로 재조사를 하지 않고 문항을 제거하는 방법으로 신뢰성을 높일 수 있다. 이러한 방법은 낮은 문항–총합 상관계수(item-total correlation)를 나타내는 문항을 제거함으로써 이루어지는데, 문항–총합 상관계수는 한 문항과 그 문항을 제외한 나머지 문항들의 합 사이의 상관계수를 의미하는 것으로, 이 수치가 낮게 나타났다면, 해당하는 문항은 나머지 항목과는 개념이 다르다고 볼 수 있다. 즉, 낮은 문항–총합 상관계수에 해당하는 문항을 제거함으로써 신뢰성을 높일 수 있다는 의미이다.

SAS 결과를 살펴보면, 'Correlation with Total'(분석결과 ③참조)에 해당하는 값이 문항–총합 상관계수를 나타낸다. 각 문항 별로 문항–총합 상관계수를 살펴보면, 문항 1에서 문항 3까지는 어느 정도 적절한 값을 제시하고 있지만, 문항 4의 값은 −0.04로 매우 낮은 값을 나타내고 있다. 따라서 문항 4는, 다른 문항과 비교하였을 경우, 같은 개념을 나타내는 문항이라 판단하기 어렵다는 것이다. 또한 SAS 결과에 나타나는 'Alpha'(분석결과 ④참조)에 해당하는 수치는 주어진 문항이 제거되었을 경우의 크론바하 알파값을 나타낸다. 문항 4에 해당하는 크론바하 알파값이 0.78 (분석결과 ⑤참조)이므로 이 의미는 만일 문항 4를 제거하고 나머지 3개의 문항을 고려하였을 경우 크론바하 알파값이 0.49에서 0.78로 증가된다는 의미이다. 따라서 다른 개념을 나타내는 문항 4를 제거함으로써 보다 향상된 신뢰성을 얻을 수 있다는 것이다.

SPSS 결과를 살펴보면 SAS에서와 같은 결과를 제공하고 있음을 확인할 수 있다. 여기서 몇 가지 추가적으로 언급할 수치는 우선 항목간 상관계수(inter-item correlations)이다. SPSS 결과에서 나타나는 항목간 상관계수(분석결과⑥ 참조)는 SAS 결과에서 나타나는 항목들 사이의 상관계수(분석결과 ⑦참조)를 정리 요약한 표이다. 우선 평균에 해당하는 수치인 0.2535(분석결과 ⑧참조)는 앞 절에서 언급한 모든 가능한 조합으로 구성된 두 항목간의 상관계수에 대한 평균값, $\bar{\rho}$ 를 의미한다. 또한 최소값, 최대값, 두 극단값의 비율, 분

SPSS를 통한 분석결과

RELIABILITY ANALYSIS - SCALE (ALPHA)

Inter-item Correlations ⑥	Mean	Minimum	Maximum	Range	Max/Min	Variance
	.2535 ⑧	-.1041	.7134	8176	-6.8534	.0969

Item-total Statistics

	Scale Mean if Item Deleted ⑨	Scale Variance if Item Deleted	Corrected Item-Total Correlation ⑩	Squared Multiple Correlation	Alpha if Item Deleted
문항1	14.5600	7.0678	.4620	.5753	.2439
문항2	14.3400	8.4331	.4331	.2574	.3189
문항3	14.2200	7.6037	.5007	.5127	.2403
문항4	16.1000	9.6429	-.0374	.0295	.7766

RELIABILITY ANALYSIS - SCALE (ALPHA)

Reliability Coefficients 4 items
Alpha = .4904 Standardized item alpha = .5759

산 등도 모든 가능한 조합으로 구성된 두 항목간의 상관계수들로부터 요약된 수치이다.

'Scale Mean if Item Deleted'(분석결과 ⑨참조)의 의미는 해당하는 항목이 제거되었을 경우 얻어진 총합의 평균값을 의미한다. SAS 결과에서 나타난 문항-총합 상관계수(분석결과 ③참조)를 SPSS에서는 수정된 문항-총합 상관계수(corrected item-total correlation)(분석결과 ⑩참조)로 표현하고 있는데 수정된 문항-총합 상관계수가 더 적절한 용어로 판단된다. 그 이유는 실제로 이 수치가 단순한 두 측정의 상관계수를 나타내는 것이 아니라 측정에서 나타날 수 있는 무작위오차를 제거한 수정된 형태의 상관계수(correlation corrected for attenuation)이기 때문이다. 즉, 무작위오차를 제거한 완벽한 신뢰성을 가정한 두 측정에 대한 이론적 상관계수를 수정된 문항-총합 상관계수라고 부르는 것이다. 이러한 이론적 상관계수는 다음의 식으로부터 계산된다.

$$\text{이론적 상관계수} = \frac{\text{실제 상관계수}}{\sqrt{\text{측정 1의 신뢰성} \times \text{측정 2의 신뢰성}}}$$

결국 문항 4를 제거하고 나머지 3개의 문항으로 신뢰성을 검토하게 되면, 아래 SAS 결과와 같다. 3개 문항의 크론바하 알파값은 0.78 (분석결과 ⑪참조)로 Nunnally(1978)가 제시한 0.7의 기준보다 높게 나타나 신뢰성이 향상(0.49 → 0.78)되었음을 알 수 있다.

SAS를 통한 분석 결과

Correlation Analysis
Cronbach Coefficient Alpha

for RAW variables : 0.776635 ⑪
for STANDARDIZED variables: 0.773264

	Raw Variables		Std. Variables	
Deleted Variable	Correlation with Total	Alpha	Correlation with Total	Alpha
문항 1	0.730730	0.557491	0.724882	0.559285
문항 2	0.480510	0.828202	0.476768	0.832764
문항 3	0.657457	0.649926	0.637231	0.661659

(3) 신뢰성이 낮게 나타났을 경우의 고려사항

크론바하 알파를 이용한 신뢰성의 검토는 설문지 자료를 분석하거나 새로운 측정도구를 개발하는 경우 가장 먼저 해야 하는 일이다. 신뢰성이 낮은 자료를 가지고 자료를 분석을 한다는 것은 무의미하기 때문에 신뢰성 검토는 매우 중요한 과정이라고 말할 수 있다. 문항-총합 상관계수를 이용하여 전체 신뢰성을 낮게 만드는 문항을 쉽게 찾을 수 있으며, 이러한 문항을 제거함으로써 측정의 신뢰성을 높일 수 있다.

하지만, 만일 여러 문항에 대한 문항-총합 상관계수가 낮게 나타났다면, 이 경우는 해당하는 문항을 모두 제거할 수는 없는 일이므로, 연구자는 일단 각 문항들이 같은 개념을 나타내고 있는지를 생각해 보아야 한다. 이러한 문제는 측정의 타당성과 관련된 문제이기도하다. 따라서 이러한 문제를 극복하기 위하여 추천하는 방법은 설문지의 모든 문항을 대상으로 **주성분 분석**(principal component analysis)과 **탐색적 요인분석**(exploratory factor analysis)을 진행하여 결과를 분석해 보는 것이다. 주성분 분석과 탐색적 요인분석은, 문항들 사이의 상관계수를 조사하여, 어떠한 문항들이 서로 높은 상관관계를 가지고 비슷하게 묶이는 지를 알려주는 통계적 기법이다. 이에 대한 자세한 내용은 본서의 범위를 벗어나므로 생략하기로 한다.

요 약

1. 신뢰성의 정의

- ▶ 모든 측정은 측정오차를 가지고 있으며, 측정오차는 체계적 오차와 무작위오차로 구분된다.
- ▶ 무작위 오차의 평균은 0이며, 신뢰성은 무작위 오차의 분산과 관련되어 나타난다.
- ▶ 신뢰성의 정의는 측정값의 분산에서 실제값의 분산이 차지하는 비율로 정의된다.

2. 상호 교환적인 두 측정에 대한 신뢰성

- ▶ 상호 교환적인 측정 1과 측정 2의 상관계수는 측정 1과 측정 2의 신뢰성이 된다.

3. 신뢰성 측정방법

- ▶ 재검사 방법은 시간, 경제적인 측면에서 문제점을 가지고 있으며, 측정에 대한 정확한 신뢰성을 얻고자 하는 경우 많은 장애요인이 존재한다.
- ▶ 상호 교환적 검사방법을 이용하는 경우, 연구자는 상호 교환적인 새로운 측정방법을 만들어야 하는 부담을 가지게 된다.
- ▶ 반분법은 한 번의 측정으로 신뢰성을 얻을 수 있는 장점을 가지고 있지만, 문항들을 어떻게 구분하느냐에 따라 신뢰성의 값이 서로 다르게 나타나는 불확정성 문제를 가지고 있다.
- ▶ 내적일관성을 이용한 방법은 각각의 문항이 상호교환적이라는 가정 아래서 신뢰성을 측정하는 방법으로 대표적인 크론바하 알파가 있다.

4. 크론바하 알파를 이용한 분석 사례

- ▶ 신뢰성이 낮게 나타나는 경우, 재조사를 하지 않고 문항을 제거하는 방법으로 신뢰성을 높일 수 있다.
- ▶ 여러 문항에 대한 문항-총합 상관계수가 낮게 나타난 경우는, 해당하는 문항을 모두 제거하지 못하므로, 모든 문항을 대상으로 주성분 분석이나 탐색적 요인분석을 실시하여 설문지의 구성을 재정립하기도 한다.

논의사항

1. 신뢰성 측정방법에 대하여 기술하고 장점과 단점에 대하여 논의하시오.

2. 다음은 5명으로 구성된 심사위원이 선수 4명의 기량에 대하여 7점 만점으로 평가를 내린 자료이다.
연구자는 모든 심사위원들이 일관된 평가를 하고 있는지를 알고자 한다. 이 경우, 신뢰성을 계산하고, 신뢰성이 어떻게 이용될 수 있으며 그 의미에 대하여 논의하시오.

심사위원	선수1	선수2	선수3	선수4
1	4	5	6	6
2	1	1	2	1
3	3	5	6	4
4	2	4	1	3
5	2	4	4	4

CHAPTER 7

타당성 검토

타당성(Validity) 검토는 연구대상이 되는 개념을 측정값이 얼마나 잘 나타내고 있는지를 조사하는 과정으로, 체계적 오차와 반비례 관계를 가지고 있다. 타당성에 대한 검토는 ① 기준타당성, ② 내용타당성, ③ 개념타당성으로 구분하여 접근할 수 있다.

타당성 검토는 자료의 분석을 통하여 검토할 수 있는 것이 아니다. 이 사실은, 크론바하(Cronbach, 1971)가 언급한 바와 같이, 측정대상, 측정도구, 측정규칙 등을 포함한 연구 전반에 사용된 모든 측정과정에 대한 분석, 그리고 왜 이러한 모든 과정을 거쳐야만 하는지를 파악함으로써 이루어져야 함을 의미한다. 똑같은 측정방법이나 자료를 사용한다고 할지라도 어느 연구에서는 매우 타당성 있는 측정이 될 수 있고, 다른 연구에서는 전혀 타당성이 없는 측정이 될 수도 있다. 따라서 타당성에 대한 검토는 측정값에 대한 분석이라기보다는 연구목적에 맞는 측정이 제대로 이루어지고 있는지를 파악하는 것으로 보는 것이 합당할 것이다. 일반적으로 타당성에 대한 검토방법은 ① **기준타당성**(criterion-related validity)에 대한 검토, ② **내용타당성**(content validity)에 대한 검토, ③ **개념타당성**(construct validity)에 대한 검토로 구분된다 (그림 7-1 참조).

그림 7-1 | 타당성의 종류

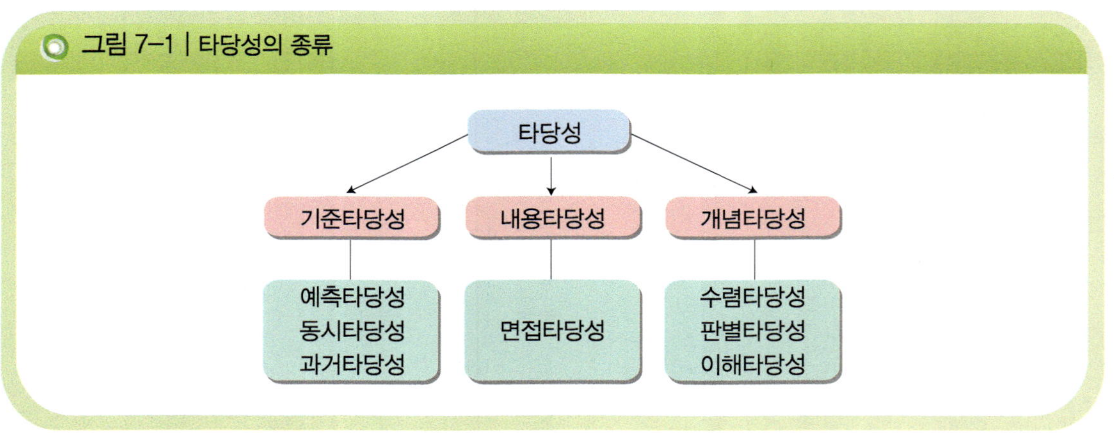

하지만 이러한 세 가지의 타당성 검토방법은 그 의미를 이해하기 위하여 편의상 구분한 것으로 서로 독립적인 개념이 아니고 상호 보완적인 관계를 가지고 있다. 다시 말하면, 위의 세 가지 방법 중에서 한 가지 방법만을 이용하여 타당성을 검토하였을 때, 나머지 두 경우의 타당성도 동시에 설명될 수도 있다는 의미이다.

01 기준타당성

만일 어떠한 측정 A가 가지고 있는 개념의 기준이 될 수 있는 새로운 측정 B가 존재한다면, 측정 A와 측정 B의 관계를 분석함으로써 기준타당성에 대한 검토가 가능하게 된다. 즉, 기준타당성(criterion-related validity)에 대한 검토는, 어떠한 개념에 대한 기준을 나타내는 측정 B가 존재하는 경우, 측정 A가 이러한 개념을 얼마나 잘 나타내고 있는지를 두 측정의 관계를 분석함으로써 검토하는 것이다 (그림 7−2 참조).

그림 7−2 | 기준타당성의 개요

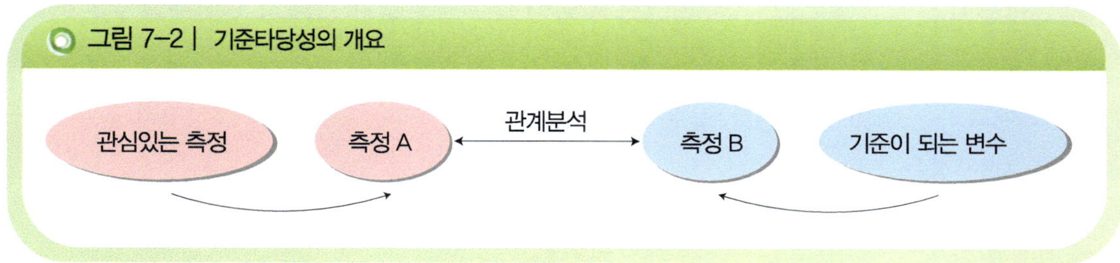

이러한 관계는 운전면허 필기시험 점수가 높은 사람이 실제로 운전을 얼마나 잘 할 수 있는지를 파악하는 예를 이용하여 설명될 수 있다. 이 경우 측정 A는 운전면허 필기시험의 점수가 되고 측정 B는 자동차를 실제로 얼마나 잘 운전하는지에 대한 측정이 된다. 만일 운전면허 필기시험의 점수를 높게 받은 사람이 실제로 운전을 잘 한다면, 운전면허 필기시험의 점수는 실제 운전 능력에 대하여 높은 기준타당성을 가지고 있다고 말한다. 다시 말하면, 기준타당성이 높은 경우, 높은 필기시험의 점수를 가진 사람은 운전을 잘할 것이라는 예측을 할 수 있다는 것이다 (그림 7–3 참조).

그림 7−3 | 운전면허 필기시험의 기준타당성

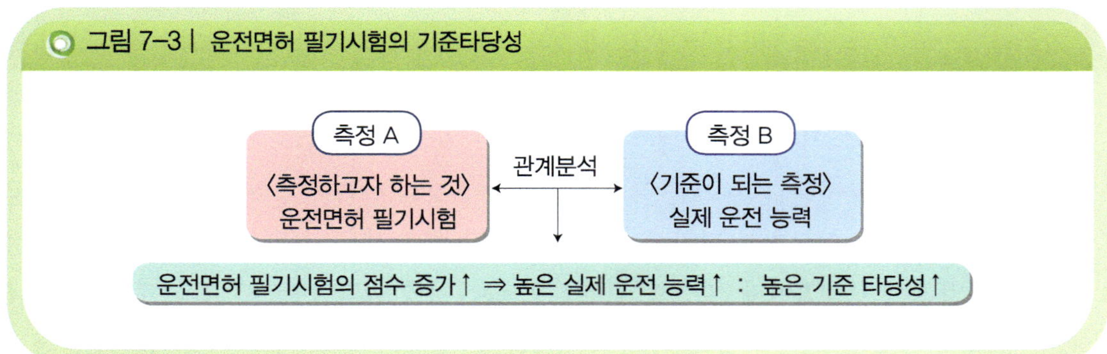

(1) 기준타당성의 종류

기준타당성은 기준이 되는 측정 B에 대한 특징이 언제 발생하였는지의 시점에 따라 다음의 세 가지 형태로 세분화된다.

◆ 예측타당성

예측타당성(predictive validity)은 연구자가 관심있는 측정 A를 현재의 시점에서 관측할 때, 기준이 되는 측정 B가 미래시점에서 나타나는 경우에 해당되며, 이는 측정 A를 이용하여 측정 B를 예측하는 의미를 갖는다. 높은 예측타당성이라는 것은 측정 A와 측정 B가 높은 상관관계를 갖는 경우를 말한다.

◆ 과거타당성

과거타당성(postdictive validity)은 연구자가 관심있는 측정 A를 현재의 시점에서 관측할 때, 기준이 되는 측정 B가 과거시점에서 나타나는 경우에 해당되며, 이는 측정 A를 이용하여 과거에 발생된 측정 B를 확인하는 의미를 갖는다. 높은 과거타당성은 측정 A와 측정 B가 높은 상관관계를 갖는 경우이다.

◆ 동시타당성

동시타당성(concurrent validity)은 연구자가 관심있는 측정 A를 현재의 시점에서 관측할 때, 기준이 되는 측정 B가 동시에 같은 시점에서 나타나는 경우에 해당된다. 높은 동시타당성은 측정 A와 측정 B가 높은 상관관계를 갖는 경우를 말한다.

(2) 기준타당성과 타당성계수

기준타당성에 대한 검토는 일반적으로 기준이 되는 측정 B와 연구에 사용되는 측정 A의 상관관계 분석에 의하여 이루어진다. 앞에서 소개한 예를 이용하면, 운전면허 실기점수와 운전면허 필기시험의 점수 사이의 상관계수가 기준타당성의 지표가 된다.

기준타당성을 검토하는 경우 가끔은 기준이 되는 측정의 선택이 명확하지 않는 경우가 발생한다. 이러한 경우 연구자가 명확하게 구분할 수 있는 측정을 기준이 되는 측정 B로 설정하는 것이 일반적인 방법이다. 일단 기준이 되는 측정이 선택되면 이를 기준으로 그룹을 나눌 수 있으며 (예를 들면, 운전을 잘하는 그룹, 운전을 못하는 그룹) 각 그룹에 대하여 운전면허 필기시험의 점수를 측정하여 그룹과의 상관계수나 필기시험의 점수 차이를 파악하여 기준타당성을 검토할 수 있다.

◆ 타당성계수와 신뢰성

이러한 실기점수와 필기시험 점수 사이의 상관계수를 타당성계수(validity coefficient)라고 한다. 만일 여기서 얻은 타당성계수가 통계적으로 유의한 값을 갖지 못한다면, 측정 A의 역할을 하는 운전면허 필기시험은 운전 능력을 파악하는 개념을 올바르게 측정한 것이라고 볼 수 없다. 하지만, 이 경우에 있어서 연구자가 고려할 사항은 무작위 오차의 움직임에 의하여 타당성계수가 낮아질 수 있다는 것이다. 즉, 낮은 타당성계수는 대상이 되는 측정(측정 A)의 신뢰성이 낮기 때문에 나타날 수 있으며, 기준이 되는 변수의 측정(측정 B)에 대한 신뢰성이 낮기 때문에 나타날 수도 있다. 따라서 낮은 타당성계수가 나타났을 경우에는 기준타당성에 맞지 않다고 결론을 내리기보다는 기준이 되는 변수의 측정에 대한 신뢰성을 추가적으로 살펴봄으로써 무작위 오차에 의하여 낮은 타당성계수가 나타나지는 않았는지에 대한 확인이 필요할 것이다.

따라서 타당성계수가 높게 나타난 경우는 측정 B를 기준으로 한 측정 A의 기준타당성은 높다고 말할 수 있지만, 타당성계수가 낮게 나타난 경우는, 측정에 대한 신뢰성이 관련되어 있기 때문에, 기준타당성이 낮다고 결론지을 수 없다. 또한 타당성 계수의 값이 0.3정도로 낮게 나타난 경우에 그 상관계수(타당성 계수)가 통계적으로 유의하다면, Nunnally(1978)가 언급한 바와 같이, 기준이 되는 측정과 유의한 관계를 가지고 있다고 볼 수 있으므로, 기준타당성에서 의미를 가지고 있다고 말할 수 있다.

◆ 타당성계수와 이론적 배경

여기서 추가적으로 강조하고 싶은 것은 높은 타당성계수가 모든 측면의 타당성을 설명하는 충분한 조건은 아니라는 것이다. 높은 타당성계수는 단지 어떠한 기준에 대한 타당성에 관련된 한 가지 사실만을 나타내는 의미이므로 이 부분을 확대 해석하지 않도록 주의하여야 한다. 예를 들어, 운전자의 다리길이와 운전능력 사이에 높은 상관계수(또는 높은 타당성계수)를 갖는다고 해서 운전능력을 운전자의 다리길이를 이용하여 측정하게 되면 우스운 결과가 되어버릴 것이다. 이러한 문제점은 경험적인 측면만을 고려하여 단순히 자료분석으로 기준타당성을 검토하는 경우에 발생될 수 있다. 따라서 기준타당성에 대한 검토는 타당성계수의 분석과 함께 이론적인 배경을 바탕으로 이루어져야 한다.

(3) 기준이 되는 측정의 개념적 구분

연구자는 기준이 되는 측정과 연구에서 사용하고자 하는 측정과의 개념적 차이를 명확히 파악하여 혼동하는 일이 없도록 하여야 한다. 예를 들어, 어느 대학교의 학생 선발과정을 생각하여 보자.

◆ 기준과 측정이 같은 경우

학생을 선발하는 과정에서 단순히 시험성적을 기준으로 학생을 선발하였다면, 시험성적 자체가 학생선발의 기준이 되고, 동시에 측정이 된다. 이러한 경우는 기준이 되는 변수 자체가 측정이므로 기준타당성의 검토는 아무런 의미를 갖지 못하게 된다.

◆ 기준과 측정이 다른 경우

학생선발 기준을 학업 성취도, 졸업 후 사회의 기여도의 두 가지로 설정하였다면, 이러한 선발기준에 적합한 측정변수를 확인하기 위하여 기준타당성을 검토하여야 한다. 만일 시험성적으로 학생을 선발하고자 한다면, 측정변수가 되는 시험성적은 앞의 두 가지 선발기준과의 기준타당성을 검토하여, 시험성적이 선발기준에 포함될지의 여부를 판단하여야 한다.

따라서 학생을 선발하는 과정에서 제일 먼저 고려해야 하는 것은 학생들의 성적을 어떻게 계산할 것인지를 판단하는 것이 아니라, 학생선발 기준을 어떻게 설정할 것인지를 먼저 결정하는 것이다. 이와 같이, 연구에 사용되는 측정과 학생선발 기준의 혼돈은 연구자들이 매우 흔하게 저지르는 실수이므로, 연구자는 기준 타당성을 검토하는 경우, 기준을 먼저 설정한 후, 기준 타당성을 검토하는 구분이 필요하다.

(4) 기준타당성의 한계점

기준타당성의 한계점으로는 기준타당성에 대한 검토가 적용될 수 없는 경우가 있다는 것이다. 연구의 초점이 추상적인 개념이 되면 될수록 연구자는 이러한 개념을 측정하는 적절한 기준을 찾기가 어려울 것이다. 만일 추상적인 개념에 대한 기준이 없거나, 기준에 관련된 측정방법이 존재하지 않거나, 측정이 불가능할 경우는 기준타당성에 대한 검토가 불가능하다. 이러한 부분은 실제 연구에 적용될 경우 나타날 수 있는 기준타당성의 한계점이라 말할 수 있다. 하지만 기준타당성은 타당성을 평가하는 중요한 개념으로 연구자들은 기준의 설정 및 측정문제를 파악하여 기준타당성의 검토에 대한 노력을 기울여야 한다.

02 내용타당성

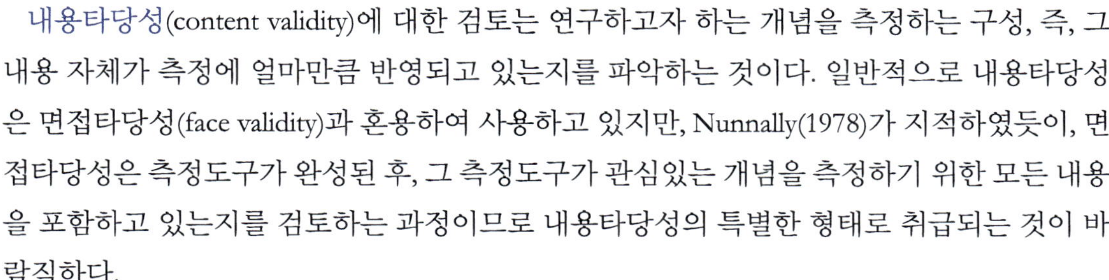

내용타당성(content validity)에 대한 검토는 연구하고자 하는 개념을 측정하는 구성, 즉, 그 내용 자체가 측정에 얼마만큼 반영되고 있는지를 파악하는 것이다. 일반적으로 내용타당성은 면접타당성(face validity)과 혼용하여 사용하고 있지만, Nunnally(1978)가 지적하였듯이, 면접타당성은 측정도구가 완성된 후, 그 측정도구가 관심있는 개념을 측정하기 위한 모든 내용을 포함하고 있는지를 검토하는 과정이므로 내용타당성의 특별한 형태로 취급되는 것이 바람직하다.

예를 들어, 영어능력을 측정하는 시험에서 영어 단어에 대한 문항만 있었다면, 이 영어 시험은 독해나 문법에 관한 검사는 이루어지지 않았기 때문에 내용타당성이 없다고 볼 수 있다. 그러나 영어능력 시험에서 독해와 문법의 문항이 추가되었다고 해서 내용타당성이 있다고는 볼 수 없다. 왜냐하면, 영어능력이라는 개념은 영어 단어, 독해, 문법 이외에도 다양한 다른 내용을 포함할 수 있기 때문이다.

영어능력이라는 개념에 대한 모든 내용을 측정에 포함시킨다면, 훌륭한 측정이 되겠지만, 개념의 내용이 방대할 경우에는 현실적으로 모든 내용을 측정에 포함시키는 것은 불가능하

그림 7-4 | 내용타당성의 이해

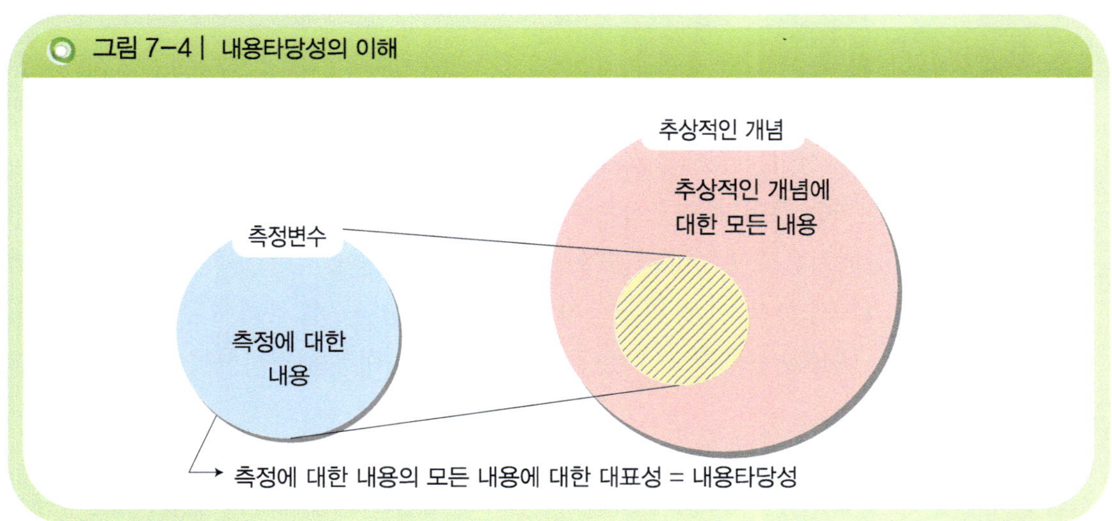

며, 그 중에서 일부를 선택하는 과정은 불가피할 것이다. 이 경우, 내용타당성에 대한 검토는 측정에 포함된 일부의 내용이 전체 내용을 얼마만큼 대표할 수 있는지에 대한 문제로 좁혀지게 된다 (그림 7-4 참조). 연구하고자 하는 개념의 내용을 모두 포함하는 완벽한 내용타당성을 갖는 측정은 존재하지 않을 수도 있다. 결국 연구자는 측정에서 사용되는 내용이 연구하고자 하는 개념을 얼마만큼 잘 대표하는지를 파악함으로써 연구대상이 되는 측정이 어느 정도의 내용타당성을 갖는지를 검토하게 된다.

(1) 내용타당성을 높이는 측정의 설계

높은 내용타당성을 갖는 측정을 만들기 위해서는 〔그림 7-5〕와 같은 세 가지 단계를 거친다.

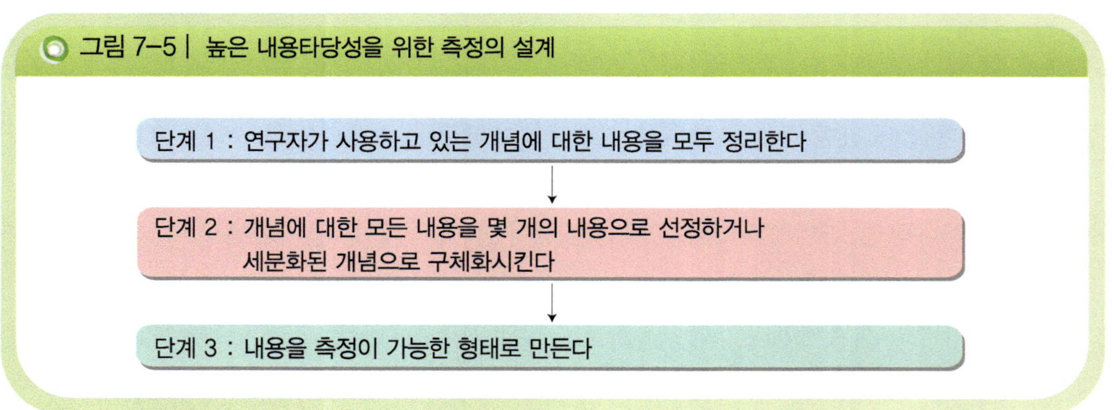
그림 7-5 | 높은 내용타당성을 위한 측정의 설계

◆ 개념에 대한 내용의 정리

연구자가 사용하고 있는 개념에 대한 내용을 모두 정리한다. 예를 들어, 대학교 1학년 학생을 대상으로 영어 단어시험을 출제하고자 하는 경우, 대학교 1학년 학생수준으로 알아야 하는 모든 단어를 정리하는 것이다. 연구자는 이 단계에서는 다음 단계의 개념 세분화를 위하여 추상적인 개념을 구체적으로 파악하는 것이 필요하다. 예를 들어, 서비스에 대한 품질의 개념을 측정하고 싶다고 가정하자. 이 경우 연구자는 충분한 문헌연구를 통하여 추상적인 개념의 서비스품질이 갖는 내용을 구체적으로 이해하여야 하며, 그 내용을 정리하여야 한다.

◆ 내용의 선정과 구체화

연구자는 앞 단계에서 정리된 모든 내용을 세분화된 개념으로 구체화하여야 한다. 이 단계에서 내용을 구체화시키는 것은 세 가지로 구분되어 설명할 수 있다.

① 구체화된 내용 중 몇 개의 내용을 무작위방법이나, 연구자가 연구목적과 연구자의 의도에 맞게 계획한 임의할당방법에 의하여 선정한다. 예를 들어, 영어 단어시험을 출제하고자 하는 경우, 정리한 모든 단어 중, 명사형태의 단어에 비중을 두어 무작위로 표본을 선정하는 것이 이 단계에 해당된다.

② 연구자가 정리한 개념의 내용이 적은 경우는, 무작위 선택과정을 거치지 않고 모든 내용을 포함시키는 측정방법을 선택할 수 있다.

③ 서비스 품질과 같은 이론적으로 많은 연구가 선행된 경우에도 역시 이러한 무작위 선택과정을 거치지 않으나, 이때는 이론적으로 정립된 서비스품질이 갖고 있는 모든 구체화된 내용을 구분하여 이해하는 것이 이 단계에 해당된다고 볼 수 있다.

◆ 내용의 측정 가능한 형태

이 단계는 측정이 가능한 형태로 내용을 바꾸는 단계이다. 이 경우 한 개의 내용을 측정하기 위하여 여러 개의 문항이나 다른 측정자료를 사용할 수 있다. 여기서 연구자가 주의할 사항은 세부적인 개념에 대한 내용이 측정에 제대로 반영되었는지를 확인하는 것이다. 영어 단어시험의 예의 경우, 선정된 단어를 어떻게 물어볼 것인지 예를 들어, 사지 선다형 문제나 괄호 넣기 문제 등의 문제형태를 만들어야 한다. 서비스 품질의 경우는 구체적으로 측정 가능한 문제형태 즉, 설문문항 등을 만드는 단계가 이에 해당된다.

내용타당성을 높일 수 있는 방법 중의 하나는 가급적 많은 문제나 설문문항을 이용하는 것이다. 왜냐하면 많은 문항에서 문항의 수를 줄이는 것은 쉽지만, 다시 문항을 추가시키는 것은 어렵기 때문이다. 즉, 많은 문항을 이용하여 측정하였을 경우에는 연구자가 생각하는 개념과 관련이 적은 항목, 또는 한 항목이 다른 항목과 중복된 내용을 설명하기 때문에 생략되어야 하는 항목 등을 분석에서 제외하는 것은 쉬운 일이지만, 측정이 완료된 후에는 추가로 항목을 포함시키는 것이 매우 어렵다는 것이다. 따라서 측정도구를 만들 때, 개념에 대한 충분한 항목과 다양한 측정유형을 고려하는 것은 내용타당성의 확보를 위하여 중요하다. 하지만 실제로 연구에서 많은 문항을 포함시킨다는 것은 시간과 경제적인 측면을 고려할 경우 어려울 뿐만 아니라, 중복된 측정으로 인한 응답자의 피로감은 측정 결과에 영향을 끼칠 수 있으므로 문항의 수나 측정유형의 선정은 연구자의 적절한 판단이 요구되는 부분이다.

(2) 내용타당성의 한계점

내용타당성에 대한 검토는 측정하고자 하는 개념의 추상적 성질의 정도에 따라 어려워질 수 있다. 예를 들어, 서비스품질 연구에 대한 내용타당성의 평가는 영어 단어시험에 대한 내용타당성의 평가보다 훨씬 복잡하다. 왜냐하면 서비스품질이라는 개념은 영어 단어시험보다 더 추상적인 개념이므로 모든 연구자가 공통으로 인정하는 서비스품질에 대한 객관적 이론에 근거한 내용이 명확하지 않기 때문이다. 또한 서비스품질을 측정하는 경우에는 일반적으로 내용타당성을 평가하는 방법 – 개념에 대한 모든 내용을 나열한 후 무작위방법이나 연구목적에 맞는 연구자가 계획한 임의할당방법을 이용하여 몇 개의 항목을 뽑고, 선정된 항목의 대표성을 분석하는 방법 – 을 서비스품질의 경우에는 적용하기 어렵다. 다시 말하면, 서비스품질을 측정하기 위한 세부적인 항목이 서비스품질의 전체 내용을 얼마만큼 대표하고 있는지를 파악하기가 어렵다는 것이다. 이러한 어려움은 내용타당성을 적용함에 있어서의 한계점으로 지적된다.

내용타당성의 적용에 대한 한계점은 다음과 같이 두 가지로 요약할 수 있다. 첫번째로는 앞의 예에서 소개하였듯이, 서비스품질과 같은 추상적인 개념에 대한 내용타당성을 검토하는 것이 어렵다는 점이다. 즉, 영어 단어시험과 같이 비교적 단순한 개념에 대한 내용타당성을 검토하는 것과는 근본적으로 다르다고 볼 수 있다. 두 번째는 내용타당성 검토를 위한 일반적인 자료분석방법을 통하여 진행할 수 없다는 것이다. 따라서 내용타당성을 확보하기 위해서 문헌연구나 기존의 이론들을 충분히 검토하여 개념에 대한 내용을 명확히 이해한 후, 개념을 구성하는 내용과 측정도구 사이의 관계를 검토하여야 한다. 내용타당성의 검토는 개념에 대한 내용의 대표성을 파악하는 것이 일반적이기 때문에, 연구자의 주관적인 판단에 크게 의존할 수밖에 없다. 따라서 연구자는 앞에서 언급한 내용타당성을 높이기 위한 세 가지 단계에 따라 연구를 진행하고, 가급적 내용타당성 검토를 객관적으로 접근할 수 있도록 노력하여야 한다.

03 개념타당성

개념타당성(construct validity)에 대한 검토는 추상적인 개념들 사이에서 만들어진 이론적 관계와 실제 측정값 사이에서 나타나는 수치의 관계가 어느 정도 서로 일치하는지를 파악하는 것이다. 다시 말하면, 이론적인 배경에서 나타나는 이론적 기대관계와 측정에서 나타나는 수치의 관계를 비교하여 규명해 나가는 것이라고 말할 수 있다. 앞에서 소개한 기준타당성과 내용타당성은 추상적인 개념을 적용하는데 다소 한계점이 있었지만, 개념타당성은 실제 분석이 가능하다는 측면에서 많은 연구자로부터 주목을 받고 있다. 따라서, Cronbach 와 Meehl (1955)이 지적하였듯이, 기준타당성이나 내용타당성에 대하여 충분한 분석과 검토를 할 수 없는 경우에도 개념타당성에 대한 검토는 반드시 이루어져야 한다.

〔그림 7-6〕은 개념타당성의 의미를 도식화한 것으로, 추상적 개념 1과 추상적 개념 2의 이론적 관계와 이 추상적 개념들과 대응되는 각 측정값들의 상관관계의 일치성 여부를 파악함으로써 개념타당성의 검토가 이루어지는 과정을 설명한 것이다.

그림 7-6 | 개념타당성의 이해

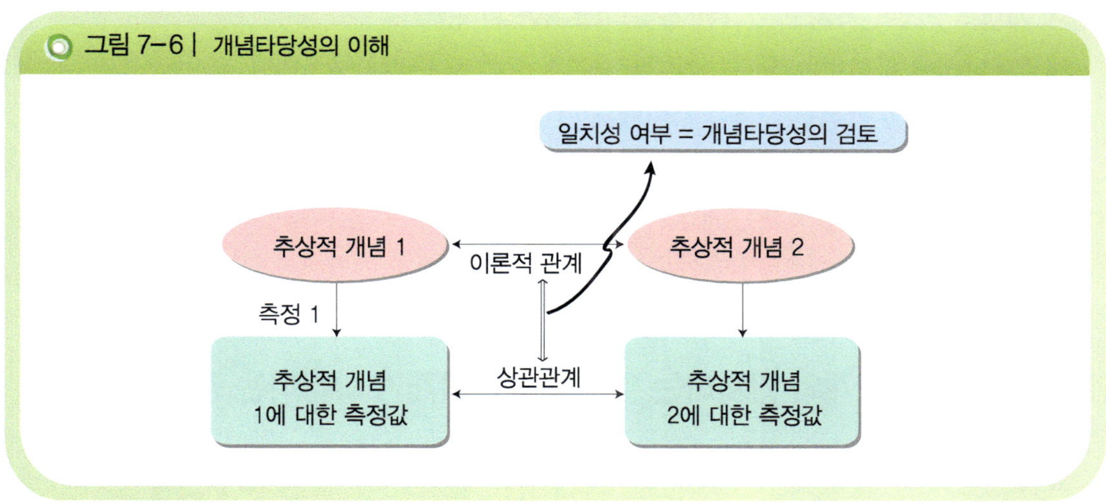

(1) 개념타당성을 검토하는 절차

추상적인 개념들 사이에서 만들어진 이론적 관계라는 의미는 그렇게 복잡한 것은 아니다. 예를 들어, 서비스품질에 대한 개념타당성을 검토하고 싶다고 하자. 만일 문헌연구를 통하여

그림 7–7 | 개념타당성을 확보하는 절차

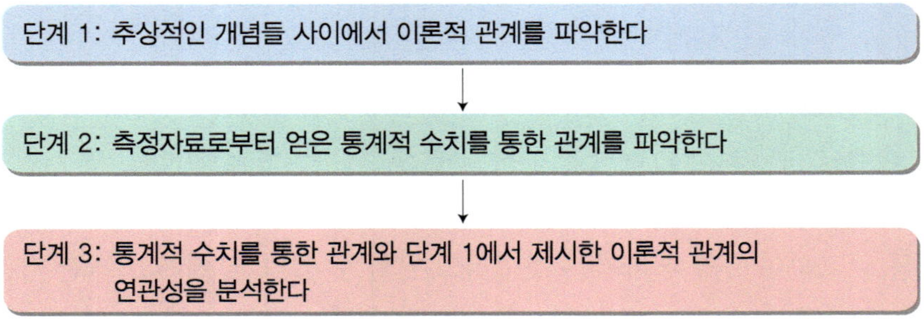

단계 1: 추상적인 개념들 사이에서 이론적 관계를 파악한다
↓
단계 2: 측정자료로부터 얻은 통계적 수치를 통한 관계를 파악한다
↓
단계 3: 통계적 수치를 통한 관계와 단계 1에서 제시한 이론적 관계의 연관성을 분석한다

서비스품질과 고객 만족도 사이에는 개략적인 양의 상관관계가 있다는 이론이 있고, 이 부분은 많은 학자로부터 받아들여지는 이론이라고 하자. 다시 말하면, 높은 서비스품질에서는 고객 만족도가 높게 나타나는 경향이 있고, 낮은 서비스품질에서는 고객 만족도가 낮게 나타나는 경향이 있다고 알려져 있다면, 연구자는 실제로 서비스품질과 고객의 만족도를 측정하여, 비록 높은 상관계수는 아니지만, 통계적으로 유의한 상관관계가 나타났다면, 이는 서비스품질이 개념타당성을 가지고 있다는 하나의 증거가 된다.

개념타당성을 확보하는 절차는 〔그림 7–7〕과 같이 세가지로 구분된다.

만일 단계 1의 추상적인 개념들 사이에서 만들어진 명확한 이론적 관계가 존재하지 않는다면, 단계 2의 측정자료로부터 얻은 통계적 수치를 이용한 관계분석은 의미가 없으며, 따라서 단계 3의 개념타당성을 검토하는 과정은 무의미하다. 그러므로 연구자는 개념타당성을 파악하기 위해서 문헌을 통하여 몇 가지 이론적 관계를 미리 파악하고 있어야 한다.

(2) 이론적 관계와 일치하는 유의한 상관관계가 나타나는 경우

앞에서 소개한 서비스품질과 고객 만족도의 예를 생각하여 보자. 만일 두 가지의 추상적인 개념, 서비스품질과 고객 만족도 사이에 유의한 상관계수가 나타났다면, 이는 개념타당성을 확보하는 하나의 중요한 수치가 될 수 있다. 하지만 일반적으로 개념타당성의 충분한 확보를 위해서는, 서비스품질과 고객 만족도의 관계와 같이 한 가지의 이론적 관계만으로는 부족하다. 이를 정확하게 표현하면, 고객 만족도를 조사함으로써 서비스품질의 개념타당성을 위한 한 가지 증거를 확보한 것으로 말할 수 있다.

만일 서비스품질과 종업원 성과에 대해서도 개념타당성이 확보되었다면, 고객 만족도 이외의 다른 한 가지의 증거를 갖게 되므로 서비스품질의 개념타당성의 정도는 더욱 높아지게 되는 것이다. 결국 여러 이론적 관계가 존재하여, 측정자료들의 상관관계의 결과가 이론적 관계와 일치한다면, 개념타당성의 정도는 더욱 높아지게 된다. 즉, 개념타당성은 한 개의 이론적 관계에 의하여 확보되는 것이 아니라, 한 연구에서의 여러 이론적 관계를 통한 개념타당성의 검토, 더 나아가서 여러 연구에서 여러 연구자가 여러 이론적 관계를 적용시킴으로써 확보되는 것이다.

(3) 이론적 관계와 일치하는 유의한 상관관계가 나타나지 않은 경우

만일 측정자료로부터 얻은 상관관계가 이론적 관계와 일치하지 않은 경우, 즉, 두 가지의 추상적인 개념간에 유의한 상관관계가 나타나지 않은 경우, 연구자는 다음과 같은 네 가지 가능성을 생각할 수 있다.

가능성 1 측정도구의 개념타당성이 없는 경우
가능성 2 이론적 관계가 잘못 설정된 경우
가능성 3 측정값들의 상관관계가 왜곡되어 나타나는 경우
가능성 4 측정에 대한 타당성이나 신뢰성이 부족한 경우

◆ 측정도구의 개념타당성이 없는 경우

측정된 두 변수간에 유의한 상관관계가 나타나지 않은 경우는 가장 일반적으로 해석할 수 있는 가능성으로 측정도구의 개념타당성이 없는 경우이다. 이 경우는 개념에 대한 적절한 측정이 이루어지지 못하였다는 결론을 내릴 수 있다. 따라서 앞으로의 연구에서도 이 측정방법을 사용하지 말아야 할 것이며, 만일 과거의 연구에서 이러한 측정방법이 사용되었다면, 그 연구의 결과는 심각한 문제가 있음을 지적하여야 한다. 또한 이 측정방법은 개념타당성이 없으므로 다른 어떤 새로운 개념을 측정하고 있다고 인위적으로 해석해서도 안 된다.

◆ 이론적 관계가 잘못 설정된 경우

측정된 두 변수간에 유의한 상관관계가 나타나지 않는 또 다른 경우로 추상적인 개념들 사이에서 만들어진 이론적 관계가 잘못 설정된 경우를 들 수 있다. 앞의 예에서 만일 서비스품질과 고객의 만족도 사이에 아무런 이론적 관계가 없다면, 두 측정 사이의 상관계수는 예측하

지 못한 값이 나올 것이다. 따라서 연구자는 이론적 관계를 다시 한번 검토하여 잘못된 개념타당성의 평가를 내리는 경우를 없애야 할 것이다.

◆ 측정값들의 상관관계가 왜곡되어 나타나는 경우

측정된 두 변수간에 유의한 상관관계가 나타나지 않는 세 번째 경우는 이론적 관계를 나타내기 위하여 사용된 통계수치가 잘못 적용되었거나 자료의 특이값(outlier)으로 인하여 통계수치가 왜곡되는 경우이다. 예를 들어, 서비스품질과 고객의 만족도 사이에 실제로 양의 상관관계가 있다고 할지라도, 측정된 자료가 연구자가 미처 생각하지 못한 다른 요인의 작용으로 인하여 결과가 왜곡되었거나, 표본의 선정이 잘못되어 음의 상관관계가 나타날 수 있다는 것이다. 이 경우 연구자는 표본의 구성, 적절한 통계기법의 적용, 자료의 특이값 조사 등을 검토하여 이를 보정하여 줄 수 있는 분석방법으로 개념타당성을 검토하여야 한다.

◆ 측정에 대한 타당성이나 신뢰성이 부족한 경우

측정된 두 변수간에 유의한 상관관계가 나타나지 않는 네 번째 경우는, 관심있는 추상적 개념 외의 다른 개념을 측정하기 위한 측정의 타당성이나 신뢰성이 부족한 경우이다. 앞에서 소개한 예를 들면, 서비스품질의 개념타당성을 파악하기 위하여 고객의 만족도를 측정하였는데 관심있는 추상적 개념(서비스품질) 외의 다른 개념인 고객의 만족도를 측정하는 측정방법 자체가 타당성과 신뢰성이 부족하다면 원하는 결과가 나오지 않는 것은 당연할 것이다. 이 경우 연구자는 고객만족도의 측정에 대한 신뢰성과 개념타당성에 대하여 기존의 문헌을 통한 검토가 필요할 것이다.

측정자료로부터 얻은 상관관계가 이론적 관계와 일치하지 않는 경우, 연구자는 앞에서 소개한 네 가지 가능성을 모두 검토하여 어느 경우에 해당되는지를 결정하여야 한다. 결국 연구자는 기존에 알려진 확실한 이론적 관계를 바탕으로 기존에 소개된 높은 타당성과 신뢰성을 가진 측정방법을 이용하여 관심대상이 되는 측정에 대한 개념타당성을 분석하여야 할 것이다.

(4) 개념타당성의 종류

개념타당성의 종류는 수렴타당성(또는 집중타당성), 판별타당성, 이해타당성으로 구분되며, 특히 수렴타당성과 판별타당성은 개념타당성을 검토하는 과정에서 중요하게 취급된다.

수렴타당성(convergent validity)은 개념타당성을 소개한 예제와 같이 서비스품질과 고객 만족도라는 개념이 이론적으로 서로 밀접한 관계를 가지고 있다면, 측정된 수치들도 서로 유의한 상관관계를 가져야 한다는 것이다. 이와 반면에 판별타당성(discriminant validity)은 서로 다른 두 개념이 존재한다면, 두 측정으로부터 얻은 수치들은 서로 낮은 상관관계를 가져야 한다는 것이다. 예를 들어, 지능검사에 있어서 작문능력의 측정은 언어능력과는 높은 상관관계가 예상되므로 수렴타당성 측면에서 접근되어야 하지만, 작문능력과 수리능력은 서로 다른 개념이므로 낮은 상관관계를 갖는 판별타당성 측면에서 개념타당성의 검토가 이루어져야 한다는 것이다 (그림 7–8 참조).

그림 7–8 | 지능검사의 경우 수렴타당성과 판별타당성의 관계

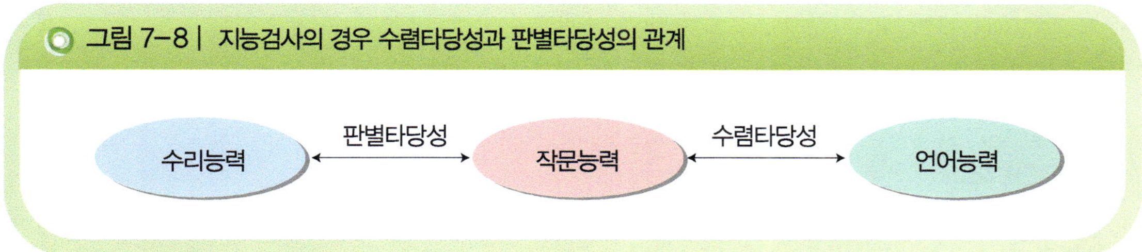

마지막으로 이해타당성(nomological validity)은 관심있는 개념과 이에 관련된 다른 개념들 사이의 관계를 이론적으로 모형화하여 이를 측정으로부터 얻은 수치의 관계와 비교하여 검토하는 방법이다. 예를 들어, 종업원의 만족도가 높으면, 고객에 대한 서비스품질이 좋아지고, 이직율이 낮아지고 회사는 높은 수익을 얻는 관계가 성립한다는 이론적 관계를 모형화 한 후 통계적 검정을 이용하여 이러한 관계를 확인하였다면 이는 이해타당성이 있다고 볼 수 있다. 이러한 검정과정에서 확증적 요인분석(confirmatory factor analysis)이나 구로방정식 모형(structural equation model)등을 사용하게 되는데, 이에 대한 자세한 내용은 본서의 범위를 벗어나므로 생략하기로 한다.

요 약

▶ 타당성 검토는 자료의 분석만으로 알아볼 수 있는 것이 아니라 측정대상, 측정도구, 측정 규칙 등을 포함한 연구전반에 사용된 모든 측정과정에 대한 분석, 그리고 왜 이러한 모든 과정을 거쳐야만 하는지를 파악함으로써 이루어져야 한다.

▶ 타당성에 대한 검토방법은 기준타당성에 대한 검토, 내용타당성에 대한 검토, 개념타당성에 대한 검토로 구분된다

1. 기준타당성

▶ 만일 어떠한 측정 A가 가지고 있는 개념의 기준이 될 수 있는 새로운 측정 B가 존재한다면, 측정 A와 측정 B의 관계를 분석함으로써 기준타당성에 대한 검토가 가능하게 된다.

▶ 기준타당성은 기준측정의 시점에 따라 예측타당성, 과거타당성, 동시타당성으로 구분된다.

▶ 관심있는 측정과 기준이 되는 측정의 상관계수를 타당성계수라고 한다.

▶ 타당성계수의 검토는 반드시 이론적 배경 아래서 이루어져야 한다.

2. 내용타당성

▶ 내용타당성에 대한 검토는 연구하고자 하는 개념을 측정하는 구성 즉, 그 내용 자체가 측정에 얼마만큼 반영되고 있는지를 파악하는 것으로, 측정에 선택된 내용의 대표성을 검토하는 문제로 그 의미를 다르게 해석할 수 있다.

▶ 내용타당성의 검토의 한계점은 추상적인 개념에 대한 내용을 파악하기 어렵다는 점과 자료를 통한 분석방법이 존재하지 않는다는 것이다.

3. 개념타당성

▶ 개념타당성에 대한 검토는 추상적인 개념들 사이에서 만들어진 이론적 관계와 실제 측정값 사이에서 나타나는 수치의 관계가 어느 정도 서로 일치하는지를 파악하는 것이다.

▶ 개념타당성은 한 개의 이론적 관계에 의하여 확보되는 것이 아니라, 한 연구에서의 여러 이론적 관계를 통한 개념타당성의 검토, 더 나아가서 여러 연구에서 여러 연구자가 여러 이론적 관계를 적용시킴으로써 확보되는 것이다.

▶ 측정자료로부터 얻은 상관관계가 이론적 관계와 일치하지 않는 경우, 연구자는 다양한 가능성을 검토하여야 한다.

▶ 개념타당성의 종류는 수렴타당성, 판별타당성, 이해타당성으로 구분되며, 특히 수렴타당성과 판별타당성은 개념타당성을 검토하는 과정에서 중요하게 취급된다.

논의사항

1. 타당성 검토를 위한 방법과 이에 대한 한계점에 대하여 논의하시오.

2. 측정에 대한 신뢰성과 타당성의 관계에 대하여 논의하시오.

제3부

연구설계 및 방법

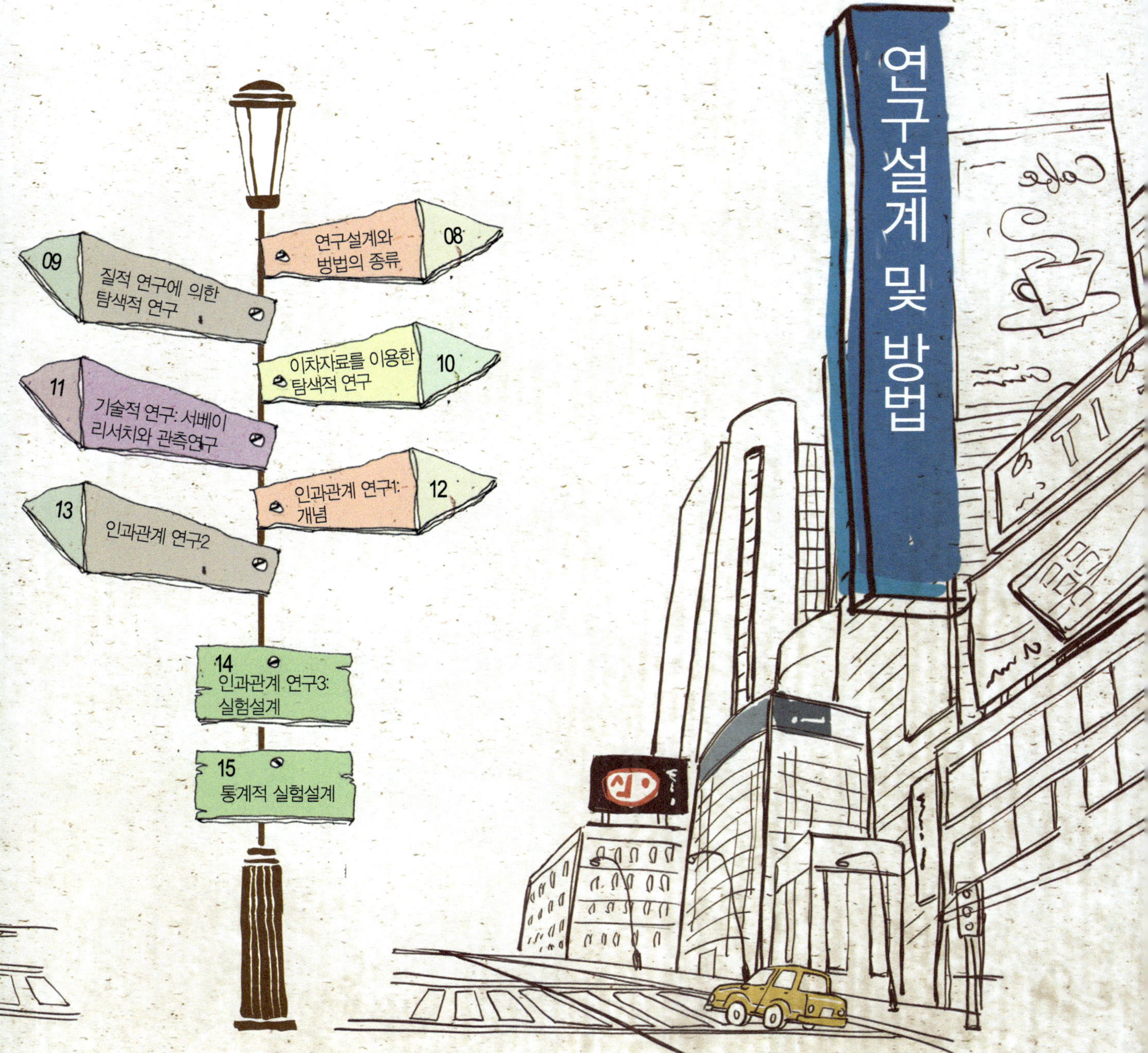
08 연구설계와 방법의 종류
09 질적 연구에 의한 탐색적 연구
10 이차자료를 이용한 탐색적 연구
11 기술적 연구: 서베이 리서치와 관측연구
12 인과관계 연구1: 개념
13 인과관계 연구2
14 인과관계 연구3: 실험설계
15 통계적 실험설계

연구자는 연구문제에 대한 특성에 따라 적절한 연구방법을 정하고, 연구를 진행하는 과정에서 발생될 수 있는 비표본오차를 조사하여, 표본오차를 포함한 전체오차를 줄일 수 있는 연구설계가 만들어져야 한다.

CHAPTER 8

연구설계와 방법의 종류

특정한 연구설계나 방법을 선택하는 경우는 항상 이에 따른 이득과 손해가 있게 된다. 사회과학연구에서는 다양한 연구목적에 맞도록, 많은 연구설계와 방법이 있지만, 연구자는 적은 비용으로 연구목적에 맞는 충분한 정보를 얻을 수 있는 효과적이고 효율적인 연구설계와 연구방법을 결정하여야 한다.

본 장에서는 사회과학연구에서 사용되는 다양한 연구설계에 대하여 설명하고자 한다. 연구설계는 크게 **탐색적 연구설계**(exploratory research design)와 **결론적 연구설계**(conclusive research design)로 구분할 수 있다. 결론적 연구설계는 **기술적 연구설계**(descriptive research design)와 **인과관계 연구설계**(causal research design)로 구분되며, 기술적 연구설계는 **횡단면 설계**(cross-sectional design)와 **다시점 설계**(longitudinal design)로 구분된다. [그림 8-1]은 이러한 연구설계의 종류를 설명하고 있다.

그림 8-1 | 연구설계의 종류

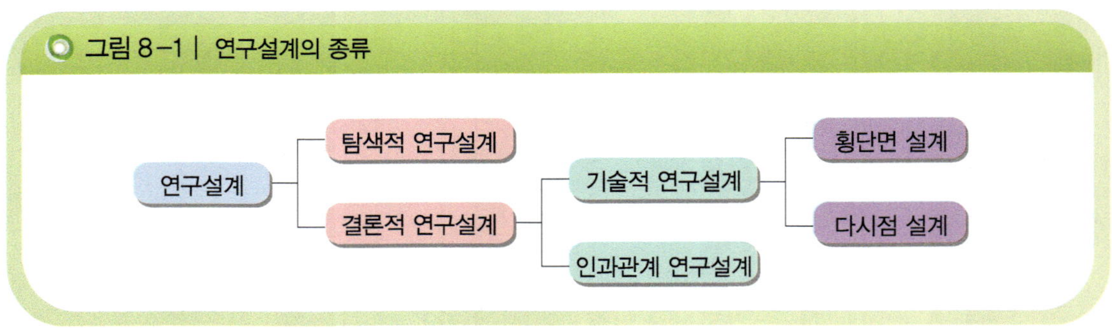

01 연구설계의 종류

연구설계(research design)는 연구문제를 구성하거나 해결하기 위하여 필요한 정보를 얻기 위한 구체적인 절차로서 연구진행에 필요한 큰 틀이라고 말할 수 있다. 연구를 시작하는 초기 시점에서 연구문제나 연구가설은 이미 결정되지만, 연구설계에서는 연구를 실행하는 구체적인 방법들이 만들어진다. 연구설계에서는 연구 실행을 위한 구체적인 방법들이 계획되며, 특별히 잘 계획된 연구설계는 효과성(effectiveness)과 효율성(efficiency)을 모두 가지고 있어야 한다. 다음은 바람직한 연구설계에서 포함되어야 하는 내용을 제시하고 있다.

1. 연구에 어떠한 정보(또는 측정변수)가 필요한지를 파악한다.
2. 연구설계의 형태가 탐색적인지, 기술적인지, 인과관계인지를 파악한다.
3. 측정방법과 척도에 대하여 파악한다.
4. 적절한 표본의 수와 샘플링에 대하여 파악한다.
5. 자료분석을 어떻게 할 것인지를 파악한다.

탐색적 연구설계에서는 연구자가 가지고 있는 의문사항을 파악하고 이해하는 목적을 가지고 있으므로, 연구문제를 명확하고, 구체적으로 정의할 필요가 있다. 연구문제에 필요한 정보들은 쉽게 정의될 수 있으며, 연구진행과정이 융통성을 가지고 진행될 수 있다. 또한 탐색적 연구설계에서는 일반적으로 표본의 수가 적으며, 모집단의 대표성 문제가 심각하게 나타나지 않으므로, 연구결과는 시험적인 특성을 가지게 된다. 이러한 탐색적 연구설계는 질적연구(qualitative research)의 형태를 취하는 경우가 많고, 그에 따라 탐색적 연구설계에서 나타나는 결과는 향후연구의 유용한 참고자료로 사용될 수 있다. 하지만 연구자는 탐색적 연구에 의한 결과를 해석함에 있어서 일반적인 상황까지 확장하여 해석하지 않도록 하는 주의가 필요하다.

탐색적 연구설계를 이용하여 얻어진 결과는 결론적 연구설계를 통하여 확인할 수 있다. 결론적 연구설계는 연구가설을 검정하거나 어떠한 관계를 조사하는 목적을 가지기 때문에, 연구문제에 필요한 정보들을 명확하고 정교하게 정의하여야 한다. 연구진행은 엄격한 절차에 의하여 진행되어야 하며, 표본의 수가 많은 것이 일반적이다. 결론적 연구설계에서는 모집단에 대한 추론이 주요 목적이기 때문에, 표본은 반드시 모집단을 대표하는 자료이어야 한다. 결론적 연구설계는 양적 연구(quantitative research)의 형태를 취하는 경우가 많다. 또한 이에 대

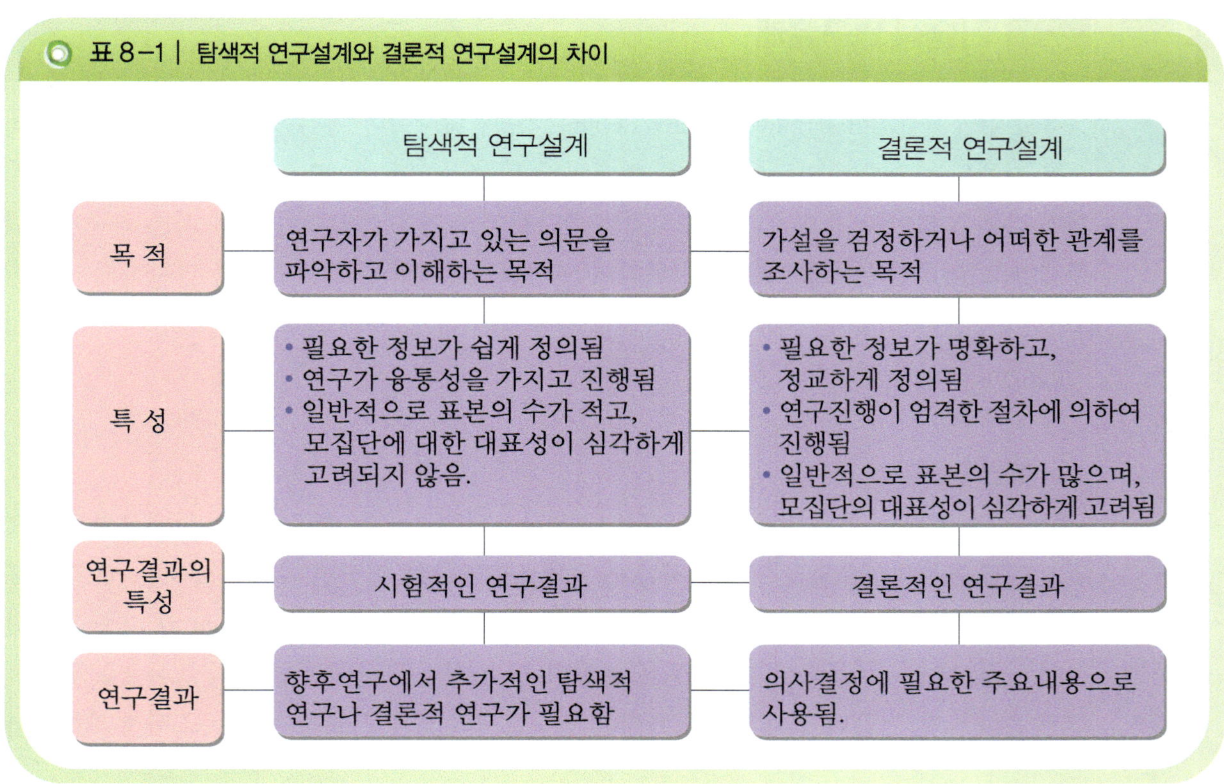
표 8-1 | 탐색적 연구설계와 결론적 연구설계의 차이

	탐색적 연구설계	결론적 연구설계
목 적	연구자가 가지고 있는 의문을 파악하고 이해하는 목적	가설을 검정하거나 어떠한 관계를 조사하는 목적
특 성	• 필요한 정보가 쉽게 정의됨 • 연구가 융통성을 가지고 진행됨 • 일반적으로 표본의 수가 적고, 모집단에 대한 대표성이 심각하게 고려되지 않음.	• 필요한 정보가 명확하고, 정교하게 정의됨 • 연구진행이 엄격한 절차에 의하여 진행됨 • 일반적으로 표본의 수가 많으며, 모집단의 대표성이 심각하게 고려됨
연구결과의 특성	시험적인 연구결과	결론적인 연구결과
연구결과	향후연구에서 추가적인 탐색적 연구나 결론적 연구가 필요함	의사결정에 필요한 주요내용으로 사용됨.

한 연구결과는 결론적인 성격을 가지고 있기 때문에 의사결정에 필요한 내용으로 사용된다. <표 9-1>은 탐색적 연구설계와 결론적 연구설계의 차이를 요약하여 정리한 것이다.

(1) 탐색적 연구설계

탐색적 연구설계(exploratory research design)는 연구내용에 대하여 자세히 알지 못하는 경우 유용하게 사용될 수 있다. 이러한 연구형태가 갖는 가장 큰 특징이라면, 엄격하게 연구가 진행되지 않기 때문에, 연구진행이나 연구방법에 있어서 융통성이 크다는 것이다. 또한 샘플링 설계를 통한 모집단의 대표성 문제나 표본의 수를 고려한 모집단의 특성을 파악하는 것이 아니라, 새로운 아이디어나 사실을 발견하는 것에 연구의 초점이 맞추어져 있다고 볼 수 있다. 따라서 새로운 사실이 발견되면, 탐색적 연구의 방향을 바꿀 수도 있다. 이러한 새로운 방향은, 대부분의 사실이 발견되어, 새로운 사실이 없을 것으로 판단되거나, 또다른 새로운 방향이 제시될 때까지 유지된다. 이러한 이유 때문에, 탐색적 연구에서는 연구자의 창의력이나 독창성이 매우 중요한 역할을 하게 된다.

(2) 기술적 연구설계

기술적 연구설계(descriptive research design)는 연구대상이나 어떠한 현상을 기술하는 목적으로 진행되는 결론적 연구설계의 한 형태이다. 탐색적 연구설계와 비교하여 기술적 연구설계가 갖는 특성이라면, 명확하고 구체적인 연구문제를 가지고 있으며, 이에 따른 연구가설이 존재하고, 이러한 문제를 해결하기 위하여 어떠한 측정변수가 필요한지를 명확하게 파악하고 있어야 한다는 것이다. 기술적 연구설계는 **횡단면 설계**(cross-sectional design)와 **다시점 설계**(longitudinal design)로 구분된다.

◆ 횡단면 설계

횡단면 설계는 사회과학연구에서 가장 많이 사용되는 기술적 연구설계의 형태로써 표본으로 선택된 연구대상을 한번만 조사하는 연구설계를 말한다. 이러한 횡단면 설계는, 몇 개의 표본을 얻을 것인가에 따라, 다시 **단일 횡단면 설계**(single cross-sectional design)와 **다중 횡단면 설계**(multiple cross-sectional design)로 구분된다. 단일 횡단면 설계는 한 개의 표본을 모집단에서 추출하고, 한번만의 조사가 이루어지는 연구설계의 형태를 말하며, **설문조사 설계**(survey research design)가 단일 횡단면 설계에 해당된다. 다중 횡단면 설계는 2개 이상의 표본이 모집단에서 추출되며, 각 표본에서 한번만의 조사가 이루어지는 연구설계를 말한다. 다중 횡단면 설계에서의 표본은 시간과 관련된 경우가 많다. 예를 들어, 여론조사를 실시하는 경우, 한 시점에서 100명의 표본을 선택하여 조사를 하고, 한달 뒤에 새로운 100명을 표본으로 선택하여 조사하는 연구설계가 다중 횡단면 설계의 한 형태라고 볼 수 있다.

특별히, 일정한 시간간격에 의하여 여러 표본이 만들어지는 다중 횡단면 연구설계를 코호트 설계(cohort design)라고 한다. 여기서 코호트(cohort)란 연구대상이 되는 기본단위를 나타내는 것으로, 같은 시간동안 동일한 사건을 경험한, 동질의 특성을 갖는 연구대상을 말한다.

표 8-2 | 코호트 설계에 의한 커피 소비량 조사 결과

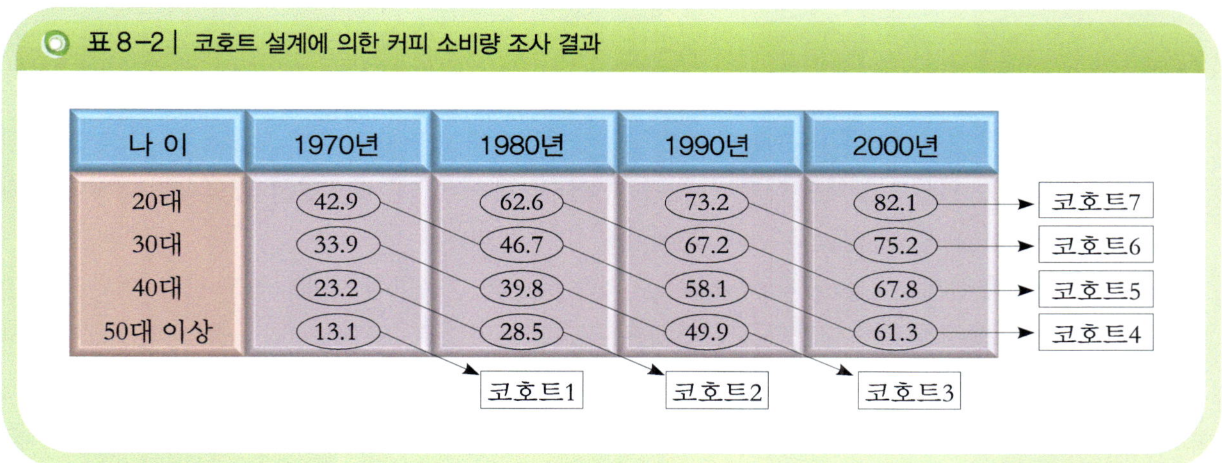

나 이	1970년	1980년	1990년	2000년
20대	42.9	62.6	73.2	82.1
30대	33.9	46.7	67.2	75.2
40대	23.2	39.8	58.1	67.8
50대 이상	13.1	28.5	49.9	61.3

나이에 따라 커피 소비량이 어떻게 변하는지를 알아보는 연구를 생각하여 보자. 자료는 1970년부터 10년 간격으로 2000년까지 4번 조사되었고, 나이 코호트를 20대, 30대, 40대, 50대 이상으로 구분하여 연구를 진행하였으며, 이에 대한 결과가 <표 8-2>에 나타나 있다.

이러한 코호트 설계의 특징을 살펴보면, 우선 10년 간격으로 응답자의 나이도 바뀌기 때문에 4개의 코호트 그룹이 적용된 것이 아니라 7개의 코호트 그룹이 만들어졌다는 사실이다. 또한 1970년에 표본으로 선택되어 조사된 20대의 연구대상이 1980년에 30대 연구대상의 표본에 뽑힐 가능성은 희박하다는 사실이다. 즉, 같은 코호트 그룹에 속하지만, 표본으로 선택된 연구대상은 각 연도별로 다르게 구성되어 있다.

코호트 4 그룹의 경우를 살펴보면, 1970년 당시 20대일 경우 42.9%에서 10년 뒤인 30대일 경우 46.7%로 증가하였으며, 40대가 되어서는 58.1%, 50대의 경우는 61.3%로 지속적인 증가추세를 보여주고 있다. 이러한 사실은 모든 코호트 그룹에서 일관되게 나타나므로, 여기서 얻을 수 있는 결론은 나이가 들면서 커피 소비량이 증가한다는 것이다.

만일 코호트 연구설계를 하지 않고, 2000년 한 시점만 조사하는 단일 횡단면 설계를 적용하였다고 가정하여 보자. 이 경우 연구자는 나이가 들면서 82.1%에서 75.2%, 67.8%, 61.3%로 감소하였기 때문에, 나이가 들면서 커피 소비량은 감소한다는 잘못된 결론을 내리게 된다. 따라서 단일 횡단면 설계를 적용하는 어떤 경우는 시간에 따른 코호트 그룹의 변화를 고려하지 않기 때문에 왜곡된 결과를 얻을 수 있다. 이러한 점을 고려할 때, 코호트 설계는 일반적인 횡단면 설계가 가지고 있는 문제점을 해결하여 주는 중요한 연구설계의 한 형태가 된다.

◆ 다시점 설계

다시점 설계(longitudinal design)는 표본을 선택하여 고정시킨 후, 그 표본에 속한 연구대상을 여러번 조사하는 연구설계를 말한다. 횡단면 설계와 비교하여, 다시점 설계는, 여러 번 조사하는 과정에서 표본이 바뀌지 않는다는 차이점을 가지고 있다. 이는 같은 연구대상을 반복적으로 측정한다는 의미가 된다. 예를 들어, 사진으로 어떠한 모습을 보고 싶을 때, 한번만 찍을 경우는 횡단면 설계에 해당되며, 같은 모습을 계속적으로 찍으면서 그 모습이 어떻게 변화하는지를 살펴보는 것은 다시점 설계라고 볼 수 있다.

다시점 설계는 패널설계(panel design)라는 용어와 혼용하여 사용되기도 한다. 여기서 패널이란 일정기간 동안 일정한 시간간격을 두고 반복적으로 조사하는 다시점 설계에 참여의사를 밝힌 연구대상을 말한다. 다시점 설계 또는 패널설계를 적용한 연구는 어떠한 현상의 모습을 보여 주는 것 뿐만이 아니라, 일반적인 횡단면 설계에서 파악할 수 없는 시간에 따른 모습의 변화도 함께 보여준다는 장점을 가지고 있다.

◆ 횡단면 설계와 다시점 설계의 비교

횡단면 설계와 비교하여 다시점 설계는 몇 가지 장점을 가지고 있다. 장점의 첫 번째로는 같

표 8-3 | 횡단면 설계에 의한 브랜드 구매자의 수

브랜드	시점 1	시점 2
브랜드 A	200	200
브랜드 B	300	300
브랜드 C	500	500

표 8-4 | 다시점 설계에 의한 브랜드 구매자의 수

시점 1에서 구입한 브랜드	시점 2에서 구입한 브랜드			
	브랜드 A	브랜드 B	브랜드 C	합계
브랜드 A	100	50	50	200
브랜드 B	25	100	175	300
브랜드 C	75	150	275	500
합계	200	300	500	1000

은 연구대상의 반복 측정으로, 시간에 따른 변화가 보다 쉽게 파악된다는 것이다. 두 번째는 같은 대상을 반복 측정하여 이용하므로 횡단면 설계에서 발생되는 표본구성의 차이로 인한 변화를 극복할 수 있다는 것이다. 세 번째로는 횡단면 설계에 비하여 많은 자료를 보다 정확하게 얻을 수 있다는 장점을 들 수 있다.

그러면 시간에 따른 변화를 보다 구체적으로 설명하기 위하여 다음과 같은 브랜드 구매자 수를 파악하는 예를 생각하여 보자.

<표 8-3>과 <표 8-4>는 1000명의 소비자를 대상으로 시점 1과 시점 2로 나누어 조사한 횡단면 설계에 의한 결과와 다시점 설계에 의한 결과를 각각 나타내고 있다. 우선 <표 8-3>에 나타난 횡단면 설계에 의한 결과를 살펴보면, 두 시점 모두 브랜드 A는 20%, 브랜드 B는 30%, 브랜드 C는 50%로 시간에 따른 변화가 전혀 나타나지 않은 것으로 보인다. 하지만, 다시점 설계에 의한 결과인 <표 8-4>[1)]에서는 소비자가 브랜드를 바꾸는 현상이 매우 자주 나타난다는 사실을 발견할 수 있다. 즉, 시점 1에서 브랜드 A를 구입한 200명의 소비자 중 50% (=(50+50)/200)는 시점 2에서 브랜드 B나 브랜드 C를 구입하였으며, 시점 1에서 브랜드 B를 구입한 300명의 소비자 중 67% (=(25+175)/300)는 시점 2에서 브랜드 A나 브랜드 C를 구입하였고, 시점 1에서 브랜드 C를 구입한 500명의 소비자 중 45% (=(75+150)/500)는 시점 2에서 브랜드 A나 브랜드 B를 구입하였다는 사실을 확인할 수 있다.

이와 같이, 다시점 설계를 이용하게 되면, 시간의 흐름에 따라 연구에 참여하는 개개인이 어떻게 변하는지를 파악할 수 있게 된다. 또한 같은 대상을 반복적으로 측정하기 때문에 횡

1) 이러한 표를 마케팅분야에서는 브랜드스위칭 행렬(brand-switching matrix; turnover table)이라고 한다.

단면 설계에서 발생할 수 있는 표본의 구성이 다름으로써 나타나는 변화가 발생하지 않으며, 따라서 작은 변화도 연구자가 쉽게 발견할 수 있다는 장점을 가지고 있다. 다시점 설계의 경우는, 횡단면 설계에 비하여 많은 자료를 보다 정확하게 얻을 수 있다는 장점도 있다. 다시점 자료가 정확한 이유는, 과거의 어떠한 행동에 대하여 질문하는 일반적인 횡단면 설계와는 다르게 연구대상을 지속적으로 관찰하면서 그러한 행동 여부를 현재시점에서 조사할 수 있기 때문이다.

이러한 장점에도 불구하고, 다시점 설계를 적용하면, 모집단에 대한 대표성 문제가 심각하게 나타나기 때문에 결과에 대한 일반화 적용이 어렵다는 문제점이 있다. 모집단에 대한 대표성 문제는 다음과 같은 원인에 의하여 발생된다.

① 패널로 참여하는 제의에 대한 거절 : 다시점 설계의 경우는 연구대상에 대한 지속적인 조사가 이루어지기 때문에 연구대상에게는 부담스러울 수 있으며, 따라서 패널로 참여하는 제의를 거절할 수 있다. 이 경우 표본선택 바이어스(selection bias) 문제가 심각하게 나타난다.

② 중도탈락 : 처음에는 패널로 참여하였지만, 연구진행 도중에 연구참여를 거부하는 경우이다.

③ 패널로 참여하였을 경우에 주는 보상 : 일반적인 패널설계에서는 참여한 패널에게 일정액수의 돈을 지불하거나 선물을 준다. 하지만, 이러한 보상이 원인이 되어 모집단을 대표할 수 없는 즉, 이에 관심있는 사람들만 선택되는 패널이 구성될 수 있다는 것이다.

다시점 설계에서 지적되는 다른 문제점으로 응답바이어스(response bias)를 들 수 있다. 응답바이어스는 선택된 패널들이 전문가라고 생각하여 정답을 찾는 노력을 하거나 지루함, 피로, 불성실한 참여에 의하여 나타날 수 있다.

(3) 인과관계 연구설계

인과관계 연구설계(causal research design)는 원인과 결과 사이의 관계에 대한 증거를 얻기 위하여 만들어진 연구설계를 말한다. 인과관계 연구설계에서는 다음과 같은 연구목적을 가지고 있다.

1. 어떠한 변수들이 원인이 되는 변수이며, 어떠한 변수들이 결과가 되는 변수인지를 규명한다.
2. 변수들 사이의 구체적인 인과관계의 형태를 파악하여, 어느 정도 크기의 효과가 나타나는지를 파악하고, 예측한다.

기술적 연구설계에서도 변수들 사이의 관계를 파악하기는 하지만, 인과관계를 목적으로 연구를 설계하지는 않는다. 인과관계 연구설계에서는 연구환경을 통제하여, 다른 환경변수에 의하여 결과가 변하지 않게 만든 후에 원인변수를 변화시키면서 결과변수의 변화를 관찰한다. 인과관계 연구설계를 대표하는 주요 연구설계는 실험설계(experimental design)이다.

02 연구설계의 선택

연구설계의 기본적인 형태는, 앞에서도 언급한 바와 같이, 탐색적 연구설계, 기술적 연구설계, 인과관계 연구설계로 구분된다. 하지만, 이러한 연구설계는 그렇게 명확하게 구분되는 것은 아니다. 즉, 여러 연구설계 형태가 혼합되어, 몇 개의 연구목적을 가지고 진행되는 연구도 있다는 것이다. 어떠한 연구설계를 사용할 것인가의 문제는, 결국, 연구문제에 대한 특성에 의존한다고 볼 수 있다. 여기서는 연구설계를 선택하는 과정에서 필요한 기본적인 가이드라인을 제시하고자 한다.

만일 연구주제나 문제에 대하여 알려진 사실이 거의 없다면, 탐색적 연구설계가 바람직하다. 탐색적 연구는 정확한 연구문제나 연구가설을 파악하고자 하는 경우나 연구주제와 관련되어 어떠한 변수들이 존재하는지를 원인변수와 결과변수의 구분없이 파악하고자 하는 경우 유용하게 사용될 수 있다.

탐색적 연구설계는 연구설계에 대한 틀을 파악하기 위하여 가장 처음으로 적용되는 설계이다. 따라서, 대부분의 경우, 탐색적 연구를 진행한 후에 기술적 연구나 인과관계 연구가 추가적으로 진행된다. 예를 들어, 탐색적 연구를 통하여 얻은 연구가설을 통계적 가설검정 절차를 이용한 기술적 연구나 인과관계 연구를 진행함으로써 어떠한 사실을 확인할 수 있다. 하지만 모든 연구설계를 탐색적 연구설계로부터 시작할 필요는 없다. 탐색적 연구로부터 시작할 것인지에 대한 결정은 연구문제를 얼마나 정확하게 정의하고 있으며, 연구문제를 해결하는 방법을 연구자가 어느 정도 파악하고 있느냐에 의존된다.

03 연구설계에서 고려되는 오차

연구가 진행되면서 발생되는 오차는 연구설계와 밀접한 관련이 있으며, 좋은 연구설계는 이러한 오차를 통제하여 준다. **전체오차**(total error)는 모집단이 갖는 실제값과 표본을 통하여 얻은 추정값 사이의 차이를 의미하며, **표본오차**(sampling error)와 **비표본오차**(nonsampling error)로 구분된다. 〔그림 8–2〕는 연구설계에서 고려되는 전체오차를 분류하여 나타낸 것이다.

표본오차는 모집단을 모두 조사하지 않기 때문에 발생되는 오차이다. 이러한 표본오차의 크기는 통계적 추측과정에서 계산되며, 표본이 어떠한 샘플링과정에 의하여 선택되었는지에 따라 다르게 나타난다.

그림 8–2 | 연구진행 과정에서 발생되는 전체오차의 분류

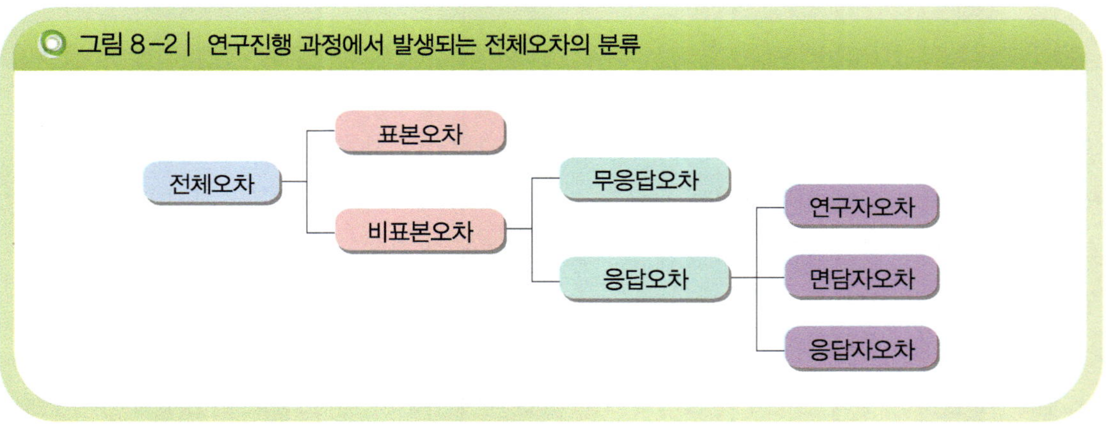

표본오차의 측정

표본오차는 표본분포에 대한 표준편차로 정의된다.
(관련된 통계 이론: 중심극한정리) 모집단에서 표본을 추출하는 경우, 표본의 수가 어느 정도 크면(표본수가 30이상) 표본평균의 분포는 근사적으로 정규분포를 따르며 평균은 모평균과 일치하고 분산은 모분산/표본수가 된다.
(적용 예제) 어느 대학교 학생들의 평균 키는 165cm, 분산은 52으로 알려져 있다. 표본으로 100명의 학생을 선택하여 조사하는 경우,

모수: 모평균 (모집단의 평균즉, 165cm)
통계량: 표본평균 (100명 표본에 대한 평균)
표본분포: 표본평균에 대한 분포 (평균 165, 분산 52/100 의 정규분포)

표본오차: 표본분포의 표준편차 $\sqrt{\frac{5^2}{100}} = \frac{5}{10} = 0.5$

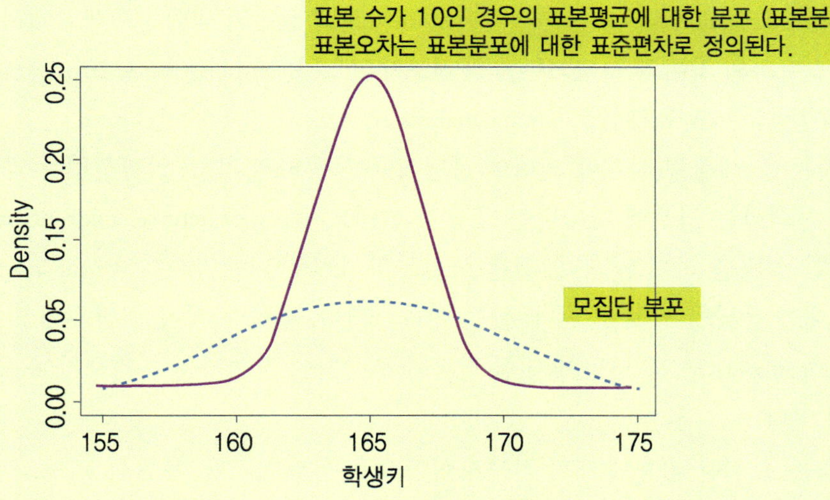

표본 수가 무한히 커지게 되면 (즉, 표본이 모집단의 수와 일치하게 되면)
⇒ 표본분포의 표준편차는 0으로 접근하기에, 표본오차도 0이 된다.

(1) 비표본오차

비표본오차는 샘플링에 의하여 발생되는 표본오차를 제외한 모든 오차를 말하며, 랜덤에 의하여 나타날 수도 있지만, 랜덤이 아닌 형태로 나타날 수도 있다. 비표본오차는 무응답오차

(nonresponse error)와 응답오차(response error)로 구분된다.

무응답오차는 선택된 연구대상에 대한 측정을 하지 못하는 경우에 발생되는 오차를 말한다. 무응답오차의 대부분은 응답을 거부하거나 응답자가 부재중 이어서 조사가 불가능한 경우에 발생된다. 표본으로 선택된 연구대상에 대한 조사가 이루어지지 못하게 되면, 연구설계에서 만들어진 표본과 실제표본이 다르게 되며, 따라서 표본선택 바이어스가 발생될 가능성이 높아진다.

응답오차는 표본으로 선택된 연구대상이 응답은 하였지만, 정확하게 응답을 하지 않거나, 정확하게 응답을 하였지만 잘못 기록하거나 잘못 분석하여 발생되는 오차를 말한다. 이러한 응답오차는 연구자, 면담자, 응답자에 의하여 발생될 수 있는데 이에 대한 오차를 각각 연구자오차(researcher error), 면담자오차(interviewer error), 응답자오차(respondent error)라고 한다.

연구자오차는 ① 중요한 변수를 제외시키거나 다른 변수로 이러한 정보를 대체하고자 하는 경우에 발생되는 대리정보오차(surrogate information error), ② 잘못된 측정도구를 사용하여 발생되는 측정오차(measurement error), ③ 모집단을 제대로 정의하지 못하여 발생되는 모집단오차(population definition error), ④ 실제로 정의된 모집단과 샘플링프레임에서 나타나는 암시적인 모집단과의 차이로 발생되는 샘플링프레임오차(sampling frame error), ⑤ 자료를 잘못 분석하여 발생되는 자료분석오차(data analysis error)로 구분할 수 있다.

면담자오차는 ① 샘플링 설계에 의하여 응답자를 선정하지 않고, 일관성없는 과정을 통하여 응답자를 선택하는 경우에 나타나는 응답자 선택오차(respondent selection error), ② 응답자에게 충분한 설명을 하지 않거나, 질문을 잘못하여 발생되는 질문오차(questioning error), ③응답자에 대한 응답을 잘못 듣거나, 잘못 이해하거나, 잘못 기록하는 경우에 발생되는 레코딩오차(recording error), ④ 면담에 대한 결과를 조작하여 작성하는 허위오차(cheating error)로 구분할 수 있다.

응답자오차는 ① 질문 내용에 대한 전문지식이 없는 상태이거나, 무관심, 피로, 지루함 등에 의하여 올바른 응답을 하지 못하는 경우에 발생되는 무능력오차(inability error), ② 응답자가 의도적으로 정확하지 않은 응답을 하는 의도적인 오차(unwillingness error)로 구분할 수 있다.

(2) 전체오차에 대한 통제

앞에서 설명한 바와 같이, 연구를 진행하면서 매우 다양한 비표본오차가 발생될 수 있다. 연구설계 과정에서 연구자는 몇 가지의 오차를 줄이도록 노력하기보다는 전체오차를 줄이는 노력이 필요하다. 표본오차와 면담자오차의 관계를 예로 설명하여 보면, 표본의 수가 늘어나면 표본오차는 줄어들지만, 면담자의 부담이 늘어나므로, 면담자오차가 커질 수 있으며, 결국 전체오차가 더 커질 수 있기 때문에, 전체오차를 고려하여 통제가 가능한 적절한 표본의 수를 결정하는 것이 바람직하다. 하지만, 연구형태에 따라 특정한 형태의 오차가 전체오차를 크게 만드는 역할을 하는 경우가 있으며, 이러한 경우에는, 해당되는 특정한 오차를 중점적으로 관리하는 것이 바람직할 것이다.

연구설계에서는 표본오차보다는 비표본오차가 더욱 중요하게 취급되어야 한다. 표본오차에 대한 크기는 통계적 방법에 의하여 측정될 수 있지만, 대부분의 비표본오차에서는 그 크기에 대한 측정이 불가능하다.

예를 들어, 우편설문조사(mail survey)의 경우를 생각하여 보자. 우편조사를 실시하는 경우, 응답율(response rate)이 30%인 것으로 알려져 있으며, 응답을 하지 않은 사람들을 대상으로, 다시 한번 응답을 요구하는 우편을 보내는 경우에는 응답율이 45%로 증가되고, 한번 더 응답을 요구하는 우편을 보내면, 응답율이 55%로 증가된다고 알려져 있다. 이러한 경우, 많은 수의 표본을 대상으로 한번의 우편조사를 실시하는 것보다는 적은 수의 표본을 가지고, 무응답자들에게 여러 번 응답을 요구하여 응답율을 높이는 연구설계가 바람직하다. 표본의 수가 적어지면, 표본오차는 커지지만, 무응답오차로 인하여 발생되는 오차에 비하여 그 크기가 훨씬 적을 것이기 때문이다. 이 경우, 표본오차가 어느 정도 증가하였는지에 대한 측정은 가능하지만, 무응답오차에 대한 측정은 불가능하다.

요 약

▶ 사회과학연구에서 사용되는 연구설계는 탐색적 연구설계와 기술적 연구설계, 인과관계 연구설계로 구분되며, 기술적 연구설계는 횡단면 설계와 다시점 설계로 구분된다.

1. 연구설계의 종류

▶ 잘 계획된 연구설계는 효과성과 효율성을 모두 가지고 있어야 한다.

▶ 탐색적 연구설계는 연구내용에 대하여 자세히 알지 못하는 경우 유용하게 사용될 수 있으며, 연구진행이나 방법에 있어서 융통성이 크다는 장점을 가지고 있다.

▶ 기술적 연구설계는 연구대상이나 어떠한 현상을 기술하는 목적으로 진행되는 결론적 연구설계의 한 형태이다.

▶ 횡단면 설계는 표본으로 선택된 연구대상을 한번만 조사하는 연구설계로 단일 횡단면 설계와 다중 횡단면 설계로 구분된다.

▶ 일정한 시간간격에 의하여 여러 표본이 만들어지는 다중 횡단면 연구설계를 코호트 설계라고 한다.

▶ 다시점 설계는 표본을 선택하여 고정시킨 후, 그 표본에 속한 연구대상을 여러번 조사하는 연구설계를 말하며, 패널설계라고도 하며 시간에 따른 변화가 보다 쉽게 파악할 수 있다는 장점을 가지고 있다.

▶ 인과관계 연구설계는 원인과 결과 사이의 관계에 대한 증거를 얻기 위하여 진행하는 연구설계를 말한다.

2. 연구설계의 선택

▶ 연구주제나 문제에 대하여 알려진 사실이 거의 없을 경우에는, 탐색적 연구설계가 바람직하다.

▶ 일반적으로 탐색적 연구를 진행한 후에 기술적 연구나 인과관계 연구가 추가적으로 진행된다.

3. 연구설계에서 고려되는 오차

▶ 전체오차는 모집단이 갖는 실제값과 표본을 통하여 얻은 추정값 사이의 차이를 의미하며, 표본오차와 비표본오차로 구분된다.

▶ 표본오차는 모집단을 모두 조사하지 않고 모집단의 일부분인 표본을 가지고 모집단을

추측하기 때문에 발생되는 오차이다.

- ▶ 비표본오차는 샘플링에 의하여 발생되는 표본오차를 제외한 모든 오차를 말하며, 랜덤에 의하여 나타날 수도 있지만, 랜덤이 아닌 형태로 나타날 수도 있다.
- ▶ 비표본오차는 무응답오차와 응답오차로 구분된다.
- ▶ 무응답오차는 선택된 연구대상에 대한 측정을 하지 못하는 경우에 발생되는 오차를 말하며, 응답오차는 표본으로 선택된 연구대상이 응답은 하였지만, 정확하게 응답을 하지 않거나, 정확하게 응답을 하였지만 잘못 기록하거나 잘못 분석하여 발생되는 오차를 말한다.
- ▶ 응답오차는 연구자, 면담자, 응답자에 의하여 발생될 수 있는데 이에 대한 오차를 각각 연구자오차, 면담자오차, 응답자오차라고 한다.

논의사항

1. 연구문제를 해결하기 위하여 접근하는 연구방법과 연구설계의 차이점과 연관성에 대하여 논의하시오.
2. 패널을 이용하여 연구설계를 하는 경우의 장점과 단점에 대하여 논의하시오.
3. 전체오차를 줄이는 연구설계가 몇 개의 오차를 줄이는 것보다 더 중요한 이유에 대하여 논의하시오
4. 정부에서는 새로운 의료보험정책을 제안하고자 한다. 이러한 새로운 정책에 대한 유권자들의 의견을 파악하기 위하여, 정부에서는 여론조사를 실시할 예정이다. 이 문제에 대한 연구가설을 설정하고, 어떠한 연구설계가 적절한 것인지에 대하여 논의하시오.

CHAPTER 9

질적 연구에 의한 탐색적 연구

질적 연구는 연구주제에 대한 방향과 결과를 개략적으로 알아보는 탐색적인 목적으로 적용된다. 따라서 연구문제에 대한 이해와 앞으로 어떠한 변수가 필요할지에 대한 탐색 자체가 연구 목적이 될 수 있다. 이러한 질적 연구는 적은 수의 참여자를 대상으로 심층분석이 이루어진다는 측면에서 양적 연구와 구분되는 특성을 갖는다. 선택된 적은 수의 참여자는 모집단에 대한 대표성을 갖지 못하므로, 질적 연구에 대한 결과를 일반적인 상황에 적용시키는 경우에는 일반화 문제가 쉽게 발생하게 된다. 만일 연구주제가 개인의 신상에 관련된 민감한 사안이라면, 연구목적을 응답자에게 알리지 않고 연구를 진행하는 방법이 있는데, 이러한 방법을 간접법이라고 하며, 간접법의 대표적인 방법으로 프로젝티브 기법이 있다.

질적 연구(qualitative research)에서는, 대부분의 경우, 탐색적 연구(exploratory research)를 주요 목적으로 연구가 진행된다. 이러한 질적 연구는 ① 연구문제를 어떻게 정의하여야 할 것이며, ② 어떠한 방법으로 연구문제를 해결할 것인지를 규명하는 목적으로 연구가 진행되며, 연구가설을 설정하고, 연구를 위해 어떠한 변수들이 필요한지를 알아보는 그 자체가 연구의 주요 단계가 된다. 따라서 연구문제에 대한 결론적 연구(conclusive research)나 양적 연구(quantitative research)가 이루어질 수 없는 상황에서, 질적 연구나 이차자료를 이용한 탐색적 연구의 역할은 매우 중요하다고 말할 수 있다.

본 장에서는 양적 연구와 질적 연구에 대한 차이점에 대하여 논의하고, 포커스그룹 인터뷰(foucus group interview)와 심층면접(depth interview), 그리고 응답자에게 연구의 목적을 알려주지 않고 진행하는 간접법(indirect method)의 대표적인 형태인 프로젝티브 기법(projective technique)에 대하여 설명하기로 한다.

01 질적 연구와 양적 연구

질적 연구(qualitative research)란 연구문제를 이해하는 목적으로 적은 수의 표본을 가지고 진행하는 구조화되지 않은(unstructured) 탐색적 연구방법을 말한다. 여기서 구조화(structured)의 의미는, 측정과정에서 미리 정해진 순서와 방법에 의하여 일관성을 가지고 모든 연구대상에게 공통적으로 적용되면서 자료수집이 이루어지는 경우를 말한다. 이와는 대조적으로 양적 연구(quantitative research)는, 구조화된 측정을 이용하여 모든 연구대상에게 일관된 측정을 적용하고, 자료가 수량화 되어 있기 때문에 통계분석에 의하여 결과를 해석할 수 있는 연구방법을 의미한다.

요약하면, 질적 연구와 양적 연구의 차이는 분석 대상이 되는 자료의 특성에 따라 구분된다. 자료가 수량화되어 있는 경우를 양적 자료(quantitative data)라고 하며, 특별히 인과관계를 파악할 목적으로 연구자가 연구환경을 통제한 상태의 실험을 통하여 얻어진 자료를 실험자료(experimental data)라고 한다. 또한 어떠한 현상을 기술하고 묘사할 목적으로 수집된 자료는, 연구방법의 형태에 따라, 설문조사자료(survey data)와 관측자료(observational data)로 구분된다. 〔그림 9-1〕은 이러한 자료의 구분을 나타내고 있다.

그림 9-1 | 자료의 특성에 따른 구분

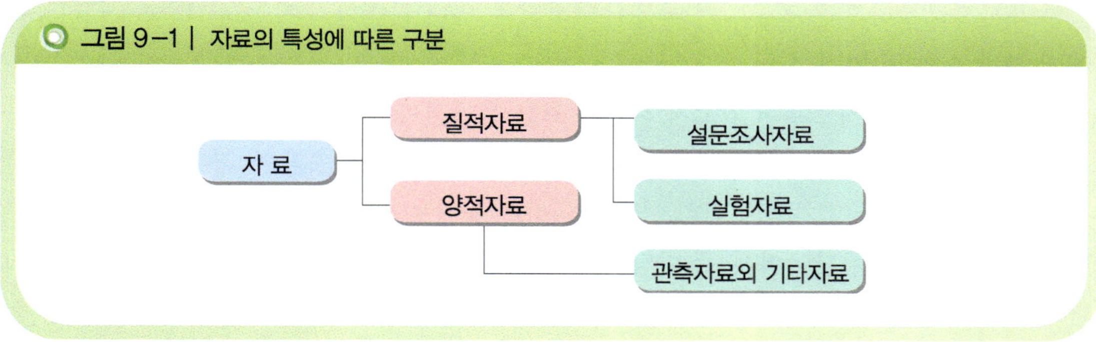

질적 연구와 양적 연구의 차이는, 자료의 특성에 따라 구분되기도 하지만, 연구목적이나 표본의 특성, 자료수집 과정, 분석방법, 결과에 대한 해석 측면에서도 나타난다. <표 9-1>은 이러한 두 연구의 차이점을 설명하고 있다.

질적 연구는 연구문제에 대한 이해를 목적으로 연구가 진행되지만, 양적 연구에서는 수량화된 자료를 통계분석하여 결과가 나타난다. 어떠한 연구주제가 결정되면, 양적 연구를 진행하기 전에 질적 연구를 진행하여 주제에 대하여 이해하는 것이 일반적인 과정이다. 하지만, 가끔은 양적 연구의 결과를 보다 적절하게 해석하기 위하여 질적 연구를 진행하는 경우도 있다. 질적 연구에 대한 결과를 일반적인 상황으로 확장하여 해석하는 경우, 연구자는 대표성이

표 9-1 | 질적 연구와 양적 연구의 차이

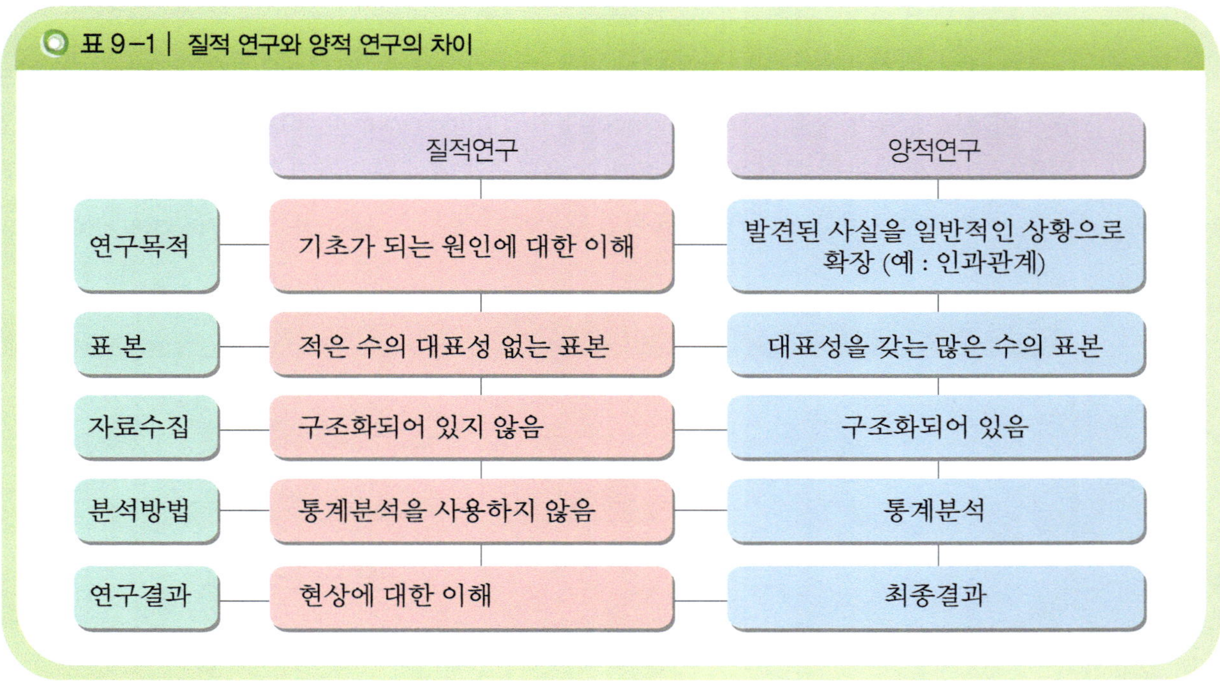

	질적연구	양적연구
연구목적	기초가 되는 원인에 대한 이해	발견된 사실을 일반적인 상황으로 확장 (예 : 인과관계)
표 본	적은 수의 대표성 없는 표본	대표성을 갖는 많은 수의 표본
자료수집	구조화되어 있지 않음	구조화되어 있음
분석방법	통계분석을 사용하지 않음	통계분석
연구결과	현상에 대한 이해	최종결과

없는 표본으로부터 얻은 결론이기 때문에 나타날 수 있는 일반화 문제(generalization problem)에 대하여 주의하여야 한다.

질적 연구는 응답자로부터 얻고자 하는 정보를 응답자가 대답하기 꺼려하거나, 응답자 자신도 자세히 모르고 있는 상황에서 유용하게 적용될 수 있다. 예를 들어, 값비싼 고급 승용차를 구입한 고객에게 그 차를 구입한 이유에 대하여 물어보았을 경우, '가지고 있던 차가 너무 낡아서' 또는 '세일 기간이어서' 등 다양한 대답을 얻을 수 있을 것이다. 만일, 이 사람이 이러한 차를 구입한 진짜 이유가 '나의 열등감을 감추기 위해서'라고 가정한다면, 이 응답자는 절대 그렇게 표현하지는 않을 것이다. 즉, 응답자는 이러한 이유를 알고 있으면서 다르게 응답할 수 있으며, 응답자 자신도 느끼지 못하면서 다르게 응답할 수 있다는 것이다. 이러한 경우, 응답자의 의도를 집중적으로 관찰하는 질적 연구가 양적 연구보다 적절하다고 볼 수 있다. 결국, 질적 연구와 양적 연구는 서로 경쟁하는 연구방법이라기보다는 서로의 단점을 보완하여 주는 연구방법으로 해석하는 것이 바람직하다.

02 질적 연구의 구분

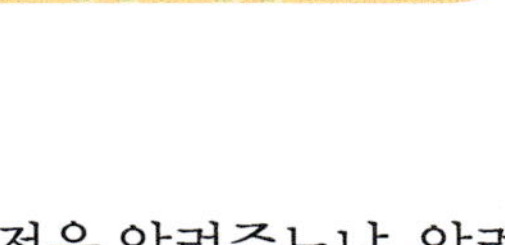

질적 연구는 〔그림 9-2〕에 나타난 바와 같이, 응답자에게 연구의 목적을 알려주느냐, 알려주지 않느냐에 따라 직접법(direct method)과 간접법(indirect method)으로 나누어진다. 직접법은 응답자에게 연구의 목적을 알려주거나, 응답과정에서 응답자가 자연스럽게 연구의 목적을 알아 버리는 경우를 말하며, 대표적인 방법으로 포커스그룹 인터뷰(focus group interview)

그림 9-2 | 질적연구의 분류

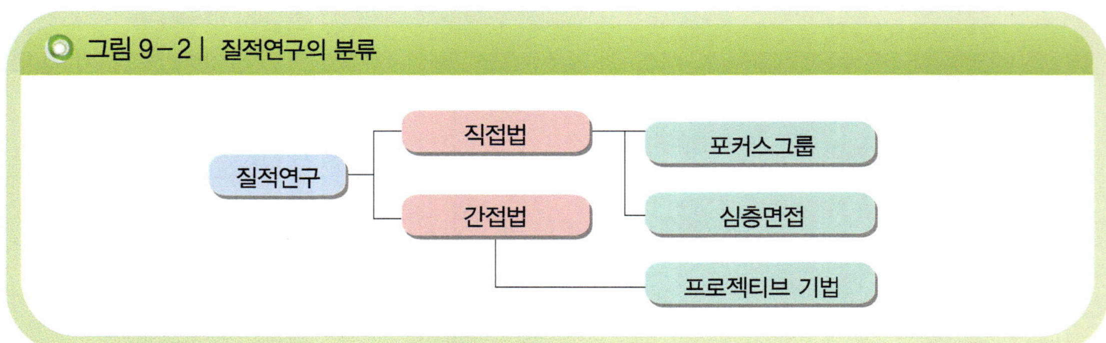

와 심층면접(depth interview)이 있다. 이와는 반대로, 간접법은 응답자에게 연구목적을 알려 주지 않는 경우를 말하며, 대표적인 방법으로는 프로젝티브 기법(projective technique)이 있다.

03 포커스그룹 인터뷰

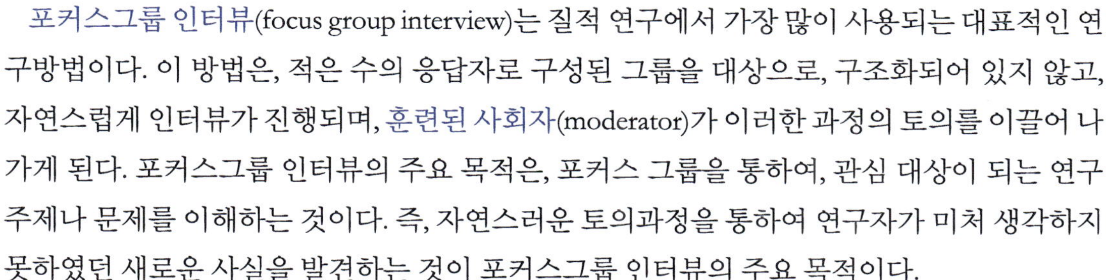

포커스그룹 인터뷰(focus group interview)는 질적 연구에서 가장 많이 사용되는 대표적인 연구방법이다. 이 방법은, 적은 수의 응답자로 구성된 그룹을 대상으로, 구조화되어 있지 않고, 자연스럽게 인터뷰가 진행되며, 훈련된 사회자(moderator)가 이러한 과정의 토의를 이끌어 나가게 된다. 포커스그룹 인터뷰의 주요 목적은, 포커스 그룹을 통하여, 관심 대상이 되는 연구주제나 문제를 이해하는 것이다. 즉, 자연스러운 토의과정을 통하여 연구자가 미처 생각하지 못하였던 새로운 사실을 발견하는 것이 포커스그룹 인터뷰의 주요 목적이다.

(1) 포커스그룹의 구성

포커스그룹은 일반적으로 8명에서 12명 사이가 적절한 것으로 알려져 있다. 포커스그룹이 너무 적은 수의 응답자로 구성되면, 다양한 의견을 듣지 못하게 되며, 너무 많은 수의 응답자로 구성되면, 의견들이 너무 산만해져서 한 주제에 대하여 집중적으로 토의하기가 어려워진다.

포커스그룹을 구성하는 응답자들은 나이, 사회경제적 측면에서 동질의 집단으로 구성하는 것이 바람직하다. 이렇게 동질의 집단으로 만드는 이유는 논의가 진행되면서 세대에 따른 생각차이나 사회적 신분에 따른 역할의 차이 등으로 인하여 연구주제에 벗어난 논쟁이 발생될 수 있기 때문이다. 예를 들어, 젊은 미혼의 직장여성과 자녀를 가진 주부는 서로 생활이 다르기 때문에 같은 포커스그룹의 구성원으로 포함시키는 것은 바람직하지 못하다. 따라서 포커스그룹에 참여할 수 있는 기준을 마련하여, 이에 맞는 기준에 따라 응답자를 선별하는 과정이 필요하다.

포커스그룹에 참여하는 응답자들은 논의할 연구주제에 대하여 경험이나 관심이 있어야 한다. 또한 논의를 진행하는 동안 사회자는 자연스럽고 편안한 분위기를 만들어서 응답자로 하여금 자신의 의견을 편안한 마음으로 표현할 수 있도록 만들어야 한다. 논의시간은 한 시간에서 세 시간 사이로 하는 것이 바람직하며, 한 시간에서 한 시간 반 사이로 논의시간을 설정하는 것이 일반적이다. 논의하는 과정은 녹음하거나 비디오카메라로 녹화하여, 분석에 사용될 수 있다. 토의 내용을 녹음하지 않고 기록하게 되면, 중요한 많은 내용을 놓칠 수 있으며, 토의 후 보다 정확한 내용분석(content analysis)을 위해서는 녹음이나 녹화를 하는 것이 중요하다.

포커스그룹 인터뷰에서는 사회자의 역할이 매우 중요하다고 볼 수 있다. 사회자는 논의대상이 되는 연구주제를 보다 깊게 진전시키고, 응답자의 의견을 명확하게 표현할 수 있도록 도움을 주는 역할을 하여야 한다. 또한 포커스그룹 인터뷰의 결과에 대한 해석과정에서 사회자는 중요한 역할을 한다. 따라서 사회자는 연구주제에 대한 사전지식이 풍부하여야 하며, 경험이나 의사소통 기술이 있어야 하고, 논의가 이루어지면서 변해가는 흐름을 이해할 수 있어야 한다. 이러한 포커스그룹이 가져야 하는 특성은 <표 9−2>에 요약되어 있다.

표 9−2 | 포커스그룹의 특성

그룹의 크기	8명에서 12명 사이
그룹의 구성원	기준을 마련하여 선별하여야 함. 동질적인 구성원으로 구성
토의 환경	편안하고 자연스러운 분위기
토의 시간	1시간에서 3시간 사이
토의 기록	녹음기나 비디오 카메라를 이용
사회자	의사소통 능력이나 경험, 주제에 대한 사전지식이 풍부함

(2) 포커스그룹 인터뷰의 진행절차

포커스그룹 인터뷰의 진행절차는 〔그림 9−3〕에 나타난 바와 같이 6단계로 구성되어 있다.

◆ 연구목적 파악과 연구문제의 정의

이 단계에서는 막연한 일반적인 연구문제에서부터 시작하여, 질적 연구에 적합한 구체적인 연구문제까지 주의 깊게 다루어야 하며, 명확하게 기술되어야 한다. 다음은 정부가 현재의 의료보험정책에 대한 의견을 듣기 위하여 만든 질적 연구에 맞는 연구목적을 기술한 예이다.

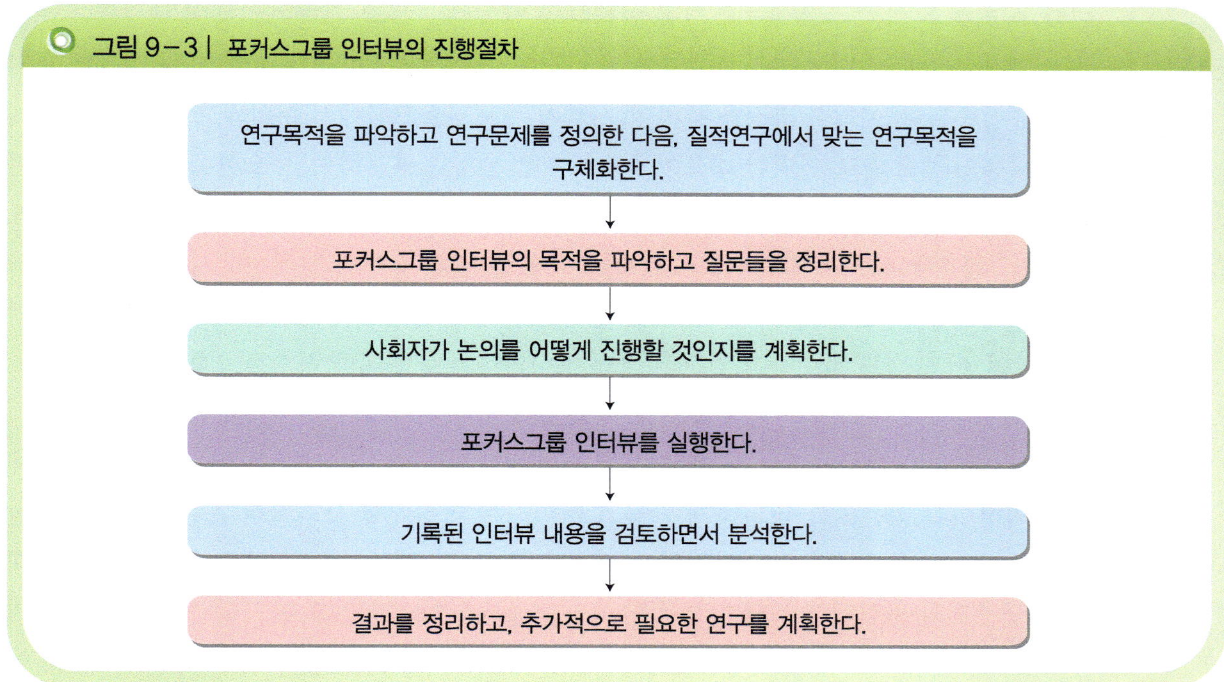

그림 9－3 | 포커스그룹 인터뷰의 진행절차

◆ 포커스그룹 인터뷰의 목적과 구체적인 질문 정리

이 단계에서는 포커스그룹 인터뷰를 통하여 얻을 수 있는 목적을 파악하고 구체화된 질문들을 정리하게 된다. 포커스그룹에 참여하는 사람들에 대한 선별 기준도 이 단계에서 결정한다. 예를 들어, 현재와 과거의 의료보험정책에 대하여 어느 정도 알고 있는지, 의료보험을 어느 정도 자주 사용하고 있는지를 포함하여, 나이, 성별, 직업 등을 조사하여 참여자를 선별할 수 있을 것이다.

1. 현재 의료보험정책에 대한 문제점을 확인한다.
2. 현재 의료보험정책의 긍정적인 측면에 대하여 알아본다.
3. 현재 의료보험정책의 문제점을 해결할 수 있는 방법에 대하여 파악한다.
4. 현재 의료보험정책에서 이익을 받고있는 집단과 그렇지 못한 집단을 확인한다.
5. 현재 의료보험정책을 다른 각도로 평가하는 있는 경우에 대하여 알아본다.

◆ 포커스그룹 인터뷰의 진행에 대한 설계

이 단계는 연구자와 사회자, 그리고 연구대상이 되는 사람들과의 많은 논의가 필요한 과정이다. 이러한 논의는 주로 포커스그룹 인터뷰를 진행하는 목적, 포커스그룹의 구성원에 대한 특성, 포커스그룹 인터뷰를 통하여 발견된 사실을 어떻게 사용할 것인지에 대한 이해에 관한 문제에 집중된다. 이러한 과정을 통하여, 사회자는 포커스그룹에서 논의되고 있는 내용 중 어떠한 내용이 중요하고, 어떠한 내용이 중요하지 않은지를 구분하여, 중요한 내용에 대하여 좀 더 깊게 논의하여야 한다. 사회자가 논의를 어떻게 진행할 것인지에 대한 계획을 세우게 되면, 포커스그룹 인터뷰에서 일반적으로 나타날 수 있는, 결과에 대한 신뢰성에 대한 문제를 어느 정도는 해결할 수 있게 된다. 여기서 신뢰성이란 논의를 진행하는 계획을 다른 사회자에게 적용시키면, 어느 정도 비슷하고 일관된 결과가 나타나는지에 대한 정도를 의미한다.

또한 논의의 진행에 대한 계획을 만드는 과정에서, 사회자의 연구주제에 대한 이론적 배경이나 사전지식은 매우 중요하다. 즉, 연구주제와 관련되어 어떠한 내용을 어느 정도의 범위에서 논의하여야 하는지를 명확하게 만들고 계획하는 과정에서 사회자의 관련지식은 중요한 역할을 한다는 의미이다. 논의과정에서 논의내용이 다른 방향으로 흘러가거나, 이와는 반대로, 연구주제와 관련되어 조금 다른 측면이지만 중요한 내용이라고 판단되는 경우, 사회자의 사전지식이나 연구주제에 대한 이론적 배경을 바탕으로 논의를 계속 진행하여야 하는지 아니면, 논의를 멈추게 하고 논의방향을 새롭게 잡아야 하는지를 결정하여야 하기 때문에 이러한 가능성에 대하여 검토하고 확인하는 작업이 이 단계에서 이루어져야 한다.

◆ 구성된 포커스그룹과의 논의

논의를 진행하는 과정에서 사회자는 ① 포커스그룹의 구성원에 대한 의견에 대하여 지속적인 관심을 보여야 하며, ② 상호 의견을 교환할 경우, 규칙을 마련하여 알려주어야 하며, ③ 포커스그룹 인터뷰를 진행하는 목적을 명확하게 이해하고, ④ 중요한 논의사항에 대하여 선별적으로 깊게 논의가 이루어질 수 있도록 노력하여야 하며, ⑤ 논의내용을 요약 정리하여 알려줌으로써, 포커스그룹의 구성원이 어느 정도 이에 대한 내용을 동의하는지에 대하여 확인이 필요하다.

◆ 논의된 결과에 대한 분석 및 검토

논의된 내용들을 분석하는 과정에서는 논의내용이나 새롭게 발견된 내용을 포함하여, 새로운 아이디어, 응답자가 어느 정도 일관되게 같은 내용을 언급하였는지, 손이나 몸의 움직임 등도 세밀히 관찰하여 정리하는 것이 바람직하다. 또한 논의과정 중에 다른 구성원으로부터 동의를 받지 못한 내용들도 포함시켜야 한다. 포커스그룹의 구성원은 그렇게 많은 수가 아니기 때문에, 논의사항에 대한 동의정도를 빈도수로 표현하기보다는 '대부분 동의함', '이 문제에 대하여 두 그룹으로 나누어짐' 등의 형태로 표현하는 것이 일반적이다.

◆ 결과의 정리 및 향후 연구방향의 결정

마지막 단계는 포커스그룹에서 얻은 내용을 설명하고, 자세하게 문서화하는 과정이다. 대부분의 경우, 이 과정을 통하여 앞으로 어떠한 방향으로 연구가 진행되어야 하는지가 결정된다.

몇 개의 포커스그룹을 형성하여, 여러 번의 포커스그룹 인터뷰를 진행할 수 있다. 몇 개의 포커스그룹을 만들어야 하는가에 관한 문제는 ① 연구주제의 특성, ② 목표모집단의 다양성, ③ 각 그룹에서 얼마만큼의 새로운 아이디어가 제공되는지에 대한 정도, ④ 시간과 비용에 의하여 결정된다. 사회자는 논의가 깊게 진행되면서, 특정한 사항이 논의될 것이라고 기대하고 있으며, 이러한 사항이 논의과정에서 언급될 때까지 새로운 포커스그룹을 구성하여 계속적으로 포커스그룹 인터뷰를 진행하는 경우도 있다. 이러한 경우, 3개 또는 4개의 포커스그룹을 구성하여 같은 주제를 가지고 진행하게 된다. 최소한 두 개 이상의 포커스그룹을 만들어서 포커스그룹 인터뷰를 진행하는 것이 바람직하다. 일반적으로 포커스그룹 인터뷰를 적용하게 되면, 양적 분석(quantitative analysis)의 기초가 되는 가설들이 만들어지게 된다.

(3) 포커스그룹의 형태

포커스그룹의 구성은 다음과 같이 변형하여 적용시킬 수 있다.

◆ 양방향 포커스그룹

양방향 포커스그룹(two-way focus group)은, 어떠한 주제에 대하여 토의하고자 하는 하나의 포커스그룹이 있고, 그 포커스그룹의 토의내용을 통하여 듣고 배우는 다른 포커스그룹이 존재하는 경우를 말한다. 예를 들어, 환자그룹을 만들어서 특정한 치료법에 대하여 논의를 시키고, 이를 관찰하는 의사그룹은 치료법에 대하여 논의하여, 새로운 치료법에 대한 반응을 관찰하는 방법이 이에 해당된다.

◆ 두 명의 사회자가 있는 포커스그룹

포커스그룹을 진행하는 과정에서 두 명의 사회자가 있는 경우를 말한다. 사회자 두 명의 역할에 따라 다시 두 가지 형태의 포커스그룹 인터뷰로 구분될 수 있다. 첫 번째 형태에서는 한 명의 사회자는 논의가 쉽게 진행될 수 있도록 하는 역할을 하고, 다른 사회자는 논의되고 있는 내용이 논의 목적에 맞는 내용인지를 감시하는 역할을 하게 된다. 두 번째 형태는 어떠한 이슈에 대하여 두 명의 사회자가 서로 반대 입장을 취하면서 사회를 진행하는 경우를 말한다. 두 번째 형태의 포커스그룹 인터뷰는 양쪽 의견을 보다 심도 깊게 파악할 수 있다는 장점을 가지고 있다.

◆ 참여자가 사회자가 되는 포커스그룹

이 경우는 사회자가 포커스그룹의 구성원 중에서 한 명을 선택하여 일시적으로 사회자의 역할을 맡게하여 논의를 진행하는 방법을 말한다. 이와 같이 참여자가 사회자 역할을 하게 되면, 포커스그룹의 분위기가 활성화될 수 있다.

◆ 소그룹 인터뷰

소그룹 인터뷰(mini group interview)는 대략 4명에서 5명 사이의 구성원으로 포커스그룹을 형성하여, 논의를 진행하는 방법을 말한다. 소그룹으로 논의를 진행하게 되면, 어떠한 주제에 대하여 보다 집중적으로 면밀하게 논의할 수 있다는 장점을 가지고 있다.

◆ 전화를 이용한 그룹 인터뷰

전화를 이용한 그룹 인터뷰는 여러 사람이 동시에 통화할 수 있는 전화[1]를 이용하여 논의를 진행시키는 방법을 말한다.

◆ 온라인 포커스그룹 인터뷰

온라인 포커스그룹 인터뷰는 인터넷이나 LAN과 같은 네트워크로 연결하여, 내용이나 음성을 전달하거나 화상을 전달하여 논의를 진행시키는 방법을 말한다.

(4) 포커스그룹 인터뷰의 장점과 단점

포커스그룹 인터뷰는 몇 가지 장점과 단점을 가지고 있는데, 이러한 장점과 단점은 연구의 목적과 연구를 지원하는 여러 가지 환경과 함께 고려되어져야 한다. 연구자는 또한 포커스그룹 인터뷰의 장점과 단점을 고려하여 포커스그룹 인터뷰를 계획하는 것이 바람직하다.

---

1) 여러 사람이 동시에 통화할 수 있는 기법을 컨퍼런스 통화기법(conference call technique)이라고 한다.

◆ 포커스그룹 인터뷰의 장점

우선, 여러 사람이 모여서 한 주제에 대하여 다양한 범위의 생각이나, 아이디어, 내용을 논의할 수 있으므로, 개별적으로 한 개인을 면접하는 연구와 비교시 보다 더 폭 넓은 의견을 들을 수 있다. 또한 여러 사람이 모여서 논의하기 때문에, 응답자는 훨씬 편안한 마음으로 의견을 제시할 수 있게 된다. 따라서 독창적이고, 창의적인 의견들이 제시될 가능성이 높아진다. 또한 한 사람의 의견제시를 시작으로, 다른 사람들의 의견이 연속적으로 표현되므로, 이러한 과정을 통하여 참신한 아이디어들이 나타나게 된다.

포커스그룹 인터뷰의 또 다른 장점이라면, 다양한 주제나 연구문제에 적용시킬 수 있다는 것이다. 또한 일대일 인터뷰가 불가능한 경우에도 적용될 수 있다는 장점을 가지고 있다. 예를 들어, 어린 아이들을 대상으로 조사를 하는 경우, 어린 아이들을 대상으로 일대일 인터뷰하게 되면, 얻을 수 있는 정보가 매우 제한되어 있으며 성공적인 인터뷰가 되기 어렵다. 하지만, 아이들로 구성된 포커스그룹을 형성하여, 아이들끼리 서로 의견교환을 시키면 보다 자연스러운 분위기에서 정확한 아이들의 느낌을 파악할 수 있다는 것이다.

또한 양적 분석에서 나타나는 수많은 수치와 통계량의 의미를 해석하고, 이에 대한 의사결정을 하는 경우, 모든 수치를 종합하고 이해하여야 한다는 측면에서 어려움을 겪게 된다. 하지만, 포커스그룹에서 나타나는 결과는 직관적이며, 쉽게 해석될 수 있다.

◆ 포커스그룹 인터뷰의 단점

포커스그룹 인터뷰가 가지고 있는 가장 큰 단점으로 지적되고 있는 사항은 포커스그룹 인터뷰로부터 얻은 결과를 일반적인 상황에 적용시킬 수 없다는 것이다. 즉, 결론적 연구(conclusive research)에서 나타난 결론과는 다르게 취급되어야 한다. 적은 표본 수에 동질의 포커스그룹을 형성하여, 이로부터 얻은 내용은 시험적인 내용으로, 이러한 내용을 일반적인 내용으로 취급하여 결정을 내리는 것은 잘못된 것이다.

또한, 포커스그룹 인터뷰에서 나타나는 장점인 다양하고 풍부한 정보를 잘못 해석될 수 있다. 특히, 사회자나 연구자가 자기방식으로 결과를 해석하는 위험에 빠질 수 있다. 이러한 종류의 위험은 모든 질적 연구에서 발생할 수 있으므로 항상 조심하여야 할 부분이지만, 포커스그룹 인터뷰에서 특별히 주의를 기울여야 한다. 예를 들어, 어떠한 주제를 논의하는 과정에서, 사회자가 특정한 결과를 유도하거나, 논쟁이 되는 내용 중에서 일부를 선별하여 해석한다면, 엉뚱한 결론이 나타날 수 있다. 따라서, 포커스그룹 인터뷰에 대한 올바른 연구결과를 얻기 위하여, 객관적이고 남의 의견을 받아들일 수 있는 사회자나 연구자의 자세가 매우 중요하다.

04 심층면접

심층면접(depth interview)은 구조화되지 않은 직접법에 속하는 방법으로, 숙달된 면접자에 의하여 어떤 주제에 대한 응답자의 숨겨진 의도나 신념, 태도, 느낌 등을 조사하는 개별면접(personal interview) 형태로 질적 자료를 수집하는 방법을 말한다.

(1) 심층면접의 특징

포커스그룹 인터뷰와 마찬가지로 심층면접은 구조화되지 않은 직접법을 이용하여 질적 자료를 수집하는 방법이다. 하지만, 포커스그룹 인터뷰와 다른 차이점은 숙달된 면접자에 의하여 면접이 일대일로 이루어진다는 것이다. 심층면접은 일반적으로 30분부터 시작하여 1시간 이상 소요되는 경우도 있다. 예를 들어, 정부가 시행하는 정책에 대한 태도를 묻고자 하는 경우, '정부에 대하여 어떠한 느낌을 가지고 있습니까?'라고 시작하는 일반적인 질문으로부터 시작하여 면접자는 응답자가 자유스러운 분위기에서 정부에 대한 개인적 견해를 표현할 수 있도록 유도하여야 한다. 이와 같이, 일반적인 질문으로부터 시작하여 구조화되지 않은 형식으로 질문이 이어져야 한다. 즉, 다음의 질문은 응답자의 응답 결과에 따라 다른 질문들이 연결이 되어야 한다는 것이다.

예를 들어, '정부의 정책에 더 이상 관심이 없다'라는 응답을 하였다면, 이러한 응답결과와 관련하여 '왜 정부의 정책에 관심이 없습니까?'라고 연결되는 질문이 이어져야 한다. 이 경우에 응답자가 본인의 생각을 나타내지 않는 형태의 응답인 '정부의 정책이 마음에 들지 않기 때문이다'라고 응답하였다면, 면접자는 '그 전에는 어떠한 이유에서 정부의 정책에 관심이 있었으며, 지금은 무슨 이유로 무관심하게 되었습니까?'라고 깊이 있는 질문을 하여야 한다. 이와 같이, 면접자는 주제에 대한 전반적인 윤곽만을 가지고 있으며, 질문의 구성이나 순서는 응답자의 응답결과에 따라 결정되는 것이 일반적이다. 심층면접에서 깊이 있는 질문을 하는 것은 응답자의 숨겨진 의도를 파악하기 위하여 매우 중요하다.

결국 성공적인 심층면접을 위해서는 ① 면접자가 응답자에게 잘난 척을 하거나 우월성을 보여서는 안되고, ② 응답자를 편안하게 만들어야 하며, ③ 면접자는 응답자와 심적으로 일정한 거리를 두어 객관성을 유지하도록 노력해야 하며, ④ 그러면서도 사적인 대화를 나눌 수 있는 분위기와 ⑤ 격식을 따지지 않는 터놓고 이야기 할 수 있는 분위기를 유도하여야 하며,

⑥ '예'나 '아니오'와 같은 간단한 응답을 하지 못하게 하여야 하며, ⑦ 깊이 있는 질문을 통하여 응답자를 자세히 파악할 수 있어야 한다.

(2) 심층면접에 대한 기법

최근에 보편화된 심층면접에 대한 기법으로는 래더링(laddering), 숨겨진 내용에 대한 질문(hidden issue questioning), 상징적인 분석(symbolic analysis)이 있다. 래더링은, 마케팅 분야에서 발전된 기법으로, 연속적인 일련의 질문을 통하여 제품의 특성을 파악하는 것으로부터 시작하여 응답자의 특성을 파악하는 기법이다. 이 기법은 연구자로 하여금 소비자가 선택한 제품에 대한 태도에 새로운 의미를 파악할 수 있게 만들어 준다는 특징을 가지고 있다.

숨겨진 내용에 대한 질문은 개인적으로 가슴 깊이 느끼고 있는 가슴 아픈 부분을 파악하는 심층면접 기법이다. 따라서 이 기법은 일반적인 사람들이 느끼고 있는 공통된 가치나 생활방식에 초점이 맞추어져 있는 것이 아니라 개인적인 문제나 개인적인 사정에 관련되어 숨기고 싶은 아픈부분에 초점이 맞추어져 있다.

마지막으로 상징적인 분석은 어떠한 대상과 반대되는 개념에 대한 이해를 통하여 대상에 대하여 비교하고 분석하는 심층면접 기법을 말한다. 여기서 어떠한 대상의 반대되는 개념이란 어떠한 제품을 사용하지 못하는 경우라든가 제품의 속성이 없어지는 경우나 반대되는 제품을 의미한다. 즉, 어떠한 것을 배울지를 판단하기 위하여 배우지 말아야할 것을 파악하는 경우가 이에 해당된다. 예를 들어, '자동차가 없다면 어떻게 될 것 같습니까?'라는 질문을 통하여 소비자들이 인지하고 있는 자동차의 중요성을 파악하는 경우가 이에 해당된다.

(3) 심층면접의 장점과 단점

심층면접은, 포커스그룹 인터뷰와 비교하여, 응답자의 상당히 깊은 내용까지 파악할 수 있다는 장점을 가지고 있다. 또한, 포커스그룹 인터뷰에서는 응답결과가 누구의 응답자에게서 나왔는지 확인할 방법이 없지만, 심층면접에서는 누구로부터 응답결과가 나타났는지를 정확하게 알 수 있다는 장점을 가지고 있다. 심층면접이 갖는 또 다른 장점으로는, 포커스그룹 인터뷰에서는 그룹의 의견이나 분위기에 따른 압력으로 인하여 마음놓고 자신의 의견을 표현할 수 없는 경우가 발생하지만, 심층면접에서는 자유스럽게 이러한 개인적인 의견이 교환될 수 있다는 것이다.

심층면접이 이러한 장점을 가지고 있음에도 불구하고 지적될 수 있는 가장 큰 문제점은 심층면접을 진행할 수 있는 숙련된 면접자의 역할이 매우 중요하다는 것이다. 잘못 구성된 질문을 하거나, 면접자의 영향을 받아서 응답의 결과가 바뀌게 되는 경우, 심층면접을 통하여 얻는 결과는 믿을 수 없는 주장이 될 것이다. 또한 심층면접을 통하여 얻은 자료를 분석하고 해석하는 것이 어렵다. 이러한 분석과 해석을 위하여 전문성을 가진 심리학자의 도움이 필요하게 되며, 이러한 전문성을 가진 심리학자와 숙련된 면접자를 구하기 위하여 많은 비용이 요구된다.

05 프로젝티브 기법

포커스그룹 인터뷰나 심층면접은 직접법에 해당하는 질적 자료를 수집하는 방법으로 응답자에게 연구의 목적을 알려주거나, 응답자에게 직접 알려주지 않더라도 인터뷰를 하는 동안 자연스럽게 연구의 목적이 파악되는 방법이다. 하지만 **프로젝티브 기법**(projective technique)은 자료를 수집하는 과정에서 연구의 목적을 밝히지 않는다는 측면에서 앞에서 설명한 직접법과 구분된다. 프로젝티브 기법이란 응답자가 가지고 있는 연구대상에 대한 동기나 신념, 태도나 느낌이 올바르게 표현될 수 있도록 구조화되지 않은 간접법에 의하여 조사하는 방법을

그림 9-4 | 프로젝티브 기법의 종류

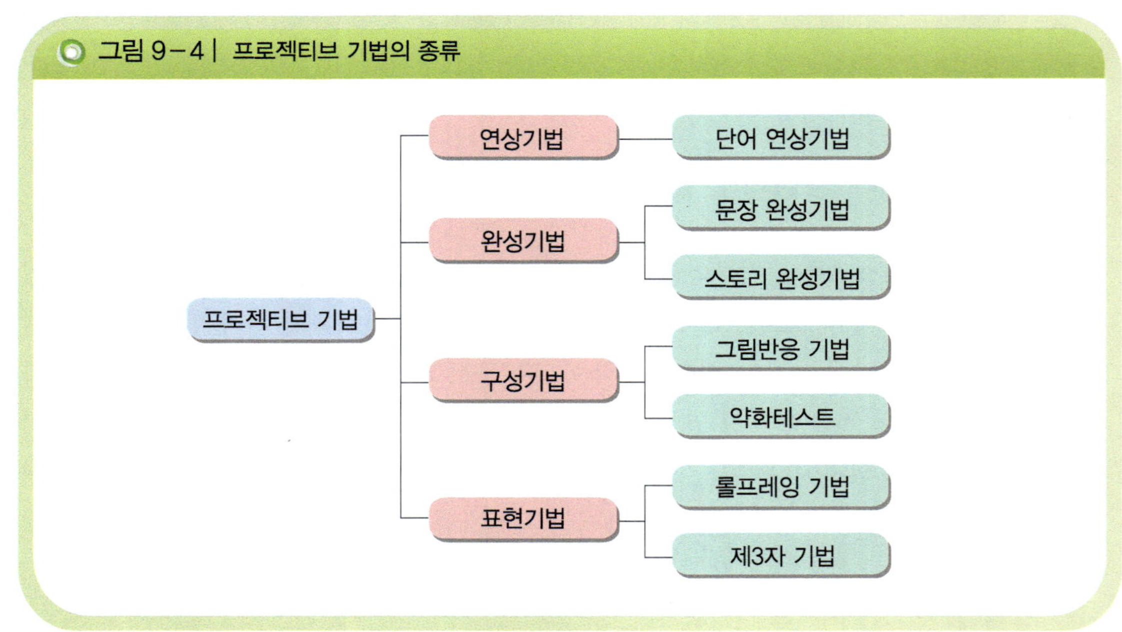

말한다. 대부분의 프로젝티브 기법에서는 자신의 느낌을 직접적으로 표현하기보다는 다른 사람의 행동에 대하여 설명하는 형태의 질문을 받는다. 즉, 다른 사람의 행동을 설명하는 과정에서 응답자의 동기나 신념, 태도나 느낌 등이 간접적으로 반영된다. 따라서 응답자의 반응을 분석함으로써 응답자의 태도를 파악할 수 있게 되는 것이다. 임상 심리학에서 알려진 사실은 애매 모호한 상황에 대한 설정이 많으면 많을수록 응답자의 감정이나 욕구, 동기, 태도, 가치관에 대한 표현이 더욱 명확하게 나타난다는 것이다. 이러한 프로제트 기법은, 특별히 심리학에서는, 연상기법(associate technique), 완성기법(completion technique), 구성기법(construction technique), 표현기법(expressive technique)으로 구분한다. 〔그림 9-4〕는 프로젝티브 기법의 종류에 대하여 정리한 것이다.

(1) 연상기법

연상기법(associate technique)이란 응답자에게 어떠한 대상을 보여주거나 자극을 주어 첫 번째로 연상되는 느낌이나 대상을 표현하도록 만드는 프로젝티브 기법을 의미한다. 단어 연상기법(word association technique)은 연상기법 중에서 가장 많이 사용되는 기법으로, 응답자에게 수많은 단어들을 한번에 보여주고, 가장 기억에 남는 단어를 대답하도록 요구하는 기법이다. 특별히, 연구의 관심이 되는 단어를 테스트단어(test word)라고 하며, 이러한 테스트단어는 응답자에게 보여주는 단어 리스트에 산재되어 있다. 응답자에게 보여주는 단어 리스트는 테스트 단어 이외에도 단순히 빈곳을 채우기 위한 단어나 어떠한 특성도 갖지 않은 단어들이 포함되어 있기 때문에, 응답자로 하여금 연구의 목적이 어떠한 것인지를 알 수 없게 만든다.

예를 들어, A백화점에 대하여 '위치', '주차', '쇼핑', '품질', '가격' 등의 테스트단어를 만들 수 있다. 응답자의 반응에 대하여 기록하고, 어느 정도 즉각적으로 반응하였는지에 대한 시간을 측정하여 연상시킨 단어를 파악한다.[2] 이 경우 응답자가 아닌 면접자가 기록함으로써, 기록에 따른 반응시간을 보다 정확하게 측정할 수 있다.

연상기법은 응답자가 생각하고 있는 연구주제에 대한 느낌을 연상할 수 있다는 가정아래서 이루어진다. 이러한 단어 연상기법은 ① 특정한 단어가 몇 명의 응답자로부터 연상되었는지를 나타내는 빈도수, ② 특정한 단어를 연상하기 위하여 소요된 시간, ③ 요구된 시간 내에(예를 들면, 3초) 몇 명의 응답자가 제대로 응답하지 못하였는지에 대한 빈도수를 파악함으로써 분석이 이루어진다. 응답을 제대로 하지 못한 경우는 감정이 연루되어 응답을 못하는 상태라고 판단할 수 있을 것이다. 결국 단어 연상기법은 응답자가 가지고 있는 가슴에 담겨져 있

2) 예를 들어, 단어 리스트를 보여주고 3초 이내에 연상한 단어를 조사하는 것이 이에 해당된다.

는 연구주제에 대한 태도나 느낌을 판단하는 목적으로 사용된다.

이러한 단어 연상기법은 다양한 형태로 변형될 수 있다. 예를 들어, 단어 리스트를 보여준 후, 첫 번째로 연상되는 단어, 두 번째 연상되는 단어, 세 번째 연상되는 단어 등으로 만들 수 있다.

(2) 완성기법

완성기법(completion technique)은 불완전한 상황이나 문장을 보여주고 응답자로 하여금 나머지 부분을 채우도록 요구하는 프로젝티브 기법을 말한다. 완성기법은 크게 문장 완성기법(sentence completion technique)과 스토리 완성기법(story completion technique)으로 구분된다.

◆ 문장 완성기법

문장 완성기법(sentence completion technique)은 응답자에게 불완전한 문장을 보여주고, 그 문장을 채우도록 요구하는 완성기법을 의미한다. 이 경우, 응답자에게는 아무런 생각 없이 첫 번째로 나타나는 단어나 문구를 표현하도록 요구한다. 문장 완성기법에서는 응답자에게, 단어 연상기법과 비교하여, 보다 구체적인 내용에 관한 반응을 관찰할 수 있다. 하지만, 불완전한 문장을 읽음으로써 응답자는 연구의 목적을 추측할 수 있기 때문에 연구의 목적을 완벽하게 숨길 수는 없게 된다. 다음은 백화점에 대한 태도를 알아보는 문장 완성기법의 예이다.

문장 완성기법의 예

1. A백화점에서 쇼핑하는 사람들은
______________________________ 사람들일 것이다.
2. B백화점으로부터 상품권을 선물로 받는 사람들은
______________________________ 사람들일 것이다.
3. 백화점에서 물건을 사겠다고 생각하는 경우는
______________________________ 경우이다.

문장 완성기법을 확장한 형태가, 다음에 설명하는 스토리 완성기법이다.

◆ 스토리 완성기법

스토리 완성기법(story completion technique)은 응답자에게 스토리를 보여줌으로써 상황을 설명하고, 이에 따른 반응을 조사하는 프로젝티브 기법을 말한다. 이 경우, 응답자는 스토리를 읽고 나머지 부분에 대한 스토리를, 본인의 판단과 가치관을 생각하면서 완성시킨다. 다음은 백화점에 대한 태도를 알아보는 스토리 완성기법의 예이다.

스토리 완성기법의 예

철수는 양복을 구입하기 위하여 본인이 가장 즐겨 찾는 백화점을 찾았다. 거의 한 시간 가량을 돌아다니면서 여러 양복을 입어보고 비교하다가, 마침내 자기가 마음에 드는 양복을 선택하였다. 그 때 옆에 있던 종업원이 다음과 같이 말했다.

'손님이 선택하신 양복보다 품질이 좋은 신상품이 세일기간이기 때문에 같은 가격으로 구입할 수 있습니다. 한번 보여드릴까요?'

이러한 상황에서, 철수는 어떠한 반응을 나타내었을 지를 이유와 함께 설명하여 주십시오.

(3) 구성기법

구성기법(construction technique)은 응답자에게 스토리나 대화 또는 어떠한 대상을 설명하는 형태의 응답을 요구하는 프로젝티브 기법을 말한다. 구성기법에서 연구자는 응답자에게 일반적인 최소한의 상황만을 제시하여주고, 나머지는 응답자에게 맡긴다는 특징을 가지고 있다. 구성기법에는 그림반응 기법(picture response technique)과 약화(略畵)테스트(cartoon test)가 있다.

◆ 그림반응 기법

그림반응 기법(picture response technique)은 응답자에게 그림을 보여주고, 이에 대한 상황을 설명하도록 요구하는 프로젝티브 기법을 말한다. 그림반응 기법의 대표적인 예로서, 심리학에서는, 주제통각(統覺)검사(TAT; thematic apperception test)가 있다. 주제통각검사에서는 일상적인 생활에서 나타나는 그림과 특별한 상황에서 나타나는 그림이 섞여 있으며, 어떤 그림은 명확한 상황을 설명하고 있는 반면에 어떤 그림은 애매모호한 상황을 나타내는 그림도 있다. 응답자는 이러한 그림들을 보면서 이에 맞는 상황을 설명하도록 요구된다. 이 경우, 각 그림에 대한 응답자의 설명은 응답자의 개별적인 특성을 나타내는 하나의 지표로 사용될 수 있을 것이다. 예를 들어, 응답자는 창의력이 없고, 풍부한 상상력을 가지고 있으며, 충동적인 감정을 가지고 있다는 결론을 내릴 수 있다는 것이다. 주제통각검사는 응답자가 지각하고 있는 내용에 대한 설명 (perceptual interpretation; apperception)을 통하여 특정한 주제(테마; theme)가 유도된다는 의미를 갖는다.

그림반응 기법은 응답자에게 그림을 보여주고 이를 설명하는 내용을 전개하도록 요구함으로써 마케팅분야에서도 응용될 수 있다. 이 경우, 연구자는 응답자가 전개된 내용을 분석함으로써 특정한 제품에 대한 태도를 평가하고 파악할 수 있을 것이다.

◆ 약화테스트

약화(略畵)테스트(cartoon test)는 연구주제와 관련되어 만화로 어떤 사람이 나타나고, 그 사람이 대화하는 과정에서 일부분의 내용을 응답자가 완성시키도록 요구하는 방법을 말한다. 이 경우, 응답자는 상황에 대한 본인의 신념, 느낌, 태도 등을 표현하게 된다. 일반적으로 약화테스트가, 그림반응 기법과 비교하여, 자료수집에 대한 감독이나 결과에 대한 분석이 쉽다. 〔그림 9–5〕는 약화테스트의 한 예이다.

그림 9–5 | 약화테스트의 예

(4) 표현기법

표현기법(expressive technique)이란 어떠한 상황을 구두(口頭)로 설명하거나 그림으로 설명하고 이러한 상황에 대하여 다른 사람이 느끼는 감정이나 태도를 설명하도록 요구하는 프로젝티브 기법을 말한다. 이 경우, 응답자 자신의 느낌이나 태도를 표현하는 것이 아니라 다른 사람이 갖는 느낌이나 태도에 대한 설명이라는 점에서 다른 프로젝티브 기법과 구분된다. 표현기법을 대표하는 두 가지 주요기법으로 롤프레잉 기법(role playing technique)과 제3자 기법(third-person technique)이 있다.

◆ 롤프레잉 기법

롤프레잉 기법(role playing technique)은 응답자에게 본인이 아닌 다른 사람의 역할을 시키거나 다른 사람이라고 가정하고 응답을 요구하는 표현기법을 말한다. 이 경우, 응답자는 다른 사람의 역할을 하면서, 자신의 느낌이나 태도가 반영된다는 가정아래서 분석이 이루어진다. 다음은 롤프레잉 기법의 예를 보여주고 있다.

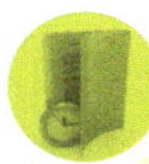

롤프레잉 기법의 예 : 응답자에게 고객불편신고 센터의 책임자 역할을 하도록 요구하였다.

목적 : 이 경우 응답자는 고객불편사항을 백화점을 관리하는 책임자에게는 어떠한 느낌과 태도로 전달할 것인지를 파악하고, 불만족스러운 고객을 어떻게 대해야 하며, 어떠한 예우를 해주어야 하는지를 알아보고자 한다.

◆ 제3자 기법

제3자 기법(third-person technique)은 상황을 구두(口頭)로 설명하거나 그림으로 설명하고, 제3자 입장에서 느끼는 감정이나 태도를 설명하도록 요구하는 프로젝티브 기법을 말한다. 여기서 제3자는 친구도 될 수 있고, 이웃집 사람, 직장 동료 또는 막연히 일반적인 사람이 될 수 있다. 이 경우도 응답자는 제3자의 역할을 하면서, 자신의 느낌이나 태도가 반영된다는 가정아래서 분석이 이루어진다. 제3자 입장에서 느낌이나 태도를 표현하도록 요구하는 것은, 응답자가 꺼려하는 응답을 제3자 입장에서 표현하여 보다 자연스럽게 나타낼 수 있으므로, 이에 따른 응답오차를 줄이는 효과를 가져온다.

예를 들어, '비행기 타는 것이 두려우십니까?'라고 질문한다면 응답자에 따라서 이에 대한 솔직한 대답을 얻기 힘들 것이다. 하지만 '주위에 비행기를 타는 것을 두려워하는 사람이 있습니까? 그리고 그 이유는 무엇이라고 생각하십니까?'라고 질문한다면 응답자의 거부감을 줄일 수 있어서 보다 정확한 응답을 얻을 수 있다는 것이다.

(5) 프로젝티브 기법의 장점과 단점

프로젝티브 기법의 장점에 대하여 앞에서 설명한 직접법, 즉, 포커스그룹 인터뷰와 심층면접과 비교하여보면 다음과 같다. 우선, 응답자가 연구의 주제를 알게되면, 올바른 응답을 꺼리게 되거나, 질문을 잘못 이해하게 되는 경우에 유용하게 사용될 수 있다. 이 경우, 프로젝티브 기법을 사용하여 연구의 주제를 숨기게 되면, 응답결과에 대하여 높은 타당성을 얻을 수 있다. 특히, 응답자의 사적인 민감한 질문에 대해서는 더욱 프로젝티브 기법이 유용하게 사용될 수 있다. 또한 응답자의 잠재의식에서 나타나는 숨겨진 동기나 신념, 느낌이나 태도를 파악하고자 하는 경우에도 프로젝티브 기법은 유용하게 사용될 수 있다.

하지만 프로젝티브 기법은, 포커스그룹 인터뷰와 심층면접과 비교하여, 많은 단점도 가지고 있다. 우선, 프로젝티브 기법은 개별면접의 형태를 취하기 때문에 숙련된 면접자를 요구하게 된다. 또한 올바른 반응에 대한 해석을 위하여 숙련된 분석가가 요구된다. 결국, 올바른 분석결과를 위하여 비용이 많이 소요되며, 결과해석에 있어서도 항상 높은 바이어스 위험에 노출되어 있다. 단어 연상기법을 제외한 모든 프로젝티브 기법은 응답자가 설명하는 것이기 때

표 9-3 | 다양한 질적 연구방법에 대한 비교

내 용	포커스그룹 인터뷰	심층면접	프로젝티브 기법
구조화의 정도	상대적으로 높음	상대적으로 중간	상대적으로 낮음
깊이있는 응답에 대한 정도	낮 음	높 음	중 간
사회자에 따른 바이어스	상대적으로 중간	상대적으로 높음	낮거나 높음
결과해석에 따른 바이어스	상대적으로 낮음	상대적으로 중간	상대적으로 높음
숨겨진 의도에 대한 노출	상대적으로 높음	중간이나 높음	상대적으로 낮음
새로운 아이디어에 대한 발견	상대적으로 높음	상대적으로 중간	상대적으로 낮음
민감한 질문에 대한 응답	상대적으로 낮음	상대적으로 중간	상대적으로 높음
비정상적인 행동에 대한 질문	가능하지 않음	제한적임	가능함
유용성	매우 유용함	유용함	제한적으로 유용

문에 이에 대한 해석이 어렵고 주관적 해석이 될 가능성이 높아진다. 롤프레잉 기법과 같이 특정한 상황을 만들어주고 이에 대한 역할을 요구하는 경우, 응답자는 연구자가 생각하는 관심있는 모집단에 포함되어 있지 않기 때문에, 모집단에 대한 대표성이 없다는 사실도 해석하는 과정에서 주의를 기울어야 한다. 결국 프로젝티브 기법에 의한 결과는 대표성을 가진 자료를 이용한 다른 방법에 의한 결과를 비교 분석하여 결론을 내리는 것이 가장 이상적인 형태일 것이다.

<표 9–3>은 앞에서 설명한 다양한 질적 연구방법의 특징을 요약 정리한 것이다.

요 약

▶ 질적 연구는 연구문제를 어떻게 정의하여야 할 것이며, 어떠한 방법으로 연구문제를 해결할 것인지를 규명하는 목적으로 연구가 진행된다.

1. 질적 연구와 양적 연구

▶ 질적 연구란 연구문제를 이해하는 목적으로 적은 수의 표본을 가지고 진행하는 구조화되지 않은 탐색적 연구방법으로, 구조화된 측정을 이용하여 모든 연구대상에게 일관된 적용하는 양적연구와 구분된다.

▶ 질적연구에 대한 결과를 일반적인 상황으로 확장하여 해석하는 경우, 연구자는 대표성이 없는 표본으로부터 얻은 결론이기 때문에 나타날 수 있는 일반화 문제에 대하여 주의하여야 한다.

2. 질적연구의 구분

▶ 직접법은 응답자에게 연구의 목적을 알려주거나, 응답과정에서 응답자가 자연스럽게 연구의 목적을 알아버리는 경우를 말하며, 대표적인 방법으로 포커스그룹 인터뷰와 심층면접이 있고, 응답자에게 연구목적을 알려주지 않는 간접법의 대표적인 방법으로는 프로젝티브 기법이 있다.

3. 포커스그룹 인터뷰

▶ 포커스그룹 인터뷰는 적은 수의 응답자로 구성된 그룹을 대상으로, 구조화되어 있지 않고, 자연스럽게 인터뷰가 진행되며, 훈련된 사회자가 이러한 과정의 토의를 이끌어 나가

면서 진행하는 연구방법을 말한다.

▶ 포커스그룹을 구성하는 나이, 사회경제적 측면에서 동질의 집단으로 구성하는 것이 바람직하다.

▶ 포커스그룹 인터뷰의 진행은 6단계인 (1) 연구목적 파악과 연구문제의 정의, (2) 포커스그룹 인터뷰의 목적과 구체적인 질문 정리, (3) 포커스그룹 인터뷰의 진행에 대한 설계, (4) 구성된 포커스그룹과의 논의, (5) 논의된 결과에 대한 분석 및 검토, (6) 결과의 정리 및 향후 연구방향의 결정으로 나누어진다.

▶ 포커스그룹 인터뷰의 장점이라면, 폭 넓은 의견을 들을 수 있다는 점과 독창적이고, 창의적인 의견을 들을 수 있는 가능성이 높아진다는 것이다.

▶ 포커스그룹 인터뷰의 단점이라면, 결과를 일반적인 상황에 적용시킬 수 없다는 것이며, 포커스그룹을 진행하는 사회자의 역할이 매우 중요하여 잘못하면 잘못된 결과가 나타날 수 있다는 것이다.

4. 심층면접

▶ 심층면접은 포커스그룹 인터뷰와 비슷하지만 다른 차이점이라면 숙달된 면접자에 의하여 면접이 일대일로 이루어진다는 것이다.

▶ 심층면접에 대한 기법으로는 래더링, 숨겨진 내용에 대한 질문, 상징적인 분석이 있다.

5. 프로젝티브 기법

▶ 프로젝티브 기법은 자료를 수집하는 과정에서 연구의 목적을 밝히지 않으면서 자료를 수집하는 질적 연구방법을 말한다.

▶ 프로젝티브 기법은 연상기법, 완성기법, 구성기법, 표현기법으로 구분한다.

▶ 프로젝티브 기법은, 응답자가 연구의 주제를 알게되면, 올바른 응답을 꺼리게 되거나, 질문을 잘못 이해하게 되는 경우에 유용하게 사용될 수 있다.

논의사항

1. 질적 연구와 양적 연구의 차이점에 대하여 논의하시오.
2. 질적 연구를 진행하는 절차에 대하여 논의하시오.
3. 어떠한 상황에서 심층면접이 포커스그룹 인터뷰보다 적절하며, 어떠한 상황에서 포커스그룹 인터뷰가 심층면접보다 적절한지에 대하여 논의하시오.

4. 프로젝티브 기법이란 어떤 것이며, 어떠한 상황에서 이 기법을 적용하는 것이 바람직한지에 대하여 논의하시오.
5. 우리나라의 수입자동차에 대한 태도와 선호도를 파악하기 위한 포커스그룹 인터뷰를 설계하시오. 구체적으로 포커스그룹 인터뷰의 목적을 기술하고, 가능한 질문을 만들어 그 중에서 적절한 질문을 선정하고, 사회자가 진행할 내용에 대한 윤곽을 잡으시오.

CHAPTER 10

이차자료를 이용한 탐색적 연구

이차자료를 사용하게 되면, 시간과 비용을 절약할 수 있다. 하지만, 이차자료를 사용하기 전에 연구자는 이차자료에 대하여 비판적 입장을 취하면서, 다양하게 나타날 수 있는 바이어스 요인에 대하여 신중하게 검토할 필요가 있다. 이차자료는 내부자료나 외부자료로부터 얻을 수 있으며, 최근에는 데이터베이스 및 인터넷을 통한 빅데이터 기반 분석방법들이 부각되고 있다.

01 일차자료와 이차자료

일차자료(primary data)란 구체적인 연구목적에 맞게 연구자가 직접 수집한 자료를 말한다. 따라서 일차자료를 얻는 과정은 복잡하고, 많은 비용과 시간이 요구된다. 이러한 일차자료와 구분되는 개념인 이차자료(secondary data)는 다른 연구목적을 위하여 이전에 수집되어진 자료를 말한다. 따라서 이차자료를 사용하게 되면, 시간도 절약할 수 있으며, 비용도 절감할 수 있다. 일차자료와 이차자료의 차이점을 정리하여 보면, <표 10-1>과 같다.

표 10-1 | 일차자료와 이차자료의 비교

	일차자료	이차자료
자료수집 목적	주어진 연구목적	다른 연구목적
자료수집 기간	오래 걸린다.	짧게 걸린다.
자료수집 비용	높 다.	낮 다.
자료수집 과정	많은 통제가 이루어진다.	빠르고 간편하게 진행된다.

(1) 이차자료를 이용하는 경우의 장점

이차자료를 이용하게 되면, 일차자료에 비하여 쉽게 자료를 수집할 수 있으며, 비용이 절감되고, 빠른 기간 내에 자료를 얻을 수 있다는 장점이 있다. 또한 정부에서 제공하는 주요 이차자료들은, 개인 차원에서는 조사하여 일차자료를 얻는 것이 불가능한 경우도 있다. 이차자료가 연구문제의 모든 정보를 제공하여 주지는 않지만, 이차자료를 이용하게 되면, 다음과 같은 내용을 얻을 수 있다.

1. 연구문제에 대한 확인과 보다 명확한 의미로의 정의
2. 연구문제를 접근하는 방법
3. 적절한 연구설계를 만들고, 주요 측정변수에 대한 확인
4. 연구문제에 대한 해답과 연구가설에 대한 검정
5. 연구문제 해결에 필요한 일차자료에 대한 정확한 이해

결국 이차자료는, 일차자료를 수집하기 전에 연구문제를 파악할 목적으로 수집될 수 있으며, 이차자료만으로 연구문제에 대한 충분한 정보를 얻지 못하는 경우에는 일차자료를 수집하여 부족한 정보를 보완하는 것이 바람직하다. 여기서 연구자는 연구를 진행함에 앞서 이차자료의 한계점과 문제점을 이해하여 보완할 수 있어야 한다.

(2) 이차자료를 이용하는 경우의 단점

이차자료는 다른 연구목적을 위하여 수집된 자료이기 때문에, 현재 진행하고자 하는 연구목적에 얼마나 적합한지에 대한 관련성과 정확성 측면에서는 의문이 남게 된다. 즉, 연구자는 다른 연구목적을 위해서 또는 다른 자료수집방법에 의하여 얻어진 이차자료를 현재의 연구문제에 적용시켜도 문제가 없는지를 충분히 생각하여야 한다. 또한 이차자료는 자료의 정확성이 떨어질 수도 있고, 너무 오래된 자료이기 때문에 현재의 연구문제를 적절하게 해결하여 주지 못하는 경우도 있으며, 신뢰할 수 없는 자료일 수도 있다. 연구자는 이차자료를 사용할 경우, 이러한 문제점을 심각하게 점검하고 사용하여야 한다.

표 10-2 | 이차자료를 평가하는 기준

평가기준	내 용	참고사항
자료의 특성과 수집방법	자료수집방법, 응답률, 자료의 상태, 샘플링 방법, 표본의 수, 측정도구, 자료분석방법	자료는 정확하고, 신뢰할 수 있어야 하며, 현재의 연구문제에 적용될 수 있는 확장성이 있어야 한다.
자료의 정확성	연구설계, 샘플링 설계, 자료수집, 자료분석, 결과해석에서 발생될 수 있는 오차를 파악한다.	다른 이차자료와 비교하여 정확성을 비교할 수 있다.
자료의 현재성	자료가 언제 수집되었으며, 언제 발표되었는지를 파악한다.	이차자료가 수시로 갱신되는지를 조사한다.
자료수집 목적	어떠한 목적으로 자료가 수집되었는지를 파악한다.	이차자료를 수집한 목적이 현재의 연구목적과 관련되어 있는지를 파악한다.
자료의 구성	주요 측정변수, 측정단위, 측정변수의 카테고리 구분	가능하다면, 연구목적에 맞게 자료를 변환시킨다.
자료의 신뢰성	이차자료의 소스(source)가 전문성, 신용성, 명성, 신뢰성이 있는지 알아본다.	이차자료는 가급적 원래소스(original source)에서 직접 얻는 것이 바람직하다.

이차자료를 평가하는 기준

이차자료를 평가하는 기준은 <표 10-2>에 나타난 바와 같이 6가지 항목으로 요약될 수 있다. 이에 대하여 자세히 살펴보면, 다음과 같다.

(1) 자료의 특성과 수집방법

연구자는 자료의 특성과 자료를 수집한 방법에 대하여 비판적인 입장을 취하면서, 자료수집 과정에서 발생될 수 있는 바이어스 요인을 파악하여야 한다. 이러한 바이어스 요인은 응답률, 자료의 상태, 샘플링 방법, 표본의 수, 측정도구의 특성, 표본자료의 특성, 자료수집방법 등에서 나타날 수 있다. 이러한 검토과정은 자료가 일반화(generalization) 형태로 확장되어 현재의 연구문제에 적용될 수 있는지를 판단하는 신뢰성과 타당성의 문제로 볼 수 있다. 자료의 신뢰성과 타당성 문제는 자료의 구성과 수집방법뿐만이 아니라 다른 평가기준에서도 중요한 역할을 한다.

(2) 자료의 정확성

연구자는 이차자료가 현재의 연구문제에 적용하여도 무리가 없는 정확한 자료인지를 파악할 필요가 있다. 이차자료는 연구설계, 샘플링 설계, 자료수집, 자료분석, 결과해석 과정에서 다양한 오차가 발생할 수 있으며, 이러한 오차로 인하여 자료의 정확성이 떨어지게 된다. 하지만, 무엇보다도 어려운 것은, 연구자가 직접 자료를 수집한 것이 아니기 때문에 이러한 오차를 파악하는 것이 쉽지가 않다는 것이다. 이러한 문제를 극복할 수 있는 한 가지 방법은 여러 소스(source)로부터 이차자료를 수집한 다음, 이러한 자료들을 서로 비교하여 보는 것이다. 여러 소스로부터 얻은 이차자료들이 일관된 결과를 보이지 않는 경우도 있다. 이러한 경우 사전조사(pilot study)를 통하여 이차자료의 정확성을 확인할 수 있을 것이다.

(3) 자료의 현재성

이차자료가 과거의 오래된 자료일 수 있으며, 발표는 최근에 하였지만, 실제 자료수집은 오래 전에 실시한 경우도 있을 수 있으므로, 연구자는 이차자료가 어느 정도 최근의 자료인지를 파악할 필요가 있다. 또한 이러한 이차자료가 일정한 시간간격을 가지고 수시로 갱신되는지의 여부도 함께 판단할 필요가 있을 것이다. 많은 사회과학연구에서는 이러한 이차자료의 현재성에 대한 문제가 심각하게 나타나지 않지만, 마케팅 조사의 경우나 시간에 따라 사람들의 태도가 심하게 바뀌는 연구문제에 대해서는 이러한 이차자료의 현재성 문제를 심각하게 고려하여야 한다.

(4) 자료수집 목적

이차자료는 다른 어떠한 연구목적에 맞게 수집된 자료이기 때문에, 연구자는 어떠한 목적을 가지고 이차자료가 수집되었는지를 파악하여, 현재 연구문제와의 관련성을 파악하여 볼 필요가 있다. 이러한 관련성을 파악하는 목적은, 궁극적으로 이차자료가 연구문제와 깊은 관련이 있거나, 유용한지를 판단하기 위함이다. 따라서 연구자는 다른 목적으로 수집된 이차자료는 현재의 연구목적이나 상황에서 적용될 수 없을 것이라는 가능성을 항상 생각해 보아야 한다.

(5) 자료의 구성

연구자가 자료의 구성을 살펴보는 경우, 특별히 측정변수들이 어떻게 정의되고 있으며, 어떠한 측정단위를 사용하고 있으며, 이차자료에서 사용된 카테고리는 어떻게 구분되고 있는지를 주의 깊게 살펴볼 필요가 있다. 만일 이차자료에 사용된 측정변수의 정의가 제대로 이루어져 있지 않거나, 연구자가 생각하는 측정변수의 정의와 일관되지 않고 다르게 정의되어 있다면, 이차자료의 유용성이 낮아지게 된다.

예를 들어, 어떠한 TV 프로그램에 대한 선호도를 조사한 이차자료를 이용하는 경우를 생각하여 보자. 이 경우, 선호도라는 개념은 매우 다양한 의미로 해석될 수 있으므로 연구자는 이에 대한 명확한 의미를 이해하는 것이 필요하다. 즉, 선호도라는 의미가 그 프로그램을 얼마나 자주 보는지를 알아보는 시청률의 개념인지, 일상생활에서 가장 필요한 프로그램을 의미하는 것인지, 재미있는 프로그램을 의미하는 것인지, 유용한 정보를 제공하거나 공익사회에 기여하는 프로그램을 의미하는 것인지에 대한 구분이 필요하다는 것이다.

또한 이차자료에서는 측정단위가 다를 수도 있다. 예를 들어, 연간소득을 파악하는 문제에서, 한 가구의 연간소득을 의미하는 것인지, 아니면 개인의 연간소득을 의미하는 것인지를 구분하여야 하며, 소득을 공제한 상태에서의 연간소득인지, 아니면 전체소득을 의미하는 것인지에 대한 구분도 필요하다. 또한 연구자는 연간소득이 6천만원 이상의 고소득자를 대상으로 연구진행을 하고 싶지만, 이차자료에서 카테고리가 1천만원 이하, 1천만원에서 2천만원, 2천만원에서 3천만원, 3천만원 이상으로 나누어져 있다면, 이러한 이차자료는 그렇게 유용하게 사용될 수 없을 것이다. 이러한 검토 과정에서 연구자는 현재의 연구문제에 적합하도록 이차자료를 변환하여 사용할 수도 있다.

(6) 자료의 신뢰성

이차자료의 신뢰성은 이차자료의 소스가 어느 정도 전문성이 있고, 믿을 수 있으며, 신용성과 명성은 어느 정도 있는지를 파악하여 결정한다. 이러한 평가는 그 소스를 사용한 다른 연구자에 대한 의견을 물어봄으로써 판단할 수 있을 것이다. 예를 들어, 어떠한 내용을 선전하기 위하여 발표한 자료나, 어떠한 샘플링 설계에 의하여 자료수집이 이루어졌는지가 알려져 있지 않고, 어떤 연구자가 자료를 수집하였는지가 알려져 있지 않은 이차자료는 일단 신뢰성에 의심을 가져야 한다. 또한 이차자료를 수집하는 경우 **원래 소스**(original source)로부터 자료를 수집하는 것이 바람직하다. 이렇게 원래 소스로부터 자료를 얻어야 한다는 사실을 강조하는 이유는, 원래 소스로부터 얻은 자료는 자료수집방법이나 측정변수의 정의가 자세히 설명되어 있기 때문이며, 다른 소스로부터 얻은 자료와 비교하여, 보다 완벽하고 정확한 자료를 얻을 수 있기 때문이다.

03 이차자료에 대한 분류

이차자료는 **내부자료**(internal data)와 **외부자료**(external data)로 나누어진다. 내부자료는 연구가 진행되는 조직이나 기관에서 만들어진 자료를 의미하며, 외부자료는 연구가 진행되는 조직이나 기구가 아닌 다른 곳에서 만들어지는 자료를 의미한다. 연구문제와 관련되어 내부자료가 존재하는 경우라면, 외부자료를 수집하기 전에 내부자료를 먼저 분석하는 것이 유용할 것이다.

만일 내부 이차자료(internal secondary data)가 있다면, 연구문제와 관련되어 어떠한 자료가 있는지를 우선적으로 파악하는 과정이 필요할 것이다. 내부 이차자료는 쉽게 자료를 수집할 수 있으며, 적은 비용으로 자료를 수집할 수 있다는 측면에서 유용하다. 내부 이차자료가 갖는 문제점이라면, 내부자료가 갖는 한계점인 방대한 자료를 분석할 수 없다는 것이다. 하지만, 최근에는 내부자료들을 데이터베이스(database)화하여 방대한 자료[1)]를 수집하고 있으므로 이러한 문제점이 점차적으로 줄어들고 있다. 외부 이차자료(external secondary data)는 정부기관이나 단체, 회사 등에서 제공되는 자료를 말한다. 외부 이차자료는 정부기관에서 제공되는 이차자료와 기업에서 제공되는 이차자료로 구분할 수 있다.

새로운 이차자료의 소스로 부각되고 있는 것이 데이터베이스이다. 컴퓨터를 이용하여 데이터베이스를 접근하게 되면, 최신정보를 얻을 수 있으며, 찾기 기능을 통하여 매우 쉽게 관련된 연구주제로 접근할 수 있고, 빠른 시간에 저렴한 비용으로 내용을 확인할 수 있고, 네트워크를 이용하면 어느 곳에서나 사용할 수 있다는 장점을 가지고 있다. 컴퓨터를 이용한 데이터베이스 방법은 온라인 데이터베이스(online database), 인터넷 데이터베이스(internet database), 오프라인 데이터베이스(offline database)로 구분할 수 있다.

온라인 데이터베이스는 중앙컴퓨터에 모든 정보를 가지고 있으며, 사용자는 네트워크를 통해 중앙컴퓨터에 접근하여 필요한 자료를 얻는 방법을 말하며, 인터넷 데이터베이스는 인터넷을 이용하여 필요한 자료를 얻는 방법이다. 오프라인 데이터베이스에서는, 온라인 데이터베이스에서 요구되는 네트워크나 인터넷 데이터베이스에서 요구하는 인터넷 환경이 필요하지 않으며, 필요한 자료는 다른 장치에 저장되어 있어서 이를 이용하여 자료를 추출하는 방법을 말한다. 최근에는 방대한 자료를 관리하는 데이터 베이스를 통한 자료 또는 인터넷에서 공유되는 자료를 이용하여 분석하는 빅데이터 분석이 각 산업별로 각광을 받고 있는데 이러한 분석은 이차자료에 대한 분석으로 구분될 수 있다.

1) 마케팅분야에서는 고객들의 자료를 데이터베이스에 기록하고, 컴퓨터를 이용하여 구매패턴이나 성향을 파악하는 연구를 많이 하게 되는데 이러한 활동을 데이터베이스 마케팅(database marketing)이라고 한다.

요 약

1. 일차자료와 이차자료

- 일차자료란 구체적인 연구목적에 맞게 연구자가 직접 수집한 자료를 말하며, 이차자료란 다른 연구목적을 위하여 이전에 수집되어진 자료를 말한다.
- 이차자료를 이용하게 되면, 자료를 쉽게 수집할 수 있으며, 비용이 절감되고, 빠른 기간 내에 자료를 얻을 수 있다는 장점을 가지고 있다.
- 이차자료를 사용하는 경우, 연구자는 다른 연구목적을 위하여 수집된 자료이기 때문에, 현재 진행하고자 하는 연구목적에 얼마나 적합한지에 대한 관련성과 정확성 측면을 검토하여야 한다.

2. 이차자료를 평가하는 기준

- 이차자료를 사용할 경우에는 자료의 특성과 수집방법, 자료의 정확성, 자료의 현재성, 자료수집의 목적, 자료의 구성, 자료의 신뢰성 측면을 검토하여야 한다.

3. 이차자료에 대한 분류

- 이차자료는 내부자료와 외부자료로 나누어진다.
- 내부자료에 대한 활용은 데이터베이스의 구축으로, 최근 중요한 방법으로 부각되고 있다.
- 컴퓨터를 이용한 데이터베이스 방법은 온라인 데이터베이스, 인터넷 데이터베이스, 오프라인 데이터베이스로 구분할 수 있다.
- 최근 방대한 자료를 관리하는 데이터베이스를 통한 자료 또는 인터넷에서 공유되는 자료를 기반으로 분석하는 빅데이터 분석이 각광을 받고 있는데 이는 이차자료를 통한 분석으로 분류될 수 있다.

논의사항

1. 일차자료와 이차자료의 차이점과 특징에 대하여 논의하시오.
2. 이차자료는 어떠한 기준에 의하여 평가되어야 하는지에 대하여 논의하시오.
3. 최근 응용되고 있는 빅데이터 분석에 대한 사례를 조사하고 결과분석에 대한 평가를 하시오.

CHAPTER 11

기술적 연구: 서베이 리서치와 관측연구

올바른 기술적 연구의 핵심은 측정하고자 하는 것이 무엇인지를 파악하고, 응답자에 대한 정보를 효율적이고 정확하게 얻기 위한 적절한 연구방법을 선택하는 것이라고 볼 수 있다. 서베이 연구와 관측연구는 기술적 연구에서 많이 사용되는 연구방법들이다. 관측연구를 적절하게 사용하면 값진 정보를 쉽게 얻을 수 있으며, 서베이 리서치의 단점을 보완하는 연구방법으로 유용하게 사용될 수 있다.

기술적 연구(descriptive research)란 어떠한 현상이나 연구대상에 대한 특성을 기술하는 것을 주요 목적으로 하는 연구를 말한다. 본 장에서는 기술적 연구에 사용되는 대표적인 연구설계인 서베이 리서치(survey research)와 관측연구(observational research)를 진행하는 방법에 대하여 설명하기로 한다.

01 서베이 리서치

서베이 방법(survey method)은 질문을 통하여 응답자로부터 정보를 얻는 방법을 말한다. 예를 들어, 정부에 대한 태도, 제품의 구매의도 등과 같은 질문을 구두로 물어보거나, 설문지를 이용하여 물어보거나, 컴퓨터를 이용하여 물어보고, 이에 대한 응답을 기록하여 분석하는 방법이 이에 해당된다. 일반적으로 이러한 질문들은 구조화(structured)된 형태를 취하면서 자료를 수집하게 되는데, 구조화된 자료수집방법(structured data collection)이란 응답자에게 물어보고자 하는 질문내용이 사전에 준비되어 있고, 미리 결정된 순서에 의하여 질문을 하는 방법을 의미한다. 구조화된 자료수집방법의 대부분은, 응답자에게 연구의 주제를 알려주거나 문항을 통하여 자연스럽게 연구의 주제를 알아버리는 직접법(direct method)의 형태를 취하게 된다.

직접법에 의한 구조화된 서베이 방법(structured direct survey method)은 자료수집방법 중에서 가장 보편적인 형태로, 대부분의 질문은 미리 만들어진 응답을 설정하여 놓고 응답자로 하여금 선택하도록 요구하는 고정선택질문(fixed-alternative questions)의 형태를 취하게 된다. 예를 들어, 우리나라의 의료보험정책을 어떻게 생각하는지에 대한 태도를 측정하는 설문문항을 생각하여 보자.

우리나라의 의료보험정책에 만족한다.

전혀 동의하지 않음				매우 동의함
1	2	3	4	5

서베이 방법의 장점이라면 ① 질문들이 간단하여 관리가 쉽고, ② 응답의 형태가 미리 설정된 응답으로 제한되어 있기 때문에 보다 신뢰성있는 결과를 얻을 수 있으며, ③ 자료의 코딩이나 분석 및 해석이 상대적으로 용이하다는 것이다. 여기서 서베이 방법을 이용하면 보다 신뢰성 높은 응답을 얻을 수 있다는 의미는, 면접자가 달라지면서 나타날 수 있는 응답결과에 대한 변화가 다른 방법과 비교하여 상대적으로 적다는 의미이다.

서베이 방법이 가지고 있는 단점이라면, 첫 번째로, 응답자가 원하는 적절한 응답을 제대로 표현하지 못하는 경우가 발생할 수 있다는 것이다. 예를 들어, 특정한 제품을 어떠한 이유로 선택하는지를 파악하는 서베이 리서치에서, 응답자가 그 제품을 선택하는 문제에 대한 동기를 아직 정확하게 파악하고 있지 못한 상태라면, 정확한 응답을 기대하기는 어려울 것이다. 또한 질문의 내용이 응답자에게 민감한 사안이거나 사생활에 관련된 것이라면, 응답을 꺼려하게 되며 잘못된 응답을 얻을 수도 있다. 특별히, 구조화된 질문이나 고정선택질문을 이용하여 느낌이나 태도를 측정하는 경우, 응답에 대한 타당성 문제는 심각하게 나타날 수 있다. 두 번째로 언급되는 서베이 방법의 단점이라면, 질문이나 응답에서 나타나는 동일한 문장의 내용이 응답자마다 다르게 해석될 수 있다는 것이다. 이러한 단점에도 불구하고, 사회과학연구에서는 서베이 방법을 일차자료를 수집하는 방법으로 많이 사용되고 있다.

2 운영방식에 따른 서베이 방법

서베이 방법을 운영방식에 따라, 전화 인터뷰(telephone interview), 개별면접(personal interview), 우편 인터뷰(mail interview), 전자 인터뷰(electronic interview)로 나누어진다. 전화 인터뷰는 다시 전화를 이용한 일반적인 인터뷰와 컴퓨터를 이용한 CATI(computer-assisted telephone interview)로 구분된다. 개별면접은 집방문 개별면접(personal in-home interview), 몰인터셉트 개별면접(mall intercept personal interview), CAPI(computer-assisted personal interview)로 구분되며, 우편 인터뷰는 일반적인 우편조사(mail survey) 와 우편패널조사(mail panel survey)로 나누어진다. 마지막으로 전자 인터뷰는 전자우편 인터뷰(e-mail interview)와 인터넷 인터뷰(internet interview)로 구분할 수 있다.

이러한 서베이 방법 중에서 전화 인터뷰가 가장 많이 사용되고 있으며, 그 다음으로 개별면접이고, 우편 인터뷰가 세 번째로 많이 사용되는 서베이 방법으로 알려져 있다. 전자 인터뷰

그림 11-1 | 운영방식에 따른 서베이 방법의 분류

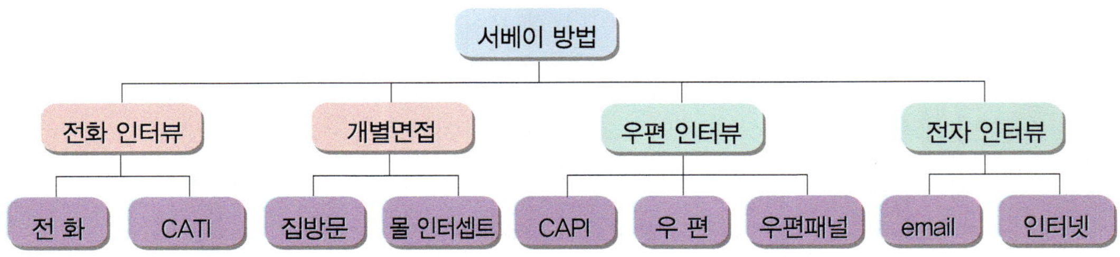

는 최근 보편화되고 있는 추세로 매우 빠른 속도로 확산되어가고 있다. 〔그림 11-1〕은 앞에서 소개한 운영방식에 따른 서베이 방법에 대한 분류를 나타내고 있다.

(1) 전화 인터뷰

전화 인터뷰는 전화를 이용한 일반적인 인터뷰와 컴퓨터를 이용한 CATI 방법이 있다.

◆ 전화를 이용한 일반적인 인터뷰

일반적인 전화 인터뷰 방법은 표본으로 선택된 응답자에게 전화를 걸어서 질문을 하는 방법을 의미한다. 이 경우 진행자는 사전에 준비된 질문을 가지고 필기도구를 이용하여 응답을 기록한다.

◆ CATI 방법

전화 인터뷰를 진행하는 방법으로 점점 확산추세에 있는 CATI 방법은, 전화를 통하여 접촉되는 응답자들에 대한 질문이 컴퓨터에 의하여 관리된다는 특징을 가지고 있다. 진행자는 컴퓨터 화면을 보면서 헤드셋을 끼고 있으면서 인터뷰가 진행된다. 컴퓨터는 자동으로 전화를 걸어주고, 질문 내용을 화면으로 보여주며, 진행자는 컴퓨터에 나타난 질문내용을 읽어주고 응답을 기록한다. 이 경우, 응답에 대한 기록은 필기도구를 이용하는 것이 아니라 컴퓨터 키보드를 통하여 입력한다. 컴퓨터는 진행자가 어떠한 질문을 할 것인지를 알려주며, 컴퓨터 화면에는 한 개의 질문만이 나타나는 것이 일반적이다. 질문에 대한 응답이 입력되면, 컴퓨터는 응답에 대한 적절성과 일관성을 체크하며, 이에 따라 적절한 질문이 나타나게 된다. CATI 방법을 적용하게 되면, 인터뷰 시간이 절약되고, 자료가 정확해지며, 자료수집과정에서 필요한 코딩 및 자료입력 등의 번거로운 작업들이 생략되어 분석을 위한 시간이 절약된다는 장점을 가지고 있다.

(2) 개별면접

개별면접은 진행자가 응답자의 집을 직접 방문하여 조사하는 집방문 개별면접, 백화점이나 몰에 물건을 사러 온 사람들을 대상으로 조사하는 몰인터셉트 개별면접, 컴퓨터의 도움으로 진행되는 CAPI 방법으로 구분된다.

◆ 집방문 개별면접

응답자의 집에서 개별적으로 인터뷰를 진행하는 방법을 집방문 개별면접이라고 한다. 이 경우, 진행자는 응답자의 집을 방문하여, 직접 만나서 질문에 대한 응답을 기록한다. 최근에는, 비싼 비용으로 인하여 집방문 개별면접 방법을 많이 적용하고 있지는 않다.

◆ 몰인터셉트 개별면접

몰인터셉트 개별면접은 백화점이나 몰에 물건을 사러 온 사람들을 대상으로 개별면접을 진행하는 방법을 의미한다. 이 경우, 진행자는 집방문 개별면접과 동일한 방법으로 질문에 대한 응답을 기록한다. 몰인터셉트 개별면접의 장점이라면, 진행자가 응답자에게 찾아가는 집방문 개별면접 방식과는 달리, 관심대상이 되는 응답자가 백화점이나 몰에 몰려 있기 때문에 더 효율적이라는 것이다. 특히, 몰인터셉트 개별면접은 마케팅조사방법에서 많이 알려진 방법이다.

◆ CAPI 방법

컴퓨터를 이용하여 개별면접이 진행되는 CAPI 방법은 응답자가 컴퓨터 화면 앞에서 질문을 읽고, 응답을 키보드나 마우스 또는 터치 스크린을 통하여 직접 입력하는 개별면접 방법을 말한다. CAPI를 이용하게 되면, 에러 메시지나 도움말을 활용할 수 있으며, 컴퓨터 그래픽을 이용하여 질문에 대한 이해도를 높일 수 있고, 응답자로 하여금 연구주제에 대한 흥미를 유발시킬 수도 있다. CAPI 방법은, 응답자가 컴퓨터를 조작하는 과정을 진행자가 옆에서 일대일로 도와주는 것이 일반적이기 때문에 개별면접으로 분류된다.

(3) 우편 인터뷰

우편 인터뷰는 우편을 이용하여 조사하는 방법으로 일반적인 우편조사와, 패널을 구성하여, 패널만을 대상으로 진행되는 우편패널조사가 있다.

◆ 우편조사

우편조사방법은 우편을 이용하여 질문을 하고, 우편으로 응답을 기다리는 방법을 말한다. 우편조사는 겉봉투, **커버레터**(cover letter), 질문, 회신용 봉투, 가능하다면 회신에 대한 선물이나 인센티브로 구성된다.

◆ 우편패널조사

우편을 이용한 우편패널조사에서, 패널들은 반드시 모집단을 대표할 수 있는 표본이어야 하고, 많은 인원으로 구성되어 있는 경우가 일반적이다. 또한 이러한 패널들은 정기적이고 반복적으로 서베이 조사를 받기 때문에, 이러한 조사에 동의하는 응답자로 구성되어 있어야 할 것이다. 따라서 패널로 참여하는 응답자에게는 선물이나 인센티브를 주는 것이 일반적이다. 대부분의 우편패널조사에서는 일정한 시간 간격을 두고 동일한 패널에게 반복적으로 응답을 얻기 때문에, 연구설계가 **다시점 연구**(longitudinal research)의 형태를 취한다.

(4) 전자 인터뷰

전자 인터뷰는 컴퓨터 통신을 이용한 인터뷰를 의미하는 것으로, 전자우편 인터뷰와 인터넷 인터뷰로 구분된다.

◆ 전자우편 인터뷰

전자우편 인터뷰는 전자우편을 이용하여 조사가 실시되는 서베이 방법을 말한다. 전자우편 인터뷰를 진행하기 위해서는 사전에 응답자의 전자우편 주소에 대한 리스트가 만들어져 있어야 하며, 전자우편 인터뷰를 통하여 얻은 자료는 자료수집과정에서 필요한 코딩 및 자료입력 등의 작업들을 거치는 것이 일반적이다. 전자우편 인터뷰의 한계점이라면, 응답에 대한 일관성의 검토나 특정한 항목을 건너뛰어야 하는 경우, 이러한 과정을 프로그래밍하여 실행시킬 수 없다는 것이다.[1] 또한 대부분의 전자우편은 ASCII 형태의 텍스트로 구성되어 있기 때

1) 기술적으로는 이러한 프로그래밍이 가능하지만, 메일을 관리하는 서버에서 이러한 프로그램이 실행되는 것을 컴

문에, 다양한 기호나 그림을 이용하여 설문문항을 구성하기가 어려우며, 마치 설문지를 통하여 조사하는 것과 마찬가지로, 응답의 누락이나 한 문항의 응답이 두 개 이상으로 마크되는 경우와 같은 잘못된 부분을 통제할 수 없다는 것이다. 전자우편 인터뷰에서 나타나는 이러한 문제점들은 자료의 질을 낮게 만드는 요인이 되며, 자료의 정제과정(data cleaning process)이 반드시 필요하게 되어, 인터뷰 이후에 다시 한번 재조사를 하여야 하는 경우가 발생할 수 있다.

◆ 인터넷 인터뷰

전자우편 인터뷰와는 다르게, 인터넷 서베이(internet survey) 또는 웹 서베이(web survey)는 HTML(hyper-text markup language)이라는 언어를 사용하여 웹 사이트(web site)에 올려진다. 인터넷 등과 같은 온라인 상으로 응답자들을 모집할 수 있으며, 우편이나 전화 등과 같은 고전적인 방법을 이용하여 모집할 수도 있다. 이 경우 응답자는 특정한 웹 사이트를 방문하여 지시에 따라 설문에 대한 응답을 하게 된다. 최근에는, 응답자가 모집되어지는 경우보다는, 응답자가 어느 웹 사이트를 방문하고, 그 웹 사이트에서 광고하는 서베이 조사에 초청을 받아 서베이 조사를 진행하는 경우가 많다. 이 경우 서베이 광고가 있는 그 웹 사이트를 방문한 모든 방문자를 대상으로 서베이가 실시될 수도 있지만, 그렇게 하지 않고 매번, 예를 들어, 10번째 방문자마다 서베이 조사를 허락하는 방법을 택할 수도 있다. 웹 서베이는 전자우편 서베이와 비교하여 여러 가지 장점을 가지고 있다. 우선 ASCII 형태의 텍스트가 아닌 HTML을 사용하기 때문에 버튼이나 체크 박스, 자료입력 박스 같은 문항에 두 개 이상의 응답을 하지 못하게 하는 장치, 응답을 하지 않았을 경우 알려주는 장치 등을 프로그램화하여 적용시킬 수 있으며, CATI 나 CAPI와 같은 기능을 추가시킬 수도 있다. 또한 응답자가 응답을 하는 동시에 응답에 대한 타당성 검토를 진행할 수 있다. 그래프나 그림, 애니메이션 등을 쉽게 구현할 수 있으며, 다른 웹 페이지와 쉽게 연결시킬 수도 있고, 데이터베이스와 연결하여 응답을 자동적으로 기록할 수도 있다. 결국, 이러한 장점들은 자료의 질을 높이는 요인으로 작용한다.

퓨터 바이러스로 착각하여 수신을 거부하기 때문에 실제 적용은 어렵다고 보아야 한다.
개별관측방법은 사람에 의하여 관찰이 이루어진다는 측면에서 다른 관측방법과 구분

03 관측연구

서베이 리서치에 이어 기술적 연구의 두 번째 연구형태인 관측연구는 사람이나 사물, 사건에 대한 행동패턴을 기록하고 분석하여 관심있는 현상에 대한 체계적인 지식을 얻는 연구를 의미한다. 관측연구의 특징이라면 관찰 대상이 되는 사람이나 현상에 대해 연구자가 개입을 전혀 하지 않는다는 것이다. 사건이 발생되었을 당시의 기록이나 과거의 사건에 대한 기록을 통하여 정보를 얻는 것이 관측연구의 일반적인 형태이다. 관측방법에는 **구조화된 관측방법**(structured observation method) 과 **비구조화된 관측방법**(unstructured observation method)이 있으며, 간접법에 해당하는 **연구를 숨기는 관측방법**(disguised observation method)과 직접법에 해당하는 **연구를 숨기지 않는 관측방법**(undisguised observation method)이 있다. 또한 자연스러운 환경 아래서 관찰되는 **자연환경 관측방법**(natural observation method)과 조작된 환경 아래서 관찰되는 **인위적 환경관측방법**(contrived observation method)이 있다.

(1) 구조화된 관측방법 과 비구조화된 관측방법

구조화된 관측방법이란 연구자가 어떠한 사실을 관찰하고 어떠한 측정방법을 사용하여 기록할 것인지를 상세하게 명기된 상태에서 진행하는 관측연구방법을 말한다. 예를 들어, 기업에서 재산에 대한 목록을 감사하는 경우가 이에 해당된다. 구조화된 관측방법은 관측자가 서로 다름으로써 나타나는 바이어스의 가능성을 줄여주며 자료의 신뢰성을 높여준다. 연구문제가 명확하게 정의되어 있고, 어떠한 정보가 필요한지를 정확하게 알고 있다면, 구조화된 관측방법을 사용하는 것이 바람직하다.

비구조화된 관측방법은 연구문제와 관련이 있다고 생각하는 현상에 대한 모든 관점을 연구자가 관찰하면서 진행하는 관측연구방법을 말한다. 예를 들어, 새로운 장난감을 사 주었을 경우, 아이들이 어떻게 행동하는지를 관찰하는 것이 이에 해당된다. 비구조화된 관측방법은, 연구문제가 아직 명확하게 정의되어 있지 않은 상태에서, 연구문제에 대한 중요한 요소를 확인하고자 하는 경우나 연구가설을 명확하게 구성하고자 하는 경우, 연구주제에 대한 다양한 측면들에 대하여 융통성을 가지고 파악하고자 하는 경우에 유용하게 사용될 수 있다. 비구조화된 관측방법은, 관측자가 서로 다름으로써 나타나는 바이어스의 가능성이 높기 때문에, 분석결과로부터 도출된 내용은, 결론적인 사실로 취급되어서는 안되고, 검정대상이 되는 가설로 취급되어야 한다. 따라서 비구조화된 관측방법은 탐색적 연구(exploratory research)에 적합한 연구방법이다.

(2) 연구를 숨기는 관측방법과 숨기지 않는 관측방법

연구를 숨기는 관측방법은 관찰 대상자인 자신이 관찰되고 있다는 사실을 모르는 상태에서 진행되는 관측연구방법을 의미한다. 관찰 대상자가 관찰되고 있는 사실을 모르는 상태가 되면, 자연스럽게 행동할 것이고 이러한 행동은 관찰되고 있는 사실을 알고 있는 경우와 다르게 행동할 수 있을 것이다. 연구를 숨기는 관측방법은 한 쪽 사이드만 보이는 거울이나 몰래카메라, 눈에 띄지 않는 기계적 장치를 이용하여 진행할 수 있다. 이 경우, 관찰자는 제품을 구입하는 손님으로 또는 세일즈맨이나 점원 등으로 위장할 수 있을 것이다.

연구를 숨기지 않는 관측방법은 관찰 대상자인 자신이 관찰되고 있다는 사실을 알고있는 상태에서 진행되는 관측연구방법을 의미한다. 관찰자가 옆에 있을 경우, 관찰 대상자의 행동이 어떻게 영향을 받을 것인지에 대하여 행동과학을 연구하는 학자들 사이에서 많은 논쟁이 되고 있다. 즉, 관찰자가 옆에 있다는 사실은 그렇게 중요한 요인은 아니며, 처음에는 민감하게 반응할지 몰라도 시간이 지나면서 무감각해 질 것이라는 주장과 관찰자가 옆에 있다는 사실이 결과에 심각한 바이어스 요인이 된다는 주장이 엇갈리고 있다.

(3) 자연환경 관측방법과 인위적 환경관측방법

자연환경 관측방법은 연구가 진행되는 환경에서 행동이나 현상을 관찰하는 방법을 의미한다. 예를 들어, 분식점에서 음식을 주문하고 식사를 하는 고객의 행동을 관찰하는 방법이 이에 해당된다. 자연환경관측방법의 장점이라면 관찰된 현상이 실제 상황과 동일하기 때문에 보다 정확한 결과를 얻을 수 있다는 것이다. 하지만, 특정한 현상을 관찰하기 위하여 기다리는 비용이나 시간이 많이 요구되며, 자연스럽게 나타나는 현상이기 때문에 측정하기가 어렵다는 문제점을 가지고 있다. 인위적 환경관측방법은 인위적으로 만든 환경 아래서 관찰 대상자의 행동이 어떻게 나타나는지를 관찰하는 연구를 말한다. 예를 들어, 음식가격을 잘못 계산하여 제시하였을 경우 반응하는 고객의 행동에 대한 관찰연구가 이에 해당된다.

04 운영방식에 따른 관측방법

관측방법은 운영방식에 따라 **개별관측방법**(personal observation method), **감사**(audit), **내용분석**(content analysis), **트레이스 분석**(trace analysis)으로 구분된다(그림 11-2 참조). 이에 대한 자세한 내용을 살펴보면 다음과 같다.

그림 11-2 | 운영방식에 따른 관측방법의 분류

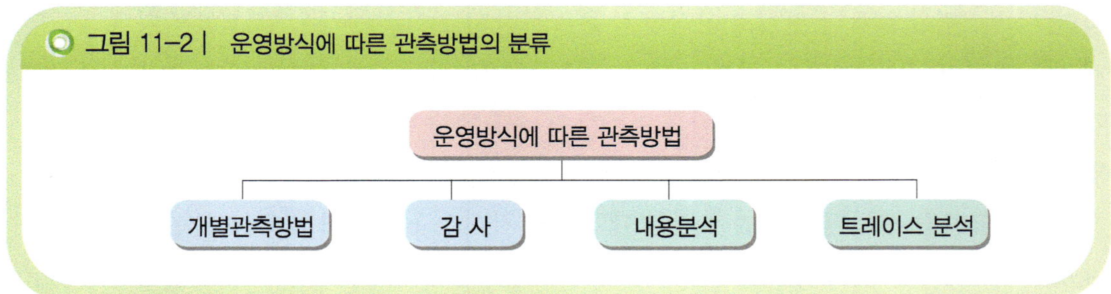

(1) 개별관측방법

개별관측방법은 어떠한 현상을 관찰자가 직접 관찰하고 기록하는 관측연구방법을 말한다.[2] 이 경우 관찰자는 관측 대상이 되는 현상을 조작하거나 통제하지 않는다. 관찰자는 단순히 자연환경이나 인위적 환경에서 나타나는 현상을 기록하는 것이 전부이다. 예를 들어, 관찰자가 특정한 지점에서 몇 대의 자동차가 지나가는지를 세거나 자동차의 흐름을 측정하는 관측연구가 이에 해당된다.

(2) 감사

감사에서 연구자는 기록된 서류들을 조사하거나 재산목록을 조사하여 자료를 얻는다. 이러한 감사는 다른 관측연구방법과 구분되는 두 가지 특징을 가지게 되는데, 첫 번째 특징은 자료가 연구자에 의하여 개인적으로 수집된다는 것이며, 두 번째 특징은 자료의 대부분이 개수

2) 개별관측방법은 사람에 의하여 관찰이 이루어진다는 측면에서 다른 관측방법과 구분된다. 이와 대조되는 개념으로 기계에 의하여 관찰이 이루어질 수도 있는데, 예를 들어, eye-tracking monitor나 pupilometers, psycho-galvanometers, voice pitch analyzer 등을 사용하는 관측연구가 이에 해당되며, 이러한 관측방법을 mechanical observation method라고 한다. 이에 대한 자세한 내용은 본서의 범위를 벗어나므로 생략하기로 한다.

를 세는 빈도와 관련되어 있다는 것이다.

(3) 내용분석

내용분석은 행동이나 목록을 관찰하는 일반적인 관측연구와는 다르게, 대화나 다양한 매체를 통하여 나타난 내용을 객관적이고, 체계적이면서 계량적으로 기술하는 관측연구방법을 말한다. 내용분석은 단순히 관찰만이 아니라 분석도 포함된다. 분석의 대상이 되는 기본 요소는 사용되는 단어, 응답자의 특성, 관심있는 주제, 시간 등이다. 이러한 요소들을 분류하여 카테고리로 구분하게 되면, 내용을 좀더 세분화시켜 분석할 수 있게 된다. 광고에 대한 내용이나 메시지, 신문의 사설, TV나 라디오 프로그램 등을 관찰하고 분석하는 연구가 내용분석에 해당된다. 예를 들어, TV에 나오는 외국인의 수를 파악하거나 10대 청소년을 대상으로 하는 광고에는 어떠한 종류가 있으며, 어떠한 단어를 많이 사용하고 있는지를 파악하고, 이러한 광고들을 카테고리로 분류하는 연구가 내용분석에 해당된다.

(4) 트레이스 분석

트레이스 분석은 과거의 행동이나 흔적을 조사하여 증거를 확인하고, 이러한 증거를 기초로 분석이 이루어지는 관측연구방법을 말한다. 트레이스 분석을 올바르게 적용하게 되면, 상당한 비용과 시간을 절약할 수 있다. 예를 들어, 신용카드를 사용하여 백화점에서 물건을 구입하는 경우 나타나는 카드용지를 조사하여 신용카드 소지자의 구매패턴을 파악하는 방법이 이에 해당된다. 트레이스 분석은 다음과 같이 매우 다양한 형태로 적용될 수 있다.

- 은행에 비치되어 있는 잡지책의 지문을 조사하여, 얼마나 많은 사람의 지문이 찍혀있는지를 알아보고, 그 잡지의 인기도를 파악한다.
- 수리센터에 오는 자동차에 있는 라디오가 어떠한 라디오 방송국으로 맞추어져 있는지를 조사하여 그 방송국의 인기도를 파악한다.
- 백화점에 주차된 자동차의 상태와 브랜드를 파악하여, 그 백화점이 어느 정도 수준인지를 파악한다.
- 인터넷 방문자는 쿠키(cookie)를 통하여 자신의 신원이 확인되기 때문에, 이러한 쿠키를 이용하여 인테넷 사용자의 행동패턴을 파악한다.

이와 같이 트레이스 분석은 다양한 형태로 응용될 수 있지만, 완전하지 못한 자료가 쉽게 존재할 수 있으며, 분석을 위하여 몇 가지 추가적인 가정이 요구된다는 한계점을 가지고 있다. 따라서 다른 방법이 없을 경우에 마지막 방법으로 트레이스 분석을 적용하는 것이 바람직하다.

05 서베이 리서치와 관측연구의 비교

서베이 리서치와 비교하였을 경우, 관측연구는 사회과학연구에서 그렇게 많이 적용되고 있지는 않고 있다. 이러한 사실은 관측연구가, 서베이 리서치와 비교하여, 몇 가지 심각한 문제점을 가지고 있다는 사실을 의미한다. 여기서는 서베이 리서치와 비교하였을 경우에 나타나는 관측연구의 장점 및 단점에 대하여 논의하기로 한다.

(1) 서베이 리서치와 비교하였을 경우 관측연구의 장점

관측연구가 가지고 있는 가장 큰 장점이라면, 앞으로 하고자 하는 행동 또는 선호하는 행동에 대한 보고형태가 아닌 실제 행동에 대한 측정이라는 것이다. 따라서 특정한 행동을 가정하고 보고하는 과정에서 발생할 수 있는 바이어스가 관측연구에서는 존재하지 않으며, 연구 진행자가 인터뷰를 진행하는 과정에서 나타나는 바이어스도 상당히 줄일 수 있다. 또한 서베이 리서치의 적용이 불가능한 상황에서도 관측연구는 큰 무리없이 적용시킬 수 있다. 예를 들어, 아기들이 좋아하는 장난감을 파악하고자 하는 경우, 서베이 리서치를 적용하는 것은 불가능하지만, 아기들이 장난감을 가지고 노는 것을 관찰하면서 분석하는 관측연구는 가능할 것이다. 관찰되는 현상이 짧은 시간에 자주 발생한다면 서베이 리서치와 비교하여 시간과 비용을 상당히 절약할 수 있다.

(2) 서베이 리서치와 비교하였을 경우 관측연구의 단점

관측연구가 가지고 있는 가장 심각한 단점이라면, 특정한 행동이 관찰되었을 경우, 동기나 신념, 태도, 선호도에 대하여 알고 있는 사실이 거의 없기 때문에, 어떠한 이유로 그러한 행동을 하였는지를 파악할 수 없다는 것이다. 예를 들어, 특정 브랜드를 구입한 소비자를 관찰하였을 경우, 이 소비자가 친구에게 선물을 주기 위하여 구입한 것인지 아니면 본인이 사용하고자 구입한 것인지를 확인할 수 없기 때문에, 이 브랜드를 선호해서 구입한 것인지 아니면 다른 이유로 구입하게 되었는지를 구분할 수 없게 된다는 것이다. 관측연구의 두 번째 단점으로는 연구자의 의도에 따른 바이어스가 발생될 수 있다는 것이다. 또한 관측자료를 얻기 위해서는, 대부분의 경우, 많은 비용과 시간이 필요하며, 현상에 대한 특정한 행동을 관찰하기 어려운 경우가 자주 발생한다는 것이다. 마지막으로 언급되는 관측연구의 단점으로는, 관찰 대상자에게 사전의 동의를 구하지 않거나 모르는 상태에서 진행되기 때문에, 비윤리적인 방법이 될 수 있다는 것이다.

결론적으로 말하면, 관측연구를 적절하게 사용하게 되면, 매우 값진 정보를 얻을 수 있으며 서베이 리서치와 경쟁하는 관계라기 보다는 서베이 리서치의 단점을 보완하는 연구방법으로 유용하게 사용될 수 있다는 것이다.

요 약

1. 서베이 리서치

- ▶ 서베이 방법은 설문지를 통하여 응답자로부터 정보를 얻는 방법을 말한다.
- ▶ 구조화된 자료수집방법이란 응답자에게 물어보고자 하는 질문내용이 사전에 준비되어 있고, 미리 결정된 순서에 의하여 질문을 하는 방법을 의미한다.

2. 운영방식에 따른 서베이 방법

- ▶ 서베이 방법을 운영방식에 따라, 전화 인터뷰, 개별면접, 우편 인터뷰, 전자 인터뷰로 나누어진다.
- ▶ 전화 인터뷰는 전화를 이용한 일반적인 인터뷰와 컴퓨터를 이용한 CATI로 구분된다.
- ▶ 개별면접은 집방문 개별면접, 몰인터셉트 개별면접, CAPI로 구분된다.
- ▶ 우편 인터뷰는 일반적인 우편조사와 우편패널조사로 나누어진다.
- ▶ 전자 인터뷰는 전자우편 인터뷰와 인터넷 인터뷰로 구분할 수 있다.

3. 관측연구

- ▶ 관측연구의 특징은 관찰 대상이 되는 사람이나 현상에 대해 연구자가 개입을 전혀 하지

않는다는 것이다.

▶ 관측방법에는 구조화된 관측방법과 비구조화된 관측방법이 있으며, 간접법에 해당하는 연구를 숨기는 관측방법과 직접법에 해당하는 연구를 숨기지 않는 관측방법이 있고, 자연스러운 환경 아래서 관찰되는 자연환경 관측방법과 조작된 환경 아래서 관찰되는 인위적 환경관측방법이 있다.

4. 운영방식에 따른 관측방법

▶ 관측방법은 운영방식에 따라 개별관측방법, 감사, 내용분석, 트레이스 분석으로 구분된다.

5. 서베이 리서치와 관측연구의 비교

▶ 관측연구를 적절하게 사용하게 되면, 매우 값진 정보를 얻을 수 있으며, 서베이 리서치의 단점을 보완하는 연구방법으로 유용하게 사용될 수 있다.

논의사항

1. 직접법에 의한 구조화된 서베이 방법의 장점과 단점에 대하여 논의하시오.

2. 내용분석에 대한 예를 들어보고, 그 예를 통하여 내용분석에 대한 장점과 단점에 대하여 논의하시오.

3. 트레이스 분석이 다른 대체방법이 없을 경우에 선택되어지는 마지막 연구방법이 되는 이유에 대하여 논의하시오.

4. 서베이 리서치와 비교하였을 경우, 관측연구의 장점과 단점에 대하여 논의하시오.

5. 여자모델이 있는 여성잡지에 나타난 광고를 30개 수집하여, 그 광고에서 나타나는 여성의 역할이 어떻게 다른지를 파악하는 내용분석을 실시하시오.

6. 학교 내에 있는 교내식당을 이용하는 학생들을 대상으로 만족도를 조사하고자 한다. 가능한 서베이 방법을 나열하여 보고, 어떻게 진행할 것인지를 논의하시오.

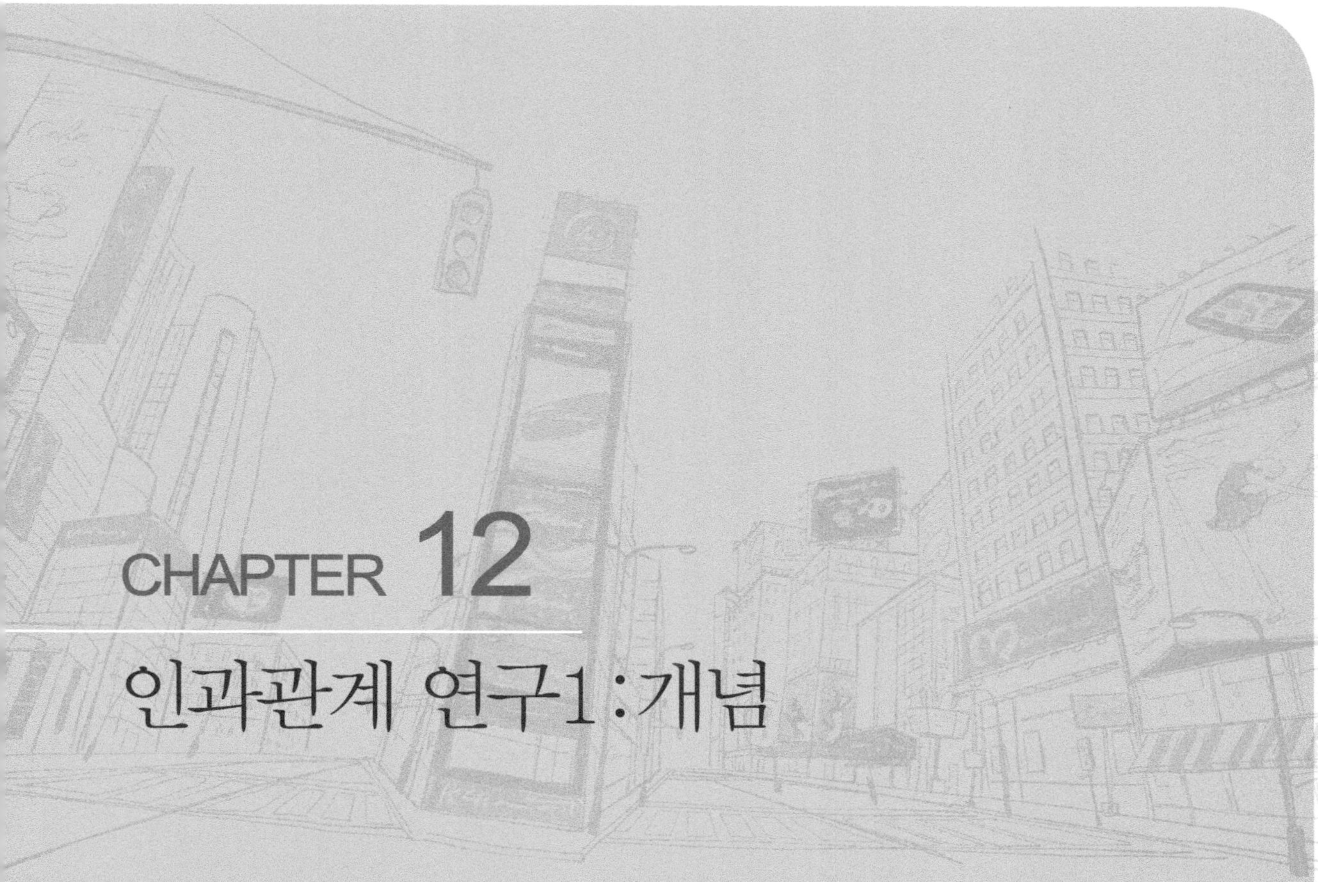

CHAPTER 12

인과관계 연구1：개념

자료분석을 통하여 변수들 사이의 인과관계를 증명할 수는 없다. 하지만 자료분석을 통하여 인과관계에 영향을 미치지 않는 요인들은 찾아낼 수 있다.

01 인과관계의 개념

많은 연구는 인과관계(causality; causal relation)를 대상으로 진행된다. 일반적으로 인과관계는 어떠한 변수(원인변수)가 다른 변수(결과변수)의 값에 영향을 미치는 관계를 의미하는 것으로, 이는 변수가 어떠한 척도로 되어 있는지에 따라 다양한 의미를 가지게 된다. 일반적으로 변수 X가 원인이 되어 결과 Y가 나타난다는 의미를 다음과 같이 표현할 수 있다.

$$X \longrightarrow Y$$

만일 두 변수 X, Y가 모두 메트릭척도라면 인과관계는 상관계수를 통하여 확인이 가능하다. 즉, X의 변화가 Y를 증가 또는 감소시키는 경향이 있음을 통하여 인과관계의 확인이 가능하다는 것이다. 하지만 만일 두 변수 X, Y가 모두 명목척도로서 인과관계를 갖는다면, 인과관계는 다음과 같이 해석할수 있다.

해석1 변수 X는 변수 Y에 영향을 미치는 수많은 원인 중에 한 가지이다.

⇒ **잘못된 표현** 변수 X만이 Y에 영향을 미친다.

해석2 변수 X가 특정한 값을 취한다면, 변수Y가 어떤 특정한 값을 취할 확률이 높아진다.

⇒ **잘못된 표현** 변수 X가 특정한 값을 취한다면, 변수 Y는 항상 어떤 특정한 값을 취하게 된다.

해석3 두 변수 X, Y가 서로 인과관계를 가지고 있다는 사실을 증명하는 것은 불가능하다. 하지만, 두 변수가 서로 인과관계를 가지고 있다는 사실에 대한 증거를 통계적 추측과정을 통하여 확보할 수 있다.

⇒ **잘못된 표현** 두 변수 X, Y가 서로 인과관계를 가지고 있다는 사실을 증명할 수 있다.

연구결과를 해석함에 있어서 인과관계를 과학적 의미로 해석하고 표현하는 것은 어렵고도 중요하다. 대부분의 연구들은 복잡한 변수들의 구성과 다양한 인과관계를 가설로 설정하고 있기 때문에 이러한 인과관계를 확률적인 가능성으로 표현하는 것이 필요하며, 두 변수의 인과관계는 증명될 수 없기 때문에 통계적 추측과정을 통하여 표현하는 것이 합당하다. 또한 어떠한 인과관계가 실제로 존재하지만 연구자가 확인하지 못하고 넘어갈 수 있는 가능성에 대하여 생각하는 것도 연구결과를 표현함에 있어서 바람직한 자세라고 볼 수 있다. 이러한 인과관계의 의미는 인과관계가 성립하기 위하여 필요한 조건을 알아봄으로써 더욱 명확해질 수 있다.

02 인과관계에 필요한 조건

인과관계를 추측하거나 분석하기 위해서는 다음과 같이 필요조건 세 가지가 있다.

인과관계에 필요한 조건

- 조건1 동시에 발생하는 변동
- 조건2 원인변수가 아닌 다른 변수에 의한 변동
- 조건3 시간 순서에 따른 변동

동시에 발생하는 변동(concomitant variation)이라는 의미는 원인이 되는 변수와 영향을 받는 결과변수 사이의 가정된 인과관계가 자료분석을 통하여 얻은 관계와 일치하여야 한다는 것이다. 두 번째 조건은 원인변수가 아닌 다른 변수에 의한 변동(variation due to other possible causal factor)이다. 즉, 연구자가 미처 생각하지 못했던 원인변수가 존재하여 결과변수에 영향을 미칠 수 있으며, 이에 따라 우연히 실제로 존재하지 않는 인과관계가 존재하는 것같이 보일 수 있다는 가능성을 고려해야 한다는 것이다. 세 번째로 언급되는 인과관계에 필요한 조건은 시간 순서에 따른 변동(time order of occurrence)으로 원인이 되는 변수의 값이 변하였다면, 변화한 시점이나 그 이후에 결과변수의 값이 변화해야 한다는 조건이다. 만일 원인이 되는 변수의 값이 변하기 전에 결과변수가 미리 변해버렸다면 그러한 관계를 인과관계라고 볼 수 없기 때문이다.

앞에서 언급한 세 가지 조건은 인과관계가 성립하기 위하여 반드시 가져야 하는 필요한 조건이지 충분한 조건은 아니라는 사실이다. 하지만 만일 이러한 세 가지 필요조건이 일관성을 가지고 뚜렷하게 만족된다면, 인과관계의 존재를 인정하는 것이 합당할 것이다. 일반적으로 연구자는 앞에서 언급한 세 가지 필요조건의 충족여부와 연구문제에서 가지고 있는 지식, 기존 문헌연구 결과를 분석하는 과정을 통하여 인과관계의 존재 가능성을 더욱 확신시킬 수 있다. 인과관계가 성립하기 위한 세 가지 필요조건에 대하여 구체적으로 알아보면 다음과 같다.

(1) 동시에 발생하는 변동

동시에 발생하는 변동(concomitant variation)의 의미는 원인변수 *X*와 결과변수 *Y* 사이의 가정된 인과관계의 방향과 자료분석을 통하여 나타난 방향과 일치하여야 한다는 것이다. 이러한 인과관계에 대한 조건은 수량형 자료와 범주형 자료 모두에 적용될 수 있지만 분석하는 방법이나 해석에는 다소 차이가 있다.

예를 들어, 어느 회사에서 광고비 지출과 매출액 사이의 관계를 파악하기 위하여 '광고비 지출과 매출액 사이에는 인과관계가 있다'는 가설을 세웠다고 하자. 이는 광고비 지출과 매출액 사이의 동시에 발생하는 변동을 관찰함으로써 인과관계의 증거를 확보할 수 있는 가설이다. 이 경우 원인변수 *X*는 광고비 지출이 되며, 결과변수 *Y*는 매출액이 된다. 가정된 광고비 지출과 매출액 사이의 인과관계는 증가된 광고비 지출이 매출액을 증가시킨다는 관계이며,

그림 12-1 | 광고비와 매출액 사이에 동시에 발생하는 변동이 있는 경우

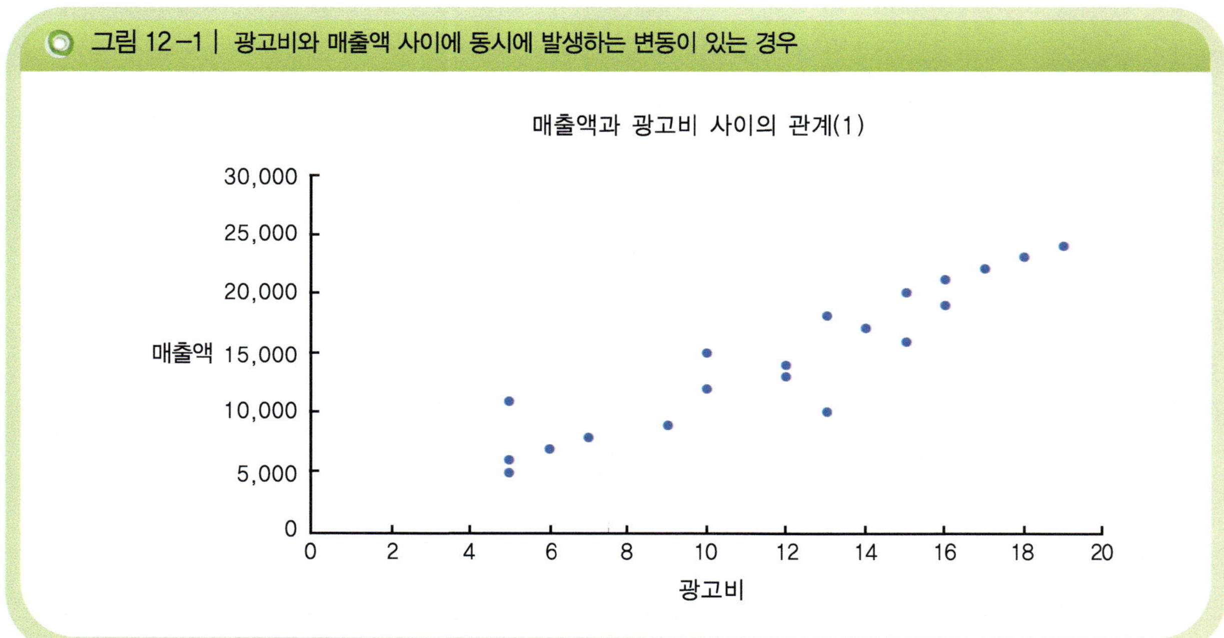

그림 12-2 | 광고비와 매출액 사이에 관계는 있는 것 같이 보이나, 동시에 발생하는 변동이 없는 경우

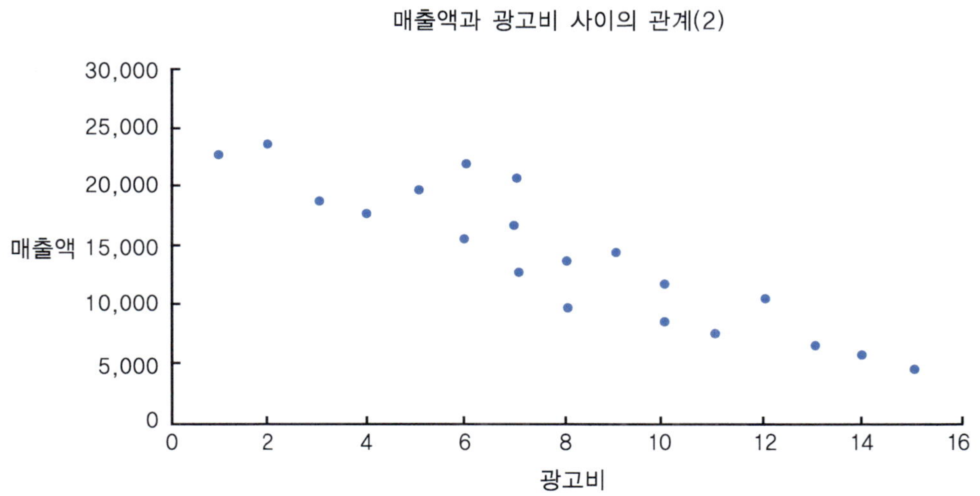

자료분석을 통하여 실제로 이러한 관계의 방향이 나타나는지를 조사함으로써 인과관계에 대한 동시에 발생되는 변동을 검토할 수 있다. 이러한 가정된 인과관계를 다르게 표현하면, 광고비 지출을 감소시키면 매출액이 감소한다는 의미로 해석될 수 있다 (그림 12-1 참조). 만일 광고비 지출의 증가가 매출액을 감소시키는 현상이 나타나거나 (그림 12-2 참조) 또는 매출액의 변화가 없는 현상으로 나타난다면 광고비와 매출액 사이의 인과관계에 대한 주장은 받아들일 수 없게 될 것이다.

원인변수 X와 결과변수 Y가 명목척도를 가지는 경우의 예를 고려하여 보자. 어느 회사에서 1,000명의 소비자를 대상으로 A제품의 구입여부를 조사하였다고 하자. 응답자의 500명은 교육수준이 높은 경우이며 (대학교 졸업 이상), 나머지 500명은 교육수준이 낮은 경우로 구성되어 있다. 이에 대한 결과는 <표 12-1>과 같다.

표 12-1 | A제품의 구입과 교육수준 사이의 동시에 발생하는 변동이 존재한다

교육수준 \ 구입여부	예	아니오	합 계
높 음	363명 (73%)	137명 (27%)	500명 (100%)
낮 음	322명 (64%)	178명 (36%)	500명 (100%)

<표 12−1>을 살펴보면, 교육수준과 A제품의 구입여부는 어떠한 관계가 존재할 수 있다는 가능성을 확인할 수 있다. 즉, 교육수준이 높은 경우는 A제품을 구입하는 비율이 높게 나타났으며 (73%), 이러한 수치는 상대적으로 교육수준이 낮은 사람이 A제품을 구입하는 비율(64%)보다 9% 높은 수치이다. 더군다나 이러한 결과는 1,000명을 대상으로 조사한 분석이기 때문에 그렇게 작은 표본이라고는 볼 수 없다. 그렇다면 이러한 근거를 가지고 높은 교육수준이 A제품에 대한 구입 가능성을 높이는 인과관계를 가지고 있다고 볼 수 있을 것인가? 결론적으로 말하자면, 앞에서도 언급한 바와 같이, 동시에 발생하는 변동은 인과관계가 성립하기 위한 필요조건이지 충분한 조건은 아니다. 따라서 이러한 관계는 인과관계가 있다는 가설을 지지하는 하나의 근거는 될 수 있지만, 인과관계가 존재한다는 가설을 증명한 것은 아니라는 사실을 상기하기 바란다.

만일 명목 척도를 갖는 두 변수 사이에 어떠한 관계도 존재하지 않는다면, 이러한 관계를 어떻게 설명하여야 할까? 예를 들어, 교육수준과 A제품에 대한 구입 여부 사이에 어떠한 관계도 존재하지 않는다면, 우리는 이러한 관계를 독립적인 관계(independent relationship)라고 부른다. 두 변수에 대한 독립적 관계는 교육수준의 높고 낮음이 A제품에 대한 구입 가능성에 전혀 영향을 미치지 않는다는 의미로 해석할 수 있다. 따라서 두 변수가 독립적 관계를 가지는 경우는 교육수준이 높은 그룹에서 나타나는 A제품에 대한 구입 여부를 나타내는 분포와 교육수준이 낮은 그룹에서 나타나는 A제품에 대한 구입 여부를 나타내는 분포는 서로 동일하여야 한다.

<표 12−1>에 나타난 바와 같이, 만일 교육수준이 높은 그룹에서 나타나는 A제품에 대한 구입 패턴(또는 분포)이 교육수준이 낮은 그룹에서 나타나는 A제품에 대한 구입 패턴(또는 분포)과 서로 다르게 나타나면, 이는 서로 어떠한 관계를 가지고 있다는 의미이며, 이러한 관계를 종속적인 관계(dependent relationship)라고 한다.[1)]

(2) 원인변수가 아닌 다른 변수에 의한 변동

두 변수의 인과관계를 파악하고자 하는 경우, 연구자가 미처 생각하지 못한 다른 원인에 의하여 결과변수가 변할 수 있다. 이러한 변동을 원인변수가 아닌 다른 변수에 의한 변동(variation due to other possible causal factor)이라고 한다. 따라서 연구자는 결과변수의 변동이 오직 연구에서 설계된 원인변수의 움직임에 의해서만 영향을 받을 것이라는 사실에 대한 확인 작

1) 〈표 13−1〉에서 나타난 9%의 차이는 연구자가 보는 입장에 따라 차이가 없는 것으로 보일 수도 있다. 본 예제는 단순히 종속적인 관계를 설명하기 위하여 표현한 것이고, 이에 대한 유의적인 차이는 통계적 가설검정 절차에 의하여 판단되어야 한다.

표 12-2 | A제품의 구입과 교육수준 사이의 관계: 소득수준이 낮은 경우

교육수준 \ 구입여부	예	아니오	합 계
높 음	60명 (60%)	40명 (40%)	100명 (100%)
낮 음	242명 (61%)	158명 (39%)	400명 (100%)

업이 필요하다.

앞에서 언급한 광고비 지출과 매출액 관계의 예를 살펴보도록 하자. 매출액 증가의 원인이 될 수 있는 다른 경우를 보면, 소비자의 소득 증가, 제품의 품질 향상, 원가절감 효과에 따른 가격 경쟁력 향상, 경쟁회사의 상대적인 부진, 유통구조의 효율화, 종업원의 친절도 향상 등을 들 수 있다. 이러한 변수들은 매출액에 영향을 줄 수 있는 변수들이기 때문에, 광고비 지출과 매출액의 두 가지만의 관계를 파악하고자 한다면, 광고비 지출 이외에 매출에 영향을 줄 수 있는 이러한 다른 요인들을 통제한 상태에서 분석이 이루어져야 한다.

또 다른 예로 앞에서 언급한 교육수준과 A제품에 대한 구입여부에 대한 관계를 파악하는 문제를 생각하여 보자. A제품에 대한 구입에 영향을 줄 수 있는 요인으로 어떠한 것이 있을까? 만일 A제품이 비싼 고급제품이라면, A제품의 구입여부는 소비자의 소득수준에 민감하게 반응할 것이다. 만일 소득수준이 제품구입에 결정적으로 영향을 미치는 변수로 작용한다면, 소득수준을 통제한 상태에서 관계를 분석하는 것이 바람직하다. 여기서 소득수준을 통제한다는 의미는 소득수준이 높은 경우와 낮은 경우를 구분하여 교육수준과 A제품의 구입여부에 대한 관계를 각각 조사한다는 의미이다. 즉, 소득수준이 높은 사람은 높은 사람끼리 모아서 관계를 조사하고, 소득수준이 낮은 사람은 낮은 사람끼리 모아서 관계를 분석한다는 뜻이다. 예를 들어, <표 12-1>에 나타난 결과를 소득수준이 높은 경우와 낮은 경우로 구분하여 다시 보았더니 <표 12-2>와 <표 12-3>과 같은 결과가 나타났다고 하자.

<표 12-2> 와 <표 12-3>은 앞서 제시한 <표 12-1>과 같은 자료를 이용하여 소득수준을 통제한 후 분석한 결과를 제시한 것으로, 앞의 결과와 다른 사실을 발견할 수 있다. 이는 <표 12-1>을 통하여 얻은 결론과 서로 상반되는 주장으로, 교육수준이 낮은 경우에 A제품을 구입하는 비율이 교육수준이 높은 경우에 A제품을 구입하는 비율보다 더 높게 나타났다는 것이다. 이러한 사실은 <표 12-1>의 분석을 통하여 얻은 결과, 즉, 교육수준이 높은 경우에 A 제품을 구입하는 비율이 더 높게 나타났다는 관계가 실제로 존재하지 않는 관계임을 확인할

표 12-3 | A제품의 구입과 교육수준 사이의 관계: 소득수준이 높은 경우

교육수준 \ 구입여부	예	아니오	합 계
높 음	303명 (76%)	97명 (24%)	400명 (100%)
낮 음	80명 (80%)	20명 (36%)	100명 (100%)

수 있도록 해준다.

원인변수가 아닌 미리 고려하지 못하였던 다른 변수가 결과변수에 영향을 주는 경우, 이러한 변수들을 적절히 통제하지 못하면, 원인변수와 결과변수간에 실제로 관계가 없으면서 관계가 있는 것으로 나타날 수 있으며, 본 예제와 같이 실제 사실과 상반된 결과가 나타날 수도 있다.

결국 <표 12-1>을 통하여 분석된 결과는 ① A제품의 구입여부에 결정적으로 영향을 미치는 소득수준을 고려하지 않고, ② 소득수준이 높으면서 교육수준이 높은 표본을 많이 선택함으로써 (1,000명의 표본 중에서 400명에 해당) 표본선택 바이어스(selection bias)가 발생하여, 상반된 결과가 나타난 것으로 볼 수 있다. 특별히 다른 변수들을 적절히 통제하지 못하여, 앞의 예제와 같이, 실제 관계와 상반된 관계가 나타나는 현상을 심프슨의 패러독스(Simpson's paradox)라고 한다.

(3) 시간 순서에 따른 변동

시간 순서에 따른 변동(time order of occurrence)의 의미는 원인변수의 값이 변하는 경우, 변하는 시점 혹은 그 이후에 반드시 결과변수의 변동이 나타나야 한다는 것이다. 즉, 결과변수의 변동이 원인변수의 값이 변하기 이전에 미리 움직이게 되면, 이러한 관계를 인과관계라고 말할 수 없다.

하지만, 어떠한 사건이 원인과 결과의 의미를 모두 가지고 있는 경우도 있다. 다시 말하면, 어떠한 인과관계에서는 한 변수가 원인변수이면서 결과변수의 역할을 할 수도 있다는 것이다. 예를 들어, 신용카드를 자주 사용하는 사람이 백화점을 자주 이용한다는 주장은 백화점을 자주 이용하는 고객이 신용카드를 자주 사용한다는 주장과 크게 다를 바가 없다. 따라서, 이 경우, 신용카드를 자주 사용한다는 사실은 원인변수의 역할을 하면서 동시에 결과변수의 역

심프슨의 패러독스

심프슨의 패러독스(simpson's parodox) 는 본문에서도 설명한 바와 같이 연구자가 미처 생각하지 못한 원인변수가 결과변수에 영향을 미치고, 이러한 원인변수와 표본선택 바이어스가 결합하여 표본을 통한 분석결과가 왜곡되어 나타나는 현상을 말한다. 다음의 간단한 예를 통하여 어떠한 이유로 분석결과가 왜곡되어 나타나는지를 살펴보도록 하자.

교육수준을 고려한 분할표: 모든 자료를 대상

	제품A의 구입	제품A를 구입 안함	합 계	구매비율
교육수준이 높음	20	20	40	0.5
교육수준이 낮음	16	24	40	0.4
합 계	36	44	80	

교육수준을 고려한 분할표: 소득수준이 높은 경우

	제품A의 구입	제품A를 구입 안함	합 계	구매비율
교육수준이 높음	18	12	30	0.6
교육수준이 낮음	7	3	10	0.7
합 계	25	15	40	

교육수준을 고려한 분할표: 소득수준이 낮은 경우

	제품A의 구입	제품A를 구입 안함	합계	구매비율
교육수준이 높음	2	8	10	0.2
교육수준이 낮음	9	21	30	0.3
합 계	11	29	40	

연구자가 소득수준이 구매비율의 변화를 줄 것이라는 사실을 미처 생각하지 못하였다고 하더라도, 표본을 랜덤화과정을 통하여 잘 선택하였다면(즉, 표본선택 바이어스가 없었다면), 소득수준이 골고루 분포되어 있을 것이고, 따라서 다음과 같은 결과가 나타나야 할 것이다.

교육수준이 높은 경우: 소득수준이 높은 경우와 낮은 경우의 평균
$(0.6+0.2)/2 = 0.4$
교육수준이 낮은 경우: 소득수준이 높은 경우와 낮은 경우의 평균
$(0.7+0.3)/2 = 0.5$

하지만 실제 결과와 비교하여 보면, 반대의 결과가 나타났다. 이와 같은 결과는 표본선택 바이어스로 인하여 연구자의 의도와는 관계없이 표본에 가중치가 부여되었기 때문이다. 즉, 교육수준이 높은 경우는 총 40명 중에서 30명(75%)이 소득수준이 높은 표본으로 선택되었으며, 10명(25%)만이 소득수준이 낮은 표본으로 선택되었다. 따라서 교육수준이 높은 경우는 $0.6\times0.75+0.2\times0.25=0.5$의 결과가 나타나고, 이와 비슷한 과정을 통하여 교육수준이 낮은 경우는 $0.7\times0.25+0.3\times0.75=0.4$의 결과가 나타난 것이다.

할을 하는 것이다. 이러한 예와 같은 경우에는 시간 순서에 따른 두 변수의 변동에 대한 검토는 의미가 없어진다. 즉, 원인변수와 결과변수의 구분이 명확하지 않은 관계에서는 시간 순서에 따른 두 변수의 변동을 관찰할 수 없게 되므로 이에 대한 점검을 할 필요가 없어지게 된다.

하지만, 원인과 결과가 분명하게 나타나는 두 변수의 관계에 있어서는 시간 순서에 따른 두 변수의 변동을 점검할 필요가 있다. 예를 들어, 앞에서 소개한 광고비와 매출액의 관계는 원인과 결과가 명확히 구분되는 관계이므로 시간 순서에 따른 두 변수의 변동을 점검할 필요가 있다는 것이다. 이러한 경우, 광고비 지출을 특정 시점 이후부터 증가시켰다면, 매출액의 증가는 반드시 광고비를 지출한 시점이나 그 이후부터 발생되어야 한다.

광고비를 증가시킨 후 어느 정도의 매출이 늘어났다고 가정하자. 매출이 늘어난 후, 광고비를 더 이상 증가시키지 않고 일정 수준을 유지하면서 매출액의 증감을 조사하였다면, 광고비는 더 이상 원인변수의 역할을 하지 않게 된다. 만일 이러한 상황에서도 지속적으로 매출이 증가되었다면, 광고비와 매출액 사이의 단순한 인과관계를 재검토할 필요가 있을 것이다. 이 경우 광고비가 매출에 영향을 주지 않는다는 조건아래 매출에 영향을 받을 수 있는 다른 요인들을 검토할 필요가 있다. 또한 광고가 제품에 대한 인지도를 지속적으로 증가시켜주기 때문에 이러한 인지도의 증가가 원인변수로 작용하여 매출이 증가될 수 있다는 새로운 관계를 바탕으로 광고비 지출과 매출액 사이의 인과관계에 대한 연구가설을 검정할 수도 있다.

03 용어의 정리

여기서는 인과관계 연구에 사용할 기본적인 용어에 대하여 소개하고자 한다.

① **독립변수, 설명변수, 예측변수**: 독립변수(independent variable), 설명변수(explanatory variable), 예측변수(predictor)는 같은 의미로 혼용되어 사용되며, 연구자가 결과의 변화를 관찰하기 위해 조작하는 변수를 의미한다. 하지만 연구자가 조작할 수는 없지만 원인이 되는 원인변수의 경우도 독립변수라고 한다. 특별히 독립변수가 명목척도를 갖는 경우를 분류변수(classification variable) 또는 처리변수(treatment variable)라고 한다. 분류변수는 연구자가 조작할 수 없는 명목척도의 독립변수를 의미하며, 처리변수는 연구자가 조작이 가능한 명목척도의 독립변수를 의미한다. 예를 들어, 성별에 따른 어느 제품의 인지도 차이를 파악하고자 하는 경우, 성별은 연구자가 조작할 수 없는 명목척도의 독립변수 역할을 하므로 분류변수가 된다.

하지만 세 가지 형태의 광고를 통한 제품의 이미지에 대한 차이를 조사하는 경우는 연구자가 참여자에게 특정한 광고를 선택적으로 보여줄 수 있으므로, 즉 연구자가 광고변수에 대한 조작이 가능하므로 세 가지 형태의 광고변수는 처리변수가 된다. 분류변수와 처리변수는 통계 분석과정에서는 동일하게 취급되지만, 분석결과는 다르게 해석되어야 한다.

② **종속변수 반응변수**: 종속변수(dependent variable)와 반응변수(response variable)는 독립변수의 조작에 의하여 변화되는 실험의 결과를 나타내는 변수를 의미한다. 종속변수가 한 개인 경우의 분석방법을 단일변량분석(univariate analysis)이라고 부르며, 종속변수가 두 개 이상인 경우를 다변량분석(multivariate analysis)이라고 한다.

③ **실험단위**: 실험단위(experimental unit; test unit)는 독립변수에 적용되는 연구대상이 되는 개체를 의미한다. 예를 들어, TQM을 적용하고 있는 기업과 TQM을 적용하고 있지 않는 기업 사이의 업무 효율성을 파악하고자 한다면, TQM의 적용 여부는 독립변수가 되며 (특별히, 연구자가 조작할 수 없는 변수이므로 분류변수에 해당함) 종속변수는 업무 효율성을 나타내는 점수가 될 것이다. 이 경우 업무 효율성을 파악하기 위하여 기업에 속하는 임직원을 대상으로 조사가 이루어지지만, TQM을 적용하는 대상은 기업이므로 실험단위는 기업이 된다. 또 다른 예로서 만일 기존에 있는 고등학교의 10개 반을 이용하여 새로운 학습방법의 효과를 파악하는 연구가 있다면, 새로운 학습방법을 적용하는 대상은 고등학생이 아니고 반이 되므로 실험단위는 반이 된다.

④ **혼란변수**: 혼란변수(confounding variable; extraneous variable)는 종속변수에 영향을 미치는 독립변수를 제외한 모든 다른 변수를 의미한다. 혼란변수는 종속변수의 결과에 영향을 주어 연구결과를 왜곡시키는 역할을 한다. 따라서 연구결과의 타당성을 조사하는 경우 혼란변수의 가능성을 반드시 점검하여야 한다. 앞에서 언급한 인과관계에서 검토해야 하는 필요조건인 원인변수가 아닌 다른 변수에 의한 변동은 바로 혼란변수의 존재 가능성을 검토하는 과정이라 볼 수 있다.

⑤ **연구, 실험**: 실험(experiment)은 연구자가 혼란변수를 통제한 상태에서 독립변수를 조작하면서 종속변수의 값이 어떻게 변하는지를 관찰하는 과정을 의미한다. 실험은 반드시 결과를 정확하게 알 수 없는 상황에서 이루어져야 한다. 즉, 어떠한 결과를 정확하게 예측할 수 있다면, 실험이 될 수 없다.

⑥ **실험설계, 연구설계**: 실험설계(experimental design) 또는 연구설계(research design)는 ① 실험단위를 어떻게 정할 것이며, ② 실험단위를 비슷한 집단으로 어떻게 구분할 것이며, ③ 독립변수를 정의하고 어떻게 조작할 것인지를 판단하고, ④ 종속변수는 어떻게 측정할 것인지를 정하고, ⑤ 혼란변수를 어떻게 통제할 것인지를 정하는 일련의 과정을 의미한다.

예제 5-3 고정총합척도법을 이용한 자동차 속성의 중요도 조사

예제 고객들이 할인쿠폰을 사용하는 경우, 할인되는 금액에 따라 어떻게 다르게 반응하는지에 대하여 자주 사용하는 제품 브랜드를 통제한 상태에서, 파악하고자 한다.

서울에 있는 모 백화점을 방문한 180명의 고객을 대상으로 개별면접(personal interview) 형태로 조사가 이루어졌다. 연구에 참여한 고객을 랜덤화과정을 통하여 두 그룹으로 구분한 다음, 첫 번째 그룹은 브랜드 A제품 구입에서 150원을 절약할 수 있는 할인쿠폰을 제공하였고, 두 번째 그룹은 브랜드 A제품 구입에서 500원을 절약할 수 있는 할인쿠폰을 제공한 후, 다음 쇼핑에서 어떠한 브랜드를 사용할 것인지와 할인쿠폰을 사용할 의사가 있는지에 관하여 질문하였다.
연구결과 브랜드 A제품을 자주 사용하는 고객들은 할인쿠폰의 할인되는 금액에 관계없이 일정한 구입 가능성을 보였지만, 브랜드 A제품을 자주 사용하지 않는 고객들은 150원 보다는 500원을 절약할 수 있는 할인쿠폰을 제시하는 할인쿠폰을 받는 경우, 브랜드 A제품의 구입 가능성이 매우 높았다.

쿠폰 할인효과에 대한 예제와 앞에서 정의한 용어의 관계를 살펴보면, 다음과 같다.

- 독립변수: 쿠폰에서 할인되는 금액
- 독립변수가 취하는 값: 150원, 500원
- 종속변수: 다음 번 방문 시, 브랜드 A 제품을 살 것인지 여부
  (브랜드 A제품을 사겠다고 의사를 밝힌 고객 수) / (총 조사 고객 수)
- 혼란변수: 고객이 현재 사용하고 있는 경쟁 브랜드
- 실험단위: 서울에 있는 모 백화점의 방문 고객
- 실험설계: 실험단위를 랜덤화과정을 통하여 150원으로 할인하여 주는 그룹과 500원으로 할인하여 주는 그룹으로 구분하여 두 그룹을 비교하는 설계

설명 독립변수는 쿠폰에서 할인되는 금액으로 150원과 500원은 독립변수가 취하는 값이 된다. 종속변수는 다음 번 방문 시, 브랜드 A제품을 살 것인지에 관한 여부로서 총 조사 고객 수에서 브랜드A제품을 사겠다고 의사를 밝힌 고객의 비율 형태로 표현이 가능할 것이다. 혼란변수는 현재 경쟁하고 있는 다른 브랜드이다. 왜냐하면, 다른 브랜드를 사용하는 고객이라면 브랜드 A제품을 사겠다고 의사를 밝힐 가능성이 희박해지며, 따라서 독립변수 이외에 다른 변수가 종속변수의 값을 변화시키는 역할을 하기 때문이다. 실험단위는 서울에 있는 모 백화점의 방문 고객이 된다. 실험설계는 실험단위를 랜덤화과정을 통하여 150원으로 할인하여 주는 그룹과 500원으로 할인하여 주는 그룹으로 구분하여 비교하는 설계이다

요 약

1. 인과관계의 개념

▶ 인과관계는 어떠한 변수(원인변수)가 다른 변수(결과변수)의 값에 영향을 미치는 관계를 의미하는 것으로, 다음과 같이 표현한다.

▶ 인과관계는 통계적 추측과정을 통하여 해석된다.

2. 인과관계에 필요한 조건

▶ 인과관계에 필요한 조건은 동시에 발생하는 변동, 원인변수가 아닌 다른 변수에 의한 변동, 시간 순서에 따른 변동이다.

▶ 동시에 발생하는 변동의 의미는 원인이 되는 변수와 영향을 받는 결과변수 사이의 가정된 인과관계가 자료분석을 통하여 얻은 관계와 일치하여야 한다는 것이다.

▶ 원인변수와 독립변수 사이에 어떠한 관계도 존재하지 않는다면, 이러한 관계를 독립적인 관계라고 부른다.

▶ 원인변수와 독립변수 사이에 어떠한 관계가 존재한다면, 이러한 관계를 독립관계의 대비되는 개념으로, 종속적인 관계라고 한다.

▶ 원인변수가 아닌 다른 변수에 의한 변동은 연구자가 미처 생각하지 못했던 혼란변수가 존재하여 결과변수에 영향을 미치는 경우를 말하며, 이에 따라 인과관계가 존재하는 것 같이 보일 수 있다.

▶ 연구자가 미처 생각하지 못한 원인변수가 결과변수에 영향을 미치고, 이러한 원인변수와 표본선택 바이어스가 결합하여 표본을 통한 분석결과가 왜곡되어 나타나는 현상을 심프슨의 패러독스라고 하며, 연구자는 이에 대한 가능성을 항상 생각하여야 한다.

▶ 시간 순서에 따른 변동이란 원인이 되는 변수의 값이 변하였다면, 변화한 시점이나 그 이후에 결과변수의 값이 변화해야한다는 조건이다.

▶ 어떤 변수가 원인변수이면서 결과변수의 역할을 하는 경우는 시간 순서에 따른 변동에 대하여 검토할 필요가 없다.

3. 용어의 정리

- 독립변수란 연구자가 결과의 변화를 관찰하기 위해 조작하는 변수를 의미한다.
- 종속변수란 독립변수의 조작에 의하여 변화되는 실험의 결과를 나타내는 변수를 의미한다
- 실험단위는 독립변수에 적용되는 연구대상이 되는 개체를 의미한다.
- 혼란변수는 종속변수에 영향을 미치는 독립변수를 제외한 모든 다른 변수를 의미한다.
- 실험은 연구자가 혼란변수를 통제한 상태에서 독립변수를 조작하면서 종속변수의 값이 어떻게 변하는지를 관찰하는 과정을 의미한다.

논의사항

1. 높은 상관관계를 갖는 두 변수 사이의 관계를 인과관계로 취급할 수 없는 예를 들어보고, 그 이유에 대하여 논의하시오.

2. 1981년 Radelet 교수는 미국에서 자행되고 있는 흑인의 부당한 법적인 차별에 대하여 플로리다주 정부를 상대로 소송을 제기하였다. 이에 대한 대응으로 플로리다주 정부는 1976년에서 1977년까지의 326명의 살인범에 대한 사형선고 건수를 공개하였다.

사형선고의 여부1

	예	아니오	사형선고 비율
백 인	19	141	12%
흑 인	17	149	10%

하지만 Radelet 교수는 동일한 위의 자료를 가지고 피해자의 인종을 고려한 다음과 같은 자료를 추가적으로 수집하여 공개하였다.

사형선고의 여부2

가해자 인종	(피해자 인종)백 인		(피해자 인종)흑 인	
	사형선고의 여부		사형선고의 여부	
	예	아니오	예	아니오
백 인	19	132	0	9
흑 인	11	52	6	97

위의 자료를 기초로, 플로리다주에서 흑인의 부당한 법적인 차별이 이루어지고 있었는지를 논의하시오. 또한 사형선고 여부1에 나타난 결과와 사형선고 여부 2에 나타난 결과가 왜 차이가 나타나는 지를 설명하시오.

CHAPTER 13

인과관계 연구2:
연구결과의 내적타당성과 외적타당성

연구결과에 대한 타당성 검토는 연구결과에 영향을 주는 다른 요인이 존재하는지를 검토하는 내적타당성, 그리고 이러한 연구결과를 일반적인 상황에 적용할 수 있는지를 검토하는 외적타당성으로 구분된다. 타당한 연구결과를 얻는 것은 연구설계를 구성하는 것과 밀접한 관계가 있으므로 이러한 두 가지 단계는 각각 구분하여 이해하기보다는 서로 영향을 주고 영향을 받는 유기적인 관계로 이해하는 것이 바람직하다.

실험이나 연구를 통하여 어떠한 결과가 나타나면, 연구자는 이러한 결과가 타당한 결과인지를 점검해 보아야 한다. 연구결과에 대한 타당성 검토는 크게 두 가지 측면에서 접근하게 된다. 첫 번째 측면은 **내적타당성**(internal validity)에 대한 검토로 연구결과가 다른 요인으로부터 영향을 받고 있는지를 검토하는 과정이다. 두 번째 측면은 **연구결과를 일반화**(generalization) 형태의 확장이 가능한지를 판단하는 측면이다. 즉, 다른 그룹에 적용하거나, 다른 장소 또는 다른 시점에 적용하여도 동일한 결과가 나타날 수 있느냐는 문제이다. 이와 같이 연구결과에 대한 일반화된 적용 가능성을 나타내는 개념을 **외적타당성**(external validity)이라고 부른다.

외적타당성을 높이기 위해서는 실험되는 환경이 현실과 비슷하여야 한다. 하지만, 현실과 비슷한 환경을 만드는 경우에는 많은 혼란변수가 고려되어야 하므로 내적타당성을 높게 유지하는 것이 어려워질 수 있다. 반대로, 높은 내적타당성을 유지하기 위하여 많은 혼란변수들을 통제하다보면 연구결과에 대한 **일반화적용에 대한 문제**(generalization problem), 즉, 외적타당성이 낮아지게 된다. 이와 같이 어떠한 연구에서는 내적타당성과 외적타당성이 서로 상충되는 개념이 될 수 있다. 따라서 연구결과에 대한 정확성을 중요하게 고려되는 연구라면, 외적타당성보다는 내적타당성에 대한 깊은 검토가 필요하며, 연구결과를 실무에 적용시키는 문제의 경우는 내적타당성보다는 외적타당성에 대한 검토를 더 중요하게 생각하여야 할 것이다.

01 내적타당성

내적타당성(internal validity)은, 앞에서 언급한 바와 같이, 독립변수의 변화가 원인이 되어 종속변수에 변화가 나타나는지를 검토하는 과정에서 이루어진다. 이 경우 독립변수를 제외한 다른 변수들은 **혼란변수**(confounding variable)가 될 수 있으며, 이러한 혼란변수가 종속변수에 어떻게 영향을 주는지를 관찰함으로써 내적타당성이 검토된다. 만일 종속변수에 영향을 주는 혼란변수가 존재하고 있다면, 독립변수와 종속변수 사이의 관계를 나타내는 결과는 내적타당성을 잃게되며, 무의미한 결과가 될 것이다. 대부분의 연구에서 혼란변수는 항상 존재하므로, 이러한 혼란변수를 효과적으로 통제하여 결과에 대한 내적타당성을 높이는 것은 중요한 과정이다.

즉, 연구에서 설정된 설명변수 이외에 다른 혼란변수의 작용으로 반응변수의 결과가 변화되어 내적타당성이 낮아질 수 있는데, 이러한 혼란변수를 다음의 8가지 경우로 나누어 살펴보도록 한다(Campbell and Stanley, 1963).

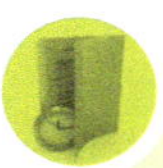

내적타당성을 낮게 만드는 8가지 주요 혼란변수

① 특정사건의 영향
② 시간에 따른 성숙효과
③ 학습효과
④ 측정도구의 변화
⑤ 회귀효과
⑥ 표본선택 바이어스
⑦ 연구참여자의 탈락
⑧ 혼란변수들 사이의 상호작용효과

(1) 특정사건의 영향

특정사건의 영향(history effect)은 연구기간 동안 종속변수에 영향을 주는 특정한 사건이 발생하여 환경이 바뀌고, 이에 따라 연구결과가 다르게 나타나는 경우를 말한다. 예를 들어, 쇠고기의 수입량을 예측하는 문제를 연구하는 과정에서 수입쇠고기에 대한 균이 발생하는 사건이 발생하였다면, 쇠고기의 수입량이 급격히 감소할 것이다. 이러한 감소는 연구모형에서 가정한 독립변수와 수입량의 관계로부터 나타난 결과라기보다는 예기치 못한 사건, 즉, 균의 발생에 의한 결과이므로 그 부분에 대한 해석에 주의가 필요하게 된다.

우리나라 기업을 대상으로 과거의 재무자료를 분석하거나, 거시경제변수를 예측하고자 하는 경우, 우리나라가 IMF 구제금융을 받은 사건도 결과를 왜곡시키는 혼란변수 역할을 할 수 있다. 일반적으로 연구기간이 길어지면 이러한 문제가 발생할 가능성이 높아진다.

실험실 연구(laboratory experiment)에서는 실험을 위한 환경이나 가능한 혼란변수를 실험에 적합하도록 적절히 통제할 수 있기 때문에, 특정사건에 의한 영향이 거의 나타나지 않는다. 하지만 현장연구(field experiment)에서는 연구를 위한 환경이나 혼란변수를 적절히 통제하는 것이 불가능할 수 있기 때문에, 실험실 연구와 비교하여 이러한 특정사건의 영향이 더욱 심각하게 나타난다.

(2) 시간에 따른 성숙효과

시간에 따른 성숙효과(maturation effect)의 의미는 시간에 따라 자연적으로 연구참여자의 특성이 변화하여 결과에 영향을 미치는 효과를 말하며, 외부적인 사건이나 요인에 의하여 종속변수의 값이 변하는 특정사건의 영향으로 변화되는 것과는 구분된다. 사람을 대상으로 연구하는 경우, 연구가 진행됨에 따라 그 대상자가 나이가 들고, 경험이 많아지고, 또한 계속적인 실험으로 인한 피로와 지루함 등으로 인해 종속변수의 값이 변하게 되고, 그에 따라 연구결과도 변할 수 있다. 이러한 변화는 시간에 따른 성숙효과에 의한 것으로, 단순히 사람을 대상으로 하는 연구뿐만이 아니라 경제구조가 시간에 따라 발전하는 경우, 시장규모가 시간이 흐르면서 커져 나가는 것 등의 경우에서도 나타날 수 있다.

어떠한 실험을 설계하는 경우, 앞에서 언급한 두 가지 혼란변수, 특정사건의 영향이나 시간에 따른 성숙효과를 연구자가 효과적으로 통제하기 위해서는 최소한 두 개 그룹의 구성이 필요하다. 첫 번째는 실험그룹(experiment group)으로 적절한 독립변수의 값을 조정하여 결과를 관찰하기 위한 그룹이고, 두 번째는 대조그룹(control group)으로 독립변수의 값을 조정하지 않고 혼란변수에 대한 영향만을 관찰하는 그룹이다. 이 경우 특정사건의 영향이나 시간에 따른 변화는 두 그룹 모두에게 영향을 미치므로, 실험그룹의 측정값과 대조그룹의 측정값의 차이를 계산함으로써 혼란변수를 제거한 독립변수의 변화에 따른 순수한 처리효과(treatment effect)를 측정할 수 있을 것이다.

(3) 학습효과

학습효과(learning effect; pretesting effect; testing effect; carry-over effect)는 사람을 대상으로 연구하는 경우에 주로 나타나는 효과로써, 처음 측정한 값의 영향을 받아 두 번째 측정값이 다르게 나타나는 효과이다. 이러한 학습효과가 발생되면, 독립변수의 변화가 원인이 되어 결과값이 변하였는지, 아니면 학습효과에 의하여 결과가 변하였는지에 대한 구분을 할 수 없기 때문에 결과에 대한 내적타당성이 떨어지게 된다. 학습효과는 연구 대상이 사람이 아닌 경우에는 고려하지 않아도 무방하다. 예를 들어, 우리나라의 주가지수를 여러 번 측정하였기 때문에 학습효과가 존재할 것이라고 볼 수는 없다는 것이다.

이러한 학습효과는 실험에서 다양한 형태로 나타날 수 있으며, 어떠한 경우는 내적타당성보다 외적타당성에 더 심각한 영향을 미칠 수 있다. 예를 들어, 광고에 따른 소비자의 태도 변화에 대한 실험을 생각하여 보자. 먼저 연구 참여자에게 특정제품에 대한 본인의 태도에 대하여 응답하도록 한 후, 광고를 보여주고, 다시 그 제품에 대한 본인의 태도에 대하여 응답하였다고 하자. 만일 광고를 보기 전의 태도와 광고를 본 후의 태도에 차이가 없었다면, 광고효과가 없는 것으로 결론 내릴 수 있는가? 대답은 그렇지 않을 수도 있다는 것이다. 일반적으로 연구 참여자는 광고를 보기 전과 본 후의 태도에 일관성을 유지하려는 경향이 있을 수 있다. 그렇다면 광고를 보기 전의 태도를 기억하여 일관된 태도를 취하도록 노력하게 된다. 이러한 경우도 역시 나중의 측정결과가 먼저 측정한 결과에 영향을 받기 때문에 학습효과로 취급될 수 있다.

여기서 정의하는 학습효과는 실험그룹과 대조그룹에게 모두 영향을 미치는 효과를 의미한다. 그러나 만일 이러한 학습효과가 실험그룹에서만 나타난다면, 이는 일반적인 학습효과로 취급하기보다는 두 그룹의 차이를 나타내는 처리효과와 학습효과의 상호작용 효과(interaction effect)로 구분되어야 한다. 이에 대한 내용은 본 절의 8번째 혼란변수들 사이의 상호작용에서 자세히 다루기로 한다.

(4) 측정도구의 변화

측정도구의 변화(instrument variation effect)는 연구가 진행되는 과정에서 측정도구나 측정기준이 변하여 측정값이 다르게 나타나는 경우를 말한다. 이러한 측정도구의 변화는 한 가지 개념을 두 가지 이상의 측정도구로 사용하였을 경우 발생되는 문제로서 내적타당성을 저해시키는 요인으로 작용한다. 예를 들어, 광고를 보여주기 전의 제품에 대한 태도를 측정하는 설문문항과 광고를 보여준 후의 제품에 대한 태도를 측정하는 설문문항이 서로 다르다면, 비록 같은 개념에 대한 태도를 측정하는 경우이지만, 측정도구의 변화에 따른 혼란변수의 가능성을 피할 수 없게 된다. 다른 예로서, 작문시험을 채점하는 경우, 시간의 경과로 지치고 힘들어져 채점자의 평가기준이 바뀌게 되는 경우도 측정도구의 변화에 따른 혼란변수로 취급될 수 있다.

측정도구의 변화는 측정도구를 이용한 측정에서 사람이 깊이 관여하는 경우에 주로 발생되며, 사람이 깊게 관여하지 않는 경우에는 그 효과가 무시될 수 있을 정도로 작게 나타난다. 따라서 이 혼란변수를 없애기 위해서는 가급적 사람이 깊게 관여하지 않는 측정도구를 이용하는 것이 바람직하다. 예를 들어, TQM을 수행한 기업이 어느 정도 TQM 수행의 효과를 보았는지 파악하기 위하여 참여자들에게 물어보았다면, 대답하는 연구참여자마다 서로 다른 판단기준을 갖고 있으므로 측정도구가 서로 다르게 측정될 수 있지만, TQM 효과의 측정을 위해 기업의 매출액 증가율이나 순이익 증가율을 조사하여 판단하였다면, 연구참여자의 판단

기준이 달라서 발생하는 측정도구의 변화에 대한 효과를 줄일 수 있게 된다.

이와 같이 측정도구의 변화는 측정대상이 사람일 경우에 심각하게 나타나는데, 대부분의 경우가 사람, 예를 들어 소비자의 의견, 선호도, 구매의도와 같은 소비자의 태도를 측정하는 경우 발생한다. 이러한 측정은 일반적으로 설문문항이나 면접조사를 이용하여 측정하게 되는데 설문문항이 변화되거나 면접관이 달라지게 되면 그에 따라 다른 값을 가질 수 있는 위험에 빠지게 된다. 이러한 경우는 같은 문항으로 구성된 설문지를 사용하거나 동일한 면접관이 면접을 진행함으로써 그 위험을 다소 줄일 수 있다.

요약해서 말하자면, 내적타당성을 높이기 위하여 연구자는 가급적 동일한 측정도구를 사용함으로써 측정도구의 변화에 따른 혼란변수의 효과를 최소화하는 노력이 필요하다. 만일 측정도구의 변경이 불가피할 경우에는 측정도구의 변화에 따른 효과에 주의를 가지고 결과를 해석하여야 한다.

(5) 회귀효과

회귀효과(regression effect)는 심리학에서 잘 알려진 효과로서 매우 높은 점수나 매우 낮은 점수를 갖는 사람들이 두 번째 측정의 경우 평균으로 되돌아가고자 하는 회귀(回歸) 경향을 가지고 있다는 것이다. 예를 들어, 어떤 제품에 대하여 호의적이지 않은 태도를 가지고 있는 연구참여자가 광고를 본 후에 광고의 효과와는 관계없이 태도가 호의적인 방향으로 움직여서 중간 정도의 태도를 취하고자 노력하는 경우가 이에 해당된다. 이 경우 제품에 대한 태도 변화가 광고효과에 의하여 변하였는지 또는 회귀효과에 의하여 평균점으로 이동하였는지를 판단하기 어려워진다.

예를 들어, 어떤 제품에 대하여 매우 호의적인 태도를 가지고 있거나 매우 호의적이지 않은 태도를 가지고 있는 참여자들은 평균점수로 이동할 가능성이 높기 때문에, 큰 폭으로 쉽게 이동하게 된다. 하지만, 중간 정도의 태도를 실제로 가지고 있는 참여자는 상대적으로 이동 폭이 회귀효과에 의하여 그다지 크게 나타나지 않는다. 따라서 회귀효과는 초기에 극단적인 값을 갖는 참여자에게는 큰 폭의 이동 가능성을 제시하고, 평균에 위치한 값에 대해서는 작은 폭의 이동 가능성을 주며, 이러한 효과가 광고효과와는 관계없이 발생하므로 혼란변수로 작용하여 결과를 왜곡시키게 된다.

설문문항을 분석하다보면, 응답자들이 중간의 값을 선택하는 경우를 자주 찾아볼 수 있다. 따라서 평균차이 분석을 하면 평균값이, 예를 들어 5점 척도라면, 3점에서 크게 벗어나지 않는 중심화 경향을 발견할 수 있는데 이러한 현상도 회귀효과에 의하여 나타나는 것이라고 볼 수 있다.

(6) 표본선택 바이어스

표본선택 바이어스(selection bias)는 표본을 잘못 선택하여 변수간에 엉뚱한 관계가 나타나거나, 두 그룹의 비교연구에서 실험그룹과 대조그룹 사이에 이미 차이가 존재하는 경우가 이에 해당된다. 이러한 표본선택 바이어스는 일반적으로 랜덤화과정을 통하여 해결할 수 있다. 그룹비교연구에서 특별히 유사실험(quasi-experiment)의 경우에 표본선택 바이어스가 심각하게 나타난다. 이러한 문제점을 해결하기 위하여, 사전에 미리 두 그룹에 대한 차이를 파악하여 분석과정에서 통계적으로 수정하는 과정이 필요하다. 유사실험에 대한 자세한 내용은 15장의 실험설계에서 다루기로 한다.

예를 들어, 종업원의 친절교육이 매출에 어느 정도 영향을 미치는지를 알고싶어 한다고 가정하자. 이러한 실험을 진행하기 위하여 서울에 있는 백화점 10개 지점을 선정하여, 종업원에게 친절교육을 시키는 그룹(실험그룹)과 종업원에게 친절교육을 시키지 않는 그룹(대조그룹)으로 구분하고 매출액을 조사하였다고 하자. 이러한 실험의 경우, 백화점의 크기나 소재 지역의 특성 등에 따라 매출액이 다르게 나타날 수 있으므로 이러한 초기의 차이를 파악하기 위하여 종업원에게 친절교육을 시키기 전에 미리 두 그룹간의 매출액 차이를 파악하여, 그 차이가 친절교육을 시킨 후 어떻게 달라지는지를 분석함으로써 친절교육에 대한 매출효과를 파악할 수 있을 것이다. 그룹비교연구에서는 일반적으로 연구자가 임의로 실험그룹과 대조그룹에 실험단위를 할당하게 되면, 이러한 표본선택 바이어스의 가능성이 높아지게 된다.

(7) 연구참여자의 탈락

연구참여자의 탈락(mortality effect)은 특정한 그룹 또는 특정한 조건아래서만 특별히 자료의 추적이 불가능하여, 결측값(missing value)이 많이 발생함으로써 분석에서 제외되어, 분석결과를 왜곡시키는 역할을 하는 경우를 말한다. 예를 들어, 새로운 학습방법에 대한 효과를 측정하는 실험에서 새로운 학습방법을 적용하기 전과 후의 학생들의 학습능력을 평가하여, 새로운 학습방법을 적용한 시점 이후의 학습능력 평가에서 그 이전보다 더 높은 평균점수가 나타났다고 하자. 하지만 일반적으로 학습능력 평가시험에서 낮은 점수를 받은 학생은 학교를 그만두는 경우가 많이 발생한다는 사실을 알고 있다면, 실험에서 얻어진 학습능력 평가의 평균점수의 향상이 새로운 학습방법에 의하여 나타난 것인지 아니면 점수가 낮은 학생이 학교를 그만두어서, 즉, 연구참여자의 탈락으로 평균점수가 향상되었는지를 판단할 필요가 있을 것이다.

이러한 연구참여자의 탈락문제는 분석결과를 왜곡시키는 것으로 알려져 있다. 왜냐하면, 실험에 참여를 거부하거나 불가피한 사정으로 측정이 중단되는 경우, 이러한 측정하지 못한 자료값이 측정된 값과 비교하여 비슷한 환경이나 조건 아래서 이루어지고 있을 것이라는 보장이 없기 때문이다. 제대로 측정하지 못하여 제거된 자료의 대부분이 낮은 값일 경우라면, 분석에서 얻은 평균값은 실제값보다 높은 값을 갖는 바이어스를 피할 수 없을 것이다.

정부에 대한 국민의 태도를 알아보는 여론조사를 실시하는 경우, 다음과 같은 실험의 예를 생각할 수 있다. 처음에 100명의 참여자를 선정하여 정부에 대한 태도를 조사한 다음, 일정 기간이 지난 후 처음에 선정한 100명을 추적조사(follow up study)하여 같은 문항에 대한 태도를 조사하였다고 하자. 예를 들어, 10점 척도에서 처음에는 평균 6점이 계산되었고, 두 번째 조사에서는 처음의 100명 중에서 30명은 응답을 거부하고, 나머지 70명만이 응답하여 평균점수가 8점으로 높아졌다고 하자. 만일 이 연구에서의 주요 질문이 '정부에 대한 국민의 태도가 긍정적으로 변화하였는가?'에 대한 것이라면, 이 질문에 대한 대답은 응답을 거부한 나머지 30명이 가지고 있는 정부에 대한 태도가 어떻게 구성되어 있느냐에 따라 바뀌게 된다. 만일 응답을 거부한 30명의 대부분이 정부에 대하여 부정적인 시각을 가지고 있었다면, 나머지 70명으로 분석된 결과는 실제보다 낙관적인 결과를 나타낼 수밖에 없을 것이다. 즉, 분석결과는 정부에 대한 실제 태도보다 상향된 바이어스를 가지게 된다는 것이다. 결국 연구참여자의 탈락에 따른 혼란변수의 효과가 존재하여 결과에 대한 내적타당성이 떨어지게 된다.

연구참여자의 탈락으로 인한 이러한 내적타당성을 해결하기 위해, 두 번째 조사에 응답한 70명과 같은 구성으로, 첫 번째 조사에서 이미 얻은 자료로부터 응답을 거부한 30명의 자료를 제외시킨다면, 즉, 마치 처음부터 100명이 아닌 70명을 대상으로 실험을 수행한 것처럼 분석을 한다면, 이러한 문제를 해결할 수 있을까? 결론부터 말하자면, 이러한 방법은 근본적인 해결방법이라고 볼 수 없다. 즉, 응답을 거부한 30명을 제거한 분석 방법은 첫 번째 조사한 그룹과 두 번째 조사한 그룹을 일치시켰으므로 연구참여자의 탈락에 따른 혼란변수의 효과를 제거할 수는 있지만, 연구의 참여여부와 응답결과 사이의 관계(예를 들어, 정부에 대하여 긍정적인 태도를 가지는 경우, 참여율이 높은 관계)에 따른 표본선택 바이어스가 존재할 수 있기 때문에 내적타당성에 문제가 존재할 수 있으며, 70명의 구성이 원래의 모집단을 대표하는 100명의 구성과 다르므로 분석결과를 모집단을 대표하는 결과로 일반화시키는 과정에서 외적타당성 문제가 발생하게 된다.

가장 낙관적으로 생각할 수 있는 상황은, 응답을 거부한 30명이 일정한 패턴을 가지고 있지 않으며, 랜덤에 의하여 결정되는 경우이다.[1] 일정한 패턴이 없는 경우, 연구참여자의 탈락에 따른 혼란변수의 효과는 존재하지 않게 된다. 즉, 그 효과의 존재 여부는 응답을 거부한 나머지 30명이 어떠한 특성을 갖느냐, 그 특성에 일정한 패턴이 있느냐에 의존되는 것이지, 어떤 연구에 응답을 거부한 사람이 존재한다고 반드시 연구참여자의 탈락에 따른 혼란효과가 발생하는 것은 아니라는 것이다. 다시 말하면, 첫 번째 조사의 100명과 두 번째 조사에서 응답한 70명의 구성이 어느 정도 차이가 있느냐에 따라 연구참여자의 탈락에 따른 혼란변수 효과에 대한 존재여부가 결정되는 것이다.

그러므로 연구자는 단순히 정부에 대한 응답자의 태도만을 측정하기보다는, 추가적으로 응답자에 대한 인구 통계학적 특성이나 정치의 관심도, 출신지 등을 조사하여, 첫 번째 조사의 100명과 응답 거부자를 포함한 두 번째 조사의 70명의 구성이 어떻게 변화되었는지를 분석한다면, 연구참여자의 탈락에 따른 혼란효과여부나 그 정도를 파악할 수 있을 것이다. 실험실연구(laboratory experiment)에서는 대체로 혼란변수의 통제가 가능하고, 연구기간이 짧으므로 연구참여자가 탈락되는 경우가 거의 없기 때문에, 연구참여자의 탈락에 따른 혼란효과는 대부분 현장연구(field experiment)에서 많이 나타난다.

(8) 변수들 사이의 상호작용

변수들 사이의 상호작용은 두 개 이상의 변수가 혼합되어 발생하는 효과이다. 이러한 변수들 사이의 상호작용은 다양하게 나타날 수 있는데, 사회과학연구에서 중요하게 취급되고 있는 것은 학습효과와 관련된 상호작용이다. 여기서는 실험그룹과 대조그룹 사이의 효과와 학습효과 간의 상호작용 효과에 대하여 설명하고, 그 다음으로 표본선택 바이어스가 학습효과와 혼합되어 나타나는 상호작용 효과에 대하여 설명하기로 하겠다.

우선 독립변수를 조작하여 적용되는 실험그룹과 독립변수를 전혀 조작하지 않은 상태의 대조그룹 사이에 나타나는 효과가 학습효과와 섞여서 나타나는 상호작용 효과에 대하여 알아보도록 하자. 예를 들어, 광고에 따른 소비자의 태도 변화에 대한 실험을 생각하여 보자. 먼저 연구 참여자에게 특정제품에 대한 본인의 태도에 대하여 응답하도록 한 후, 광고를 보여주고, 다시 그 제품에 대한 본인의 태도에 대하여 응답하였다고 하자. 이 경우 연구참여자는 처음에는 제품에 대하여 전혀 모르고 있었고, 광고를 본 후 이 제품에 대하여 알았다고 하자. 어떤 경우, 참여자는 그 제품에 대하여 더 자세히 알기 위하여 기대 이상으로 집중하고, 평상

1) 이러한 경우를 통계학에서는 MAR(Missing At Random)상황이라고 한다.

시와 다르게 민감하게 반응할 수도 있다. 이러한 반응은 대조그룹에서는 발생되지 않고 실험그룹에서만 나타나므로 학습효과로 표현되지 않고 두 그룹의 차이를 나타내는 처리효과(treatment effect)와 학습효과의 상호작용 효과로 취급된다. 이러한 상호작용 효과를 상호작용 학습효과라고 한다.

두 번째로, 표본선택 바이어스가 학습효과와 혼합되어 나타나는 상호작용 효과에 대하여 알아보자. 예를 들어, 새로운 학습방법에 대한 효과를 조사하기 위하여 20명을 연구대상으로 참여시켰다. 연구자는 표본선택 바이어스를 인지하지 못하고, 10명의 지원자로 구성된 그룹을 새로운 학습방법을 적용하는 실험그룹으로, 10명의 비지원자로 구성된 그룹을 기존의 학습방법을 적용하는 대조그룹으로 나누어서 학습능력을 측정하였다고 가정하자. 이 경우 처음 시작할 당시의 두 그룹은 서로 비슷한 학습능력을 가지고 있었을 수도 있으나, 지원자로 구성된 실험그룹은 어떠한 동기부여로 인하여 비지원자로 구성된 그룹보다 학습효과가 더 커질 수도 있음을 예상할 수 있다. 만일 실험그룹에서 학습능력이 높게 평가되었다면, 이러한 결과가 새로운 학습방법에 대한 효과에 의하여 나타난 것인지, 또는 동기부여로 인하여 학습효과가 증가되어 나타난 것인지를 구분하기 어려워진다. 결국 이 경우, 처음에는 두 그룹 사이에 특별한 차이가 발견되지 않았지만, 나중에는 처리효과에 관계없이 두 그룹의 차이가 발생하는 경우로 두 그룹의 서로 다른 학습효과에 대한 차이로 인하여 연구결과에 대한 내적타당성이 떨어진 예라고 볼 수 있다.

02 혼란변수의 통제

혼란변수(confounding variable)는 연구결과를 왜곡시켜 내적타당성을 낮추게 되므로 혼란변수의 가능성을 조사하여 이에 대한 적절한 통제방법을 구상하는 것은 연구설계에 있어서 매우 중요한 과정이라 말할 수 있다. 혼란변수를 통제한다는 의미는 연구에 관심대상이 되는 처리효과에 혼란변수의 효과가 섞이지 않도록 구분한다는 의미이다. 다시 말하면, 어떠한 효과가 발견되면, 이러한 효과가 처리효과에 의한 것인지 또는 혼란변수에 의한 효과인지를 구분할 수 있는 실험설계를 하는 것이 혼란변수를 통제한다는 의미이다. 일반적으로 혼란변수를 통제하는 방법은 네 가지 랜덤화(randomization), 매칭(matching), 통계분석에 의한 보정, 실험설계를 통한 통제로 나누어진다. 이에 대한 내용을 자세히 살펴보면 다음과 같다.

혼란변수를 통제하는 방법

랜덤화	매칭
통계분석에 의한 보정	실험설계에 의한 통제

(1) 랜덤화

랜덤화과정(randomization process)은 실험단위를 난수표(random number table)에 의하여 실험그룹이나 대조그룹으로 할당하는 과정을 말한다. 랜덤화과정을 거치는 경우 혼란변수에 대한 효과는 각 그룹별로 고르게 분포될 것이다. 하지만 랜덤화과정을 통한 혼란변수의 통제방법은 표본의 수가 적을 경우에는 효과적이지 못하다. 만일 혼란변수를 연구자가 이미 알고 있다면, 랜덤화과정을 통하여 할당된 혼란변수의 분포가 어떻게 구성되었지를 확인할 수 있으며, 따라서 랜덤화과정을 통하여 효과적으로 혼란변수가 통제되었는지도 확인이 가능할 것이다.

랜덤화과정이 중요한 이유는 연구자가 미처 생각하지 못한 혼란변수가 존재하는 경우라도 이에 대한 효과를 희석시킬 수 있다는 장점을 가지고 있기 때문이다. 실제로 연구자는 존재하는 모든 혼란변수를 다 알고 통제할 수는 없을 것이다. 따라서 처리효과에 혼란변수의 효과가 섞여서 나타나지 않도록 하는 랜덤화과정의 역할은 대단히 중요하다고 볼 수 있다.

그렇다면 랜덤화과정을 통한 실험설계에서 혼란변수의 효과는 처리효과와 분리되어 어디로 가는 것일까? 랜덤화과정은 이러한 혼란변수에 대한 효과를 처리효과와 분리시켜 오차(error)에 들어가도록 만들어 준다. 따라서 어떠한 실험에서 오차가 크게 나타나고 있다는 의미는 혼란변수에 대한 효과가 크게 작용하여 실험의 정확도가 떨어지고 있다는 것을 의미한다. 일반적으로 처리효과의 존재여부는, 오차의 크기를 기준으로 상대적인 크기를 고려하여 판단하기 때문에, 만일 오차가 크게 나타났다면, 처리효과의 크기는 상대적으로 적어지므로 처리효과의 존재를 검출하는 능력이 떨어지게 된다. 그럼에도 불구하고 랜덤화과정이 중요한 이유는 혼란변수가 처리효과에 섞여서 왜곡된 연구결과를 얻는 것보다는 낫기 때문이다.

랜덤화과정은 샘플링에서 사용되는 랜덤샘플링(random sampling)[2] 에 대한 개념과 구분되어야 한다. 랜덤화과정은 표본을 설정한 후에 선택된 실험단위를 어떻게 실험그룹과 대조그룹으로 나눌 것인가에 관련된 문제이다. 따라서 랜덤화과정의 주요목적은 비교할 대상의 그룹이 서로 차이가 나타나지 않도록 하는 것이다. 하지만 랜덤샘플링은 모집단에 속해있는 실

2) 랜덤샘플링에 대한 개념은 제4부 샘플링과 자료수집에서 자세히 다루기로 한다.

	주요목적	연구에 미치는 영향
랜덤화과정	실험그룹과 대조그룹이 서로 차이가 나타나지 않도록 하는 것	내적타당성
랜덤샘플링	모집단의 특성을 잘 대표할 수 있도록 표본을 선택하는 것	외적타당성

험단위를 어떻게 표본으로 선정할 것인가에 초점이 맞추어져 있다. 따라서 랜덤샘플링의 주요목적은 비교할 그룹을 서로 비슷하게 만드는 것이라기 보다는 모집단의 특성을 잘 대표할 수 있도록 실험단위를 선정하는 것이라고 말할 수 있다. 따라서 랜덤화과정은 표본선택 바이어스를 통제하여 비교할 그룹이 비슷한 특성을 갖도록 만드는 내적타당성 문제와 관련되어 있는 반면에, 랜덤샘플링은 모집단의 특성을 잘 대표하는 표본을 선택하여 연구결과의 외적타당성을 높이는 문제에 초점이 맞추어져 있다.

하지만 무조건 랜덤화과정을 거쳤다고 해서 항상 좋은 실험설계가 되는 것은 아니라는 사실을 강조하고 싶다. 예를 들어, 랜덤화과정이 다음에 소개되는 매칭과 혼합된다면 보다 효과적인 실험설계가 될 수 있다. 즉, 표본을 비슷한 특성을 가진 자료끼리 모은 다음, 그 안에서 랜덤화과정을 거친 후, 실험단위를 그룹에 할당한다면 단순히 랜덤화과정만을 통한 실험설계보다 더욱 효과적으로 혼란변수를 통제할 수 있게 된다. 이러한 실험설계는 특별히 표본의 수가 적을 경우 유용하게 사용된다.

랜덤화과정은 처음부터 존재할지도 모르는 두 그룹 사이의 체계적인 차이에 의한 연구결과의 왜곡 가능성을 줄여주는 것은 사실이지만, 이러한 체계적인 차이가 완벽하게 제거될 수 있다는 의미보다는 확률적으로 연구결과의 왜곡 가능성을 줄여주는 방법으로 생각하는 것이 타당하다. 다시 말해서, 랜덤화과정을 실행하였다고 혼란변수에 대한 모든 문제점을 항상 효과적으로 해결하였다고는 생각하지 않기를 바란다.

마지막으로 언급하고자 하는 내용은 어떠한 경우의 실험이나 연구에서는 랜덤화과정의 적용이 현실적으로 불가능하다는 것이다. 예를 들어, 고등학생을 대상으로 새로운 학습방법과 기존의 학습방법을 비교하고자 하는 경우, 가장 이상적인 방법은 조사대상이 되는 모든 고등학생을 랜덤화과정을 통하여 실험그룹과 대조그룹으로 나눈 다음 연구를 진행하는 것이다. 하지만 고등학생에게는 이미 반(班)으로 구분되어 반 단위로 수업을 받고 있기 때문에 이러한 랜덤화과정을 통한 두 그룹의 할당은 현실적으로 불가능할 것이다. 이와 같은 경우, 학생 대신에 반을 랜덤화과정에 적용하면 훨씬 쉽게 연구를 진행할 수 있을 것이다. 즉, 실험단위를 랜덤화시키지는 못하지만, 실험단위와 처리그룹, 대조그룹의 중간형태인 인택그룹(intact group)이 존재하여, 인택그룹을 랜덤화하여 적용되는 실험을 유사실험설계(quasi-experimental design)라고 한다. 유사실험설계에 대한 내용은 다음 장에서 자세히 설명하도록 한다.

(2) 매 칭

매칭(matching)은 비슷한 특성을 가진 실험단위를 파악하여 실험그룹과 대조그룹에 각각 하나씩 할당하는 방법을 의미한다. 하지만 이러한 매칭방법을 사용하는 경우, 완벽하게 동일

혼란변수의 통제를 위한 매칭 방법

문제를 간단하게 만들기 위하여 실험그룹에 이미 표본이 선택된 상태에서 대조그룹의 표본을 매칭시키는 방법을 생각하여보자. 또한 혼란변수를 다음과 같이 표기하기로 한다.

X : 통제하고자 하는 혼란변수
X_1 : 실험그룹에 속한 실험단위의 혼란변수의 값
X_0 : 대조그룹에 속한 실험단위의 혼란변수의 값

1. **반경(半徑)매칭법**: 만일 두 혼란변수의 값이 $|X_1 - X_0| < \varepsilon$ 조건을 만족하면, 두 실험단위는 매칭이 된 것으로 한다 (예: $|X_1 - X_0| < 0.5$). 여기서 ε 를 허용한계(tolerance limit)라고 부르는데, 이 값이 적으면, 혼란변수를 적절히 통제시키고 있다고 말할 수 있지만, 대상이 되는 매칭이 없을 수도 있다.
2. **최근접(最近接)매칭법**(nearest available matching): X_1과 가장 가까운 X_0값을 찾아서 매칭시키는 방법이다.
3. **평균매칭법**: 이 방법은 X_1에 매칭되는 X_0값을 찾는 문제가 아니라, 두 그룹의 혼란변수에 대한 평균값이 서로 비슷하도록 두 그룹의 실험단위를 적당히 빼거나 추가시키는 방법이다.
4. **층화매칭법**(stratified matching) **또는 도수매칭법**(frequency matching): 층화매칭법은 혼란변수가 명목척도일 경우 주로 사용되며, 연속형 변수일 경우에도 몇 개의 카테고리로 나누어 적용될 수 있다. 이 방법은 각 카테고리에 같은 수의 실험단위가 할당되도록 매칭시키는 방법이다. 예를 들어, 연구참여자의 나이를 10대에서 50대로 구분한 다음, 실험그룹과 대조그룹에 각각 10대는 30명씩, 20대는 80명씩 등으로 할당하는 방법이다.
5. **다변량매칭법**(multivariate matching): 만일 혼란변수가 두 개 이상일 경우, 앞에서 설명한 방법을 이용하여 여러 혼란변수를 대상으로 동시에 적용시킬 수 있는데, 이러한 방법을 다변량매칭법이라고 한다.

한 한 쌍의 실험단위를 찾을 수 없다는 어려움이 있다. 따라서 연구자는 몇 가지 적당한 변수를 선택하여 그 변수가 일정한 범위 내에 있는 값을 취하는 경우를 매칭이 되었다고 판단하여 두 그룹에 각각 할당하는 수밖에 없다.

(3) 통계분석에 의한 보정

통계분석에 의한 보정은 혼란변수 값을 고려하여 자료를 분석하는 방법이다. 혼란변수의 효과적인 통제를 위하여 공분산분석(ANCOVA, Analysis of Covariance)이라는 통계적 방법을 많이 사용한다. 공분산분석의 기본적인 아이디어는 혼란변수의 효과에 영향을 받은 측정값을 혼란변수에 영향을 받지 않은 상태로 되돌려 놓은 다음 그룹비교를 하는 방법이다.

예를 들어, 두 도시에 대한 식비지출이 서로 차이가 있는지를 파악하는 연구를 생각하여 보자. 이 연구에서 연구자는 연간소득이 식비지출에 영향을 주는 혼란변수라고 생각하고 있다. 따라서 연구자가 우려하는 것은 소득수준이 높은 연구참여자가 우연히 많이 선택된 도시가 식비지출이 높게 나타날 수 있다는 것이다. 공분산분석에서는 이러한 연간소득에 따른 식비지출의 차이를 보정하기 위하여, 우선 소득수준과 식비지출 사이의 관계를 파악한 다음 (그림 13-1의 단계1 참조), 기준이 되는 연간소득 수준을 1천 5백만원으로 정하고 (그림 13-1의 단

그림 13-1 | 통계분석에 의한 혼란변수의 통제

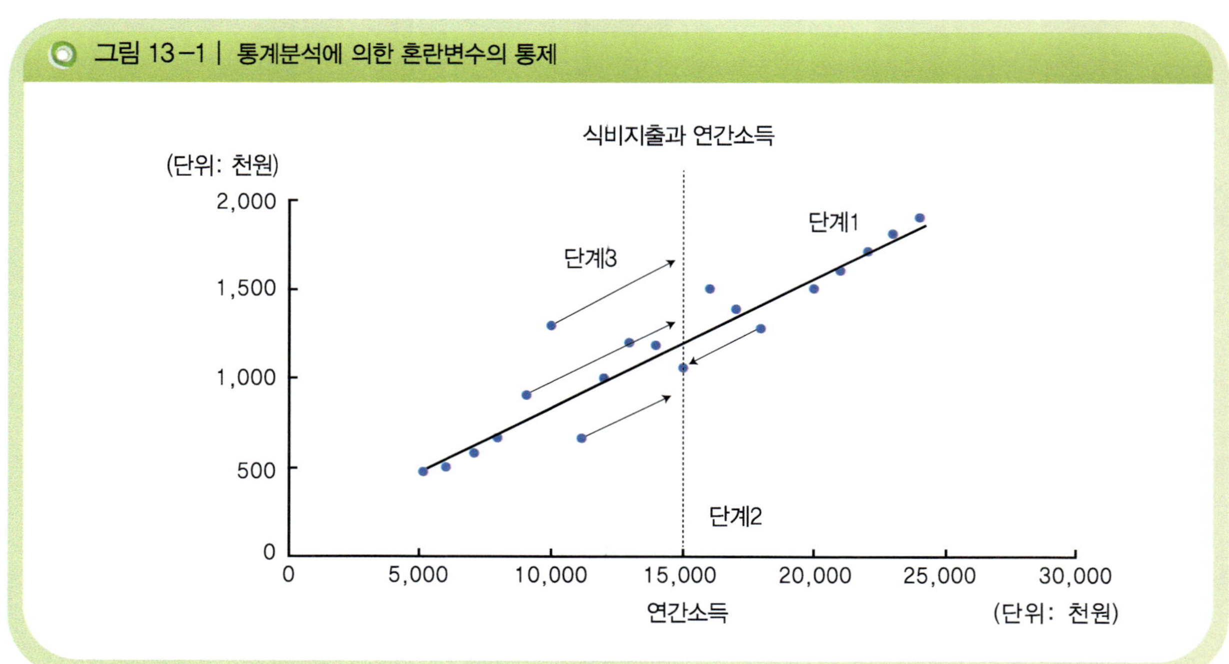

계2 참조), 마지막으로 모든 식비지출을 연간소득 수준이 1천 5백만원일 경우에 해당하는 식비지출로 바꾸어 준 다음, (그림 13-1의 단계3 참조) 두 도시의 식비지출에 대한 차이를 분석하는 과정을 거친다. 이와 같이 공분산분석은 연간소득에 따른 식비지출의 변화를 통제한 상태에서 두 도시의 식비지출에 대한 순수한 차이를 효과적으로 얻는 방법을 제공한다. 공분산분석에 대한 자세한 내용은 제5부에서 다루기로 한다.

(4) 실험설계에 의한 통제

실험설계에 의한 통제는 의심이 되는 혼란변수를 확인하고, 이를 적절히 통제할 수 있는 실험설계를 만들어서 혼란변수를 통제하는 방법으로 다음 장에서 자세하게 설명하기로 한다.

03 외적타당성

외적타당성(external validity)은 연구결과를 일반적인 상황에 적용시키고자 하는 문제와 관련되어 있다. 또한, 앞 절에서 설명한 바와 같이, 내적타당성에 관련된 다양한 문제들은 외적타당성의 문제와도 관련되어 있다. 내적타당성이 없다는 것은 연구결과 자체가 잘못된 것이라는 의미이기 때문에 내적타당성이 없는 연구결과에 대하여 외적타당성을 검토하는 것은 무의미하다. 즉, 내적타당성은 외적타당성을 검토하기 위하여 반드시 거쳐야 하는 필요한 조건은 되지만, 충분한 조건은 될 수 없다. 내적타당성이 있는 연구결과를 대상으로 외적타당성을 검토하고자 한다면, 크게 두 가지 측면에서 검토가 이루어질 수 있는데(Bracht and Glass, 1968), 그 첫 번째 측면은 모집단에 대한 타당성(population validity)이며, 두 번째 측면은 환경에 의한 타당성(ecological validity)이다. 이러한 두 가지 측면에 대하여 자세히 알아보도록 하자.

(1) 모집단에 대한 타당성

모집단에 대한 타당성(population validity)은 연구분석에 사용되는 표본자료가 연구 대상이 되는 모집단의 특성을 충분히 반영하고 있는지를 파악하는 것이다. 이러한 모집단에 대한 타당성은 제4부에서 설명하는 샘플링(sampling)과 관련된 문제로써 적절한 샘플링 방법을 선택함으로써 이러한 문제를 극복할 수 있다. 결국 모집단을 대표하는 표본자료로부터 얻은 내적 타당성이 있는 연구결과일 경우 일반화된 적용이 가능하다는 것이다. 여기서 연구자가 한 가지 추가적으로 고려할 사항은 표본이 나타내는 모집단과 연구에서 설정한 모집단이 서로 일치하는지의 여부를 파악하는 것이다.

예를 들어, 우편을 통한 설문조사의 경우, 연구자가 설정한 모집단에 대한 표본은 우편을 보낸 모든 대상이지만, 실제 표본은 우편을 통하여 설문조사에서 응답한 사람들이 된다. 따라서 이에 대한 표본이 연구자가 처음 설정한 모집단을 잘 표현하고 있는지에 대한 검토는 모집단에 대한 타당성측면에서 검토되어야 한다.

(2) 환경에 의한 타당성

외적타당성을 구성하는 두 번째 측면은 환경에 의한 타당성(ecological validity)이다. 환경에 의한 타당성에서는 연구결과가 연구환경이 아닌 좀더 현실적이면서 다른 환경에서도 적용될 수 있는지를 검토한다. 예를 들어, 신입사원 중에서 몇 명을 선택하여 영어회화 프로그램을 실시하였더니 업무성과가 매우 높게 나타났다고 하자. 만일 모든 신입사원에게 영어회화 프로그램을 실시한 결과 업무성과가 오히려 낮게 나타났다면, 처음의 실험에서 얻은 결과는 환경에 의한 타당성에 문제가 있는 것으로 볼 수 있다. 즉, 연구에서 선택된 몇 명의 신입사원은 연구자에 의하여 지속적으로 관찰되기 때문에 평상시 보다 열심히 하려고 노력하는 성향이 나타났고, 따라서 연구결과는 실제상황과 반대의 결과를 나타낸 것으로 볼 수 있다.

환경에 의한 타당성과 관련된 문제로서 실험그룹이나 대조그룹에 속한 연구참여자가 스스로 어떠한 의미를 부여하여 종속변수의 값을 변하게 만드는 효과가 발생할 수 있는데, 그 효과가 어떠한 그룹에서 나타나느냐에 따라 호선효과(Hawthorne effect)와 존 헨리효과(John Henry effect)로 구분된다. 이에 대한 자세한 내용은 다음절에서 다루기로 한다.

환경에 의한 타당성과 관련된 효과로써 연구자에 의한 효과(experimenter effect)가 있다(Rosenthal, 1966). 연구자에 의한 효과는 연구자가 연구결과에 영향을 미치는 행동이나 말을 함으로서 연구참여자가 평상시와는 다르게 행동하는 경우이다. 예를 들어, 새로운 약에 대한 효능을 파악하는 연구에서 의사가 환자에게 매우 효과있는 신약을 제공하겠다고 말을 하여 심리적으로 환자가 기대 이상의 효능을 예상하게끔 한다든가, 정치적 성향을 묻는 질문에서 문항의 내용이 특정 당을 지지하는 문항을 포함하는 경우가 이에 해당된다. 연구자에 의한 효과를 제거하는 가장 효과적인 방법은 이중눈가림방법(double-blinded technique)이다. 이 방법은 의학연구에서 개발된 방법으로, 앞에서 언급한 새로운 약에 대한 효과 연구의 경우, 의사와 환자 모두에게 어떠한 약이 투여되었는지를 모르게 하고 연구를 진행시키는 방법이다.

04 호선효과와 존헨리효과

(1) 호선효과

호선효과(Hawthorne effect)는 연구참여자가 특별한 대우를 받으면서 연구자에 의하여 지속적으로 관찰되고 있다는 생각 때문에, 대조그룹에서는 나타나지 않지만, 실험그룹에서의 연구참여자는 평상시와는 다르게 열심히 연구에 참여하기 때문에 나타나는 효과를 말한다.

예를 들어, 밝은 작업환경에서 작업한 사람들이 대조그룹과 비교하였을 때, 생산성의 향상이 나타났고, 어두운 작업환경에서 작업한 사람들도, 대조그룹과 비교할 때, 생산성의 향상이 나타났다면, 이러한 실험그룹의 향상을 어떻게 설명할 수 있을 것인가? 아마도 정상적인 작업환경에 있는 작업자는 어떠한 실험이 진행되고 있으며, 연구자에 의하여 생산성이 측정되고 있다는 사실을 못 느끼고 있기 때문에 정상상태로 작업을 할 수 있었을지 모르지만, 실험그룹에 속해있는 작업자는 작업환경이 다르고 연구자에 의한 생산성이 측정되고 있다는 사실을 쉽게 발견할 수 있었을 것이다. 따라서 평상시와는 다르게 더욱 열심히 일을 하였을 가능성이 있다고 보아야 할 것이다.

이러한 호선효과는 의약연구에서도 자주 나타난다. 예를 들어, 새로운 약에 대한 효과를 측정하는 임상실험에서는 반드시 이중눈가림방법(double-blinded technique)을 사용하고 반드시 대조그룹을 만들어서 실험그룹과 비교해야 한다. 그 주요 이유 중에 하나는 환자가 특별한 처리를 받고있다는 심리적 효과를 제거하고, 제거가 불가능한 경우에는 이러한 심리적 효과를 통제하기 위해서이다. 일반적으로 대조그룹에는 새로운 약을 투여하는 것이 아니라 인체에 아무 효과가 없는 가짜약을 투여하게 된다. 이러한 대조그룹이 필요한 이유는, 예를 들어, 혈압이 떨어지는 약의 효능을 살펴보기 위하여 대조그룹에 가짜약을 투여하더라도, 일단 환자가 이러한 연구에 참여하고 있다는 사실을 알고 있을 경우, 대조그룹에서 가짜약을 받은 환자라고 할지라도 실제로 혈압이 떨어지는 현상이 나타나기 때문이다. 특별히 이러한 현상을, 의학에서는, 위약(僞藥)효과(placebo effect)라고 한다.

호선 전기회사

호선(Hawthorne)이라는 이름은 미국 서부지역 전기회사의 어느 공장 이름으로, 이 공장에서 실시한 작업환경의 변화가 생산성에 어느 정도 영향을 미치는지에 관한 1920년에 발표한 연구의 이름에서 유래되었다. 이 연구에서는 특별한 작업환경 아래서 실험그룹을 구성하여 생산성을 측정하였고, 정상적인 작업환경 아래서 대조그룹을 구성하여 생산성을 측정하여, 두 그룹간의 차이를 관찰하는 것이 주요목적이었다. 연구결과, 대조그룹에 속한 작업자는 작업환경의 변화가 특별히 없었기 때문에 평상시 상태의 생산성을 보인 반면에, 실험그룹에 속해있는 작업자들의 생산성은 매우 높게 나타났다. 두 번째 실험에서 연구자는 다른 작업환경을 만들어 새로운 실험그룹을 만들고, 생산성을 관찰해 보았더니 처음 결과와 마찬가지로 실험그룹에 속해있는 작업자들의 생산성이 매우 높게 나타났다. 결국 이 연구에서 연구자는 어떠한 작업환경으로 구성하든 관계없이 작업환경만 바뀐다면 무조건 생산성이 향상된다는 연구결과를 발표하게 되었다.

호선효과를 다시 한번 요약하면, 연구참여자가 연구자에 의하여 특별한 처리를 받고 있고, 지속적으로 측정되고 있다는 사실 자체를 인식하여, 정상적이 아닌, 평시와는 다르게 행동함으로 연구결과에 영향을 미치는 효과이다.

(2) 존헨리효과

존 헨리효과(John Henry effect)는 호선효과의 반대되는 현상으로 특별한 처리를 받지 못한 대조그룹의 연구참여자가 평상시와는 다르게 행동하거나 고의로 실험그룹보다 더 좋은 결과가 나타나도록 노력하는 경우에 발생하는 효과이다.

미국의 민요에 나오는 존 헨리(John Henry)는 증기 힘으로 움직이는 망치기계보다 자신이 더 우수하다는 것을 보이기 위해 무리하게 경쟁하다가 죽은 전설적인 흑인 노동자이다. 존 헨리효과는 이러한 전설적인 흑인노동자의 이름에서 유래되었다.

이러한 호선효과와 존 헨리효과를 통제하기 위하여 연구자는 대조그룹의 연구참여자와 실험그룹의 연구참여자를 수시로 접촉하여 실험그룹의 연구참여자가 특별한 처리를 받고 있다는 태도를 가지고 있는지를 확인해 볼 필요가 있다. 결국 연구참여자가 대조그룹에 속하고 있는지 또는 실험그룹에 속하고 있는지를 알지 못하게 하는 것이 가장 바람직하다.

존 헨리(John Henry)에 대한 전설

1870년, 미국은 서부지역을 연결하는 철도작업을 마무리하는 시점이었다. 그 당시 증기 힘으로 철도작업을 마무리하는 새로운 기계가 발명되어 많은 노동자들이 직장을 잃게 되었다. 이 때 2미터 10센티가 넘는 장신의 망치를 든 전설적인 노동자 John Henry가 나타났다고 한다. John Henry를 본 몇 명의 사람들은 그의 힘이 30명 노동자의 힘과 맞먹는다고 하였다. 이러한 상황을 이야기한 발라드 풍의 민요에서는 John Henry가 어떻게 이 새로운 기계와 경쟁하여 이겼는지, 그리고 이 경쟁에서 이긴 후, 어떻게 바로 죽었는지에 대하여 자세히 묘사하고 있다.

John Henry 동상

100년이 넘는 세월이 지난 지금 John Henry의 경쟁은 인간과 기계의 모순에 대한 상징으로 남겨졌으며, 이러한 전설적인 이야기는 미국의 한 문화로 자리잡았다. 1997년 John Henry에 대한 우표가 발행되었고, 미국의 어느 지역에서는 해마다 John Henry의 승리를 기념하는 축하 퍼레이드를 한다고 한다.

요 약

▶ 연구결과에 대한 타당성 검토는 연구결과에 영향을 주는 혼란변수를 파악하는 내적타당성과 연구결과를 일반적인 상황에 적용할 수 있는지를 검토하는 외적타당성으로 구분된다.

1. 내적타당성

▶ 내적타당성의 검토는 특정사건의 영향, 시간에 따른 성숙효과, 학습효과, 측정도구의 변화, 회귀효과, 표본선택 바이어스, 연구참여자의 탈락, 혼란변수들 사이의 상호작용 효과에 대한 검토를 통하여 이루어진다.

2. 혼란변수의 통제

▶ 혼란변수를 통제하는 방법은 랜덤화, 매칭, 통계분석에 의한 보정, 실험설계를 통한 통제로 나누어진다.

▶ 랜덤화과정이 중요한 이유는 연구자가 미처 생각하지 못한 혼란변수에 대한 효과를 희

석시킬 수 있기 때문이다.

- 매칭은 비슷한 특성을 가진 실험단위를 파악하여 실험그룹과 대조그룹에 각각 하나씩 할당하는 방법을 의미한다.
- 통계분석에 의한 보정은 혼란변수 값을 고려하여 자료를 분석하는 방법으로 공분산분석이 유용하게 응용된다.
- 실험설계에 의한 통제는 의심이 되는 혼란변수를 확인하고, 이를 적절히 통제할 수 있는 실험설계를 만드는 것이다.

3. 외적타당성

- 외적타당성은 모집단에 대한 타당성과 환경에 의한 타당성으로 구분된다.
- 모집단에 대한 타당성은 표본자료가 모집단의 특성을 충분히 반영하고 있는지를 파악하는 것으로 샘플링 문제와 관련되어 있다.
- 환경에 의한 타당성의 검토는 연구결과가 연구환경이 아닌 좀더 현실적이면서 다른 환경에서도 적용될 수 있는지를 검토하는 것이다.

4. 호선효과와 존 헨리효과

- 호선효과는 연구참여자가 특별한 대우를 받으면서 연구자에 의하여 지속적으로 관찰되고 있다는 생각 때문에, 대조그룹에서는 나타나지 않지만, 실험그룹에서의 연구참여자만이 평상시와는 다르게 열심히 연구에 참여하여 나타나는 효과를 말한다.
- 존 헨리효과는 호선효과의 반대되는 현상으로 특별한 처리를 받지 못한 대조그룹의 연구참여자가 평상시와는 다르게 행동하거나 고의로 실험그룹보다 더 좋은 결과가 나타나도록 노력하는 경우에 발생하는 효과이다.

논의사항

1. 내적타당성과 외적타당성에 대한 예를 들어보고, 내적타당성과 외적타당성의 차이점에 대하여 논의하시오. 또한 한 개의 혼란변수가 작용하여 내적타당성 뿐만 아니라 외적타당성에도 동시에 영향을 미치는 경우에 대하여 논의하시오.
2. 연구참여자를 실험그룹과 대조그룹으로 나누는 두 가지 방법에 대하여 기술하고, 각 방법에 대한 장점 및 단점에 대하여 논의하시오.
3. 호선효과와 존헨리효과를 비교하고, 여기서 나타나는 문제점을 극복할 수 있는 방안에 대하여 논의하시오.

CHAPTER 14

인과관계 연구3: 실험설계[1)]

사회과학연구에서는 다양한 실험설계가 나타날 수 있다. 우선, 실험그룹과 대조그룹 두 그룹으로 나누어 비교하는 실험설계에서는 랜덤화과정을 어느 정도 적용시킬 수 있느냐에 따라 원시실험설계, 순수실험설계, 유사실험설계로 구분할 수 있다. 또한 기준환경에서 처리환경으로 바뀌면서 연구대상을 일정한 시간 간격에 따라 지속적으로 관찰하는 시계열 실험설계가 있으며, 연구자가 독립변수를 조작할 수 없는 상황에서 연구대상을 관찰하는 사후측정 실험설계가 있다.

1) 연구설계와 실험설계를 같은 의미로서 본장에서도 구분없이 혼용하여 사용하기로 한다.

사회과학연구에서는 매우 다양한 형태의 실험설계가 있다. 이러한 다양한 실험설계가 가지고 있는 공통된 주요목적이라면, 높은 내적타당성을 갖는 연구결과를 얻는 것이라고 볼 수 있다. 높은 내적타당성은 혼란변수의 적절한 통제를 통하여 이루어지며, 여기서 랜덤화과정은 매우 중요한 역할을 한다. 그룹비교연구에서는 실험단위를 어느 정도 랜덤화하여 실험그룹과 대조그룹으로 나눌 수 있느냐에 따라 **원시실험설계**(pre-experimental design), **순수실험설계**(true experimental design), **유사실험설계**(quasi-experimental design)로 구분한다. 연구의 형태가 **기준환경**(baseline condition)에서 **처리환경**(treatment condition)으로 바뀌면서, 처리환경이 원인이 되어 연구대상이 어떻게 변화되는지를 일정한 시간간격을 두고 지속적으로 관찰하는 실험설계를 **시계열 실험설계**(time series design)라고 한다. **사후측정 실험설계**(ex post facto design)는 연구자가 독립변수를 조작할 수 없는 상황에서 만들어지는 실험설계로서 현장연구(field research), **전향적 연구**(prospective research), **후향적 연구**(retrospective research) 등 다양한 연구형태에서 나타날 수 있다.

앞으로 소개하는 다양한 실험설계에 대한 개념을 효과적으로 소개하기 위하여 다음과 같은 표기법을 사용하기로 한다.

X : 독립변수의 조작이나 관찰을 나타낸다.
O : 실험단위에 대한 종속변수의 값을 측정한다.
R : 실험단위나 인택그룹을 랜덤화한다.

이러한 표기법 이외에도 다음과 같은 규칙이 적용된다.

규칙 1 왼쪽에서 오른쪽의 진행은 시간 순서이다.
규칙 2 같은 행에 속한 기호는 같은 그룹의 의미를 갖는다.
규칙 3 같은 열에 있는 기호는 같은 시점을 의미한다.

예를 들어, 아래와 같은 표현은

$$X \quad O_1 \quad O_2$$

처음에 독립변수의 값을 측정하거나 또는 조정하고, 그 이후에 일정한 시간 간격을 두고 두 번 종속변수의 값을 측정한다는 의미이다.

다른 예를 살펴보도록 하자.

이 경우는 실험단위에 대하여 랜덤화과정을 거쳐 두 그룹으로 구분한 다음, 각각 독립변수의 조작이나 측정을 같은 시간에 실시하고, 이에 따른 종속변수의 값을 같은 시간에 각각 측정하는 설계를 의미한다.

01 랜덤화과정에 따른 실험설계

인과관계연구에서는 실험단위를 실험그룹과 대조그룹으로 구분하는 과정에서 랜덤화과정(randomization process)을 어느 정도 적용시켰느냐에 따라 크게 세 가지 형태 즉, 원시실험설계, 순수실험설계, 유사실험설계로 구분한다. 원시실험설계(pre-experimental design)는 실험단위에 대한 랜덤화과정(randomization process)을 거치지 않은 실험설계로서 혼란변수의 통제가 전혀 이루어지지 않는다. 반면에, 순수실험설계(true experimental design)는 혼란변수의 통제를 위하여 실험단위를 완벽하게 랜덤화하여 실험그룹과 대조그룹으로 나누는 실험설계를 말한다. 유사실험설계(quasi-experimental design)에서는 연구자가 완벽한 랜덤화과정을 통하여 실험을 설계할 수 없는 상황이지만, 실험단위로 구성된 인택그룹(intact group)이 존재하여, 이에 대한 랜덤화가 가능한 실험설계를 의미한다.

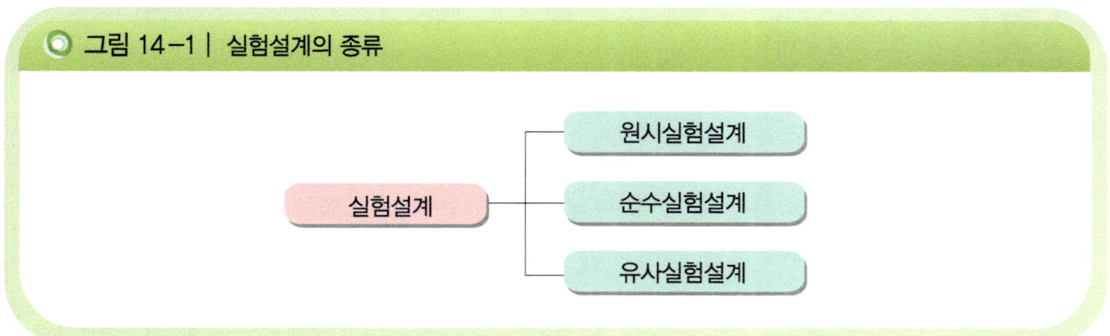

그림 14-1 | 실험설계의 종류

(1) 원시실험설계

원시실험설계(pre-experimental design)는 혼란변수의 통제가 전혀 이루어지지 않으므로 엄격히 말하면 **실험연구**(experimental research)라고 말할 수 없다. 따라서 원시실험설계를 사용하는 경우, 인과관계와 관련된 가설은 만들 수 있지만, 추가적인 연구결과없이 인과관계의 존재여부를 판단할 수는 없다. 원시실험설계에서는 인과관계의 존재여부를 판단하는 측면보다는 인과관계에 대한 가능성을 미리 알아보고, 어떠한 현상을 기술하는 측면이 강하다고 볼 수 있기 때문에, 탐색적 연구나 기술적 연구의 목적으로 사용되기도 한다. 그럼에도 불구하고 원시실험설계가 중요한 이유는 원시실험설계를 통한 결과가 연구자가 관심을 갖는 어떠한 인과관계의 기초지식을 제공하여 주기 때문이다. 본 절에서 소개하는 원시실험설계의 형태는 **일회성 사례연구**(one-shot case study; one group after-only design), **단일그룹 사전사후측정 원시실험설계**(one-group pretest-posttest design; one-group before-after design), **두 그룹 사후측정 원시실험설계**(two-group ex post facto design; static group design)이며, 이에 대하여 자세히 알아보도록 하자.

◆ 일회성 사례연구

일회성 사례연구(one-shot case study; one group after-only design)는 아래와 같은 표기법으로 실험설계를 표현할 수 있다.

$$X \quad O_1$$

일회성 사례연구에서는 연구자가 단일그룹만을 대상으로 독립변수에 대한 처리를 하고 결과를 측정하는 실험설계이므로 처리효과에 대해서는 알 수 없게 된다. 즉, 처리를 받지 않은 대조그룹이 없기 때문에 측정된 결과와 독립변수의 처리 사이의 어떠한 관계가 있는지를 파악할 수 없는 실험설계이다.

다음과 같은 예를 생각하여 보자.

> 정부에서는 새롭게 개정된 의료보험제도를 TV토론에서 홍보하였다. TV토론을 통한 홍보가 있은 후, 전화조사를 하였더니 70%가 새로운 의료보험제도에 대하여 찬성하는 것으로 나타났다. 따라서 TV토론에 대한 홍보효과는 매우 효과적인 것으로 고려되었다.

위의 실험을 살펴보면 전형적인 일회성 사례연구의 예이다. 처리로 표현되는 X는 TV토론을 통한 홍보가 되며, O_1는 70%에 해당하는 새로운 의료보험제도의 찬성률이 된다. 연구결과를 살펴보면, 문구에서 이미 인과관계를 설명하고 있으며, 이러한 인과관계가 직관적으로 타당한 것같이 보인다. 하지만 이러한 실험설계를 가지고 인과관계의 존재를 확신할 수 없다는 것은 앞에서 이미 설명하였다. 이 실험이 가지고 있는 첫 번째 문제점이라면 혼란변수를 전혀 통제하지 않았으므로 TV토론에 대한 효과 이외에 다른 요인이 어떻게 작용하여 이러한 결과가 나타났는지 파악할 수 없다는 것이다. 두 번째로 지적할 수 있는 문제점은, TV토론이 미치는 영향을 판단할 수 있는 기준이 없기 때문에, TV토론과 새로운 의료보험제도의 찬성률이 어떠한 관계인지를 파악할 수 없다. 다시 말하면, 새로운 의료보험제도에 대한 찬성률이 80%에서 70%로 떨어진 효과인지 또는 60%에서 70%로 상승된 효과인지에 대한 내용을 파악할 수 없다는 것이다. 본 예제에서 객관적인 근거없이 가정하고 있는 내용은 TV토론을 하지 않을 경우의 새로운 의료보험제도의 찬성률은 70%보다 훨씬 낮게 나타날 것이라는 추측이다. 이와 같이, 일회성 사례연구로부터 인과관계를 파악하고자 하는 오류에 대하여 연구자는 항상 주의를 기울여야 한다.

◆ 단일그룹 사전사후측정 원시실험설계

단일그룹 사전사후측정 원시실험설계(one-group pretest-posttest design; one-group before-after design)는 아래와 같은 표기법으로 실험설계를 표현할 수 있다.

$$O_1 \quad X \quad O_2$$

단일그룹 사전사후측정 원시실험설계는 처리를 전후로 하여 두 번 결과를 측정한다는 측면에서 일회성 사례연구와 구분된다. 즉, 처리를 하기 전에 사전측정(pretest)을 하여 O_1을 조사하고, 처리를 한 후(X 시점), 사후측정(posttest)을 하여 O_2를 조사하는 실험이다. 일반적으로 일회성 사례연구보다 단일그룹 사전사후측정 원시실험설계가 처리효과를 측정하는 측면에서 보다 우수한 실험설계라고 말할 수 있다. 하지만 이 실험설계 조차도 혼란변수의 영향력을 통제하지 않고 있기 때문에, 실험결과에 대한 높은 내적타당성을 가질 수 없으며, 따라서 어떠한 인과관계를 확정적으로 말하기는 어렵다. 즉, 사전측정에서 사후측정으로의 변화가 처리효과에 의하여 나타날 수도 있지만, 처리효과 이외의 다른 효과, 즉, 혼란변수에 의하여 나타날 수도 있기 때문이다. 이러한 실험설계의 경우 처리효과는 사후측정과 사전측정의 차이는 $O_2 - O_1$으로 표현된다.

◆ 두 그룹 사후측정 원시실험설계

두 그룹 사후측정 원시실험설계(two-group ex post facto design; static group design)는 처리를 받는 실험그룹(experimental group)과 처리를 받지 않는 대조그룹(control group)으로 구분하여, 두 그룹을 비교하는 실험설계로서 아래와 같은 표기법으로 실험설계를 표현할 수 있다.

실험그룹 : X O_1
대조그룹 : O_2

두 그룹 사후측정 원시실험설계는 처리를 받은 후에 두 그룹에 대한 측정이 한번만 이루어진다는 특징을 가지고 있다. 이 경우 처리효과는 실험그룹의 측정값과 대조그룹의 측정값에 대한 차이로서 O_1-O_2로 표현된다. 하지만 이러한 실험설계도 원시실험 설계가 가지고 있는 공통적인 문제점인 혼란변수를 통제하지 못한다는 문제점을 가지고 있다. 다시 말하면, 실험그룹의 측정값과 대조그룹의 측정값에 대한 차이, O_1-O_2는 처리효과 이외에 다른 혼란변수에 의하여 나타날 수도 있다는 것이다. 이러한 실험설계에서 두드러지게 나타나는 혼란변수는 표본선택 바이어스이다. 표본선택 바이어스에 의한 효과는 실험단위를 두 그룹으로 할당하는 과정에서 랜덤화과정을 거치지 않기 때문에, 처리하기 전 상태에서 이미 두 그룹간에 차이가 존재할 수 있으므로 나타날 수 있다. 이 경우 처리효과로 표현되는 O_1-O_2값은 이미 표본선택 바이어스에 대한 효과가 섞여있기 때문에 처리효과와 분리하는 것은 불가능해 진다.

다음과 같은 예를 생각하여 보자.

정부에서는 새롭게 개정된 의료보험제도를 TV토론을 통하여 홍보하였다. TV토론을 통하여 홍보가 있은 후, 전화조사를 하여 TV토론을 보았는지의 여부를 파악하고 새로운 의료보험제도에 대한 태도를 질문하였다. 전화조사 결과, TV토론을 본 응답자의 70%가 새로운 의료보험제도에 찬성하였으며, TV토론을 보지 않은 응답자의 20%가 새로운 의료보험제도에 찬성하는 것으로 나타났다. 따라서 TV토론을 통한 홍보효과는 매우 효과적인 것으로 고려되었다.

이 예제는 앞에서 소개한 일회성 사례연구의 예제를 약간 수정한 것이다. 일회성 사례연구의 경우 지적된 문제점 중의 하나는 70%라는 수치 자체가 높은 찬성률인지 아니면 낮은 찬성률인지를 판단하는 기준이 없다는 것이었다. 하지만 지금의 예제를 보면 그러한 문제는 해결이 된 것으로 판단된다. 왜냐하면, TV토론을 보지 않은 대조그룹이 존재하기 때문에 대조그룹의 찬성률을 기준으로 실험그룹에 속하는 TV토론을 통한 홍보효과를 측정할 수 있기 때문이다. 이 경우 TV토론에 따른 홍보효과는 70%-20%=50%라고 말할 수 있다.

그렇다면, 이러한 사실을 근거로 TV토론을 통한 홍보효과가 효과적이었다고 말할 수 있을까? 앞에서 설명한 내용에 따르면 매우 합당한 전개인 것 같지만, 심각한 오류가 이러한 논리전개에서 발견될 수 있다. 이러한 오류는 TV토론을 본 경험이 있는 실험그룹과 TV토론을 본 경험이 없는 대조그룹의 할당이 랜덤화과정을 거치지 않고 단순히 응답자의 선택에 의하여 결정되었다는 문제점에서 시작된다. 연구자는 두 그룹을 할당하는 과정에 전혀 참여할 수 없었으며, 이에 대한 결과로, TV토론을 보기 전에 응답자가 가지고 있는 새로운 의료보험제도에 대한 태도가 어떠하였는지를 알 수 없기 때문이다.

예를 들어, TV토론을 보는 대부분의 사람들이 정부의 정책에 관심이 있으며, 긍정적인 태도를 가지고 있고, TV토론을 보지 않은 대부분의 사람들은 정부의 정책에 무관심하고, 부정적인 태도를 가지고 있다면, 이러한 차이를 TV토론의 홍보효과로 표현하기보다는 표본선택 바이어스로 인한 혼란변수의 효과로 생각하여야 할 것이다. 홍보효과와 표본선택 바이어스에 따른 효과가 섞여서 나타난 것이라고 볼 수 있으며, 이 실험을 통하여 이 두 효과를 분리하여 측정하는 것은 불가능하다. 이와 같이 표본선택 바이어스에 의한 혼란변수 효과는 실험결과의 내적타당성을 낮추는 주요요인으로 작용할 수 있다.

두 번째로 언급하고자 하는 문제점은 응답자의 의사에 따라 그룹이 구분되기 때문에 TV토론을 실제로 보고 보았다고 응답한 것인지 아니면, 일부만 잠깐보고 보았다고 응답한 것인지, 또는 전혀 보지 않고 보았다고 응답한 것인지에 대하여 확인할 방법이 없다는 것이다. 따라서 실험그룹에 속해있는 모든 응답자가 실제로 TV토론을 보았고, 대조그룹에 속해있는 모든 응답자가 TV토론을 보지 않았을 것이라는 사실에 대한 보장을 받지 못하게 된다.

이와 같이 원시실험설계에서는 연구자가 그룹구성이나 처리조작과 관련되어 어떠한 역할도 할 수 없게 된다. 따라서 원시실험설계는 그로부터 얻은 자료를 기술하고 탐색하여 인과관계의 가능성을 판단하는 정도로 결론을 표현하는 것이 바람직하다. 만일 이러한 결과를 인과관계로 확장시키고자 한다면, 연구자는 어느 정도의 혼란변수에 의한 내적타당성에 대한 위험을 감수해야 한다는 사실을 명심하기 바란다. 본 장의 <표 14-1>에서는 원시실험설계의 형태와 혼란변수의 관계를 보여주고 있다.

(2) 순수실험설계

원시실험설계와 비교할 때, 순수실험설계(true experimental design)가 가지고 있는 가장 큰 특징은 실험단위를 그룹으로 나눌 때 랜덤화과정을 거친다는 것이다. 앞에서도 언급한 바와 같이, 랜덤화과정은 혼란변수를 통제하여 주는 중요한 방법이기 때문에, 순수실험설계는 연구결과에 대한 외적타당성과 대부분의 혼란변수와 관련된 내적타당성 문제를 해결하여 준다. 랜덤화과정은 연구자가 미처 생각하지 못한 무수한 혼란변수들을 통제하여 주는 방법으로 작용할 뿐만 아니라, 내적타당성을 높이기 위하여 통제한 여러 혼란변수들로 인하여 외적타당성이 낮아지는 문제점도 함께 해결하여 준다. 따라서 연구자는 원시실험설계로부터 나오는 결과보다는 순수실험설계로부터 나오는 결과를 이용하여 인과관계를 추측하였을 경우보다 확신을 가질 수 있게 된다.

본 절에서는 순수실험설계를 세 가지 형태, 즉, **두 그룹 사전사후측정 순수실험설계**(two-group before-after design; pretest-posttest control group design), **두 그룹 사후측정 순수실험설계**(two-group after-only design; posttest-only control group design), **솔로몬의 4그룹 순수실험설계**(Solomon four-group design)로 나누어 논의하기로 한다.

◆ 두 그룹 사전사후측정 순수실험설계

두 그룹 사전사후측정 순수실험설계(two-group before-after design; pretest-posttest control group design)에서는 실험단위가 랜덤화과정을 통하여 실험그룹과 대조그룹으로 나누어지며, 처리를 하기 전에 두 그룹에 대한 측정이 한번 이루어지고, 처리가 있은 후 두 번째 측정이 이루어지는 실험설계로서 아래와 같은 표기법으로 실험설계를 표현할 수 있다.

실험그룹 :	R	O_1	X	O_2
대조그룹 :	R	O_3		O_4

이 실험설계는 랜덤화과정을 사용하였으므로 대부분의 혼란변수를 통제할 수 있다. 표본선택 바이어스는 실험단위를 랜덤화로 할당하는 과정에서 희석이 될 것이며, 그 이외의 다른 혼란변수에 대한 효과도 두 그룹 모두에게 영향을 미치므로, 두 그룹의 차이를 통하여 서로 상쇄시킬 수 있다.

실험그룹과 대조그룹의 효과를 수식으로 표현하여, 다음과 같이 표현할 수 있다.

실험그룹과 대조그룹에서 나타나는 효과의 차이를 계산하면 일부 혼란변수의 효과, 즉 특정사건의 영향, 시간에 따른 성숙효과, 학습효과, 측정도구의 변화, 회귀효과가 서로 상쇄되어 다음과 같은 결과를 얻을 수 있다.

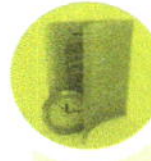

〈실험그룹〉

$O_2 - O_1$= 처리효과 + 특정사건의 영향 + 시간에 따른 성숙효과 + 학습효과+측정도구의 변 화 + 회귀효과 + 연구참여자의 탈락(실험그룹) + 호선효과 + 상호작용 학습효과

〈대조그룹〉

$O_4 - O_3$= 특정사건의 영향 + 시간에 따른 성숙효과 + 학습효과 + 측정도구의 변화+ 회귀효과 + 연구참여자의 탈락(대조그룹) + 존 헨리효과

$(O_2-O_1)-(O_4-O_3)$=처리효과+호선효과-존 헨리효과+상호작용 학습효과+연구참여자의 탈락(처리그룹)-연구참여자의 탈락(대조그룹)

결국 처리효과로 표현되는 $(O_2-O_1)-(O_4-O_3)$[2)]값은 대부분의 혼란변수를 제거한 상태가 되며, 상호작용 학습효과와 내적타당성과 관련된 연구참여자의 탈락에 따른 효과, 외적타당성에 관련된 호선효과와 존 헨리효과가 처리효과와 함께 남게 된다.

연구참여자의 탈락에 따른 효과는 앞에서 언급한 바와 같이, 처리가 일어나기 전의 첫 번째 측정에서는 별 문제가 없었으나, 처리가 일어난 후의 두 번째 측정에서 발생한다. 예를 들어, 연구 참여자의 추적이 불가능하거나, 응답의 거부 등 다양한 이유로 인하여 자료를 완벽하게 얻지 못하는 경우에 발생되는 문제이다. 만일 이러한 연구참여자의 탈락이 랜덤화의 형태를 취하면서 골고루 분포되어 있다면 별 문제가 없지만, 완벽하게 얻은 자료와 비교하였을 때, 어느 특정한 그룹에서 어떠한 체계성을 가지고 연구참여자의 탈락이 나타났다면, 내적타당성이 떨어지게 되며, 실험결과는 심각하게 왜곡되어 나타난다. 호선효과는, 앞에서도 언급한 바와 같이, 연구참여자가 실험그룹에 속해있다는 사실로 인하여 어떠한 자극에 매우 민감하게 반응하여 비정상적인 행동함으로 나타나는 효과로서 실험결과의 외적타당성과 관련된 문제이다. 또한 존헨리효과는 연구참여자가 대조그룹에 속해있다는 사실로 인하여 평상시와는 다른 비정상적인 행동함으로 나타나는 효과로서 이 문제도 외적타당성과 관련된 문제로 취급된다. 두 그룹 사전사후측정 실험설계에서 문제점으로 지적되고 있는 것은 처리효과와 학습효과가 섞여서 나타나는 상호작용 학습효과를 통제하지 못하고 있다는 것이다. 앞

2) $(O_2-O_1)-(O_4-O_3)$로 표현되는 처리효과는 실험그룹과 대조그룹의 차이에서 나타나는 두 그룹의 효과와 사전측정과 사후측정의 차이에서 나타나는 학습효과에 대한 상호작용 효과(interaction effect)로 설명될 수 있다. 즉, 상호작용 효과가 없다는 의미는, 실험그룹에서 나타나는 학습효과인 (O_2-O_1)과 대조그룹에에서 나타나는 학습효과인 (O_4-O_3)의 크기가 같다는 의미이며, 그 의미는 처리효과가 존재하지 않는다는 의미와 동일한 식이 되기 때문이다. 상호작용 효과에 대한 내용은 제5부의 분산분석에서 자세히 다루기로 한다. 이러한 방법론을 이중차분법(DID:Difference In Difference)이라고도 한다.

에서 언급한 정부의 TV토론 예제를 두 그룹 사전사후측정 순수실험설계의 형태로 바꾸어 보면 다음과 같다.

연구자는 새롭게 개정된 의료보험제도의 TV토론을 통한 홍보효과를 파악하기 위하여 100명을 선택하여[3], 랜덤화과정을 거쳐 각각 50명씩 두 그룹으로 나누었다. 각 그룹에 대하여 개정된 의료보험제도에 대한 태도를 먼저 측정하고, 한 그룹만을 대상으로 TV토론을 통한 홍보를 보여준 후, 두 그룹에 대하여 개정된 의료보험제도에 대한 태도를 다시 측정하였다.

◆ 두 그룹 사후측정 순수실험설계

두 그룹 사후측정 순수실험설계(two-group after-only design; posttest-only control group design)에서는 실험단위가 랜덤화과정을 통하여 실험그룹과 대조그룹으로 나누어지며, 처리가 있은 후, 한번만의 측정이 이루어지는 실험설계로서 아래와 같은 표기법으로 실험설계를 표현할 수 있다.

실험그룹 :	R	X	O_1
대조그룹 :	R		O_2

이 경우 처리효과는 실험그룹의 측정값과 대조그룹의 측정값에 대한 차이로서 $O_1 - O_2$로 표현된다. 두 그룹 사후측정 순수실험설계는, 어떠한 처리가 있기 전에 미리 한번 더 측정을 하는 두 그룹 사전사후측정 순수실험설계와 비교하여 시간이나 비용측면에서 효율적이고, 표본의 수도 쉽게 증가시킬 수 있다는 장점을 가지고 있다. 하지만 이와 반면에 몇 가지 문제점도 가지고 있는데, 그 첫 번째로는 표본선택 바이어스와 연구참여자의 탈락과 관련된 혼란변수의 효과에 민감한 결과가 나타난다는 점을 지적할 수 있다. 표본선택 바이어스 문제의 경우는 실험그룹과 대조그룹의 특성이 비슷하여야 한다는 사실이 필요하며, 이러한 사실은, 랜덤화과정으로 그룹을 나누었기 때문에, 어느 정도 받아들일 수 있다고 볼 수 있다. 하지만, 사전측정이 이루어지지 않았기 때문에 실제로 비슷한 그룹으로 나누어졌는지를 확인할 방법은 없다.

두 번째로 언급하고자 하는 문제점은 연구참여자의 탈락에 따른 효과로서, 실험그룹과 대

3) 100명을 어떠한 방법으로 선택하느냐에 따라 실험결과가 달라질 수 있기 때문에 100명을 선택하는 과정은 대단히 중요하다. 샘플링과 관련된 이러한 문제, 즉 표본을 어떻게 선택할 것인지에 관하여는 제4부에서 자세히 다루기로 한다.

조그룹에서 어느 정도 연구참여자가 탈락하였으며, 탈락한 참여자간에 어떠한 패턴이 있는 것은 아닌지 등에 대한 검토를 통하여 이러한 문제점을 해결할 수 있다. 예를 들어, 대조그룹에 속하였다는 이유 때문에 연구참여자가 중도에 탈락하는 경우가 많이 발생하였다면, 이에 대한 이유를 파악하여 분석결과에서 이러한 부분을 고려하여야 할 것이다.

세 번째로 두 그룹 사후측정 순수실험설계가 가지고 있는 문제점은 사전측정을 하지 않기 때문에, 연구참여자의 태도 변화를 측정하지 못한다는 것이다. 예를 들어, 어느 연구참여자의 태도가 보통으로 나타났다면, 긍정적인 태도에서 보통으로 변한 것인지, 아니면, 부정적인 태도에서 보통으로 변한 것인지를 알 수 있는 방법이 없다는 것이다.

이와 같은 문제점을 가지고 있음에도 불구하고, 사회과학연구에서는 두 그룹 사후측정 순수실험설계를 많이 사용하고 있는데, 그 이유는, 연구자가 표본선택 바이어스와 연구참여자의 탈락 문제를 고려하면서, 연구참여자 개인들의 태도 변화과정을 세심하게 관찰하여 연구를 진행한다면, 이러한 문제점의 해결이 어느 정도 가능하기 때문이다. 또한 두 그룹 사후측정 순수실험설계에서는 시간과 비용 측면뿐만 아니라, 한번만 측정하면 되므로 많은 표본을 쉽게 통제하여 진행할 수 있다는 장점을 가지고 있으며, 두 그룹 사전사후측정 순수실험설계에서 나타나는 상호작용 학습효과 문제를 단순히 사전측정을 하지 않음으로써 해결하였다는 측면에서 유용하게 사용되고 있다.

◆ 솔로몬의 4그룹 순수실험설계

솔로몬의 4그룹 순수실험설계(Solomon four-group design)는 두 그룹 사전사후측정 순수실험설계와 두 그룹 사후측정 순수실험설계를 합쳐 놓은 실험설계로써 아래와 같은 표기법으로 실험설계를 표현할 수 있다.

실험그룹 :	R	O_1	X	O_2
대조그룹 :	R	O_3		O_4
실험그룹 :	R		X	O_5
대조그룹 :	R			O_6

앞에서 언급한 정부의 TV토론 예제를 솔로몬의 4그룹 순수실험설계의 형태로 바꾸어 보면 다음과 같다.

연구자는 새롭게 개정된 의료보험제도의 TV토론을 통한 홍보효과를 파악하기 위하여 200명을 선택하여, 랜덤화과정을 거쳐 각각 50명씩 네 그룹으로 나누었다. 실험그룹 1과 대조그룹 1에 속해있는 연구참여자들을 대상으로 현재 생각하고 있는 개정된 의료보험제도에 대한 태도를 먼저 측정하였고, 실험그룹 1과 실험그룹 2에 속해있는 연구참여자들을 대상으로 TV토론을 통한 홍보를 보여준 후, 네 그룹 모두에 대하여 개정된 의료보험제도에 대한 태도를 다시 측정하였다.

솔로몬의 4그룹 순수실험설계는 두 그룹 사전사후측정 순수실험설계에서 통제하지 못하는 상호작용 학습효과를 통제할 수 있다는 특징을 가지고 있다. 학습효과와 상호작용 학습효과 측면에서 이러한 실험설계를 분석하여 보자.

실험그룹 1에서 나타나는 사전사후 측정값의 차이를 E_1이라 하면, E_1은 다음과 같이 표현될 수 있다.

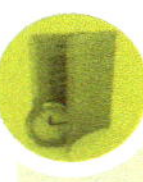

$E_1 = O_2 - O_1 =$ 처리효과 + 상호작용 학습효과 + 학습효과 + 다른 혼란변수

또한, 대조그룹 1에서 나타나는 사전사후 측정값의 차이를 E_2는 다음과 같다.

$$E_2 = O_4 - O_3 = \text{학습효과} + \text{다른 혼란변수}$$

이 문제에서 우리의 주요 목적은 순수한 처리효과를 $O_1, \cdots, O_6$의 형태로 표현하는 것이다. 여기서는 각 식들이 가지고 있는 의미를 파악하면서 접근하여 보도록 하자. 우선 관측값 O_5와 O_6은 사전측정이 이루어지지 않았으므로 학습효과와 상호작용 학습효과가 없는 측정값이 된다. 따라서 이를 이용하여 학습효과와 상호작용 학습효과가 제거된 처리효과와 다른 혼란변수에 대한 효과, E_3와 E_4를 다음과 같이 만들 수 있다.

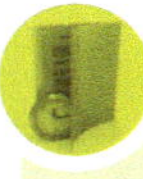

$E_3 = O_5 -$ (O_1과 O_3의 평균값) = 처리효과 + 다른 혼란변수

$E_4 = O_6 -$ (O_1과 O_3의 평균값) = 다른 혼란변수

결국, 앞에서 정의된 효과, E_1, E_2, E_3, E_4,를 이용하여, 순수한 처리효과, 학습효과, 상호작용 학습효과를 아래와 같이 얻을 수 있다.

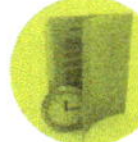

$E_3 - E_4$= 순수한 처리효과
$E_2 - E_4$= 학습효과
$E_1 - E_3$= 상호작용 학습효과와 학습효과
$(E_1 - E_3) - (E_2 - E_4)$= 상호작용 학습효과가 된다.

대부분의 사회과학연구에서는 혼란변수를 통제하고 순수한 처리효과를 얻는 것이 주요 목적이기 때문에, 혼란변수에 의한 효과의 크기를 측정하여 복잡하게 나타나는 솔로몬의 4그룹 순수실험설계는 많은 사회과학 연구에서 사용되지는 않는다. 따라서 시간이나 비용측면에서 비효율적이며, 연구를 실행함에 있어서, 연구자는 4그룹을 격리시킨 상태에서 진행해야 하는 어려움을 겪게된다. 그럼에도 불구하고, 솔로몬의 4그룹 순수실험설계가 중요한 의미를 갖는 이유는 대부분의 혼란변수들을 완벽하게 통제한 상태이므로 순수실험설계 중에서 가장 확신을 가지고 인과관계를 증명할 수 있는 실험설계이기 때문이다.

(3) 유사실험설계

유사실험설계(quasi-experimental design)는 실험단위를 랜덤화시키지 못하고, 실험단위와 실험그룹 또는 대조그룹 사이의 중간 형태인, 실험단위로 구성된 인택그룹(intact group)이 존재하여, 이러한 인택그룹을 랜덤화하여 실험그룹과 대조그룹으로 나누는 실험설계를 말한다. 유사실험설계는 매우 다양한 형태로 나타날 수 있으나 본 절에서는 두 가지 형태의 유사실험설계, 두 그룹 사전사후측정 유사실험설계(nonequivalent control group pre-posttest design)와 두 그룹 사후측정 유사실험설계(nonequivalent control group posttest only design)에 대하여 자세히 설명하기로 한다. 유사실험설계는 순수실험설계만큼 효과적으로 혼란변수들을 통제하여 인과관계를 설명하여 주지는 못하지만, 원시실험설계보다는 풍부한 인과관계에 대한 결과를 제공하여 준다. 또한 유사실험설계는 모든 실험단위를 완벽하게 랜덤화시키지 못하는 경우에 사용될 수 있으며, 시간이나 비용도 적게든다는 장점을 가지고 있다. 하지만, 혼란변수들을 완벽하게 통제할 수 없으므로 연구자는 결과 해석에 있어서 주의와 노력을 기울여야 한다.

◆ 두 그룹 사전사후측정 유사실험설계

두 그룹 사전사후측정 유사실험설계(nonequivalent control group pre-posttest design)는 실험

단위를 랜덤화하여 실험그룹과 대조그룹을 나누는 과정을 거치지 않고, 실험단위보다 큰 형태인 인택그룹을 랜덤화하여 실험그룹과 대조그룹을 나눈다는 점을 제외하고는 두 그룹 사전사후측정 순수실험설계와 동일한 실험설계이다. 이러한 설계를 앞에서 정의한 표기법으로 표현하면, 다음과 같다.

실험그룹 :	(R)	O_1	X	O_2
대조그룹 :	(R)	O_3		O_4

여기서 (R)의 의미는 실험단위를 완벽하게 랜덤화시키지 못하였지만, 실험단위로 구성된 인택그룹을 랜덤화시켰다는 의미이다. 예를 들어, 고등학생을 대상으로 새로운 학습방법과 기존의 학습방법을 비교하고자 하는 경우, 고등학교에는 이미 반(班)으로 구분되어 반 단위로 수업을 받고 있기 때문에, 인택그룹인 반을 랜덤화하여 실험그룹과 대조그룹으로 나누는 설계가 이에 해당된다. 이 경우 실험그룹과 대조그룹에 속한 모든 고등학생들에 대한 측정이 한번 이루어지고, 반 단위로 실험그룹에는 새로운 학습방법을 그리고 대조그룹에는 기존의 학습방법을 적용시킨 후, 실험그룹과 대조그룹에 속한 모든 고등학생들을 대상으로 두 번째 측정이 이루어지는 실험설계이다. 이 경우의 처리효과는 두 그룹 사전사후측정 순수실험설계와 마찬가지로 $(O_2-O_1)-(O_4-O_3)$로 표현되는 실험그룹과 대조그룹의 차이에서 나타나는 두 그룹의 효과와 사전측정과 사후측정의 차이에서 나타나는 학습효과에 대한 상호작용효과가 된다.

◆ 두 그룹 사후측정 유사실험설계

두 그룹 사후측정 유사실험설계(nonequivalent control group posttest only design)에서는 실험단위 대신에 인택그룹이 랜덤화과정을 통하여 실험그룹과 대조그룹으로 나누어진다는 점을 제외하고는 두 그룹 사후측정 순수실험설계와 동일하다. 이러한 설계를 앞에서 정의한 표기법으로 표현하면, 다음과 같다.

실험그룹 :	(R)	X	O_1
대조그룹 :	(R)		O_2

여기서 (R)의 의미는 앞에서와 마찬가지로 인택그룹을 랜덤화시켰다는 의미이다. 이 경우 처리효과는 실험그룹의 측정값과 대조그룹의 측정값에 대한 차이로서 O_1-O_2로 표현된다. 사

표 14-1 | 실험설계와 혼란변수의 관계

혼란변수의 형태 / 실험설계 형태	특정사건의 영향	시간에 따른 성숙효과	학습효과	측정도구의 변화	회귀효과	표본선택 바이어스	연구참여자의 탈락	상호작용 학습효과
일회성 사례연구	N	N	N/A	N/A	N/A	N	N	N/A
단일그룹 사전사후측정 원시실험설계	N	N	N	N	?	Y	Y	N
두 그룹 사후측정 원시실험설계	Y	?	Y	Y	Y	N	N	N/A
두 그룹 사전사후측정 순수실험설계	Y	Y	Y	Y	Y	Y	Y	N
두 그룹 사후측정 순수실험설계	Y	Y	Y	Y	Y	Y	Y	Y
솔로몬의 4그룹 순수실험설계	Y	Y	Y	Y	Y	Y	Y	Y
두 그룹 사전사후측정 유사실험설계	Y	Y	Y	Y	?	Y	Y	N
두 그룹 사후측정 유사실험설계	Y	Y	Y	Y	Y	?	Y	Y

주: 'N' – 해당되는 혼란변수를 전혀 통제하지 못하는 실험설계
'Y' – 해당되는 혼란변수를 통제하고 있는 실험설계
'N/A' – 해당하는 혼란변수와 관계가 없는 실험설계
'?' – 혼란변수로서 가능성이 포함된 실험설계

전측정이 이루어지지 않았기 때문에 실제로 비슷한 그룹으로 나누어졌는지를 확인할 방법이 없다. 따라서 표본선택 바이어스의 위험에 노출되어 있으며, 연구참여자의 탈락문제 등 두 그룹 사후측정 순수실험설계에서 나타날 수 있는 내적타당성 문제들이 더 크게 나타난다.

<표 14-1>은 본 절에서 설명한 원시실험설계, 순수실험설계, 유사실험설계의 형태와 낮은 내적타당성의 원인이 되는 혼란변수의 관계를 나타낸 것이다.

02 시계열 실험설계[4)]

시계열 실험설계(time series design)는 실험환경이 기준환경(baseline condition)에서 처리환경(treatment condition)으로 실험환경의 조정(intervention)이 일어나면서, 처리환경이 원인이 되어 연구대상이 어떻게 변화되는지를 파악할 목적으로, 일정한 시간간격을 두고 연구대상을 지속적으로 관찰하는 실험설계를 말한다. 따라서 시계열 실험설계는 한 연구대상을 서로 다른 시점에서 반복적으로 측정하는 설계이며, 연구대상의 반응에 대한 변화를 목적으로 실험환경의 조정이 연구기간 중에 발생한다. 이 경우, 연구자는 어떻게 실험단위를 구성할 것인지, 그리고 언제 실험단위를 측정을 할 것인지를 통제하여 실험설계에 적용할 수 있지만, 실험단위가 어느 시점부터 실험환경의 변화에 따른 자극을 받았는지에 대한 통제가 힘들고, 실험단위를 랜덤화하는 것이 어렵다는 특징을 가지고 있다.

예를 들어, 어느 제품에 대한 TV광고효과를 파악하기 위하여, 기존의 패널을 이용하여, TV광고를 시작하는 시점을 전후로 하여, 일정한 간격을 두고 지속적으로 제품에 대한 태도를 측정하였다고 가정하자. 이러한 시계열 실험설계의 경우, 연구자는 패널을 어떻게 구성할 것인지, 그리고 언제 패널의 태도를 측정할 것인지에 대하여 설계할 수 있으며, TV광고의 시작 시점도 정할 수 있지만, 패널의 구성원들이 언제 이러한 TV광고를 보게되어 태도가 변할 것인지에 대하여는 알 수 없다는 것이다. 이러한 시계열 실험설계로부터 연구자는 TV광고의 효과가 장기적으로 지속되는 효과인지, 단기적인 효과인지 또는 효과가 존재하지 않고 있는지를 파악할 수 있을 것이다.

한 연구대상을 서로 다른 시점에 반복하여 여러 번 측정하는 것은 연구기간 중에 나타날 수 있는 다른 혼란변수의 효과를 파악하여 제거하고, 실험환경의 조정에 따른 순수한 효과를 얻기 위함이다. 만일 실험환경 조정하여 그 전후로 한 번씩 측정하는 실험을 설계한다면, 이는 앞절에서 설명한 사전사후측정 실험설계와 같은 형태가 되어, 시계열 실험설계의 의미가 없어지게 된다. 결국, 시계열 실험설계는 실험환경의 조정 전후로 여러 번 측정하는 형태가 된다.

시계열 실험설계의 필요성을 설명하기 위하여 실험환경의 조정 전후로 한 번씩 측정하는 사전사후측정 실험설계를 고려하려 보자. 이 경우 〔그림 14-2〕에 나타난 바와 같이, 사전측정과 사후측정 사이에는 분명한 차이가 발생하였지만, 시계열 실험설계측면에서 보았을 경우

4) 시계열 실험설계를 유사실험설계의 한 형태로 구분하는 경우도 있다. 하지만, 시계열 실험설계는 랜덤화과정 측면의 실험설계로 구분하기 보다는, 한 연구대상을 반복적으로 관측하는 다시점 연구(longitudinal research)측면이 강하기 때문에, 본서에서는 유사실험설계로 구분하지 않고, 실험설계의 한 유형으로 구분하였다.

그림 14-2 | 시계열 실험설계 측면의 사전사후측정 실험설계

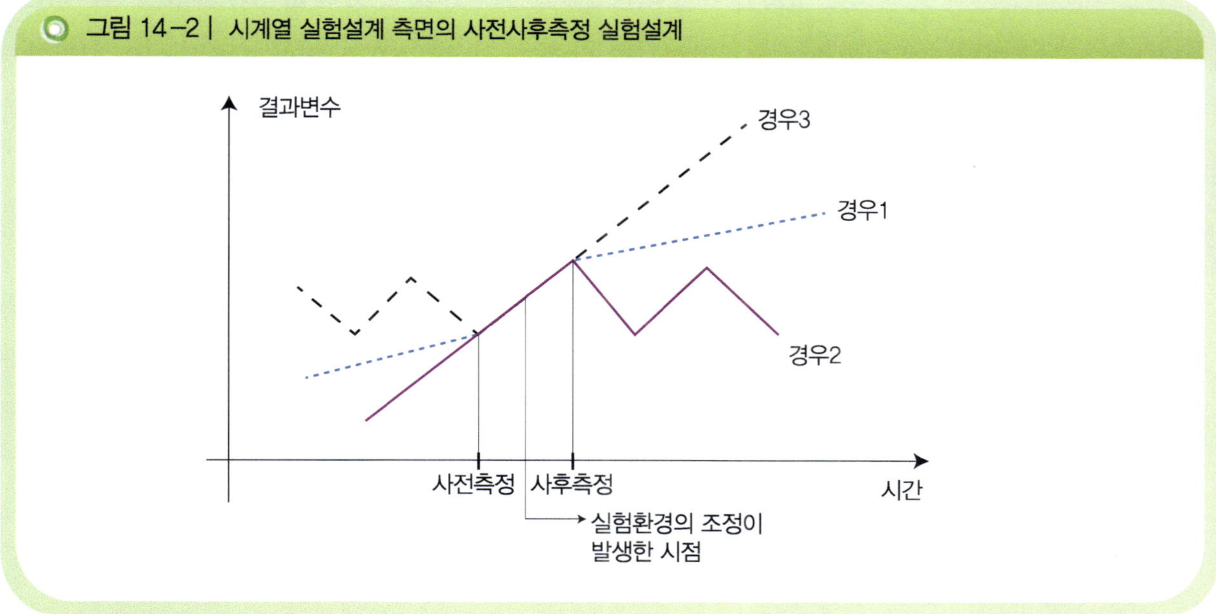

는 세 가지 가능성을 생각할 수 있다. 즉, 시계열 실험설계를 통하여, 경우 1의 결과가 나타났다면, 실험환경의 조정으로 인하여 효과가 나타났다고 볼 수 있지만, 경우 2를 살펴보면 효과가 있다고 볼 수 없다. 즉, 경우 2는 결과변수의 값이 매우 불안정하게 나타나고 있으며, 실험환경의 조정 전후의 측정값에 대한 차이는 이러한 불안정한 변동의 일부로 볼 수 있다는 것이다. 경우 3도 마찬가지로, 결과변수의 값은 시간에 따라 일정수준으로 상승하는 추세이며, 실험환경의 조정 전후의 측정값에 대한 차이는 정상적인 상승추세에 해당하므로, 실험환경의 조정으로 인한 효과로 판단하기는 어려울 것이다.

(1) 기준환경과 처리환경

시계열 실험설계는 실험환경의 조정 후에 나타나는 측정값들을 비교하기 위하여 초기상태 또는 일반적인 환경에서 먼저 측정이 이루어지는데, 이러한 환경을 기준환경(baseline condition)이라고 한다. 보다 정확한 기준환경을 파악하기 위하여, 평균값의 5%범위 내에 연속적인 10개의 측정값들이 속해있는 것이 바람직하다고 몇몇 연구자들은 주장한다. 예를 들어, 기준환경의 측정값에 대한 평균값이 100이라면, 시간에 따라 연속적으로 얻은 10개의 측정값이 95에서 105 사이에 있어야 한다는 것이다. 만일 기준환경에서의 측정값에 대한 분산이 적게 나타난다면, 적은 수의 반복측정으로도 충분하겠지만, 만일 측정값에 대한 분산이 크게 나타난

다면, 반복측정 횟수를 늘려서 그 변화를 정확하게 파악하는 것이 필요할 것이다.

기준환경에서 안정적인 측정값이 나타났다면, 실험환경의 조정이 이루어지고, **처리환경**(treatment condition)이 시작하게 된다. 이 경우, 처리환경의 측정방법, 반복횟수, 시간 간격은 기준환경의 측정방법, 반복횟수, 시간간격으로 일치시켜 주는 것이 바람직하다.

◆ 반전설계와 이중반전설계

반전설계(reversal design)는 실험환경을 기준환경에서 처리환경으로 바꾸고 다시 기준환경으로 되돌리는 실험설계로서 A-B-A설계(A-B-A design)라고도 부른다. 또한 **이중반전설계**(double reversal design)는 실험환경을 기준환경에서 처리환경으로 바꾸고 기준환경으로 되돌린 다음 다시 처리환경으로 바꾸는 실험설계로서 **A-B-A-B설계**(A-B-A-B design)이라고도 부른다. 여기서 A는 기준환경을 나타내며, B는 처리환경을 나타낸다.

◆ 다중 기준환경설계

어떤 연구에서는 처리환경에서 기준환경으로 다시 되돌리지 못하는 경우도 있다. 즉, 일단 실험환경의 조정이 이루어지면, 원래 상태로 되돌릴 수 없이 영원히 바뀌는 경우가 있다는 것이다. 이러한 인과관계의 연구에서, 만일 실험환경을 여러 번 조정하는 경우라면, **다중 기준환경설계**(multiple baselines design)를 사용할 수 있다. 〔그림 14-3〕은 세 번의 서로 다른 실험환경의 조정이 이루어졌고, 처리환경에 대하여, 각각의 서로 다른 기준환경이 만들어진 예라

그림 14-3 | 다중 기준환경을 갖는 경우

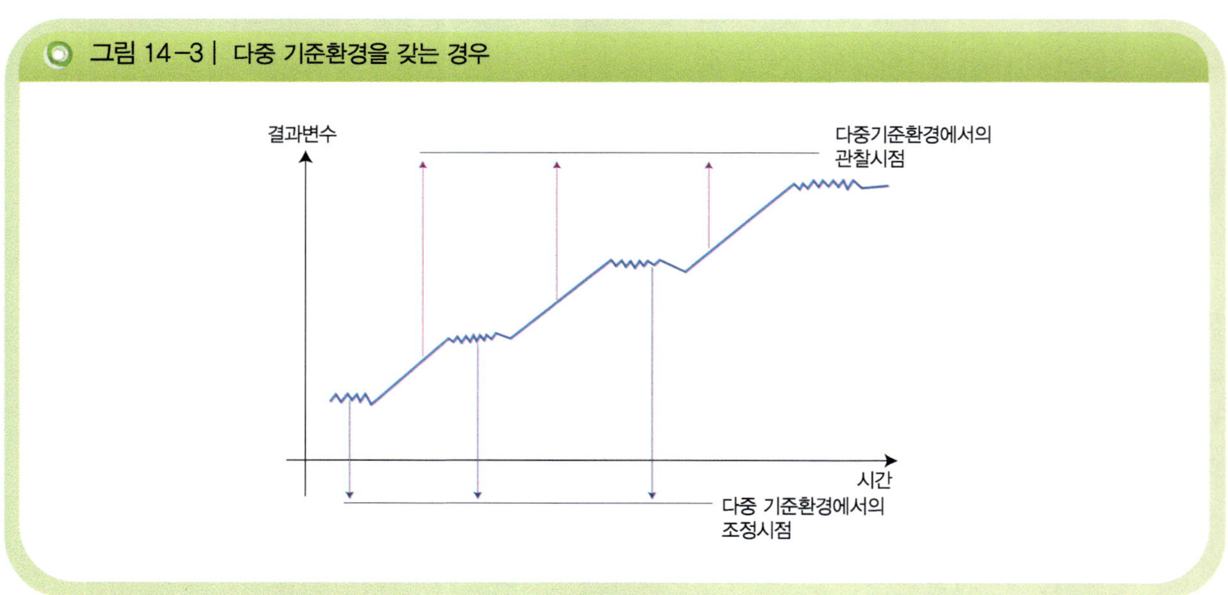

고 볼 수 있다.

다중 기준환경설계는 같은 실험단위를 대상으로 서로 다른 환경에서 반복이 이루어지는 경우이며, 이중반전설계는 같은 실험단위를 대상으로 같은 환경에서 반복이 이루어지는 경우에 해당된다. 만일 연구자가 이러한 반복을 여러 실험대상으로 확장시킨다면, 원인변수와 결과변수 사이의 인과관계에 대하여 더욱 확실한 증거를 얻을 수 있을 것이다.

(2) 시계열 실험설계의 유형

본절에서는 시계열 실험설계의 유형으로 단일그룹 시계열 실험설계(simple time series design)와 두 그룹 시계열 실험설계(multiple time series design)에 대하여 설명하기로 한다.

◆ 단일그룹 시계열 실험설계

단일그룹 시계열 실험설계(simple time series design)는 한 그룹에 대하여 일정한 시간간격을 두고 지속적으로 결과를 측정하는 실험설계이다. 이 경우, 독립변수의 조작이 나타나는 시점은 연구자가 통제할 수 있거나 또는 자연적으로 나타나기 때문에 연구자가 통제할 수 없을 수도 있다. 이러한 설계를 앞에서 정의한 표기법으로 표현하면, 다음과 같다.

$$O_1\ O_2\ O_3\ O_4\ O_5\ X\ O_6\ O_7\ O_8\ O_9\ O_{10}$$

독립변수의 조작(또는 변화)이 나타나는 시점을 전후로 하여 측정값들을 비교함으로써 몇 가지의 혼란변수들을 통제할 수 있다. 예를 들어, 시간에 따른 성숙효과를 분석할 수 있으며, 학습효과, 측정도구의 변화, 회귀효과의 분석이 가능하다. 또한, 랜덤화과정을 통하여 표본선택 바이어스를 줄이고, 연구참여에 대한 인센티브를 제공함으로써 연구참여자의 탈락을 줄일 수 있다. 하지만, 단일그룹 시계열 실험설계에서 지적되는 가장 큰 문제점은 특정사건의 영향이라 볼 수 있다. 또한 독립변수의 조작시점 이후에 학습효과가 갑자기 커지는 처리효과와 학습효과의 상호작용효과가 나타날 수 있다.

◆ 두 그룹 시계열 실험설계

두 그룹 시계열 실험설계(multiple time series design)는 혼란변수의 통제를 위한 대조그룹이 추가된다는 점을 제외하고는 단일그룹 시계열 실험설계와 동일하다. 이러한 설계를 앞에서 정의한 표기법으로 표현하면, 다음과 같다.

실험그룹 :	$O_1\ O_2\ O_3\ O_4\ O_5\ X\ O_6\ O_7\ O_8\ O_9\ O_{10}$
대조그룹 :	$O_1\ O_2\ O_3\ O_4\ O_5\ \ \ O_6\ O_7\ O_8\ O_9\ O_{10}$

만일 대조그룹을 실험그룹과 유사한 특성을 가진 그룹으로 잘 구성할 수 있다면, 단일그룹 시계열 실험설계보다 많은 혼란변수를 통제하는 높은 내적타당성을 갖는 연구결과를 얻을 수 있다. 또한, 실험그룹과 대조그룹의 비교를 통하여 처리효과의 분석이 가능하지만, 단일그룹 시계열 실험설계를 적용하여, 실험그룹만을 대상으로 독립변수의 조작된 시점의 전후를 비교하여 처리효과의 분석도 가능하다는 장점을 가지고 있다. 마지막으로 두 그룹 시계열 실험설계를 통하여 얻은 다음과 같은 예가 있다.

제품 A에 대한 TV광고 효과를 파악하기 위하여, 기존의 패널을 인구통계적 특성을 고려한 매칭방법을 이용하여 실험그룹과 대조그룹으로 나누었다. 총 20주 동안 1주일 간격으로 제품 A의 구입횟수를 조사하였으며, 조사를 시작하고 7주가 지난 후에는 실험그룹에게만 TV광고를 보여주었다. 연구결과 TV광고 효과는 제품 A의 재구입에 대한 시간간격을 줄이는 효과가 있는 것으로 나타났다.

03 사후측정 실험설계

사후측정 실험설계(ex post facto design)는 연구자가 독립변수를 조작할 수 없는 실험설계를 말하며, 혼란변수를 통제하지 않고 있으므로 상관관계는 알아볼 수는 있지만, 인과관계를 파악할 수 없다는 측면이 원시실험설계와 유사하다. 사후측정 실험설계의 'ex post facto'라는 의미는 영어로 'after the fact'라는 의미를 가지고 있다. 즉, 사후측정 실험설계는 어떠한 처리가 발생한 후에 측정되는 실험설계이며, 따라서 연구자가 원인이 되는 변수에 대한 통제가 불가능하다. 결국, 사전에 그룹들이 어떠한 특성을 가지고 있었는지를 파악할 수 없으므로 표본선택 바이어스에 대한 문제가 발생할 수 있다.

예를 들어, 정부에 대한 지지율이 남녀에 따라 다르게 나타나는지를 조사하는 연구를 생각하여 보자. 이러한 연구설계라면, 연구에 참여하는 대상이 랜덤화과정을 통하여 남자그룹과 여자그룹으로 구분되는 것이 아니고, 연구가 시작되기도 전에 연구참여자의 성별은 이미 결정되어 만들어져 있게 된다. 이와 같이 연구참여자의 성별 즉, 독립변수에 대하여 연구자가 어떠한 조작도 할 수 없으면서 연구의 목적이 그룹의 비교나 두 변수 사이의 관계를 파악하는 연구설계를 사후측정 실험설계라고 한다.

대부분의 사후측정 실험설계는 변수들 사이의 인과관계에 대한 가능성을 확인하는 것을 주요목적으로 하고 있지만, 이러한 결과가 실제로 인과관계를 의미하는 것은 아니라는 사실을 연구자는 유념하여야할 것이다. 예를 들어, 유치원을 다닌 초등학생의 국어성적과 유치원을 다니지 않은 초등학생의 국어성적을 비교하는 연구를 생각하여 보자. 만일 유치원을 다닌 초등학생의 국어성적이 유치원을 다니지 않은 초등학생의 국어성적보다 통계적으로 유의한 높은 점수의 차이가 있었다면, 유치원 과정이 원인이 되어 초등학생의 국어성적이 향상된 결과가 나타났다고 볼 수 있을 것인가? 결론부터 말하자면, 그렇게 볼 수 없다. 왜냐하면, 초등학생의 국어성적에 영향을 미칠 수 있는 다른 요인(혼란변수)에 대한 분포가 유치원을 다닌 그룹과 유치원을 다니지 않은 그룹에서 어떻게 다른지를 전혀 모르기 때문이다.

예를 들어, 유치원을 다닌 그룹은 소득측면이나 부모의 학력수준이 높기 때문에 이러한 관계가 나타날 수도 있다는 것이다. 반대의 경우로, 만일 유치원을 다닌 초등학생의 국어성적과 유치원을 다니지 않은 초등학생의 국어성적이 통계적으로 유의한 차이를 보이지 않고 있다면, 유치원 과정은 초등학생의 국어성적에 아무런 영향도 미치지 않는다고 볼 수 있을 것인가? 다시 말하지만, 연구자는 초등학생의 국어성적에 영향을 미칠 수 있는 혼란변수들을 통제하지 못한 상태에서 얻은 결과이므로 유치원 과정이 초등학생의 국어성적에 아무런 영향도 미치지 않는다고 결론을 내려서는 안 된다. 즉, 사후측정 실험설계에 의한 결과는 불충분한 인과관계를 나타내므로 어떠한 인과관계의 결론도 내릴 수 없다.

결론적으로 말하면, 사후측정 실험설계에서는 상관관계는 알아볼 수는 있지만, 혼란변수를 통제하지 않고 있으므로 인과관계를 파악할 수 없다는 것이다. 사후측정 실험설계는 다음과 같은 연구에서 나타난다.

(1) 현장연구

제1장에서 언급한 바와 같이, 현장연구(field research)는 실제환경 또는 실제환경과 가장 가까운 상태에서 진행되는 연구로써, 실제환경에서 연구한다는 측면에서 사후측정 실험설계를 현장연구라고 볼 수 있으나, 독립변수의 조작이 불가능하다는 측면에서는 일반적인 현장연

구와 구분될 수 있다. 사후측정 실험설계는 연구의 주요목적에 따라 사후측정 실험설계에 의한 탐색적 현장연구와 사후측정 실험설계에 의한 결론적 현장연구로 구분되는데, 전자는 어떠한 현상을 탐색하는 것이 연구의 주요목적이고, 후자는 어떠한 가설을 확인하는 연구목적을 가지고 있다.

(2) 전향적 연구

전향적 연구(prospective research)는 결과에 대한 원인변수를 측정하고, 일정 시간이 지난 후에 결과를 측정하여 두 변수의 관계를 파악하는 연구로서 코호트 연구(cohort research)라 부르기도 한다. 여기서 코호트(cohort)란 동일한 특성을 갖는 집단을 의미한다. 예를 들어, 흡연이 폐암에 미치는 영향을 파악하기 위하여 비슷한 특성을 가진 흡연자와 비흡연자 그룹(코호트)을 구성하여 일정기간이 지난 후에 폐암 여부를 조사하는 것이 이에 해당된다. 전향적 연구는 시간이 흐르는 방향과 연구 방향이 동일하다는 특징을 가지고 있다 (그림 14-4 참조).

그림 14-4 | 전향적 연구의 예

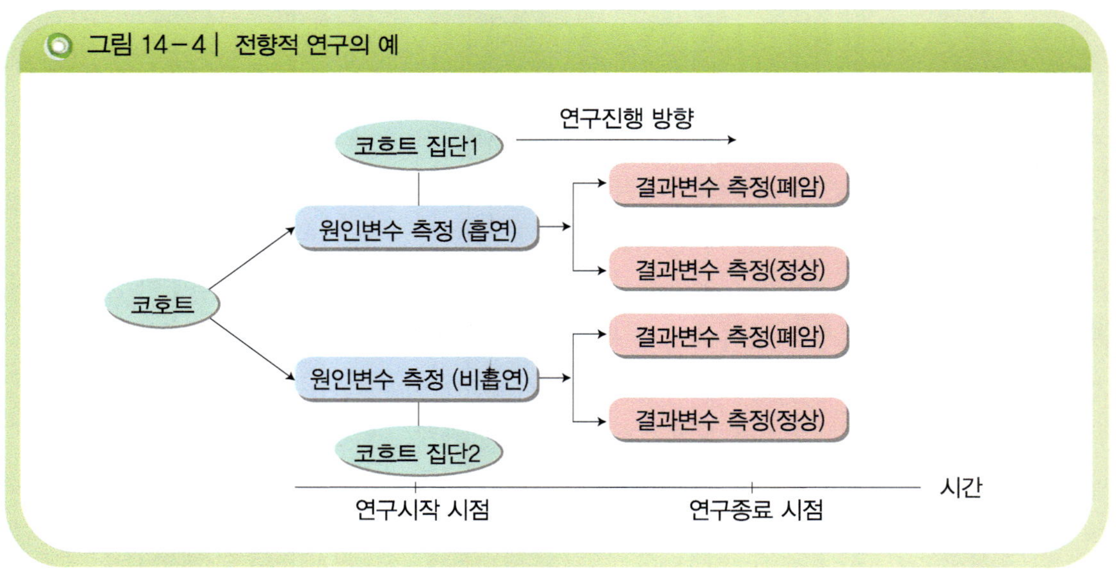

(3) 후향적 연구

후향적 연구(retrospective research)는 결과가 과거의 어떠한 원인으로 인하여 발생되었는지를 찾아내는 연구로서 사례대조연구(case-control research)라고도 부른다. 예를 들어, 폐암환

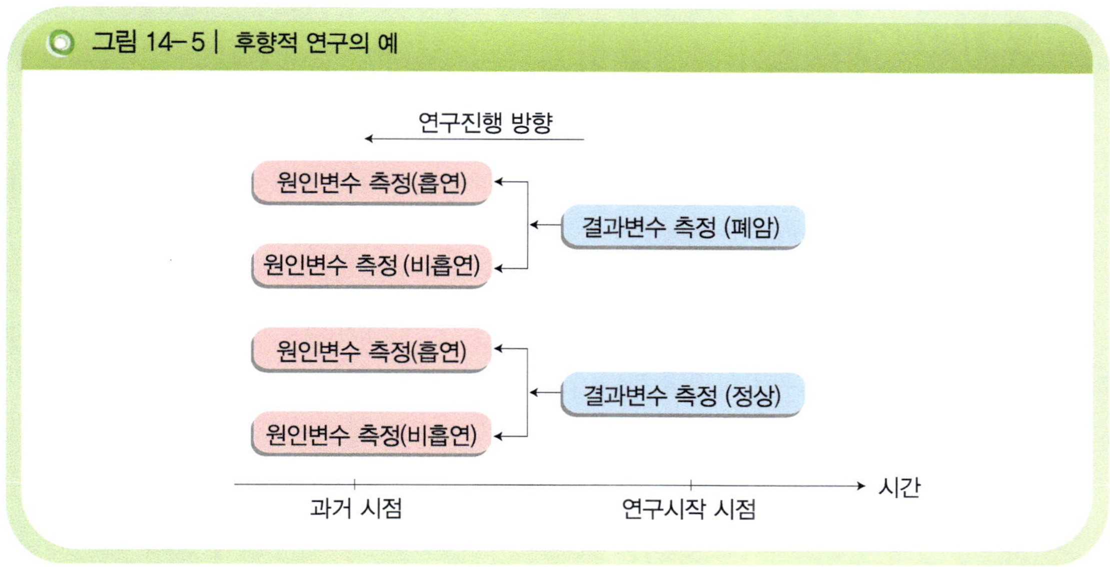

그림 14-5 | 후향적 연구의 예

자와 정상인을 선택하여 과거에 흡연을 하였는지를 파악하여 흡연과 폐암의 관계를 알아보는 연구가 이에 해당된다. 이 연구방법은 앞에서 언급한 (폐암발생을 기다리는) 전향적 연구에 비하여 시간과 비용이 절약된다는 측면에서 유용한 방법이지만, 과거시점에 대하여 정확하게 기억하거나 파악할 수 없어서 발생되는 관측바이어스(observation bias)가 발생될 수 있으며, 표본을 선택하는 과정에서 발생하는 표본선택 바이어스가 발생될 수 있다. 표본선택 바이어스의 한 예로는, 질병의 정도가 심각하여 연구 도중에 죽거나 연구를 계속 진행할 수 없게 되는 상황으로 연구대상에서 제외되어야 하는 경우를 들 수 있다. 후향적 연구에서는 연구 방향이 과거로 진행되어, 시간이 흐르는 방향과 반대방향이라는 특징을 가지고 있다 (그림 14-5 참조).

(4) 예측연구

예측연구(prediction research)란 과거와 현재의 원인변수를 분석하여, 미래의 결과변수 값을 예측하고자 하는 목적으로 진행되는 연구를 말한다. 예를 들어, 내년도 우리나라의 경제성장률을 예측하는 문제가 이에 해당된다.

(5) 기술적 연구

기술적 연구(descriptive research)는, 제1장에서도 언급한 바와 같이, 어떠한 현상을 그대로 묘사하고자 하는 목적으로 진행되는 연구이다. 사후측정 실험설계에서는 기술적 연구 중에서 횡단면 연구(cross sectional research)가 주로 사용된다. 횡단면 연구는 한 시점에서 어떠한 상황이 발생하였는지를 파악하는 현황연구로서, 여러 시점을 지속적으로 관찰하는 다시점 연구(longitudinal research)와 구분되는 연구이다. 예를 들어, 성별에 따른 정부의 대북정책에 대한 시민들의 지지도를 파악하기 위하여 설문조사연구(survey research)를 실시하는 경우가 기술적 연구의 횡단면 연구에 해당된다.

요 약

▶ 실험단위를 어느 정도 랜덤화할 수 있느냐에 따라 원시실험설계, 순수실험설계, 유사실험설계로 구분하며, 연구의 형태가 기준환경에서 처리환경으로 바뀌면서, 연구대상이 어떻게 변화되는지를 일정한 시간간격을 두고 지속적으로 관찰하는 설계를 시계열 실험설계라 하고, 연구자가 독립변수를 조작할 수 없는 상황에서 만들어지는 실험설계로서 사후측정 실험설계라고 한다.

1. 랜덤화과정에 따른 실험설계

▶ 일회성 사례연구에서는 연구자가 단일그룹만을 대상으로 독립변수에 대한 처리를 하고 결과를 측정하는 원시실험설계이므로 처리효과에 대해서는 알 수 없게 된다.

▶ 단일그룹 사전사후측정 원시실험설계는 처리를 전후로 하여 두 번 결과를 측정한다는 측면에서 일회성 사례연구와 구분된다.

▶ 두 그룹 사후측정 원시실험설계는 처리를 받는 실험그룹과 처리를 받지 않는 대조그룹으로 구분하여, 두 그룹을 비교하는 실험설계이다.

▶ 두 그룹 사전사후측정 순수실험설계에서는 실험단위가 랜덤화과정을 통하여 실험그룹과 대조그룹에 나누어지며, 처리를 하기 전에 두 그룹에 대한 측정이 한번 이루어지고, 처리가 있은 후 두 번째 측정이 이루어지는 실험설계이다.

▶ 두 그룹 사후측정 순수실험설계에서는 실험단위가 랜덤화과정을 통하여 실험그룹과 대조그룹으로 나누어지며, 처리가 있은 후, 한번만의 측정이 이루어지는 실험설계이다.

▶ 유사실험설계는 인택그룹을 랜덤화하여 실험그룹과 대조그룹으로 나누는 실험설계를 말한다.

2. 시계열 실험설계

▶ 시계열 실험설계는 기준환경에서 처리환경으로 실험환경의 조정이 일어나면서, 처리환경이 원인이 되어 연구대상이 어떻게 변화되는지를 파악할 목적으로, 일정한 시간간격을 두고 연구대상을 지속적으로 관찰하는 실험설계를 말한다.

▶ 시계열 실험설계는 실험환경의 조정에 따라, 반전설계, 이중반전설계, 다중 기준환경설계로 나누어지며, 그룹 비교의 형태에 따라, 단일그룹 시계열 실험설계와 두 그룹 시계열 실험설계로 나누어진다.

3. 사후측정 실험설계

- 사후측정 실험설계는 어떠한 처리가 발생한 후에 측정되는 실험설계이며, 사전에 그룹들이 어떠한 특성을 가지고 있었는지를 파악할 수 없으므로 표본선택 바이어스 문제가 발생할 수 있다.
- 사후측정 실험설계에서의 현장연구는 독립변수의 조작이 불가능하다는 측면이 일반적인 현장연구와 구분된다.
- 전향적 연구는 결과에 대한 원인변수를 측정하고, 일정 시간이 지난 후에 결과를 측정하여 두 변수의 관계를 파악하는 연구로서 코호트 연구라 부르기도 한다.
- 후향적 연구는 결과가 과거의 어떠한 원인으로 인하여 발생되었는지를 찾아내는 연구로서 사례대조연구라고도 부르며, 연구자는 관측바이어스에 대하여 주의를 기울여야 한다.

논의사항

1. 본 절에서 설명하는 원시실험설계와 유사실험설계에 대한 사례를 들어보고, 실험설계와 혼란변수의 관계를 나타내는 <표 14-1>을 이용하여, 사례에 대한 혼란변수의 통제가능성에 대하여 논의하시오.
2. 시계열 실험설계에서 반복측정에 대한 필요성과 대조그룹의 불필요성에 대하여 논의하시오.
3. 어느 회사에서는 제품 A에 대한 10% 할인 쿠폰을 나누어주고, 이에 대한 재구매 효과에 대하여 알아보고자 한다. 어떠한 실험설계가 가능할 것인지에 대하여 논의하시오.

CHAPTER 15

통계적 실험설계

두 종류의 광고효과를 파악하는 연구에서, 세 가지 형태의 통계적 실험설계가 가능하다. 첫 번째 통계적 실험설계는 독립그룹 실험설계로써, 연구대상을 두 그룹으로 나누어 한 가지 광고만을 각각 보여주는 실험이다. 두 번째 통계적 실험설계의 형태는 모든 연구대상에게 두 종류의 광고를 모두 보여주는 실험설계로서 이러한 실험설계를 반복측정 실험설계라고 한다. 세 번째 통계적 실험설계는 비슷한 특성을 가진 연구대상을 매칭시켜서 두 그룹으로 나눈 후 각각 광고를 보여주는 실험설계이다. 반복측정 실험설계를 적용하는 경우, 연구참여자는 두 광고를 모두 경험하기 때문에 광고를 보여주는 순서에 따른 이월효과 또는 학습효과가 발생하지 않도록 설계하는 과정이 필요하다.

대부분의 실험은 변수들 사이의 관계를 파악하는 것이 주요목적이다. 가장 간단한 형태의 실험은 두 변수의 관계를 파악하는 것으로 한 변수는 종속변수의 역할을 하게 되고, 다른 변수는 독립변수의 역할을 하게 된다. 예를 들어, 세 가지 교육방법 A, B, C를 비교하는 실험을 생각하여 보자. 이 경우, 비슷한 학습능력을 가진 학생들을 세 그룹으로 구분한 다음, 일정 기간동안 세 가지 교육방법을 적용한 후, 시험점수를 통하여 결과를 측정하여 비교하는 실험을 설계할 수 있다. 여기서 독립변수는 교육방법이 되며, 이는 다시 세 개의 수준 또는 카테고리로 나누어지게 된다. 또한 종속변수는 교육방법을 적용한 후에 나타나는 시험점수가 된다. 이러한 실험설계에서, 연구자는 몇 개의 그룹으로 학생들을 나눌 것인지, 한 그룹에 몇 명의 학생을 어떠한 방법으로 할당할 것인지, A라는 교육방법은 어떠한 그룹에 적용할 것인지를 결정하여야 할 것이다.

통계적 실험설계에서 연구자가 결정하여야 할 주요 사항은 ① 독립변수의 카테고리를 어떻게 구분하고, ② 어떠한 방법으로 연구대상을 선택하고, ③ 선택된 연구대상을 어떠한 방법으로 독립변수의 카테고리에 할당하며, ④ 종속변수를 측정하는 방법에 대하여 설계하고, ⑤ 구분된 카테고리를 선택된 연구대상에게 몇 번 반복하여 관찰할 것인가를 결정하는 것이라고 볼 수 있다.

통계적 실험설계에는 매우 다양한 실험설계가 있으며, 본 장에서는 **완전랜덤화 실험설계**(completely randomized design), **블록 실험설계**(block design), **요인 실험설계**(factorial design), **부분 실험설계**(fractional design), **반복측정 실험설계**(repeated measure design)로 구분하여 설명하기로 한다.

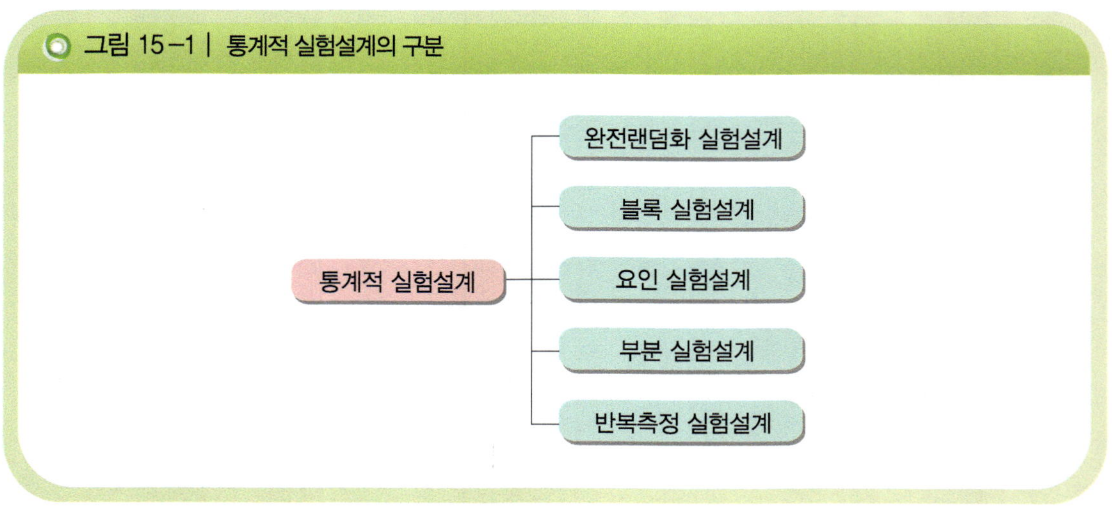

01 용어에 대한 정리

(1) 처리변수와 분류변수

실험설계에서는 독립변수를 처리변수(treatment variable)와 분류변수(classification variable)로 구분한다. 여기서, 연구자의 조작이 가능한 독립변수를 처리변수라고 한다. 예를 들어, 어떠한 질병을 치료하기 위하여 치료제의 함량을 조정하거나, 교육방법을 결정하여 그룹에 적용시키는 경우는 연구자가 독립변수를 통제할 수 있으므로 처리변수에 해당된다. 결국, 처리변수는 독립변수의 임의의 수준을 임의의 연구대상에게 할당하는 것이 가능하다.

반면에, 실험을 실시하기 전에 독립변수의 값이 이미 결정되어 버리거나, 실험과정과는 무관하게 독립변수의 수준이 결정되는 경우가 있는데, 이러한 독립변수를 분류변수라고 한다. 다시 말하면, 연구자의 조작이 불가능한 독립변수를 분류변수라고 한다. 예를 들어, 성별, 나

실험설계에서의 분류변수 역할

일반적인 실험설계에서 나타나는 독립변수는 처리변수로 취급되어 전개된다. 하지만, 이러한 전개는 공학, 의학, 농학 등의 분야에서 나타나는 연구실 실험을 통하여 실험설계 이론이 발전되었기 때문이며, 대부분의 사회과학연구에서 나타나는 독립변수는 처리변수가 아닌 분류변수의 형태를 갖는다. 즉, 실험을 진행하기 전에 이미 연구대상의 특성이 결정되며, 연구자는 이러한 특성에 따라 연구대상을 분류하게 된다는 것이다. 따라서 연구자는 연구대상의 특성에 대한 어떠한 조작도 불가능한 실험이 대부분의 사회과학연구에서 진행된다.

분류변수가 포함된 실험설계에서는 랜덤화과정을 통한 실험설계가 불가능하다. 예를 들어, 연구자가 성별에 따른 차이를 분석하기 위하여, 선택된 연구대상에게 성별을 랜덤으로 할당하지 못한다는 것이다. 이러한 이유 때문에, 분류변수가 포함된 실험설계는 유사실험설계(quasi-experimental design)가 된다. 이 경우 연구자는 분석결과에서 나타난 남자와 여자의 측정값에 대한 차이가 성별 이외에 다른 요인에 의하여 나타날 수도 있다는 점을 유념하여 결과를 해석하여야 한다. 즉, 분류변수가 포함된 유사실험설계에서, 연구자는 성별 이외에 다른 효과가 작용되지 않도록, 성별을 제외한 다른 요인들은 비슷한 특성을 갖도록 그룹을 구성하는 실험설계에 대한 노력이 필요하다는 것이다. 이러한 문제점은 제4부에서 설명되는 샘플링(sampling)을 이용하여 어느 정도 해결할 수 있다.

이, 흡연 여부, IQ수준(또는 지적수준), 자라난 환경 등이 모두 분류변수에 속한다. 분류변수에서는 독립변수의 수준을 조작할 수는 없지만, 분류변수의 특정한 수준을 포함시킬 것인지, 그리고 포함시킨다면, 몇 명을 포함시킬 것인지를 연구자는 결정할 수 있다.

(2) 인자와 블록

처리변수나 분류변수를 포함한 모든 독립변수를, 통계적 실험설계에서는 **인자**(factor)라고 한다. 인자가 한 개 있는 경우를 **단일요인 실험설계**(one-factor design; one-way design)라 하며, 인자가 두 개 있는 경우는 **2요인 실험설계**(two-factor design; two-way design)라고 한다. 독립변수가 취할 수 있는 값이나 카테고리를 수준(level)이라고 한다. 즉, 한 인자는 두 개 이상의 수준을 가지게 된다.

특별히 인과관계를 목적으로 하는 실험설계에서는 분류변수의 경우보다는 처리변수의 특성을 갖는 인자를 사용하는 것이 바람직하다. 만일 인자가 분류변수의 형태를 가지더라도, 통계분석에서는 비록 처리변수의 경우와 동일하게 취급되어 분석되지만, 분류변수를 적절하게 통제하지 않으면, 결론에 대한 확신을 가질 수 없으며, 잘못된 결론이 유도될 수도 있다. 만일 분류변수가 실험에서 관심이 되는 인자가 아니라면, 이러한 효과를 제거하여 보다 효과적인 실험을 진행하기 위하여, **블록**(block)을 사용할 수 있다.

여기서 블록이란 비슷한 성질을 갖는 연구대상을 모아놓은 그룹을 의미한다. 예를 들어, 50명의 학생을 선택하는 과정에서 25명을 남학생으로 구성하고, 25명을 여학생으로 구성하였다면, 성별에 의하여 구분된 두 그룹은 블록을 형성하게 된다.

(3) 크로스와 지분의 의미

두 개 이상의 인자가 있는 실험에서, 연구자는 이러한 인자들의 수준을 어떠한 방법으로 묶어서 실험을 진행할 것인지에 대하여 결정하여야 한다. 2요인 실험설계에서 첫 번째 인자의 모든 수준이 두 번째 인자의 모든 수준과 결합한 경우, 두 인자는 **크로스**(cross)되었다고 말한다. 이와 비슷한 방법으로 3요인 실험설계에서, 첫 번째 인자의 모든 수준이 두 번째와 세 번째 인자의 모든 수준과 결합하여 실험이 진행되면, 세 인자는 크로스되었다고 말한다. 실험에 관련된 모든 인자가 크로스되어 있는 경우를 **요인 실험설계**(factorial design)라고 한다.

예를 들어, 인자 A가 a_1, a_2, a_3 3개의 수준을 가지고 있으며, 인자 B가 b_1, b_2, 2개의 수준을 가지고 있다면, a_1은 B의 모든 수준인 b_1, b_2와 결합하여야 크로스된 상태가 되며, 이 경우의 실험설계는, (a_1, b_1), (a_1, b_2)이 된다. 만일 A의 모든 수준인 a_1, a_2, a_3가 B의 모든 수준인 b_1, b_2와 결합된다면, 총 6(=2×3)개의 가능한 구성이 만들어지며, 두 인자는 서로 크로스 되어 있다고 말할 수 있으며, 요인 실험설계가 된다.

만일 어떠한 인자가 다른 인자의 모든 수준과 결합하지 않게 되면, 두 인자는 지분(nested)되어 있다고 말한다. 즉, 두 인자가 지분되어 있다는 의미는 두 인자의 수준으로 결합된 모든 가능한 조합 중에서, 실험설계는 일부만 포함되고 있다는 의미이다.

단일요인 실험설계에 대한 이해

단일요인 실험설계란 실험에 사용되는 인자(또는 독립변수)가 한 개라는 의미로써, 가장 기본적인 실험설계형태이다. 이러한 단일요인 실험설계는 인자의 수에 따라 구분한 실험설계의 유형으로, 이를 기초로 하여, 다양한 형태의 실험설계가 가능하다. 예를 들어, 다섯가지 종류의 광고에 대한 효과를 파악하기 위한 실험의 경우, 다음과 같은 세가지 형태의 실험설계가 가능하다

첫 번째 실험설계: 연구대상을 랜덤화과정을 통하여 5개의 그룹으로 구분한 다음, 5개 그룹에 5종류의 광고를 각각 무작위로 할당하여 보여주고, 이에 대한 태도를 조사한다.

설 명 이러한 실험설계의 경우, 연구대상은 모든 종류의 광고를 보는 것이 아니라 한 종류의 광고만을 보고 평가하게 되므로, 연구대상은 광고에 지분되어있는 형태의 실험설계가 된다. 이러한 실험설계를 독립그룹 실험설계(independent-groups design)라고 한다.

두 번째 실험설계: 모든 연구대상은 5종류의 광고를 모두 보고 평가한다.

설 명 이러한 경우, 연구대상은 5종류의 광고를 반복하여 평가하게 되므로, 반복측정 실험설계(repeated measure design)라고 한다. 이 경우, 연구대상은 광고에 크로스되어 있다. 이러한 실험의 특징은 한 연구대상이 평가한 5종류의 광고에 대한 평가는 서로 독립이 아니라는 사실이며, 대부분의 경우, 양의 상관관계가 존재하게 된다. 즉, 같은 연구대상이 광고를 측정한 5개의 평가치는 서로 양의 상관관계를 가지고 있으며, 다른 연구대상이 측정한 5개의 평가치와는 독립의 관계를 유지한다는 것이다. 이러한 상관관계는 분석에서 오차항을 줄이는 역할을 하게 되므로 광고에 따른 효과를 정확하게 파악할 수 있도록 만들어주는 긍정적인 역할을 하게 된다.

세 번째 실험설계: 광고에 대한 평가에 영향을 미칠 수 있는 다른 요인들을 매칭시켜서 광고를 보여줄 그룹을 구성한다.

설 명 예를 들어, 소득수준에 따라 광고에 대한 평가치가 다르게 나타날 것이라고 생각된다면, 비슷한 소득수준에 있는 사람들과 매칭을 시켜서 5개 그룹으로 할당하는 방법을 적용할 수 있다. 이 경우, 모든 연구대상 개개인에 대한 특성을 하나 하나 매칭시킬 수도 있지만, 각 그룹에 속하는 특성에 대한 분포를 비슷하게 만들어주는 매칭을 사용하는 것도 가능하다. 반복측정설계는 이러한 매칭에 의한 설계의 극단적인 형태로 볼 수 있다. 매칭방법의 주요목적은 혼란변수를 통제하여, 실험결과에 대한 내적타당성을 높이는 것이다. 매칭에 대한 자세한 방법은 제14장에 있는 인과관계연구2: 연구결과의 내적타당성과 외적타당성에 자세히 설명되어 있다.

02 완전랜덤화 실험설계

(1) 랜덤화 원칙

랜덤화 원칙(randomization principle)은 실험설계의 가장 기본이 되는 원칙으로 연구자가 알지 못하는 혼란변수(confounding variable)를 통제하기 위한 방법이다. 랜덤화 원칙이란 특정한 처리수준을 받게되는 기회가 모든 연구대상에게 동등하게 주어져야 한다는 원칙이다. 이러한 랜덤화 원칙은, 1920년에 처음 소개되었지만, 초창기에는 많은 연구자로부터 주목을 받지 못하였다. 그 당시만 하더라도, 대부분의 연구자는 실험이나 연구를 자신의 전문지식만으로 열심히 그리고 주의 깊게 진행하면, 모든 문제가 해결되리라고 믿었기 때문이다. 하지만, 그 동안 연구자의 전문지식을 이용하여 처리수준을 연구대상에게 할당하는 경우, 예상하지 못하였던 결과에 대한 오류가 발생한다는 사실을 알게 되었고, 랜덤화 원칙이 매우 중요한 개념이라는 것을 느낄 수 있게 되었다. 랜덤화를 이용하여 처리수준을 연구대상에게 할당하게 되면, 연구결과는 우연에 의존하게 되지만, 통계분석은 이러한 우연의 법칙에 의하여 나타나는 결과를, 확률을 이용하여 예측이 가능하도록 분석하고 해석할 수 있게 만들어 준다.

(2) 완전랜덤화 실험설계에 대한 개념

예를 들어, 30명의 학생을 대상으로 세 종류의 교육방법에 대한 효과를 알아보는 연구를 생각하여 보자. 이 경우, 30명의 학생 중에서 랜덤으로 10명을 추출한 다음, 첫 번째 그룹을 만들고, 그 다음 남은 20명의 학생 중에서 10명을 랜덤으로 추출하여 두 번째 그룹을 만들고, 나머지 10명의 학생을 세 번째 그룹으로 하여, 각 그룹에 세 종류의 교육방법을 각각 할당하게 되면, 랜덤화 원칙에 따른 실험설계가 되는 것이다. 이와 같이, 랜덤으로 전체 연구대상을 처리수준의 수만큼 나눈 후, 처리수준을 각각 할당하는 실험설계를 완전랜덤화 실험설계(completely randomized design)라고 한다.

하지만, 랜덤에 의하여 처리수준이 연구대상에게 할당된 실험설계라 할지라도, 연구결과에서 나타나는 그룹간의 차이가 순수한 처리효과만으로 구성되어 있다고 볼 수는 없을 것이다. 즉, 앞에서 언급한 교육방법에 대한 예에서, 그룹(또는 교육방법)에 대한 결과변수의 차이가 반드시 교육방법에 의한 차이라고 볼 수만은 없다는 것이다. 학습능력이 뛰어난 학생이 존재하고, 우연히 이러한 학생이 한 그룹에 몰려있을 가능성도 존재한다는 것이다. 하지만, 통계분석은 이러한 차이가 우연하게 나타날 수 있는 정도인지, 아니면 학습방법에 대한 효과에 의하여 차이가 나타난 것인지에 대하여 확률이론에 따라 판단할 수 있게 만들어준다. 다시 말하면, 통계분석에서 학습방법에 따른 차이가 존재한다는 결론이 나타났다면, 그룹간의 차이가 우연한 차이로 보기에는 너무 큰 차이가 나타나기 때문에 교육방법의 차이 때문이라고 결론을 내리게 된다는 것이다. 이러한 큰 차이의 기준은 확률이론에 따라 결정된다.

03 블록 실험설계

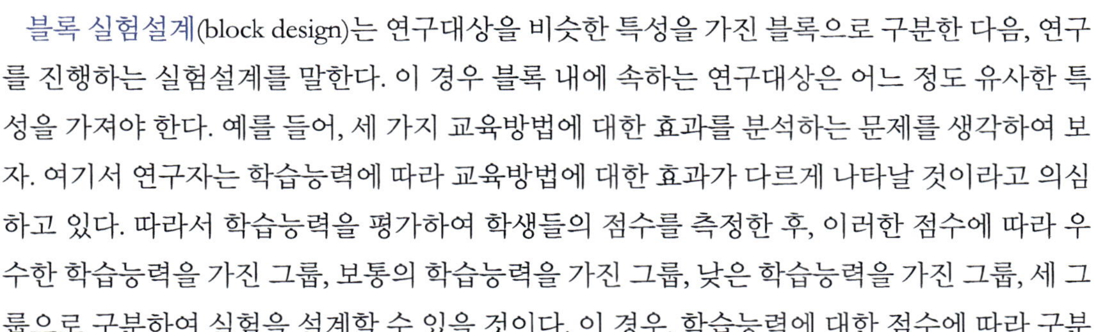

블록 실험설계(block design)는 연구대상을 비슷한 특성을 가진 블록으로 구분한 다음, 연구를 진행하는 실험설계를 말한다. 이 경우 블록 내에 속하는 연구대상은 어느 정도 유사한 특성을 가져야 한다. 예를 들어, 세 가지 교육방법에 대한 효과를 분석하는 문제를 생각하여 보자. 여기서 연구자는 학습능력에 따라 교육방법에 대한 효과가 다르게 나타날 것이라고 의심하고 있다. 따라서 학습능력을 평가하여 학생들의 점수를 측정한 후, 이러한 점수에 따라 우수한 학습능력을 가진 그룹, 보통의 학습능력을 가진 그룹, 낮은 학습능력을 가진 그룹, 세 그룹으로 구분하여 실험을 설계할 수 있을 것이다. 이 경우, 학습능력에 대한 점수에 따라 구분된 그룹은 블록이 된다.

비슷한 학습능력을 가진 학생들로 구성된 블록 내에서 다시 세 개의 그룹으로 구분한 다음, 무작위로 교육방법을 각각 할당하여 진행하는 실험설계를 랜덤화블록 실험설계(randomized block design)라고 한다. 랜덤화블록 실험설계를 이용하는 주요 목적은 교육방법에 대한 효과를 파악하는 것이며, 이러한 효과는 학습능력에 따라 다르게 나타날 수 있을 것이라는 연구자의 추측 때문이다. 따라서 학습능력에 따른 효과는 연구자의 관심효과가 아니며, 교육방법에 대한 효과를 보다 정확하게 파악하기 위한, 통제대상이 되는 효과가 된다. 이러한 랜덤화블록 실험설계를 그림으로 표현하면, 〔그림 15-2〕와 같다.

그림 15-2 | 랜덤화블록 실험설계의 예

블록1	블록2	블록3
학습능력이 우수한 그룹	학습능력이 보통인 그룹	학습능력이 낮은 그룹
(무작위로 할당) 학습방법1 학습방법2 학습방법3	(무작위로 할당) 학습방법1 학습방법2 학습방법3	(무작위로 할당) 학습방법1 학습방법2 학습방법3

단일요인 실험설계분석원리에 대한

만일 학습능력에 따라 교육방법에 대한 효과가 다르게 나타난다고 가정하였을 경우, 만일 연구자가 이러한 학습능력을 무시하고 실험설계를 만드는 경우, 다음과 같은 문제점이 발생한다.

학생에게 교육방법을 할당하는 과정에서 랜덤화과정이 적용되는 경우: 실험설계에서 랜덤화과정을 거치게 되면, 각 교육방법에 적용되는 그룹은 학습능력이 높은 학생과 학습능력이 낮은 학생들이 섞이게 되므로, 교육방법에 따른 효과가 희석되어 나타날 수 있다. 즉, 한 가지 교육방법을 적용하는 그룹 내에 다양한 학습능력을 가진 학생이 모두 있기 때문에, 그룹 내의 분산은 증가하게 되고, 이에 따라 그룹 내의 분산을 나타내는 오차도 크게 나타난다는 것이다. 실험설계에서 오차가 크게 나타난다는 사실은 종속변수에 영향을 미치는 중요한 인자가 고려되지 못한 경우라고 의심할 수 있다. 즉, 교육방법에 대한 효과가 크게 나타날지라도, 이 부분이 오차에 의하여 나타나는 것인지, 아니면, 순수하게 교육방법에 대한 효과로 나타나는 것인지를 구분하기가 어려워진다는 의미이다. 결국 학습능력을 블록으로 취급하는 랜덤화블록 실험설계를 적용하게 되면, 오차의 크기는 줄어들게 되며, 단순히 랜덤화과정을 통하여 학생들에게 교육방법을 할당하는 실험설계를 적용하게 되면, 오차가 커져서, 교육방법에 따른 효과를 감지하는 능력이 떨어지게 된다.

학생에게 교육방법을 할당하는 과정에서 랜덤화과정이 적용되지 않는 경우: 이러한 실험설계의 경우, 오차가 적게 나타날 수 있지만, 랜덤화과정을 거치지 않은 실험설계와 비교하여, 훨씬 심각한 문제가 발생된다. 예를 들어, 교육방법1을 적용한 학생들의 대부분은 학습능력이 탁월하고, 교육방법 2를 적용한 학생들의 대부분은 학습능력이 높지 않다면, 교육방법 1과 교육방법 2의 차이는 학습능력에 따른 차이와 교육방법에 따른 차이가 섞여서 나타나므로, 구분할 수 없는 상황이 발생하게 된다. 따라서 오차가 적게 나타나고, 교육방법의 차이가 뚜렷하게 나타나는 분석결과가 나타난다고 하여도, 실제로는 학습능력에 따른 차이에 의하여 나타날 수도 있다는 가능성이 존재하기 때문에, 연구결과에 대한 타당성에 심각한 위협을 받게 된다.

04 요인 실험설계

두 인자에 대한 효과를 분석하는 실험설계를 생각하여 보자. 예를 들어, 인자 A는 세 가지 교육방법 a_1, a_2, a_3를 나타내며, 인자 B는 두 형태의 학습환경 b_1, b_2를 나타낸다고 가정하자. 이 경우 요인 실험설계(factorial design)는, 두 인자가 서로 크로스된 형태의 실험설계로서, 인자 A의 세 가지 수준과 인자 B의 두 가지 수준이 결합하여 총 6개의 수준에 따른 결과를 측정하는 실험설계를 의미한다. 이와 같이, 요인 실험설계는 두 인자가 서로 크로스되어, 모든 가능한 조합의 수준이 실험에서 측정되는 실험설계를 말한다. 특별히, 인자들에 대한 모든 가능한 조합의 수준을 거치는 요인 실험설계를 완전요인 실험설계(complete factorial design)라고 한다.

만일 연구대상으로 선택된 학생이 한 종류의 교육방법만을 할당받아서 측정이 이루어진다면, 연구대상은 교육방법과 학습환경에 지분되어 있는 경우에 해당된다. 이러한 실험설계도 요인 실험설계의 한 형태로 취급되고, 2요인 독립그룹설계(two-factor independent-groups design)라고 한다. 만일 인자의 수가 2개이고 두 개의 인자에 대한 수준의 수가 모두 2개인 경우의 요인 실험설계를 2×2실험설계라 하고, 3개의 인자가 있고, 각각의 인자가 2개의 수준을 갖는 요인 실험설계를 2×2×2실험설계라고 한다. 일반적으로 n개의 인자가 있고, 각각의 인자가 2개의 수준을 가지고 있다면, 2^n실험설계라고 한다. 교육방법에 대한 예에서는, 세 수준의 교육방법과 두 수준의 학습환경이 있으므로, 3×2실험설계가 된다.

05 부분 실험설계

완전요인 실험설계는, 앞에서 언급한 바와 같이, 모든 가능한 수준을 설정하여 실험을 진행하는 방법이기 때문에, 인자의 수가 증가하고, 인자의 수준 수가 증가하게 되면, 실험의 횟수는 기하급수적으로 늘어나게 되는 문제점을 가지고 있다. 예를 들어, 세 개의 인자로 구성된 3×4×5 완전요인 실험설계는 60개의 가능한 조합이 존재하기 때문에, 60개의 서로 다른 수준을 고려하여 실험을 진행하여야 하는 문제점을 가지게 된다. 하지만, 이러한 실험은 비용이 많이 들고, 시간도 많이 소요되므로, 현실적으로 불가능할 수 있다. 이 경우, 모든 가능한 조합의 일부분을 적당히 선택하여, 실험횟수를 줄여나가는 실험설계를 구상할 수 있는데, 이러한 실험설계를 **부분 실험설계**(fractional design)라고 한다. 부분 실험설계는 완전요인 실험설계와 대비되는 개념이기 때문에 **불완전요인 실험설계**(incomplete factorial design)라 부르기도 한다.

(1) 라틴스퀘어 실험설계

예를 들어, 3개의 인자, A, B, C가 있고, 각 인자는 3개의 수준을 갖는다고 가정하여 보자. 이 경우의 완전요인 실험설계는 $3\times3\times3$, 즉 3^3의 형태가 되며, 가능한 수준조합의 수는 27개이므로, 27번의 실험이 이루어져야 한다. 하지만 9번의 실험횟수만을 적용한 〔그림 15-3〕과 같은 실험설계를 만들 수 있다.

즉, 연구대상을 27개가 아닌 9개의 그룹으로 나눈 다음, 〔그림 15-3〕에서 나타난 각각의 조합수준에 랜덤으로 할당하는 실험설계를 만들 수 있다는 것이다. 예를 들어, 첫 번째 선택된 그룹은 $A_1 B_1 C_2$의 조합수준으로 실험이 진행되며, 두 번째 그룹은 $A_2 B_1 C_1$의 조합수준으로 실험이 진행되는 방식으로 9개 그룹을 모두 할당할 수 있다는 것이다. 이러한 실험설계의 특징은, C의 첫 번째 수준을 나타내는 C_1이 모든 행이나 모든 열에 단 한번씩만 나타난다는 것이다. 이와 같이, 인자의 특정한 수준이 모든 행과 열에 단 한번씩만 나타나는 실험설계를 **라틴스퀘어 실험설계**(latin square design)라고 한다.

라틴스퀘어 실험설계의 주요목적은 크게 두 가지로 구분하여 설명할 수 있다. 우선, 인자들이 서로 연관되어 나타날 수 있는 바이어스 요인을 통제하기 위한 목적으로 사용된다. 즉, 실험설계에서 나타날 수 있는 처리효과 이외의 다른 효과를 처리효과와 섞이지 않게 하고, 이러한 효과를 희석하여 오차항에 포함되도록 만들어준다. 이러한 라틴스퀘어 실험설계는 처리수준을 랜덤으로 할당하는 완전랜덤화 실험설계를 대체될 수 있는 방법이다. 즉, 완전랜덤화

그림 15-3 | 라틴스퀘어 실험설계

	A_1	A_2	A_3
B_1	C_2	C_1	C_3
B_2	C_3	C_2	C_1
B_3	C_1	C_3	C_2

실험설계에서는 랜덤화 과정을 이용하여 순수한 처리효과를 파악하고자 노력하지만, 라틴스퀘어 실험설계에서는 체계적인 실험설계를 통하여 순수한 처리효과를 파악하고자 노력한다. 특별히 한 연구대상이 여러 처리수준을 거치면서 나타나는 순서에 따른 효과가 존재하는 경우에는 라틴스퀘어 실험설계를 이용하여 효과적으로 통제할 수 있게 된다. 이에 대한 자세한 내용은 반복측정 실험설계에서 다시 다루도록 한다.

라틴스퀘어 실험설계를 사용하는 두 번째 주요목적은 노력, 시간, 비용을 절약하기 위해서이다. 인자의 수가 늘어나게 되면, 요인 실험설계의 경우는 실험의 횟수가 기하급수적으로 늘어나게 된다. 이 경우 라틴스퀘어 실험설계를 사용하게 되면, 적은 수의 실험횟수를 이용하여 효율적인 처리효과를 파악할 수 있게 된다.

(2) 지분 실험설계

예를 들어, 세 가지 교육방법을 세 명의 강사가 10명의 학생을 가르치는 완전요인 실험설계를 생각하여 보자. 이 경우는 인자가 2개이고, 각 인자의 수준의 수는 3이므로, 실험설계는 〔그림 15-4〕와 같이 된다.

그림 15-4 | 완전요인 실험설계

	강사1	강사2	강사3
교육방법 1	10명	10명	10명
교육방법 2	10명	10명	10명
교육방법 3	10명	10명	10명

이러한 완전요인 실험설계에서는 강사가 세 가지의 교육방법을 모두 가르쳐야 한다. 즉, 강사라는 인자는 모든 수준의 교육방법을 모두 거치게 되므로, 두 변수는 크로스되어 있는 실험설계가 된다. 하지만, 이러한 실험설계는, 강사가 세 가지 교육방법을 모두 적용하여 강의하여야 하기 때문에, 시간과 비용을 고려하였을 경우 비경제적인 실험설계가 될 수 있다.

이러한 상황에서 적용될 수 있는 실험설계의 한 형태가 지분 실험설계(nested design)이다. 지분 실험설계에서는 3명이 아닌 9명의 강사가 실험설계에서 적용되며, 세 가지 교육방법은 각각 3명의 강사에게 무작위로 할당을 받는다. 교육방법에 따른 학습효과를 측정하는 지분

그림 15-5 | 지분 실험설계의 예

교육방법 1	교육방법 2	교육방법 3
강사1 강사2 강사3	강사4 강사5 강사6	강사7 강사8 강사9
10명 10명 10명	10명 10명 10명	10명 10명 10명

실험설계는 〔그림 15-5〕와 같은 형태로 표현될 수 있다

이러한 실험설계에서는 한 강사가 모든 교육방법을 크로스하지 않고, 일부분인 한 가지 교육방법만 할당받아 실험이 진행되기 때문에, '강사는 교육방법에 지분되어 있다'라고 표현하며, 강사는 **지분인자**(nested factor)가 된다. 여기서 **지분**(nesting)의 의미는 한 변수의 수준이 다른 변수의 수준을 모두 거치지 않고 일부분만을 제한적으로 거친다는 의미를 가지고 있다. 이 경우 강사는 교육방법에 크로스 되어있지 않고 지분되어 있기 때문에, 강사와 교육방법에 대한 **상호작용 효과**(interaction effect)는 파악이 불가능하게 된다. 따라서 지분 실험설계를 적용하기 위한 추가적인 가정은 강사와 교육방법 사이의 상호작용 효과가 존재하지 않는다는 것이다. 여기서 강사와 교육방법에 대한 상호작용 효과의 의미는, 교육방법에 대한 효과가 일관적으로 나타나지 않고, 강사의 특성에 따라 다르게 나타나는 효과를 의미한다.

이러한 지분 실험설계는 보다 복잡한 형태로 발전시킬 수 있다. 예를 들어, 두 종류의 교육방법에 대하여 4개의 학교를 대상으로 12명의 강사를 적용하는 〔그림 15-6〕과 같은 실험설계를 생각하여보자.

이러한 지분 실험설계를 살펴보면, 학교는 교육방법에 지분되어 있는 지분인자가 되며, 강

그림 15-6 | 계층구조를 갖는 지분 실험설계

교육방법1		교육방법2	
학교1	학교2	학교3	학교4
강사1 강사2 강사3	강사4 강사5 강사6	강사7 강사8 강사9	강사10 강사11 강사12
10명 10명 10명	10명 10명 10명	10명 10명 10명	10명 10명 10명

사는 학교에 지분되어 있는 지분인자가 되는 계층적인 관계를 가지게 된다. 이러한 이유 때문에 지분 실험설계를 종종 계층적 실험설계(hierarchical design)라 부르기도 한다.

지분 실험설계는 요인 실험설계와 혼합되어 구성될 수도 있다. 예를 들어, 두 종류의 교육방법과 두 학교 사이에는 크로스된 요인 실험설계의 형태를 갖고, 강사는 교육방법과 학교에 지분되어 있는 지분요인이 되는 경우가 이에 해당된다. 이와 같은 실험설계를 표현하면 〔그림 15-7〕과 같다.

그림 15-7 | 요인 실험설계와 지분 실험설계가 혼합된 실험설계

	교육방법 1	교육방법 2
학교 1	강사1 강사2 강사3 10명 10명 10명	강사4 강사5 강사6 10명 10명 10명
학교 2	강사7 강사8 강사9 10명 10명 10명	강사10 강사11 강사12 10명 10명 10명

이 경우의 실험설계는 교육방법과 학교가 크로스되어 있는 2×2 요인 실험설계가 되고, 강사는 교육방법과 학교에 의하여 구성된 4개의 처리수준에 지분되어 있는 지분 실험설계가 된다. 이와 같이 몇 개의 인자들은 서로 크로스되어 요인 실험설계의 형태를 취하고, 몇 개의 다른 인자들은 지분되는 지분 실험설계의 형태를 취하는 혼합된 실험설계의 구성도 가능하다. 특별히, 연구대상이 사람이면서, 다른 인자에 지분되지 않고 크로스된 실험설계를 반복측정 실험설계라고 한다.

06 반복측정 실험설계

사회과학연구에서는, 연구대상이 사람이고, 선택된 연구대상을 여러 처리수준을 거치면서 반복적으로 적용되어 결과를 측정하는 실험설계를 자주 볼 수 있게 되는데, 이러한 실험설계를 반복측정 실험설계(repeated measure design)라고 한다. 반복측정 실험설계의 가장 간단한

형태는 한 개의 인자가 두 개의 수준을 갖는 경우로, 연구대상은 두 수준의 처리를 모두 거치면서 두 개의 관측값이 측정되는 실험설계이다. 이와 같은 실험설계에서는, 한 연구대상에 대하여 두 번의 측정이 이루어지므로, 자료가 쌍으로 구성되며, **쌍체 *t*검정**(paired t-test)을 이용하여 통계분석이 진행하게 된다. 즉, 쌍체 *t*검정을 이용한 분석은 반복측정 실험설계에 대한 통계분석의 기본적인 형태가 된다.

(1) 반복측정 실험설계의 형태

반복측정 실험설계에서는 여러 처리수준을 한 연구대상에 적용시킬 수 있다. 이 경우 어떠한 처리수준을 먼저 연구대상에게 적용할 것인가에 관한 순서의 문제가 중요한 결정사항이다. 처리수준을 연구대상에게 적용하는 순서는 랜덤화과정을 통하여 결정할 수도 있고, 모든 처리수준이 골고루 처음과 마지막에 적용될 수 있도록 체계적으로 결정할 수도 있다. 이와 같이 처리수준의 순서를 중요하게 생각하는 이유는 처리수준의 순서에 따라 나타날 수 있는 효과를 제거 또는 희석시키기 위해서이다. 하지만, 처리수준의 랜덤화가 항상 가능한 것은 아니다. 특별히 인자가 시간과 관련되어 있는 경우는 더욱 랜덤화가 어려워진다. 예를 들어, 오전과 오후로 나누어서 이에 대한 효과를 파악하고자 하는 경우에는 오전과 오후를 랜덤화시킬 수 없기 때문이다.

인자가 한 개 가지고 있는 반복측정 실험설계를 **단일요인 반복측정 실험설계**(one-factor

그림 15-8 | 단일요인 반복측정 실험설계

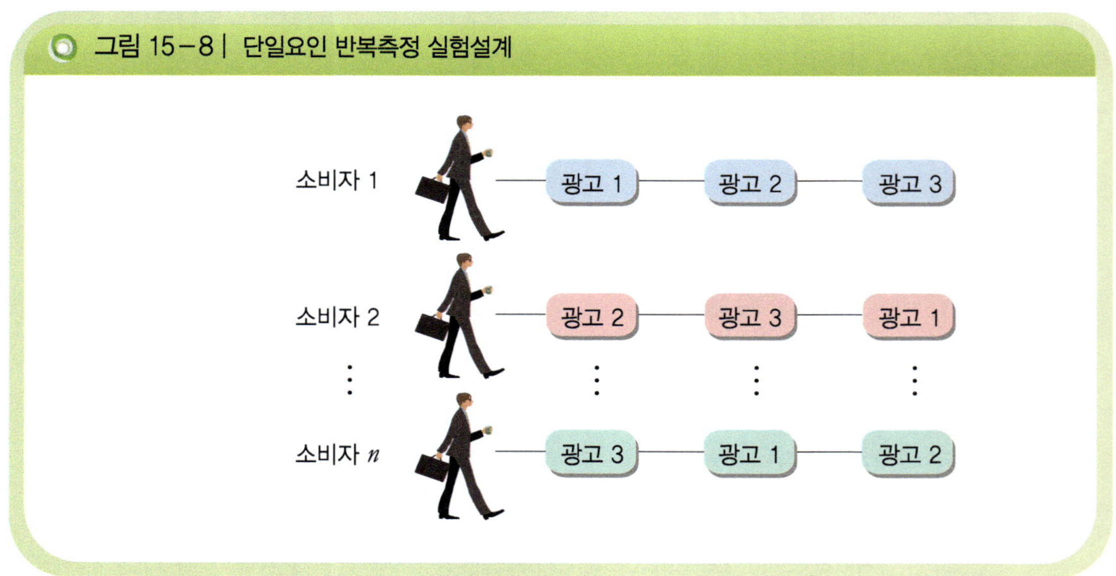

experiment design with repeated measurements)라고 한다. 예를 들어, 100명의 소비자에게 세 종류의 광고를 모두 보여주고, 이에 대한 태도를 조사하는 실험설계가 이에 해당된다. 이 경우, 자료는 100명의 소비자를 대상으로 관측되지만, 각 소비자가 세 종류의 광고를 평가하기 때문에, 300개의 관측값이 만들어진다. 〔그림 15-8〕은 이러한 단일요인 반복측정 실험설계를 그림으로 표현하고 있다.

단일요인 반복측정 실험설계에 의하여 얻어진 자료에 대한 통계분석은 300개의 자료를 기초로 분석하는 반복측정에 의한 분산분석(ANOVA with repeated measurement)을 적용하여 결과를 해석할 수 있으며, 한 소비자가 3개의 관측값을 가지므로, 3개의 측정값으로 구성된 100개의 자료를 기초로 분석하는 다변량 분산분석 MANOVA(multivariate ANOVA)를 이용하여 결과를 해석할 수 있다. 하지만, 반복측정에 의한 분산분석이나 다변량 분산분석 즉, MANOVA 모두 동일한 결과를 제공한다.

이러한 반복측정 실험설계는 다양한 형태로 확장될 수 있다. 예를 들어, 2×2 요인 실험설계에 대한 네가지 가능한 조합을 연구대상이 모두 거치면서 반복측정되는 실험설계도 가능할 것이다. 이 경우를 2요인이 반복측정된 2요인 실험설계(two-factor experiment with repeated measurements on both factors)라고 한다. 또한 두 인자 중에서 한 인자만 반복측정이 되고, 다른 인자는 지분되어 있는 실험설계도 가능하다. 교육방법의 효과를 알아보는 연구의 예에서, 각 학교에서 강사를 선택하여 두 가지 교육방법을 모두 적용시키는 실험설계를 한다면, 강사는 교육방법을 크로스 하지만, 학교는 크로스 하지 못하고 지분되어 있는 실험설계가 될 것이다. 이 경우를 단일요인이 반복측정된 2요인 실험설계(two-factor experiment with repeated measurements on one factor)라고 한다. 이와 같은 실험설계를 그림으로 표현하면, 〔그림 15-9〕

그림 15-9 | 단일요인이 반복측정된 2요인 실험설계

	교육방법 1	교육방법 2
학교 1	강사1 강사2 강사3 10명 10명 10명	강사1 강사2 강사3 10명 10명 10명
학교 2	강사4 강사5 강사6 10명 10명 10명	강사4 강사5 강사6 10명 10명 10명

와 같다.

(2) 라틴스퀘어를 이용한 반복측정 실험설계

반복측정 실험설계에서는 연구대상에게 어떠한 처리수준을 먼저 적용할 것인가에 관한 순서의 문제가 이월효과를 통제하기 위하여 중요한 고려사항이라고 앞에서 설명하였다. 이러한 처리순서는 랜덤으로 결정할 수도 있지만, 라틴스퀘어를 이용하여 체계적으로 결정할 수도 있다. 처리수준의 수가 3인 단일요인 반복측정 실험설계의 간단한 예를 이용하여 이러한 과정을 설명하여 보자.

그림 15-10 | 표준형 라틴스퀘어를 이용한 반복측정 실험설계

	순서 1	순서 2	순서 3
그룹 1	A_1	A_2	A_3
그룹 2	A_2	A_3	A_1
그룹 3	A_3	A_1	A_2

일단, 연구대상을 랜덤화하여 세 그룹으로 구분한 다음, 〔그림 15-10〕과 같은 순서로 실험설계를 진행할 수 있다.

여기서 A_1, A_2, A_3는 인자의 세 가지 처리수준을 의미한다. 이 경우, 모든 그룹은 세 가지 처리수준이 모두 포함되어 있으면서, 각 처리수준이 단 한번씩만 나타나며, 모든 순서의 위치

그림 15-11 | 라틴스퀘어의 다른 형태

	순서 1	순서 2	순서 3
그룹 1	A_2	A_1	A_3
그룹 2	A_1	A_3	A_2
그룹 3	A_3	A_2	A_1

도 세 가지 처리수준이 모두 포함되면서 각 처리수준이 단 한번씩만 나타나게 된다. 일반적으로, 다양한 형태의 라틴스퀘어 실험설계가 존재하며, 〔그림 15-10〕과 같이 그룹 1에 A_1, A_2, A_3의 순서가 나타나고, 순서 1에 A_1, A_2, A_3의 처리수준을 적용하는 라틴스퀘어를 표준형 라틴스퀘어(standard form of latin square)라고 한다. 표준형태가 아닌 라틴스퀘어의 실험설계를 보면, 〔그림 15-11〕과 같다.

결국 다양한 형태의 라틴스퀘어가 실험설계에서 적용될 수 있으며, 연구자는 이러한 다양한 라틴스퀘어 중에서 랜덤으로 선택하는 것이 바람직하다. 이 경우, 순서 1이나 그룹 1의 처리수준에 대한 순서를 랜덤으로 선택한 다음, 이에 맞는 라틴스퀘어를 찾는 것이 일반적인 방법이다.

(3) 반복측정 실험설계의 장점과 단점

반복측정 실험설계는 몇 가지 장점과 단점을 가지고 있다. 반복측정 실험설계의 장점이라면, 첫 번째로 연구대상이 상관관계를 가지고 다른 인자를 크로스하기 때문에, 각 연구대상이 가지고 있는 개별적인 특성을 파악하여 제거할 수 있다는 점이다. 독립그룹 실험설계에서는 이러한 개별적 특성이 오차로 포함되어 오차가 크게 나타나지만, 반복측정 실험설계에서는 이러한 특성이 제거됨으로써 오차의 크기를 줄이고 순수한 처리효과를 파악할 수 있게 만든다. 반복측정 실험설계의 두 번째 장점이라면, 한 연구대상이 여러 번 반복하여 다른 수준을 거치게 되므로, 비용이나 시간을 절약할 수 있다는 것이다.

하지만, 반복측정 실험설계를 실시하는 경우, 어떠한 처리수준을 먼저 측정할 것인가가 매우 중요한 결정사항으로 남게 된다. 왜냐하면, 연구대상이 여러 번 반복측정을 함으로써 학습효과(learning effect)가 생길 수 있으며, 피로, 지루함 등으로 인하여 두 번째 이후의 측정에 영향을 받을 수 있기 때문이다. 이러한 혼란변수(confounding variable)를 통틀어서 이월효과(carry-over effect)라고 한다. 결국 반복측정 실험설계는 이러한 이월효과가 발생하여 연구결과의 타당성을 잃게될 수 있다. 즉, 처리수준에 따른 차이가 이월효과에 의하여 나타났는지, 또는 처리효과에 의하여 나타났는지를 판단할 수 없게 된다는 의미이다. 또한 통계분석이 간단하지 않으며, 통계분석을 위하여 추가적인 몇 가지 가정이 필요하게 된다. 이에 대한 자세한 내용은 제5부의 분산분석2-반복측정 연구에서 다루기로 한다.

요 약

1. 용어에 대한 정리

- 실험설계에서는 독립변수를 처리변수와 분류변수로 구분하며, 처리변수는 실험자의 조작이 가능한 독립변수를 말하고, 분류변수는 실험을 실시하기 전에 독립변수의 값이 이미 결정되어 버리거나, 실험과정과는 무관하게 독립변수의 수준이 결정되는 변수를 말한다.
- 처리변수나 분류변수를 포함한 모든 독립변수를, 통계적 실험설계에서는 인자라고 한다.
- 블록이란 비슷한 성질을 갖는 연구대상을 모아놓은 그룹을 의미한다.
- 어떠한 인자의 모든 수준이 다른 인자의 모든 수준과 결합하는 경우, 그 인자는 크로스 되었다고 말한다.
- 만일 어떠한 인자가 다른 인자의 모든 수준과 결합되어 있지 않다면, 두 인자는 지분되어 있다고 말한다.

2. 완전랜덤화 실험설계

- 랜덤화 원칙은, 연구자가 알지 못하는 혼란변수를 통제하기 위한 방법으로, 특정한 처리수준을 받게되는 기회가 모든 연구대상에게 동등하게 주어져야 한다는 원칙이다.
- 랜덤으로 전체 연구대상을 처리수준의 수만큼 나눈 후, 처리수준을 각각 할당하는 실험설계를 완전랜덤화 실험설계라고 한다.

3. 블록 실험설계

- 블록 실험설계는 연구대상을 비슷한 특성을 가진 블록으로 구분한 다음, 연구를 진행하는 실험설계를 말한다. 특별히, 블록 내에서 처리수준의 수만큼 랜덤으로 그룹을 구분한 다음, 무작위로 처리수준을 할당하는 실험설계를 랜덤화블록 실험설계라고 한다.

4. 요인 실험설계

- 실험설계에 사용되는 인자의 모든 수준이 서로 크로스 되어 있는 실험설계를 요인 실험설계라고 한다.

5. 부분 실험설계

- 인자수준의 모든 가능한 조합을 실험에 적용하지 않고, 일부분만을 선택하여, 실험횟수

를 줄여나가는 실험설계를 부분 실험설계라고 한다. 부분 실험설계는 완전요인 실험설계와 대비되는 개념이기 때문에 불완전 요인 실험설계라 부르기도 하며, 대표적인 실험설계 형태로 라틴스퀘어 실험설계와 지분 실험설계가 있다.

▶ 라틴스퀘어 실험설계는 인자의 특정한 수준이 모든 행과 열에 단 한번씩만 나타나는 특징을 가지고 있다.

▶ 어떠한 인자가 다른 인자의 모든 수준을 거치지 않는 경우의 실험설계를 지분 실험설계라고 한다. 지분 실험설계는 계층적 실험설계라고 부르기도 하며, 지분 실험설계를 응용한 다양한 형태의 실험설계가 존재한다.

6. 반복측정 실험설계

▶ 연구대상이 사람이고, 선택된 연구대상을 여러 처리수준을 거치면서 반복적으로 적용되어 결과를 측정하는 실험설계를 반복측정 실험설계라고 한다.

▶ 인자가 한 개 가지고 있는 반복측정 실험설계를 단일요인 반복측정 실험설계라고 한다.

▶ 반복측정에 의한 분산분석은 다변량 분산분석, MANOVA를 이용하여 분석할 수도 있는데, 실제로는 동일한 분석이다.

▶ 반복측정 실험설계에서는, 라틴스퀘어 실험설계를 이용하여, 연구대상에서 나타나는 이월효과를 통제할 수 있다.

▶ 반복측정 실험설계의 경우는 이월효과가 발생할 수 있으므로 연구자의 각별한 주의가 필요하다.

논의사항

1. 처리수준의 할당과정에서 랜덤화가 중요한 이유에 대하여 논의하시오.
2. 100명의 소비자를 대상으로 세 가지 광고효과를 파악하는 실험에서 어떠한 실험설계가 가능한지를 논의하시오.
3. 독립그룹 실험설계와 반복측정 실험설계의 차이에 대하여 논의하시오.
4. 반복측정 실험설계가 어떠한 실험설계인지를 설명하고, 장점과 단점에 대하여 논의하시오.

제4부

샘플링과 자료준비과정

사회과학연구에서 모집단 전체를 조사하는 센서스 조사는 그렇게 흔하지 않으며, 대부분 연구에서는 샘플링 조사를 많이 한다. 샘플링은 모집단의 특성을 파악할 목적으로 모집단의 일부인 표본을 선택하는 방법을 의미한다. 적절하게 설계된 샘플링은 센서스보다 효율적이고, 바이어스를 줄일 수 있으며, 연구 목적에 맞는 풍부한 정보를 얻을 수 있다.

CHAPTER 16

샘플링의 기본적 개념

샘플링의 설계에서 표본의 수를 결정하는 문제는 가장 기본적이고, 중요한 단계이다. 표본의 수를 결정하는 문제는 연구에 대한 예산과 기간, 연구의 중요성, 모집단의 표준편차에 의하여 결정된다. 연구에 대한 예산과 기간, 연구의 중요성은 연구자의 의도에 따라 결정될 수 있지만, 모집단의 표준편차로 나타나는 다양성은 연구자가 통제하고 관리하기보다는 사전적으로 어느정도 되는지를 대충 알고 있어야 한다.

샘플링(sampling)은 연구에 관심이 되는 모든 대상인 모집단의 특성을 파악하는 목적으로 모집단의 일부인 표본(sample)을 선택하는 방법을 의미한다. 또한 샘플링프레임(sampling frame)은 표본을 추출하기 위해 사용되는 모집단에 대한 목록을 의미한다. 모집단과 샘플링프레임에 대한 차이를 다음의 예를 통하여 살펴보도록 하자.

어느 카드회사에서는 우편판매를 실시할 예정이며, 이에 대한 소비자의 태도를 파악하고자 한다. 만일 연구자가 내년 우편판매에 관심 있는 소비자를 모집단으로 설정한다면, 이러한 모집단을 파악하는 것은 매우 어려울 것이다. 이 경우, 샘플링프레임을 지난 6개월 동안 한번이라도 우편판매 경험이 있는 소비자의 목록으로 제한한다면, 이러한 어려움은 해결될 수 있다.

이 경우, 내년에 실시하는 우편판매에는 관심이 있지만, 지난 6개월 동안 한번도 우편판매 경험이 없었던 소비자는 표본에서 제외되기 때문에 샘플링프레임은 모집단의 대부분을 포함하지만, 모든 모집단이 포함되지는 않는다. 만일 제외된 소비자를 포함시키기 위하여 모든 소비자의 목록을 조사하여 나열한다면, 이는 비현실적이며, 시간이나 비용 측면에서도 바람직하지 못할 것이다. 따라서 샘플링프레임은 모집단을 근사시킬 수 있으면서 수집하기 쉬운 목록이어야 한다.

01 샘플링과 센서스

샘플링은 모집단에 속해있는 모든 대상을 조사하는 센서스(census; 전수조사)와 비교할 때 많은 장점을 가지고 있다. 첫 번째는 센서스에 비하여 비용이 적게든다는 점이고, 두 번째 장점은 시간을 절약할 수 있다는 것이다. 연구에 필요한 제한된 인력과 비용을 가지고 센서스를 실시하게 되면, 시간이 오래 걸리며, 많은 노력에도 불구하고 적절한 시기에 연구결과를 제공하지 못하는 경우가 발생하게 된다.

직관적으로 생각할 때, 센서스는 비용이 많이 들고 시간이 많이 소요되지만, 샘플링보다 더 정확한 연구결과를 제공해 줄 것으로 생각하기 쉽다. 하지만 반드시 그렇지는 않다. 왜냐하면, 정확한 연구결과라는 것은 자료의 수에도 의존하지만, 자료수집과정에서 연구결과를 왜곡시킬 수 있는 요인들을 통제하는 과정에서 얻을 수 있기 때문이다. 여기서 연구결과를 왜곡시키는 오차(error)는 표본오차(sampling error)와 비표본오차(nonsampling error)로 구분된다.

표본오차는 모집단을 모두 조사하지 않고 일부분만을 조사하기 때문에 발생하는 오차로서 표본의 수가 커지면 0에 가까워진다. 반면에, 비표본오차는 자료수집과정에서 발생하는 오차이다. 비표본오차는 잘못 구성된 문항, 조사자의 경험부족, 응답자의 실수, 자료를 잘못 기입하는 경우 등 다양한 원인으로부터 발생될 수 있다. 비표본오차를 줄이는 가장 좋은 방법은 자료를 수집, 입력하고 분석하는 모든 과정에서 조사원을 훈련시키고, 지시사항을 정확히 알려주고, 연구자가 모든 과정에 깊게 관여하여 세심한 주의를 기울이는 것이다. 이러한 측면에서 샘플링은 비표본오차를 쉽게 줄일 수 있지만, 센서스는 이러한 세심한 주의를 기울이는 것이 힘들다. 따라서 센서스에서는 표본오차는 0이 되지만, 비표본오차가 커질 수 있다. 어떠한 경우는 줄어든 표본오차의 크기보다 비표본오차의 크기가 커져서, 전체 오차는 샘플링에 비해 크게 나타날 수 있다.

센서스는, 앞에서 언급한 바와 같이, 샘플링에 비하여 몇 가지의 한계점을 가지고 있지만, 그렇다고 불필요한 방법으로 취급하면 안된다. 예를 들어, 모집단의 수가 크지 않다면, 센서스에서 나타나는 비용, 시간, 정확성에 관련된 문제점의 발생 가능성이 줄어들게 된다. 다음 예를 통하여 이러한 문제를 알아보도록 하자.

① 샘플링이 필요한 경우의 예 : A지역에 70개의 은행이 있으며, 이 은행들이 몇 명의 은행원을 고용하고 있는지를 파악하고자 한다. 그런데 A지역에 있는 모든 은행에는 거의 비슷한 수의 은행원이 있다고 알려져 있다.

설 명 이 경우, 모집단의 수가 그다지 크지 않기 때문에 센서스도 가능할 것이다. 하지만, 모든 은행에는 거의 비슷한 수의 은행원이 있으므로 몇 개의 은행만 조사하는 것이 더 경제적이라고 판단된다. 즉, 센서스가 가능하다고 무조건 실시하게 되면 비용, 시간의 낭비가 발생하게 된다.

② 센서스가 필요한 경우의 예 : A회사는 화학품을 제조하는 회사로서 50개의 플라스틱 관련 제조업체에 납품을 하고 있다. 50개의 제조업체들은 모두 각기 다른 다양한 제품을 생산하는 회사로 알려져 있다. 현재 새로운 첨가제를 개발하여 향상된 화학품을 제공하는 기술을 개발하였다. 하지만 이러한 신기술을 도입하기 전에 50개 업체에 대하여 이러한 신기술에 대한 반응을 알아보고 싶어한다.

설 명 이 경우는 센서스를 하는 것이 바람직하다. 그 이유는 모집단의 수가 적고(실현 가능성이 있으며), 50개의 제조업체가 다양한 제품을 생산하기 때문에(센서스에 대한 필요성이 있으므로), 이에 대한 각 제조업체의 반응이 중요하기 때문이다.

앞에서 살펴본 예제와 같이 센서스를 실시하기 위해서는 실현 가능성 문제와 필요성 문제가 사전에 검토되어야 한다. 여기서 실현 가능성이란 모집단의 수가 적어서 센서스를 진행할 수 있는 상황을 의미하며, 필요성은 모집단이 균등하지 않은 경우, 다시 말하면, 모집단내에서 특성이 다양하게 분포되어 샘플링을 이용하는 경우, 이러한 다양성을 파악하기 어려운 상황을 말한다.

만일 샘플링을 적용함으로서 발생되는 표본오차의 비용이 크게 나타난다면, 센서스를 적용하는 것이 바람직하다. 여기서 표본오차는 중요한 모집단의 일부가 표본에 포함되지 않음으로서 발생되는 비용 또는 이에 따라 나타나는 연구결과의 왜곡을 의미한다. 이와는 반대로, 비표본오차의 비용이 크게 나타난다면, 샘플링을 적용하는 것이 바람직하다. 일반적으로, 표본오차와 비교하여 비표본오차의 크기는 큰 것으로 알려져 있고, 표본오차의 크기는 상대적으로 작으면서 크기에 대한 측정이 가능하므로, 정확성을 요구하는 연구에서는 센서스보다 샘플링이 더 효과적인 것으로 알려져 있다.

만일 표본을 선택하여 측정하는 과정에서 연구대상이 파괴된다면, 센서스를 사용하면 안된다. 예를 들어, 타이어의 수명검사를 하는 실험에서 센서스를 적용하게 되면, 팔아야 할 모든 타이어가 수명검사에 의하여 파괴되므로 반드시 샘플링을 적용하여야 할 것이다. 또한 연구대상의 자세한 관찰이 필요한 경우라면, 샘플링을 적용하는 것이 연구자에게는 보다 쉬울 것이다. 그 이외에도 연구를 비밀상태에서 진행하고자 하는 경우도 샘플링을 적용하는 것이

표 16-1 | 샘플링이나 센서스가 선호되는 경우

	샘플링	센서스
1. 예산 금액	적은 경우	많은 경우
2. 허용되는 시간	짧은 경우	긴 경우
3. 모집단의 수	큰 경우	작은 경우
4. 특성에 대한 분포	분산이 작은 경우	분산이 큰 경우
5. 표본오차로 인한 비용	적은 경우	많은 경우
6. 비표본오차로 인한 비용	많은 경우	적은 경우
7. 측정의 형태	파괴성 측정	비파괴성 측정
8. 연구대상에 대한 관찰	자세히 관찰	자세히 관찰 못함

수월할 것이다. <표 16-1>은 앞에서 설명한 샘플링이나 센서스가 선호되는 경우를 표로 요약하여 놓은 것이다.

02 샘플링 진행절차

샘플링의 진행절차는 〔그림 16-1〕에 나타나 있는 바와 같이 5단계로 구분할 수 있다. 이러한 5단계에 대한 설계는 연구목적과 연구문제에 밀접한 관련이 있으며, 분석방법에도 영향을 미치므로 함께 고려하여야 한다. 결국 샘플링에 대한 설계는 연구에 관련된 모든 결정사항들과 관련이 있다.

그림 16-1 | 샘플링의 진행절차 5단계

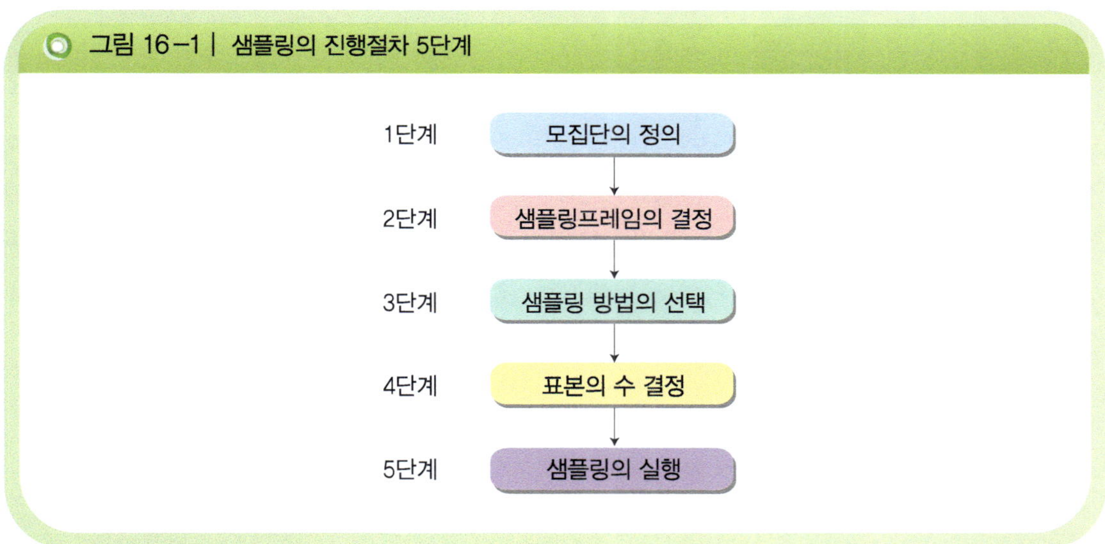

(1) 모집단의 정의

샘플링의 설계는 목표모집단(target population)을 정하는 것으로부터 시작된다. 여기서 목표모집단이란 연구문제에 대한 통계적 추측을 내리기 위한 정보를 가지고 있는 모든 연구대상을 말한다. 목표모집단은, 연구문제를 분석하여 모집단에 속하게 되는 기준을 명확히 함으로써, 자세하고 구체적으로 정의되어야 한다. 샘플링 단위(sampling unit)는 정보를 가지고 있는 연구대상 또는 연구대상으로 구성된 집합체로 샘플링을 하는 대상이 된다.

예를 들어, 만일 연구자가 화장품에 대한 선호도를 조사하기 위하여, 20세 이상의 여성을 대상으로 샘플링을 하였다면, 이는 정보를 가지고 있는 연구대상과 샘플링단위가 모두 20세 이상의 여성으로 일치되는 경우이다. 하지만, 가계소득이 연간 2천만원 이상인 가구(家口)를 대상으로 샘플링하여, 선택된 가구에 속한 모든 20세 이상의 여성을 조사한다면, 연구대상은 20세 이상의 여성이지만, 샘플링단위는 가구가 된다.

목표모집단에서는 추가적으로 샘플링의 범위와 시기가 결정되어야 하는데, 여기서 의미하는 범위란 지리적인 특성을 나타내는 범위를 말한다.

(2) 샘플링프레임의 결정

샘플링프레임(sampling frame)은 목표모집단의 구성요소를 나타내는 것으로 목표모집단을 구성하는 목록이나 목표모집단에 속하는 기준이 이에 해당된다. 따라서, 전화번호부, 과거 우편판매 대상이 되었던 고객목록, 특정 지역에 거주하는 주민의 목록 등이 샘플링프레임에 해당된다.

연구에서 정의된 모집단과 샘플링프레임의 차이 때문에 발생하는 오차를 샘플링프레임 오차(sampling frame error)라고 한다. 샘플링프레임 오차가 크게 나타나는 경우에는 ① 모집단을 다시 정의하여 잘못된 모집단에 대한 통계적 추측이 발생하지 않도록 하거나, ② 모집단에 속하는 특성을 파악하여, 이러한 특성에 맞는 조건의 연구대상만을 선별하여 분석하거나, ③ 연구대상이 모집단에 어느 정도 적합한지에 대한 가중치를 두어 분석에 활용할 수 있다.

(3) 샘플링 방법의 선택

샘플링 방법은 크게 전통적인 방법과 베이지안 방법(Bayesian approach)으로 구분될 수 있다. 베이지안 방법은 표본의 수를 결정하여 한꺼번에 추출하는 것이 아니라, 한 개씩 추출한다. 한 개의 선택된 연구대상이 표본에 추가되면, 이에 대하여 수정된 통계적 추측과 샘플링 비용 등이 계산된다. 또한 과거 경험이나 전문가들의 의견을 나타내는 사전정보(prior information)가 샘플과 결합하여 통계적 추측이 이루어지며, 이 경우 잘못된 의사결정을 내릴 확률과 이에 따른 비용 등이 고려되어 분석이 이루어진다는 특징을 가지고 있다. 베이지안 방법은 이론적으로 잘 정립이 되어 있고, 훌륭한 방법인 것은 사실이지만, 사전정보를 수식으로 표현하기에 어려움이 있으며, 분석이 복잡하기 때문에 사회과학연구에서는 자주 사용되지는 않고 있다.

전통적인 방법을 사용하는 경우, 무엇보다 중요하게 결정하여야 할 사항은 확률적 샘플링과 비확률적 샘플링을 선택하는 것이다. 이에 대하여는 다음절에서 자세히 설명하기로 한다.

샘플링 방법을 선택하는 과정에서, 만일 샘플링단위와 연구대상이 동일하지 않다면, 추가적으로 샘플링단위에서 어떻게 표본을 선택할 것인지에 대한 방법을 정하여야 한다. 전화조사의 예를 생각하여 보면, 단순히 전화받는 사람을 표본으로 선정할 것인지, 아니면 선택된 가구의 가장으로 정할 것인지, 또는 랜덤화에 의하여 결정할 것인지에 대하여 결정하여야 한다는 것이다.

(4) 표본의 수 결정

표본의 수를 결정하는 문제는 계량적인 접근방법[1)]과 질적인 접근방법으로 구분할 수 있는데, 여기서는 질적인 접근방법에 대하여 설명하기로 한다. 표본의 수를 결정하는 질적인 접근방법에서 고려되는 사항은 ① 연구의 중요성, ② 연구의 형태, ③ 변수의 수, ④ 분석에 사용되는 통계방법, ⑤ 기존연구에서 사용한 표본의 수, ⑥ 샘플링프레임에서 실제 연구대상이 차지하는 비율, ⑦ 응답거부율, ⑧ 활용할 자원의 제약조건으로 구분될 수 있다.

만일 중요한 연구라면, 많은 정보를 확보하여야 하며, 이를 위하여 많은 수의 표본이 필요하고, 이에 따라 많은 비용이 필요할 것이다. 일반적으로 연구의 정확성은 평균의 분산(또는 표준편차)으로 표현된다.[2)] 질적연구나 탐색적 연구의 경우는 일반적으로 적은 표본을 사용하지만, 기술적 연구나 인과관계 연구라면, 어느 정도 많은 표본을 사용하는 것이 바람직하다. 특히, 변수의 수가 많은 연구라면, 변수들에 대한 측정오차가 누적이 되므로, 측정오차를 줄이기 위하여 많은 표본을 사용하는 것이 바람직하다. 또한 다변량분석과 같이 복잡한 통계분석을 하는 경우나 연구의 형태가 소그룹으로 세분화되어 분석이 이루어지는 경우는 안정적인 결과를 얻기 위하여, 표본의 수가 많은 것이 바람직하다.

(5) 샘플링의 실행

샘플링의 실행은 목표모집단, 샘플링프레임, 샘플링 방법, 표본의 수 등이 구체적으로 결정

1) 계량적인 접근방법은 본장의 마지막 부분인 단순 랜덤샘플링에서 자세히 다루기로 한다.
2) 평본평균의 분산은 표본의 수와 반비례 관계를 가지고 있으며, 정확하게 표현하면, (모집단의 분산)÷(표본의 수)로 계산된다.

된 후에, 이에 따라 샘플링 설계를 실행에 옮기는 단계이다. 이 단계에서는, 추가적으로 응답을 거부하는 경우의 처리, 선택된 연구대상을 찾지 못하는 경우의 재시도 횟수 등의 샘플링 실행에 필요한 사항들을 정해야 할 것이다. 다음은 이러한 5단계 절차에 따른 샘플링 설계의 예를 보여주고 있다.

샘플링의 진행절차 예

연구목적 : 서울 지역의 주민을 대상으로 여가를 어떻게 보내는지에 대한 전화조사

표본선택에 필요한 조건

① 25세 이상, ② 면허증 소지자, ③ 최근 6개월 이상 서울에 거주한 대한민국 국적을 가진 사람

1. **목표모집단** : 가구를 대상(샘플링 단위)으로 샘플링이 이루어지며, 위의 세 가지 조건을 만족하는 사람(연구대상)으로, 서울에 거주하는(샘플링의 범위) 주민, 2013년 3월에 실시(시기)
2. **샘플링프레임** : 랜덤화된 전화번호를 제공하는 컴퓨터 프로그램
3. **샘플링방법** : 서울을 강동, 강서, 강남, 강북으로 구분하여, 4개의 지역 별로 샘플링을 하는 층화샘플링 방법
4. **표본의 수** : 928명
5. **샘플링의 실행** : 구분된 4개 지역에 표본의 수를 할당하고, 컴퓨터를 이용한 RDD (Random Digit Dialing)방법을 사용한다. 전화가 연결되면, 위의 세 가지 조건을 만족하는 모든 사람을 조사하여, 그 중에서 한 사람을 랜덤화 과정을 통하여 선택하여 조사한다.

03 확률적 샘플링과 비확률적 샘플링

전통적인 샘플링 방법은 **확률적 샘플링**(probability sampling)과 **비확률적 샘플링**(nonprobability sampling)으로 구분될 수 있다. 샘플링을 설계하는 과정에서 연구자는, 확률적 샘플링과 비확률적 샘플링 중에서 어떠한 방법을 사용하여야할 것인지를 결정하여야 하는데, 본절

에서는 이러한 두 방법에 대한 개념과 차이를 중심으로 설명하고자 한다.

확률적 샘플링은 연구자의 의도가 샘플링 과정에서 개입되어 있지 않으며, 확률에 의한 랜덤에 의하여 표본이 만들어진다. 하지만 확률적 샘플링의 의미가 모집단에 속해있는 모든 연구대상에 대하여 동일한 확률이 할당된다는 의미는 아니다. 결국 확률적 샘플링은 모집단에 속해있는 연구대상을 표본으로 선정하는 확률이 사전에 결정되어, 이에 따라 표본을 추출하는 객관적인 샘플링 방법으로 정의할 수 있다.

이와 반대로, 비확률적 샘플링은 연구자의 의도가 개입되어 샘플링이 이루어지는 방법이라는 측면에서 랜덤에 의해 표본이 선택되어지는 확률적 샘플링과는 구분된다. 따라서 비확률적 샘플링에서는 연구자의 주관적인 판단이 샘플링과정에서 중요한 역할을 한다. 결국 비확률적 샘플링은 모집단에 속해있는 연구대상이 표본으로 선정되는 확률을 사전에 모르는 상태에서 표본을 추출하는 주관적인 샘플링방법으로 정의할 수 있다.

〔그림 16-2〕는 다양한 샘플링방법에 대하여 소개하고 있다. 확률적 샘플링과 비확률적 샘플링에 대한 보다 자세한 내용은 다음장에서 각각 자세히 설명하기로 하고, 여기에서는 먼저, 샘플링의 기본이 되는 확률적 샘플링의 한 방법인 단순 랜덤샘플링(simple random sampling)의 개념에 대하여 알아보기로 한다.

그림 16-2 | 다양한 샘플링 방법

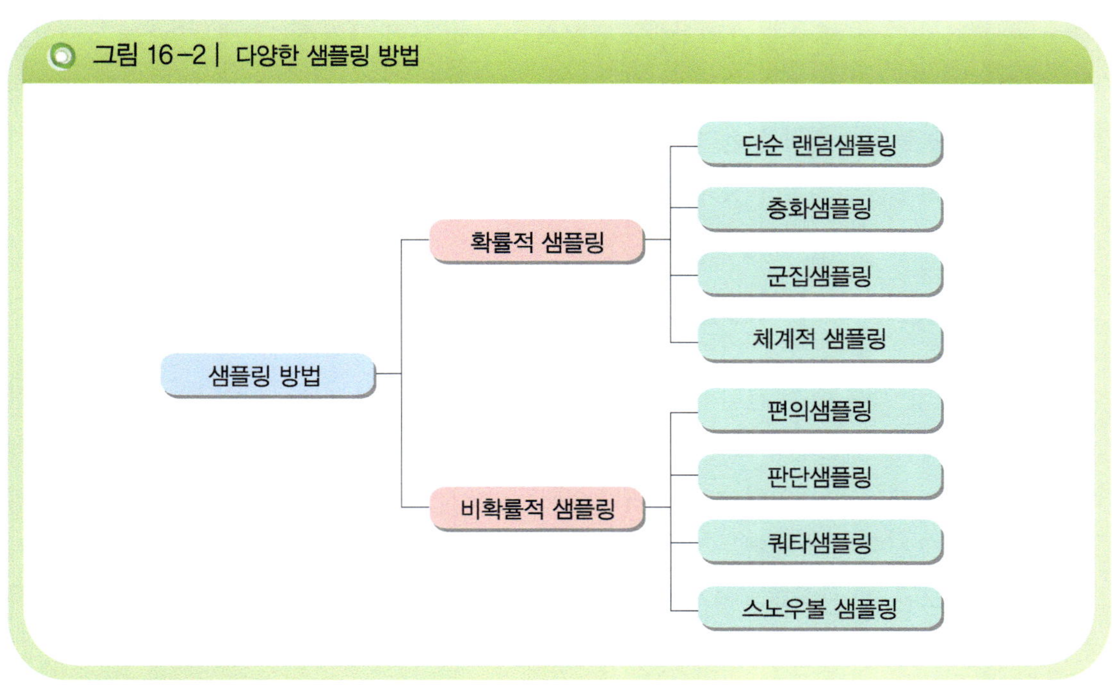

04 단순 랜덤샘플링

단순 랜덤샘플링(simple random sampling)은, 샘플링의 가장 기초적인 방법으로, 표본의 수가 정해졌을 때, 모든 가능한 표본들이 실제 표본으로 선정되는 확률이 동일한 경우의 샘플링 방법으로 정의된다. 예를 들어, 4개의 상점 A, B, C, D에 대하여 가격을 조사하는 경우, 이를 모집단으로 하고 두 개의 표본을 선정하는 단순 랜덤샘플링을 생각하여 보자. 이 경우, 모집단의 수가 적으므로, 6개의 조합[3)]으로 구성된 모든 가능한 표본을 생각할 수 있다.

① AB, ② AC, ③ AD, ④ BC, ⑤ BD, ⑥ CD

단순 랜덤샘플링의 원칙에 따라 가장 간단하게 표본을 선정하는 방법은 어떠한 랜덤화과정(random process)를 통하여 ①에서 ⑥사이의 숫자를 뽑는 것이다. 주사위를 던져서 나오는 눈의 수로 표본을 선정하는 것도 랜덤화과정을 거친 한 가지 방법이 될 것이다. 이는 모집단의 수가 4이고 표본의 수가 2인 경우, 모든 가능한 6가지 표본에 동일한 확률인 1/6이 할당되므로 단순 랜덤샘플링에 의한 방법이라고 볼 수 있다는 것이다.

이러한 단순 랜덤샘플링은, 모집단의 수가 많은 경우, 실제연구적용이 어려울 것이다. 예를 들어, 앞에서 언급한 예제의 경우 4개의 상점이 아닌 40개의 상점으로 모집단이 형성되었고 2개의 표본을 뽑는 문제라면, 가능한 표본의 수는 780개가되고,[4)] 780개에 대한 가능한 표본을 나열하고 단순 랜덤샘플링을 한다는 것은 매우 힘든 작업이 된다. 따라서 현실에 맞는 적절하게 수정된 샘플링방법이 필요할 것이다.

(1) 실제연구에서 적용될 수 있는 단순 랜덤샘플링

우선 실제연구에서 단순 랜덤샘플링을 적용하는 경우 알아두어야 할 사실은 모든 가능한 표본에서 무작위로 한 개의 표본을 뽑는 것은 모집단 내에 있는 연구대상이 동일한 확률에 의해 뽑힌다는 개념과 동일하다는 것이다. 다시 말해서, 연구자는 모든 가능한 표본을 나열할 필요없이 모집단에 속해있는 연구대상을 랜덤으로 선택하여 표본을 구성한다면, 여기서 얻은 표본은 모든 가능한 표본에서 무작위로 한 개의 표본을 선택하는 것과 동일한 과정이라는 의미이다.

---

3) 이 경우는 4개에서 2개를 뽑는 가지 수이므로, $_4C_2$에 의해서 6가지 이다.
4) 이 경우는 40개에서 2개를 뽑는 가지 수이므로, 40C2에 의해서 780가지 이다.

앞에서 언급한 예를 살펴보면, 6개의 가능한 표본을 나열하지 않고, 랜덤으로 두 개의 상점을 선택하면 된다. 이 경우 랜덤화과정으로 주사위를 던지거나, 컴퓨터를 이용한 난수(random number)발생을 이용할 수 있게 된다. 이러한 랜덤화 방법은 전화조사(telephone survey)에서 유용하게 사용된다. 특히 RDD(Random Digit Dialing)는 컴퓨터가 랜덤으로 전화번호를 설정하여, 표본을 구성하고, 자동으로 걸어주는 방법으로 많이 사용되고 있는 랜덤화 방법이다.

결론적으로 말하면, 단순 랜덤샘플링은 모집단에 속해있는 모든 대상에게 동일한 확률을 할당한 상태에서 표본이 선택된다는 점을 기본으로 하고 있지만, 이러한 개념은 단순히 단순 랜덤샘플링에만 적용되는 것이 아니고, 앞으로 언급될 다양한 확률적 샘플링에 모두 적용되어야 한다는 점을 강조하고 싶다. 따라서 단순 랜덤샘플링을 모집단에 속해있는 모든 대상에게 동일한 확률을 할당하여 뽑는 샘플링이라고 정의하는 것만으로는 부족하다.

(2) 표본오차와 표본분포

표본을 추출하는 이유는 모집단의 특성을 파악하고, 통계적 추측을 내리기 위한 것이다. 예를 들어, 서울에 있는 가구의 평균소득을 파악하고자 하는 경우, 모든 가구를 조사하지 않는 이상 정확한 평균소득을 파악하는 것은 어려울 것이다. 그렇다고, 일부 가구의 소득만을 파악한다면 이는 비교적 쉽게 조사될 수는 있지만, 센서스에서는 발생하지 않는 표본오차(sampling error)가 발생하게 된다.

모집단의 특성을 나타내는 수치(예를 들어, 서울에 있는 가구의 평균소득이나 특정 당을 선호하는 지지율 등)를 모수(parameter)라고 한다. 그리고, 모수를 추정하기 위하여, 표본을 사용하여 만들어진 함수를 통계량(statistic)이라고 한다. 앞에서 언급한 예에서는 서울에 있는 모든 가구의 평균소득은 모수가 된다. 만일 이 중에서 100개의 가구를 표본으로 조사하였다면, 표본으로 뽑힌 100개 가구의 평균소득은, 표본평균이라 부르며, 통계량이 된다. 표본을 사용하여 모수를 추정하는 경우는 항상 통계량(표본평균)과 모수값(모집단 평균 또는 모평균) 사이에 차이가 존재하게 되는데, 이러한 차이를 표본오차로 정의한다. 결국, 표본오차는 표본을 사용하였기 때문에 발생하는 통계량과 모수의 차이를 의미하여 센서스에서는 발생하지 않는 오차이다.

표본오차의 크기를 파악하는 문제는, 통계량이 모수값과 어느 정도 차이가 있는지를 파악하는 문제와 동일한 문제이며, 자료분석 단계에서 중요한 역할을 한다. 하지만 ① 실제 모수값을 모르고 있으며 (만일 알고 있다면, 표본을 통한 추측이 필요 없을 것이다.), ② 표본에 의해 계산된 통계량은 표본을 어떻게 구성하느냐에 따라 변하기 때문에 표본오차의 크기를 정확

그림 16-3 | 표본분포의 이해

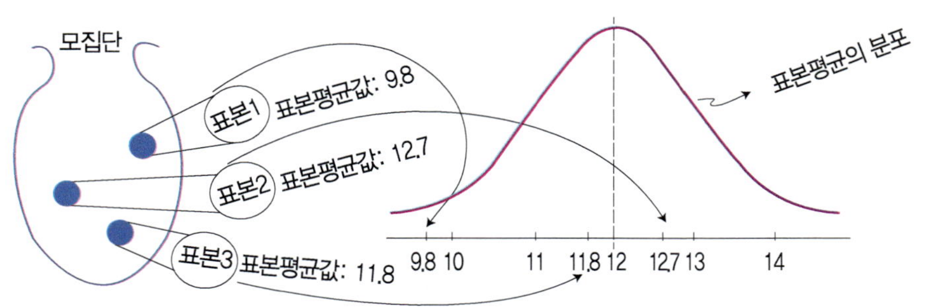

히 파악하는 것은 불가능하다. 따라서 표본오차의 크기는 확률적인 개념을 이용하여, 평균적인 표본오차의 크기를 추측하는 방법으로 접근되어야 된다. 결국, 표본오차의 크기를 파악하는 문제는 통계량의 분포와 밀접한 관련이 있는데, 통계량의 분포란 다양한 표본에서 나타날 수 있는 통계량의 상대도수를 나타낸다 (그림 16-3 참조). **표본분포**(sampling distribution)는 통계량의 분포를 의미하며, 표본오차의 크기는 표본분포의 표준편차(또는 분산)로 표현된다.

표본분포는, 대부분 한 개의 표본만으로 분석이 이루어지기 때문에, 바로 적용할 수는 없지만, 통계적 추측에서 사용되는 기초적이고 중요한 개념이며, 표본설계나 표본오차를 파악하는 경우 중요한 역할을 한다.

표본분포는 **중심극한정리**(central limit theorem)라는 성질을 가지고 있다. 중심극한정리는 표본의 수가 많다면, 모집단의 실제분포와는 관계없이, 표본평균의 표본분포는 **정규분포**(normal distribution)를 따른다는 것이다.[5] 이러한 중심극한정리에서는 모집단의 분포가 어떠한 분포이든 관계없이 적용될 수 있다는 것이 중요한 시사점이다.

(3) 표본의 수 결정문제

표본의 수를 결정하는 문제는 통계적 추측과정에서 사용되는 기본적인 원리를 바탕으로 전개된다. 특히 신뢰구간의 개념은 표본의 수를 결정하는 문제에서 중요한 역할을 하므로, 신뢰구간과 추정량에 대한 개념에 대하여 먼저 살펴본 후, 표본의 수를 결정하는 문제에 대하

5) 몇몇 연구자는 표본의 수가 30개 이상이면, 중심극한정리를 적용할 수 있다고 말하지만, 이에 대한 명확한 이론적 근거는 없다. 다만 시뮬레이션을 통해 분석해 본 결과 대략 30이상이면 정규분포에 근사하는 사실을 확인하였다는 것이다. 중심극한정리를 적용할 수 있는 적절한 표본의 수는 모집단의 분포가 정규분포에 어느 정도 가까운 지에 명함을 받는다.

여 다루어 보자.

◆ 추정량과 신뢰구간

샘플링의 가장 큰 목적은 모수를 정확하게 추측하는 것이다. 센서스를 실시하지 않는 경우에는 정확한 모수의 값을 파악하는 것은 불가능하며, 따라서 표본을 분석하여, 모수가 어떠한 값일지를 추측하는 추정량(estimator)또는 통계량과 모수가 있을 가능성이 있는 구간을 추측하는 신뢰구간(confidence interval)을 계산하여[6] 실제 모수값의 위치를 파악한다. 일반적으로 추정량은 신뢰구간의 가운데 위치한 값이 된다. 신뢰구간은 구간의 정확성을 확률과 같은 수치로서 표현하는데, 이러한 수치를 신뢰수준(confidence level)이라고 한다. 아래의 예제는 모수와 추정량, 신뢰구간의 예를 설명한 것이다.

예제: K후보의 국회의원 선거에 대한 득표율을 예측하기 위하여 유권자 2,500명을 대상으로 조사하였더니, 1,500명이 K후보를 지지한다고 응답하였다.

모수: 국회의원 선거에서 K후보가 얻을 득표율 (이 값을 모집단의 비율, 또는 모비율이라고 한다)

추정량: 조사한 2500명중에서 K후보를 지지한다고 응답한 비율 (이 값은 모비율을 추측하기 위하여 표본으로부터 계산된 통계량이 된다)

추정값(estimate): 추정량을 계산한 값. 즉, 1,500/2,500=0.6

신뢰수준 95%의 신뢰구간: 0.58에서 0.62의 사이의 구간, 즉, (0.58, 0.62)

만일 신뢰구간의 폭이 좁게 나타났다면, 그 신뢰구간은 모수의 추측에 있어서 유용하게 사용될 수 있지만, 신뢰구간의 폭이 넓게 나타나면, 유용한 정보로서의 역할을 하지 못한다. 예를 들어, 시장 점유율을 예측하는 두 종류의 연구를 고려해 보자. 연구 A에서는 95%의 확신을 가지고 시장 점유율이 49%에서 51% 사이에 있을 것이라고 주장하고 있는 반면에, 연구 B는 95%의 확신을 가지고 20%에서 80% 사이일 것이라고 예측하였다고 하자. 비록 두 연구가 점유율에 대한 추정값은 모두 50%이지만, 정확도 측면에서 서로 다르다. 만일 이러한 정보를 가지고 신상품 개발에 투자를 결정해야 한다면, 어떠한 연구가 더 유용한 정보를 제공할 것인가? 당연히 연구 A가 더 정확한 신뢰구간을 제공하고 있기 때문에 유용한 정보라고 볼 수 있다. 연구 B는 상대적으로 의사결정과정에서 유용한 정보를 제공하여 주지는 못하고 있으며,

---

6) 본서에서는 신뢰구간을 계산하는 방법에 대해서는 자세히 다루지 않기로 한다.

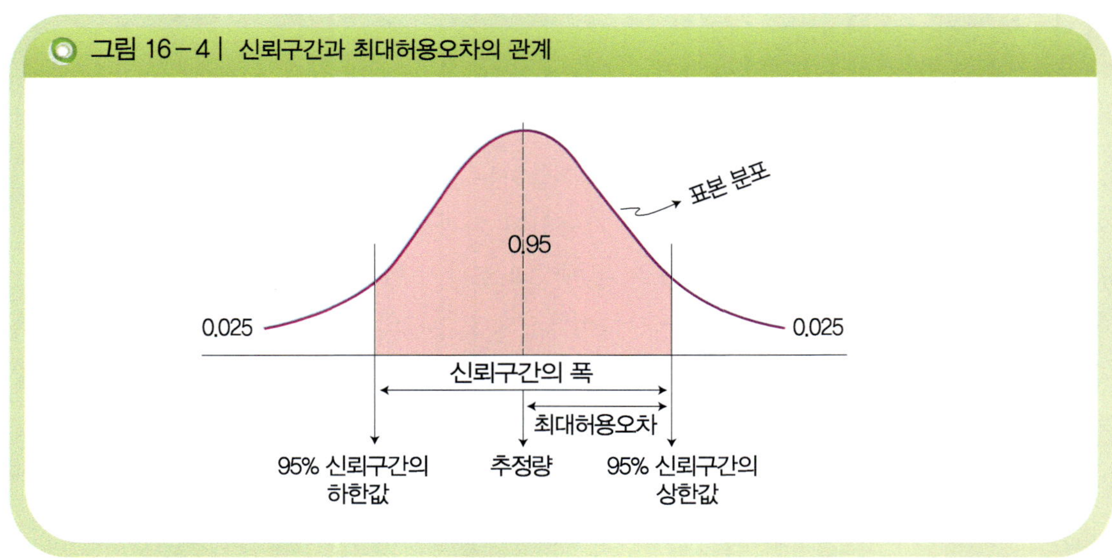

그림 16－4 | 신뢰구간과 최대허용오차의 관계

시장점유율이 20%정도까지 내려갈 수 있고, 80%까지 올라갈 수 있다는 의미 이외에는 의사결정과정에서 별다른 유용한 정보를 제공해 주지 않고 있다.

◆ 최대허용오차

의사결정과정에서 신뢰구간이 유용한 정보가 되려면, 신뢰구간의 폭이 좁은 것이 바람직하다. 이 의미는 추정량으로부터 더해지고 빼지는 항(시장점유율의 예제에서는 연구 A의 경우 50±1%가 되며 연구 B의 경우는 50±30%가 된다) 이 작은 값일수록 유용하다는 뜻이다. 이러한 개념은 연구설계 이전에 표본의 수를 결정하는데 있어서 중요한 역할을 한다.

신뢰구간에서 사용되는 ±항 다음에 나오는 부분(연구 A에서는 1%이고, 연구 B에서는 30%)을 **최대허용오차**(maximum tolerance error)라고 한다. 결국, 신뢰구간의 폭은 최대허용오차의 2배이며, 신뢰구간의 상한값에서 추정량을 빼면, 최대허용오차가 되고, 신뢰구간의 상한값은 추정량에서 최대허용오차를 더한 값이 된다 (그림 16－4 참조).

평균이 0이고 표준편차가 1인 정규분포를 표준정규분포라고 한다. 〔그림 16－5〕에서와 같이 분포의 오른쪽 꼬리부분의 확률이 α가 되는 표준정규분포의 값을 z_α라고 표기한다면, 95% 신뢰구간에서의 최대허용오차는 다음과 같이 계산된다.

$$z_{0.025} \times \frac{\text{표준편차}}{\sqrt{n}}$$

하지만 일반적으로 표준편차는 모르고 있으므로, 표준편차의 자리에는 표준편차에 대한 추

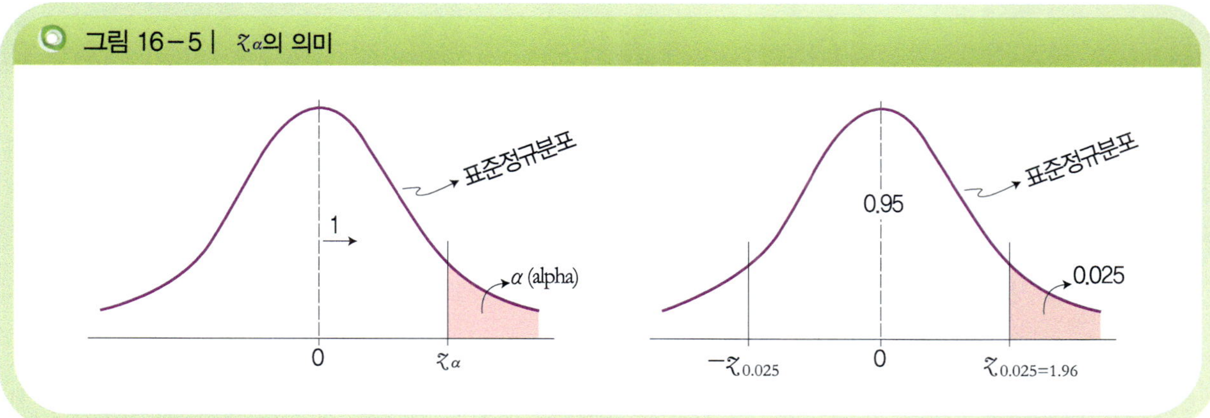

그림 16-5 | z_α의 의미

정량인 표본표준편차가 대입된다.

◆ 최대허용오차와 표본의 수의 관계

이러한 최대허용오차는 신뢰구간을 얼마나 넓게 만들 것인지를 결정하는 중요한 개념이 되며, 이러한 전개로부터 몇 가지 사실을 확인할 수 있다. 첫 번째 사실은 최대허용오차에 의하여 결정되는 신뢰구간의 폭은 표본의 수에 따라 달라진다는 것이다. 즉, 신뢰구간의 정확도를 높이고 싶으면, 최대허용오차가 줄어야 하고, 이는 표본의 수인 n이 큰 값을 가져야 가능하다. 두 번째로, 최대허용오차가 동일하다면, 표본표준편차가 큰 경우, 많은 수의 표본이 필요하다는 것이다. 이를 다르게 표현하면, 동일한 정확도를 유지하기 위하여 표본표준편차가 적은 경우는 적은 수의 표본으로도 정확도를 유지시킬 수 있다는 의미이다.

그렇다면, 표본표준편차는 어떠한 의미를 갖는가? 표본표준편차는 표본자료가 표본평균 또는 표본비율을 중심으로 얼마만큼 떨어져 있는지의 정도를 나타내는 수치이다. 따라서 표본의 표준편차는 각각의 관측값이 얼마나 다양한 값을 취하느냐의 정도를 나타내기 때문에 이 수치가 크다는 의미는 자료의 값이 매우 다양한 값을 취하고 있다는 의미로 해석될 수 있다. 단순 랜덤샘플링은 모집단의 특성을 객관적이고 일관성 있게 표현하여 주는 방법이므로, 이러한 방법에 의해 표본표준편차가 크게 나타났다면, 모집단의 표준편차도 상당히 클 것이라고 추측할 수 있다. 결국 모집단의 다양성을 나타내는 모집단의 표준편차는 표본의 수를 결정하는데 중요한 요인이 된다.

만일 연구자가 95% 신뢰구간을 사용하지 않고, 90%의 신뢰구간을 사용하여 최대허용오차를 표현하고자 한다면 $z_{0.025}=1.96$ 대신에 $z_{0.05}=1.645$의 수치를 대입하면 된다. 즉, 신뢰수준 90%의 최대허용오차는 다음과 같이 표현할 수 있다.

$$z_{0.025} \times \frac{\text{표본 표준편차}}{\sqrt{n}}$$

결국 표본의 수를 결정하는 세 번째 요인은 z_α를 결정하는 신뢰수준에 있다. 좀더 확신을 가지고 신뢰구간을 만들고 싶다면 99%로 신뢰수준을 높일 수 있으며, 이 경우는 $Z_{0.005}=2.575$로 z_α에 해당하는 값이 커지며, 동일한 최대허용오차가 주어졌을 경우, 많은 수의 표본이 요구될 것이다. 다시 말하면, 같은 크기의 최대허용오차일지라도 99% 신뢰수준을 이용한 표본의 수는 95% 신뢰수준을 이용한 표본의 수보다 크다는 것이다.

마지막으로 표본의 수를 결정하는데 고려해야 하는 요인은 시간과 비용에 관련된 연구진행에 필요한 자원의 파악이다. 실제연구에서는 이러한 가용한 자원이 필수적이며, 일반적으로는 최대허용시간과 최대비용과 같이 상한값을 지정하고 표본의 수를 결정한다. 만일 유용한 자원이 무한하다면, 많은 수의 표본을 사용하거나 센서스조사를 실시하는 것이 바람직하며, 표본의 수에 대하여 고민할 필요가 없을 것이다. 하지만 이러한 상황은 현실적이지 못하다. 대부분의 연구설계에서 연구자는 어느 정도의 신뢰수준과 최대허용오차를 이용하여 표본의 수를 결정하고자 하지만, 예산이나 시간의 부족으로 인하여 제약을 받는다. 많은 경우에 있어서 표본의 수 결정문제는 예산에 제약을 받아 결정된다고 하여도 과언이 아닐 것이다.

◆ 표본의 수를 결정하는 방법: 모평균의 경우

앞에서 우리는 표본의 수에 영향을 미치는 다양한 요인들에 대하여 논의하였다. 지금부터는 실제로 이러한 요인을 이용하여 어떻게 표본의 수를 결정하는지를 알아보도록 하자. 표본의 수를 결정하기 위하여 결정되어야 할 항목은 다음과 같다.

표본의 수를 결정하기 위하여 사전에 결정하여야 하는 수치

(1) **최대허용오차**: 이 수치는 신뢰구간을 계산하는 과정에서 나오는 ±항 다음에 나오는 수치로서 연구자가 허용할 수 있는 오차의 한계를 나타낸다. 예를 들면, 연구자가 시장점유율의 오차한계를 ±5%로 정한다든지, 또는 평균급여의 오차한계를 ±5(만원)로 정할 수 있다.

(2) **신뢰수준**: 이 수치는 신뢰구간을 정했을 경우 확신하는 정도를 0%에서 100% 사이로 표현하는 값이다. 일반적으로 95%를 많이 사용한다.

(3) **표준편차**: 모집단의 분포가 어느 정도 퍼져있는지를 나타내는 수치로서 모집단의 표준편차에 대한 추정량인 표본표준편차가 사용된다.

만일 신뢰수준 95%에서의 최대허용오차가 A이며, 표본표준편차가 s 라면, 최대허용오차는 다음과 같이 표현될 수 있다.

$$A = z_{0.05} \times \frac{s}{\sqrt{n}}$$

이를 n 에 대하여 풀면, 다음과 같은 표본의 수를 결정하는 식이 유도된다.

$$n = \frac{(z_{0.025})^2 s^2}{A^2} = \frac{(1.96)^2 s^2}{A^2}$$

다음 예제를 통하여 실제로 모평균 문제에서 표본의 수가 어떻게 결정되는지를 알아보도록 하자.

예 제 어느 연구자는 서울에 거주하는 직장인들의 평균봉급을 알고자 한다. 그가 생각하고 있는 최대 허용오차는 ±10(만원)이며, 이러한 기준으로 신뢰구간을 만들었을 경우 99%의 확신을 갖고 싶어한다. 연구자가 그 동안 조사한 자료에 의하면 모집단에 대한 표준편차는 100(만원)으로 알려져 있다. 이러한 조건을 만족하기 위한 최소의 표본 수는 얼마인가?

해 답 이 문제에서는 A=10(만원), s=100(만원)이고, 이 책의 부록에 있는 표준정규분포표에 의하여 $Z_{0.005}$ 가 된다. 여기서 A와 s의 단위가 모두 만원 단위로 동일하다는 것을 알 수 있다. 표본의 수 설정에 대한 식에 의하여

$$n = \frac{(Z_{0.005})^2 s^2}{A^2} = \frac{(2.575)^2 (100)^2}{(10)^2} \simeq 663$$

따라서 대략 663명의 직장인을 조사하면, 99%의 신뢰수준에서 원하는 수준(±10만원)의 정확도를 얻을 수 있다.

앞에서 소개한 예제의 경우는 공식에 의하여 간단하게 표본의 수를 결정하였지만, 실제연구에서는 이러한 식의 적용에 몇 가지 어려움이 있다. 그 어려움은 모집단에 대한 표준편차나 또는 표본자료를 통해 계산된 표본표준편차 s를 미리 알고 있어야 한다는 것이다. 만일 모집단에 대한 표준편차를 모르고 있다면, ① 모집단에 대한 표준편차를 표본자료 없이 사전에 어떻게 추정할 것인지, ② 그 추정값의 정확도가 어느 정도 믿을 만한 수치인지, 그리고 ③ 추정

값의 변화가 표본의 수 결정에 어느 정도 영향을 미치는지를 파악하여야 할 것이다. 결론적으로 말하면, 모집단에 대한 표준편차는 표본의 수를 결정하는데 중요한 역할을 한다. 예를 들어, 위의 예제에서 모집단의 표준편차가 실제로 110(만원)이라고 알려져 있다면, 표준편차는 단순히 10(만원) 만큼의 차이가 발생한 것이지만, 요구되는 표본의 수는 대략 802명이 되며 이 수치는 663과 비교하였을 경우 139명 더 많은 표본의 수인 것이다.

이러한 문제점은 표준편차의 조그마한 변화에도 표본의 수는 민감하게 반응한다는 의미로서 심각하게 받아들여야 한다. 많은 실제연구에서 모집단에 대한 표준편차를 추정하는 문제를 간단하게 생각하는 경향이 있다. 만일 모집단에 대한 표준편차가 부정확하게 추정하게 되면, 결국 계산된 표본의 수도 의미 없는 수치가 되어버린다는 것은 자명한 사실이다. 그렇다면 좀더 정확한 모집단에 대한 표준편차를 계산하는 방법은 어떠한 것이 있을까? 다음과 같은 세 가지 상황 아래서 모집단에 대한 표준편차를 추정할 수 있다.

① 기존연구를 조사하여, 모집단에 대한 표준편차의 추정량을 얻었다면, 그 수치를 사용할 수 있다.

② 시간과 예산이 허락된다면, 사전조사(pilot study)를 통한 사전조사 자료를 이용하여 계산된 표준편차에 대한 추정량을 사용한다.

③ 만일 모집단의 최대값과 최소값을 알고 있고, 모집단의 분포가 정규분포와 비슷한 종모양(bell shape) 형태라고 가정할 수 있다면, 표준편차에 대한 추정량은 다음과 같이 계산된다.

$$S = \frac{\text{최대값} - \text{최소값}}{6}$$

위의 식은 정규분포에서 평균±3(표준편차)의 범위가 모집단의 거의 모든 자료를 포함하기 때문에 유도되는 식이다. 다시 말하면, 최대값과 최소값의 차이는 대략 6×표준편차에 근사될 수 있다는 개념에서 표준편차의 추정량을 계산한 것이다.

앞에서 언급한 세 가지 방법은 모집단에 대한 표준편차를 보다 객관적이고 합리적으로 추정하는 방법이기는 하지만 연구자가 명심해야 할 점은 여기서 얻은 추정량은 오차를 가지고 있는 실제 모집단에 대한 표준편차가 아니라 추정량이라는 것이다.

◆ 표본의 수를 결정하는 방법: 모비율의 경우

다음으로 모비율에 대한 표본의 수를 결정하는 문제를 생각하여 보자. 여기서도 모비율에 대한 표준편차에 대하여 적당한 추정량이 있다면 모평균과 같은 식이 적용된다. 모비율에 대한 표준편차는 $S=\sqrt{p(1-p)}$ 가 되지만, 모비율을 나타내는 p 는 모르는 수치라는 문제가 발생한다. 모비율 p 를 추정하는 문제는 바로 연구의 주요목적이므로 이 수치를 제대로 추정만 할 수 있다면 표본을 뽑을 필요가 없을 것이다.

이 경우, 모평균의 문제와 마찬가지로 기존연구를 조사하여 모비율에 대한 표준편차를 추측하거나, 사전조사를 실시하여 표준편차에 대한 추정값을 계산할 수 있다. 하지만 모비율에 대한 표본의 수 결정문제에서는 이러한 방법보다는 표본의 수의 상한값을 계산하여, 이 값을 표본의 수로 결정하는 방법을 주로 사용한다. 여기서 표본의 수의 상한값이라는 의미는 주어진 최대허용오차와 신뢰수준이 모든 모비율 값에 만족될 수 있도록 만드는 충분히 많은 수의 표본을 의미한다. 그렇다면, 모든 p에 대하여 최대허용오차와 신뢰수준을 만족하는 표본의 수는 어떠한 방법으로 계산할 것인가? 이 문제는 주어진 최대허용오차와 신뢰수준에 대하여, 모집단에 대한 표준편차를 최대로 하여 그 조건을 만족하는 표본의 수를 구함으로써 해결할 수 있다.

모집단에 대한 표준편차인, $\sqrt{p(1-p)}$ 는 모비율이 0.5일 때 최대값 $\sqrt{0.5(1-0.5)}$이므로, 모비율에 대한 표본의 수 결정문제의 경우, 95% 신뢰수준에서 최대허용오차 A를 갖는 표본의 수에 대한 상한값 $n_{\max}$는 다음의 식을 통하여 얻을 수 있다.

$$n_{\max} = \frac{z_{0.025}^2 \times 0.5(1-0.5)}{A^2} = \frac{z_{0.025}^2}{4A^2}$$

◆ 표본의 수를 결정하는 방법의 한계점

표본의 수를 결정하는 문제에 있어서 한 가지 고려하지 않은 중요한 요인은 비용과 시간에 관련된 사항이다. 만일 시간과 비용이 충분하다면, 앞에서 언급한 표본수의 결정방법을 그대로 적용할 수 있지만, 시간과 비용이 제한되어 있다면, 표본의 수를 새롭게 수정하여야 할 것이다. 하지만, 이 경우 연구자는 낮은 신뢰수준과 높은 최대허용오차를 감수해야 할 것이다.

표본의 수 결정에서 언급하고자 하는 두 번째 한계점은, 이 방법이 오직 한 개의 변수만을 대상으로 계산되었다는 것이다. 즉, 한 변수에 대한 표준편차, 신뢰수준, 최대허용오차를 기준으로 표본의 수가 결정된다는 것이다. 하지만 대부분의 실제연구에서는 연구자가 여러 문항의 측정을 통하여 여러 변수의 변화에 대하여 관심이 있을 것이다. 예를 들어, 서울에 거주하는 직장인의 평균봉급과 평균 식비지출이 모두 관심 대상일 경우, 간단하게 표본의 수를 적용할 수 없다는 것이다. 만일 연구가 두 개 이상의 측정변수와 관련되어 있다면, 그 중에서 가장 중요한 변수 한 개만을 선정하여 표본의 수를 결정하는 것이 가능하다. 다른 방법으로는 변수 중에 변화가 가장 큰 변수(표준편차가 가장 클 것이라고 기대되는 변수)를 선정하여 표본의 수를 결정하는 것도 가능할 것이다. 두 번째 방법을 적용하게 되면, 정해진 신뢰수준에

예 제 B사 제품이 선호되는 비율을 파악하는 연구에서 표본의 수를 결정하려고 한다. 연구자가 원하는 신뢰수준은 95%로 최대허용오차를 ±2%내로 만들고 싶어한다. 50명의 소비자를 대상으로 실시한 사전조사에서는 20명이 B사 제품을 선호하는 것으로 나타났다. 표본의 수를 결정하여라. 또한 신뢰수준 95%와 최대허용오차 ±2%를 확실히 만족하는 표본의 수는 얼마인가?

해 답 이 문제에서는 A=0.02이고, $z_{0.025}$ =1.96이 된다. 또한 사전조사에서 얻은 모비율의 추정값은 p=20/50이므로 모집단에 대한 표준편차는 다음과 같이 추정할 수 있다.

$$s = \sqrt{\frac{20}{50}(1 - \frac{20}{50})} = \sqrt{0.24}$$

따라서 요구되는 표본의 수는 다음과 같다.

$$n = \frac{(Z_{0.025})^2 s^2}{A^2} = \frac{(1.96)^2(\sqrt{0.24})^2}{(0.02)^2} \simeq 2305(\text{명})$$

또한 신뢰수준 95%와 최대허용오차 ±2%을 확실히 만족하는 표본의 수는 s의 최대값인 $1/\sqrt{4}$일 경우이므로 다음과 같이 계산될 수 있다.

$$n_{\max} = \frac{(Z_{0.025})^2}{4(A)^2} = \frac{(1.96)^2}{4(0.02)^2} \simeq 2401(\text{명})$$

서 다른 변수들도 요구되는 최대허용오차를 모두 만족하게 될 것이다. 만일 연구에서 관심있는 변수들이 모두 비율에 관련된 것이라면 간단히 $n_{\max}$를 이용하여 표본의 수를 정할 수 있다.

마지막으로 고려되어야 하는 세 번째 한계점은 모집단이 특정한 집단으로 제한되어 있을 경우 적용이 어렵다는 것이다. 예를 들어, 초등학교 자녀를 두고 있는 가구라든가 월수입이 100만원 이하의 가구들과 같이 모집단의 형태가 특별하게 정의되었을 경우, 앞에서 제시한 표본의 수를 결정하는 방법은 간단하게 적용될 수 없다. 여기서 연구자가 설정한 샘플링프레임 중에서 특별한 모집단에 속하는 연구대상이 차지하는 비율을 고려하여야 한다. 즉, 샘플링프레임에 속해있는 가구 중에서 연구에서 정해진 특별한 모집단인 초등학교 자녀를 가진 가구 또는 월수입이 100만원 이하의 가구에 대한 비율을 고려하여야 한다는 것이다.

만일 표본의 수의 결정방법을 통하여 초등학교 자녀를 가진 가구를 최소한 200가구 조사해야 한다는 결과가 나타났다고 가정하자. 또한 총 가구에서 초등학교 학생을 가진 가구가 20% 정도라고 알려져 있다면, 실제로 조사해야 할 가구는 200/0.2=1000가구를 조사하여야 한다. 샘플링프레임에서 관심있는 모집단의 연구대상이 차지하는 비율을 I라 하고, 원하는 표본의 수가 n이라고 한다면, 연구에서 조사하여야 할 실제 표본의 수는 다음과 같이 계산된다.

$$\text{실제 표본의 수} = \frac{n}{I}$$

만일 샘플링프레임에 속한 모든 대상이 관심있는 모집단의 연구대상이라면, 이러한 수정은 필요하지 않다.

(4) 단순 랜덤샘플링의 한계점

단순 랜덤샘플링은 샘플링 방법 중에서 가장 간단한 방법이지만, 실제연구에 적용할 경우 몇 가지 어려움이 존재한다. 첫 번째로, 모집단에 대한 목록을 나타내는 샘플링프레임에 대한 정보를 가지고 있어야 적용이 가능하지만, 샘플링프레임에 대한 완벽한 정보나 정확한 정보를 얻는 것이 불가능하거나, 비용이 많이 발생하여 이에 대한 샘플링프레임의 구축이 불가능할 수 있다는 어려움이 존재한다. 단순 랜덤샘플링의 두 번째 어려움은 모집단이 크고, 표본의 수도 큰 경우에는 적용하기 어렵다는 것이다. 예를 들어, 한 가구의 식비지출에 대한 평균금액을 파악하기 위해 100만 가구를 대상으로 1,000가구를 샘플링하고자 한다면, 샘플링프레임으로 설정된 100만 가구를 표본으로 선택하는 과정에서 수작업으로 1,000가구를 선택한다면, 시간이 오래 걸린다는 것이다.

세 번째 문제점으로 지적되는 것은, 앞으로 설명할 다양한 고급 확률적 샘플링과 비교하여, 비효율적이며, 불안정한 추정량을 제공한다는 것이다. 다시 말하면, 같은 표본의 수를 가지고 평균값을 추측하여도, 단순 랜덤샘플링을 적용하는 경우에는, 표본이 잘못 선택되어 엉뚱한 값이 나타날 가능성이 다른 방법과 비교하여 상대적으로 높다는 것이다.

이와 같이, 단순 랜덤샘플링은 앞에서 언급한 몇 가지 어려움 때문에 사회과학연구에서 실제로 많이 사용되고 있지는 않다. 하지만, 통계적 추측을 전개하는 기본적인 이론을 제공하여 줄뿐만 아니라, 고급화된 확률적 샘플링의 기초가 되기 때문에 그 역할은 중요하다고 볼 수 있다.

요 약

▶ 샘플링은 연구에 관심이 되는 모든 대상인 모집단의 특성을 파악하는 목적으로 모집단의 일부인 표본을 선택하는 방법을 의미하며, 샘플링프레임은 표본을 추출하기 위해 사용되는 모집단에 대한 목록을 의미한다.

1. 샘플링과 센서스

▶ 샘플링에서는 연구결과를 왜곡시키는 오차를 표본오차와 비표본오차로 구분한다.

▶ 센서스를 실시하기 위해서는 실현 가능성 문제와 필요성 문제가 사전에 검토되어야 한다.

2. 샘플링 진행절차

▶ 샘플링의 진행은 모집단의 정의, 샘플링프레임의 결정, 샘플링 방법의 선택, 표본의 수 결정, 샘플링의 실행의 5단계로 구분된다.

3. 확률적 샘플링과 비확률적 샘플링

▶ 전통적인 샘플링방법은 확률적 샘플링과 비확률적 샘플링으로 구분된다.

▶ 확률적 샘플링은 연구자의 의도가 샘플링 과정에서 개입되어 있지 않으며, 확률에 의한 객관적인 절차에 의하여 표본이 만들어지는 샘플링을 말한다.

▶ 비확률적 샘플링은 연구자의 의도가 개입되어 샘플링이 이루어지는 방법이라는 측면에서 랜덤에 의해 표본이 선택되어지는 확률적 샘플링과는 구분된다.

4. 단순 랜덤샘플링

▶ 단순 랜덤샘플링은 모든 가능한 표본들이 실제 표본으로 선정되는 확률이 동일한 경우의 샘플링 방법으로 정의된다.

▶ 모집단의 특성을 나타내는 수치를 모수라고 하며, 모수를 추측하기 위하여, 표본을 사용하여 만들어진 함수를 통계량 또는 모수의 추정량이라고 한다.

▶ 통계량 또는 모수의 추정량에 대한 분포를 표본분포라고 한다.

▶ 표본의 수에 대한 결정은 연구에 대한 예산과 기간, 연구의 중요성, 모집단의 다양성에 의하여 결정되며, 모집단의 다양성 측면에서 표본의 수에 대한 결정 문제는 최대허용오차를 이용한 통계적 방법으로 해결할 수 있다.

▶ 단순 랜덤샘플링은 몇 가지 한계점으로 인하여 사회과학연구에서 실제로 많이 사용되고 있지는 않지만, 통계적 추측을 전개하는 기본적인 이론을 제공하여 줄뿐만 아니라, 보다 효율적인 고급화된 확률적 샘플링의 기초가 된다.

논의사항

1. 샘플링에서 표본의 수를 결정하는 문제가 중요한 이유에 대하여 논의하시오.
2. 20세 이상의 우리나라 남자들의 평균 신장을 알고자 하는 연구에 대하여 샘플링을 설계하고, 장점 및 단점에 대하여 논의하시오.
3. 랜덤화과정과 단순 랜덤샘플링의 차이에 대하여 논의하시오.

CHAPTER 17

확률적 샘플링

대표적인 확률적 샘플링으로 층화샘플링과 군집샘플링이 있다. 층화샘플링을 적용하면 통계적 추론에 대한 정확성과 효율성을 높일 수 있으며, 군집샘플링을 적용하면, 샘플링 비용을 줄일 수 있다. 층화샘플링의 경우, 모집단을 구성하는 층은 서로 다른 특성을 가져야 하지만, 층 내에서는 비슷한 특성을 가져야 한다. 반면에, 군집샘플링에서 모든 군집은 서로는 비슷하여야 하지만, 군집 내에서는 모집단의 특성을 대표하는 다양한 특성을 가지고 있어야 한다.

본 장에서는, 앞장에서 설명한 단순 랜덤샘플링을 발전시킨 고급 확률적 샘플링(probability sampling)에 대하여 설명한다. 확률적 샘플링은 단순 랜덤샘플링(simple random sampling), 층화샘플링(stratified sampling), 군집샘플링(cluster sampling), 체계적 샘플링(systematic sampling)으로 구분되며, 층화샘플링은 다시 비례 층화샘플링(proportionate stratified sampling)과 할당 층화샘플링(disproportionate stratified sampling)으로 나누어지고, 군집샘플링은 1단계 군집샘플링(one-stage cluster sampling), 2단계 군집샘플링(two-stage cluster sampling), 다단계 군집샘플링(multistage cluster sampling), 지역샘플링(area sampling)으로 구분된다. 이와 같은 체계를 그려보면, 〔그림 17-1〕과 같다.

그림 17-1 | 확률적 샘플링의 분류

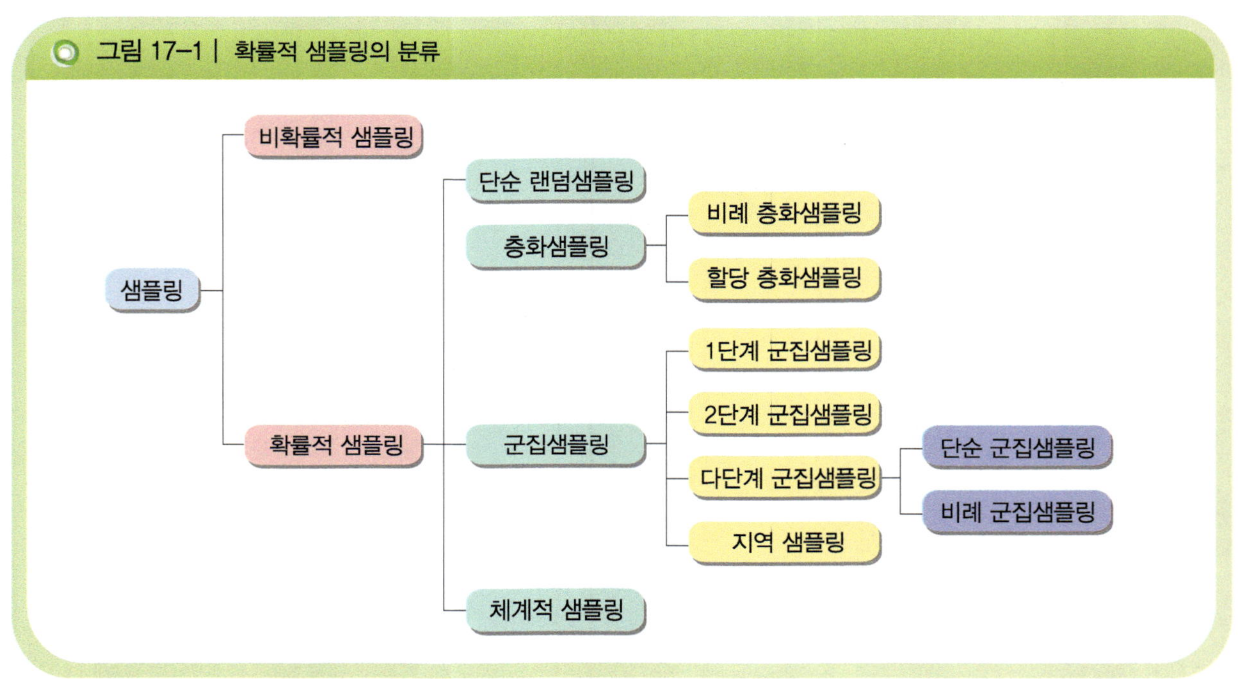

01 층화샘플링

단순 랜덤샘플링에서는, 표본의 수가 정해졌을 경우, 모집단으로부터 얻을 수 있는 모든 가능한 표본들 중에서 분석에 사용될 실제 표본이 선택될 확률이 모든 표본에 대하여 동일해야 한다. 하지만, 이러한 방법이 모집단을 잘 대표하지 못할 뿐만 아니라, 한쪽으로 치우친 표본이 될 수도 있다. 다음의 예를 통하여 논의하여 보자.

A대학교에서는 본교 학생들이 A대학교를 어떻게 생각하고 있는지를 파악하고자 한다. A대학교의 총 학생 수는 10,000명이며, 1학년은 4,000명, 2학년은 3,000명, 3학년은 2,000명, 4학년은 1,000명으로 구성되어 있는 것으로 알려져 있다. 연구자는 10,000명 중 500명을 선택하여 A대학교의 태도에 대한 설문조사를 실시할 예정이다. 이 경우 만일 단순 랜덤샘플링을 적용한다면, 선정된 표본이 4개 학년을 골고루 포함하고 있으리라는 보장을 받지 못하게 된다. 즉, 단순 랜덤샘플링을 통하여 선택된 표본, 500명은 모두 A대학교 1학년 학생일 수도 있다는 것이다. 이러한 표본은 1학년 학생 쪽으로 매우 치우쳐 선택된 잘못된 표본이라고 볼 수 있으며, 분석결과는 A대학교 학생 전체의 태도라기 보다는 1학년 학생의 태도가 될 것이므로 이러한 잘못된 표본의 선정 가능성은 피하는 것이 바람직하다.

이러한 경우, 사용될 수 있는 방법이 층화샘플링이다. 층화샘플링(stratified sampling)이란 모집단을 구성하고 있는, 앞에서 소개한 예제의 1학년에서 4학년과 같은 층(strata; segments)에 특정 수의 표본을 할당하는 확률적 샘플링이다. 층화샘플링은 각 층에 대한 표본의 수를 어떠한 방법으로 결정하느냐에 따라 비례 층화샘플링과 할당 층화샘플링으로 나누어진다. 이에 대한 자세한 내용은 다음과 같다.

(1) 비례 층화샘플링

비례 층화샘플링(proportionate stratified sampling)은 층에 속하는 표본의 수를 모집단의 수와 비례하여 선택하는 방법이다. 비례 층화샘플링을 이용하여 표본을 선택하는 경우는 다음과 같은 과정을 거친다.

단계1 각 층의 구분

모집단의 특성을 잘 대표하는 몇 개의 층으로 구분한다. 이때 같은 층 내에 있는 연구대상들은 서로 비슷한 성질(homogeneous)을 가지고 있어야 하며, 서로 다른 층 사이에서는 다른 특성(heterogeneous)을 가지고 있어야 한다.

단계2 각층의 표본 수 결정
연구를 위한 전체 표본 수를 정한 다음, 단계1에서 구분된 각 층의 모집단 크기를 파악하여, 그에 비례한 표본 수를 각 층에서 정한다.

단계3 단순 랜덤샘플링의 적용
각 층에 대하여 단순 랜덤샘플링을 적용하여 단계2에서 정해진 표본 수만큼의 표본을 선택한다.

(단계1)에서 모집단은 층으로 구분되며, 층의 구분은 모집단의 특성을 고려하여 결정하여야 한다. 층화샘플링에서 의미하는 모집단의 특성은 샘플링프레임으로부터 자료를 수집하는 과정에서 발생되는 특성을 말하며, 이러한 특성이 층으로 구분된다는 것이다. 결과적으로 같은 층에 속해있는 연구대상은 서로 유사한 특성을 갖게되며, 서로 다른 층에 있는 연구대상은 다른 특성을 갖도록 구분된다. 따라서 비례 층화샘플링을 실시하기 위해서는 사전에 모집단 특성에 대한 정보가 필요하다.

A대학교에 대한 본교 학생들의 태도를 알아보는 연구에서, 연구자는 대학교 생활을 얼마나 하였는지에 따라, 즉 학년에 따라 학생들의 태도가 다를 것이라고 추측하였다. 따라서 학년에 따라 학생들을 각기 다른 층으로 구분하는 경우, (단계1)에서 설명하는 층 내에서 존재하는 비슷한 특성과 층 사이에서 존재하는 서로 다른 특성을 만족한다고 볼 수 있을 것이다.

비례 층화샘플링의 두 번째 단계는 전체 표본 수를 각 층으로 나누는 과정이다. 이러한 층에 대한 표본 수 계산은 다음과 같은 식을 이용하여 결정한다

$$\text{층에 속한 표본의 수} = \frac{\text{층에 속한 모집단의 수}}{\text{전체 모집단의 수}} \times \text{전체 표본의 수}$$

이 식을 이용하여 A대학교 1학년의 표본 수를 구하면, 다음과 같이 계산된다.

$$\frac{4,000}{10,000} \times 500 = 200(\text{명})$$

표 17-1 | 비례 층화샘플링에 의한 표본할당

층	층에 속한 모집단의 수	층에 속한 표본의 수
1학년	4,000 명	200 명
2학년	3,000 명	150 명
3학년	2,000 명	100 명
4학년	1,000 명	50 명
합 계	10,000 명	500 명

<표 17-1>은 500명의 전체 표본 수에 대한 각 층의 표본 수를 나타내고 있다. 이 경우, 전체 표본 수에 대한 층의 표본 수의 비율은, 전체 모집단 수에 대한 층에 속한 모집단의 수의 비율과 일치하게 된다.

◆ 비례 층화샘플링을 사용하는 경우의 표본분포

비례 층화샘플링의 목적은 모집단의 특성을 제대로 나타내는 표본을 얻기 위한 것으로, 단순 랜덤샘플링에서 얻을 수 있는, 한 쪽으로 치우친 표본을 얻을 수 있는 가능성을 해결한 것이라 볼 수 있다. 즉, 모집단의 특성으로 구분된 각 층이 샘플링을 위한 새로운 모집단 역할을 하여 단순 랜덤샘플링에 따라 표본이 선택되므로, 층 내에서는 유사한 특성을 가지고 있고, 층 사이는 모집단을 대표하는 서로 다른 특성으로 구성되어, 모집단의 특성을 잘 반영한 표본을 제공하여 주도록 하는 것이다.

비례 층화샘플링을 사용하면, 표본분포는 어떻게 변화할 것인가? 표본분포란, 앞장에서도 설명한 바와 같이, 정해진 표본 수를 가지고 반복적으로 표본을 얻었을 경우, 계산되는 통계량이나 추정량의 상대도수를 의미한다. 단순 랜덤샘플링은 표본이 구성될 수 있는 모든 가능성을 고려하고 있으므로, 비록 가능성은 높지 않지만, 한 쪽으로 치우친 표본이 존재하게 된다. 하지만 비례 층화샘플링에서는 정해진 표본 수를 각 층에 강제적으로 할당하여, 이러한 치우친 표본의 가능성을 제거하였으므로, 표본분포는 실제값과 더욱 가깝게 나타날 것이고, 표본분포에 대한 분산도 적게 나타날 것이다. 즉, 비례 층화샘플링을 사용하게 되면 표본오차가 적게 나타난다는 의미이다. 단순 랜덤샘플링과 비교하여 비례 층화샘플링을 이용하여 추정량을 계산하면, 표본분포에 대하여 다음과 같은 차이점이 나타난다.

표본분포에 대한 단순 랜덤샘플링과 비례 층화샘플링의 차이점

차이점 1 비례 층화샘플링을 사용하는 경우는 추정량의 극단값이 발생하지 않는다. 즉, 단순 랜덤샘플링을 사용하면 추정량이 취하는 값의 범위가 넓지만, 비례 층화샘플링을 사용하면 추정량이 취하는 값의 범위가 실제값을 중심으로 좁게 나타난다.

차이점 2 비례 층화샘플링을 사용하면, 추정량이 보다 높은 확률로 실제값 근처에 존재하게 된다. 다시 말하면, 단순 랜덤샘플링을 사용하였을 경우의 추정량이 실제값 근처에 있을 확률보다 비례 층화샘플링을 사용하였을 경우의 추정량이 실제값 근처에 있을 확률이 더 크다는 것이다.

〔그림 17-2〕는 단순 랜덤샘플링과 비례 층화샘플링을 사용하였을 경우 표본평균의 표본분포를 나타내고 있다. 여기서 단순 랜덤샘플링과 비례 층화샘플링 모두 중심이 실제 평균값과 일치하는 표본분포를 보이고 있지만, 비례 층화샘플링을 사용하는 경우, 표본분포의 폭이 좁고, 실제값 중심에 분포가 집중되어 있음을 확인할 수 있다. 따라서 비례 층화샘플링을 사용하게 되면, 모평균에 대한 신뢰구간의 폭도 더 좁아지면서, 동일한 표본 수를 사용하지만, 보다 정확하고 효율적인 수치를 얻을 수 있다.

그림 17-2 | 표본평균에 대한 표본분포

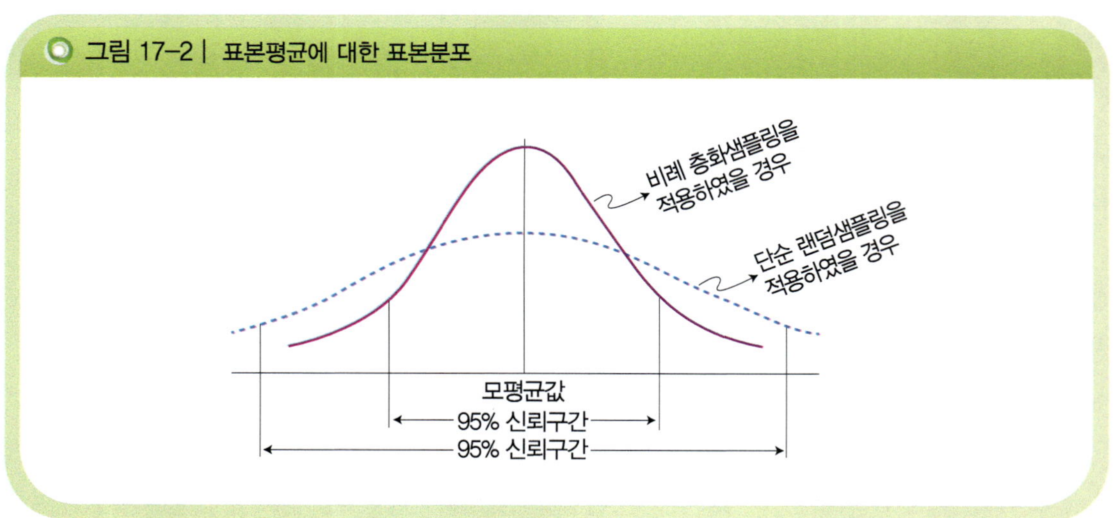

◆ 비례 층화샘플링의 효율성

두 샘플링에 대한 효율성(efficiency)은 샘플링에 대한 표본오차의 비율로 정의된다. 즉, A샘플링이 B샘플링보다 효율적이란 의미는 A샘플링에 의한 표본오차가 B샘플링에 의한 표본오차보다 적다는 의미이다. 이를 식으로 표시하면 다음과 같다.

$$\text{B샘플링을 기준으로 하는 A샘플링의 효율성} = \frac{\text{B샘플링의 표본오차}}{\text{A샘플링의 표본오차}} \times 100$$

효율성이 100보다 크게 되면 A샘플링에 의한 표본오차가 적다는 의미이며, 이 경우 정확하고 폭이 좁은 신뢰구간이 나타난다. 결국 연구설계 단계에서 효율성이 높은 (표본오차가 적은) 샘플링을 선택하는 것이 필요하다. 이를 다르게 표현하면, 같은 정도의 정확성을 유지하면서, 적은 표본의 수를 적용할 수 있는 샘플링을 사용하는 것이 바람직하다는 것이다. 층을 서로 다른 성질로 구분하면서, 층 내에 동일한 성질을 유지하는 경우, 비례 층화샘플링은, 추정량이 극단값을 나타내는 가능성과 한 쪽으로 치우쳐진 표본이 선택될 가능성을 없앰으로써, 단순 랜덤샘플링과 비교하여 효율성이 높은 방법이 된다.

◆ 비례 층화샘플링에서의 모평균에 대한 신뢰구간

만일 비례 층화샘플링을 이용하여 모평균에 대한 95% 신뢰구간을 얻고자 한다면, 단순 랜덤샘플링에서의 95% 신뢰구간을 구하는 과정에서 약간의 추가적인 계산과정이 필요하다. 다음 단계는 비례 층화샘플링의 경우, 신뢰구간을 구하는 과정이다.

단계1 각 층에 속해있는 표본평균(표본비율)을 계산하고, 표본평균(표본비율)의 표준편차인 표준오차를 계산한다. 모집단의 구성요소인 각 층 내에서는 단순 랜덤샘플링이 적용되므로 각층에 대한 표본평균(표본비율), 표준오차 등의 계산은 단순 랜덤샘플링에서의 절차와 동일하다.

단계2 각 층에 할당된 가중치를 고려하여, 각 층의 표본평균(표본비율)을 이용하여 전체 표본평균(표본비율)을 계산한다.

단계3 각 층에 할당된 가충치를 고려하여, 각 층의 표준오차를 이용하여 전체 표준오차(pooled standard error)를 계산한다.

단계4 모평균(모비율)에 대한 95% 신뢰구간은 다음과 같다.

전체 표본평균(표본비율) ± 1.96(Z0.025) × (전체 표준오차)

앞에서 설명한 단계에 맞추어 모평균에 대한 95% 신뢰구간을 구하는 구체적인 과정을 살펴보기 위하여, L을 층의 수로 표기하고, 다음과 같은 표기법을 사용하도록 하자.

$\bar{x}_k$: k 층에 속해있는 표본평균 값
s_k : k 층에 속해있는 표본표준편차
w_k : 전체 모집단에서 k 층이 차지하는 비율
이 경우, 전체 표본평균은 다음과 같이 계산된다.

$$\bar{x}_{total} = \sum_{k=1}^{L} w_k \bar{x}_k = w_1\bar{x}_1 + w_2\bar{x}_2 + \cdots w_L\bar{x}_L$$

만일 n_k를 k 층에 속한 표본의 수라고 한다면, k 층에 속해있는 표본평균에 대한 표준오차 $s_{\bar{x}_k}$ 는 다음과 같이 표본표준오차 s_k를 이용하여 계산할 수 있다.

$$s_{\bar{x}_k} = \frac{s_k}{\sqrt{n_k}},\ \ k = 1, 2, 3, \cdots, L$$

따라서 전체 표준오차 $s_{\bar{x}\,total}$ 는 다음과 같으며,

$$s_{\bar{x}_{total}} = \sqrt{\sum_{k=1}^{L} w_k^2 s_{\bar{x}k}^2} = \sqrt{w_1^2 s_{\bar{x}_1}^2 + w_2^2 s_{\bar{x}_2}^2 + \cdots + w_L^2 sx_{\bar{x}_L}^2}$$

결국 모집단에 대한 95% 신뢰구간은 다음의 식에서 얻어진다.

$$\bar{x}_{total} \pm 1.96\ s_{\bar{x}\,total}$$

다음의 두 문제를 통하여 모평균에 대한 95% 신뢰구간을 계산하여 보자.

문제 A회사는 2100명의 여자사원과 900명의 남자사원으로 구성되어, 총 3000명의 사원이 있다. 비례 층화샘플링을 이용하여, 100명의 표본을 선택한 후, A회사 사원의 평균급여를 알아보고자 한다. 이 경우, 모집단은 여자와 남자사원의 두 층으로 나누어지며, 모집단의 비례에 따라 각 층의 표본 수는 다음과 같이 계산된다.

$$(\text{층}1)\ \text{여자사원의 표본 수} = \frac{2,100}{3,000} \times 100 = 70$$

$$(\text{층}2)\ \text{남자사원의 표본 수} = \frac{900}{3,000} \times 100 = 30$$

이 결과로 얻어진 표본을 조사하여, 다음과 같은 표본평균과 표본표준편차를 얻었을 경우, A회사 전체사원의 평균급여에 대한 95% 신뢰구간을 계산하여라.

층1 (여자사원): 평균급여 – 2천 5백만원, 표본표준편차 – 1백 5십만원

층2 (남자사원): 평균급여 – 3천 6백만원, 표본표준편차 – 2백만원

해답 우선 문제에서 나타난 기호를 정리하면 다음과 같다.

$$\bar{x}_1 = 2500\text{ (만원)},\ s_1 = 150\text{ (만원)},\ w_1 = 0.7,\ n_1 = 70\text{ 명}$$

$$\bar{x}_2 = 3600\text{ (만원)},\ s_2 = 200\text{ (만원)},\ w_2 = 0.3,\ n_2 = 30\text{ 명}$$

따라서 전체 평균급여는

$$\bar{x}_{total} = w_1\bar{x}_1 + w_2\bar{x}_2 = 0.7 \times 2500 + 0.3 \times 3600 = 2830\text{ (만원)}$$

각 층의 표본표준오차는 다음과 같다.

$$s_{\bar{x}_1} = \frac{s_1}{\sqrt{n_1}} = \frac{150}{\sqrt{70}}\text{ (만원)},\quad s_{\bar{x}_2} = \frac{s_2}{\sqrt{n_2}} = \frac{200}{\sqrt{30}}\text{ (만원)}$$

전체 표준편차는 다음과 같이 계산되며,

$$s_{\bar{x}_{total}} = \sqrt{w_1^2 s_{\bar{x}_1}^2 + w_2^2 s_{\bar{x}_2}^2} = \sqrt{(0.7)^2\frac{(150)^2}{70} + (0.3)^2\frac{(200)^2}{30}} = \sqrt{277.5}$$

A회사 사원의 평균급여에 대한 95% 신뢰구간은 다음과 같다.

$$2830 \pm 1.96 \times \sqrt{277.5} = 2830 \pm 33$$

즉, A회사 사원의 평균급여는 95%의 신뢰수준에서 2797(만원)과 2863(만원) 사이에 있다고 볼 수 있다.

◆ 비례 층화샘플링에서의 모비율에 대한 신뢰구간

비례 층화샘플링으로부터 얻은 표본을 이용하여 모비율에 대한 신뢰구간을 계산하는 문제는 모평균에 대한 신뢰구간 문제와 비슷한 과정을 거친다.

$\hat{p}_k$ 를 k 층에서의 표본비율이라하면, s_k 는 k 층에서의 표준편차, 즉, $\sqrt{\hat{p}_k(1-\hat{p}_k)}$ 또는 s_k 에 대한 최대값인 $1/\sqrt{4}$ 이 적용된다. 이 경우, k 층에 속해있는 표본비율의 표준오차 $s_{\hat{p}_k}$ 는

다음과 같이 계산된다.

$$s_{\hat{p}_k} = \sqrt{\frac{\hat{p}_k(1-\hat{p}_k)}{n_k}} \text{ 또는 } \sqrt{\frac{1}{4n_k}}$$

결국 전체 표본비율은 다음과 같이 되며,

$$\hat{p}_{total} = \sum_{k=1}^{L} w_k \hat{p}_k = w_1\hat{p}_1 + w_2\hat{p}_2 + \cdots w_L\hat{p}_L$$

전체 표준오차는 다음과 같이 된다.

$$s_{\hat{p}_{total}} = \sqrt{w_1^2 s_{\hat{p}_1}^2 + w_2^2 s_{\hat{p}_2}^2 + \cdots w_L^2 s_{\hat{p}_L}^2}$$

따라서, 비례 층화샘플링에서의 모비율에 대한 95% 신뢰구간은 다음과 같이 된다.

$$\hat{p}_{total} \pm 1.96 \times s_{\hat{p}_{total}}$$

문제 B회사에서는 10만개의 판매점을 대상으로 자사제품을 선호하는 비율을 파악하고자 한다. 10만개의 판매점은 대략 2만개의 대형판매점, 3만개의 중형판매점, 5만개의 소형판매점으로 구성되어 있다. 만일 1000개의 판매점을 표본으로 뽑아 조사하고 싶다면, 다음과 같은 과정을 통하여 비례 층화샘플링에 의한 각 층별 표본의 수를 정할 수 있다.

(층1) 대형판매점에 속하는 표본의 수= $\frac{2\text{만}}{10\text{만}} \times 1,000 = 200$

(층2) 중형판매점에 속하는 표본의 수= $\frac{3\text{만}}{10\text{만}} \times 1,000 = 300$

(층3) 소형판매점에 속하는 표본의 수= $\frac{5\text{만}}{10\text{만}} \times 1,000 = 500$

이와 같이, 비례 층화샘플링을 이용하여 표본을 선택하여 조사한 결과, 대형판매점에서는 60개, 중형판매점에서는 150개, 소형판매점에서는 300개가 B회사 제품을 선호하는 것으로 나타났다. B회사 제품을 선호하는 판매점의 비율에 대한 95% 신뢰구간을 구하여라.

해답 문제에서 제시한 내용을 요약하면 다음과 같다.

$$\hat{p}_1 = \frac{60}{200} = 0.3, \qquad w_1 = \frac{2만}{10만} = 0.2, \qquad n_1 = 200$$

$$\hat{p}_2 = \frac{150}{300} = 0.5, \qquad w_2 = \frac{3만}{10만} = 0.3, \qquad n_2 = 300$$

$$\hat{p}_3 = \frac{300}{500} = 0.6, \qquad w_3 = \frac{5만}{10만} = 0.5, \qquad n_3 = 500$$

따라서 전체 표본비율은 다음과 같이 계산된다.

$$\begin{aligned}\hat{p}_{total} &= w_1\hat{p}_1 + w_2\hat{p}_2 + w_3\hat{p}_3 = (0.2)(0.3) + (0.3)(0.5) + (0.5)(0.6) \\ &= 0.51\end{aligned}$$

또한 각 층에 대한 표준오차는 다음과 같이 계산된다.

$$s_{\hat{p}_1} = \sqrt{\frac{\hat{p}_1(1-\hat{p}_1)}{n_1}} = \sqrt{\frac{(0.3)(0.7)}{200}} = \sqrt{\frac{0.21}{200}}$$

$$s_{\hat{p}_2} = \sqrt{\frac{(0.5)(0.5)}{300}} = \sqrt{\frac{0.25}{300}}, \quad s_{\hat{p}_3} = \sqrt{\frac{(0.6)(0.4)}{500}} = \sqrt{\frac{0.24}{500}}$$

전체 표준오차는 다음과 같다.

$$\begin{aligned}s_{\hat{p}_{total}} &= \sqrt{w_1^2 s_{\hat{p}_1}^2 + w_2^2 s_{\hat{p}_2}^2 + \cdots w_L^2 s_{\hat{p}_L}^2} \\ &= \sqrt{(0.2)^2\left(\frac{0.21}{200}\right) + (0.3)^2\left(\frac{0.25}{300}\right) + (0.5)^2\left(\frac{0.24}{500}\right)} \\ &\simeq 0.0154\end{aligned}$$

따라서 B회사 제품을 선호하는 판매점의 비율에 대한 95% 신뢰구간은 다음과 같다.

$$0.51 \pm 1.96(0.0154) = 0.51 \pm 0.0302$$

다시 말하면, 전체 10만개의 판매점 중에서 B회사 제품을 선호하는 판매점의 비율은 95%의 신뢰수준에서 대략 48%에서 54% 사이에 있다고 말할 수 있다.

(2) 할당 층화샘플링

비례 층화샘플링에서는 각 층에 대한 표본 수를 전체 모집단에서 해당 층이 차지하는 비율을 이용하여 결정하였다. 따라서 매우 큰 층이 있으면, 그 층에서는 많은 수의 표본이 선택되어진다. 하지만, 어떤 경우에는 이러한 비례 층화샘플링이 최상의 방법이 아닐 수도 있다. 이러한 사실을 설명하기 위하여 앞장에서 설명한 표본 수 결정에 영향을 미치는 요인에 대하여 복습해 보기로 하자. 앞장에서 우리는 표본 수 결정에 영향을 미치는 하나의 요인으로 모집단의 다양성을 언급한 적이 있다. 예를 들면, 어느 정도의 정확성을 유지하기 위하여 요구되는 표본의 수는, 모집단이 얼마나 다양하게 분포되어 있느냐에 따라 민감하게 변한다는 것이다. 다시 말하면, 모집단의 산포도[1]가 심하면, 정확도를 유지하기 위하여 많은 표본을 할당하여야 하고, 모집단의 산포도가 심하지 않다면, 적은 수의 표본으로도 정확도가 유지된다는 것이다. 이러한 개념을 층에 적용시킨 방법이 할당 층화샘플링(disproportionate stratified sampling)이다. 즉, 할당 층화샘플링이란 산포도가 심한 층이 있으면 많은 수의 표본을 할당하고, 산포도가 심하지 않은 층에는 적은 수의 표본을 할당하는 샘플링을 말한다.

할당 층화샘플링을 구현하는 방법은 비례 층화샘플링과 거의 비슷하지만, 각 층에 산포도 정도에 따라 층의 표본의 수가 결정된다는 점에서 차이가 있다. 따라서 할당 층화샘플링의 어려운 점이라면 각 층에 표본의 수를 할당하기 전에 각 층의 산포도가 어느 정도 심한지를 사전에 알고 있어야 한다는 것이다. 이러한 이유 때문에 많은 사회과학연구에서는 할당 층화샘플링보다 비례 층화샘플링을 더 많이 사용하고 있다. 만일 각 층에 대한 분산이나 산포도의 정도가 알려져 있지 않다면, 각 층에 대한 분산이나 산포도가 같다는 가정아래, 각 층에 대하여 표본의 수를 똑같이 하는 할당 층화샘플링을 적용할 수 있을 것이다. 하지만, 이러한 방법보다는 층에 속해있는 크기에 따라 표본의 수를 결정하는 비례 층화샘플링이 실제로 더 적합하다고 볼 수 있다.

여기서 한 가지 지적하고 싶은 사항은 할당 층화샘플링과 비례 층화샘플링의 원리가 서로 밀접한 연관성이 있다는 것이다. 비례 층화샘플링에서는 규모가 큰 층에게 많은 표본을 할당하고 있는데, 이러한 근거는 규모가 큰 층이라면 아마도 분산이나 산포도가 클 것이라는 기본적인 가정 아래서 이루어지기 때문이다. 하지만, 모든 상황에서 이러한 가정이 성립하는 것은

어느 여론조사기관에서는 정부가 제시한 정책에 대하여, 유권자들의 태도를 파악하고자 100명의 표본을 선택하여 조사하기로 결정하였다.
기존에 알려진 사실은, 전체 유권자의 30%를 차지하는 A지역의 유권자 대부분은 여당을 지지하고 있으며, 전체 유권자의 40%를 차지하는 B지역의 유권자 대부분은 야당을 지지하고 있고, 전체 유권자의 20%를 차지하는 C지역의 유권자는 어느 정당도 선호하지 않고 있다는 것이다.

1) 산포도는 분포가 퍼져있는 정도를 나타내는 개념으로, 분포에 대한 분산 또는 표준편차의 값이 이에 해당된다.

아니다. 다음의 예제를 살펴보도록 하자.

만일 비례 층화샘플링을 적용하여 표본의 수를 할당하게 되면, C지역에 속해있는 유권자에게 20명의 표본이 할당될 것이다. 하지만, 이 표본 수는, 어느 정당도 선호하고 있지 않기 때문에, 정부정책에 대한 태도가 매우 다양할 것이라고 추측할 수 있으며, 따라서 이러한 층의 다양성을 대변하기에는 너무 적은 수이다.

실제로 A지역이나 B지역 대부분의 유권자들은 이미 정부에 대한 태도를 가지고 있기 때문에, 정부에 대한 정책의 태도에 대한 산포도가 그렇게 크게 나타나지 않을 것이라고 추측할 수 있다. 하지만, C지역에 속한 유권자들은 어느 정당도 선호하지 않는 층이므로, 정부태도에 대한 산포도가 클 것이라고 예상할 수 있다. 이와 같은 경우에는 비례 층화샘플링을 적용하기보다는, 할당 층화샘플링을 적용하여, C지역 층에게 보다 많은 표본 수를 할당하여, 선택된 표본이 모집단의 특성을 보다 정확하게 파악하도록 만드는 것이 바람직하다. 결국, 각 층에 대한 산포도가 서로 다르고, 산포도에 대한 크기가 알려져 있다면, 할당 층화샘플링을 적용하여 높은 효율성을 가진 표본을 얻을 수 있다.

표 17-2 | 할당 층화샘플링의 예

	모집단 구성비율 ①	표본 구성비율 ②	표본수/모집단수 ③
체인점	25%	48%	1 / 39
대형 판매점	13%	25%	1 / 69
중형 판매점	33%	18%	1 / 248
소형 판매점	29%	9%	1 / 360

<표 17-2>는 미국의 어느 기관에서 소비자 물가지수를 측정하기 위하여 사용하고 있는 할당 층화샘플링의 예이다. 이 경우를 살펴보면, 체인점과 대형 판매점에 해당하는 층에서는, 모집단의 구성비율에 비교하여 많은 수의 표본을 추출하고 있지만, 중형 판매점과 소형 판매점에 해당하는 층에서는, 모집단의 구성비율에 비교하여 적은 수의 표본을 추출하고 있음을 확인할 수 있다. 이는, 각 층이 차지하고 있는 판매량의 규모와 함께, 체인점이나 대형 판매점에서 나타나는 소비자 물가지수에 대한 변동폭(또는 다양성)이 중형이나 소형에서 나타난 변동폭(또는 다양성)보다 크게 나타날 것이라는 근거에서 만들어 진 것이다. 이 경우, 층에 속한 표본의 수와 모집단의 수에 대한 비율도 모든 층에서 서로 다른 값을 나타내고 있음

을 확인할 수 있다.

만일 비례 층화샘플링을 적용한다면, ①에 해당되는 모집단 구성비율과, ②에 해당되는 표본 구성비율은 동일하여야 하며, ③에 해당되는 층에 속한 표본 수와 모집단 수에 대한 비율도 모든 4개의 층에서 동일한 값을 가져야 한다. 소비자 물가지수를 측정하기 위하여 이와 같은 할당 층화샘플링을 사용하는 근거는, 다양한 계층의 많은 소비자들이 많은 양의 다양한 제품을 체인점이나 대형 판매점에서 구입하고 있다는 사실에 있다. 이와 같이 층에 대한 다양성을 이미 알고 있는 경우는, 비례 층화샘플링을 적용하기보다는, 할당 층화샘플링을 적용하여 얻은 표본이 보다 정확하게 모집단의 특성을 나타내고 있다고 볼 수 있다.

02 군집샘플링

층화샘플링에서는, 앞에서 언급한 바와 같이, 모집단을 서로 다른 특성을 가진 층으로 나누고, 각 층에 대하여 표본을 랜덤으로 추출하는 단순 랜덤샘플링 방법을 사용하였다. 하지만, 이러한 단순 랜덤샘플링이나 층화샘플링은 사전에 샘플링프레임을 가지고 있어야 하며, 샘플링프레임을 미리 구성하기가 어려운 경우에는 적용하기가 어렵다.

예를 들어, 서울지역의 가구(家口)를 대상으로 하는 연구를 생각하여 보자. 이 경우, 샘플링프레임을 얻기 위하여, 서울지역의 모든 가구에 대한 목록을 수집하게 된다면, 많은 비용과 시간이 필요할 것이다. 이러한 경우, 군집샘플링(cluster sampling)을 적용할 수 있다. 예를 들어, 각 지역의 동사무소에 가면 모든 가구에 대한 목록이 있을 것이며, 이 경우, 각 지역의 동은 군집이 된다. 그리고 서울지역의 동을 샘플링프레임으로 하여 랜덤으로 동을 선택한 다음, 선택된 동에 속해있는 모든 가구를 대상으로 조사하거나, 일부의 가구를 대상으로 조사를 실시하면, 군집샘플링이 되는 것이다.

하지만, 군집샘플링의 적용을 샘플링프레임의 구성이 어려울 경우만으로 제한할 필요는 없다. 즉, 샘플링프레임이 있다고 하여도, 샘플링프레임이 이해하기 쉬운 군집으로 구분되어 있다면, 군집샘플링이 단순 랜덤샘플링이나 층화샘플링보다 적용하기가 훨씬 쉬울 것이다.

결국, 군집샘플링이란 모집단을 구성하고 있는 군집(cluster)들 중에서 일부의 군집을 랜덤으로 선택하여, 선택된 군집에 속해있는 모든 연구대상 또는 다시 랜덤으로 선택된 군집에 속한 연구대상의 일부를 조사하는 확률적 샘플링이다. 군집샘플링에서는 각 군집 내에 속하는 연구대상들은 서로 다양한 특성(heterogeneous)으로 구성되어 있는 것이 바람직하며, 서로 다른 군집들은 유사한 특성(homogeneous)을 가지고 있는 것이 바람직하다. 이는 앞에서 설명한 층화샘플링의 층의 개념과 반대되는 것이다.

앞에서 층화샘플링을 위하여 다루었던 학생들이 느끼는 A대학교에 대한 태도의 예를(표 17-1 참조) 이용하여 군집샘플링을 생각하여 보자. 이 경우, 4,000명의 학생들을 학년으로 구분하기보다는, 군집에 해당되는 학과로 나눈 후, 단순 랜덤샘플링을 이용하여 학과를 선택하고, 선정된 학과의 모든 학생들을 대상으로 조사하거나, 선정된 학과에 속한 학생들을 대상으로 두 번째 단순 랜덤샘플링을 실시하여 학생들을 선택한 후, 선택된 학생들을 대상으로 태도를 조사하는 경우가 군집샘플링에 해당된다.

군집샘플링과 층화샘플링의 차이점을 살펴보면, 군집샘플링에서는 단순 랜덤샘플링을 이용하여 모집단과 유사한 특성의 군집을 선택한 후, 선택된 군집 전체를 표본으로 이용하거나, 선택된 군집 내에 속하는 연구대상을 다시 단순 랜덤샘플링을 이용하여 표본을 구성하는 반면에, 층화샘플링에서는 모집단의 특성에 따라 층으로 구분한 후, 단순 랜덤샘플링을 이용하여 각 층에서 각 층의 표본을 선택하여야 한다는 차이가 있다. 또한 군집샘플링은 샘플링 비용을 줄이는 문제에 초점이 맞추어져 있지만, 층화샘플링은 샘플링 비용을 줄이는 측면보다는 정확성을 높이는 문제에 초점이 맞추어져 있다는 차이점이 있다. 효율적인 군집샘플링이 되기 위해서는, 앞에서도 언급하였지만, 군집 내에서는 모집단을 대표하는 다양한 특성을 갖는 연구대상이 포함되어야 하지만, 군집들은 서로 비슷한 특성을 가져야 한다. 결국 군집샘플링을 적용할 수 있는 가장 바람직한 경우는, 모든 군집이 모집단의 특성을 잘 반영하는 축소된 모집단의 형태를 갖는 경우이다.

(1) 1단계 군집샘플링

1단계 군집샘플링(one-stage cluster sampling)이란 랜덤으로 선택된 군집에 속하는 모든 연구대상을 조사하는 군집샘플링을 말한다. 이러한 1단계 군집샘플링의 진행은 다음과 같은 3단계를 거친다.

1단계 모집단을 군집으로 구분한다. 가장 이상적인 군집의 형태는, 모든 군집이 모집단을 대표할 수 있는 형태이다.

2단계 단순 랜덤샘플링을 적용하여 군집을 선택한다.

3단계 선택된 군집에 속하는 모든 연구대상을 조사하는 센서스를 실시한다.

1단계 군집샘플링에서는 모든 군집을 대상으로 조사가 이루어지지 않으며, 선택된 군집에 속하는 모든 연구대상을 조사하므로, 1단계 군집샘플링의 효율성은 모든 군집이 모집단의 다양한 특성을 얼마나 잘 반영하고 있는지에 의존한다. 따라서 모든 군집이 서로 비슷한 특성을 갖는 것이 바람직할 것이다.

1단계 군집샘플링의 장점이라면, 방법의 적용이 간단하다는 것이다. 예를 들어, 2만명을 대상으로 하는 연구에서 500명의 표본을 추출하고 싶다고 가정하자. 단순 랜덤샘플링이나 층화샘플링은 500개의 난수를 생성하여 표본을 만들겠지만, 군집샘플링은 보다 간편하다. 예를 들어, 250개의 연구대상을 포함하는 80개의 군집을 만들어서, 80개의 군집 중에서 2개의 군집만 선택하면 500명의 표본이 만들어지기 때문이다. 하지만, 군집샘플링의 적용이 간단하다는 장점 이면에는, 80개로 구성된 모든 군집이 모집단의 다양한 특성을 모두 가지고 있는 다양성을 포함하고 있어야 한다는 가정이 필요하다. 따라서 군집샘플링을 적용하는 경우, 연구자는 모집단의 특성을 제대로 반영하는 군집의 구성에 노력을 기울여야 한다.

(2) 2단계 군집샘플링

2단계 군집샘플링(two-stage cluster sampling)이란 랜덤으로 선택된 군집에 속하는 연구대상의 일부를 단순 랜덤샘플링에 의하여 선택하여 조사하는 군집샘플링을 말한다. 이러한 2단계 군집샘플링은 선택된 군집에 속하는 연구대상을 모두 조사하지 않고, 단순 랜덤샘플링을 적용하여 일부의 연구대상을 선택한다는 것이 1단계 군집샘플링과 구분되는 점이다. 이 방법은 단순 랜덤샘플링이 2단계에 거쳐서 적용되는데, 첫 번째 단계는 군집을 선택하는 경우 사용되고, 두 번째 단계에서는 선택된 군집에서 연구대상을 선택하는 경우 사용된다. 같은 표본의 수를 사용하는 경우, 2단계 군집샘플링은 1단계 군집샘플링과 비교하여 보다 많은 군집을 선택할 수 있으므로 효율성이 높다고 볼 수 있으나, 많은 군집을 대상으로 조사가 이루어지기 때문에 시간이나 비용이 1단계 군집샘플링에 비하여 많이 든다는 단점을 가지고 있다.

예를 들어, 모집단의 수가 10만명인 연구에서, 연구자는 20명으로 구성된 5000개의 군집으로 구분하고, 200명의 표본을 선택하고자 한다고 가정하자. 이 경우, 연구자는 <표 18−3>과 같은 샘플링 설계를 할 수 있을 것이다.

샘플링 설계 A는 단순 랜덤샘플링이 한번 적용되었으므로, 1단계 군집샘플링이 되며, 샘플링 설계 B부터 샘플링 설계 G까지는 군집을 선택하기 위하여 단순 랜덤샘플링이 첫번째로 사용되었고, 선택된 군집 내에서 연구대상을 선택하는 과정에서 두번째 단순 랜덤샘플링이 적용되었으므로 2단계 군집샘플링이 된다. 일반적으로, 샘플링 설계 A를 이용한 200명의 표

표 17-3 | 2단계 군집샘플링에서의 샘플링 설계

샘플링 설계	1단계 표본의 수 (군집)	2단계 표본의 수 (연구대상)	효율성	비용/시간
A	10	20	7등	1등
B	20	10	6등	2등
C	25	8	5등	3등
D	40	5	4등	4등
E	50	4	3등	5등
F	100	2	2등	6등
G	200	1	1등	7등

본보다는 샘플링 설계 G를 이용한 200명의 표본이 모집단을 보다 정확하게 대표하는 표본이라 말할 수 있으며, 따라서 샘플링 설계 G가 가장 정확한 즉, 효율성이 높은 샘플링 설계로 볼 수 있다. 반면에, 시간이나 비용 측면을 고려하여 보면, 샘플링 설계 A는 적은 수의 군집을 조사하면 되므로 여러 군집을 조사하는 방법과 비교하여 상대적으로 비용이나 시간이 적게 드는 샘플링 설계로 볼 수 있다. 따라서 2단계 군집샘플링 또는 1단계 군집샘플링에 대한 선택은 정확성을 나타내는 효율성과 시간 및 비용의 제약 아래서 결정되는 것이 바람직하다.

2단계 군집샘플링은 군집을 어떠한 방법으로 선택하느냐에 따라 단순 2단계 군집샘플링(simple two-stage cluster sampling)과 비례 군집샘플링(probability proportion to size sampling)으로 구분한다. 단순 2단계 군집샘플링은 단순 랜덤샘플링을 이용하여 군집을 선택하는 군집샘플링의 일반적인 방법으로, 모든 군집은 동일하게 선택될 확률을 가지게 된다

비례 군집샘플링은 군집에 속해있는 연구대상의 수가 차지하는 비율과 비례하여 군집이 선택될 확률을 할당하는 2단계 군집샘플링을 말한다. 따라서 많은 연구대상을 포함하고 있는 규모가 큰 군집은 선택될 확률이 높아지게 된다. 이러한 방법은 단순 2단계 군집샘플링에서 적용되는 모든 군집에게 동일한 선택될 확률을 할당한다는 부분과 구분된다.[2)]

2) 비례 군집샘플링은 선택된 군집에서 연구대상을 선택하는 두 번째 랜덤샘플링 단계에서도 적용될 수 있다. 이 경우, 각 연구대상에게는 그 연구대상이 속해있는 군집의 크기에 반비례하는 선택될 확률을 할당한다. 이와 같은 방법을 적용하는 이유는, 첫 번째 단계에서 동일한 확률을 모든 군집에게 할당하지 않았기 때문에 나타나는 불균형

(3) 다단계 군집샘플링

다단계 군집샘플링(multistage cluster sampling)이란 표본을 선택하는 과정에서 단순 랜덤샘플링이 2번 이상 적용되는 군집샘플링을 말한다. 만일 표본의 수가 정해져 있다면, 단순 랜덤샘플링을 적용하는 단계를 늘리면 늘릴수록 정확성과 관련된 효율성은 높아지지만, 이에 따른 시간과 비용도 많이 소요된다.

(4) 지역샘플링

지역샘플링(area sampling)이란 군집의 형태가 지리적인 위치에 근거하여 만들어진 군집샘플링을 말한다. 만일 단순 랜덤샘플링이 한번 적용되었다면, 이를 **1단계 지역샘플링**(one-stage area sampling)이라 한다. 1단계 지역샘플링에서는 선택된 지역(또는 군집)에 속하는 모든 연구대상의 조사가 이루어진다. 만일 단순 랜덤샘플링이 2번 적용되었다면, 이를 **2단계 지역샘플링**(two-stage area sampling)이라 하며, 선택된 지역(또는 군집)에 속하는 일부의 연구대상이 단순 랜덤샘플링에 의하여 선택된다. 만일 단순 랜덤샘플링이 2번 이상 적용되는 군집샘플링을 **다단계 지역샘플링**(multistage area sampling)이라고 한다.

03 체계적 샘플링

체계적 샘플링(systematic sampling)은 샘플링프레임에 속한 연구대상을 나열하고, 랜덤으로 시작하여 첫 번째 연구대상을 표본으로 선택한 다음, 매번 k번째 연구대상을 표본으로 선택하는 확률적 샘플링을 말한다. 여기서 k를 **샘플링 구간**(sampling interval)이라고 하는데, 이 값은 모집단의 수에서 표본의 수를 나눈 값이 된다.

예를 들어, 10만명으로 구성된 모집단에서 1천명의 표본을 선택하고자 하는 경우, 샘플링구간은 100이 된다. 그리고 1에서 100 사이의 난수를 발생시켜서, 이에 해당하는 연구대상을 표본의 첫 번째로 선택한다. 만일 난수가 17이 나타났다면, 첫 번째 선택되는 연구대상은 샘플링프

성을, 두 번째 단계에서 연구대상에게 반대의 확률을 할당하여, 연구대상이 표본으로 선택될 최종적인 확률을 동일하게 만들기 위함이다.

레임에서의 17번째 연구대상이 되며, 두 번째 연구대상은 117번째, 세 번째는 217등으로 1천명의 표본을 선택하게 된다. 이를 단계별로 나타내면 다음과 같다.

1단계 샘플링구간을 다음과 같은 방법으로 계산한다.

$$\text{샘플링 구간 } k = \frac{\text{모집단의 수}}{\text{표본의 수}}$$

2단계 한 연구대상을 샘플링프레임의 첫 번째에서 k번째 사이에서 랜덤으로 선택한다.

3단계 첫 번째로 선택된 연구대상으로부터 매번 k번째 연구대상을 선택하여 표본에 포함시킨다.

예를 들어, 2만개의 연구대상으로 구성된 모집단에서 100개의 표본을 선택하는 체계적 샘플링을 생각하여 보자. 이 경우 샘플링 구간은 200이 되며(=20000/100), 1에서 200 사이에서 한 숫자를 랜덤으로 선택한다. 예를 들어 57이란 숫자가 선택되었다고 하자. 그러면, 첫 번째 연구대상은 샘플링프레임에서 나열된 57번째 연구대상이 되며, 두 번째 연구대상은 57에 샘플링 구간을 더한 값, 즉, 257번째(=57+200) 연구대상이 되고, 세 번째 연구대상은 57에 두 배의 샘플링 구간을 더한 값, 즉, 457번째(=57+2×200) 연구대상이 된다. 이러한 과정을 반복하여, 19857번째(=57+99×200) 연구대상은 100번째 연구대상이 되어, 100명의 표본을 선택하는 방법이다. 결국, 체계적 샘플링에서는, 샘플링프레임에 나열된 첫 번째에서 200번째 연구대상에서는 오직 한 개의 표본만이 선택될 수 있으며, 두 개 이상이 표본으로 선택될 가능성이 전혀 없게 되는 특별한 형태의 표본을 가지게 된다.

체계적 샘플링은 모집단의 연구대상을 정확하게 알아야 하고, 모든 연구대상이 동일한 선택된 확률을 가지고 있다는 측면에서 단순 랜덤샘플링과 유사하다. 하지만, 체계적 샘플링에서는 특정한 형태의 표본만이 선택 가능하고, 이러한 특정한 표본들이 선택될 확률이 서로 같다는 측면이 단순 랜덤샘플링과 다르다. 다시 말하면, 체계적 샘플링에서는 특정한 형태의 표본을 제외한 나머지의 표본들은 표본으로 선택될 수 없다.

체계적 샘플링에서는 샘플링프레임의 목록 순서가 어떠한 특성을 크기 순서로 나열한 것으로 가정한다. 예를 들어, 샘플링프레임이 가나다 순서로 나열되어 있다든지, 기업의 연간 순이익 순서로 나열되어 있는 경우가 이에 해당한다. 이 경우 가나다 순서는 연구의 주제와 관련이 없는 특성이지만, 기업의 연간 순이익 순서는 연구주제와 관련된 특성일 수도 있다. 만일 연구주제와 관련되지 않은 특성(가나다 순)에 따라 샘플링프레임이 순서를 가지고 나열되는 경우는 체계적 샘플링은 단순 랜덤샘플링과 유사한 방법이 된다.

만일 연구주제에 관련된 특성에 따라 샘플링프레임이 순서를 가지고 나열되어 있다면, 체계적 샘플링에 의하여 얻은 표본은 모집단에 대한 대표성이 높아지게 된다. 즉, 연간 순이익 순서로 샘플링프레임이 구성되어 있고, 체계적 샘플링을 적용하게 된다면, 표본은 높은 연간 순이익을 갖는 기업으로부터 낮은 연간 순이익을 갖는 기업까지 골고루 포함하고 있다는 것이다. 이 경우, 만일 단순 랜덤샘플링을 적용하였다면, 높은 연간 순이익을 갖는 기업만으로 구성된 표본이 만들어질 수 있다.

하지만, 만일 샘플링프레임에서 나타나는 순서가 어떠한 **주기성**(periodicity)을 가지고 있다면, 체계적 샘플링은 효율성이나 대표성 측면에서 심각한 문제를 나타낸다. 여기서 주기성이란, 샘플링프레임의 순서가 갖는 특성이 일정한 간격으로 반복되어 나타나는 패턴을 말한다. 특별히 이러한 일정한 간격으로 나타나는 패턴이 샘플링구간과 일치하는 경우는 문제가 더욱 심각하게 나타난다. 예를 들어, 어느 기업의 일별 매출액 자료가 시간 순서로 나열되어 있는 경우를 생각하여 보자. 이 경우 샘플링구간을 1주일 간격이나 1개월 간격으로 체계적 샘플링을 적용하는 경우는 심각한 문제점이 발생할 수 있다는 것이다.

체계적 샘플링은 한번의 난수 발생으로 표본을 만들 수 있기 때문에, 단순 랜덤샘플링과 비교하여, 적용이 쉽고, 시간과 비용을 절약할 수 있다는 장점을 가지고 있다. 또한 샘플링프레임이 연구주제와 관련된 특성에 따라 순서를 가지고 나열되어 있고, 연구자가 주기성만 조심할 수 있다면, 체계적 샘플링의 적용은 표본의 효율성과 대표성을 높일 수 있다. 또한 체계적 샘플링은 샘플링프레임의 특성에 대한 순서를 모르고 있어도 적용이 가능하다는 것이다. 예를 들어, 은행을 찾는 매번 20번째 사람들을 표본으로 선택하는 경우가 이에 해당된다. 이러한 장점 때문에, 사회과학연구에서는 체계적 샘플링을 많이 사용하고 있다.

요 약

1. 층화샘플링

- ▶ 층화샘플링이란 모집단을 구성하고 있는 층에 특정 수의 표본을 할당하는 확률적 샘플링으로 비례 층화샘플링과 할당 층화샘플링으로 구분된다.
- ▶ 층화샘플링에서, 층 내에서의 연구대상들은 동질(同質)적이어야 하지만, 층 사이에서는 서로 이질(異質)적인 경우 효율적으로 사용될 수 있다.
- ▶ 층화샘플링의 목적은 모집단의 특성을 제대로 나타내는 표본을 얻기 위한 것으로, 단순 랜덤샘플링에서 나타날 수 있는, 한 쪽으로 치우친 표본을 얻는 가능성을 없애주는 방법이다.
- ▶ 비례 층화샘플링은 층에 속하는 표본의 수를 모집단의 수와 비례하여 선택하는 확률적 샘플링을 말한다.
- ▶ 할당 층화샘플링이란 산포도가 심한 층의 경우는 많은 수의 표본을 할당하고, 산포도가 심하지 않은 층에는 적은 수의 표본을 할당하는 확률적 샘플링을 말한다.

2. 군집샘플링

- ▶ 군집샘플링이란 모집단을 구성하고 있는 군집들 중에서 일부의 군집을 랜덤으로 선택하여, 선택된 군집에 속해있는 모든 연구대상 또는 다시 랜덤으로 선택된 군집에 속한 연구대상의 일부를 조사하는 확률적 샘플링을 말한다.
- ▶ 군집샘플링에서, 군집 내에서의 연구대상들은 이질(異質)적이어야 하지만, 군집들은 서로 동질(同質)적이어야 한다.
- ▶ 1단계 군집샘플링이란 랜덤으로 선택된 군집에 속하는 모든 연구대상을 조사하는 군집샘플링을 말한다.
- ▶ 2단계 군집샘플링이란 랜덤으로 선택된 군집에 속하는 연구대상의 일부를 단순 랜덤샘플링에 의하여 선택하여 조사하는 군집샘플링을 말한다.
- ▶ 2단계 군집샘플링은 군집을 어떠한 방법으로 선택하느냐에 따라 단순 2단계 군집샘플링과 비례 군집샘플링으로 구분한다.
- ▶ 다단계 군집샘플링이란 표본을 선택하는 과정에서 단순 랜덤샘플링이 2번 이상 적용되는 군집샘플링을 말한다.
- ▶ 지역샘플링이란 군집의 형태가 지리적인 위치에 근거하여 만들어진 군집샘플링을 말하며, 단순 랜덤샘플링이 한번 적용되는 경우를 1단계 지역샘플링, 단순 랜덤샘플링이 2번

적용되는 경우를 2단계 지역샘플링, 단순 랜덤샘플링이 2번 이상 적용되는 군집샘플링을 다단계 지역샘플링이라고 한다.

3. 체계적 샘플링

- 모집단의 수에서 표본의 수를 나눈 값을 샘플링 구간이라고 한다.
- 체계적 샘플링은 샘플링프레임에 속한 연구대상을 나열하고, 랜덤으로 시작하여 첫번째 연구대상을 표본으로 선택한 다음, 매번 샘플링구간 만큼을 더한, k번째 연구대상을 표본으로 선택하는 확률적 샘플링을 말한다.
- 만일 샘플링프레임에서 나타나는 순서가 어떠한 주기성을 가지고 있다면, 체계적 샘플링은 효율성이나 대표성 측면에서 심각한 문제를 나타낸다.

논의사항

1. 층화샘플링과 군집샘플링의 차이점을 효율성과 비용 측면에서 논의하시오.

2. 1만 가구(家口)로 구성된 모집단을 대상으로 100 가구를 표본으로 선택하여, 식비에 대한 평균 지출액을 알아보고자 한다. 다음 물음에 답하여라.
   (1) 단순 랜덤샘플링을 이용하여 조사한 결과, 표본평균은 3십 7만 2천원으로 나타났으며, 표본표준편차는 10만원으로 나타났다. 식비에 대한 평균 지출액의 95% 신뢰구간을 계산하여라.
   (2) 연구자는 1만 가구가 저소득층과 고소득층으로 구분되는 두 지역의 층으로 나누어진다는 사실을 알고 있기 때문에, 이를 이용하여 비례 층화샘플링을 적용하고자 한다. 저소득층이 많이 살고 있는 A지역은 6,400 가구가 있으며, 고소득층이 많이 살고 있는 B지역은 3,600 가구가 살고 있는 것으로 알려져 있다. 비례 층화샘플링을 설계하여라.
   (3) 비례 층화샘플링을 적용하여 조사한 결과, A지역에서는 표본평균이 30만원으로 나타났으며, 표본표준편차는 10만원, B지역의 경우는 표본평균이 50만원에 표준편차가 10만원으로 나타났다. 식비에 대한 평균 지출액의 95% 신뢰구간을 계산하여라.
   (4) 효율성에 대하여 정의하고, 식비에 대한 평균 지출액 문제의 경우, 단순 랜덤샘플링을 적용하였을 경우를 기준으로 비례 층화샘플링을 적용하였을 경우의 효율성을 계산하여라.

3. 대학졸업 이상의 학력을 가진 사람들의 비율을 파악하고자 한다. 남자와 여자의 구성비

율은 각각 50%로 알려져 있으며, 800명을 표본으로 대졸 이상의 학력을 가진 사람들을 조사하였다.

(1) 단순 랜덤샘플링을 적용하여 조사한 결과, 30%가 대졸 이상의 학력을 가진 것으로 나타났다. 대졸 이상의 학력을 가진 사람들의 비율에 대한 95% 신뢰구간을 계산하시오.

(2) 연구자는 성별에 따라 학력 수준이 다를 것이라고 예상하고, 남녀를 층으로 하는 비례 층화샘플링을 실시하였다. 비례 층화샘플링을 적용한 결과, 남자 층에서는 40%가 대졸 이상의 학력을 가진 것으로 나타났으며, 여자 층에서는 20%가 대졸 이상의 학력을 가진 것으로 나타났다. 대졸 이상의 학력을 가진 사람들의 비율에 대한 95% 신뢰구간을 계산하시오.

(3) 대졸 이상의 학력을 가진 사람들의 비율의 경우에서, 단순 랜덤샘플링을 기준으로 비례 층화샘플링에 대한 효율성을 계산하시오.

4. 이상적인 층화샘플링에서의 층과 이상적인 군집샘플링에서의 군집에 대한 차이점에 대하여 기술하고, 그 이유에 대하여 논의하시오.

5. 체계적 샘플링을 군집 샘플링의 한 형태로 볼 수 있는 이유에 대하여 논의하시오.

CHAPTER 18

비확률적 샘플링

통계적 추측은 확률적 샘플링을 통하여 얻은 랜덤화된 자료를 대상으로 이루어진다. 따라서 비확률적 샘플링에서는, 연구자의 주관적인 판단 아래서 표본이 선택되었기 때문에, 통계적 추측을 통하여 얻은 결과가 부정확하므로, 연구결과를 일반화하는 과정에서 상당한 주의가 필요하다. 또한 비확률적 샘플링은 항상 표본선택 바이어스 문제가 따르게 되며, 이에 대한 결과해석은 비확률적 샘플링에 적용되는 암시적인 모집단과 실제 연구대상이 되는 이상적인 모집단의 구분을 통하여 이루어져야 한다.

비확률적 샘플링(nonprobability sampling)은 표본을 추출하는 과정에서 확률에 의한 랜덤을 사용하지 않고, 연구자의 주관적 판단 아래서 표본을 추출하는 방법이다. 비확률적 샘플링이 중요한 역할을 하는 이유는, 연구자가 샘플링 설계과정에서 자유로움과 유연성을 가질 수 있기 때문이다. 본장에서는 **암시적인 모집단**(implied population)과 **이상적인 모집단**(ideal population)에 대한 개념을 먼저 소개하고, 비확률적 샘플링에 해당하는 **편의샘플링**(convenience sampling), **판단샘플링**(judgement sampling; purposive sampling), **쿼타샘플링**(quota sampling), **스노우볼 샘플링**(snowball sampling)에 대하여 설명하기로 한다.

그림 18-1 | 비확률적 샘플링의 분류

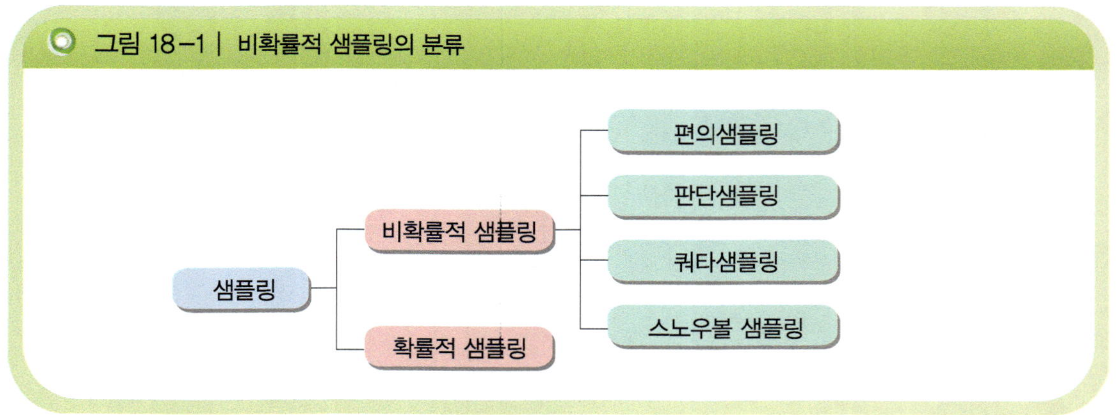

01 암시적인 모집단과 이상적인 모집단

암시적인 모집단(implied population)이란 비확률적 샘플링에서 나타나는 표본에 대한 모집단을 의미하며, 이러한 모집단이 실제모집단과 다름으로 인하여, 표본으로부터 얻은 결과를 일반화(generalization)시키는데 어려움을 겪게 된다. **이상적인 모집단**(ideal population)이란 연구주제와 관련되어 가장 적합한 모집단으로 일반화의 적용 대상이 되는 모집단을 의미한다. 따라서 암시적인 모집단에 대한 이해는 ① 연구자의 관심대상은 되지만, 표본을 선택하는 대상에서 제외되는 연구대상과, ② 연구자의 관심대상이 아니지만, 표본을 선택하는 대상에 포함되는 연구대상에 대한 구분에서 시작된다. 다음은 암시적인 모집단과 이상적인 모집단을 설명하기 위한 예이다.

A대학교에서는 내년에 등록금을 인상한다고 발표하였다. 어느 TV 방송사에서는 이러한 발표에 대한 학생들의 반응을 파악하기 위하여, A대학교를 방문하여 정문을 통과하는 100명의 학생들을 대상으로 등록금 인상에 대한 태도를 조사하였다.

연구자의 관심대상이지만, 표본선택의 대상에서 제외되는 연구대상 : 응답을 거부한 학생, 조사 당일에 수업이 없어서 등교를 하지 않은 학생

연구자의 관심대상은 아니지만, 표본선택의 대상에 포함된 연구대상 : 금년에 졸업하는 학생, 등록금 면제되고 장학금을 받고 있는 학생

암시적인 모집단 : 조사 당시, 학교 정문 근처에 있었던 학생

이상적인 모집단 : 내년에 인상된 등록금을 지불하여야 하는 A대학교 학생

02 편의샘플링

편의샘플링(convenience sampling)이란 연구자가 연구진행에 편리하게 표본을 선택하는 방법을 말한다. 편의샘플링에서는 조사시점과 조사장소에 있는 연구대상이 표본으로 선택된다. 따라서 편의샘플링은 연구자가 샘플링 설계에서 모집단을 대표하는 표본을 선택하고자 하는 어떠한 노력도 기울이지 않은 방법이라고 볼 수 있다. 앞절에서 설명한 암시적인 모집단과 이상적인 모집단을 설명하기 위한 TV 방송사의 예는 전형적인 편의샘플링의 예로 볼 수 있다.

편의샘플링을 적용하면, 샘플링 비용과 시간을 줄일 수 있지만, 편의샘플링은 표본선택 바이어스에 대한 심각한 문제점을 가지고 있다. 즉, 편의샘플링을 적용하여 얻은 표본은 모집단에 대한 대표성을 갖지 못하기 때문에, 표본을 분석하여 얻은 결과를 모집단에 대한 추측으로 일반화하는 추론과정을 적용시킬 수 없다. 따라서 통계적 추론(statistical inference)과 관련된 기술적 연구나 인과관계 연구에서는 편의샘플링을 사용하여서는 안되지만, 탐색적 연구에서는 사용할 수 있다. 편의샘플링을 적용하여 탐색적 연구를 하는 경우, 연구자는 결과에 대한 표본선택 바이어스가 존재하고 있음을 유념하여 해석하여야 한다.

그렇다면, 편의샘플링을 적용하여 선택된 표본은 이상적인 모집단을 기준으로 어느 정도

의 표본선택 바이어스를 가지고 있는 것일까? 이에 대한 대답은 암시적인 모집단과 이상적인 모집단 사이의 차이가 어느 정도인지에 따라 달라진다. 〔그림 18-2〕는 두 형태의 모집단에 대한 차이를 그림으로 표현한 것이다. 암시적인 모집단과 이상적인 모집단이 서로 겹치는 부분이 많으면 많을수록, 이상적인 모집단에 대한 표본의 대표성은 증가한다. 하지만, 대부분의 경우, 두 모집단의 겹치는 부분에 대하여 연구자는 통제를 할 수 없다. 따라서 연구자는 두 모집단이 서로 어느 정도 겹치는지를 파악하여 표본선택 바이어스의 심각성에 대하여 사전에 파악하는 노력이 필요하다.

그림 18-2 | 편의샘플링에서의 암시적인 모집단과 이상적인 모집단

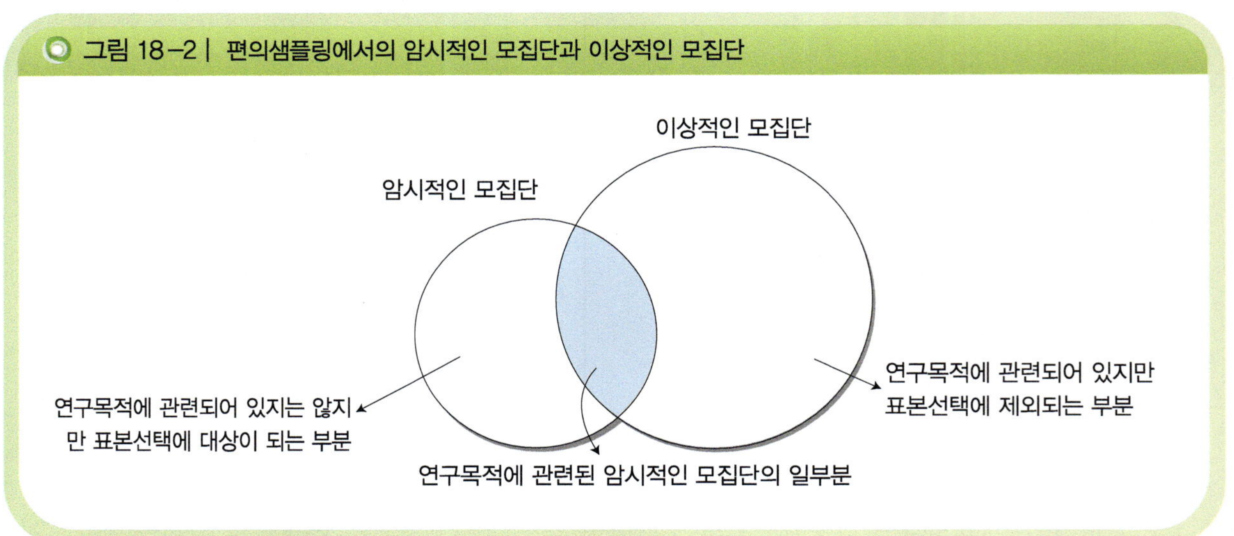

03 판단샘플링

판단샘플링(judgement sampling; purposive sampling)이란, 연구자가 연구목적에 가장 적합한 표본이라고 생각하는 연구대상을 선택하는 방법을 말한다. 이러한 판단샘플링은, 연구자가 임의로 표본을 구성한다는 측면에서, 편의샘플링과 유사한 점이 많이 있지만, 연구자가 표본의 대표성을 생각하여 주관적인 판단아래서 연구대상을 선택하는 노력을 기울인다는 점에서 차이가 있다고 볼 수 있다.

앞절에서 언급한 A대학교의 등록금 인상에 대한 TV 방송사의 예에서, 편의샘플링을 이용하여 정문을 통과하는 학생을 대상으로 조사하는 것이 아니라, 학생들의 의견은 학생회가 대

표할 수 있다는 연구자의 판단아래서, 학생회 간부 몇 명을 선택하여 조사하는 경우가 판단샘플링의 예가 될 수 있다. 판단샘플링에 의한 표본이 모집단의 대표성을 가지고 있는지를 판단하는 기준은 전적으로 표본을 선택하는 연구자의 주관적인 판단이 어떠한 것인가에 의존한다. 즉, 학생회 간부의 태도가 전체 학생의 의견을 어느 정도 잘 대표하고 있느냐에 따라 판단샘플링이 편의샘플링보다 효율적인 방법이 될 수 있다는 것이다.

만일 연구자가 이상적인 모집단에 대한 객관적인 정보를 사전에 가지고 있으며, 이러한 정보를 활용하여 표본을 선택하는 기준이 만들어진다면, 판단샘플링은 편의샘플링보다 효율적인 샘플링이 된다. 판단샘플링에서 연구자는 표본의 선택을 신중하게 결정하므로, 연구자의 관심대상이 아닌 연구대상은 거의 포함되지 않는다. 하지만, 이러한 판단샘플링에 의한 표본이 모집단을 대표할 것이라는 보장은 받지 못하게 된다. 이러한 대표성 문제를 A대학교의 등록금 인상에 대한 TV 방송사의 태도조사의 예를 이용하여 설명하여 보자.

어느 TV 방송사에서는 A대학교의 내년도 등록금 인상 발표에 대한 학생들의 반응을 파악하기 위하여, 학생회 간부 30명을 대상으로 등록금 인상에 대한 태도를 측정하였다.

설명 학생회는 대학교에 소속되어 있는 여러 학생들의 모임의 대표기관이므로, 연구자는 관심있는 연구대상과 관련된 표본이라고 판단할 수 있을 것이다. 또한 연구자가 등록금 인상에 대한 태도를 질문할 때, 본인이 어떻게 생각하는지를 물어보는 것이 아니라, 학생들이 어떻게 생각하고 있는지를 물어본다면, 편의샘플링보다 효율적인 방법이 될 것이다.

그렇다면, 이상적인 모집단의 대표성 문제를 생각하여 보자. 학생회 간부들의 태도를 조사함으로써, A대학교 학생들이 느끼고 있는 등록금 인상에 대한 다양한 태도를 파악할 수 있을 것인가? 그렇지는 않을 것이다. 즉, 학생회 간부들이 가지고 있는 등록금 인상에 대한 태도는 A대학교 학생들이 느끼고 있는 등록금 인상에 대한 다양한 태도를 대표하고 있다고 말할 수 없다는 것이다.

결국, 판단샘플링에 의하여 만들어지는 암시적인 모집단은, 이상적인 모집단의 일부분이지 대표성을 가지고 있지는 않다는 것이다.

04 쿼타샘플링

쿼타샘플링(quota sampling)은 비확률적 샘플링 중에서 가장 정교한 샘플링으로 사회과학 연구에서 많이 사용되고 있는 방법이다. 쿼타샘플링은, 모집단을 세그먼트(segment; cell)로 구분하여 샘플링을 진행한다는 측면에서, 층화샘플링과 비슷하지만, 연구자의 주관적인 판단으로 표본을 구성한다는 측면에서, 편의샘플링이나 판단샘플링과 유사하다. 쿼타샘플링은 다음과 같은 단계를 거친다.

단계 1 연구주제와 관련된 통제변수(control variable)의 특성에 따라, 모집단을 몇 개의 세그먼트(segment; cell)로 나눈다.

단계 2 각 세그먼트에 대한 표본의 수를 나타내는 쿼타(quota; 할당량)를, 연구자의 판단아래서 결정한다.

단계 3 조사자는 주어진 쿼타만 채우면 되고, 각 세그먼트에 대하여 어떠한 샘플링을 적용할 것인지에 대한 제약은 받지 않는다.

(1) 쿼타샘플링의 예제

서울 주민들이 정부에 대하여 느끼는 태도를 파악하는 여론조사를 하고자 한다. 비용과 시간을 고려하여, 표본의 수는 3천명으로 정하였다. 연구자는 정부에 대한 태도가 교육수준, 지역, 성별에 따라 다를 것이라고 추측하고 있다. 하지만, 교육수준이 높은 주민은 특정지역에 몰려 있을 것이라 여기고, 이에 따라 지역의 차이는 교육수준의 차이를 포함하고 있다고 판단하여, 교육수준에 따른 차이를 고려하지 않기로 하였다. 이 경우, 제외된 교육수준 이외의 `지역'과 `성별'은 쿼타샘플링에서의 통제변수가 된다. 서울 지역은 5개 지역으로 나누었으며, 각 지역은 다시 남자와 여자로 구분하여 10개의 세그먼트로 나누었다. 연구자는 각 지역의 특성과 성별의 특성을 고려하여, 정부에 대한 태도의 변화가 심한 세그먼트에는 많은 수의 표본을 할당하였으며, 정부에 대한 태도의 변화가 적은 세그먼트에는 적은 수의 표본을 할당하였다. 이와 같이, 연구자가 임의로 결정한 각 세그먼트의 표본 수를 의미하는 쿼타는 〈표 18-1〉에 나타나 있다.

표 18-1 | 여론조사 예에서의 쿼타샘플링 설계

지역구분	남 자	여 자
1지역	100명	200명
2지역	500명	200명
3지역	300명	500명
4지역	300명	300명
5지역	300명	300명

여론조사를 위하여, 총 30명의 조사원을 고용하였으며, 조사자에게 해당되는 세그먼트에 대한 샘플링프레임을 나누어 주었다. 조사대상이 특정한 주거지역으로 몰릴 수 있으므로, 같은 동에 거주하는 조사대상의 수가 20명이 넘지 않도록 하였다. 이러한 예의 경우, 조사원은 몇 가지 제약사항은 있지만, 표본을 선택하는 방법이나, 넓은 지역 내에서 좁은 지역을 선택하는 방법은 자유스럽고, 융통성을 가지고 진행할 수 있을 것이다.

(2) 쿼타샘플링의 특징

이러한 쿼타샘플링은, 연구주제와 관련된 특성이 세그먼트 내에서는 비슷하여야 하며(homogeneous), 세그먼트 사이에서는 서로 다르도록(heterogeneous) 모집단을 나눈다는 측면이 층화샘플링과 유사하다. 즉, 통제변수에 의하여 구분되는 세그먼트 내의 특성은 서로 비슷하여야 한다는 것이다. 하지만, 쿼타샘플링에서는 연구목적과 관련된 통제변수에 대한 사전정보가 필요없다는 측면이 층화샘플링과 구분되는 차이점이다. 다시 말하면, 층화샘플링에서는 각 층에 대한 사전정보를 가지고 있어야 확률적 샘플링이 가능하게 되지만, 쿼타샘플링에서는 편의샘플링 형태를 가지기 때문에, 조건에 맞지 않는 연구대상은 무시하고 다음 연구대상에 대하여 조사할 수 있다는 것이다.

결국 쿼타샘플링은 확률에 의하여 선택되는 랜덤에 의한 방법이 아니라, 조사자의 주관적 판단이나 편의에 의하여 표본이 선택되는 샘플링이라는 점이 층화샘플링과 구분되는 중요한 차이점이 된다. 따라서, 쿼타샘플링에서는 각 세그먼트에 속한 연구대상의 수를 고려하여 표본의 수를 결정하기보다는 연구자의 판단 아래서 표본의 수가 결정되어진다.

(3) 쿼타샘플링의 장점 및 단점

층화샘플링과 비교하였을 때, 쿼타샘플링은 적용이 쉽고, 세그먼트에 대한 사전정보가 없어도 적용이 가능하다는 장점을 가지고 있다. 만일 연구자는 여러 통제변수들에 대하여 적절한 표본의 수를 할당한다면, 모집단을 정확히 대표하는 표본을 얻을 수 있다. 이는 일반적으로 한 변수의 특성만을 고려하여 층으로 세분화되는 층화샘플링과 구분된다. 또한 쿼타샘플링은 모집단의 대표성 측면에서 편의샘플링이나 판단샘플링보다 우수하다. 만일 통제변수의 특성이 연구에서 측정되는 반응과 밀접한 관련이 있다면, 이상적인 모집단은 암시적인 모집단과 거의 일치하게 된다.

쿼타샘플링은 이러한 장점이 있는 반면에, 몇 가지 문제점도 가지고 있다. 첫 번째로는, 확률적 샘플링과 비교하였을 때, 통계적 추측결과에 대한 정확성이 떨어지며, 연구결과를 일반적인 상황에 적용시키기 어렵다는 것이다.

두 번째로 지적되는 문제점은, 너무 많은 세그먼트로 구분될 경우, 연구자는 적은 수의 표본을 각 세그먼트에 할당할 수밖에 없으므로 쿼타샘플링이 가지고 있는 특징인 융통성을 잃게 되며, 특정 세그먼트에 속하는 연구대상을 찾기 위하여 시간과 비용이 많이 요구될 수 있다. 앞에서 소개한 쿼타샘플링의 예에서, 만일 세번째 통제변수를 소득수준으로 정하고, 1년 소득이 1500만원 미만, 1500만원에서 3000만원, 3000만원에서 5000만원, 5000만원 이상으로 구분하였다면, 10개의 세그먼트는 각 세그먼트가 4개의 세분화된 세그먼트로 나누어지기 때문에 40개로 늘어나게 된다. 따라서 10개의 세그먼트와 비교하여 훨씬 많은 노력과 비용이 필요하게 되며, 이러한 조건의 연구대상을 찾기 위하여, 특정한 세그먼트에 할당된 조사원은 많은 연구대상을 조사하여야 할 것이다.

세 번째로 지적되고 있는 문제점은, 확률적 샘플링이 아니기 때문에, 표본선택 바이어스의 위험이 있다는 것이다. 쿼타샘플링에서는 조사원이 세그먼트에 속해있는 연구대상을 조사원이 편한 방법으로 선택하기 때문에 이러한 문제가 발생한다. 결국, 응답을 거부하거나 조사원이 접촉하기 힘든 연구대상은 표본에서 제외된다. 따라서 모집단의 특성을 나타내는 변수를 통제변수로 구분하여 세그먼트로 나누지 못하는 경우에는 표본선택 바이어스 문제를 피할 수 없게 된다. 결국, 연구자가 정교하게 쿼타샘플링 설계를 하여 암시적인 모집단과 이상적인 모집단이 일치한다고 하여도, 이러한 연구결과를 일반화시키는 과정에서는 상당한 주의가 필요하다는 것이다. 예를 들어, 성별, 교육수준, 나이가 실제 주요 통제변수이지만, 조사자가 편리한 방법으로 연구대상을 선택하는 과정에서, 가톨릭 신자들이 사는 지역만을 우연히 조사하게 되어, 모집단의 대표성을 잃을 수 있다는 것이다.

(4) 세그먼트의 표본 수 결정

퀴타샘플링에서의 세그먼트에 대한 표본 수의 할당은 세그먼트에 속하는 연구대상이 얼마나 다양한 반응을 나타내며, 어느 정도의 정확한 연구결과를 원하는지, 그리고 마지막으로 시간과 비용에 의존하게 된다. 각 세그먼트에 표본 수를 결정하는 일반적인 방법은 없으며, 전적으로 연구자의 주관적인 판단에 의존하게 된다. 각 세그먼트에게 일정한 표본 수를 할당할 수 있으며, 각 세그먼트의 규모를 파악하여 이에 비례하여 표본 수를 결정할 수도 있다. 따라서 연구자는 세그먼트의 상대적인 중요도, 세그먼트 내에서의 다양성, 세그먼트의 규모 등을 고려하여 표본 수를 고려하는 것이 바람직하다. 일반적으로 세그먼트에서의 표본 수는 30개 이상이 되는 것이 바람직하다고 알려져 있다.

05 스노우볼 샘플링

스노우볼 샘플링(snowball sampling)은 다음과 같은 단계를 거치는 샘플링을 말한다.

단계 1 랜덤으로 연구대상을 선택하여, 초기표본을 구성한다.
단계 2 초기표본에 속한 연구대상을 인터뷰한 후, 그 연구대상에게 목표모집단에 해당되는 다른 연구대상을 소개받는다.
단계 3 원하는 표본 수를 얻을 때까지 계속 소개받아 인터뷰한다.

스노우볼 샘플링은 소개의 소개를 받아 계속적으로 연구대상을 표본으로 선택하므로, 마치 눈덩어리가 굴러가는 것과 비슷하다고 하여 이름이 만들어진 것이다. 스노우볼 샘플링의 첫 번째 단계는 단순 랜덤샘플링이 적용되었기 때문에 확률적 샘플링으로 볼 수도 있으나, 그 다음에 소개받는 연구대상들이 같은 지역에 있거나, 친척, 같은 나이, 비슷한 심리적인 특성 등 다양한 요인에 의하여 선택되므로, 확률에 의하여 결정된다고 보기 어렵기 때문에, 최종적으로 만들어진 표본은 비확률적 샘플링에 의한 것으로 보는 것이 타당하다.

스노우볼 샘플링은 모집단에 속하는 연구대상을 찾기 어려울 때 유용하게 사용된다. 예를 들어, 정부에서 생활비를 보조받고 있는 사람들을 대상으로 조사하는 연구, 35세 이하의 이혼녀를 대상으로 조사하는 연구, 구입자와 판매자의 관계에 대한 연구, 특이한 질병을 가지고 있는 환자를 대상으로 하는 연구, 특정 스포츠에 관심을 가지고 있는 사람들을 대상으로 하는 연구 등에서 스노우볼 샘플링은 유용하게 사용될 수 있다. 스노우볼 샘플링이 가지고 있는 장점은 원하는 모집단에 속한 연구대상을 쉽게 찾을 수 있으므로 시간과 비용을 절약할 수 있다는 것이다.

요 약

1. 암시적인 모집단과 이상적인 모집단

- 암시적인 모집단이란 비확률적 샘플링에서 나타나는 표본에 대한 모집단을 의미하며, 이상적인 모집단이란 연구주제와 관련되어 가장 적합한 모집단으로 일반화의 적용 대상이 되는 모집단을 의미한다.
- 암시적인 모집단과 이상적인 모집단이 일치하지 못하는 경우는, 표본선택 바이어스가 나타나기 때문에, 연구자는 표본으로부터 얻은 결과를 일반화하는 과정에서 주의를 기울여야 한다.

2. 편의샘플링

- 편의샘플링이란 연구자가 조사시점과 조사장소 등에 있어서, 연구진행에 편리하게 표본을 선택하는 방법을 말한다.
- 편의샘플링을 적용하여 얻은 표본은 모집단에 대한 대표성을 갖지 못하기 때문에, 표본을 분석하여 얻은 결과를 모집단에 대한 추측으로 일반화하는 통계적 추론과정을 거칠 수 없게 된다.

3. 판단샘플링

- 판단샘플링이란 연구자가 연구목적에 가장 적합한 표본이라고 생각하는 연구대상을 선택하는 방법을 말한다.

4. 쿼타샘플링

- ▶ 쿼타샘플링은 모집단을 세그먼트로 구분하여 연구자가 각 세그먼트에 표본 수를 나타내는 쿼타를 할당하여 진행하는 비확률적 샘플링이다.
- ▶ 쿼타샘플링은 연구주제와 관련된 특성이 세그먼트 내에서는 비슷하여야 하며, 세그먼트 사이에서는 서로 다르도록 모집단을 나눈다는 측면이 층화샘플링과 유사하다.
- ▶ 쿼타샘플링은 확률에 의하여 표본이 선택되는 것이 아니라, 조사자의 주관적 판단이나 편의에 의하여 표본이 선택되는 샘플링이라는 점이 층화샘플링과 구분되는 차이이다.
- ▶ 쿼타샘플링에서의 세그먼트에 대한 표본 수의 할당은 세그먼트에 속하는 연구대상이 얼마나 다양한 반응을 나타내며, 어느 정도의 정확한 연구결과를 원하는지, 시간과 비용을 고려하여 판단하여야 한다.

5. 스노우볼 샘플링

- ▶ 스노우볼 샘플링은 소개의 소개를 받아 계속적으로 연구대상이 표본으로 선택되는 비확률적 샘플링이다.
- ▶ 스노우볼 샘플링은 모집단에 속하는 연구대상을 찾기 어려울 때 유용하게 사용된다.

논의사항

1. 편의샘플링과 판단샘플링의 차이점에 대하여 논의하시오.
2. 확률적 샘플링 측면에서 보았을 경우, 비확률적 샘플링의 장점과 단점에 대하여 논의하시오.
3. 쿼타샘플링을 진행하는 절차에 대하여 기술하고, 다른 비확률적 샘플링과 비교하였을 경우 장점과 단점에 대하여 논의하시오.

CHAPTER 19
무응답오차와 자료준비과정

본 장에서는 (1) 무응답율을 줄이는 방법과 무응답이 나타났을 경우 어떻게 처리할 것인지에 대한 문제를 설명하고, (2) 자료내용의 일관성과 타당성에 대한 검토후, (3) 통계분석을 진행하기 위한 자료준비단계로 구분하여 설명하기로 한다. 무응답 문제에 대한 심각성은 응답율을 가지고 판단하는 것이 아니라, 응답자의 특성이 원래 선택된 표본의 특성과 어느 정도 일치하는지에 따라 판단하여야 한다.

무응답에 관한 문제

본 장에서는 무응답에 대한 문제를 ① 응답율을 높이는 측면과, ② 무응답이 나타났을 경우 어떠한 방법으로 조정하여 분석해야 하는지에 대하여 설명하기로 한다. 연구조사 과정에서 발생될 수 있는 연구대상의 무응답으로 인하여 발생되는 무응답오차는, 상황에 따라서, 매우 심각하게 취급되어야 한다. 예를 들어, 표본으로 선정된 응답자와는 전혀 다른 특성을 가진 사람들이 무응답자로 되었다면, 분석결과는 심각하게 왜곡되어 나타나게 된다.

일반적으로 높은 응답율은 낮은 무응답율을 의미하지만, 높은 응답율 자체가 무응답오차를 줄일 수는 없다. 다시 말하면, 응답한 사람들이 표본으로 선택된 사람들의 특성을 그대로 유지하고 있는지의 여부가 무응답오차와 관련된 사항이며, 응답율 자체가 무응답오차와 직접적으로 관련되어 있지는 않다. 응답율을 높일 목적으로 추가적인 조사를 진행하는 경우, 응답자들이 원래 응답한 사람들의 특성과 다를 바가 없고, 계속적으로 응답을 거부하는 사람들의 특성을 그대로 유지된다면, 무응답에 대한 오차는 전혀 줄어들지 않는다. 하지만, 낮은 응답율은 무응답오차의 가능성을 증가시켜 주기 때문에 우선적으로 응답율을 높이는 노력이 필요할 것이다.

(1) 응답율을 높이는 측면

낮은 응답율이 나타나는 원인을 살펴보면, 응답에 대한 거부와 응답자를 만나지 못하는 두 가지 경우로 구분될 수 있다.

◆ 응답의 거부

응답의 거부는 다시 응답자가 연구에 참여할 의사가 없는 경우와 응답할 만한 능력이 없는 경우로 구분될 수 있으며, 이러한 응답의 거부는 무응답오차를 크게 만드는 잠재적인 요인 중에 하나이다. 전화를 이용한 서베이조사의 경우 응답을 거부하는 비율은 30%에서 40% 사이로 알려져 있다. 반면에, 쇼핑하는 사람들을 대상으로 하는 서베이조사나 우편을 이용하는 서베이의 경우는 거부하는 비율이 훨씬 높으며, 인터넷을 이용한 서베이조사의 경우, 가장 높은 응답거부율이 나타나는 것으로 알려져 있다.

또한 대부분의 응답거부는 서베이조사를 시작하는 시점에서 나타나며, 서베이 조사과정에서는 거의 발생하지 않는 것으로 알려져 있다. 만일 응답자에 대한 응답결과와 무응답자들에 대한 응답결과와 서로 다르게 나타난다면, 연구자의 무응답율을 낮추는 노력은 타당성 있는 연구결과를 위하여 매우 중요하게 고려되어야 한다. 응답율을 높이거나 또는 무응답율을 낮추는 방법으로는 사전통보, 응답자에게 동기부여, 인센티브를 주는 방법, 적절한 설문문항의 설계와 감독, 추적조사 등이 있다.

◆ 응답율을 높이는 방법 1: 사전통보

사전통보는 표본으로 선정된 응답자에게 우편이나 전화, 방문, 전자우편 등을 통하여 사전에 알려주는 방법을 의미한다. 서베이조사를 실시하기 전에 사전통보를 실시하면 갑작스러운 방문으로 인한 당혹감을 줄이고 좀더 협조적인 분위기를 만들 수 있기 때문에 응답율을 높일 수 있다.

◆ 응답율을 높이는 방법 2: 응답자에게 동기부여

표본으로 선정된 응답자에게 그들의 관심이나 흥미를 유발시킬 수 있는 동기를 부여하여 적극적으로 설문조사에 참여하도록 유도하면 응답율을 높일 수 있다.

동기부여 방법은 두 가지 유형으로 구분할 수 있는데 첫 번째 방법은 '5가지 간단한 질문에 대하여 5분 정도 시간을 내어 주시겠습니까?'와 같은 상대적으로 간단한 질문부터 시작하여 점점 복잡한 질문에 대한 응답을 요구하는 방법이다. 처음에 질문하는 간단한 질문의 경우 많은 사람들이 동의를 하기 때문에, 이러한 방법은 초기의 질문에 대하여 긍정적인 반응을 유도하면서, 초기의 높은 응답율을 통하여 전체의 응답율을 높일 수 있게 만드는 방법이다. 이러한 방법을 foot-in-the-door 전략이라고 한다.

두 번째 방법은 반대 방향으로 질문하는 것으로 처음부터 무겁고 중요한 질문으로 시작하는 방법이다. 이러한 방법을 사용하면 많은 경우, 응답거부가 즉시 발생한다. 하지만, 처음에 서베이조사에 참여의사를 밝힌 경우라면, 계속되는 질문에 대한 참여율이 높아지게 된다는 것이다. 이러한 방법을 door-in-the-face 전략이라고 한다. 일반적으로 foot-in-the-door 전략이 door-in-the-face 전략보다 효과적이다.

◆ 응답율을 높이는 방법 3: 인센티브를 주는 방법

표본으로 선정된 응답자에게 금전적인 혜택을 주거나 선물을 증정함으로써 응답율을 높일 수 있다. 즉, 서베이조사에 완벽하게 응답한 응답자에 대하여 금전적인 혜택이나 선물과 같은 인센티브를 약속하는 것이다. 선물의 경우 펜, 책, 상품권, 설문조사 결과의 공유 등이 될 수도 있다. 서베이조사를 임하기 전에 응답자에게 인센티브를 미리 주는 것이 서베이조사가 끝난 뒤에 인센티브를 약속하는 것보다 훨씬 효과적인 것으로 알려져 있다. 또한 금전적이거나 선물이 갖는 인센티브에 대한 가치가 높을수록 응답율이 높은 것으로 알려져 있다. 하지만 서베이조사를 통하여 얻을 수 있는 정보의 가치가 인센티브에 대한 가치보다 적게 나타나서는 안될 것이다.

◆ 응답율을 높이는 방법 4: 적절한 설문문항의 설계와 감독

적절한 설문문항의 구성은 전체적인 응답거부율을 낮출 수 있을 뿐만 아니라 특정 문항에 대한 응답거부율도 낮출 수 있다. 이와 비슷한 방법으로, 개별면접이나 전화면접을 실시하는 경우, 인터뷰 진행자의 설득력과 숙련도는 응답율을 높일 수 있다. 숙련된 진행자는, 응답자의 의견이 얼마나 중요한지를 설명하면서, 응답자가 서베이조사를 거부하지 않도록 분위기를 유도한다.

◆ 응답율을 높이는 방법 5: 추적조사

추적조사는 이미 실시된 서베이조사에서 나타난 무응답자들을 정기적이고 주기적으로 접촉하여 응답을 이끌어내는 방법이다. 이 방법은 우편을 통한 서베이조사에서 특별히 효과적인 것으로 알려져 있다. 추적조사에서는 우편을 통하여 서베이조사가 실시되었지만 그 결과가 도착하지 않았다는 사실을 통보하고 전화, 전보, 전자우편, 개별방문 등을 통하여 응답을 이끌어낼 수 있다. 결국, 한 응답자에게 두번 이상의 추가적인 접촉이 추적조사에서는 요구된다. 우편조사에서는, 추적조사를 적절하게 사용하는 경우, 80% 이상으로 응답율을 높일 수 있는 것으로 알려져 있다.

◆ 그 이외의 방법

응답자에게 불특정 다수에게 보낸다는 느낌을 주지 않고 사적인 느낌을 주면서 특별히 응답자의 주소나 이름을 삽입하는 것은 응답율을 높이는데 효과적인 것으로 알려져 있다.

◆ 부재중인 경우

응답률을 낮게 만드는 다른 요인으로 부재중이어서 응답자와 접촉하지 못하는 경우가 있다. 이러한 문제는 전화를 이용한 인터뷰나 개별 방문 인터뷰에서 주로 발생한다. 어느 연구보고서에 따르면, 전화를 이용한 인터뷰의 경우, 대략 40%가 부재중이어서 응답을 얻지 못하였고, 이러한 40%는 단 한번의 시도로 무응답 처리가 되어지고 있다고 보고하고 있다. 컴퓨터를 이용한 RDD(Random Digit Dialing) 방식의 조사에서, 전체 시도의 10%만이 완벽하게 응답을 하였고 14.3% 정도가 응답을 거부하였으며 나머지는 부재중이어서 제대로 응답결과를 얻지 못하였다고 보고된 사례도 있다.

표본으로 선택된 응답자가 부재중일 가능성은 다양한 요인에 의하여 영향 받을 수 있다. 예를 들어, 가정이 있고 아이들이 있는 경우의 응답자는 집에 있을 가능성이 높으며, 독신이거나 젊은 층의 경우는 집에 있을 가능성이 상대적으로 낮을 것이다. 또한 주중보다는 주말에 집에 있을 가능성이 높다고 볼 수 있으며, 점심시간보다는 저녁시간에 집에 있을 가능성이 높다고 볼 수 있을 것이다. 인터뷰에 대한 사전통보나 미리 시간을 약속하고 조사를 실시하게 되면, 부재중으로 인한 무응답을 줄일 수 있다.

부재중으로 인한 무응답률은 무응답자들을 대상으로 추적하고 재시도함으로써 줄일 수 있다. 이러한 재시도에 대한 횟수는 시간과 비용, 무응답 오차의 크기를 고려하여 결정하는 것이 바람직하다. 만일 재시도를 통하여 무응답자들에 대한 응답을 얻을 수 있었다면 이미 응답한 응답자들의 결과와 나중에 얻은 무응답자들의 응답결과와 비교 분석하는 과정이 필요하며, 그 결과에 따라 추가적으로 재시도를 계속할 필요가 있는지를 판단하는 것이 바람직하다. 무응답에 대하여 세번 또는 네번 정도의 재시도를 실시하는 것이 일반적이다. 재시도를 실시하는 경우, 미리 계획된 규칙과 절차에 따라 통제하는 과정이 중요하다.

(2) 무응답에 대한 처리

높은 응답률은 무응답오차에 대한 가능성을 줄일 수 있으며, 이에 따른 무응답 바이어스(non-response bias)에 대한 가능성도 줄일 수 있다. 연구보고서에서, 무응답률은 반드시 보고되어야 하며, 무응답이 연구결과에 미치는 영향에 대하여 항상 고려하고 있어야 한다. 무응답이 연구결과에 미치는 효과는 응답자와 무응답자 사이의 차이를 비교 및 분석함으로써 파악할 수 있다. 즉, 응답자에 대한 결과와 재시도를 통하여 나타난 응답의 결과나 몇 명의 무응답자들에 대하여 집중적으로 추적 조사하여 나타난 응답결과와 비교하여 큰 차이가 나타날 수 있다는 것이다. 또한 응답자와 무응답자 사이의 인구통계학적인 특성(예를 들어, 성별, 나이, 거주지역, 직업 등)에서 차이가 나타날 수도 있다. 무응답에 따른 효과를 정확하게 추정한다는 것은 불가능하겠지만, 자료를 분석하고 해석하는 과정에서 조정하거나 수정할 수 있다. 무응답오차를 조정하기 위한 방법으로는 무응답자들에 대한 부분 샘플링, 교환방법, 대체방법, 주관적 추정, 추세분석, 가중치 할당방법, 임퓨테이션 방법 등이 있다.

◆ 무응답자들에 대한 부분 샘플링

무응답 바이어스를 조정하기 위하여 사용되는 무응답자들에 대한 부분 샘플링은 특별히 우편조사와 개별면접 조사의 경우 효과적인 것으로 알려져 있다. 이 방법에서 연구자는 무응답자들 중에서 일부를 샘플링하여 재시도를 실시한다. 무응답자들로부터 얻은 응답을 모든 다른 무응답자들의 응답에 적용시키고, 전체적인 연구결과는 이러한 무응답자들의 결과를 고려하여 조정한 후에 분석하는 것이 일반적이다.

◆ 교환방법

만일 과거에 이미 비슷한 조사가 진행되었다면, 현재의 무응답자들을 과거의 조사에서 나타난 무응답자들로 바꾸어서 응답을 얻고, 이에 대한 결과를 현재의 무응답자들의 응답으로 교환하는 방법을 **교환방법**(replacement method)이라고 한다. 이 경우 연구자는 과거 조사에서 나타난 무응답자들을 대상으로 인센티브를 주면서 추적하거나 재시도하여 현재의 조사에 대한 설문문항을 이용하여 응답을 얻는다. 이러한 교환방법을 사용하기 위해서는, 과거 조사에서 나타나는 무응답자들의 특성과 현재 조사에서 나타난 무응답자들의 특성이 유사하다는 가정이 필요하다. 즉, 두 조사의 연구대상은 비슷한 특성의 응답자를 대상으로 조사되었으며, 두 조사에 대한 시간 간격이 짧아야 한다는 것이다.

◆ 대체방법

무응답자들에 대한 결과를, 응답을 얻을 수 있는 다른 샘플링프레임으로부터 선택된 응답자들의 결과로 대체시키는 방법을 **대체방법**(substitution method)이라고 한다. 대체방법을 적용하는 경우, 전체적인 샘플링프레임은 몇 개의 소규모의 샘플링프레임으로 나누어져 있어야 하며, 이러한 소규모의 샘플링프레임 내의 응답자들은 동일한 특성을 가지고 있어야 한다. 또한 대체방법을 적용하기 위해서는 소규모의 샘플링프레임에서 나타나는 응답률이나 무응답자들의 구성이 서로 다르게 나타나야 한다. 만일 무응답자들의 구성이나 응답률이 모든 소규모 샘플링프레임에서 비슷하게 나타난다면, 무응답 바이어스는 전혀 줄어들지 않게 된다는 사실을 연구자는 명심하여야 한다.

◆ 주관적인 추정

응답률을 높일 수도 없고, 무응답자들에 대한 부분 샘플링이나 교환방법, 대체방법이 적용될 수 없는 경우, 연구자가 주관적으로 무응답 바이어스의 특성과 효과를 추측하는 방법이 주관적인 추정이다. 이 방법은, 연구자의 가능한 정보와 경험을 바탕으로, 무응답효과에 대한 가능성을 분석하여 무응답 바이어스를 추정한다. 예를 들어, 자녀가 있는 결혼한 성인 남자는 저녁시간에 집에 있을 가능성이 결혼을 하지 않은 독신자나 자녀가 없는 기혼자와 비교하여 높을 것이므로, 이러한 사실을 기초로 부재중인 무응답자들의 효과를 평가할 수 있을 것이다.

◆ 추세분석

추세분석(trend analysis)은 응답자들의 응답형태에 대한 추세를 파악하고, 무응답자들의 특성을 파악하여, 무응답에 따른 효과를 추정하는 방법을 말한다. <표 19−1>은 우편을 이용한 조사에서 나타나는 무응답자들을 대상으로 추세분석을 적용한 과정을 설명하고 있다.

표 19−1 | 무응답효과의 조정 예

	응답률	식비지출 평균	감소율	차이
1차 우편조사	12%	412만원		
2차 우편조사	18%	325 만원	79%	
3차 우편조사	13%	276 만원	85%	6.0%
무응답	57%	251 만원(추정)	91%(추정)	6%로 가정
전 체	100%	287 만원(추정)		

<표 19−1>은 월 평균 식비지출액을 천원 단위로 나타낸 자료이다. 월 평균 식비지출액에 대한 감소율을 살펴보면, 두 번째 우편조사에서 응답한 사람들의 월 평균 식비지출액은 첫 번째 우편조사에서 응답한 월평균 식비지출액의 79%에 해당하고 있다. 이와 비슷한 방법으로, 세 번째 우편조사에서 응답한 월평균 식비지출액은 두 번째 우편조사에서 응답한 응답자들의 월평균 식비지출액의 85%임을 확인할 수 있다. 이러한 추세를 생각하여 보면, 무응답자의 월 평균 식비지출액은 세 번째 우편조사에서 응답한 월평균 식비지출의 91%(=85+(85-79))가 될 것이라고 추정할 수 있다. 따라서 무응답자들이 지출하는 월평균 식비지출액은 251(천원)(=276×0.91)이라고 추정할 수 있으며, 전체 대상의 월평균 식비지출액은 287(천원)이라고 추정할 수 있다. 만일 무응답자를 무시하고 전체 대상의 월평균 식비지출액을 계산한다면, 335(천원)가 나타나고, 이 값은 실제 평균보다 높게 추정된 수치라는 의심을 가지게 될 것이다[1].

1) 이와 같이 실제값 보다 더 큰 추정값이 제시되는 경우를 과잉추정(over−estimate)이라고 한다. 과잉추정 문제는

◆ 가중치 할당방법

가중치 할당방법은 응답률에 따라 응답자에게 서로 다른 가중치를 할당하여, 무응답오차의 크기를 줄이는 방법을 말한다. 예를 들어, 정부정책에 대한 태도를 알아보는 조사에서 높은 소득을 갖는 그룹과 중간, 낮은 소득을 갖는 세 그룹에 대한 응답률이 각 각 85%, 70%, 40%로 나타났다면, 통계적 추측을 하는 과정에서, 응답률과 반비례되는 가중치를 할당하여 무응답오차에 따른 문제점을 해결할 수 있다. 즉, 높은 소득, 중간 소득, 낮은 소득을 갖는 세 그룹에 대하여 각각 가중치를 100/85, 100/70, 100/40으로 할당한다는 것이다. 각 자료에 대하여 가중치를 부여하게 되면, 무응답에 따른 오차를 줄일 수 있지만, 가중치 할당방법을 무조건적으로 사용하는 경우, 샘플링 설계에서 자연스럽게 나타나는 모집단을 대표하는 표본의 가중치가 붕괴되어, 통계적 추측이나 추정과정에서 문제가 발생될 수도 있다.[2]

◆ 임퓨테이션 방법

임퓨테이션 방법(imputation method)은, 응답자에 대한 자료를 이용한 통계적 분석을 통하여, 무응답자들의 응답을 예측하는 방법을 말한다. 예를 들어, 대통령으로 누구에게 투표를 할 것인지에 대한 질문에서 무응답이 나타났다면, 이러한 무응답자에 대한 성별, 나이, 거주지역, 출신지역, 직업 등을 이용하여 누구를 선택할 가능성이 가장 높은지를, 응답자의 자료를 이용하여 추정하고, 무응답자의 결과에 대입시키는 방법이 이에 해당된다.

02 자료준비 절차

자료준비 절차는, 샘플링과 같은 연구설계를 통하여 자료가 수집된 후, 〔그림 19-1〕에 나타난 바와 같이, ① 자료분석의 계획, ② 설문문항의 검토, ③ 에딧팅, ⑤ 코딩, ⑤ 자료의 정제, ⑥ 통계를 이용한 자료의 조정, ⑦ 자료분석 방법의 선택으로 구분하여 설명될 수 있다. 대부분의 경우, 최종적으로 사용되는 자료분석은 연구가 진행되면서 자료에 대한 정보가 추가되기 때문에, 처음에 계획된 자료분석의 계획과는 다르게 나타날 수 있다. 자료분석의 계획단

무응답을 잘못 처리하였을 경우에도 발생될 수 있지만, 통계적인 추정방법을 잘못 사용할 경우에도 발생한다.

2) 대부분의 통계적 추측은 무작위표본(random sample)이라는 가정아래서 이루어진다. 만일 특정표본에 인위적으로 가중치를 할당하게 되면, 이러한 무작위표본에 대한 가정이 깨지게 되어, 그 정도에 따라, 분석결과가 심하게 왜곡되어 나타날 수 있다.

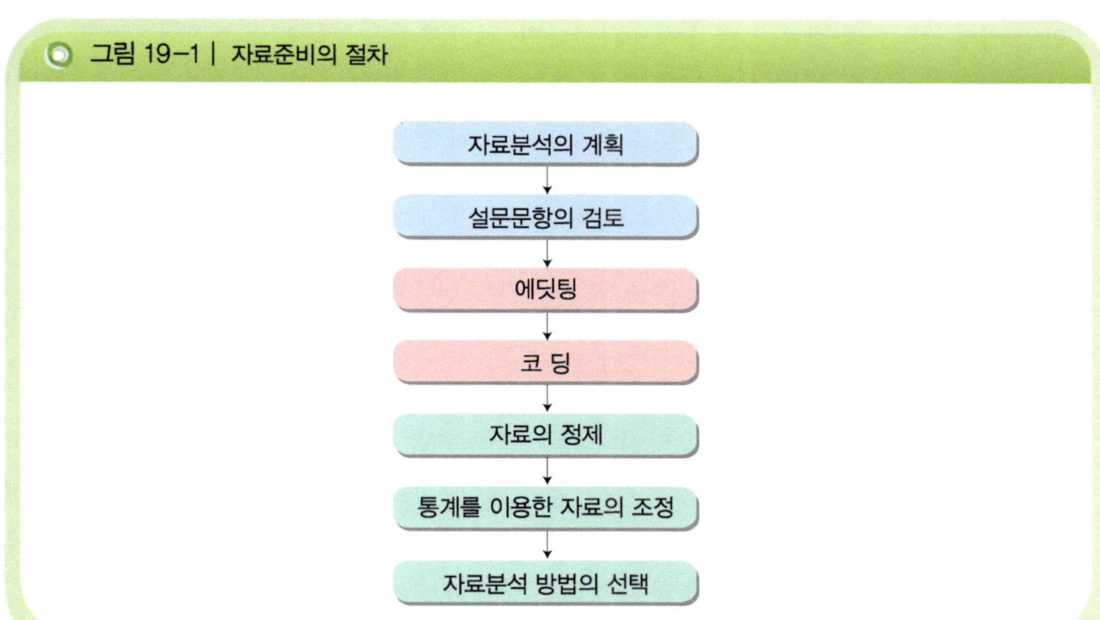

그림 19-1 | 자료준비의 절차

계는 연구설계 단계에서 고려되어야 하는 사항으로, 이에 대한 자세한 내용은 본서의 제3부 연구설계에 대한 내용을 참고하도록 하고, 본 장에서는 설문문항의 검토부터 하나씩 알아보도록 한다.

(1) 설문문항의 검토

설문문항이 완벽하게 구성되어 있는지를 조사하는 작업은 설문문항의 검토단계에서 이루어지며, 다음과 같은 사항들이 검토된다.

- ✓ 설문문항 중에서 일부분이 불완전하지는 않은가?
- ✓ 응답자가 이해하지 못하는 응답패턴이 나타나거나 자료를 수집하는 진행절차에서 오류가 발생되지는 않았는가?
- ✓ 응답결과의 분산이 0에 가깝지는 않은가? 예를 들어, 5점 척도에서 모든 응답자가 3점을 체크하지는 않았는가?
- ✓ 설문지의 한-두 페이지가 누락되어 있지는 않았는가?
- ✓ 설문응답이 마감날짜 이후에 제시되지는 않았는가?
- ✓ 응답자가 연구설계에서 정한 연구대상의 자격요건에 부적절하지는 않은가?

만일 쿼터 샘플링과 같은 방법이 적용되었다면, 위의 조건을 모두 만족하면서 사용할 수 있는 설문문항의 수와 응답의 수를 정확히 세어야 할 것이다. 또한 샘플링 진행과정에서 나타난 어떠한 문제점도 간과해서는 안되며, 문제점이 의심되면, 확인하여 추가적으로 조사를 실시하거나 개별면접을 실시하는 등과 같은 적절한 행동이 에딧팅 전에 취해져야 한다.

(2) 에딧팅

에딧팅(editing)은, 자료의 정확성과 정밀성을 높일 목적으로, 문항에 대한 응답을 검토하는 과정을 말한다. 판독하기 어려운 응답이나, 불완전한 응답, 일관성이 없는 응답, 애매 모호한 응답, 기록이 제대로 이루어지지 않은 응답 등에 대한 문제가 이 단계에서 검토된다. 일반적으로, 문항의 수가 많으면 많을수록, 비구조화 되어있는 문항이 많으면 많을수록, 이러한 문제가 심각하게 발생되므로, 에딧팅 과정이 더욱 중요한 단계가 된다.

몇 개의 문항에 대한 응답이 빠져있는 경우를 불완전한 응답(incomplete response)이라고 한다. 에딧팅 단계에서 연구자는 불완전한 응답과 함께 응답자들의 응답에 대한 일관성을 검토하여야 한다. 예를 들어, 낮은 소득을 가진 응답자가 고급 승용차를 가지고 있다고 응답하는 경우가 이에 해당된다.

비구조화된 질문에 대한 응답은 애매모호하게 나타날 수 있으며, 따라서 이에 대한 응답을 명확하게 해석하는 것이 어려울 수 있다. 애매모호한 단어를 사용하거나 함축적인 의미를 나타내는 경우도 이에 해당된다. 구조화된 질문의 경우, 한 개의 항에 표시되어 있어야 하는 응답에 두개 이상의 항으로 표시되어 있는 경우가 이에 해당된다. 예를 들어, 5점 척도의 응답에서 2점과 3점에 해당되는 항에 모두 표시되어 있다면, 2.5점으로 취급할 수 있을 것인가 ? 결론부터 말하면, 연구자는 이러한 응답을 자의적으로 해석하여서는 안된다.

그렇다면, 연구자는 이러한 잘못된 응답들을 어떻게 처리하는 것이 바람직한가? 잘못된 응답에 대해서는 ① 재조사, ② 결측치로 처리, ③ 해당하는 응답자의 모든 응답을 제거하는 세 가지 방법이 있다.

◆ 잘못된 응답에 대한 처리 1: 재조사

잘못된 응답이 나타나는 경우에는 타당성있고 신뢰성있는 자료를 얻기 위하여, 그 응답자를 다시 찾아가서 부족한 부분의 응답을 다시 얻는 방법을 생각할 수 있다. 이 방법은 응답자에 대한 확인이 가능하고, 표본의 수가 적을 경우 효과적으로 적용할 수 있을 것이다. 하지만, 응답자와의 두 번째 접촉에서 얻은 자료가 처음에 얻은 자료와 다를 수 있다는 사실을 연구자는 알아야 한다. 이러한 차이는 시간이 지남으로써 변화된 것일 수도 있으며, 질문을 하는 방법(전화 인터뷰나 우편조사)에 따라 다르게 나타날 수도 있다.

◆ 잘못된 응답에 대한 처리 2: 결측치 처리

만일 응답에 대한 결과가 잘못되어 있는 경우에는 그 값을 결측치(missing value)로 처리할 수 있다. 이러한 경우는 ① 잘못된 응답을 한 응답자의 수가 그렇게 많지 않고, ② 잘못 응답된 비율이 상대적으로 매우 낮고, ③ 결측치로 처리되는 문항이 연구에서 중요한 역할을 하지 않을 경우에 적용될 수 있다.

◆ 잘못된 응답에 대한 처리 3: 응답자 제거

잘못된 응답이 발견되었을 경우, 가장 간단하게 해결할 수 있는 방법은 해당되는 응답자 전체의 응답결과를 제거시키는 것이다. 이 방법은 ① 잘못된 응답을 한 응답자의 수가 적고 (대략 10%이내), ② 표본의 수가 많으며, ③ 잘못된 응답을 한 응답자의 특성이 다른 응답자의 특성과 크게 다르지 않고, ④ 잘못된 응답을 한 응답자는 많은 수의 잘못된 응답이 있어야 하고, ⑤ 연구에서 중요한 문항에 대한 응답이 제대로 이루어지지 않았을 경우 적용될 수 있다.

하지만, 잘못된 응답을 한 응답자의 특성이 다른 응답자와 비교하여 다른 경우에는, 연구자의 판단 아래, 선택적으로 응답자에 대한 응답을 자료로부터 제거시켜야 한다. 응답자의 특성을 파악하지 않고, 불충분한 응답을 이유로 무조건 제거하게 되면, 결과에 대한 바이어스 위험을 피할 수 없게 된다. 따라서 만일 연구자가 잘못된 응답을 한 응답자를 자료로부터 제거하고자 한다면, 어떠한 응답자인지를 확인하고, 몇 명의 응답자를 제거하였는지를 이유와 함께 반드시 보고하여야 한다.

(3) 코딩

코딩(coding)이란, 각 항목의 응답 결과를 (대부분의 경우 숫자로 표현되는) 코드(code)로 어느 위치에 어느 정도의 크기로 할당하여 기록할 것인지를 결정하고, 실제로 기록하는 과정을 의미한다. 응답자의 성별을 코딩하는 예를 살펴보면, 여자의 경우를 '1'의 코드로 할당할 수 있으며, 남자의 경우를 '2'의 코드로 한 개의 열(column)을 차지하는 코딩이 계획될 수 있다. 하나의 레코드(record)는 여러 개의 필드(field)로 구성되어 있는 한 응답자의 응답결과에 대응되어 있다. 여기서 필드는 응답자의 한 항목에 대한 응답, 즉 성별, 결혼여부, 나이 등으로 코딩된 항목을 의미한다. 모든 레코드를 종합한 형태를 자료라고 하며, 자료는 컴퓨터 파일로 저장되는 것이 일반적이다. 대부분의 자료에서, 열은 필드를 나타내고, 행은 레코드를 나타낸다.

만일 대부분의 문항이 구조화된 문항이고, 비구조화된 문항이 그다지 많지 않을 경우에는, 자료를 수집하기 전에 코딩방법을 결정할 수 있게 된다. 이러한 코딩을 **사전코딩**(pre-coding)이라고 한다. 만일 설문문항이 비구조화되어 있다면, 자료 수집 이후에 코드가 할당되어야 하며, 이러한 코딩을 **사후코딩**(post-coding)이라고 한다.

(4) 자료의 정제

자료의 정제(data cleaning) 단계에서는, 결측치를 어떻게 처리할 것인지에 대한 문제와 자료의 일관성에 대한 검토가 보다 깊게 이루어진다. 즉, 자료를 대략적으로 보면서 일관성을 검토하는 에디팅 단계와는 다르게, 이 단계에서는, 자료가 컴퓨터 파일로 저장되어 있으므로, 보다 심도있고 넓은 범위에서 일관성에 대한 검토가 이루어져야 한다. 여기에서는 결측치에 대한 처리문제를 보다 자세하게 설명하고자 한다.

결측치는 변수의 값을 모르는 상태를 의미하는 것으로, 응답을 하지 않거나, 애매모호하게 응답하여 값을 확인할 수 없는 경우, 또는 응답이 적절하게 기록되지 않은 경우에 나타난다. 결측치를 어떻게 처리할 것인가에 관한 문제는, 특별히 결측치가 전체 자료의 대략 10% 이상을 차지하는 경우에는, 심각하게 고려되어야 한다고 알려져 있다. 결측치의 처리에 대한 방법은 다음과 같이 네 가지 형태로 구분된다.

◆ 결측치의 처리 1: 중간값으로 대체

대부분의 경우, 해당 변수의 평균값으로 대체하거나, 5점척도의 경우 중립을 나타내는 3점으로 결측치를 할당하는 방법이 이에 해당된다. 해당 변수의 평균값으로 결측치를 대체하게 되면, 그 변수의 전체 평균값은 변하지 않게 되며, 상관계수와 같은 다른 값들도 크게 영향을 받지 않는다는 특징을 가지고 있다. 하지만, 결측치를 갖는 응답자의 특성이 중간값 정도의 형태를 취하지 않고, 특별히 높은 등급이나 낮은 등급으로 나타나는 경향이 있다면, 이 방법은 왜곡된 결과를 제공하게 될 것이다.

◆ 결측치의 처리 2: 임퓨테이션에 의한 방법

결측치를 가지고 있는 응답자의 특성을 파악하여 비슷한 유형의 응답자가 어떠한 응답을 하였는지를 분석하여, 결측치가 어떠한 값을 가지게 될 것인지를 추정하는 방법을 사용할 수 있는데, 이러한 방법을 **임퓨테이션 방법**(imputation method)이라고 한다. 이 경우 연구자는 정확하게 대답한 응답자료를 분석하여 결측치를 추측하게 되는데, 이러한 추론을 통하여 나타난 값을 임퓨트 값(imputed value)이라고 한다. 하지만 임퓨테이션 방법은 많은 시간과 노력을 필요로 하며, 분석결과에서 심각한 바이어스가 발생될 수 있다. 최근에는 이러한 바이어스를 줄이기 위하여, 최근에는 EM알고리즘과 같은 보다 고급화된 통계분석방법이 개발되어 적용되고 있다.

◆ 결측치의 처리 3: 응답자 제거

응답자 제거(casewise deletion)는 결측치가 한개라도 있는 응답자를 모두 제거시키는 방법을 말한다. 따라서, 하나 이상의 결측치를 갖는 응답자의 수가 많을 경우, 이 방법을 적용하게 되면, 분석에 사용되는 표본의 수가 급격히 줄어들게 된다. 자료를 수정한다는 것은 많은 시간과 비용이 요구되므로, 응답자 제거방법을 적용하게 되면 시간과 비용을 절약할 수 있다. 하지만, 많은 수의 응답자에 대한 자료를 제거하는 경우, 많은 자료의 손실로 인하여 자료의 일부분에 대한 결과만을 얻게된다는 문제가 발생되며, 완벽하게 응답한 응답자와 불완전하게 응답한 응답자 사이에 체계적인 차이가 존재하는 경우, 결과에 대한 바이어스가 존재할 수 있다. 결국 응답자 제거방법을 사용하는 경우에는 너무 많은 응답자가 제거되지는 않았는지 반드시 확인하여야 하며, 제거된 응답자의 특성이 완벽하게 응답한 응답자의 특성과 다르지는 않은지에 대하여 검토하는 과정이 필요하다.

◆ 결측치의 처리 4: 결측치 제거

결측치 제거(pairwise deletion)는 결측치를 갖는 모든 응답자를 제거하는 것이 아니라, 분석에서 오직 완벽한 응답자료만을 이용하는 방법을 말한다. 따라서 각 변수의 평균값을 계산하는 경우에도 표본의 수는 각각 다르게 나타나게 된다. 이 방법은 표본의 수가 많거나, 상대적으로 적은 수의 결측치가 존재하고, 변수들 사이의 연관성이 높지 않을 경우에 적절한 것으로 알려져 있다.

(5) 통계적 방법에 의한 자료 조정

통계적 방법에 의한 자료조정은 가중치를 이용한 조정, 변수의 재구성, 척도변환으로 구분하여 설명할 수 있다. 이 단계는 모든 자료분석에서 항상 필요한 단계는 아니지만 자료를 올바르게 분석하는 과정에서 필요할 수 있는 단계이다.

◆ 가중치를 이용한 조정

가중치를 이용한 방법이란 응답자에게 중요도에 따라 가중치를 할당하는 방법을 말한다. 모든 응답자에게 1의 값으로 가중치를 할당하는 것은 가중치를 사용하지 않고 분석한다는 의미를 가지고 있다. 또한 특정한 응답자에게 높은 가중치를 할당하게 되면, 그 응답자의 특성에 따른 효과가 분석결과에 확대되어 크게 나타나기 때문에, 그 응답자의 반응에 대하여 좀 더 민감하게 관찰할 수 있게 된다.

가중치를 이용한 조정은 목표 모집단의 특성을 샘플이 보다 잘 대표할 수 있도록 만드는 목적으로 많이 사용되고 있다. 예를 들어, 현재 시장에 나타나고 있는 제품의 특성을 파악하고자 한다면, 각 제품이 시장에서 차지하고 있는 비율(시장 점유율)을 가중치로 하여 자료를 분석할 수 있을 것이다. 또 다른 방법으로, 시장에서 많이 팔리는 제품에 대하여 가중치를 3으로 할당하고, 중간 정도로 팔리는 제품에 대해서는 가중치를 2로, 적게 팔리는 제품은 가중치를 1로 할당하면, 제품이 차지하는 비율을 고려한 특성을 파악할 수 있게 된다.

하지만, 자료에 가중치를 할당하는 방법은 샘플링이 가지고 있는 고유한 특성인 모집단에 대한 대표성을 유지하는 가중치를 임의로 조작하는 것이기 때문에 연구자의 세심한 주의가 필요하다. 가중치를 할당하는 경우는 반드시 연구 보고서에 이유와 함께 자세히 기술하여야 한다.

◆ 변수의 재구성

변수의 재구성은 연구의 목적에 알맞는 올바른 분석을 위하여 변수를 변환시키거나, 기존의 변수를 이용하여 새로운 변수를 정의하는 방법을 의미한다. 예를 들어, 정부정책에 대하여 의견을 물어보는 문항이 10점 리커드척도로 측정되어 있는 경우, 이를 연구목적에 따라 적당한 기준을 설정하여, 정부의 정책을 선호하는 그룹, 중간 정도 선호하는 그룹, 선호하지 않는 그룹으로 변수의 값을 바꾼다면, 이러한 방법은 변수의 재구성과 관련된 방법이라고 말할 수 있다. 만일 정부가 시행하는 여러 정책에 대한 의견을 여러 문항에 거쳐 측정하였다면, 이러한 문항을 모두 더하거나 평균을 계산하여 새로운 변수를 만드는 방법도 변수의 재구성 단계에 해당된다.

이와 같이 변수들을 더함으로써 새로운 변수를 만들 수 있을 뿐 아니라, 두 변수를 곱하거나 나눔으로써 새로운 변수를 만들 수도 있다. 예를 들어, 기업의 수익성을 측정하고자 하는 경우, 단순히 당기 순이익만을 보고 판단할 수도 있지만, 만일 기업의 규모를 나타내는 종업원의 수가 하나의 변수로 있다면, 당기 순이익을 종업원의 수로 나눈 값 즉, 종업원 1명이 벌어드리는 당기 순이익을 새로운 변수로 정의하여 활용할 수 있다는 것이다. 변수를 변환하는 주요 목적은, 자료의 분포를 정규분포와 비슷하게 만들어서 보다 정확하게 통계분석을 하기 위함이며, 로그변환(log transformation)이 많이 사용된다.

변수의 재구성은 명목척도의 변수를 수량자료의 형태인 더미변수(dummy variable)[3]로 바꾸어 주는 경우도 포함된다. 더미변수는 0이나 1의 값을 갖는 변수로서, k개의 카테고리로 구성된 명목척도의 변수는 $k-1$개의 더미변수를 이용하여 표현이 가능하다. k개의 더미변수가 아닌 $k-1$개의 더미변수만 필요한 이유는 $k-1$개의 카테고리에 대한 상태를 알고 있으면, 나머지 한 개의 카테고리가 자동적으로 결정 나기 때문이다. 예를 들어, 남자와 여자로 구분되는 성별을 생각하여 보면, 성별은 2개의 카테고리로 구성된 명목척도의 변수이기 때문에 1개의 더미변수를 이용하여 표현이 가능하다. 즉, 남자에 해당되는지의 여부를 알게되면 여자의 여부는 자동적으로 결정된다는 뜻이다. 다음과 같은 예제를 통하여 더미변수가 어떻게 만들어지는지를 알아보도록 하자.

예제 정부의 정책에 대한 의견을 조사하는 문항에서 응답자의 정당에 대한 선호도를 'A당을 선호한다.' 'B당을 선호한다.' 'C당을 선호한다.' '어떠한 당도 선호하지 않는다'의 4개 카테고리로 구분한 다음, 각각을 4, 3, 2, 1로 코딩하였다. 이러한 코딩은, 단순히 어떠한 당을 선호하는지를 구분하는 의미만을 가지고 있으며, 숫자의 크기는 의미가 없게된다. 이러한 명목척도를 대상으로 통계분석을 실시하는 경우에는 다음과 같이 3개의 더미변수를 정의하여야 한다.

구 분	원래코딩	더미 변수로 코딩		
	선호하는 정당	A당	B당	C당
A당을 선호하는 그룹	4	1	0	0
B당을 선호하는 그룹	3	0	1	0
C당을 선호하는 그룹	2	0	0	1
어떤 당도 선호하지 않는 그룹	1	0	0	0

3) 요구되는 가정에 위배되어도 안정적인 결과를 제공하는 경우를, 통계용어로서, 로버스트 성질(robust property)이라고 한다.

◆ 척도에 대한 변환

척도변환(scale transformation)은 다른 변수가 가지고 있는 서로 다른 측정단위나 척도를 비교하여 분석할 수 있도록 자료를 변환시켜 주는 과정을 의미한다. 즉, 두 변수를 비교하고자 하는 경우, 두 변수가 서로 다른 척도를 가지고 있다면, 두 변수를 비교 가능한 기준척도로 모두 변환시킨 다음 분석을 실시하여야 하는데, 이러한 경우에 사용되는 방법이 척도변환이다.

예를 들어, 제품의 이미지에 대하여 7점의 어의차이척도로 측정하고, 제품의 선호도에 대하여 0점에서 100점까지의 척도로 측정하고, 응답자의 특성을 5점의 리커드척도로 측정하였다면, 이러한 세 변수의 관계를 비교하는 분석과정에서, 세 변수가 나타내고 있는 수치 자체를 비교하는 것은 의미가 없어지게 된다. 왜냐하면, 제품의 이미지에 대한 측정값 5점은 제품의 선호도에서 나타나는 5점, 응답자의 특성을 나타내는 5점과 전혀 다른 의미를 가지기 때문이다. 결국, 세 변수의 비교를 위하여, 각 변수들을 기준이 되는 척도로 변환시키는 과정이 필요하게 된다.

같은 척도를 사용한 변수들을 비교하는 경우일지라도, 응답자들이 서로 다른 기준을 가지고 응답할 수 있으므로, 필요에 따라 척도변환이 적용될 수 있다. 예를 들어, 어떠한 응답자들은 연구대상을 평가함에 있어서 높은 점수를 주는 경향이 있고, 다른 응답자들은 같은 연구대상을 평가함에 있어서 낮은 점수를 주는 경향이 있다면, 이와 같은 사실은, 비록 같은 척도를 이용하여 연구대상을 평가하였지만, 응답자들이 각각 서로 다른 기준을 가지고 응답하였다는 사실을 의미이므로, 척도변환을 이용하여 이러한 차이를 조정하여 주는 것이 바람직할 것이다.

만일 X_i를 측정값이라 하고, $\bar{X}$ 을 평균값이라고 할 경우, 평균에 의하여 조정된 척도의 변환이 이루어진 새로운 측정값 Y_i는 다음과 같이 계산된다.

$$Y_i = X_i - \bar{X} + C$$

이 식에서 상수 C가 더해지게 되는데, 그 이유는 모든 측정값을 양수로 만들기 위함이다. 특별히, 측정 대상이 되는 개념이 선호도나 중요도와 관련된 것이라면, 음수값은 그 의미가 없으므로, 이러한 문제를 해결하기 위하여 적당한 상수를 더하는 것이 일반적이다.

대부분의 척도변환은 표준화(standardization) 과정을 통하여 이루어진다. 표준화는 평균과 표준편차를 모두 조정하는 변환으로써, S를 표준편차라고 할 경우, 다음과 같이 계산된다.

$$Y_i = \frac{X_i - \bar{X}}{S}$$

만일 변환된 수치가 음수값을 취할 수 없는 개념이라면, 위의 식에서 상수 C를 더함으로써 음수가 되는 문제점을 해결할 수 있다. 표준화는 자료에 평균을 빼고 표준편차로 나누는 과정을 거치게 되므로 변환된 수치 Y_i는 평균이 0이고 표준편차가 1인 자료가 된다. 이러한 표준화를 이용한 척도변환은 서로 다른 척도를 가진 변수들을 비교 분석하는 경우 유용하게 사용된다.

(6) 자료분석 방법의 선택

연구자는 자료분석을 연구의 마지막 단계로 취급하기보다는, 연구문제를 이해하고 해결하기 위해 필요한 정보를 얻는 과정으로 보아야 한다. 즉, 한번의 자료분석으로 모든 연구결과를 얻는 것이 아니라, 자료분석을 통하여 얻은 연구결과를 검토하여 불충분한 부분이 있으면 조사하여 문제점을 파악하고, 추가적으로 자료분석을 실시하는 반복된 과정을 거쳐야 한다는 것이다.

자료분석 방법에 대한 선택 문제는 ① 정의된 연구문제를 확인하고, ② 어떠한 방법으로 접근할 것인지를 결정하고, ③ 연구설계를 계획하는 과정과 연관시키면서 결정하여야 한다. 특별히, 연구설계를 계획하는 과정에서 어떠한 자료분석 방법을 사용할 것인지에 대한 내용은 이미 만들어졌어야 한다. 연구설계 단계에서 구상된 자료분석 방법은, 연구가 진행되어 새로운 정보가 추가되면서 수정된 형태의 자료분석으로 변하게 된다.

연구설계 과정을 거치면서 자료분석에 대한 전체적인 윤곽이 잡히게 되면, 자료의 특성을 파악하고, 통계적 분석방법의 특성을 이해하고, 연구자의 자료분석에 대한 관점이 고려되면서 구체적인 자료분석 방법의 형태가 만들어지게 된다.

◆ 자료의 특성에 대한 이해

자료의 측정척도(measurement scale)는 통계적 방법을 결정하는 중요한 요인 중에 하나이다. 또한 특정한 연구설계에서는 많이 사용되는 통계적 분석방법이 존재한다. 예를 들어, 분산분석(ANOVA)은 인과관계를 파악하기 위한 실험자료(experimental data)의 분석에 많이 사용된다. 또한 자료분석을 위한 준비 과정에서 (예를 들면, 코딩이나 에딧팅) 나타나는 연구자의 느낌도 분석방법을 결정하는 중요한 요인이 된다. 〔그림 19-2〕는 자료 특성에 따른 통계적 분석방법을 나타내고 있다.

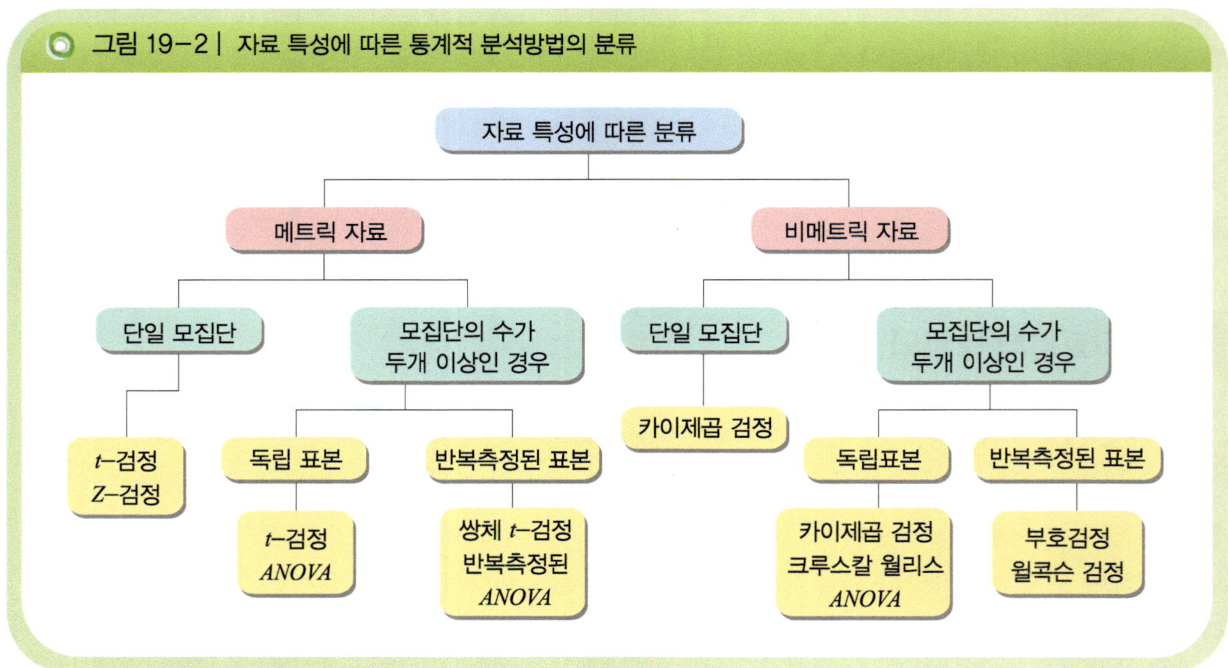

그림 19–2 | 자료 특성에 따른 통계적 분석방법의 분류

◆ 통계적 분석방법의 특성에 대한 이해

통계적 분석방법의 특성에 대한 이해는 특정한 통계적 분석방법이 어떠한 목적으로 만들어졌으며, 이 분석이 타당한 분석이 되기 위하여 어떠한 가정이 필요한지를 파악하는 과정을 의미한다. 예를 들어, 변수들 사이의 차이를 파악하거나 그룹을 비교하는 목적에 맞는 통계적 분석방법이 있는 반면에, 두 변수의 관계를 파악하는 목적에 맞는 통계적 분석방법이 있으며, 예측을 목적으로 하는 통계적 분석방법이 있다.

또한 모든 통계적 분석방법은 서로 다른 가정을 가지고 있으며, 어떠한 통계분석은 요구되는 가정이 만족되지 못하는 경우에, 결과가 뒤바뀌는 매우 민감한 반응을 보이는 반면에, 어떠한 통계분석은 요구되는 가정을 만족하지 못하여도 안정적인 결과를 제공하는 방법이 있다[4]. 〔그림 19–3〕은 분석 형태에 따른 통계적 분석방법을 나타내고 있다.

◆ 연구자의 관점

연구자의 통계적 분석능력이나 관점에 따라 통계적 분석방법이 결정된다. 즉, 자료분석에 대한 경험이 많고, 통계학에 대한 많은 지식을 가지고 있는 연구자라면, 광범위한 통계적 분석방법 중에서 적절한 분석을 선택할 수 있을 것이다. 또한 연구에 관련된 변수의 형태나 연구

4) 요구되는 가정에 위배되어도 안정적인 결과를 제공하는 경우를, 통계 용어로서, 로버스트 성질(robust property)이라고 한다.

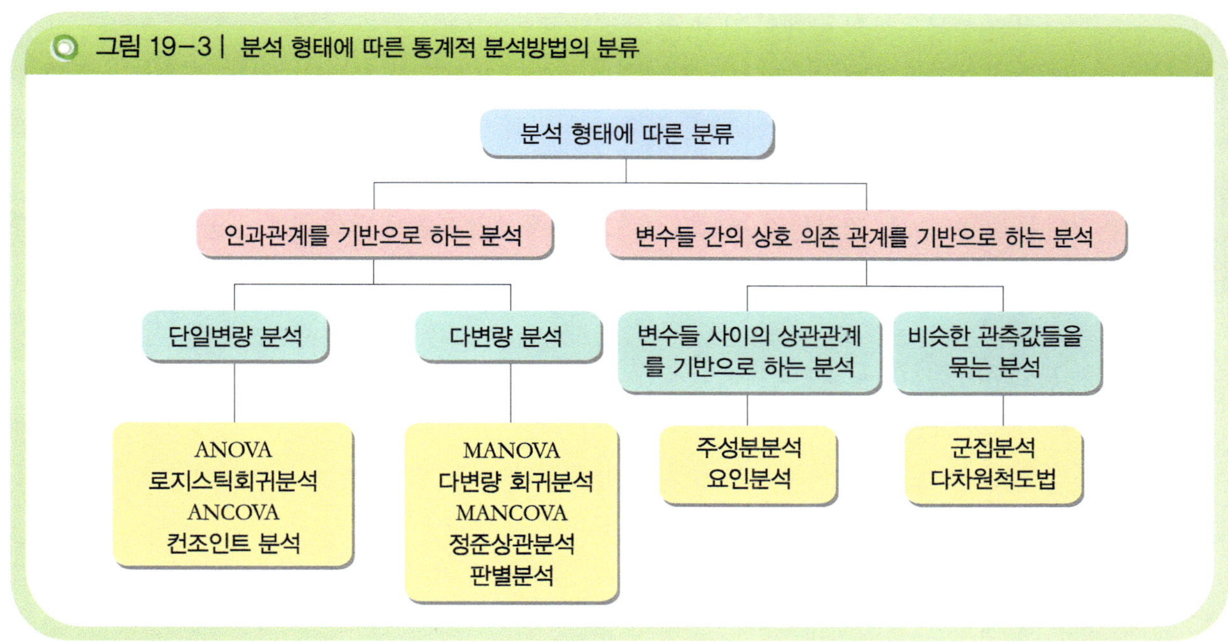

그림 19-3 | 분석 형태에 따른 통계적 분석방법의 분류

의 대상이 되는 모집단의 특성이 통계적 분석방법에서 요구되는 기본적인 가정과 어느 정도 위배되는지에 대한 심각성을 연구자의 판단 아래서 결정되어야 한다. 즉, 분석에 필요한 가정을 엄격하게 적용시키는 연구자라면 매우 제한된 분석방법 중에서 선택할 수밖에 없게 될 것이다. 일반적으로 몇 개의 분석방법을 실시하여 일관된 결과가 나타나는지를 판단하여 결정하는 것이 바람직한 연구자의 자세이다.

요 약

1. 무응답에 관한 문제

- 무응답에 대한 문제는 (1) 응답률을 높이는 측면과, (2) 무응답을 어떻게 처리하여야 하는지에 대한 측면으로 구분하여 접근할 수 있다.
- 높은 응답률 자체가 무응답오차가 적다는 의미는 아니며, 무응답자들이 응답한 사람들의 특성과 어느 정도 비슷한지의 여부가 무응답오차와 관련된 사항이다. 하지만, 낮은 응답률은 무응답오차의 가능성을 증가시켜 준다.
- 낮은 응답률이 나타나는 원인은 크게 응답에 대한 거부와 부재중인 경우로 구분될 수 있다.
- 응답률을 높이는 방법으로는 사전통보, 응답자에게 동기부여, 인센티브를 주는 방법, 적

절한 설문문항의 설계와 감독, 추적조사 등이 있다.

▶ 부재중으로 인한 무응답률은 무응답자들을 대상으로 추적하고 재시도함으로써 줄일 수 있으며, 이러한 재시도에 대한 횟수는 시간과 비용, 무응답 오차의 크기를 고려하여 결정하는 것이 바람직하다.

▶ 무응답오차를 조정하기 위한 방법으로는 무응답자들에 대한 부분 샘플링, 교환방법, 대체방법, 주관적 추정, 추세분석, 가중치 할당방법, 임퓨테이션 방법 등이 있다.

2. 자료준비 절차

▶ 자료준비절차는, 샘플링과 같은 연구설계를 통하여 자료가 수집된 후, (1) 자료분석의 계획, (2) 설문문항의 검토, (3) 에딧팅, (4) 코딩, (5) 자료의 정제, (6) 통계를 이용한 자료의 조정, (7) 자료분석 방법의 선택으로 구분하여 진행된다.

▶ 잘못된 응답에 대해서는 (1) 재조사, (2) 결측치로 처리, (3) 해당하는 응답자의 모든 응답을 제거하는 방법이 있다.

▶ 결측치에 대한 처리는 (1) 중간값으로 대체하는 방법, (2) 임퓨테이션을 이용한 방법, (3) 응답자 전체 자료를 제거하는 방법, (4) 결측치만 제거하는 방법으로 구분된다.

▶ 통계적 방법에 의한 자료조정은 가중치를 이용한 조정, 변수의 재구성, 척도변환으로 구분하여 진행된다.

▶ 연구설계 과정을 거치면서 자료분석에 대한 전체적인 윤곽이 잡히게 되면, 자료의 특성을 파악하고, 통계적 분석방법의 특성을 이해하고, 연구자의 자료분석에 대한 관점이 고려되면서 구체적인 자료분석 방법의 형태가 만들어져야 한다.

논의사항

1. 응답률을 높이기 위한 방법에 대하여 논의하시오.
2. 자료분석을 위한 준비 과정에 대하여 논의하시오.
3. 에딧팅 단계에서 불만족스러운 응답을 어떻게 찾을 것인지에 대하여 논의하시오.
4. 결측치를 처리하는 방법에 대하여 논의하시오.
5. 가중치 할당방법을 사용하는 목적에 대하여 논의하시오.

제5부

자료분석방법

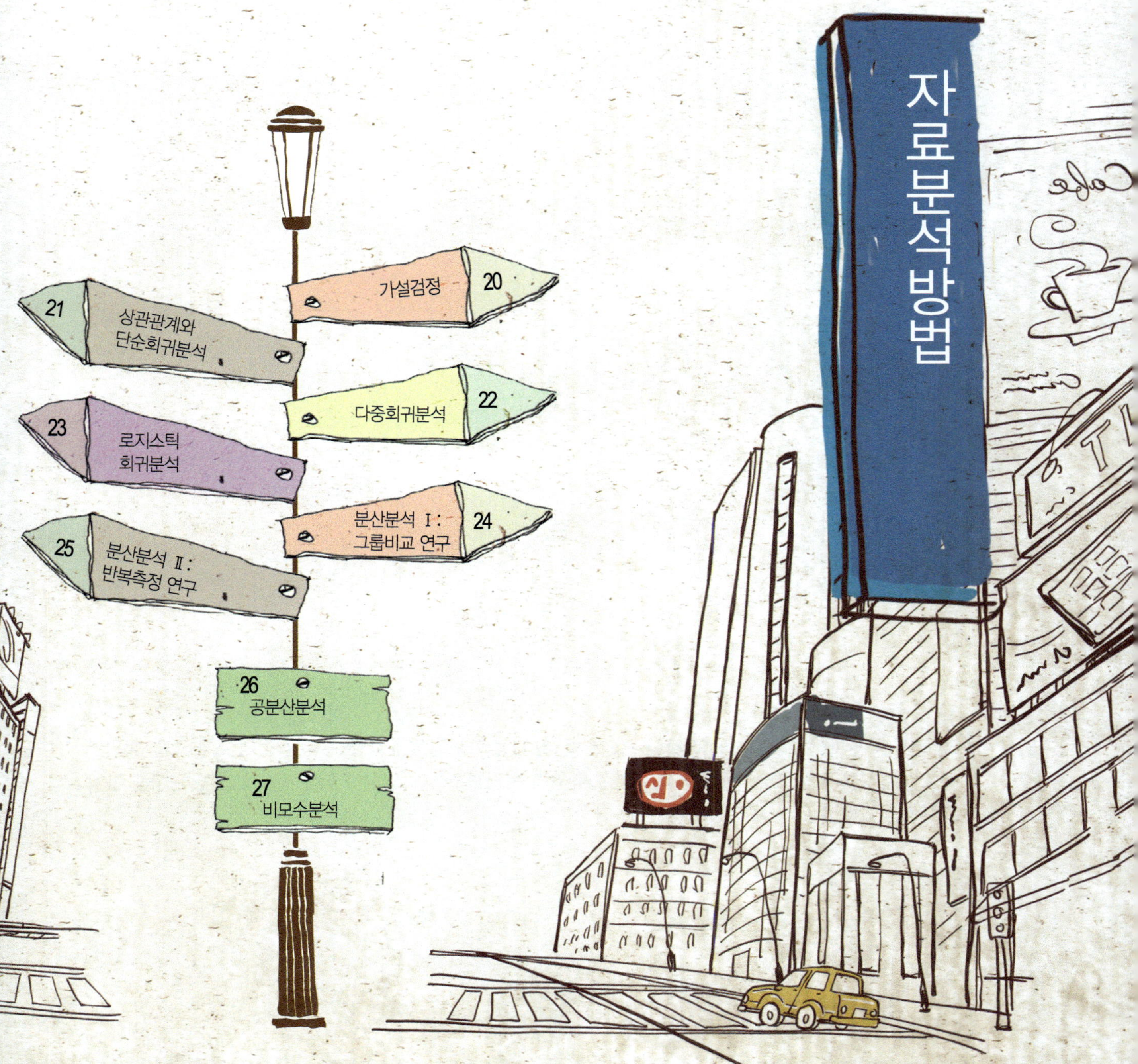
20 가설검정
21 상관관계와 단순회귀분석
22 다중회귀분석
23 로지스틱 회귀분석
24 분산분석 Ⅰ: 그룹비교 연구
25 분산분석 Ⅱ: 반복측정 연구
26 공분산분석
27 비모수분석

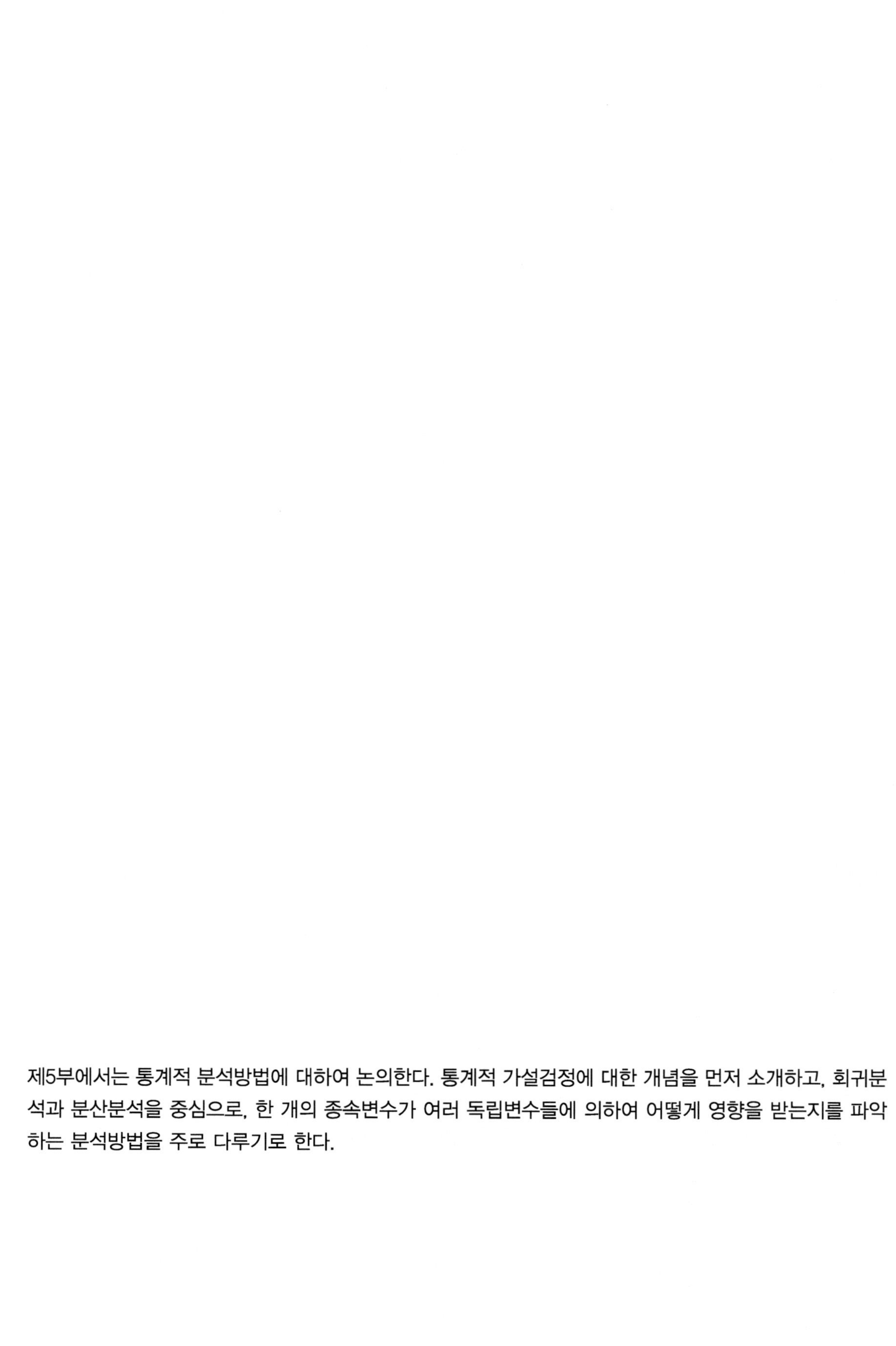

제5부에서는 통계적 분석방법에 대하여 논의한다. 통계적 가설검정에 대한 개념을 먼저 소개하고, 회귀분석과 분산분석을 중심으로, 한 개의 종속변수가 여러 독립변수들에 의하여 어떻게 영향을 받는지를 파악하는 분석방법을 주로 다루기로 한다.

CHAPTER 20

가설검정

가설검정은 두 가지 대립되는 가설인 귀무가설과 대립가설 중에서 어떠한 가설을 선택할 것인지를 객관적인 자료를 근거로 결정해주는 통계적 의사결정 방법론이다. 이러한 가설의 선택절차는 두 가설을 공정하게 놓고 선택하는 것이 아니라, 귀무가설에 높은 선호를 가지고 진행된다. 즉, 참인 귀무가설을 기각하는 오류를 심각하게 받아들이며, 이러한 오류는 유의수준이라는 확률로 그 심각성을 통제한다.

통계적 추측(statistical inference)은 추정(estimation)과 가설검정(testing hypothesis)으로 구분된다. 추정은 표본을 통하여 모집단에 대한 특성이 어떠할 것이라고 추측하는 과정으로, 표본평균을 계산하여 모집단에 대한 평균을 추측하거나 모집단 평균에 대한 95% 신뢰구간을 계산하는 과정이 이에 해당된다. 가설검정에서는, 모집단의 실제값이 얼마가 될 것이라는 주장에 대하여, 표본이 가지고 있는 정보를 이용하여, 앞서 세운 주장, 즉, 가설이 합당한지 또는 합당하지 않은지에 대한 판정을 내리는 과정을 의미한다.

01 가설검정의 원리

예를 들어, 우리나라 성인 남자들의 평균신장이 170㎝라는 주장이 있으며, 이러한 주장이 옳은지 또는 옳지 않은지를 알아보는 검정문제를 생각하여 보자. 이러한 주장을 검정하기 위해서는 우리나라 성인남자들로 구성된 표본을 추출하여, 신장을 측정하고, 이에 대한 표본평균을 계산하여, 계산된 표본평균값이 170㎝와 큰 차이가 없다면 그러한 주장을 받아들이고, 만일 차이가 크면 그러한 주장을 받아들일 수 없게 될 것이다. 여기서 중요한 문제는 어느 정도의 차이에서 이러한 주장을 기각하느냐는 문제일 것이다.

비록 우리나라 성인 남자들의 평균신장이 정확하게 170㎝라고 할지라도, 표본을 통하여 계산된 표본평균값은, 표본오차 때문에, 정확하게 170㎝가 계산되리라고 기대하지는 않을 것이며, 어느 정도의 차이는 인정해야 할 것이다. 가설검정에서는, 이러한 문제를 '만일 실제의 평균신장이 170㎝이라면' 이라고 가정하고 해결한다. 즉, 평균신장이 170㎝이라고 가정하였을 경우의 표본평균에 대한 분포를 파악하여 문제를 해결한다는 의미이다.

우리나라 성인남자들의 신장에 대한 분포는 정규분포를 따른다는 가정아래서 표본의 수 n이 25명이라 가정하고, 모집단에 대한 표준편차 σ가 10㎝라고 하면, 표본평균의 표준편차 또는(표준오차) $\sigma_{\bar{X}}$는 다음과 같이 된다.

$$\sigma_{\bar{X}} = \frac{\sigma}{\sqrt{n}} = \frac{10}{\sqrt{25}} = 2$$

일반적으로 모든 자료는 평균을 중심으로 $\pm 3\sigma_{\bar{X}}$ 사이에 있으므로, 대략 164㎝(=170−2×3)에서 176㎝(=170+2×3) 사이에 모든 표본평균값이 있을 것이라고 추측할 수 있다. 만일 표본으로부터 계산된 표본평균값이 이러한 범위밖에 있는 값으로 나타났다면, 평균신장이 170㎝라고 보기에는 확률적으로 너무 희박한 수치라는 의미로 해석할 수 있다. 예를 들어, 25명의 성인남자를 조사하였더니, 표본평균이 166㎝가 나타났다면, 평균신장이 170㎝라는 가정아래서, 다음과 같은 과정을 통하여 표본평균이 166㎝ 이하로 나타날 확률은 2.3%가 된다 (그림 20-1 참조).

$$P(\bar{X} \le 166) = P\left(\frac{\bar{X}-170}{2} \le \frac{166-170}{2}\right)$$
$$= P(Z \le -2) = 0.023 \text{ (부록에 있는 표준정규분포표 참조)}$$

그림 20-1 | 성인남자의 신장에 대한 표본평균의 분포(실제 평균이 170cm라고 가정하였을 경우)

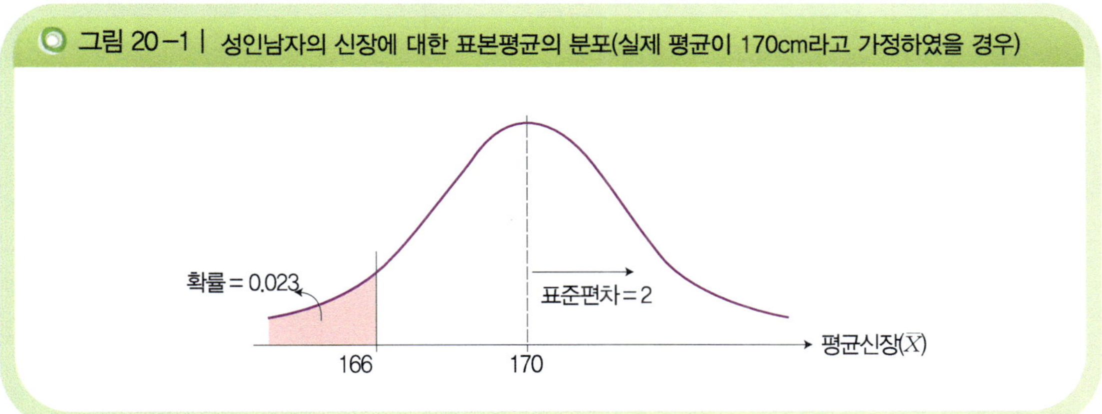

이 경우, 166㎝보다 적게 나타날 확률이 2.3% 밖에 되지 않는다는 의미는 무엇인가? 이렇게 확률이 적다는 의미는 표본평균이 166㎝ 이하로 나올 가능성은 희박하다는 의미이고, 만일 표본평균이 166㎝ 이하로 나왔다면, 평균신장이 170㎝라고 판단하기보다는 170㎝보다 적을 가능성이 더 높다고 해석하는 것이 타당하며, 따라서 이러한 평균신장이 170㎝라는 주장을 기각시킬 수 있는 객관적 근거가 될 수 있다. 이와 같은 의사결정을 하게 되면, 2.3% 정도의 확률로 평균신장이 170㎝가 될 수도 있으므로, 2.3%의 확률을 가지고 이러한 주장을 잘못 기각하는 오류를 범하게 된다.

가설검정에서는, 어떠한 가설을 참이라고 가정하고, 일어날 가능성이 희박한 표본평균값에 대한 수준을 정해 놓고, 표본자료를 통하여 계산된 표본평균이 그 수준을 벗어나면, 참이라고 가정한 그 가설을 기각하게 되는 원칙을 가지고 있다. 이와 같은 예를 생각하면서, 가설검정 절차가 어떻게 진행되는지를 알아보도록 하자.

02 가설검정의 5단계 절차

가설검정은 〔그림 20-2〕와 같이 5단계의 절차를 거치게 된다.

그림 20-2 | 가설검정의 5단계

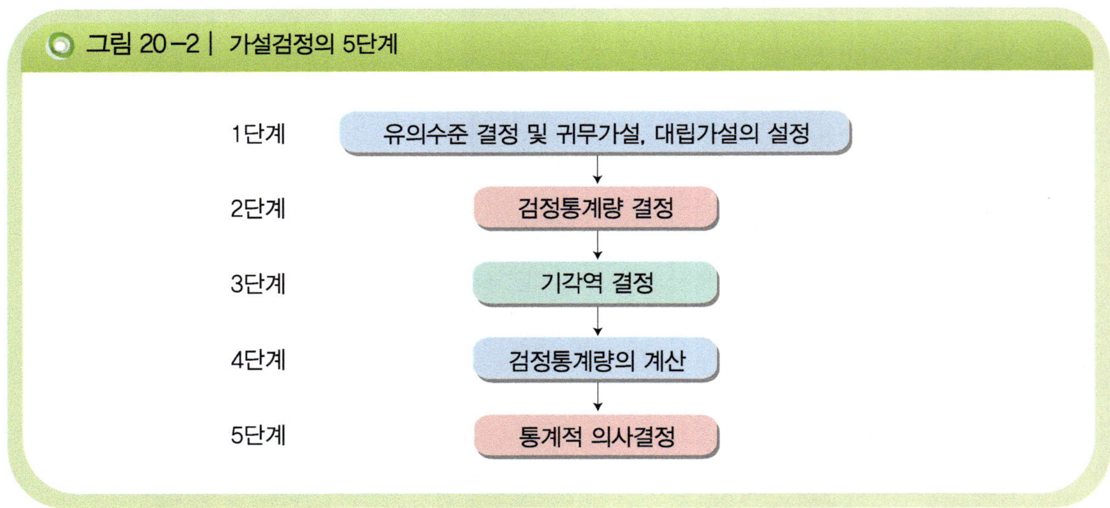

각 단계에 대하여 자세히 살펴보면, 다음과 같다.

(1) 유의수준 결정 및 귀무가설, 대립가설의 설정

가설검정의 첫 번째 단계는 귀무가설과 대립가설을 설정하고 유의수준을 결정하는 것이다. 이에 대한 자세한 내용은 다음과 같다.

◆ 귀무가설과 대립가설

가설검정은 연구가설과 관련된 내용을 **통계적 가설**(statistical hypothesis)로 바꾸어 주는 과정에서부터 시작한다. 통계적 가설이란 어떠한 주장을, 모집단의 특성을 나타내는 **모수**(parameter)를 이용하여 표현한 형태를 의미한다. 예를 들어, '우리나라 성인남자의 신장은 크다'라는 가설은 통계적 가설이 될 수 없지만, '우리나라 성인남자의 평균신장은 170㎝이다'라는 가설은 통계적 가설이 될 수 있다. 이 경우 평균신장은 모집단의 특성을 나타내는 모수의 역할을 하게 된다. 통계적 가설은 **귀무가설**(null hypothesis)과 귀무가설에 반대되는 **대립가설**

(alternative hypothesis)로 나누어진다. 일반적으로, 귀무가설은 H_0이라고 표기하며, 대립가설은 H_1으로 표기한다. 예를 들어, 우리나라 성인남자의 평균신장이 170㎝라는 가설을 검정하고자 한다면, 귀무가설은 다음과 같이 나타낼 수 있다.

$$H_0: \mu = 170$$

만일 귀무가설을 받아들일 수 없는 상황이 되면, 다른 결론을 내려야 하는데, 이러한 경우에 선택되는 가설이 대립가설이다. 즉, 귀무가설과 대립가설은 상호배반적인 가설로서, 가설검정에 대한 결과는 이러한 두 가지 가설 중에서 반드시 하나만의 가설을 받아들여야 한다. 일반적으로, 귀무가설 H_0: $\mu = 170$에 대한 대립가설은 다음 세 가지 형태가 있을 수 있다.

제1형 : H_1: $\mu \neq 170$
제2형 : H_1: $\mu > 170$
제3형 : H_1: $\mu < 170$

이러한 세 가지 형태 중에서 어떠한 형태의 대립가설을 사용할 것인가에 관한 결정은 연구문제의 성격에 따라 달라진다. 제1형은 표본평균의 값이 너무 작거나 크면 귀무가설을 기각해야 할 경우에 적용되어야 하는 대립가설로 양측검정(two-sided test)이라 하고, 제2형은 표본평균이 너무 클 경우에만 귀무가설을 기각하는 경우, 제3형은 표본평균이 너무 적을 경우에만 귀무가설을 기각하는 경우 사용되는 형태로, 제2형과 제3형의 대립가설을 적용하여 가설검정을 실시하는 경우를 단측검정(one-sided test)이라고 한다. 특별히 제2형을 우측검정이라 하고, 제3형을 좌측검정이라고 부른다.

◆ 유의수준 결정

연구자가 가설검정에 대한 통계적 의사결정을 하는 경우에는 두 가지 형태의 오류를 범할 수 있다. 첫 번째 형태는 참인 귀무가설을 기각하는 오류로서, 이러한 오류를 제1종오류(type 1 error)라고 한다. 두 번째 형태는 거짓인 귀무가설을 받아들이는 오류로서, 이러한 오류를 제2종오류(type 2 error)라고 한다. 통계적 가설검정에서는 제2종오류보다 제1종오류를 훨씬 심각하게 생각한다. 따라서 제2종오류의 가능성은 고려하지 않고, 제1종오류의 가능성만을 통제하여 가설검정을 진행하게 된것이다. 가설검정에서 제1종오류를 허용하는 최대 확률을 유의수준(level of significance)이라고 하며, 그리스문자 α(alpha)로 표기한다. 가설검정하기 전에 연구자는 이에 대한 확률(유의수준)을 미리 결정하여야 한다.

유의수준은 일어날 가능성이 희박하다고 생각되는 확률수준으로 귀무가설을 기각하는 기

귀무가설과 대립가설의 설정

귀무가설과 대립가설을 어떻게 설정할 것인가에 관한 문제는 가설검정의 원리와 밀접한 관련이 있다. 예를 들어, 아내를 살해하였다는 죄목으로 기소된 OJ Simpson의 재판에서 판사의 입장을 생각하여 보자. 이 경우, 판사는 다음과 같은 상반된(상호배반된) 두 가지 주장을 듣게된다.

가설1 OJ Simpson은 아내를 살해하지 않았다.
가설2 OJ Simpson은 아내를 살해하였다.

이 경우, 판결을 내려야 하는 판사는 다음과 같은 두 가지 오류를 범할 수 있을 것이다.

오류1 OJ Simpson이 결백함에도 불구하고, 유죄라고 판결내리는 경우
오류2 OJ Simpson이 아내를 살해하였지만, 무죄라고 판결내리는 경우

법의 원칙에서는 오류 2보다는 억울하게 죄인취급을 받는 오류 1을 훨씬 심각하게 생각한다. 따라서 일단 가설 1이 참이라고 가정하고, 가급적이면 가설 1을 채택하려고 노력하며, 가설 2가 사실이라는 결정적인 증거가 확인되었을 경우에만, 가설 2를 선택하게 된다. 따라서 'OJ Simpson은 무죄다'라는 판결이 나왔다는 의미는 실제로 OJ Simpson이 무죄라는 의미가 아니라, OJ Simpson이 아내를 살해하였다는 결정적인 증거가 없기 때문에, 유죄로 판결내리지 못한다는 의미로 해석되어야 한다. 즉, OJ Simpson이 무죄라는 사실이 입증된 것이 아니라, 단지 유죄라는 사실을 입증하지 못한 것뿐이라는 의미이다.

통계적 가설검정에서도 이러한 원리가 적용된다. 즉, 귀무가설을 설정하여 놓고, 특별한 증거가 없으면, 가급적 귀무가설을 유지할려고 노력한다. 하지만, 표본자료가 귀무가설이 참이라고 보기에는 너무 엉뚱한 값이 나타나게 되면, 이는 대립가설이 참이라는 강한 증거가 되므로, 귀무가설을 기각하게 되는 것이다. 즉, 표본정보를 통해 대립가설을 받아들일 만한 충분한 증거가 있으면, 대립가설을 채택하게 되며, 그렇지 않으면 대립가설을 기각하고 귀무가설을 받아들이게 된다.

여기서 주의해야 할 점은 앞에서 설명한 바와 같이, 귀무가설을 받아들인다는 결정을 귀무가설이 사실이라는 의미로 이해해서는 안 된다는 것이다. 귀무가설을 받아들인다는 표현은 귀무가설을 기각할 만한 충분한 증거가 없다는 의미이며, 따라서 '귀무가설을 받아들인다'라고 표현하기보다는 '귀무가설을 기각할 수 없다'라고 표현하는 것이 적절하다.

이러한 가설검정의 원리 때문에, 귀무가설에는 현재의 상태나 안정적인 상태의 주장을 놓는 것이 바람직하며, 새로운 가설이나 주장은 대립가설로 놓는 것이 바람직하다. 예를 들어, 새로운 약에 대한 효과를 시험하고자 하는 경우라면, 귀무가설에는 효과가 없다고 놓고, 새로운 효과에 대한 증거를 찾도록 노력하는 것이 일반적인 가설검정의 방향이다.

준이 된다. 앞 절에서 설명한 바와 같이, 우리나라 성인남자 25명을 조사하였더니 166㎝의 평균값이 나타났고, 이 값보다 적게 나타날 확률은, 실제 평균신장이 170㎝라는 가정 아래서, 2.3%이었다. 만일 평균신장이 170㎝라는 주장을 기각하는 결정을 내린다면, 제1종오류를 범할 확률은 2.3%가 되는 것이다. 즉, 2.3%의 제1종 오류를 범할 확률을 감수하면서 귀무가설인 H_0를 기각하게 되는 것이다.

만일 제1종오류를 범하는 최대 확률인 유의수준을 5%로 결정하였다면, 위에서 계산된 2.3%는 5%보다 작으므로, 안심하고 170㎝라는 주장을 기각시킬 수 있다. 일반적으로, 유의수준의 결정은 자료를 분석하기 이전에 미리 결정되어야 하며, 자료를 조사한 이후에 유의수준을 결정하여서는 안된다. 유의수준 α는 보통 10%, 5%, 1% 중에서 결정되며, 5% 유의수준을 가장 많이 사용한다.

(2) 검정통계량 결정

가설검정의 두 번째 단계는 검정통계량(test statistic)을 결정하는 단계이다. 귀무가설의 옳고 그름을 판단하기 위하여 사용되는 수집된 자료로부터 계산된 값(또는 통계량)을 검정통계량이라고 한다. 검정통계량의 분포는, 귀무가설이 참이라는 가정아래서, 정확하게 알 수 있어야 한다. 모집단에 대한 평균과 관련된 문제에서는 z값이나 t값이 검정통계량으로 많이 사용되며, 귀무가설이 참이라는 가정 아래서 나타나는 검정통계량의 분포는 표준정규분포나 t분포가 된다.

우리나라 성인남자의 평균신장에 대한 가설검정 문제에서는, 귀무가설이 참이라고 가정하였을 경우(즉, 평균신장이 170㎝라고 가정하였을 경우), 다음과 같은 검정통계량은 평균이 0이고 분산이 1인 표준정규분포를 따르게 된다.

귀무가설이 참인 경우,

$$Z = \frac{\bar{X} - \mu}{\sigma_{\bar{X}}} = \frac{\bar{X} - \mu}{\sigma / \sqrt{n}} = \frac{\bar{X} - 170}{2} \sim N(0,\ 1)$$

(3) 기각역 결정

가설검정의 첫 번째 단계에서 유의수준이 결정되면, 검정통계량의 확률분포를 이용하여 귀무가설을 기각하는 영역과 기각하지 못하는 영역을 구분할 수 있다. 임계값(critical value)은 귀무가설을 채택하는 영역인 **채택역**(acceptance region)과 귀무가설을 기각하는 영역인 **기각역**(critical region; rejection region)으로 나누는 경계값을 말한다.

유의수준 α를 5%라고 결정하였을 경우의 임계값, 기각역, 채택역은 대립가설 H_1의 형태에 따라 다음과 같이 결정된다(그림 20-3 참조).

제1형 $H_1: \mu \neq 170$, 임계값: ± 1.96

기각역 $Z > 1.96$ 이거나 $Z < -1.96$의, 채택역: $-1.96 < Z < 1.96$

제2형 $H_1: \mu > 170$, 임계값: 1.645

기각역 $Z > 1.645$, 채택역: $Z < 1.645$

제3형 $H_1: \mu < 170$, 임계값: -1.645

기각역 $Z < -1.645$, 채택역: $Z > -1.645$

그림 20-3 | 세 가지 형태의 대립가설에 대한 채택역과 기각역(유의수준이 5%일 경우)

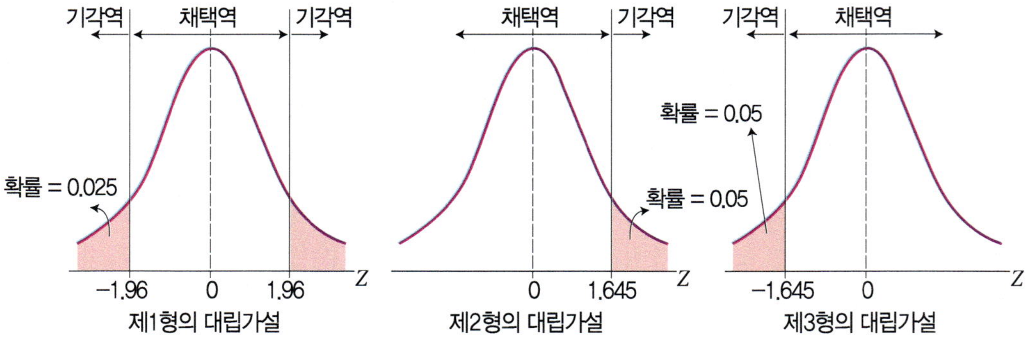

(4) 검정통계량의 계산

가설검정의 네 번째 단계는 표본자료를 이용하여 검정통계량을 계산하는 것이다. 가설검정 단계에서 유일하게 표본자료를 이용하는 단계가 검정통계량의 계산 단계이다. 즉, 앞에서 설명한 가설검정의 3단계는 표본자료가 없이도 진행될 수 있다는 의미이다.

우리나라 성인남자의 평균신장에 대한 가설검정 문제에서는, 25명을 조사하였더니 표본평균값이 166㎝로 나타났다면, 검정통계량 값은 다음과 같이 계산된다.

$$Z = \frac{\bar{X} - 170}{2} = \frac{166 - 170}{2} = -2$$

(5) 통계적 의사결정

통계적 의사결정을 내리기 위한 의사결정규칙(decision rule)은 표본으로부터 계산된 검정통계량 값이 기각역에 속하게 되면 귀무가설을 기각하고, 채택역에 속하게 되면 귀무가설을 기각하지 못하는 결정을 내린다.

우리나라 성인남자의 평균신장에 대한 가설검정 문제의 경우를 보면, 제1형의 대립가설이나 제3형의 대립가설을 사용한 경우에는 표본자료로부터 계산된 검정통계량 값이 기각역에 속하기 때문에, 귀무가설을 기각하는 통계적 결정을 내리게 되며, 제2형의 대립가설을 사용한 경우에는 검정통계량이 기각역에 속하여 있지 않기 때문에 귀무가설을 기각하지 못하는 통계적 결정을 내리게 된다는 것이다.

여기서 한 가지 주의하여야 할 사실은, 귀무가설을 긍정하는 통계적 의사결정이 나타나는 경우, 귀무가설이 사실이라는 것을 증명된 것은 아니라는 사실이다. 즉, 귀무가설을 긍정한다는 의미를, 기각할 만한 충분한 이유가 없다는 뜻으로 해석하여야 하며, 연구자는 표본의 수를 증가시키거나 다른 표본을 추출하여 재검토할 필요가 있다는 것으로 받아들이는 것이 바람직하다. 이러한 이유 때문에 '귀무가설을 채택한다'라는 표현은 사용하지 않고 '귀무가설을 기각할 수 없다' (can't 또는 fail to) (reject null hypothesis)로 표현하는 것이 합당하다. 귀무가설을 기각하는 경우라면, 귀무가설을 기각하는 근거를 표본으로부터 얻었기 때문에 그대로 '귀무가설을 기각한다'(reject null hypothesis)로 표현할 수 있다.

03 *p*값을 이용한 가설검정

자료로부터 관측된 유의수준(observed significant level)을 의미하는 *p* 값(*p*-value)을 이용한 가설검정은 앞에서 설명한 5단계의 가설검정 절차를 거치지 않고 통계적 가설검정을 진행할 수 있기 때문에 유용하게 사용될 수 있다. 특히, 대부분의 통계패키지에서 제공되는 가설검정의

결과는 p값으로 나타나기 때문에 반드시 알아두어야 하는 개념이다

앞에서 설명한 5단계의 가설검정에서는 기각역을 결정하기 위하여 유의수준 α를 미리 결정하여야만 하였다. 하지만 유의수준을 미리 결정하지 않고, 검정통계량 값이 귀무가설의 가정으로부터 얼마만큼 벗어나 있는지를 파악하여 의사결정자에게 귀무가설을 기각할 것인지를 전적으로 위임하는 다른 형태의 통계적 가설검정이 있는데 이러한 방법이 p값을 이용한 가설검정 방법이다.

(1) p 값의 의미

여기서 검정통계량 값이 귀무가설의 가정으로부터 얼마만큼 벗어나는지의 정도를 표현한 수치로 p값 또는 자료로부터 관측된 유의수준을 사용한다. p값은 귀무가설이 참이라고 가정하였을 때, 자료를 통해 계산된 검정통계량 값보다 귀무가설을 기각하는 방향으로 더 심하게 검정통계량 값이 관측될 확률을 의미한다. 예를 들어, 검정통계량 Z는 0의 값에 가까울수록 귀무가설이 참이라는 주장을 지지하며 0으로부터 멀리 떨어져 있을수록 (즉, 검정통계량의 절대값 크기가 클수록) 귀무가설을 기각하는 방향으로 기울어질 것이다.

우리나라 성인남자의 평균신장에 대한 가설검정 문제의 경우를 보면, 만일 25명의 평균신장이 166㎝로 나타났고, 귀무가설 H_0: $\mu=170$과 제3형의 대립가설인 H_1: $\mu<170$을 사용한 단측검정의 경우라면, 표본자료로부터 계산된 평균신장이 170㎝보다 많이 적어야 귀무가설을 기각하게 되므로, 170㎝보다 작은 방향이 귀무가설을 기각하는 방향이 된다. 따라서 표본자료로부터 계산된 166㎝보다 작은 방향으로 검정통계량이 속할 확률은 $\Pr(\bar{X}<166)=0.023$이 되므로 p 값은 2.3%가 된다. 만일 검정통계량 Z를 사용한다면 자료를 통하여 계산된 Z값은 -2이므로, $\Pr(Z<-2)=0.023$으로 동일한 p 값을 얻을 수 있다.

만일 유의수준을 5%로 미리 결정하였다면, 기각역은 $Z<-1.645$가 되며, 표본자료로부터 계산된 검정통계량 값인 -2는 기각역에 속하게 되어 귀무가설을 기각하는 결정을 유의수준 5%에서 내릴 수 있을 것이다. 결국 p 값이 사전에 설정한 유의수준보다 적다는 의미는 검정통계량이 기각역에 속해 있다는 의미이므로, 연구자는 이러한 p 값을 이용하여, 어느 정도의 유의수준에서 귀무가설을 기각할 수 있는지를 파악할 수 있게 된다. 만일 유의수준을 1%로 낮추었다면 p 값은 유의수준보다 큰 값이 되므로, 기각역에 속하지 않게 되어, 귀무가설을 기각할 수 없는 통계적 의사결정을 내리게 될 것이다.

귀무가설 H_0: $\mu=170$과 제1형의 대립가설인 H_1: $\mu\neq170$을 사용한 양측검정의 경우는 귀무가설을 기각하는 방향이 170 보다 매우 크거나 작은 두 가지 경우이므로 평균이 170보다 4

만큼 적은 166보다 작은 경우도 해당되지만 170보다 4만큼 큰 174보다 큰 방향도 귀무가설을 기각하는 방향이 된다. 따라서 양측검정에 있어서는 귀무가설을 기각하는 방향이 두 가지이므로 p 값은 $0.023 \times 2 = 0.046$이 되어야 한다 (그림 20－4 참조).

그림 20－4 | 대립가설에 따른 p 값의 계산

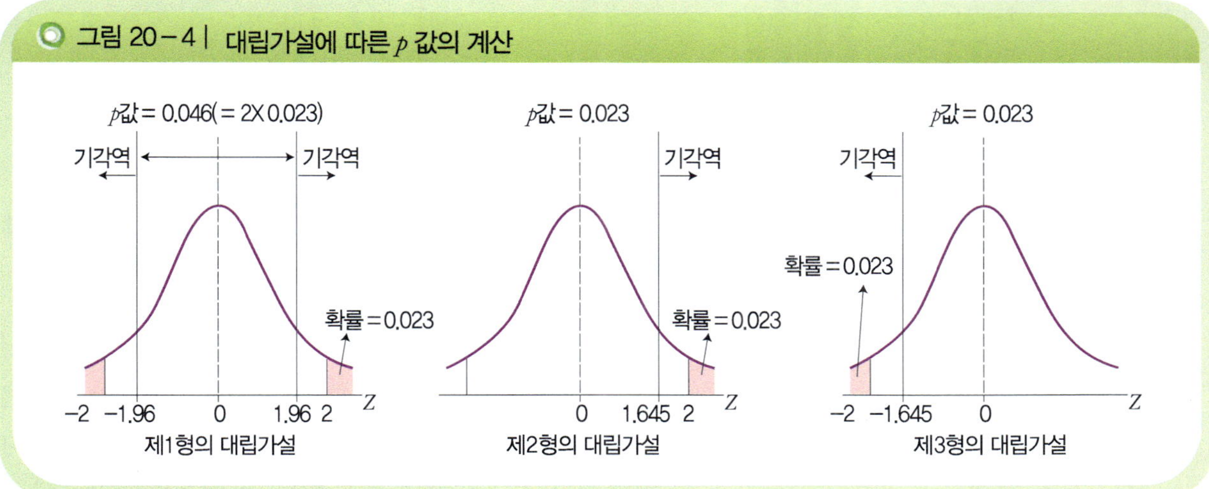

(2) p 값을 이용한 가설검정 절차

p 값을 이용한 가설검정 절차를 요약하면 다음과 같다.

① 표본자료를 이용하여 검정통계량 값을 계산한다.

② 대립가설의 형태에 따라 p 값을 계산한다. 즉, 대립가설이 제1형일 경우 (양측검정, H_1: $\mu \neq 170$의 형태인 경우), 귀무가설이 참이라는 가정 아래서, 계산된 검정통계량 값의 꼬리부분에 대한 확률을 두배한 값이 p 값이 되며, 대립가설이 제2형일 경우는 (우측검정, H_1: $\mu > 170$), 귀무가설이 참이라는 가정아래서, 계산된 검정통계량 값보다 크게 나타날 확률이 p 값이 되고, 대립가설이 제3형일 경우는 (좌측검정, H_1: $\mu < 170$), 귀무가설이 참이라는 가정아래서, 계산된 검정통계량 값보다 적게 나타날 확률이 p 값이 된다.

③ 유의수준 α가 이미 정해진 경우에는 p 값과 비교하여, p 값이 α보다 작게 나타나면 귀무가설을 기각하는 통계적 결정을 내리고, 반대로 p 값이 α보다 크게 나타나면 귀무가설을 기각하지 못하는 통계적 결정을 내린다. 유의수준이 사전에 설정되어 있지 않은 경우에는 p 값을 이용하여 어느 정도 유의수준에서 귀무가설이 기각될 수 있는지를 판단할 수 있다.

04 가설검정의 예제

모집단의 평균에 대한 가설검정은 표본평균의 분포에 근거를 두고 있다. 이 경우, 모집단에 대한 표준편차 σ를 알고 있는 경우와 모르고 있는 경우의 두 가지 형태로 나누어진다. 모집단에 대한 표준편차 σ를 알고 있는 경우는 표준정규분포를 이용하여 가설검정이 진행되며, 모집단에 대한 표준편차 σ를 모르는 경우에는 표본의 수가 30 이상이면, 표본의 수가 큰 것으로 판단하여, 표준정규분포를 사용하고, 표본의 수가 30 이하일 경우에는 t분포를 사용한다. 다음의 예제를 통하여 가설검정이 어떻게 진행되는지를 살펴보도록 하자.

〈문제〉 어느 기술전문가는 새로운 기계를 제조공정에 도입하면 물품제조시간을 충분히 단축시킬 수 있다고 주장하고 있다. 그러나 경영자 측면에서는 새 기계의 구입 및 유지비용을 감안하여, 만일 새로운 기계가 물품 하나 제조당 제조시간을 8분 이상 단축시키지 못하면 새로운 기계를 도입하지 않고자 한다. 현 제조공정에 의하면 물품 하나 제조당 평균 76분이 걸린다고 한다. 새로운 기계의 도입이 제조시간을 8분 이상 단축시키는가를 알아보기 위해 새로운 기계를 사용하여 100개의 물품 제조시간들을 관측한 결과 평균제조시간이 67분, 표준편차가 5분으로 나왔다. 경영자 입장에서의 가설을 설정하고, 이를 유의수준 5%로 5단계 가설검정과 p값을 이용한 가설검정을 실시하시오.

〈풀이〉 문제에서 μ를 새로운 기계를 사용하였을 경우의 평균 물품제조시간(모집단에 대한 평균)이라고 하자. 이 경우, 귀무가설에 제조시간을 8분 단축시키는 68분으로 놓고 대립가설은 68분보다 더 짧은 제조시간으로 설정하였다고 하자. 이러한 가설설정의 의미는, 조사된 자료가 특별히 68분에서 현격히 줄어들었다는 증거를 확보하지 않은 경우라면, 기존의 기계를 그대로 사용하여 새로운 기계의 도입으로 인한 추가비용의 부담을 줄이겠다는 경영자 입장이 숨어 있는 것이다. 따라서 이 경우 특별한 증거가 발견되지 않는 이상은 기존의 기계를 사용하겠다는 의미이며, 이러한 의도는 경영자 입장에서 합당한 가설 설정이 된다. 또한 기존의 기계를 사용하는 결정을 귀무가설에 놓음으로써 실제로 새로운 기계가 8분 이상 단축시키지 못함에도 불구하고 잘못하여 새로운 기계를 도입하는 제1종오류와 관련된 확률인 유의수준을 통제할 수 있으므로, 경영자 입장에서는 회사가 불이익을 보는 확률을 통제할 수 있게 된다. 또한 새로운 기계가 68분 보다 오래 걸리는 경우는 이 검정에서는 관심대상이 아니므로, 대립가설의 형태는 제3형의 대립가설인 단측검정(또는 좌측검정)이 된다.

◆ 5단계 가설검정

따라서 경영자의 관점에서 합당한 가설은 다음과 같다.

(1단계) 유의수준 결정 및 귀무가설, 대립가설의 설정

$H_0: \mu = 68,\ H_1: \mu < 68,$ 유의수준 $\alpha = 0.05$

(2단계) 검정통계량 결정

$$\text{검정통계량} = \frac{\bar{X}-\mu}{\sigma/\sqrt{n}} = \frac{\bar{X}-68}{5/\sqrt{100}} \sim t(99) \approx N(0,1)$$

모집단에 대한 표준편차를 모르고 있으므로, t분포를 사용하여야 하지만, 자유도 99 (= n-1=100−1)의 t분포는 표준정규분포와 거의 비슷하므로[1), 귀무가설이 참이라고 가정하면, 검정통계량은 표준정규분포를 근사하게 된다.

(3단계) 기각역 결정

기각역: 검정통계량 $<-1.645=-z_{0.05}$

(참고: t분포를 이용한 실제값은 $-1.6604=-t_{0.05}(99)$이다.)

(4단계) 검정통계량 값 계산

$$\text{검정통계량 값} = \frac{67-68}{5/\sqrt{100}} = -2$$

(5단계) 통계적 결정

검정통계량 값이 기각역에 속하므로 유의수준 5%에서 귀무가설을 기각한다. 즉, 유의수준 5%에서 새로운 기계는 기존의 기계와 비교하여 8분 이상의 물품제조시간을 단축시킨다고 볼 수 있다.

◆ p 값을 이용한 가설검정

검정통계량 값이 −2로 계산되었으므로, p 값은 $\Pr(Z<-2)=0.023$로부터, 2.28%임을 확인할 수 있다 (그림 20 −5 참조). 이 값은 유의수준 5%보다 작은 값이므로, 유의수준 5%에서 귀무가설을 기각하게 된다. 만일 연구자가 유의수준을 2.28% 이하로 결정하게 되면, 귀무가설을 기각하지 못하는 통계적 결정을 내리게 된다.

---

1) 자유도가 30 이상인 t분포는 표준정규분포와 거의 비슷해진다.

그림 20-5 | 100개의 물품제조를 위해 소요되는 평균시간의 분포

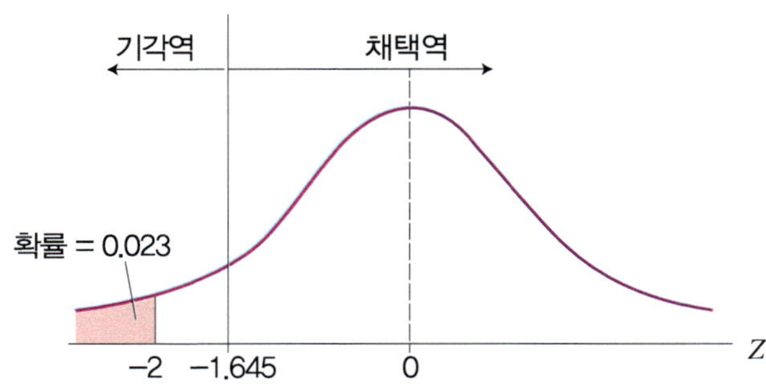

요 약

▶ 통계적 추측은 추정과 가설검정으로 구분되며, 추정은 표본을 통하여 모집단에 대한 특성이 어떠할 것이라고 추측하는 것이고, 가설검정은 어떠한 주장, 즉, 가설이 합당한지 또는 합당하지 않은지를 표본자료를 이용하여 결정하는 과정을 의미한다.

1. 가설검정의 원리

▶ 가설검정에서는, 귀무가설이 참이라는 가정 아래서, 일어날 가능성이 희박한 확률수준인 유의수준 α를 미리 정해 놓고, 표본자료가 그 수준을 벗어나면, 귀무가설을 기각하게 되는 원리를 가지고 있다.

2. 가설검정의 5단계 절차

▶ 가설검정은 ① 유의수준 결정 및 귀무가설, 대립가설의 설정, ② 검정통계량 결정, ③ 기각역 결정, ④ 검정통계량의 계산, ⑤ 통계적 의사결정의 5단계의 절차를 거치게 된다.

3. p 값을 이용한 가설검정

▶ 관측된 유의수준을 나타내는 p 값을 이용한 가설검정은, 5단계의 가설검정 절차를 거치지 않은 통계적 가설검정으로, 대부분의 통계페키지에서는 p 값을 이용하여 가설검정 결

과를 제공한다.

▶ p 값은 귀무가설이 참이라고 가정하였을 때, 자료를 통해 계산된 검정통계량 값보다 귀무가설을 기각하는 방향으로 더 심하게 검정통계량 값이 관측될 확률을 의미한다.

▶ 유의수준 α가 이미 정해진 경우에는 p 값과 비교하여, p 값이 α보다 적게 나타나면 귀무가설을 기각하고, p값이 α보다 크게 나타나면 귀무가설을 기각하지 못하는 통계적 결정을 내린다.

논의사항

1. 제1종오류와 제2종오류에 대하여 설명하고, 가설검정에서 어떠한 역할을 하는지에 대하여 논의하시오.
2. '통계적 가설검정은, 두 가설을 공정하고 동등하게 취급하여, 어떤 가설이 참인지를 밝히는 의사결정자의 주관적 견해가 포함되어 있지 않은, 객관적인 방법이다'라는 주장에 대하여 논의하시오.
3. 기술적 연구로부터 얻은 표본자료를 이용하여 통계적 가설검정을 실시하고자 하는 경우, 발생될 수 있는 문제점에 대하여 논의하시오.

CHAPTER 21

상관관계와 단순회귀분석

메트릭 척도로 구성된 두 변수의 연관성을 표현함에 있어서, 가장 편리하고 이해하기 쉽게 사용될 수 있는 수치가 상관계수이다. 단순 회귀분석은 상관관계분석의 확장된 형태로서, 두 변수의 관계에 대한 구체적인 함수형태를 제공하므로, 두 변수의 연관성뿐만 아니라, 예측도 가능하게 만들어준다.

상관관계분석(correlation analysis)과 단순회귀분석(simple regression analysis)은 메트릭 척도를 갖는 한 개의 종속변수 Y와 메트릭 척도를 갖는 한 개의 독립변수 X사이의 연관성을 파악하는 방법으로 다음과 같은 두 가지 목적으로 사용된다.

연관성 파악 두 변수는 어떠한 종류의 연관성을 가지며, 그 강도는 어느 정도인지를 파악하는 목적으로 사용된다. 이러한 연관성에 대한 파악은 산점도를 그려봄으로써 알 수 있으며, 상관계수나 회귀분석의 방정식을 통하여 파악할 수도 있다.

예측 단순회귀분석을 통하여 종속변수 Y와 독립변수 X사이의 관계를 나타내는 함수식이 결정되면, 특정한 X값에 대하여, 어떠한 Y값이 나타나는지에 대한 예측이 가능해진다. 또한 예측에 대한 신뢰구간은 Y값이 취할 수 있는 범위를 알려주기도 한다.

01 상관관계분석

두 변수의 연관도(measure of association)란 두 변수 X와 Y의 선형관계에 대한 정도를 나타내는 것으로 이를 측정하는 수치로는 공분산(covariance)과 상관계수(correlation coefficient)가 있다.

(1) 공분산

우선 두 변수 X와 Y의 공분산은 $Cov(X, Y)$또는 σ_{XY}로 표기하며, 다음과 같은 식으로 정의된다.

$$Cov(X, Y)$$
$$Cov(X, Y)=E[(X-E(X))(Y-E(Y))]$$

공분산은 양수와 음수 모든 값을 취할 수 있다. 만일 공분산이 양의 값을 갖는다면, 이는 확률변수 X가 증가함에 따라 Y도 같이 증가하는 성향이 있으며, X가 감소함에 따라 Y도 같이 감소하는 성향이 있다는 의미로서, 두 변수는 서로 양의 선형관계에 있다고 해석할 수 있다. 만일 공분산이 음의 값을 갖는다면, 이는 확률변수 X가 증가하게 되면 Y는 감소하는 성향이 있으며, X가 감소하게 되면, Y도 같이 증가하는 성향이 있다는 의미로써, 음의 선형관계에 있음을 나타낸다. 만일 공분산의 값이 0이라면 두 확률변수는 선형관계가 없음을 나타낸다. 결국 공분산의 부호를 보고 두 변수간의 선형관계의 방향과 유무를 파악할 수 있게 된다.

여기서 유의할 점은, 공분산은 두 변수간의 선형관계의 방향과 유무를 파악하는 도구이지 선형관계의 정도는 파악하지는 못한다는 것이다. 왜냐하면, 공분산이 두 확률변수가 취하는 값의 단위를 달리함에 따라 변할 수 있기 때문이다. 예를 들어, X에 대한 측정값의 단위가 *kg*이고 Y에 대한 측정값의 단위가 *cm*일 경우 $Cov\,(X, Y)=5$라고 계산되었다고 가정하자. 동일한 자료를 가지고, 만일 X에 대한 측정값의 단위를 *g*으로 변경하고, Y에 대한 측정값의 단위를 m로 변경한다면, 비록 같은 자료이지만, 두 변수 X와 Y의 공분산은 50이 된다.[1)] 하지만, 이러한 공분산값의 변화를 보고, 두 번째 자료의 경우가 연관도가 더 높다고 해석하여서는 안 된다. 이 경우, 비록 공분산값은 변하였지만, 두 변수간의 선형관계가 변한 것은 아니기 때문이다.

따라서 공분산은 측정단위를 달리함에 따라 그 값이 민감하게 변화하므로 일반적으로 두 변수간의 선형관계의 정도를 측정하는 도구로서는 미흡하며, 이 경우 다음에 설명할 상관계수를 이용하여 두 변수간의 선형관계의 정도를 측정할 수 있다.

(2) 상관계수

공분산의 값이 측정단위에 따라 변한다는 문제점을 해결하기 위한 한 가지 방법은 측정값들을 표준화(standardization)시키는 것이다. 자료를 표준화시키면, 측정단위가 없어지면서 모든 자료가 평균이 0이고 분산이 1인 자료로 변하게 되므로, 이에 대한 공분산을 계산하면, 측정단위에 변하지 않는 두 변수의 연관도가 나타나게 된다. 이러한 공분산을 상관계수(correlation coefficient)라고 한다. 확률변수 X와 Y의 상관계수는 $Corr\,(X, Y)$또는 $\rho(X, Y)$로 표기하며, 이는 다음과 같이 정의된다.

$$Corr(X, Y) = \rho\,(X, Y) = \frac{Cov(X,Y)}{\sigma_X\ \sigma_Y}$$

즉, X와 Y의 상관계수는 X와 Y의 공분산을 X와 Y 각각의 표준편차로 나누어 준 형태로서 측정단위가 없으며, 항상 $-1 \le \rho(X, Y) \le 1$의 조건을 만족한다. 즉, 상관계수는 공분산과는 달리

1) 1000g이 1kg이고, 100cm이 1m이므로, 1kg에 해당하는 X값은 $1000X$(g)가 되며, 1m에 해당되는 Y값은 $0.01Y$(cm)이 된다. 따라서 공분산은 다음과 같이 계산된다. $Cov(1000X,\ 0.01Y) = 1000 \times 0.01 \times Cov(X,\ Y) = 50$

X와 Y의 측정단위가 변하여도, 상관계수의 값은 변하지 않고 단위에 상관없이 항상 -1에서 1 사이의 값을 갖는 특성이 있다. 따라서 상관계수는 부호뿐만 아니라, 그 크기도 의미를 가지고 있으며, 그 크기는 두 확률변수간의 선형관계에 대한 강도를 측정하는 도구로서 사용될 수 있다. 상관계수의 부호(+, 0, 또는 −)는 공분산의 부호와 동일한 의미를 가지며, 이와 더불어 상관계수의 크기는 선형관계의 강도를 나타낸다.

만일 상관계수의 절대값이 1이라면, 즉 $|\rho(X, Y)| = 1$이면, 확률변수 X와 Y는 완벽한 선형관계를 가지게 되며, 이 말은 X와 Y의 관계가 $Y=aX+b$로 표현될 수 있다는 것이다. 즉, X의 값을 알고 있다면, 100%의 확률을 가지고 Y값을 예측할 수 있다는 것이다. $\rho(X, Y) = 1$이라면, X와 Y는 완벽한 양의 상관관계를 보이게 되며, $\rho(X, Y) = -1$이라면 완벽한 음의 상관관계를 보이게 된다. 그리고 상관계수의 절대값이 크면 클수록 확률변수 X와 Y는 보다 밀접한 선형관계를 보인다고 말하며, 0에 가까우면 상관관계가 없다고 말한다.

여기서 한 가지 강조할 사실은 상관계수의 경우도, 공분산과 마찬가지로, 두 변수간의 선형관계를 파악하는데 이용된다는 것이다. 예를 들어, 변수 X와 Y가 다음과 같은 함수관계에 있다고 하자.

$$Y = X^2$$

그림 21-1 | 상관계수와 산점도의 관계

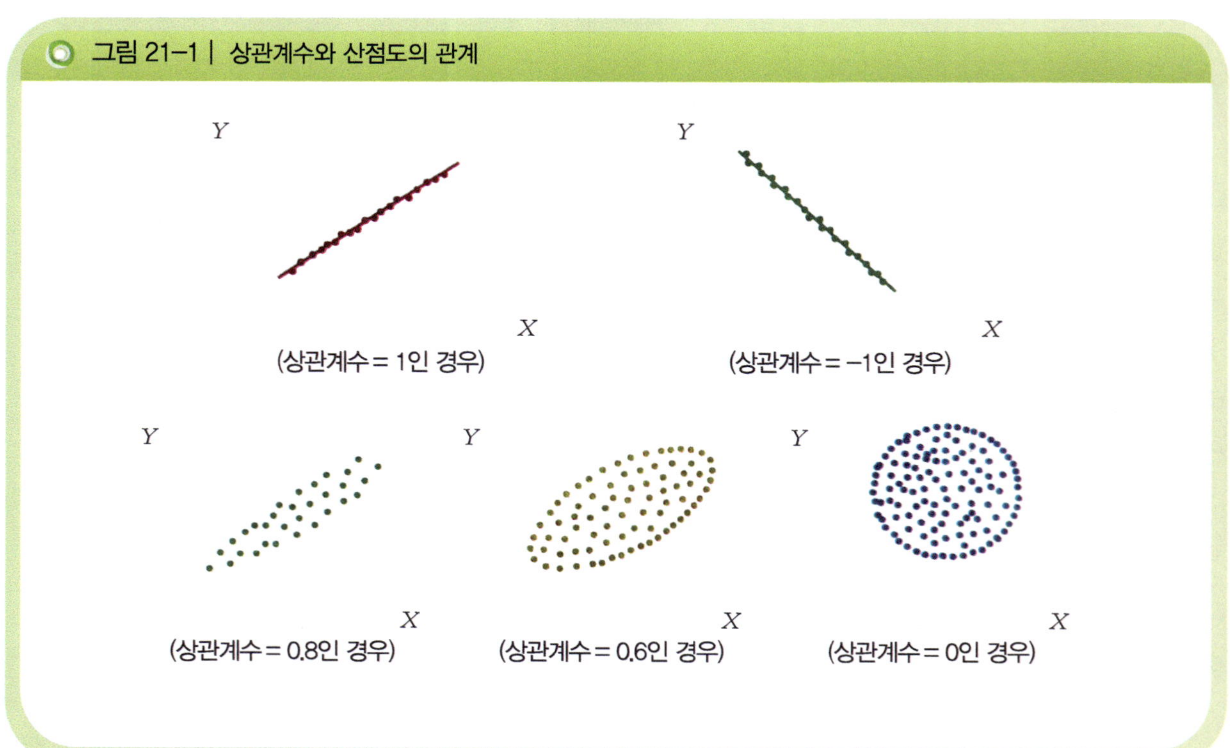

이 경우 X와 Y는 정확한 2차곡선의 관계를 가지면서, 상호 연관성을 나타내고 있지만, $Cov(X, Y) = 0$이 될 수 있다. 즉, 공분산과 상관계수는 두 변수간의 선형관계만을 파악하는데 이용되므로, 이와 같이 비선형적인 곡선관계를 파악하는 문제에 있어서는 적용시킬 수 없게 된다.

마지막으로, 변수 X와 Y가 서로 독립이라면, $Cov(X, Y) = \rho(X, Y) = 0$은 항상 성립하지만, $Cov(X, Y) = \rho(X, Y) = 0$의 조건을 만족한다고 두 변수가 독립이 되는 것은 아니다. 왜냐하면, 위에서 우리가 예로 보았듯이, $Y = X^2$의 관계에 있는 확률변수 X와 Y의 공분산은 선형관계가 없기 때문에 0으로 나타날 수 있지만, 실제로 두 변수는 $Y = X^2$이라는 밀접한 종속관계가 존재하기 때문이다. 〔그림 21–1〕은 상관계수와 산점도 사이의 관계를 나타내고 있다.

모집단의 자료를 완벽하게 알고 있는 경우 상관계수인 ρ값을 알 수 있지만, 만일 표본자료로 상관계수 ρ를 추정하는 경우는 조금 상황이 다를 수 있다. 표본자료를 통하여 계산된 상관계수를 표본상관계수 r (sample correlation coefficient)라고 하고, r이라고 표기하며 다음과 같은 식을 통해 계산된다.

$$r = \frac{\sum_{i=1}^{n}(X_i - \bar{X})(Y_i - \bar{Y})}{\sqrt{\sum_{i=1}^{n}(X_i - \bar{X})^2}\sqrt{\sum_{i=1}^{n}(Y_i - \bar{Y})^2}}$$

본 장에서는 상관관계분석과 단순회귀분석의 설명을 위하여 부록에 소개되어 있는 아파트 매매자료에 대한 분석사례를 이용하고자 한다. 아파트 매매자료는 미국의 한 도시에서 매매된 아파트 매매가격을 정리한 것이다. 이 자료에서 초기 제안가격, 매매가격, 최종 제안가격은 다음과 같은 의미를 갖는다.

- 초기 제안가격 : 처음 아파트를 팔려고 내놓은 가격
- 매매가격 : 매매된 아파트 가격
- 최종 제안가격 : 매매협상이 완료되기 전 아파트 매도자가 마지막으로 제안한 가격
- 기간 : 아파트를 처음 내놓은 날짜와 매매된 날짜와의 차이를 일 단위로 계산한 것

기간이 길어진다는 의미는 아파트가 오래 동안 팔리지 않았다는 의미 이므로 최종 제안가격은 초기 제안가격에 비하여 많이 낮아지게 되는 것이 일반적이다. 일반적으로 최종 제안가격을 기준으로 매매협상이 이루어지며, 최종 제안가격보다 조금 낮은 가격으로 매매가격이

형성된다. 마지막으로 매매된 아파트의 면적과 방의 수가 나타나 있다.

(3) 상관관계분석: 아파트 매매자료의 예

아파트 매매자료의 예를 가지고 상관관계 분석을 실시하여 보자. 먼저 매매가격과 최종 제안가격 사이의 표본 상관계수는 0.9953으로 (분석결과 ① 참조) 매우 높은 양의 상관관계를 나타내고 있으며, 매매가격과 아파트 면적 사이의 상관계수도 0.8669로 (분석결과 ② 참조) 높은 양의 상관관계를 나타내고 있다. 이에 대한 p 값은 '두 변수의 상관계수는 0이다'라는 귀무가설에 대한 가설검정이며, p 값이 모두 일반적인 유의수준인 5%보다 적게 나타났으므로, 유의한 상관관계가 존재한다고 볼 수 있다 (분석결과 ③ 참조). 마지막으로 매매가격과 기간 사이의 상관계수를 살펴보면, 0.1237로 (분석결과 ④ 참조) 거의 0에 가까운 상관계수임을 확인할 수 있다. 이러한 상관계수가 의미가 있는 수치인지를 검정하는 경우에는 상관계수의 크기도 중요하지만 표본의 수도 매우 중요한 역할을 한다. 즉, 표본의 수가 많은 경우에는 0.1237의 값이 비록 0에 가까운 수치이지만, 정확한 수치라고 볼 수 있으므로 의미있는 상관관계가 존재한다는 결론을 내릴 수 있지만, 본 예제와 같이 표본의 수가 29개밖에 안되는 자료로부터 계산된 상관계수는 그렇게 의미있는 수치라고 판단하지 않는다는 것이다. 따라서 p값을 살펴보면, 0.5228로 (분석결과 ⑤ 참조) 유의수준 5%보다 큰값으로 나타났기 때문에 '두 변수의 상관계수는 0이다'라는 귀무가설을 기각할 수 없는 통계적 결정을 내리게 된다. 〔그림 21−2〕, 〔그림 21−3〕, 〔그림 21−4〕는 매매가격과 최종 제안가격, 아파트 면적, 기간 사이의 산점도를 그린 그래프이다.

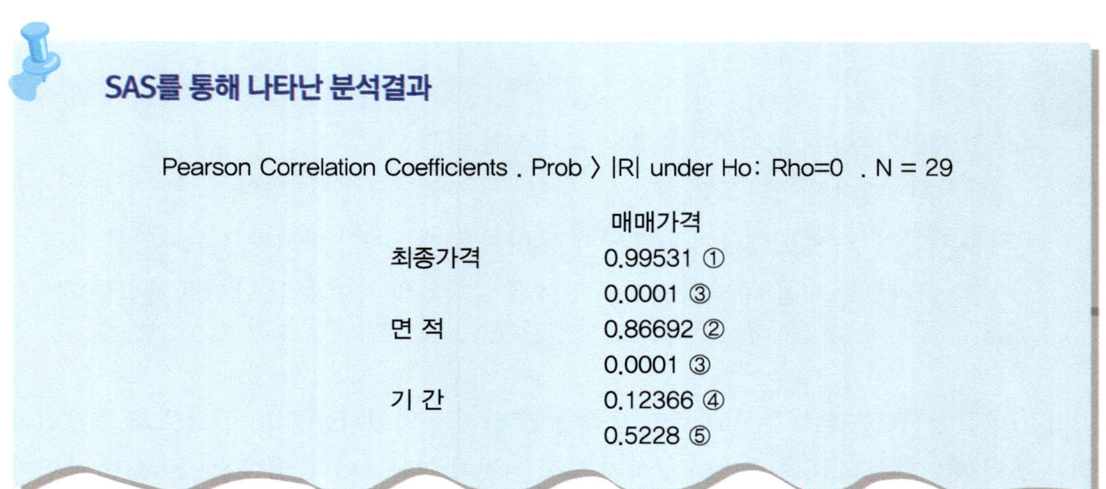

SAS를 통해 나타난 분석결과

Pearson Correlation Coefficients . Prob 〉 |R| under Ho: Rho=0 . N = 29

	매매가격
최종가격	0.99531 ①
	0.0001 ③
면 적	0.86692 ②
	0.0001 ③
기 간	0.12366 ④
	0.5228 ⑤

그림 21-2 | 매매가격과 최종 제안가격 사이의 산점도 (표본상관계수 r=0.99)

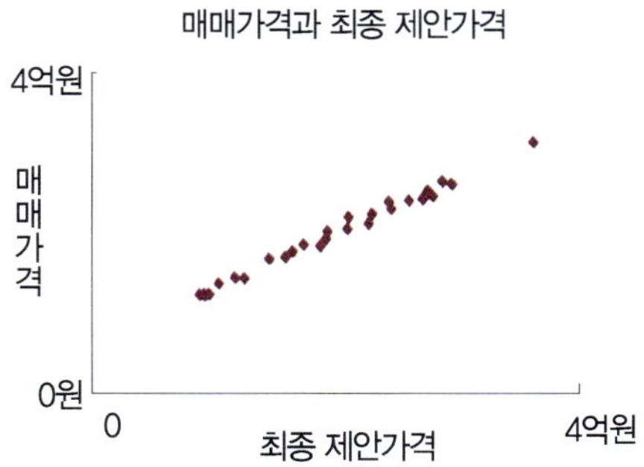

매매가격과 최종 제안가격

4억원
매매가격
0원
0
최종 제안가격
4억원

그림 21-3 | 매매가격과 아파트 면적 사이의 산점도 (표본상관계수 r=0.87)

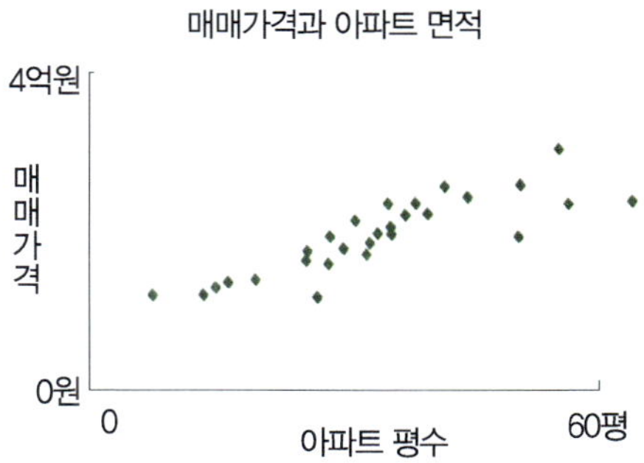

매매가격과 아파트 면적

4억원
매매가격
0원
0
아파트 평수
60평

그림 21-4 | 매매가격과 기간 사이의 산점도 (표본상관계수 r=0.12)

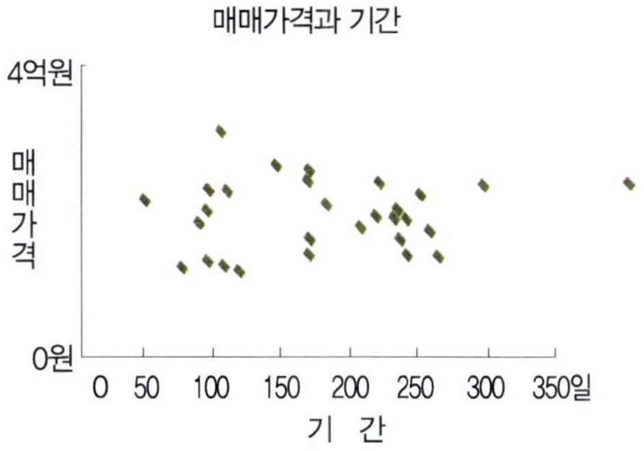

매매가격과 기간

4억원
매매가격
0원
0 50 100 150 200 250 300 350일
기 간

02 단순회귀분석

단순회귀분석(simple regression analysis)이란 두 변수 사이에 존재하는 상호의존관계를 함수관계로 표현하여, 두 변수가 어느 정도 연관성이 있는지를 파악하고, 변수의 값이 주어지면, 다른 변수의 값이 어떻게 변할 것인지를 예측할 수 있도록 만들어주는 통계적 분석방법이다. 여기서 회귀분석에서 가정하는 함수관계를 회귀모형(regression model)이라고 한다.

회귀모형에서 예측하고자 하는 변수를 종속변수(dependent variable) 또는 반응변수(responce variable)라 하고, 종속변수의 변화를 설명해 주는 변수를 독립변수(independent variable) 또는 설명변수(explanatory variable)라고 한다. 예를 들어, 독립변수인 아파트 면적을 이용하여 종속변수인 아파트 매매가격을 예측하고자 한다면, 두 변수 사이의 관계를 나타내는 회귀방정식을 이용하여 예측할 수 있을 것이다.

이와 같이 회귀분석은 회귀방정식을 이용하여 두 변수 사이의 함수관계를 파악하고, 이를 통해 종속변수의 값을 예측하는 목적 이외에도 종속변수와 독립변수의 관계가 어느 정도 높은 의존관계를 나타내고 있는지에 대하여 해답을 제시하여 준다. 즉, 회귀방정식을 이용하여 예측할 경우, 발생할지도 모르는 오차를 측정함으로써, 회귀방정식으로 추정한 두 변수 사이의 관계가 어느 정도 믿을 만한 수치인지를 분석한다.

회귀분석은 독립변수의 수에 따라 두 가지의 분석으로 나누어진다. 종속변수의 변화를 설명해 주는 독립변수가 하나일 경우를 단순회귀분석이라 하고, 독립변수가 두 개 이상일 경우를 **다중회귀분석**(multiple regression analysis)이라고 한다. 본장에서는 단순회귀분석에 대해 다루게 되며, 다중회귀분석은 다음 장에서 다루도록 한다.

(1) 단순선형 회귀모형

예를 들어, 과거의 아파트 매매자료를 이용하여, 30평 아파트를 어느 정도 가격에 구입하는 것이 적당한지를 알아보는 문제를 생각하여 보자. 이 경우, **단순선형 회귀모형**(simple linear regression model)은 다음과 같다.

단순선형 회귀모형

$$Y_i = \alpha + \beta x_i + \varepsilon_i$$

여기서, Y_i: i 번째 관측값에 대한 종속변수의 값 (아파트 매매가격)
x_i: i 번째 관측값에 대한 독립변수의 값 (아파트 면적)
α, β : 단순선형 회귀모형의 회귀계수(regression coefficient)
ε_i : Y_i 의 오차항을 나타내는 확률변수
(여기서 ε_i는 평균 0, 분산 σ^2의 정규분포를 가정한다)

위 회귀모형에서 ε_i는 어떠한 확률에 의하여 랜덤으로 나타나는 변수이므로 Y_i도 랜덤으로 나타나는 확률변수가 된다. 또한 x_i, α, β는 상수로 취급되어, $E(Y_i) = \alpha + \beta x_i$이고, $Var(Y_i) = \sigma^2$이 된다. 즉, 확률변수 Y_i[2]는 $\alpha + \beta x_i$를 평균으로 하고, σ^2을 분산으로 하는 정규

2) 종속변수를 나타내는 확률변수는 Y_i로 표시하고, 표본을 통하여 얻은 관측값은 y_i라고 표시하기로 한다. 자료를 수

분포를 따른다.

여기서 $E(Y_i)=\alpha+\beta x_i$를 회귀모형 또는 모회귀방정식(population regression equation; true regression equation)이라 하며, 이 방정식은 두 변수 사이에 존재하는 함수관계를 나타낸다. 여기서 α와 β는 회귀모형에서 나타나는 회귀계수(regression coefficient)로서, 회귀분석에서는 추정 대상이 되는 모수(parameter)의 역할을 한다.

(2) 회귀모형의 추정

α와 β에 대한 추정은 표본자료로부터 계산되며, 이에 대한 추정값을 각각 a와 b라 하면 다음 관계가 성립한다.

$$\hat{y}_i = a + bx_i$$

단, $\hat{y}_i$: $E(Y_i)$의 추정값

a : α의 추정값

b : β의 추정값

이러한 방정식을 추정된 회귀방정식(estimated regression equation)이라 한다. 〔그림 21-5〕는 자료값과 추정된 회귀방정식의 관계를 나타내고 있다. 표본자료를 이용하여 α와 β의 추정값 a와 b를 계산하고, 독립변수의 값 x_i가 주어지는 경우, 식 $\hat{y}_i = a + bx_i$을 이용하여 $E(Y_i)$에 대한 추정값 $\hat{y}_i$의 계산이 가능하다.

표본자료를 이용하여 α와 β를 추정하기 위하여 주로 사용되고 있는 방법은 최소제곱법(least square method)이다. 최소제곱법은 종속변수의 실제 관측값 y_i와 추정된 예측값 $\hat{y}_i$의 차이를 제곱하여 더한 값을 최소화하는 조건에서 추정하는 방법을 말한다.

최소제곱법은 아래의 값을 최소화시키는 a, b를 찾는 방법이다.

$$Q = \sum_{i=1}^{n}(y_i - \hat{y}_i)^2 = \sum_{i=1}^{n}(y_i - (a + bx_i))^2$$

이 경우, Q값을 최소화 시키는 a, b는 α와 β의 추정값이 된다.

집한 후에 얻은 관측값은 더 이상 확률변수가 될 수 없다. 따라서 실제 관측값과 확률변수를 구분하기 위하여 이와 같은 표기법을 사용하기로 한다.

아파트 매매자료를 이용하여 나타난 SAS 프로그램의 코드의 분석결과를 살펴보면 다음과 같다 (모든 가격은 만원 단위로 변환하여 분석하였다).

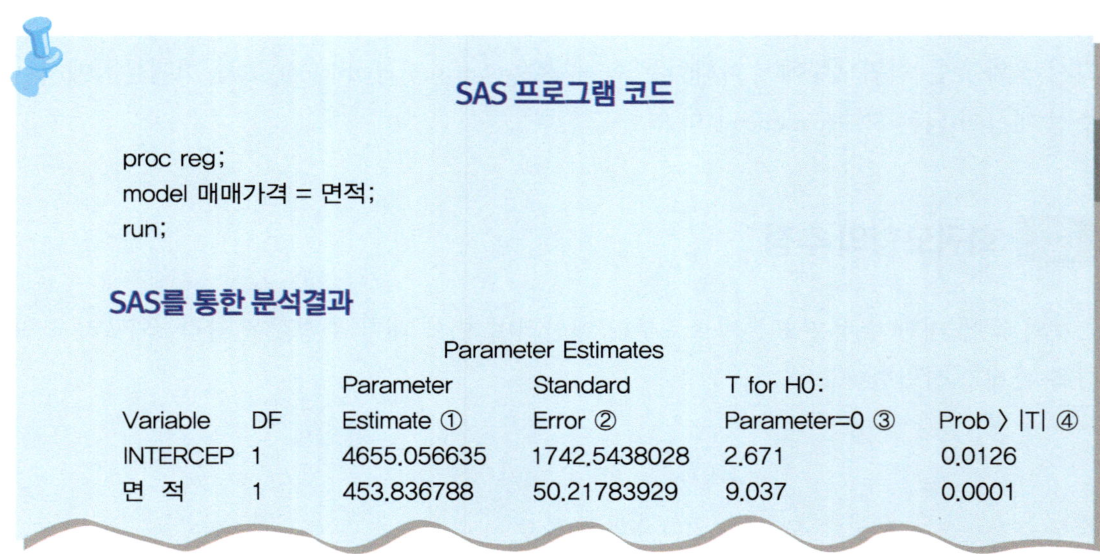

SAS 프로그램 코드

```
proc reg;
model 매매가격 = 면적;
run;
```

SAS를 통한 분석결과

Parameter Estimates

Variable	DF	Parameter Estimate ①	Standard Error ②	T for H0: Parameter=0 ③	Prob 〉 |T| ④
INTERCEP	1	4655.056635	1742.5438028	2.671	0.0126
면 적	1	453.836788	50.21783929	9.037	0.0001

SAS 결과를 살펴보면, 추정된 회귀방정식은 다음과 같다는 사실을 확인할 수 있다(분석결과 ① 참조).

$$\hat{y}_i = 4,655 + 454x_i$$

분석결과 ②는 추정된 값에 대한 표준오차를 나타내며, 분석결과 ③은 '회귀계수의 값은 0이다'라는 귀무가설에 대한 검정통계량값인 t값을 나타내고 있으며, 분석결과 ④는 이에 대한 p값을 나타내고 있다. 유의수준을 5%로 하였을 경우, 모든 p값이 5%보다 적게 나타나므로, 유의한 회귀계수라는 결론을 내리게 된다. 이에 대한 내용은 본장에 있는 '회귀계수에 대한 t검정'에서 자세히 다루도록 한다.

이러한 추정된 회귀방정식으로부터 아파트 매매가격은 4,655(만원)부터 시작이 되며, 평당 454(만원)씩 증가한다는 사실을 알 수 있다. 만일 30평의 아파트를 구입하고자 하는 경우라면, 1억 8천 2백 7십 5만원 정도가 평균가격이라고 추정할 수 있다.

$$\hat{y}_i = 4,655 + 454 \times 30 = 18,275$$

여기서 한 가지 주의해야 할 사항은 추정된 회귀방정식을 이용하여 계산된 $\hat{y}$값의 해석이다. 편의상 $\hat{y}$의 값을 종속변수의 추정값이라고 하는데, 엄밀하게 말하면, $\hat{y}$의 값은 $E(Y)$에 대한 추정값이다. 따라서 위의 예에서 계산된 $\hat{y}$ (1억 8천 2백 7십 5만원)은 30평 아파트의 매매가격에 대한 추정값이 아니라, 30평 아파트의 매매가격에 대한 평균의 추정값이라는 의미이다. 따라서 보통 $\hat{y}$의 값을 종속변수의 추정값이라고 표현하지만 엄밀하게는 종속변수의 평균 또는 기대값의 추정값이 올바른 표현이다.

회귀분석을 사용하는 경우 유의해야 할 두번째 사항은, 추정된 회귀계수 a와 b는 수집된 표본자료를 근거로 하여 계산된 수치라는 것이다. 따라서 자료를 추가하거나 삭제하게 되면 a와 b의 값도 달라지게 될 것이다. 결국 a와 b의 값은 표본자료에 따라 변하는 값이며, 독립변수가 취하는 범위에 제약을 받는다. 그러므로 추정된 회귀방정식을 이용하여 종속변수의 값을 추정하는 경우, 수집된 자료의 범위를 벗어난 값을 독립변수의 값으로 사용해서는 안된다는 것이다. 예를 들어, 아파트 매매자료는 16평에서 54평 크기의 아파트로 구성되어 있으므로, 이러한 범위에 포함되지 않은 10평 크기의 아파트나, 90평 크기의 아파트에 대한 매매가격을 위에서 얻은 추정된 회귀방정식을 이용하여 예측해서는 안된다는 의미이다.

(3) 분산의 분해

만일 독립변수 x를 사용하지 않고, 종속변수 y를 추정한다면, 종속변수의 평균값인 $\overline{y}$를 그대로 사용하는 것이 가장 이상적인 방법일 것이다. 이 경우, 오차는 실제값과 평균값의 차이인 $(y-\overline{y})$가 된다.

만일 종속변수 y를 추정하기 위하여 독립변수 x를 이용한다면, 회귀직선을 사용하여야 하

그림 21-5 | 회귀분석에서 사용되는 분산의 분해

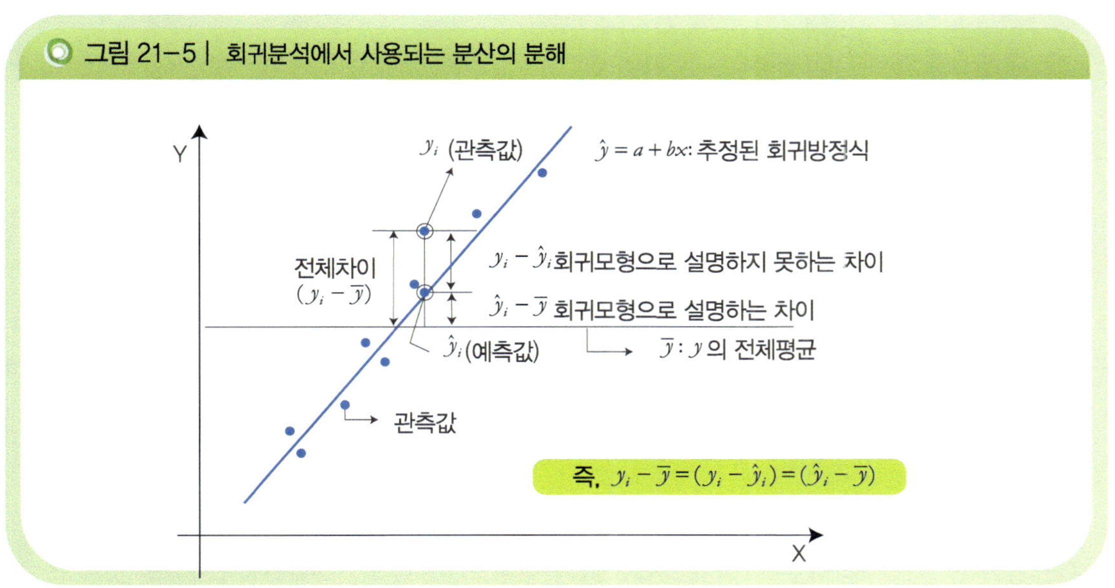

고, 이 경우 실제값 y에 대한 오차는 앞에서 얻은 $(y-\overline{y})$보다 어느 정도 줄일 수 있을 것이다. 즉, 회귀직선을 사용하여 y를 추정한다면 그 차이는 $(y-\hat{y})$이 되어 회귀직선의 도움없이 추정하였을 경우의 차이 $(y-\overline{y})$보다 $(\hat{y}-\overline{y})$만큼 오차가 적어지게 된다.

여기서 $(\hat{y}-\overline{y})$는 회귀직선을 사용하였기 때문에 줄어든 오차로서, 전체오차$(y-\overline{y})$ 중에서 회귀직선에 의해 설명된 부분이라고 볼 수 있다. 또한 회귀직선은 종속변수 y와 독립변수 x의 관계를 나타내므로, 이 만큼의 차이는 독립변수 x에 의해서 설명된 부분이기도 하다. 물론 회귀직선은 종속변수의 값 y를 완벽하게 설명하지는 못하고 있다. 따라서 $(y-\overline{y})$를 전체오차라고 한다면, $(\hat{y}-\overline{y})$는 회귀방정식 또는 독립변수 x에 의해서 설명된 편차이고, $(y-\hat{y})$는 회귀방정식으로 설명되지 못한 오차이다 (그림 21-5 참조).

하지만, 이러한 오차는 부호를 가지고 있어서, 모두 합하게 되면 서로 상쇄되어 0이 되는 특징을 가지고 있다. 이러한 문제점을 극복하기 위하여, 이러한 오차를 제곱하여 표현하게 되는데, 이를 수식으로 표현하면 다음과 같다.

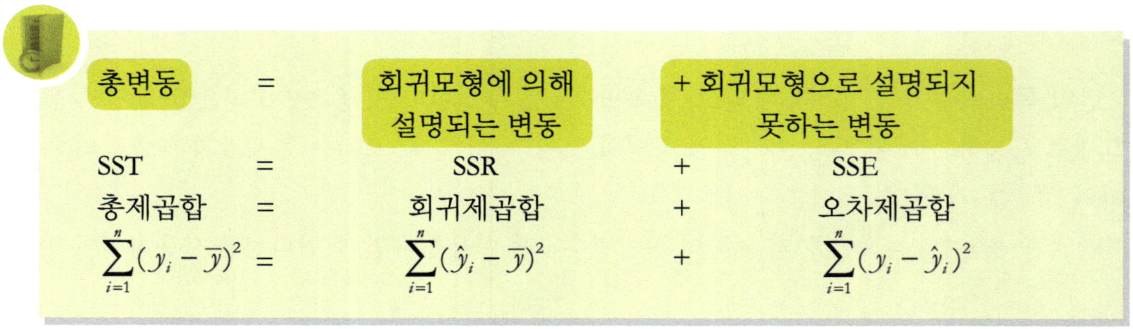

총변동	=	회귀모형에 의해 설명되는 변동		+ 회귀모형으로 설명되지 못하는 변동
SST	=	SSR	+	SSE
총제곱합	=	회귀제곱합	+	오차제곱합
$\sum_{i=1}^{n}(y_i-\overline{y})^2$	=	$\sum_{i=1}^{n}(\hat{y}_i-\overline{y})^2$	+	$\sum_{i=1}^{n}(y_i-\hat{y}_i)^2$

즉, **총제곱합**, SST(Sum of Squares Total)은 **회귀제곱합**, SSR(Sum of Squares Regression)과 **오차제곱합**, SSE(Sum of Squares Error)로 분해됨을 알 수 있다.

(4) 자유도와 제곱평균

모든 **제곱합**, SS(Sum of Squares)는, 항상 대응하는 자유도가 있으며, 제곱합을 해당 자유도로 나누어주면 **제곱평균**, MS(Mean Square)가 된다. 총제곱합을 나타내는 SST는 n개의 종속변수 값 중에서 표본평균 $\overline{y}$를 사용하여 제곱합을 계산하였으므로, 1개의 자유도를 상실하게 되어, 자유도는 $n-1$이 된다. 오차제곱합을 나타내는 SSE는 $\hat{y}_i$를 추정하기 위하여 a와 b를 사용하였으므로, 2개의 자유도를 상실하게 되어 자유도는 $n-2$가 된다. 그리고 회귀방정식으로 설명된 변동을 나타내는 회귀제곱합 SSR의 자유도는 SST의 자유도에서 SSE의 자유도, 즉,

자유도의 개념

일반적으로 모집단의 특성을 나타내는 모수를 파악하기 위하여 표본을 추출하게 되는데, 이 경우 통계적 추측에 대한 정확도는 추출한 표본의 수가 어느 정도 되느냐에 의존한다. 예를 들어, 크기가 N인 모집단에서 크기가 n인 표본을 추출하여 관측하였다면, 통계적 추측의 정확성은 n이 N에 접근할수록 높아질 것이다. 자유도의 개념은 이러한 모집단의 일부분으로부터 얻은 표본의 수인 n과 밀접한 관련이 있는 것으로서 통계적 추측의 정확성을 표현하는 개념이다.

자유도는 n −(추정된 모수의 수)로 나타낼 수 있다. 예를 들어, 모집단의 분산을 알고자 한다면, 분산의 정의로부터 $\sigma^2 = E[(X-\mu)^2]$ 이므로 반드시 기대값 μ를 알고난 후에 분산을 추측할 수 있다. 따라서 분산에 관련된 통계적 추측은 기대값 μ를 미리 추측해야 하므로 추정된 모수의 수가 1이 되며 따라서 자유도는 $n-1$이 된다. 만일 모집단에 대하여 정확한 기대값 μ가 알려져 있다면 분산의 추측과 관련된 자유도는 n이 되어야 한다.

분산분석과 회귀분석에서의 자유도 개념은 n −(모형에서 사용하는 추정된 모수의 수)로 표현할 수 있다. 만일 n개의 관측값 (x_i, y_i)로 구성된 표본으로부터 $\hat{y} = a + bx$와 같은 통계적 모형을 설정하였다면, 이에 대한 분산은 a와 b를 추측한 후에 계산을 할 수 있기 때문에, 모형에서 사용하는 추정된 모수의 수는 2가 된다. 따라서 오차와 관련된 자유도는 $n-2$가 된다.

이러한 자유도의 개념은 "표본의 자유스러움"으로 설명될 수 있다. 만일 표본의 수를 n으로 하는 표본을 추출한다면, n개의 관측값이 자유스럽게 움직이게 된다. 하지만 n개의 표본에 어떠한 제약식을 추가한다면, n개의 표본은 더 이상 자유스럽지 못하게 되고, 일부분의 표본만이 자유스럽게 되며, 나머지 표본은 제약식 조건을 맞추기 위하여 특정하게 정해진 값을 가져야만 할 것이다. 모집단의 분산을 추측하는 문제에 있어서도, 분산을 추측하기 전에 기대값 μ를 추측해야 하므로 μ를 추측하는 표본평균 $\bar{X}$를 사용하여 μ의 역할을 대치하게 되면, 표본의 $n-1$개만 자유스러운 값을 가지게 되며, 나머지 한 개의 관측값(n번째 관측값)은 표본평균 $\bar{X}$의 값을 맞추기 위하여 어떤 특정한 값을 가져야만 한다는 것이다. 따라서 분산 추측을 위한 표본의 자유도는 $n-1$이 된다.

$(n-1)-(n-2)=1$이 된다.[3)]

따라서 단순회귀모형에서의 회귀제곱평균, MSR(Mean Square Regression)과 오차제곱평균, MSE(Mean Square Error)는 다음과 같이 계산된다.

$$MSR = \frac{SSR}{1} \qquad MSE = \frac{SSE}{n-2}$$

3) 회귀분석에서 SSR의 자유도는 모형에 포함된 독립변수의 수와 일치한다. 예를 들어, 독립변수가 2개인 다중회귀 모형에서 SSR의 자유도는 2이다.

(5) F-검정과 분산분석표

종속변수를 예측하는 경우, 회귀모형을 사용할 것인지를 결정하는 가설검정 문제를 생각하여 보자. 단순회귀모형에서 회귀모형을 사용하겠다는 의미는, 회귀모형에서 나타나는 회귀계수 $\beta \neq 0$이라는 의미와 동일하며, 회귀모형을 사용하지 않겠다는 의미는 $\beta = 0$이라는 의미와 동일한 의미이다. 따라서 회귀모형에 대한 사용여부는 $\beta = 0$인지 아니면, $\beta \neq 0$인지를 결정하는 문제로 축소된다.

만일 귀무가설 $H_0: \beta = 0$이 참이라면, 검정통계량, F값은 MSR/MSE으로 계산되며, 이 값은 분자자유도 1, 분모자유도 $n-2$를 갖는 F분포를 따른다. 만일 MSR의 크기가 유의미하지 않다면, 오차로 취급될 수 있다는 의미이므로, MSE의 크기와 비슷하게 나타날 것이며, F값은 1에 가까운 값을 가지게 된다. 만일 귀무가설이 거짓이라면, MSR은 MSE보다 크게 나타날 것이며, 따라서 F값은 1보다 큰 값을 가져야 할 것이다.

결국 F값이 1보다 충분히 큰 값을 가지게 되면, 귀무가설 $H_0: \beta = 0$을 기각하고 대립가설 $H_1: \beta \neq 0$을 받아들이는 통계적 의사결정을 하게 된다. 만일 귀무가설이 기각된다면, 독립변수가 종속변수에 의미있는 영향을 미친다는 것으로 해석할 수 있으며, 반대로 귀무가설을 기각하지 못한다면, 독립변수가 종속변수에 의미있는 영향을 미치지 못한다는 경우로서, 추정된 회귀방정식으로 종속변수의 값을 예측하는 것은 무의미하게 된다. 이러한 과정을 요약한 표를 분산분석표(analysis of variance)라고 한다 (표 21-1 참조).

표 21-1 | 단순회귀분석에서의 분산분석표

변동원인	제곱합	자유도	제곱평균	F값
회귀	SSR	1	$MSR=SSR/1$	MSR/MSE
오차	SSE	$n-2$	$MSE=SSE/(n-2)$	
합계	SST	$n-1$		

아파트 매매자료에 대한 분산분석표을 살펴보면, SST는 641086123.03이며, SSR은 481808470.31, SSE는 159277652.72가 됨을 확인할 수 있다. MSR은 자유도가 1이므로 SSR의 값과 동일하며, MSE는 SSE에서 자유도 27을 나눈값, 즉 5899172.323 이 된다. MSR을 MSE로 나눈

값이 F값이며, 81.674가 된다. 이 값은 귀무가설이 참이라고 가정하였을 경우, 분자자유도가 1이고 분모자유도가 27인 F분포를 따르게 되며, 임계값은 F분포표에 의하여 5% 유의수준에서 4.21이 된다. 즉, 4.21보다 크면, 회귀모형을 사용하지 않겠다는 의미를 갖는 $\beta=0$에 대한 귀무가설을 기각하는 통계적 결정을 내리게 되는 것이다. 실제로 F값이 81.674가 나타났으므로 유의수준 5%에서 귀무가설을 기각하게 된다. 이러한 가설검정을 p 값을 이용한 가설검정에서도 p 값이 0.0001로 나타나서, 일반적인 유의수준 5%보다 적은 수치이므로, 동일한 통계적 결정을 내리게 된다.

SAS를 통한 분석결과

Analysis of Variance

Source	DF	Sum of Squares	Mean Square	F Value	Prob>F
Model	1	481808470.31	481808470.31	81.674	0.0001
Error	27	159277652.72	5899172.323		
C Total	28	641086123.03			

(6) 결정계수와 표준오차

아파트 매매자료의 예를 통하여 결정계수와 표준오차를 설명하여 보자.

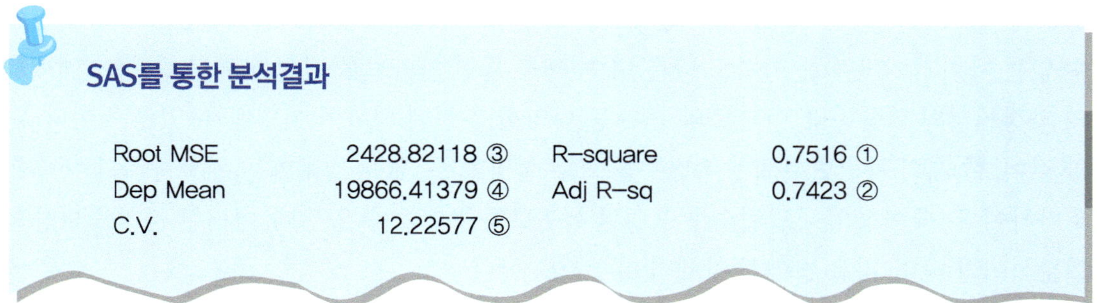

SAS를 통한 분석결과

Root MSE	2428.82118 ③	R-square	0.7516 ①
Dep Mean	19866.41379 ④	Adj R-sq	0.7423 ②
C.V.	12.22577 ⑤		

◆ 결정계수와 수정된 결정계수

결정계수(coefficient of determination)는 R^2로 표시하며, 총변동, SST에서 회귀제곱합, SSR이 차지하는 비율로 정의된다. 즉, 결정계수는 다음과 같다.

$$R^2 = \frac{\text{회귀모형에 의해 설명되는 변동}}{\text{총변동}} = \frac{SSR}{SST} = \frac{\sum_{i=1}^{n}(\hat{y}_i - \bar{y})^2}{\sum_{i=1}^{n}(y_i - \bar{y})^2}$$

$$= \frac{SST - SSE}{SST} = 1 - \frac{SSE}{SST}$$

아파트 매매자료의 예에서, SST는 641086123.03이며, SSR은 481808470.31이므로 두 값을 나눈 값이 결정계수가 되며, 이 값은 0.7516 (분석결과 ① 참조)이 된다. 독립변수가 증가하는 경우, R^2값은 무조건 증가하는 경향이 있는데, 이러한 문제점을 해결하기 위하여, 결정계수의 개념에 자유도 개념을 혼합시킨, 수정된 **결정계수**(adjusted coefficient of determination)가 있다. 수정된 결정계수는 $adj-R^2$로 표기하며, 다음과 같이 정의된다.

$$adj - R^2 = 1 - \frac{SSE / n-2}{SST / n-1} = 1 - \frac{MSE}{MST}$$

여기서 MST는 SST값에 SST에 대응하는 자유도인 $n-1$을 나눈 총제곱평균합이다. 수정된 결정계수는 0.7423으로 나타났다 (분석결과 ② 참조).

결정계수가 0.7516이라는 의미는 무엇인가? 이 경우에는 아파트 매매가격의 변동에 대하여 75.16%는 아파트 면적으로 설명할 수 있다는 의미이며 나머지 24.84%는 아파트 면적으로 설명할 수 없다는 의미이다. 여기서, 결정계수 R^2는 1보다 클 수 없다. 아파트 면적으로 설명할 수 없는 나머지 24.84%는 아마도 다른 변수, 예를 들면 아파트를 건설한 회사 브랜드, 매매협의 과정에서의 협상능력, 아파트의 층수 등 다양한 원인에 의하여 설명될 수 있을 것이다. 이와 같이, 한 개의 독립변수로 종속변수를 모두 설명할 수 없는 경우에는, 새로운 독립변수를 추가하여 두 개 이상의 독립변수로 구성된 회귀모형을 만들 수 있는데, 이러한 분석을 다중회귀분석이라 하며, 다음 장에서 자세히 다루기로 한다.

상관계수는 두 변수간의 선형관계의 방향과 강도를 측정하는 수치로 γ로 표시하며, 결정계수 R^2의 제곱근과 상관계수의 절대값은 항상 일치한다. 아파트 매매자료의 예에서의 상관계수는 다음과 같이 계산된다.

$$r = \sqrt{0.7516} = 0.8669$$ [4)]

4) 추정된 회귀직선의 기울기가 양(+)이므로 상관계수도 양(+)의 값을 갖는다.

◆ 표준오차의 추정

추정된 회귀방정식으로부터 종속변수의 추정값을 얻게 되면, 그 추정값이 얼마나 정확한 것인지에 대하여 의문이 생기게 된다. 모형에 대한 정확성은 표준오차(standard error)로 측정된다. 이러한 표준오차는 두 변수들이 서로 얼마나 밀접하게 관련되어 있느냐에 전적으로 의존한다. 다시 말하면, 회귀직선 주위에 점들이 어느 정도 퍼져 있는지를 파악하여 표준오차가 계산된다는 의미이다. 표준오차는 σ로 표현되며, 이에 대한 추정값은 S로 표현된다. 추정된 표준편차 S를 계산하는 방법은 자료의 표준편차를 계산하는 방법과 비슷하지만, 표준편차는 평균으로부터의 차이를 측정하는 것이고 추정된 표준오차는 회귀직선(또는 종속변수의 예측값)으로부터의 차이를 계산한다는 차이점이 있다. 추정된 표준오차 S는 다음과 같은 식을 통하여 얻어진다.[5)]

$$S = \sqrt{\frac{\sum_{i=1}^{n}(y_i - \hat{y}_i)^2}{n-2}} = \sqrt{\frac{SSE}{n-2}} = \sqrt{MSE}$$

앞 절에서 언급한 바와 같이, Y_i의 분산 $Var(Y_i) = \sigma^2$을 상기하여 볼 때, 추정된 표준오차 S는 Y_i에 대한 표준편차 σ의 추정값이 된다. 여기서 σ는 Y_i가 $E(Y_i)$주위에 분포되어 있는 정도를 나타내지만, $E(Y_i)$의 값을 알지 못하므로 σ의 값도 알 수 없게 된다. 하지만, S는 Y_i가 $\hat{y}_i$ 주위에 분포되어 있는 정도를 나타내므로 S를 σ의 추정값으로 사용하는 것이다.[6)]

아파트 매매자료의 분석결과를 살펴보면, 표준오차에 대한 추정값은 MSE를 제곱근한 값으로 2,428.8(만원)이 된다 (분석결과 ③ 참조). 분석결과 ④는 종속변수의 평균값을 나타내며, 분석결과 ⑤는 변동계수(coefficient of variation)를 나타낸다. 변동계수는 평균을 고려한 표준편차의 크기를 나타내는 개념으로 표준편차를 평균으로 나눈값으로 정의한다. SAS에서는 이러한 변동계수에 100을 곱하여 제공하고 있다. 즉,

$$\text{변동계수} = \frac{\text{표준오차}}{\text{종속변수의 평균값}} \times 100 = \frac{2428.8}{19866.4} \times 100 = 12.23$$

(7) 회귀계수에 대한 t 검정

단순회귀모형에서 사용되는 회귀계수 α와 β에 대한 추정값으로 사용된 a와 b는 확률변

5) 분모의 $n-2$는 n개의 표본자료를 이용하여 α와 β의 추정값인 a, b를 계산하였기 때문에 2개의 자유도를 상실한 결과이다.

6) $E(S^2) = \sigma^2$의 성질이 만족되어, S^2는 σ^2의 불편추정량이 된다.

수로서 표본이 어떻게 구성되느냐에 따라 확률적으로 다르게 나타나는 값이 된다. 그러면 확률변수 a와 b의 평균은 얼마이고 분산은 얼마인가? 만일 a와 b에 대한 평균과 분산을 알고, 그 표본분포를 알 수 있다면, a와 b의 값을 구한 뒤 이 값이 0과 다른 의미있는 값인지 아닌지를 검정할 수 있게 된다. 또한 표본으로부터 계산된 b의 값이 0과 의미있는 차이가 없다면, 회귀분석에 사용된 두 변수 X(독립변수)와 Y(종속변수)는 의미있는 관계가 존재하지 않는다는 결론을 내릴 수 있으므로, X를 가지고 Y를 예측하는 것은 무의미하다고 볼 수 있을 것이다. a와 b의 평균과 분산은 다음과 같다.

$$E(a)=\alpha, \qquad Var(a)=\sigma^2\left[\frac{1}{n}+\frac{\bar{x}^2}{\sum_{i=1}^{n}(x_i-\bar{x})^2}\right]$$

$$E(b)=\beta, \qquad Var(b)=\frac{\sigma^2}{\sum_{i=1}^{n}(x_i-\bar{x})^2}$$

여기서 σ^2는 모르는 값이므로 이에 대한 추정된 표준오차인 S^2를 대입한다. 즉,

$$\widehat{Var}(a)=S^2\left[\frac{1}{n}+\frac{\bar{x}^2}{\sum_{i=1}^{n}(x_i-\bar{x})^2}\right]$$

$$\widehat{Var}(b)=\frac{S^2}{\sum_{i=1}^{n}(x_i-\bar{x})^2}$$

아파트 매매자료에서, 회귀계수의 추정값에 대한 표준오차는 a에 대한 표준편차로서 1742.54로 나타나고, b에 대한 표준편차는 50.22로 나타났음을 확인할 수 있다 ('회귀모형의 추정'에 대한 결과 ② 참조).

이제 a와 b의 평균과 분산을 알았으므로 표본자료로부터 a와 b의 값을 구한 뒤 이 값이 0과 다른 의미있는 값인지에 대한 가설검정을 할 수 있다. 일반적으로 a값이 0과 다른지의 여부는 관심의 대상이 아니기 때문에, 여기서는 b에 대한 검정만을 다루고자 한다. 회귀계수 β에 대한 가설은 다음과 같다.

$$H_0: \beta=0, \qquad H_1: \beta\neq 0$$

b는 평균이 β이고 분산이 $\sigma^2 / \sum_{i=1}^{n}(x_i - \bar{x})^2$ 이므로,

$$Z = \frac{b-\beta}{\sigma / \sqrt{\sum_{i=1}^{n}(x_i - \bar{x})^2}}$$ 는 표준정규분포를 따르고

모르는 σ 값을 이에 대한 추정값 S로 바꾸면,

$$t = \frac{b-\beta}{S / \sqrt{\sum_{i=1}^{n}(x_i - \bar{x})^2}}$$ 는 자유도 $(n-2)$의 t분포를 따르게 된다.

결국 검정통계량 $t = \frac{b}{b\text{의 표준오차}}$는, 귀무가설이 참이라고 가정하는 경우, 자유도 $(n-2)$의 t분포를 따르게 된다.

아파트 매매자료의 예에서 $b = 453.84$이고, ('회귀모형의 추정'에 대한 결과 ① 참조) 이에 대한 표준오차는 50.22로 나타났으므로, 검정통계량 t값은 $\frac{453.84}{50.22} = 9.037$ 이 된다는 사실을 확인할 수 있다 ('회귀모형의 추정'에 대한 결과 ③ 참조). 이러한 검정통계량은, 귀무가설이 참이라는 가정아래서, 자유도가 27인 t분포를 따르므로, 유의수준 5%에서의 임계값, $t_{0.025}(27)=2.052$가 된다. 따라서 기각역은 t값이 2.052보다 크거나 −2.052보다 적은 영역이 된다.[7] 결국 계산된 검정통계량값은 기각역에 속하게 되므로, 유의수준 5%에서 귀무가설을 기각하는 통계적 결정을 내리게 된다. p 값을 이용한 가설검정도, 이와 비슷한 과정을 거치면서, 항상 동일한 결론이 나타난다.

만일 귀무가설을 기각하지 못한다면, 귀무가설인 $H_0 : \beta = 0$을 사실로 받아들이게 된다. 따라서 회귀모형 $Y_i = \alpha + \beta x_i + \varepsilon_i$은 $Y_i = \alpha + \varepsilon_i$ 으로 바뀌게 되어 x_i와 Y_i사이에 선형관계가 존재하지 않는다는 결론을 내리게 된다. 즉, 귀무가설을 기각하지 못한다면, 독립변수 x_i는 종속변수 Y_i를 예측하는데 아무런 도움이 되지 않는다는 의미이다.

만일 β에 대한 신뢰수준 95%의 신뢰구간을 계산하고 싶다면, 다음의 식에 의하여 계산될 수 있다.

$$b \pm t_{\alpha/2}(n-2)\frac{S}{\sqrt{\sum_{i=1}^{n}(x_i - \bar{x})^2}} = b \pm t_{0.025}(27) \times b\text{의 표준오차}$$

7) 이 경우는 제1형의 대립가설이므로, 양측검정이 적용된다.

$$=453.84 \pm 2.052 \times 50.22=(350.79,\ 556.89)$$

단순회귀모형에서는, t검정이 분산분석표에 나타나는 F검정과 동일한 검정이 되며, 검정통계량 t값을 제곱하면, 항상 F값이 되는 성질이 있다. 아파트 매매자료의 예에서 t값은 9.037이고 이 값을 제곱하면, $9.037^2=81.67$이므로 이값은 분산분석표에 나타나는 F값과 일치한다는 사실을 확인할 수 있다. 일반적으로 자유도 k를 갖는 t분포를 따르는 확률변수를 제곱하면, 분자자유도 1, 분모자유도 k를 갖는 F분포를 따르는 확률변수가 된다.

(8) 독립변수의 값이 주어졌을 경우의 종속변수의 평균에 대한 예측

회귀모형에서 만일 독립변수의 어떤 값 x_k가 주어졌을 경우, 이에 대응하는 Y값은 $E(Y_k)$를 중심으로 하고, σ를 표준편차로하여 분포되어 있을 것이다. 그런데 회귀모형에서는 $E(Y_k)=\alpha+\beta x_k$를 가정하였으며, α와 β는 그 값을 알 수 없는 모수이므로 표본자료로부터 α와 β의 추정값 a와 b를 구한 후 이를 이용하여 추정된 회귀방정식 $E(\hat{y}_k)=\alpha+\beta x_k$를 이용하여 $\hat{y}_k$값을 구하였다. 결국 $E(Y_k)$에 대한 추정값은 $\hat{y}_k$가 되는 것이다. 그러면 여기서 $E(Y_k)$에 대한 표본분포와 신뢰구간을 알아보도록 하자.

$\hat{y}_k=a+bx_k$이고, a와 b는 확률변수이므로, $\hat{y}_k$ 또한 확률변수임을 알 수 있다. 여기서 $\hat{y}_k$의 평균은 $E[\hat{y}_k]=E[a+bx_k]=\alpha+\beta x_k$이고 분산은 다음과 같다.

$$Var(\hat{y}_k)=\sigma^2\left(\frac{1}{n}+\frac{(x_k-\bar{x})^2}{\sum_{i=1}^{n}(x_i-\bar{x})^2}\right)$$

따라서

$$Z=\frac{\hat{y}_k-E(Y_k)}{\sigma\sqrt{\frac{1}{n}+\frac{(x_k-\bar{x})^2}{\sum_{i=1}^{n}(x_i-\bar{x})^2}}}$$ 는 평균이 0이고 분산이 1인 표준정규분포를 따르고,

σ는 그 값을 모르는 값이므로, 이에 대한 추정값 S를 대입하면,

$$t=\frac{\hat{y}_k-E(Y_k)}{S\sqrt{\frac{1}{n}+\frac{(x_k-\bar{x})^2}{\sum_{i=1}^{n}(x_i-\bar{x})^2}}}$$ 는 자유도 $(n-2)$의 t분포를 따르게 된다.

따라서, $E(Y_k)$에 대한 신뢰수준 95%의 신뢰구간은 다음과 같다.

$$\hat{y}_k \pm t_{\alpha/2}(n-2)S\sqrt{\frac{1}{n}+\frac{(x_k-\bar{x})^2}{\sum_{i=1}^{n}(x_i-\bar{x})^2}}$$

이러한 $E(Y_k)$에 대한 신뢰구간은, $\hat{y}_k$를 중심으로 하고 있으며, 다음과 같은 특징을 가지고 있음을 알 수 있다.

① 신뢰구간의 폭은 표준오차의 추정값 S에 비례한다. 다시 말하면, S가 큰 경우 $\hat{y}_k$로 $E(Y_k)$을 추정하는 것은 정확하지 못하다는 것이다.

② 표본의 수를 나타내는 n이 크면 클수록 $E(Y_k)$에 대한 추정값 $\hat{y}_k$는 정확해 진다.

③ $E(Y_k)$에 대한 추정값 $\hat{y}_k$의 정확도는 $(x_k-\bar{x})^2$과 관련되어 있다. 만일 $x_k=\bar{x}$이라면 신뢰구간의 폭이 가장 좁으므로, 가장 정확도가 높은 예측값을 얻을 수 있으며, x_k가 자료의 중심인 $\bar{x}$로부터 멀어질수록 정확도는 떨어진다.

결국, 종속변수를 예측함에 있어서의 정확도는 ① 변수들이 서로 얼마나 밀접하게 관련되어 있느냐는 문제 (표준오차 S와 관련됨), ② 얼마나 많은 표본자료를 가지고 분석을 실시하였느냐는 문제 (표본의 수인 n과 관련됨), ③ 예측하고자 하는 독립변수의 값이 자료에 나타난 독립변수의 평균값으로부터 얼마만큼 떨어져 있느냐는 문제($(x_k-\bar{x})^2$ 값의 크기와 관련됨)에 의하여 결정되는 것이다. 아파트 매매자료의 예를 생각하여 보면, 아파트 매매가격과 면적이 어느 정도 연관성이 있느냐는 문제와 몇 개의 자료를 이용하여 분석하였는지에 대한 문제, 자료로부터 계산된 평균면적이 33.5평이라면, 이로부터 얼마만큼 떨어진 면적의 매매가격을 예측하기 원하는가에 따라 예측의 정확성이 다르게 나타난다는 것이다.

SAS를 이용한 결과

Obs	Dep Var 매매가격①	Predict Value②	Std Err Predict③	Lower95% Mean④	Upper95% Mean⑤	Residual⑥
1	13800.0	14185.6	773.656	12598.2	15773.0	−385.6
2	24600.0	29162.2	1123.137	26857.8	31466.7	−4562.2
3	24240.0	26893.1	898.856	25048.8	28737.4	−2653.1

⋮	⋮	⋮	⋮	⋮	⋮	⋮
27	22500.0	20993.2	467.936	20033.1	21953.3	1506.8
28	12480.0	13731.8	814.984	12059.6	15404.0	−1251.8
29	31080.0	26439.2	855.789	24683.3	28195.2	4640.8

Sum of Residuals 0 ⑦
Sum of Squared Residuals 159277652.72 ⑧
Predicted Resid SS (Press) 195054551.71 ⑨

아파트 매매자료의 분석 결과의 형식을 살펴보면 다음과 같다.

분석결과 ① 실제로 매매된 아파트가격인 y_k

분석결과 ② 추정된 회귀방정식에 의하여 계산된 매매가격의 예측값인 $\hat{y}_k$

분석결과 ③ 예측값에 대한 표준편차 또는 표준오차

분석결과 ④와 ⑤ 종속변수의 예측값에 대한 평균의 95%신뢰구간의 하한값과 상한값

분석결과 ⑥ 실제 매매가격에서 예측된 매매가격을 뺀 값으로 잔차를 나타냄

분석결과 ⑦ 잔차의 합(이 값은, +부호의 값과 -부호의 값이 서로 상쇄되어, 항상 0의 값을 갖는다)

분석결과 ⑧ 잔차들을 제곱하여 더한 값(이 값은 분산분석표의 오차제곱합으로 표현되는 SSE와 일치하게 된다)

마지막으로 제공되는 분석결과 ⑨에 나타나는 수치는 **프레스통계량**(press statistic)이다. 프레스통계량은 첫 번째 자료를 분석에서 제외시킨 후, 나머지 28개의 자료를 이용하여 회귀모형을 적합시키고, 첫 번째 제외된 자료를 예측하여, 잔차를 계산하는 방법이다. 이와 같은 과정을 거치게 되면, 잔차값과 회귀모형에서 계산된 MSE값은 서로 독립인 성질을 유지하게 되어, 보다 정확한 회귀모형의 평가가 이루어지게 된다. 이러한 과정을 모든 관측값에 대하여 적용시키면서 잔차를 계산하고, 잔차를 제곱하여 더하게 되면, 프레스통계량이 된다. 여러 회귀모형 중에서 가장 좋은 회귀모형을 선택하는 일반적인 기준은 표준오차와 관련된 가장 적은 MSE를 찾는 것이며, 이는 가장 큰 수정된 결정계수 $adj\text{-}R^2$를 찾는 기준과 동일하다. 프레스통계량은 MSE를 이용한 평가방법보다 더 우수한 평가방법으로 알려져 있지만, 그 계산과정이 복잡하고, 널리 알려져 있지 않기 때문에 많이 사용되지는 않고 있다.

(9) 독립변수의 값이 주어졌을 경우의 종속변수 값에 대한 예측

독립변수의 어떤 값 x_k가 주어졌을 경우, $E(Y_k)$의 신뢰구간, 즉 평균매매가격에 대한 신뢰구간을 계산하는 문제를 알아보았는데, 여기서는 평균이 아닌 실제 매매가격 Y_k의 신뢰구간을 계산하는 문제에 대하여 알아보기로 하자. 이를 위해, 독립변수에 x_k라는 값이 주어졌을 경우, 종속변수 Y_k의 값은 어떠한 구조를 가지며, 또 Y_k의 표본분포는 어떠한 형태인지를 알아보자.

아래의 모형은 우리가 앞에서 배운 단순회귀모형이다.

$$Y_k = \alpha + \beta x_k + \varepsilon_k = E(Y_k) + \varepsilon_k$$

여기서 만일 α와 β의 값을 알고 있다면, Y_k는 $E(Y_k)$를 중심으로 ε_k의 오차를 가지고 분포되어 있다고 말할 수 있다. 그리고 ε_k는, 회귀모형의 가정에 의하여, 평균이 0이고 분산이 σ^2인 정규분포를 따르므로, Y_k는 $E(Y_k)$를 평균으로 취하고, 분산이 σ^2인 정규분포를 따르게 된다. 그런데 α와 β의 값을 모르기 때문에, $E(Y_k)$를 $\hat{y}_k=a+bx_k$로 추정하였다. 따라서, Y_k가 $\hat{y}_k$를 중심으로 어떻게 분포되어 있는지를 알아 볼 필요가 있다.

이미 앞에서 $E(Y_k)$에 대한 추정량 $\hat{y}_k$는 $E(Y_k)$를 평균으로 하고 분산은 다음과 같다는 사실을 앞에서 언급했다.

$$\sigma^2\left(\frac{1}{n}+\frac{(x_k-\bar{x})^2}{\sum_{i=1}^{n}(x_i-\bar{x})^2}\right)$$

또한 Y_k는 $E(Y_k)$를 중심으로 분산은 σ^2을 갖는다는 사실을 알고 있다. 이러한 사실을 종합하여 보면, $\hat{y}_k$가 Y_k로부터 떨어져 있는 정도를 나타내는 분산은 Y_k가 $E(Y_k)$를 중심으로 퍼져있는 분산 σ^2에 $\hat{y}_k$가 $E(Y_k)$중심으로 퍼져있는 분산을 더한 값이 된다. 이와 같은 과정을 수식으로 표현하면 다음과 같다.

$$\text{제곱평균}(Y_k-\hat{y}_k)=\text{제곱평균}(\hat{y}_k-E(Y_k))+\text{제곱평균}(Y_k-E(Y_k))$$

$$=\sigma^2\left(\frac{1}{n}+\frac{(x_k-\bar{x})^2}{\sum_{i=1}^{n}(x_i-\bar{x})^2}\right)+\sigma^2$$

즉, Y_k에 대한 추정량으로서의 $\hat{y}_k$의 분산은 다음과 같다.

$$Var(\hat{y}_k) = \sigma^2 \left(1 + \frac{1}{n} + \frac{(x_k - \bar{x})^2}{\sum_{i=1}^{n}(x_i - \bar{x})^2} \right)$$

따라서

회귀분석 모형이 적합하다고 가정하였을 경우

$$Z = \frac{\hat{y}_k - Y_k}{\sigma\sqrt{1 + \frac{1}{n} + \frac{(x_k - \bar{x})^2}{\sum_{i=1}^{n}(x_i - \bar{x})^2}}}$$ 는 표준정규분포를 따른다.

여기서 σ는 모르는 값이므로 이에 대한 추정값 S를 대입하면,

$$t = \frac{\hat{y}_k - Y_k}{S\sqrt{1 + \frac{1}{n} + \frac{(x_k - \bar{x})^2}{\sum_{i=1}^{n}(x_i - \bar{x})^2}}}$$ 는 자유도 $(n-2)$의 t 분포를 따른다.

결국, Y_k에 대한 신뢰수준 95%의 신뢰구간은 다음과 같다.

$$\hat{y}_k \pm t_{0.025}(n-2)\ S\sqrt{1 + \frac{1}{n} + \frac{(x_k - \bar{x})^2}{\sum_{i=1}^{n}(x_i - \bar{x})^2}}$$

아파트 매매자료의 분석결과를 살펴보면, 분석결과 ①과 ②는 종속변수의 값이 주어졌을 경우, 아파트 매매가격의 예측값에 대한 95%신뢰구간의 하한값과 상한값을 나타내고 있다. 이 결과를 예측값의 평균에 대한 95% 신뢰구간과 비교하여 살펴보면, 분석결과 ①과 ②에 나타난 신뢰구간 폭이 훨씬 크다는 사실을 확인할 수 있다. 이러한 현상은, $E(Y_k)$값은 확률에 의하여 변하지 않는 값이기 때문에, 불확실성이 추정된 회귀방정식에서만 존재하였지만, Y_k는 확률에 의하여 분산 σ^2을 가지고 변하는 값이기 때문에, 이에 대한 불확실성이 분산 σ^2만큼

추가적으로 포함되므로, 신뢰구간 폭이 넓어지게 되는 것이다.

SAS를 통한 분석결과

Obs	Dep Var 매매가격	Predict Value	Std Err Predict	Lower95% Predict①	Upper95% Predict②	Residual
1	13800.0	14185.6	773.656	8955.4	19415.9	-385.6
2	24600.0	29162.2	1123.137	23671.7	34652.8	-4562.2
3	24240.0	26893.1	898.856	21579.2	32206.9	-2653.1
⋮	⋮	⋮	⋮	⋮	⋮	⋮
27	22500.0	20993.2	467.936	15918.0	26068.4	1506.8
28	12480.0	13731.8	814.984	8475.2	18988.4	-1251.8
29	31080.0	26439.2	855.789	21155.4	31723.1	4640.8

03 원점을 지나는 회귀모형

어떠한 연구에서는 회귀모형을 적합시키는 과정에서 강제적으로 원점을 지나는 회귀모형을 필요로 하는 경우가 있다. 아파트 매매자료의 예에서 면적이 0이면, 당연히 매매가격도 0이 되어야 한다. 이러한 특성을 만족시키는 회귀모형을 수식으로 표현하면,다음과 같다.

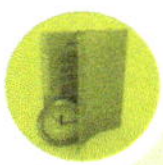

원점을 지나는 단순회귀 선형모형

$$Y_i = \beta x_i + \varepsilon_i$$

여기서, Y_i : i번째 관측값에 대한 종속변수의 값 (아파트 매매가격)

x_i : i번째 관측값에 대한 독립변수의 값 (아파트 면적)

β : 단순선형 회귀모형의 회귀계수

ε_i : Y_i의 오차항을 나타내는 확률변수 (여기서 ε_i는 평균 0, 분산 σ^2의 정규분포를 가정한다)

SAS를 통한 분석결과

NOTE: No intercept in model. R-square is redefined. ①
Dependent Variable: 매매가격

Analysis of Variance

Source	DF	Sum of Squares	Mean Square	F Value	Prob>F
Model	1	11885266806	11885266806	1652.561	0.0001
Error	28	201376830.43	7192029.6582		
UTotal ②	29	12086643636			

Parameter Estimates

Variable	Parameter DF	Estimate	Standard Error	T for H0: Parameter=0	Prob > |T|
면적	1	583.417951③	14.35162422	40.652	0.0001

아파트 매매자료의 분석결과를 살펴보면, 우선 절편항에 해당하는 α 의 값이 0이기 때문에, 분석결과 ①에서 결정계수가 새롭게 정의된다는 내용을 설명하고 있다. 이러한 이유는 SST 를 계산하는 과정에서 절편항을 사용하지 않았기 때문에, 평균을 중심으로 제곱합을 계산할 수 없게 된다는 의미이다. 분석결과 ②를 보면, 평균으로 수정되지 않은 U total(uncorrected total)을 사용하였고, 이 의미는 평균이 아닌 0을 중심으로 SST 가 계산되었다는 의미이다. 따라서 SST에 대응되는 자유도는 $n-1$이 아닌 n 이 된다. 결국, 모든 분산분석표의 내용이 평균으로 조정되지 않은 값을 나타내므로, 평균으로 수정된 일반적인 분산분석표와 비교하여 평가하는 것은 무의미한 분석이 된다. 결정계수 또한 그 의미가 다르므로 단순히 결정계수나 MSE 값 만을 이용하여 회귀모형을 평가하여서는 안된다. 분석 결과 ③을 살펴보면, 추정된 회귀방정식은 다음과 같다는 사실을 확인할 수 있다.

$$\hat{y}_k = 583.4x_k$$

즉, 이 지역의 평당 아파트 가격은 5백 8십 3만 4천원이라는 의미이다.

04 칼리브레이션 분석

칼리브레이션 분석(calibration analysis)은 종속변수를 알고 있는 상황에서 독립변수를 예측하는 문제를 말한다. 예를 들어, 1억 5천만원의 주택자금을 가지고, 몇 평 정도의 아파트를 살 수 있는지를 알아보는 문제가 칼리브레이션 분석이라고 볼 수 있다. 일반적인 칼리브레이션 분석의 형태는 미래의 Y값을 얻기 위하여 얼마만큼의 X값이 요구되는지를 파악하는 문제가 된다. 칼리브레이션 분석에는 직접법(direct method)과 간접법(indirect method)이 있으며, 이러한 방법을 적용하기 위해서는 0으로부터 유의한 차이가 나타나는 회귀계수를 이용하여 적용하여야 한다.

(1) 직접법

직접법(direct method)은 독립변수와 종속변수의 위치를 바꾸어 회귀분석을 실시하는 방법을 말한다. 즉, Y가 독립변수가 되며, X가 종속변수가 되어 추정된 회귀방정식을 계산한다는 의미이다. 아파트 매매자료의 경우를 예로 직접법을 적용하면, 다음과 같은 결과가 나타난다.

SAS를 통한 분석결과

Dependent Variable: 면적

Parameter Estimates

Variable	DF	Parameter Estimate ①	Standard Error	T for H0: Parameter=0	Prob 〉 |T|
INTERCEP	1	0.618610	3.74085215	0.165	0.8699
매매가격	1	0.001656	0.00018324	9.037	0.0001

분석결과 ①을 살펴보면, 다음과 같이 추정된 회귀방정식이 얻어진다.

$$\hat{x}_k = 0.618610 + 0.001656\, y_k$$

여기에 1억 5천만원에 해당하는 15000을 대입하면, 다음의 식에 의하여 대략 25평 정도의 아파트를 구입할 수 있다는 결과가 나타난다.

$$\hat{x}_k = 0.618610 + 0.001656 \times 15000 \simeq 25.46$$

(2) 간접법

간접법(indirect method)은 추정된 회귀방정식인 $\hat{y}_k = a + bx_k$ 를 이용하여 다음과 같이 계산하는 방법이다.

$$\hat{x}_k = \frac{y_k - a}{b}$$

아파트 매매자료의 경우를 살펴보면, 다음의 식에 의하여 대략 23평의 아파트를 구입할 수 있는 것으로 나타난다.

$$\frac{15000 - 4655}{454} \simeq 22.79$$

(3) 직접법과 간접법의 선택

1억 5천만원을 가지고 아파트를 구입하는 경우, 직접법에서는 25평의 아파트를 구입할 수 있는 것으로 나타났지만, 간접법에서는 23평의 아파트를 구입할 수 있는 것으로 나타났다. 그렇다면, 이 두 가지 추정값 중에서 어떠한 값을 선택하여야 할 것인가? 직접법과 간접법은 두 방법 모두 장점과 단점을 각각 가지고 있기 때문에, 어떠한 방법이 우수하다고 말할 수는 없다. 따라서 자료의 분석을 통하여 어떠한 방법이 더 자료에 적합한지를 판단하여 결정하는 것이 바람직하다. 일반적으로 사용되는 방법은 모든 자료에 대하여 직접법과 간접법을 이용하여 $\hat{x}_k$ 를 추정한 다음, 실제 x_k 값과 비교하여, 상관계수를 이용하여 선택하는 방법이다. 이 경우 높은 상관계수를 갖는 방법이 자료에 더 적합한 방법이 된다. 다음은 이러한 상관계수를 계산하기 위한 SAS 프로그램이다.

```
data one; set one;
* 간접법으로 계산하여 예측값을 x_ind 이름으로 저장 *
  x_ind = (매매가격 - 4655.056635).453.836788;

* 직접법으로 계산하여 x_dir이름으로 저장  *
proc reg;
  model 면적 = 매매가격;
```

```
  output out=one predicted=x_dir;
run;

proc corr;
  var 면적;
  with x_dir x_ind;
run;
```

위의 프로그램에 대한 결과를 보기로 하자

SAS를 통한 분석결과

Simple Statistics

Variable	N	Mean	Std Dev ②	Sum
X_DIR	29	33.517241	7.923873	972.000000
X_IND	29	33.517241	10.543371	971.999999
면적	29	33.517241	9.140259	972.000000

Pearson Correlation Coefficients . Prob 〉 |R| under Ho: Rho=0 . N = 29

	면적 ①
X_DIR	0.86692 0.0001
X_IND	0.86692 0.0001

분석결과 ①을 살펴보면, 우연하게도, 두 상관계수가 동일한 값을 나타내고 있다. 평균값은 동일하겠지만, 분석결과 ②에 나타난 표준편차도 실제값을 중심으로 직접법은 적게 나타나 있으며, 간접법은 크게 나타나 있다. 따라서 두 방법에 따라 예측값의 차이는 분명히 존재하지만, 어느 방법이 더 좋다고 결론내리기가 어려워진다. 이 경우, 마지막으로 검토하는 방법은 각각의 값들을 산점도의 형태로 표현하여, 그 특성을 파악하는 것이다. x축을 실제 면적으로 하고 y축을 면적에 대한 예측값으로 한 다음, 산점도를 그려보면 〔그림 21-6〕과 같다.

〔그림 21-6〕을 살펴보면, 35평 이상에서는 간접법이 직접법보다 더 큰 면적을 예측하고 있으며, 30평 이하에서는 직접법이 간접법보다 더 큰 면적을 예측하고 있다는 사실을 확인할 수 있다. 1억 5천만원에 해당하는 면적은 대략 23평에서 25평 사이이므로 이 경우에는 직접법이 간접법보다 더 큰 면적을 제공하여 주고 있다고 판단할 수 있으며, 실제면적은 이 두 값의 평

그림 21－6 | 직접법과 간접법의 비교

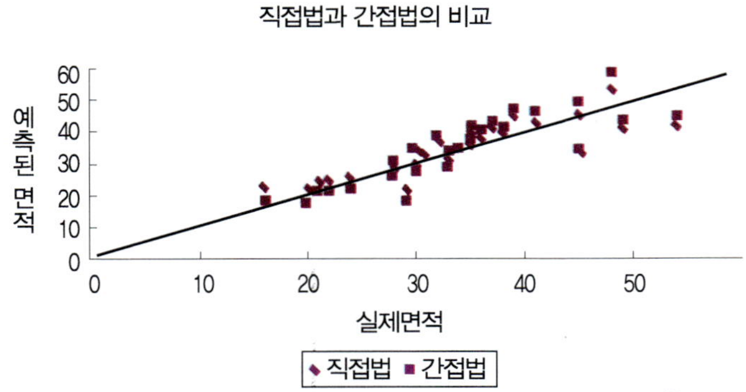

균값 정도에 위치한다는 사실을 그래프를 통하여 확인할 수 있다. 따라서 1억 5천만원에 해당하는 아파트를 대략 24평 정도로 예측한다면, 큰 무리가 없을 것으로 판단된다.

rancis Galton

Francis Galton은 아버지 신장과 아들의 신장을 조사하여 아버지의 특성이 아들에게 영향을 미친다는 사실을 증명하기 위하여 회귀분석을 처음 사용하였다. 1822년 2월 16일 영국에서 태어나서 1911년 1월 17일 영국에서 사망하였다.

탐험가, 인류학자, 기상학자, 물리학자, 우생학자로서 나중에는 우생학을 기초로 하는 인종차별주의 주장에 이론적 근거를 마련하여 주었다.

Charles Darwin의 사촌이며, 1909년 Knight(훈공작) 지위를 얻었으며, 수학실력은 약했지만, 많은 학문분야, 특히 인간의 지적능력을 측정하는 학문에 큰 기여를 하였다.

05 부록: 분석에 사용된 아파트 매매자료

다음 자료는 미국의 한 도시에서 매매된 아파트 매매가격을 정리한 것이다. 여기서 개시일은 처음 아파트를 팔려고 내놓은 날짜를 말하며, 이때 아파트를 팔려고 내놓은 가격은 초기 제안가격이다. 매매날짜는 최종적으로 아파트가 팔려서 매매가 이루어진 날짜를 말하며, 이때 매매된 아파트 가격을 매매가격이라고 한다. 최종 제안가격은 매매협상이 이루어지기 전에 아파트 매도자가 제안한 가격이다. 일반적으로 최종 제안가격을 기준으로 매매협상이 이루어지고, 매매가격이 결정된다. 기간은 아파트를 처음 내놓은 날짜와 매매된 날짜와의 차이를 일단위로 계산한 것이다. 이러한 기간이 길어진다는 의미는 아파트가 오래동안 팔리지 않았다는 의미이므로, 최종 제안가격은 초기 제안가격에 비하여 많이 낮아지고 있음을 확인할 수 있다. 그리고 매매된 아파트의 면적과 방의 수가 나타나 있다.

초기 가격	최종 가격	매매가격	면적(평)	방 수	기간
155,880,000	141,000,000	138,000,000	21	4	74
297,000,000	264,000,000	246,000,000	54	7	320
294,000,000	257,880,000	242,400,000	49	6	160
159,000,000	155,400,000	145,200,000	24	4	175
189,600,000	189,600,000	186,000,000	31	6	69
198,000,000	198,000,000	182,100,000	28	4	151
152,400,000	149,880,000	141,600,000	22	4	191
167,880,000	135,600,000	126,000,000	29	4	83
298,800,000	238,800,000	229,560,000	38	5	75
226,800,000	183,600,000	177,600,000	33	5	185
171,000,000	171,000,000	166,800,000	28	5	125
214,800,000	214,800,000	204,000,000	34	6	74
329,880,000	275,880,000	257,400,000	39	5	125
238,800,000	238,800,000	234,000,000	35	5	83
226,800,000	226,800,000	212,400,000	35	5	133
131,464,800	131,464,800	126,000,000	16	4	62
226,800,000	202,800,000	199,200,000	45	6	157
226,800,000	202,800,000	194,400,000	33	6	174
270,000,000	270,000,000	266,400,000	45	6	109
262,800,000	250,800,000	240,000,000	37	5	212

185,970,000	178,800,000	168,000,000	30	6	171
166,800,000	149,400,000	145,200,000	24	4	125
224,400,000	202,800,000	199,200,000	30	6	166
226,800,000	214,800,000	206,400,000	35	5	171
214,800,000	214,800,000	217,200,000	32	6	43
261,000,000	261,000,000	249,600,000	41	6	123
234,000,000	227,880,000	225,000,000	36	5	181
128,400,000	128,400,000	124,800,000	20	3	89
322,800,000	322,800,000	310,800,000	48	6	81

요 약

▶ 상관관계분석과 단순회귀분석은 메트릭 척도를 갖는 한 개의 종속변수 Y와 메트릭 척도를 갖는 한 개의 독립변수 X 사이의 연관성을 분석하는 방법이다.

1. 상관관계분석

▶ 두 변수의 연관도는 선형관계에 대한 정도를 나타내는 것으로, 이를 측정하는 수치로는 공분산과 상관계수가 있다.

▶ 확률변수 X와 Y의 상관계수는 $Corr(X, Y)$ 또는 $\rho(X, Y)$로 표기하며, -1에서 1 사이의 값을 갖는다.

2. 단순회귀분석

▶ 단순회귀분석이란 두 변수 사이에 존재하는 상호의존관계를 함수관계로 표현하여, 두 변수가 어느 정도 연관성이 있는지를 파악하고, 변수의 값이 주어지면, 다른 변수의 값이 어떻게 변할 것인지를 예측할 수 있도록 만들어주는 통계적 분석방법이며, 회귀분석에서 가정하는 함수관계를 회귀모형이라고 한다.

▶ 단순선형 회귀모형은 다음과 같다.

$$Y_i = \alpha + \beta x_i + \varepsilon_i$$

▶ α와 β의 추정값 a와 b를 계산하여 회귀모형에 적합시킨 방정식을 추정된 회귀방정식이라고 한다.

▶ 총제곱합, SST는 회귀제곱합, SSR과 오차제곱합, SSE의 합의 관계식이 성립하다.

▶ 단순회귀모형에서의 회귀제곱평균, MSR과 오차제곱평균, MSE은 다음과 같이 계산된다.

$$MSR = \frac{SSR}{1} \qquad MSE = \frac{SSE}{n-2}$$

▶ 만일 귀무가설 $H_0 : \beta = 0$이 참이라면, 검정통계량, F 값은 $MSR.MSE$으로 계산되며, 이 값은 분자자유도 1, 분모자유도 $n-2$를 갖는 F분포를 따른다.

▶ 결정계수는 R^2로 표시하며, 총변동, SST에서 회귀제곱합, SSR이 차지하는 비율로 정의된다.

▶ 표준오차는 σ로 표현되고, 이에 대한 추정값은 S로 표현되며, MSE의 제곱근 값이 된다.

▶ 단순회귀모형에서는, t 검정이 분산분석표에 나타나는 F 검정과 동일한 검정이 된다.

3. 원점을 지나는 회귀모형

▶ 원점을 지나는 단순회귀 선형모형은 다음과 같다.

$$Y_i = \beta x_i + \varepsilon_i$$

4. 칼리브레이션 분석

▶ 칼리브레이션 분석은 종속변수를 알고 있는 상황에서 독립변수를 예측하는 문제를 말한다.

▶ 칼리브레이션 분석에는 직접법과 간접법이 있다.

▶ 직접법과 간접법의 선택문제는 모든 자료에 대하여 직접법과 간접법을 이용하여 $\hat{x}_k$를 추정한 다음, 실제 x_k 값과 비교하여, 상관계수를 이용하여 선택하는 방법이다.

논의사항

1. 회귀분석을 실시하는 목적에 대하여 논의하시오.
2. 회귀모형을 평가하는 방법에 대하여 논의하시오.
3. 한 가구에서 1년 동안 소비하는 식비지출이 연간소득과 어떠한 관계가 있는지를 파악하기 위하여, 회귀분석을 실시한 결과 다음과 같은 추정된 회귀방정식을 얻을 수 있었으며, 연간소득에 대한 회귀계수는 유의수준 5%에서 유의한 수치로 나타났다.

$$\widehat{\text{식비지출}} = 234000 + 0.03(\text{연간소득})$$

(1) 이러한 회귀방정식이 타당한지에 대하여 논의하시오. 또한, 연간소득에 대한 회귀계수의 값이 매우 적은 수임에도 불구하고 유의수준 5%에서 유의한 수치가 될 수 있는지에 대하여 논의하시오.
(2) 문제에서 나타난 내용을 가지고, 회귀모형을 사용하여도 괜찮은지를 판단할 수 있는가? 어떠한 분석이 추가적으로 실시되어야 하는지에 대하여 논의하시오.
(3) 3천만원의 연간소득을 갖는 가구가 1년 동안에 소비하는 식비지출은 어느 정도인가?
(4) 4천만원의 연간소득을 갖는 가구가 1백 3십만원을 식비지출로 지출하였다면, 잔차는 얼마인가?
(5) 잔차가 양의 값을 나타내는 경우와 음의 값을 나타내는 경우의 차이에 대하여 논의하시오.

CHAPTER 22

다중회귀분석

다중회귀분석은 한 개의 종속변수와 여러 개의 독립변수 사이의 관계를 분석하는 통계적 분석방법이다. 다중회귀분석을 실시하는 경우에는, 단순회귀분석에서는 발생하지 않는, 모형선택문제와 다중공선성 문제가 발생하므로 이에 대한 개념을 이해하는 것은 중요하다. 만일 독립변수가 메트릭척도가 아닌 명목척도로 구성된 경우에는 더미변수를 이용하여 다중회귀분석을 실시할 수 있다.

다중회귀분석에 대한 이해

다중회귀분석(multiple regression analysis)은 한 개의 종속변수 Y와 p개의 독립변수 $\ddot{u}_1$ü $_2$ $\cdots$, x_p 사이의 관계를 분석하는 통계적 방법을 말한다. 예를 들어, 어느 제품의 내년도 매출액을 예측하고자 하는 경우, 그 제품의 가격과 어떠한 연관성이 있는지를 파악하는 문제는 **단순회귀분석**(simple regression analysis)이지만, 가격뿐만이 아니라, 광고지출액, 경쟁자의 수, 경제적 환경 등을 모두 고려하여 내년의 매출액을 예측하고자 한다면, 이는 다중회귀분석의 문제가 된다. 다중회귀분석을 이용하여 예측하게 되면, 단순회귀분석에 비하여 정확한 예측을 할 수 있지만, 단순회귀분석에서는 나타나지 않는 **모형선택 문제**(model selection problem)와 **다중공선성**(multicollinearity) 문제가 발생된다. 모형선택 문제는 어떠한 독립변수를 회귀모형에 포함시킬 것인지를 결정하는 문제이며, 다중공선성 문제는 독립변수들 사이에 높은 상관관계가 존재하여 예측값이 불안정하게 나타나는 현상을 말한다.

(1) 다중선형 회귀모형

다중선형 회귀모형(multiple linear regression model)의 일반적인 형태는 다음과 같다.

다중선형 회귀모형

$$Y_i = \alpha + \beta_1 x_{1i} + \beta_2 x_{2i} + \cdots + \beta_p x_{pi} + \varepsilon_i$$

여기서, Y_i : i번째 관측값에 대한 종속변수의 값

x_{1i} : i번째 관측값에 대한 첫 번째 독립변수의 값

⋮

x_{pi} : i번째 관측값에 대한 p번째 독립변수의 값

α, β_1, $\cdots$, β_p : 절편항과 회귀계수 (모수)

ε_i : i번째 관측값, Y_i에 대한 오차항

(여기서 ε_i는 평균 0, 분산 σ^2의 정규분포를 가정한다)

다중회귀모형은 단순회귀모형에 독립변수만을 추가하여 확장된 형태의 모형으로 모형의 가정, 가설검정 등에 있어서 근본적인 차이는 없다. 즉, ε_i는 평균이 0, 분산이 σ^2인 정규분포를 따르는 확률변수이고, 따라서 Y_i도 확률변수이다. 그리고 α와 $\beta_i (i=1, 2, \cdots, p)$는 모집단의 절편항과 회귀계수로서 모르는 값이므로, 이에 대한 값을 표본으로부터 추정한다. 이때의 추정값을 각각 a와 $b_i (i=1, 2, \cdots, p)$라 하면, 다음과 같은 추정된 회귀방정식을 이용하여, $E(Y_i)$에 대한 추정값, $\hat{y}_i$를 계산할 수 있게 된다.

$$\hat{y}_i = a + b_1 x_{1i} + b_2 x_{2i} + \cdots + b_p x_{pi}$$

절편항과 회귀계수의 추정값 a와 b_i를 얻는 방법도 단순회귀분석에서와 마찬가지로 관측된 종속변수의 값과 추정된 회귀식의 값에 대한 차이를 제곱하여 더한 값, 즉 $\sum_{i=1}^{n}(y_i - \hat{y}_i)^2$를 최소화시키는 최소제곱법(least squares method)에 기초를 두고 있다.

(2) 추정된 회귀방정식

어느 회사의 영업활동 비용을 그 회사의 매출액과 영업사원의 수를 이용하여 예측하는 문제를 생각해 보자. 표본으로 추출한 10개의 회사에 대한 자료가 <표 22-1>과 같이 주어졌다고 하자.

표 22-1 | 10개 회사의 영업활동비용과 매출액, 영업사원의 수

회 사	매출액 (억원)	영업활동비용 (천만원)	영업사원의 수
1	22	8	6
2	23	10	7
3	18	7	5
4	9	2	2
5	14	4	3
6	20	6	4
7	21	7	4
8	18	6	3
9	16	4	3
10	19	6	3

이 문제의 다중회귀모형은 다음과 같다.

$$Y_i = \alpha + \beta_1 x_{1i} + \beta_2 x_{2i} + \varepsilon_i$$

여기서, Y_i : i번째 회사의 영업활동비용

x_{1i} : i번째 회사의 매출액

x_{2i} : i번째 회사의 영업사원의 수

ε_i : 오차항

이 모형에 대한 추정된 회귀방정식은 다음과 같다.

$$\hat{y}_i = a + b_1 x_{1i} + b_2 x_{2i}$$

여기서, $\hat{y}_i$: i번째 회사의 영업활동비용에 대한 추정값

a, b_1, b_2 : α, β_1, β_2의 추정값

독립변수가 하나일 경우의 추정된 회귀방정식은 2차원 평면에서의 직선으로 나타나지만, 독립변수가 두 개인 다중회귀모형에서 추정된 회귀방정식은 3차원 공간에서의 평면형태로 나타나게 되며, a, b_1, b_2는 단순회귀분석의 경우와 비슷하게 $\sum_{i=1}^{n}(y_i - \hat{y}_i)^2$를 최소화하는 최소제곱법에 의하여 얻어진다.

영업활동 비용에 대한 자료를 이용하여 나타난 SAS 프로그램과 결과를 보면 다음과 같다.

SAS 프로그램 코드

```
proc reg;
  model 영업활동 = 매출액 영업사원;
```

SAS를 통한 분석결과

Parameter Estimates

Variable	DF	Parameter Estimate ①	Standard Error ②	T for H0: Parameter=0 ③	Prob > |T| ④
INTERCEP	1	7.918129	1.44975837	5.462	0.0009
매출액	1	2.362573	0.54956538	4.299	0.0036
영업사원	1	−1.023392	0.79467023	−1.288	0.2387

분석결과 ①에 의하여, 추정된 회귀방정식은 다음과 같다.

$$\hat{y}_i = 7.92 + 2.36x_{1i} - 1.02x_{2i}$$

이러한 추정된 회귀방정식으로부터 알 수 있는 사실은, 매출액이 1억원 증가할 때, 다른 독립변수인 영업사원의 수에 대한 변화가 없다면, 영업활동 비용은 평균적으로 2천 3백 6십만 원 정도 증가할 것이라는 것이다. 즉, 어느 회사의 매출액이 다른 회사보다 1억원 많고 영업사원의 수가 같다면, 영업활동 비용이 평균적으로 2천 3백 6십만원 정도 더 지출이 있게 된다는 의미이다. 또한 영업사원의 수에 대한 추정된 회귀계수는 −1.02로 계산되었는데, 이에 대한 의미는 영업사원의 수가 다른 회사보다 한 사람 더 많고, 매출액이 같다면, 영업사원의 수가 많은 회사는 적은 회사보다 영업활동 비용이 평균적으로 1천 2십만원 정도 더 적게 지출될 것이라는 의미이다.

하지만, 이러한 설명은 논리적으로 이해가 되지 않는 부분이 있다. 왜냐하면, 영업사원의 수가 증가하면, 당연히 영업활동 비용도 증가하여야 하는데, 추정된 회귀방정식에서는 오히려 영업활동비용이 줄어드는 것으로 나타났기 때문이다. 다중회귀분석의 결과에서 이렇게 잘 설명되지 않는 결과를 얻게 될 경우에는 단순회귀분석에서는 발생하지 않는 다중공선성이라는 문제점을 의심하여보아야 한다. 대체로 다중공선성에 의하여 회귀계수가 왜곡되어 나타나는 경우 이러한 결과를 얻을 수 있기 때문이다.

(3) 다중공선성

영업활동 비용에 대한 다중회귀분석의 결과를 해석하는 과정에서 영업사원의 수가 증가함에 따라 영업활동 비용이 감소하는 이상한 결과를 보게 되었다. 이와 같은 현상은 두 개의 독립변수인 매출액과 영업사원의 수 사이에 높은 상관관계가 존재하기 때문에 나타나는 결과이다. 즉, 두 개의 독립변수 모두가 종속변수에 양의 상관관계를 가지고 있더라도, 두 독립변수를 모두 포함시키는 다중회귀분석을 실시하면, 회귀계수가 음으로 바뀔 수 있다는 것이다.

영업활동 비용에 대한 자료의 상관관계를 알아보면, 다음과 같다.

매출액과 영업사원의 수는 영업활동 비용과 높은 양의 상관관계를 가지고 있다 (분석결과 ①과 ② 참조). 또한 매출액과 영업사원 수 사이에도 높은 양의 상관관계가 나타났다 (분석결과 ③ 참조). 이러한 매출액과 영업사원 수 사이의 높은 상관관계는, 매출액과 영업사원의 수를 모두 독립변수로 포함한 다중회귀분석에서 왜곡된 회귀계수를 제공한다. 이와 같은 결과로, 앞 절에서 본 바와 같이, 영업사원 수의 회귀계수는, 비록 영업활동 비용이 영업사원의 수

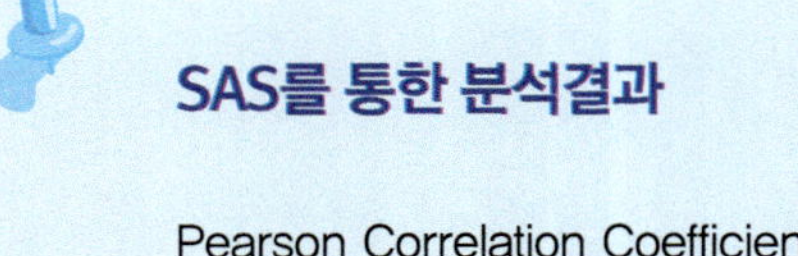

SAS를 통한 분석결과

Pearson Correlation Coefficients / Prob 〉 |R| under Ho: Rho=0 / N = 10

	영업활동	매출액	영업사원
영업활동	1.00000	0.93258 ①	0.78521 ②
	0.0	0.0001	0.0071
매 출 액	0.93258	1.00000	0.91161 ③
	0.0001	0.0	0.0002
영업사원	0.78521	0.91161	1.00000
	0.0071	0.0002	0.0

와 양의 상관관계를 나타내고 있지만, 음수의 값을 나타나게 되는 것이다. 이러한 현상은 독립변수들 사이에 높은 **다중공선성**(multicollinearity)이 존재하기 때문에 발생된다.

여기서 다중공선성은 독립변수들 사이의 상호 의존도를 의미한다. 즉, 독립변수들 사이에 낮은 다중공선성이 있으면, 아무런 문제도 발생되지 않지만, 높은 다중공선성이 존재하게 되면, 회귀계수의 부호가 바뀌거나 중요한 독립변수에 대한 회귀계수가 0에 가까운 값을 추정하게 되어, 의미없는 변수로 보일 수 있게 된다.

결국, 독립변수들 사이에 높은 다중공선성이 존재하는 경우는, 독립변수들 사이에 높은 상관관계가 존재한다는 의미이므로, 다중회귀모형에서의 회귀계수가 왜곡되어 나타난다. 이러한 경우, 추정된 회귀계수의 정확도는 떨어지며, 종속변수에 대한 독립변수의 영향력은 실제보다 과소 평가되어 중요한 독립변수들이 의미가 없는 것처럼 나타나게 된다.

다중공선성 문제를 파악하기 위하여 유용하게 사용되는 수치로서 분산확대인자, **VIF**(variance inflation factor)가 있다. 분산확대인자는 대상이 되는 독립변수를 정하고, 나머지 독립변수들을 대상으로 다중회귀분석을 실시하여 나타난 결정계수 R_x^2 와 밀접한 관련이 있다. 예를 들어, 매출액과 영업사원 수의 다중공선성을 파악하기 위해서는, 매출액을 종속변수로 놓고 나머지 독립변수를 독립변수로 놓은 다중회귀분석을 실시하여 결정계수 R_x^2 을 계산하게 되면, 이 수치는 매출액에 대한 *VIF*, 즉, 분산확대인자와 밀접하게 관련된 수치라는 것이다. 만일 여기서 나타난 결정계수 R_x^2가 1에 가까운 값을 가지게 되면, 대상이 되는 독립변수는 다른 나머지 독립변수에 의하여 충분히 설명될 수 있다는 의미로 해석될 수 있으므로, 높은 다중공선성을 갖는다고 판단할 수 있을 것이다. 분산확대인자 *VIF*와   사이에는 다음과 같은 관계식이 성립한다.

$$VIF = \frac{1}{1 - R_x^2}$$

만일 R_x^2의 값이 1에 가까운 값을 가지게 되면, VIF는 거의 무한대 값을 취하게 되며, 높은 다중공선성이 존재한다고 판단할 수 있다. 또한 R_x^2의 값이 0에 가까운 값을 가지게 되면, VIF는 거의 1에 가까운 값을 취하게 된다. 일반적으로 VIF값이 5 이상이면, 문제가 있는 것으로 의심할 수 있으며, 10 이상이면, 높은 다중공선성으로 인한 문제가 발생할 수 있다고 판단하여야 한다.

영업활동 비용의 문제를 생각하여 보자. 매출액과 영업사원의 수 사이의 상관계수가 0.91161 (상관관계를 나타내는 분석결과의 ③ 참조)이 나타났으므로, 매출액을 종속변수로 하고 영업사원의 수를 독립변수로 하여 회귀분석을 실시하면, 결정계수는 상관계수의 제곱값인 R_x^2이 된다. 따라서 VIF는 다음과 같이 5.92가 된다.

$$VIF = \frac{1}{1 - 0.8310} \simeq 5.92$$

다음의 결과는 SAS에서 'vif'라는 옵션을 선택하여 나타난 내용이다 (분석결과 ① 참조).

SAS를 통한 분석결과

Parameter Estimates

Variable	DF	Parameter Estimate	Standard Error	T for H0: Parameter=0	Prob > |T|	Variance Inflation
INTERCEP	1	7.918129	1.44975837	5.462	0.0009	0.00000000
매출액	1	2.362573	0.54956538	4.299	0.0036	5.91812865 ①
영업사원	1	−1.023392	0.79467023	−1.288	0.2387	5.91812865 ①

이러한 다중공선성 문제를 해결하기 위한 방법으로는 상관관계가 높은 변수들 중 하나만 남기고 나머지 관련된 변수들은 모형에서 제거시키는 것이다. 이러한 문제는 변수선택 문제 (variable selection problem)와 관련된 문제로서 마지막 절에서 자세하게 설명하기로 한다. 두 번째 해결방법은, 만일 다중공선성의 문제가 발생하였지만, 그렇게 심각하지 않은 상태라면, 29장에서 설명하는 주성분분석을 이용하여 해결하는 방법이다.

(4) 다중회귀모형의 적합성 검정

다중회귀모형에 대한 적합성 여부를 판정하는 가설검정에는 두 가지 형태가 있다. 첫 번째 형태는 모든 회귀계수가 0이라는 귀무가설 ($H_0: \beta_i = 0, \quad i=1, 2, \cdots, p$)에 대한 가설검정이며, 두 번째 형태는 특정한 회귀계수가 0이라는 가설 ($H_0 : \beta_i = 0$) 의 검정이다. 첫 번째 형태의 가설검정을 **전반검정**(overall test)이라 하며, 두 번째 형태의 가설검정을 **부분검정**(partial test; marginal test)이라고 부른다.

◆ 전반검정

전반검정(overall test)은 종속변수와 p개의 독립변수와의 관계에 대한 유의성을 전체적으로 검정하는 것이다. 귀무가설과 대립가설의 형태는 다음과 같다.

$$H_0: \beta_i = 0, \quad i=1, 2, \cdots, p$$

H_1: 최소한 한 개의 β_i는 0이 아니다($i=1,\ 2, \cdots, p$).

만일 귀무가설을 기각하지 못하게 된다면, 모든 p개의 독립변수는 종속변수에 아무런 영향을 미치지 못한다는 의미이므로, 다중회귀분석을 실시하는 것은 무의미한 분석이 되어 버린다. 이 경우에는 새로운 독립변수를 찾아 새로운 회귀모형을 만들거나, 아니면 곡선의 형태를 나타내는 비선형관계의 가능성을 조사해 볼 필요가 있다.

이러한 형태의 가설검정은 단순회귀분석의 가설검정과 유사한 것으로, 다양한 형태의 제곱합(변동), 제곱평균(분산), 분산비율(MSR/MSE의 비율, F값)을 이용하여 검정된다. 먼저 수집한 자료로부터 구하여야 할 제곱합은 다음과 같다.

$$SST = \sum_{i=1}^{n}(y_i - \bar{y})^2,\ SSR = \sum_{i=1}^{n}(\hat{y}_i - \bar{y})^2,\ SSE = \sum_{i=1}^{n}(y_i - \hat{y}_i)^2$$

제곱합을 구하는 방법은 단순회귀분석의 경우와 비슷하며, 단지 y_i의 예측값인 $\hat{y}_i$가 다음과 같은 식으로 추정된다는 것이다.

$$\hat{y}_i = a + b_1 x_{1i} + b_2 x_{2i} + \cdots + b_p x_{pi}$$

제곱합과 관련된 자유도는 SST의 경우는 $n-1$이고, SSR의 자유도는 p(독립변수의 수)이다. 또한, SSE는 $(n-1)-(p) = n-p-1$이 된다. 따라서 제곱합의 평균(분산)은 다음과 같이 계산된다.

$$MSR = \frac{SSR}{p} \qquad MSE = \frac{SSE}{n-p-1}$$

전반검정에 대한 검정 통계량, F값은 $F = MSR / MSE$이다. 만일 귀무가설이 참인 경우, F값은 분자 자유도 p, 분모자유도 $n-p-1$을 갖는 F분포를 따른다. 따라서 유의수준 α에서의 통계적 가설검정은 검정통계량 F값이 임계값, $F_{\alpha}(p, n-p-1)$보다 크면 귀무가설을 기각하는 의사결정규칙이 적용된다. <표 22-2>는 추정된 다중회귀모형의 전반검정에 대한 분산분석표이다.

표 22-2 | 다중회귀분석의 분산분석표

변동원인	제곱합	자유도	제곱합 평균	F값
회 귀	SSR	p	$MSR=SSR/p$	MSR/MSE
잔 차	SSE	$n-p-1$	$MSE=SSE/(n-p-1)$	
합 계	SST	$n-1$		

영업활동 비용에 대한 다중회귀분석의 분산분석표를 SAS결과로 살펴보면 다음과 같다.

SAS를 통한 분석결과

Dependent Variable: 영업활동

Analysis of Variance

Source	DF	Sum of Squares	Mean Square	F Value	Prob>F
Model	2	139.56725	69.78363	29.726	0.0004
Error	7	16.43275	2.34754		
C Total	9	156.00000			

이러한 SAS 결과를 살펴보면, 제곱합은 다음과 같다.

$$SST = 156,\ SSR = 139.57,\ SSE = SST - SSR = 16.43$$

또한, 제곱평균은 다음과 같다.

$$MSR = \frac{139.57}{2} = 69.785,\ \ MSE = \frac{16.43}{7} = 2.347$$

분자자유도가 2이고 분모자유도가 7인 F 분포에서, 만일 유의수준 α=0.05이라면, 임계값 $F_{0.05}(2,7)$=4.74이고, α=0.01이면 $F_{0.01}(2,7)$=9.55가 된다. 계산된 F값은 29.726이므로 유의수준 α=0.05와 α=0.01 모두에서 귀무가설은 기각된다. 이와 같은 사실은 0.0004로 나타난 p 값을 이용한 가설검정에서도 확인할 수 있다. 결국 모든 회귀계수가 0이라는 귀무가설은 기각되므로, 매출액과 영업사원의 수를 독립변수로 하고 영업활동 비용을 종속변수로 하는 다중회귀모형은 의미있는 모형이라고 말할 수 있다.

◆ 부분검정

만일 전반검정에서 모든 $\beta_i(i=1, 2, \cdots, p)$가 0이라는 귀무가설을 기각하게 되면, p개의 β_i중에 최소한 한 개는 0과 통계적으로 의미있는 차이가 있다는 결론을 내리게 된다. 하지만, 전반검정은 어느 회귀계수가 0과 의미있는 차이가 있는지를 알려주지는 않는다. 따라서 독립변수 각각의 회귀계수에 대한 유의성을 검정하여, 중요하지 않은 변수를 제거하고, 다중공선성 문제를 해결하기 위한 추가적인 가설검정 절차가 필요하게 된다. **부분검정**(partial test; marginal test)은 전반검정의 귀무가설이 기각되는 경우, 즉, p개의 $\beta_i(i=1, 2, \cdots, p)$ 중 최소한 한 개가 0과 통계적으로 유의한 차이가 있는 경우에만 적용된다. 부분검정을 위해서는 t 검정과 F 검정을 모두 사용할 수 있고, 두 검정방법 모두 동일한 가설검정이지만, 여기서는 보다 일반적인 F 검정만을 소개하고자 한다.

◆ 완전모형과 부분모형: 부분검정의 원리는 모든 독립변수를 포함한 **완전모형**(full model)과 특정한 독립변수들을 제외한 **부분모형**(partial model)을 서로 비교하여 오차제곱합, SSE가 어떻게 변하였는지 또는 회귀제곱합, SSR이 얼마나 변하였는지를 파악하는 것이다. 여기서 알아두어야 할 사실은 완전모형의 SSE보다 부분모형의 SSE는 항상 크며, 완전모형의 SSR보다 부분모형의 SSR은 항상 작다는 것이다.

영업활동 비용에 대한 예에서, 영원사원의 수(X_2)에 대한 부분검정을 하고자 한다면, 완전모형과 부분모형은 다음과 같이 만들어진다.

매출액(X_1)과 영업사원의 수 (X_2)로 구성된 다중회귀모형에서 영업사원의 수(X_2)에 대한 부분검정을 하고자 하는 경우:

완전모형 $y_i = \alpha + \beta_1 x_1 + \beta_2 x_2 + \varepsilon_i$

완전모형에 대한 오차제곱합과 회귀제곱합에 대한 표기

$SSE(X_1, X_2)$, $SSR(X_1, X_2)$

부분모형 $y_i = \alpha + \beta_1 x_1 + \varepsilon_2$ (영업사원의 수를 제외한 회귀모형)

부분모형에 대한 오차제곱합과 회귀제곱합에 대한 표기

$SSE(X_1)$, $SSR(X_1)$

부분검정에 대한 이해

이 경우, $SSE(X_1, X_2)$의 값은 $SSE(X_1)$의 값보다 항상 적으며, $SSR(X_2, X_1)$의 값은 $SSR(X_1)$의 값보다 항상 크다. 이 경우 부분검정에서는 두 회귀제곱합의 크기에 대한 차이 또는 두 오차제곱합의 크기에 대한 차이를 비교한다. X_2가 추가되어 증가되는 SSR과 감소되는 SSE값은 X_1만이 있는 회귀모형에 X_2가 추가로 포함될 경우, 종속변수 (Y)의 변동을 추가적으로 설명해 주는 부분이 되고, 이러한 차이를 $SSR(X_2|X_1)$로 표현한다면, 이 수치는 다음과 같이 표현될 수 있다.

$$\begin{aligned} SSR(X_2|X_1) &= SSR(X_1,\ X_2) - SSR(X_1) \\ &= SSE(X_1) - SSE(X_1,\ X_2) \end{aligned}$$

이 경우, 귀무가설 $H_0: \beta_2=0$을 검정하기 위한 검정통계량 F값은 다음과 같이 계산된다.

$$F = \frac{SSR(X_2 \mid X_1)/1}{SSE(X_1, X_2)/(n-3)} = \frac{MSR(X_2 \mid X_1)}{MSE(X_1, X_2)}$$

두 개의 독립변수를 갖는 회귀모형의 $SSE(X_1,\ X_2)$에 대한 자유도는 $(n-3)$이고, 한 개의 독립변수를 갖는 회귀모형의 $SSE(X_1)$에 대한 자유도는 $(n-2)$이므로 분자의 자유도는 1이 된다. 그리고 귀무가설이 사실이라면 검정통계량 F값은 분자자유도 1, 분모자유도 $(n-3)$인 F 분포를 따르게 된다. 영업활동비용을 종속변수로 하고, 매출액만을 독립변수로 하는 단순회귀분석에 대한 분산분석표를 살펴보자.

SAS를 통한 분석결과

Analysis of Variance

Source	DF	Sum of Squares	Mean Square	F Value	Prob>F
Model	1	135.67391①	135.67391	53.399	0.0001
Error	8	20.32609②	2.54076		
C Total	9	156.00000			

이 경우 $SSR(X_1)$의 값은 135.67391이 되며 (분석결과 ① 참조), $SSE(X_1)$의 값은 20.32609가 된다는 사실을 (분석결과 ② 참조) 확인할 수 있다. 따라서 완전모형에서 나타난 $SSR(X_1,\ X_2)$과 $SSE(X_1,\ X_2)$를 비교하여 $SSR(X_2|X_1)$값을 계산하면, 다음과 같다.

$$SSR(X_2|X_1)=SSE(X_1)-SSE\,(X_1,\ X_2)=20.33-16.43\simeq 3.9$$
$$=SSR\,(X_1,\ X_2)-SSR(X_1)=139.57-135.67\simeq 3.9$$

n=10이므로 검정통계량인 F값은 다음과 같이 계산된다.

$$F=\frac{SSR(X_2\mid X_1)}{SSE(X_1,\ X_2)/(10-3)}=\frac{3.9}{16.43/7}=1.66$$

이러한 F값은 다음과 같은 SAS 프로그램과 결과를 통하여 확인할 수 있다.

```
proc reg;
  model 영업활동 = 매출액 영업사원;
  영업사원: test 영업사원;
```

SAS를 통한 분석결과

Dependent Variable: 영업활동

Test: 영업사원	Numerator:	3.8933	DF:	1	F value:	1.6585 ①
	Denominator:	2.347536	DF:	7	Prob>F:	0.2387 ②

유의수준을 0.05로 설정하는 경우, 임계값은 $F_{0.05}(1, 7)$=5.59가 된다. 이 값은 표본으로부터

계산된 F 값인 1.66 (분석결과 ① 참조)보다 크므로, 귀무가설 $H_0 : \beta_2 = 0$를 기각하지 못하는 통계적 결정을 내리게 된다. 따라서, 매출액이 독립변수로 고려된 경우, 영업사원 수의 영업활동비용에 대한 추가적인 영향력은 통계적으로 유의하지 않다. 이와 같은 결론은 분석결과 ②에서 나타난 p 값을 이용한 가설검정에서도 동일한 결과를 얻을 수 있다.

◆ 부분검정 결과에 대한 해석과 의미

결국 영업사원의 수 (X_2)를 독립변수에서 제외시키면, 다중공선성 문제를 해결할 수 있고 회귀모형도 단순하게 만들 수 있다. 그러나 이러한 부분검정의 결과를 가지고 영업사원의 수가 영업활동비용을 결정하는데 아무런 영향을 미치지 못하는 변수라고 해석해서는 안 된다. 앞서 수행한 부분검정 결과는 영업사원의 수가 설명하는 영업활동비용의 변동부분을 이미 매출액이 설명하고 있으며, 추가적으로 설명하는 부분이 유의하지 않다고 해석해야 한다.

◆ 부분검정을 이용한 독립변수의 제거

여기서 부분검정을 실시할 경우 고려해야 하는 중요한 개념을 한가지 설명해 보기로 하자. 예를 들어, 세 개의 독립변수 X_1, X_2, X_3가 있는 모형에서 X_2와 X_3가 높은 상관관계를 가지고 있다고 가정하자. 이 경우, X_1과 X_2가 포함된 회귀모형에서 X_3를 추가한다면, X_3가 설명하는 부분을 이미 X_2가 설명하고 있기 때문에 추가적으로 설명하는 부분이 적어서 유의한 값을 갖지 못할 것이다. 이와 비슷한 방법으로, X_1과 X_3가 포함된 회귀모형에 X_2를 추가하는 경우도, X_2가 설명할 부분을 X_3가 이미 설명하고 있기 때문에, 추가적으로 설명할 수 있는 부분이 적어서 유의한 값을 갖지 못하게 된다.

결국, 다음과 같은 부분검정을 위한 두 가지 귀무가설 $H_0 : \beta_2 = 0$와 $H_0 : \beta_3 = 0$은, X_1, X_2, X_3가 모두 포함된 회귀모형을 기초로 검정하기 때문에, β_2와 β_3는 모두 유의하지 않는 회귀계수로 나타나게 된다. 이러한 부분검정 결과는, 하나의 회귀계수에 대한 가설검정이므로, 회귀계수에 대한 t검정과 동일한 검정이 된다. 따라서 회귀계수에 대한 t검정 결과도 β_2와 β_3 모두 유의하지 않은 회귀계수로 나타난다.

하지만, 이 경우 X_2와 X_3 중 반드시 하나만 제거하여야 하며, 모두 제거해서는 안 될 것이다. 즉, 다중회귀분석에서 변수의 제거는 한번에 하나씩 해야한다. 부분검정에 대한 통계적 결정이 유의하지 않다고 하여 유의적이지 않은 모든 독립변수를 한꺼번에 제거해서는 안된다.

(5) 다중결정계수

단순회귀분석에서 소개한 결정계수와 비슷한 의미로서 다중회귀분석에서는 **다중결정계수**(coefficient of multiple determination)가 있으며, 다음과 같이 정의된다.

$$R^2 = \frac{SSR}{SST} = 1 - \frac{SSE}{SST}$$

여기서 R^2는 종속변수 Y의 총변동, SST에서 다중회귀모형에 의하여 설명되는 변동, SSR이 차지하는 비율이 된다. 또한 다중상관계수 γ 은 다중결정계수의 제곱근으로 정의된다. 즉,

$$\gamma = \sqrt{R^2}$$

단순회귀분석에서는 추정된 회귀계수 b 의 값이 양인가 음인가에 따라 상관계수 γ 의 부호가 결정되었지만, 다중회귀분석에서는 회귀계수가 두 개 이상이며, 이중 어떤 값은 양수의 값을 취할 수 있고, 어떠한 값은 음수의 값을 취할 수 있기 때문에, 다중회귀계수 γ 은 항상 양의 값을 갖는 것으로 정의한다.

결정계수의 개념에 자유도 개념을 혼합시킨, **수정된 다중결정계수**(adjusted coefficient of multiple determination) $adj - R^2$ 는 다음과 같이 정의된다.

$$adj - R^2 = 1 - \frac{SSE/(n-p-1)}{SST/(n-1)} = 1 - \frac{MSE}{MST}$$

02 회귀분석에 필요한 가정이 위배되는 경우

회귀분석은 다음의 다섯 가지 가정아래서 분석이 이루어진다.

가정1 모형구성에 대한 가정: 가정한 회귀모형이 맞는 모형이라는 가정이다. 즉, 종속변수에 영향을 미치는 중요한 모든 독립변수가 고려되었으며, 함수의 형태가 적절하다는 의미이다. 만일 이러한 가정이 만족되지 못하여 나타나는 오차를 구성오차(specification error)라고 한다.

가정2 측정오차(measurement error)에 대한 가정: 종속변수인 Y에 대한 측정오차로 구분되는 ε의 평균은 0이다. 만일 ε에 대한 평균이 0과 다르게 되면, 측정값은 바이어스가 발생된다.

가정3 정규성(normality)에 대한 가정: 측정오차인 ε은 정규분포를 따른다. 이 경우, ε이 정규분포를 따르므로, Y도 정규분포를 따르게 된다.

가정4 등분산성(homogeneity of variance)에 대한 가정: 측정오차인 ε에 대한 분산은, Y가 어떠한 수준의 값을 가져도, 일정한 σ^2값을 갖는다.

가정5 독립성(independence)에 대한 가정: 측정오차인 ε은 독립적으로 관측된다. 따라서 종속변수의 값도 독립변수에만 의존하는 독립적인 측정값으로 구성된다.

(1) 모형구성에 대한 가정

다중회귀분석을 실시하는 경우, 모형에 필요한 중요한 독립변수를 포함시키지 않거나, 함수의 형태가 선형함수가 아니라 비선형함수의 형태를 가지게 되면, 구성오차가 존재하게 된다. 구성오차가 발견되면, 자료에 적합한 새로운 함수형태를 살펴보거나, 중요한 독립변수가 누락되었는지를 파악하여야 할 것이다.

(2) 측정오차에 대한 가정

측정오차에 대한 평균이 0이 되지를 않고, 어떠한 바이어스가 존재하는 문제점을 파악하기 위해서는, 측정과정을 다시 한번 검토하고, 잔차의 분석을 통하여, **특이값**(outlier)의 존재 여부를 확인하여 볼 필요가 있다. 특이값이 존재하는 경우, 추정된 회귀방정식은 심하게 왜곡될 수 있다.

(3) 정규성에 대한 가정

정규성에 대한 가정은 회귀분석에서 F검정을 실시하거나 신뢰수준 95%에 대한 신뢰구간을 계산할 경우에 필요한 가정이며, 나머지 회귀분석 과정에서는 요구되지 않는 가정이다. 정규성에 대한 가정은 잔차의 분포를 조사함으로써 검토가 이루어진다. 일반적으로 알려진 사실은, 표본의 수가 어느 정도 많은 경우, 잔차에 대한 분포가 정확하게는 정규분포를 따르지 않더라도, 종모양의 비슷한 형태를 나타내기만 한다면, 정확하게 정규성에 대한 가정이 만족되지 못하더라도, 심각한 문제가 발생되지 않는다는 것이다. 하지만, 잔차의 분포가 심하게 한쪽으로 치우쳐져 있거나, 매우 두꺼운 꼬리를 갖는 형태를 가지게 되면, F검정이나 신뢰구간의 값은 왜곡되어 나타날 수 있는 것으로 알려져 있다.

(4) 등분산성에 대한 가정

자료가 등분산성에 대한 가정을 만족시키지 못하는 경우라도 추정된 회귀방정식은 심각하게 왜곡되어 나타나지는 않는다. 또한, 이론적으로, 등분산성에 대한 가정이 만족되지 않더라도, 최소제곱법에 의하여 추정된 회귀계수는 불편추정량을 유지하게 된다. 하지만, Y의 값이 커지거나 작아지면서, 쉽게 확인할 수 있을 정도로, 분산의 크기가 크게 변하게 되면, 분산이 큰 Y의 영역에는 가중치를 적게 할당하고, 분산이 작은 Y의 영역에는 가중치를 높게 할당하는 **가중최소제곱법**(weighted least square method)을 적용하여, 회귀분석의 효과를 높일 수 있다. 분산이 큰 경우에는 가중치를 낮게 설정하고, 분산이 작은 경우에는 가중치를 높게 할당하는 것이 일반적이다. 등분산성이 만족되지 못하게 되면, 회귀분석에 사용되는 검정이나 신뢰구간의 수치는 불안정하게 나타난다. 이러한 문제를 해결할 수 있는 방법으로 **변수변환**(variable transformation) 방법이 있다. 즉, **분산안정화**(variance stabilization)를 위하여 변수변환을 사용하게 되는데, 통계이론에 의하면, 다음과 같은 기준에 따른 변환이 바람직하다고 알려져 있다.

분산안정화를 위한 변환

잔차의 분산이 Y의 값과 비례하는 경우 : $\sqrt{Y}$ 변환 사용
잔차의 표준편차가 Y의 값과 비례하는 경우 : $\log Y$ 변환 사용
잔차의 표준편차가 Y^2의 값과 비례하는 경우 : $1/Y$ 변환 사용
만일 Y의 값이 0에서 1 사이의 비율을 나타내는 경우 : $\arcsin\sqrt{Y}$

독립변수인 X를 변환시켜주는 경우도 있는데, 이러한 경우는 등분산성의 가정에 따른 문제점을 근본적으로 해결시켜 주지는 않는다. 하지만, 잔차에 대한 분포가 바뀌게 되어, 정규분포로 만들어 줄 수도 있다. 따라서 독립변수의 변환은 정규성에 대한 가정을 만족시키기 위하여 주로 사용된다. 종속변수인 Y를 변환시키게 되면, 독립변수인 X를 변환시키는 것 보다, 해석하는 과정에서 훨씬 복잡해진다.

(5) 독립성에 대한 가정

독립성에 대한 가정이 깨지게 되면, 회귀분석의 결과는 심각하게 왜곡되어 나타난다. 신뢰구간의 폭은 실제보다 적게 나타나며, 의미없는 회귀계수가 의미가 있는 것처럼 나타나게 된다. 이러한 독립성 가정이 깨지면 방법이 없으므로, 회귀분석을 사용하지 말아야 한다. 독립성의 가정이 깨지는 자료의 대부분은 시간에 따라 관측되는 시계열자료(time series data)에서 주로 나타난다. 이러한 독립성은 시간에 따른 잔차 내에서의 상관계수를 측정하는 자기상관계수(autocorrelation coefficient)를 이용하여 측정되며, 자기상관계수가 0으로부터 유의한 차이를 보이는지 또는 보이지 않는지에 대한 검정은 더빈-왓슨 검정(Durbin-Watson test)을 사용한다. 더빈-왓슨 검정에서 사용되는 검정통계량을 더빈-왓슨 통계량(Durbin-Watson statistic)이라고 한다. 자기상관계수의 값이 0이 되어, 완벽하게 상관관계가 존재하지 않은 경우, 더빈-왓슨 통계량의 값은 2가 되고, 2를 중심으로 값이 너무 크거나 너무 적어지게 되면, 독립성의 가정이 만족되지 않은 것으로 판단한다. 더빈-왓슨 검정은 바로 옆에 근접해 있는 잔차와의 자기상관계수인 제1차 자기상관계수(first-order autocorrelation coefficient)에 대한 유의성 검정만을 파악할 수 있다. 책의 부록에 있는 <표 5-1>과 <표 5-2>는 양측검정과 단측검정에 대한 유의수준 5%에서의 임계값을 나타내고 있다. 자세한 설명은 부록에 있는 <표 5-1>과 <표 5-2>의 해설을 참고하기 바란다.

03 더미변수를 이용한 회귀분석

회귀분석에서 독립변수가 메트릭척도가 아닌 명목척도나 서열척도를 갖는 경우가 있다. 독립변수가 서열척도인 경우는 서열의 의미를 그대로 회귀분석에 적용하기도 한다. 예를 들어, 기업의 재무상태를 우량, 보통, 불량으로 구분하고, 독립변수에는 각각에 해당되는 재무상태를 1, 2, 3으로 코딩하여, 메트릭척도로 취급하여 회귀분석을 실시하는 예가 이에 해당된다. 이러한 방법은 서열척도가 가지고 있는 순서의 의미를 활용한다는 측면에서 유용한 방법이라고 볼 수 있지만, 우량과 보통의 차이와 보통과 불량의 차이가 일정하다는 등간척도의 가정이 추가적으로 필요하다. 따라서 이러한 서열척도를 등간척도로 취급하여 회귀분석을 실시하는 경우에는 연속되는 두 수치에 대한 거리를 똑같다고 생각하여 전개하여도 문제가 되지 않은지에 대한 검토가 필요하다.

서열척도로 측정된 독립변수를 명목척도로 취급하여 분석할 수도 있다. 이 경우, 서열이 가지고 있는 순서의 의미는 없어지게 된다. 여기서는 독립변수가 명목척도를 갖는 경우의 회귀분석에 대하여 자세히 알아보도록 한다.

(1) 더미변수의 표현1: 카테고리의 수가 2인 경우

명목척도를 갖는 독립변수가 갖는 카테고리의 수가 두 개인 경우의 더미변수에 대한 표현방법은 두 종류가 있다. 이러한 두 가지 표현방법에 대하여 알아보도록 하자.

◆ 표현방법1

예를 들어, 종속변수 Y를 영업활동 비용(메트릭척도)이라 하고, 독립변수 X는 판매점이 일반판매점인지 또는 할인판매점인지를 나타내는 변수라고 하자. 이러한 판매점의 유형(명목척도)을 표현하기 위하여 더미변수(dummy variable; indicator variable)를 사용한다. 이 경우, 더미변수 D는, 일반판매점일 경우 0의 값을 갖게 되며, 할인판매점일 경우 1의 값을 가지게 된다. 이 경우의 회귀모형을 살펴보면 다음과 같다.

$$y_i = \alpha + \beta D + \varepsilon_i$$

이와 같은 회귀모형은 다음과 같이 풀어서 설명할 수 있다.

일반판매점에 대한 회귀모형: $y_i = \alpha + \varepsilon_i$

할인판매점에 대한 회귀모형: $y_i = \alpha + \beta + \varepsilon_i$

여기서, 일반판매점에서의 평균적인 영업활동비용은 α가 되며, 할인판매점에서의 평균적인 영업활동 비용은 $\alpha + \beta$가 되어, 일반판매점과 할인판매점의 영업활동 비용에 대한 차이는 β가 된다는 것이다. 이 경우, 일반판매점은 기준그룹(reference group)이 되어 할인판매점에서의 영업활동 비용과 비교하게 된다.

◆ 표현방법2

더미변수를 다르게 표현하는 방법에 대하여 알아보자. 더미변수 D^*에게, 일반판매점일 경우는 −1의 값을 지정하고, 할인판매점일 경우는 1의 값을 지정하여, 다음과 같은 회귀모형이 만들어졌다고 하자.

$$y_i = a^* + \beta^* D^* + \varepsilon_i^*$$

이와 같은 회귀모형은 다음과 같이 풀어서 설명할 수 있다.

일반판매점에 대한 회귀모형 : $y_i = a^* - \beta^* + \varepsilon_i^*$

할인판매점에 대한 회귀모형 : $y_i = a^* + \beta^* + \varepsilon_i^*$

여기서, α^*은 영업활동 비용의 (일반판매점과 할인판매점을 포함한) 전체평균이 되며, β^*는 일반판매점과 할인판매점의 영업활동 비용의 차이를 2로 나눈 값이 된다. 이 경우, 기준그룹은 존재하지 않게 된다.

(2) 더미변수의 표현2 : 카테고리의 수가 3 이상인 경우

명목척도를 갖는 독립변수의 카테고리의 수가 세 개 이상인 경우의 더미변수에 대한 표현방법에 대하여 알아보도록 하자.

◆ 표현방법1

예를 들어, 종속변수 Y를 영업활동 비용(메트릭척도)이라 하고, 독립변수 X는 판매점의 유형으로 일반판매점, 할인판매점, 백화점, 소매점으로 구분된다고 하자. 이 경우, 독립변수 X는 4개의 카테고리로 구성되며, 3개의 더미변수 D_1, D_2, D_3로 표현될 수 있다. 일반적으로, 독립변수 X가 k개의 카테고리로 구성되어 있다면, k-1개의 더미변수가 필요하다. 3개의 더미변수에 대하여 알아보도록 하자.

판매점 유형	D_1	D_2	D_3
일반판매점	1	0	0
할인판매점	0	1	0
백화점	0	0	1
소매점	0	0	0

예를 들어, D_1의 값이 1인 경우는 일반판매점의 영업활동 비용을 의미하며, D_1의 값이 0인 경우는 일반판매점을 제외한 모든 다른 판매점을 의미한다. 이와 같은 방법으로 D_2의 값이 1인 경우는 할인판매점을 의미하고, D_3값이 1인 경우는 백화점을 의미한다. 또한 소매점은 3개의 더미변수 D_1, D_2, D_3의 값이 모두 0인 경우에 해당된다. 이 경우의 회귀모형은 다음과 같다.

$$y_i = \alpha + \beta_1 D_1 + \beta_2 D_2 + \beta_3 D_3 + \varepsilon_i$$

이와 같은 회귀모형은 다음과 같이 풀어서 설명할 수 있다.

일반판매점에 대한 회귀모형 : $y_i = \alpha + \beta_1 + \varepsilon_i$
할인판매점에 대한 회귀모형 : $y_i = \alpha + \beta_2 + \varepsilon_i$
백화점에 대한 회귀모형 : $y_i = \alpha + \beta_3 + \varepsilon_i$
소매점에 대한 회귀모형 : $y_i = \alpha + \varepsilon_i$

여기서, α는 소매점에 대한 평균적인 영업활동 비용을 나타내며, 나머지 β_1, β_2, β_3의 의미는 다음과 같이 해석될 수 있다.

β_1: 일반판매점과 소매점에 대한 평균적인 영업활동 비용의 차이
β_2: 할인판매점과 소매점에 대한 평균적인 영업활동 비용의 차이
β_3: 백화점과 소매점에 대한 평균적인 영업활동 비용의 차이

이 경우, 소매점은 기준그룹이 되어 다른 판매점의 유형과 비교하게 된다. 기준그룹을 소매점이 아닌 다른 형태의 판매점으로 설정하여도 회귀분석의 결과는 동일하게 나타난다. 하지만, β_1, β_2, β_3의 의미는, 기준그룹을 어떠한 종류의 판매점으로 설정할 것인가에 따라 다르게 해석되므로, 연구자의 세심한 주의가 필요하다. 일반적으로 β_1, β_2, β_3에 대한 설명이 의미가 있고, 쉽게 설명될 수 있도록 기준그룹을 설정하는 것이 바람직하다.

◆ 표현방법2

만일 적절한 기준그룹을 결정하지 못하는 경우에는 3개의 더미변수를 이용하여 다음과 같이 표현할 수 있다.

판매점 유형	D_1	D_2	D_3
일반판매점	1	0	0
할인판매점	0	1	0
백화점	0	0	1
소매점	-1	-1	-1

표현방법 1과 마찬가지로, D_1의 값이 1인 경우는 일반판매점의 영업활동 비용을 의미하며, D_2의 값이 1인 경우는 할인판매점을 의미하고, D_3값이 1인 경우는 백화점을 의미한다. 또한 소매점은 3개의 더미변수 D_1, D_2, D_3의 값이 모두 −1인 경우에 해당된다. 이 경우의 회귀모형은 다음과 같다.

$$y_i = \alpha^* + \beta_1^* D_1^* + \beta_2^* D_2^* + \beta_3^* D_3^* + \varepsilon_i^*$$

이와 같은 회귀모형은 다음과 같이 풀어서 설명할 수 있다.

일반판매점에 대한 회귀모형 : $y_i = \alpha^* + \beta_1^* + \varepsilon_i^*$
할인판매점에 대한 회귀모형 : $y_i = \alpha^* + \beta_2^* + \varepsilon_i^*$
백화점에 대한 회귀모형 : $y_i = \alpha^* + \beta_3^* + \varepsilon_i^*$
소매점에 대한 회귀모형 : $y_i = \alpha^* - \beta_1^* - \beta_2^* - \beta_3^* + \varepsilon_i$

여기서, α^*는 모든 판매점의 유형을 고려한 영업활동 비용의 전체평균을 나타내며, 나머지 β_1^*, β_2^*, β_3^*의 의미는 다음과 같이 해석될 수 있다.

β_1^* : 일반판매점의 영업활동 비용에 대한 평균과 전체평균의 차이
β_2^* : 할인판매점의 영업활동 비용에 대한 평균과 전체평균의 차이
β_3^* : 백화점의 영업활동 비용에 대한 평균과 전체평균의 차이

이러한 표현방법에서는 기준그룹이 존재하지 않게 되며, 소매점에 대한 회귀계수도 회귀모형에 포함되지 않는다. 또한 소매점을 특별히 선택하여 모든 더미변수에 −1값을 할당할 필요는 없으며, 다른 판매점의 유형을 선택하여 모든 더미변수에 −1값을 설정하여도, 회귀분석의 결과는 동일하게 나타난다.

(3) 더미변수와 메트릭척도의 독립변수가 함께 있는 회귀모형

명목척도를 갖는 독립변수와 메트릭척도를 갖는 독립변수가 포함된 회귀모형에 대하여 생각하여 보자. 예를 들어, 영업활동 비용을 예측하는 문제에 있어서, 첫 번째 독립변수 X_1을 매출액(메트릭척도)으로 설정하고, 두 번째 독립변수 D를 판매점의 유형(명목척도)으로 구성된 회귀모형을 생각하여 보자. 표본으로 추출한 10개의 회사에 대한 자료는 <표 22-3>에 있다.

표 22-3 | 10개 회사의 영업활동비용과 매출액, 판매점의 유형

회 사	매출액 (억원)	영업활동비용 (천만원)	판매점의 유형	D (더미변수)
1	22	8	할인판매점	1
2	23	10	할인판매점	1
3	18	7	할인판매점	1
4	9	2	일반판매점	0
5	14	4	일반판매점	0
6	20	6	할인판매점	1
7	21	7	일반판매점	0
8	18	6	일반판매점	0
9	16	4	할인판매점	1
10	19	6	일반판매점	0

◆ 평행성을 가정한 회귀모형

평행성을 가정한 회귀모형이라는 의미는 일반판매점에서 나타나는 영업활동 비용에 대한 매출액의 회귀계수(기울기)와 할인판매점에서 나타나는 영업활동 비용에 대한 매출액의 회귀계수(기울기)는 동일하다는 가정이다.

이 경우의 회귀모형은 다음과 같다.

$$y_i = \alpha + \beta_1 X_1 + \beta_2 D + \varepsilon_i$$

여기서 D의 값이 0인 경우는 일반판매점을 의미하며, 1인 경우는 할인판매점을 의미한다. 이러한 회귀모형은 다음과 같이 풀어서 설명할 수 있다.

그림 22-1 | 평행성을 가정한 회귀모형

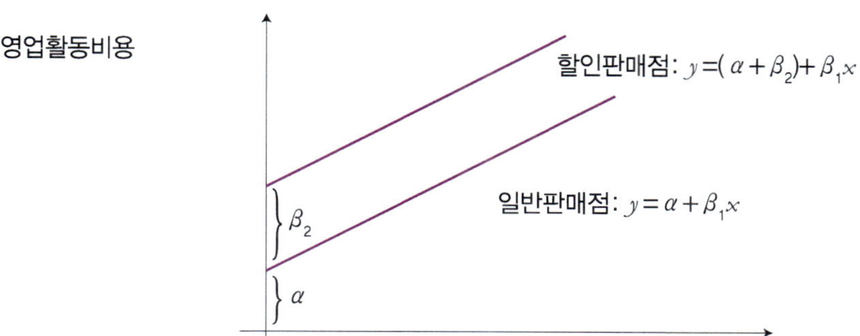

일반판매점의 경우 : $y_i = \alpha + \beta_1 X_1 + \varepsilon_i$
할인판매점의 경우 : $y_i = (\alpha + \beta_2) + \beta_1 X_1 + \varepsilon_i$

이러한 모형의 특징은, 매출액과 관련된 독립변수 X_1에 대한 회귀계수 β_1이 일반판매점의 경우나 할인판매점의 경우나 동일하며, 절편항만 각각 α와 α+β_2로 다르다는 것이다. 즉, 두 판매점의 유형에 대한 회귀모형은 절편항만 다르고, 기울기는 동일하여 평행한 회귀모형을 가정하고 있다는 사실이다. 〔그림 22-1〕은 이러한 절편항만 다른 두 회귀모형의 평행성을 설명하고 있다.

◆ 평행성을 가정하지 않은 회귀모형

평행성을 가정하지 않은 일반적인 회귀모형은 다음과 같이 표현할 수 있다.

$$y_i = \alpha + \beta_1 X_1 + \beta_2 D + \beta_3 (X_1 D) + \varepsilon_i$$

이러한 모형은 세 개의 독립변수를 갖는 다중회귀모형과 동일한 모형이다. 이 경우, 세 번째 독립변수는 첫 번째 독립변수인 X_1과 더미변수 D의 곱으로 표현된다.

이러한 회귀모형은 다음과 같이 풀어서 설명할 수 있다.

일반판매점의 경우: $y_i = \alpha + \beta_1 X_1 + \varepsilon_i$
할인판매점의 경우: $y_i = (\alpha + \beta_2) + (\beta_1 + \beta_3) X_1 + \varepsilon_i$

이러한 회귀모형의 특징은 일반판매점과 할인판매점의 회귀모형은 절편항과 기울기를 다르게 설정함으로써 두 모형이 완전히 구분된다는 사실이다. 즉, β_2는 두 회귀모형의 절편항을 다르게 만들어주는 역할을 하며, β_3는 두 회귀모형의 기울기를 다르게 만들어 주는 역할을 한다 (그림 22-2 참조). 여기서 (X, D)와 관련된 β_3의 크기를 매출액과 판매점 유형 사이에서 나타나는 **상호작용효과**(interaction effect)라고 한다. 즉, β_3의 값이 0으로부터 유의한 차이를 나타내고 있는지를 검정하는 것은 두 변수의 상호작용효과를 검정하는 것과 동일한 의미가 되며, 두 회귀직선이 평행한지를 파악하는 검정과도 동일한 의미가 된다.

그림 22-2 | 평행성을 가정하지 않은 회귀모형

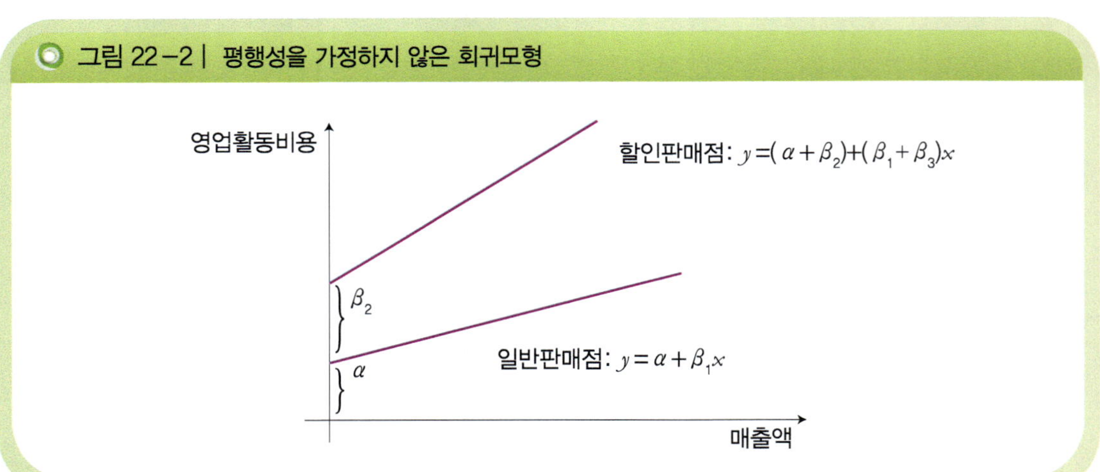

◆ 분석사례

영업활동 비용의 사례를 이용하여 회귀분석을 실시하여 보자. 우선, 첫 번째로 검토하여야 할 사항은 평행성을 가정하지 않는 일반적인 회귀모형을 대상으로 회귀분석을 실시하고, 상호작용효과의 존재 여부, 즉, 평행성을 가정한 회귀모형을 사용하여도 좋은지를 판단하는 것이다. 이를 위한 SAS프로그램은 다음과 같다.

```
proc glm order=data;
  /* 더미변수를 사용하는 경우에는 proc reg보다는 보다 일반적인 proc glm을
     사용하는 것이 좋다.*/
   class 점포유형;
  /* glm 모듈에서 class 문장에 변수이름을 지정하여 주면, 명목척도로 취급하여,
     표현형태 1의 더미변수를 자동으로 만들어 준다.*/
   model 영업활동 = 매출액 점포유형 매출액*점포유형/solution;
  /* 매출액*점포유형은 상호작용효과를 나타내며, solution옵션은 회귀계수를
     요청하는 문장이다.*/
```

이에 대한 분석결과를 살펴보도록 하자.

SAS를 통한 분석결과

Variable		Parameter Estimate ③	T for H0: Parameter = 0	Pr > |T|	Std Error of Estimate
INTERCEPT		4.325000000 B	3.04	0.0229	1.42368360
매출액		2.375000000 B	8.86	0.0001	0.26809513
점포유형	할인	7.425000000 B	3.30	0.0165	2.25263734
	일반	0.000000000 B	.	.	.
매출액*점포유형	할인	−1.225000000 B	−3.41	0.0144 ④	0.35968736
	일반	0.000000000 B ②	.	.	.

NOTE: ① The X'X matrix has been found to be singular and a generalized inverse was used to solve the normal equations. Estimates followed by the letter 'B' are biased, and are not unique estimators of the parameters.

더미변수를 이용한 회귀분석에서는 오직 표현형태 1만의 분석을 SAS에서는 제공한다. 우선 분석결과 ①의 내용은 다른 형태의 분석(기준그룹을 다르게 하거나 표현형태 2를 이용한 분석)이 가능하다는 내용을 복잡하게 설명하고 있다. 그리고 'B'라고 표현한 이유는 (분석결과 ②참조) 다른 형태의 회귀계수가 추정될 수 있다는 의미이며, SAS결과에서는 기준그룹인 일반판매점의 효과를 0으로 설정하고, 즉, 표현형태 1을 사용하여 회귀계수를 추정하였다는 의미이다. 즉, 기준그룹을 일반판매점이 아닌, 할인판매점으로 정하거나, 표현형태2를 이용하여 회귀계수를 추정하게 되면, 다른 회귀계수값이 나타나게 되므로, 분석결과에서 나타난 회귀계수값은 유일하게 존재하는 값이 아니라는 의미이다.

그렇다면 분석결과 ③을 이용하여 추정된 회귀방정식을 표현하여 보면, 다음과 같다.

$$\hat{y}_i = 4.325 + 2.375x_1 + 7.425D - 1.225(x_1 D)$$

이렇게 추정된 회귀방정식은 다음과 같이 풀어서 설명할 수 있다.

일반판매점의 경우 : $\hat{y}_i = 4.325 + 2.375x_1$

할인판매점의 경우 : $\hat{y}_i = (4.325 + 7.425) + (2.375 - 1.225)x_1$

$= 11.75 + 1.15x_1$

그렇다면, 평행성을 가정하고 더미변수를 이용한 회귀분석을 진행할 수 있는지에 대하여 알아보자. 평행성에 대한 가정은 매출액과 점포유형 사이의 상호작용 효과가 존재하지 않는다는 의미이므로 β_3의 값이 0으로부터 유의한 차이가 나타나는지를 검정하여 판단할 수 있다. 분석결과 ④를 살펴보면, β_3에 대한 추정값 −1.225에 대한 p 값은 0.0144로 나타났으며, 이는 유의수준 5%보다 적은 수치이므로, β_3의 값이 0이라는 귀무가설을 기각하는 통계적 결정을 내리게 된다. 따라서 유의한 상호작용 효과가 존재한다고 판단할 수 있으므로, 평행성을 가정한 회귀분석은 적합하지 않은 것으로 판단되어진다.

그렇다면, 이러한 분석결과를 어떻게 해석하여야 하는가? 일반판매점의 영업활동 비용과 할인판매점의 영업활동 비용은 서로 차이가 있다고 볼 수 있는가? 만일 상호작용효과가 존재하지 않는 경우라면, 일반판매점의 영업활동 비용과 할인판매점의 영업활동 비용의 차이는 β_2의 추정값 만큼 차이가 존재한다고 볼 수 있다. 하지만, 상호작용 효과가 유의하게 나타나는 경우는 일반판매점의 영업활동 비용과 할인판매점의 영업활동 비용의 차이가 매출액 x_1의 수준에 따라 다르게 나타나므로, 매출액을 고려하지 않은 상태에서의 두 영업활동 비용의 차이는 의미가 없어져 버린다. 결국, 평행성의 가정이 깨지게 되면, 해석이 복잡하게 나타나며, 두 회귀직선의 특성을 그대로 해석하는 방향으로 문제를 접근하여야 한다.

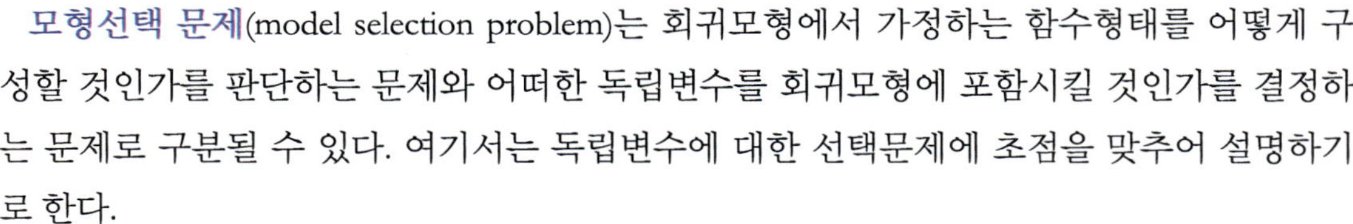

04 모형선택 문제

모형선택 문제(model selection problem)는 회귀모형에서 가정하는 함수형태를 어떻게 구성할 것인가를 판단하는 문제와 어떠한 독립변수를 회귀모형에 포함시킬 것인가를 결정하는 문제로 구분될 수 있다. 여기서는 독립변수에 대한 선택문제에 초점을 맞추어 설명하기로 한다.

앞에서 설명한 다중회귀분석에서는 연구자가 정확하게 어떠한 독립변수를 회귀모형에 포함시켜야 하는지를 알고 있다고 가정하고 회귀분석 문제를 접근하였다. 이러한 방법은 이론적인 검증을 통하여 완벽하게 독립변수들이 확인되는 경우에만 가능해진다. 하지만, 사회과학 연구에서는 연구주제에 대한 부분적인 이론만이 존재하여, 완벽한 독립변수의 구성이 어려우며, 연구목적 자체가 적절한 독립변수를 선택하여 종속변수를 예측하는 연구가 대부분이다.

독립변수에 대한 선택문제는 어떠한 독립변수가 종속변수에 영향을 미치는지를 알아보는 탐색적인 목적으로 사용되기도 하고, 가장 적은 오차를 갖는 회귀모형을 선택하여 최상의 예측값을 얻기 위한 목적으로도 사용된다. 그렇다면, 독립변수는 어떠한 방법으로 선택되는지에 대하여 알아보도록 하자.

(1) 변수추가법과 변수제거법

가장 기본이 되는 독립변수의 선택 방법은 변수추가법(forward selection method)과 변수제거법(backward elimination method)이다. 변수추가법은 변수가 없는 상태에서, 종속변수를 설명하는 기여도가 가장 높은 변수를 하나씩 추가시키는 방법이다. 이 경우, 언제까지 변수를 추가시킬 것인지를 결정하는 기준값이 있어야 하는데, 이 값을 F-진입값(F-to-enter)이라고 한다. 즉, F-진입값의 기준을 만족하는 경우에는 무조건 변수를 모형에 추가시킨다는 것이다. F-진입값은 보통 p 값으로 표현되는데, 일반적으로 많이 사용되는 F-진입값은 0.15이다. 변수추가법에서는 일단 들어온 변수는 최종모형에서 절대로 나가지 않는다는 문제점을 가지고 있다.

변수제거법은 변수가 모두 포함된 회귀모형에서, 종속변수를 설명하는 기여도가 가장 낮은 변수를 하나씩 제거하는 방법이다. 이 경우도, 언제까지 변수를 제거할 것인지를 결정하는 기준값이 있어야 하는데, 이 값을 F-제거값(F-to-remove)이라고 한다. 주로 사용되는 F-제거값은 0.3이다. 변수제거법에서는 일단 제거된 변수는 최종모형에 절대로 포함될 수 없다는 문제점을 가지고 있다.

(2) 단계별 선택법

단계별 선택법(stepwise selection method)은 변수추가법과 변수제거법을 혼합한 형태로써 변수가 없는 상태에서 변수추가법을 이용하여 한 개 변수를 추가한 후, 변수제거법에 의하여 제거될 변수가 있는지를 조사하는 방법을 말한다. 독립변수의 선택문제에서 가장 많이 사용하는 방법이지만, 단계별 선택법에 의하여 얻어진 회귀모형이 항상 최적의 회귀모형이 되지는 않는다.

단계별 선택법에서는 F-진입값과 F-제거값을 모두 설정하여 주어야 한다. 결국 F-진입값 기준에 의하여 변수추가법이 적용되고, F-제거값 기준에 의하여 변수제거법이 적용되어 최종 변수가 선택되어지는 것이다.

다음은 21장에서 소개한 아파트 매매자료에 대한 단계별 선택법을 위한 SAS프로그램과 이에 대한 결과이다.

```
proc reg;
  model 매매가격 = 초기가격 최종가격 기간 면적 방수
          /selection=stepwise slentry=0.15 slstay=0.3;
/* 여기서 slentry (significance level of entry)는 F진입값을 의미하며,
  slstay(significance level of stay)는 F제거값을 의미한다. */
```

SAS를 통한 분석결과

Stepwise Procedure for Dependent Variable 매매가격

Step 1 Variable 최종가격 Entered R−square = 0.99064673 C(p) = 7.38931872

Variable	Parameter Estimate	Standard Error	Type II Sum of Squares	F	Prob>F
INTERCEP	87.67053837	380.07308657	11816.50626032	0.05	0.8193
최종가격	0.95603875	0.01787787	635089872.88681	2859.69	0.0001 ①

Step 2 Variable 기간 Entered → R−square = 0.99219525 C(p) = 4.02696379

Variable	Parameter Estimate	Standard Error	Type II Sum of Squares	F	Prob>F
INTERCEP	393.63555462	378.58026242	208053.26811710	1.08	0.3080
최종가격	0.96229316	0.01686841	626279438.96916	3254.37	0.0001
기 간	−3.24810188	1.43009148	992735.34766806	5.16	0.0316 ②

Step 3 Variable 방수 Entered R−square = 0.99302393 C(p) = 3.15735095

Variable	Parameter Estimate	Standard Error	Type II Sum of Squares	F	Prob>F
INTERCEP	−54.08881819	448.02941657	2607.28889215	0.01	0.9049
최종가격	0.93723067	0.02181781	330109557.91423	1845.32	0.0001
기 간	−3.71264451	1.40492074	1249252.7448894	6.98	0.0140
방 수	200.17539871	116.15922307	531252.80498919	2.97	0.0972 ③

All variables left in the model are significant at the 0.3000 level.
No other variable met the 0.1500 significance level for entry into the model. ④

단계별 선택법의 첫 번째 단계는 어떠한 독립변수도 포함되지 않은 회귀모형으로부터 가장 매매가격을 잘 설명하는 독립변수를 찾는 것이다. 제1단계에서 최종가격이 선택되었으며, 이에 대한 p 값은 0.0001로 나타났다 (분석결과 ① 참조). 이 값은 F−진입값으로 설정한 0.15보다

적으므로, 이 변수는 모형에 포함된다. 그 다음은 제거할 변수를 찾는 단계로서 그 기준은 0.3이다. 이 모형에서는 모든 p 값이 0.3보다 적게 나타나므로, 제거되는 변수가 없다.

두 번째 단계는 최종가격이 포함된 회귀모형으로부터 추가적으로 매매가격을 가장 잘 설명하는 독립변수를 찾는 것이다. 제2단계에서 기간이 선택되었으며, 이에 대한 p 값은 0.0316로 나타났다 (분석결과 ② 참조). 이 값은 F-진입값으로 설정한 0.15보다 적으므로, 이 변수는 모형에 포함된다. 그 다음은 제거할 변수를 찾는 단계로서 그 기준은 0.3이다. 이 모형에서는 모든 p 값이 0.3보다 적게 나타나므로, 제거되는 변수가 없다.

세 번째 단계는 최종가격과 기간이 포함된 회귀모형으로부터 추가적으로 매매가격을 가장 잘 설명하는 독립변수를 찾는 것이다. 제3단계에서 방의 수가 선택되었으며, 이에 대한 p 값은 0.0972로 나타났다 (분석결과 ③ 참조). 이 값은 F-진입값으로 설정한 0.15보다 적으므로, 이 변수는 모형에 포함된다. 그 다음은 제거할 변수를 찾는 단계로서 그 기준은 0.3이다. 이 모형에서는 모든 p 값이 0.3보다 적게 나타나므로, 제거되는 변수가 없다.

마지막으로, 분석결과 ④를 살펴보면, F-진입값으로 설정한 0.15를 만족하여 추가될 독립변수가 더 이상 없으며, F-제거값 0.3 기준으로 제거되어야 할 변수가 모형에서 없다는 사실을 설명하고 있다. 따라서 이 단계에서 단계별 선택법은 마치게 된다. 결국 단계별 선택법에서 선택한 독립변수는 최종가격, 기간, 방의 수이다.

(3) 최적의 변수선택법

최적 선택법은 모든 가능한 회귀모형을 모두 고려하여, 그 중에서 가장 좋은 회귀모형을 선택하는 방법이다. 최적 선택법은 90년 이후에 컴퓨터의 속도가 빨라지면서, 가능해진 방법이다. 하지만, 자료의 수가 많거나, 독립변수의 수가 많은 경우에는, 컴퓨터 계산시간이 오래 걸린다는 문제점을 아직도 가지고 있다. 회귀모형을 평가하는 기준은 일반적으로, 표준오차의 제곱에 대한 추정값인 오차제곱평균 *MSE* 기준을 많이 사용한다. *MSE*는 수정된 결정계수와 일정한 관계식을 가지고 움직이기 때문에, 가장 적은 *MSE*를 요구하는 회귀모형을 찾는 문제는 가장 큰 수정된 결정계수를 찾는 문제와 동일한 결과를 얻게 된다. 다음은 최적의 변수선택법을 위한 SAS 프로그램과 이에 대한 결과이다.

```
proc reg;
   model 매매가격 = 초기가격 최종가격 기간 면적 방수
                /selection=adjrsq mse best=5;
/* 모든 가능한 회귀모형을 만들어서, 수정된 결정계수를 이용하여 회귀모형을 평가하고,
MSE값을 결과물에 제시하고, 모든 가능한 수많은 회귀모형 중에서 수정된 결정계수가 가장
큰 값 순서로 5개의 모형만 결과물에 제사하라는 명령어이다. */
```

SAS를 통한 분석결과

N = 29 Regression Models for Dependent Variable: 매매가격

Adjusted R-square	R-square	In	MSE	Variables in Model
0.99225117	0.99335814	4	177417	초기가격 최종가격 기간 방수 ①
0.99218680	0.99302393	3	178890	최종가격 기간 방수 ②
0.99191851	0.99307301	4	185033	최종가격 기간 면적 방수
0.99191426	0.99335815	5	185130	초기가격 최종가격 기간 면적 방수
0.99168424	0.99257521	3	190397	초기가격 최종가격 기간

그렇다면, 몇 개의 회귀모형을 비교하여 상위 5개의 회귀모형이 나타났는지를 알아보자. 아파트 매매자료의 경우, 독립변수가 5개 있으므로, 각 독립변수는 회귀모형에 포함되거나 포함되지 않은 두 가지 경우가 있고, 모든 독립변수가 포함되지 않은 회귀모형은 비교대상에서 제외되므로, 다음과 같은 수의 회귀모형이 비교된다.

$$2\times2\times2\times2\times2-1=2^5-1=31\text{개의 회귀모형}$$

따라서, 여기서 나타난 SAS결과는, 이러한 31개의 회귀모형을 적합하여, 가장 큰 수정된 결정계수(또는 가장 적은 *MSE*)를 상위 5개만 선택한 결과이다. 만일 독립변수가 10개라면, 총 $2^{10}-1=1{,}023$개의 회귀모형이 비교된다. 이와 같이, 독립변수의 수가 증가하게 되면, 비교하여야 할 회귀모형의 수는 기하급수적으로 늘어나게 된다.

분석결과 ①을 살펴보면, 초기가격, 최종가격, 기간, 방의 수를 포함하는 회귀모형이 31개의 회귀모형 중에서 가장 높은 수정된 결정계수 (0.99225)를 나타내고 있으며, 가장 적은 *MSE*값인 177417을 나타내고 있다. 단계별 선택법에 의한 회귀모형은 두 번째로 좋은 회귀모형으로 나타났다 (분석결과 ② 참조).

요 약

1. 다중회귀분석에 대한 이해

- 다중회귀분석은 한 개의 종속변수 Y와 p 개의 독립변수 $x_1, x_2, \cdots, x_p$ 사이의 관계를 분석하는 통계적 방법으로 단순회귀분석에서는 나타나지 않는 모형선택 문제와 다중공선성 문제가 발생된다.
- 다중선형 회귀모형은 다음과 같다.

$$Y_i = \alpha + \beta_1 x_{1i} + \beta_2 x_{2i} + \cdots + \beta_p x_{pi} + \varepsilon_i$$

- 다중공선성은 독립변수들 사이의 상호 의존도를 의미하는 개념으로, 독립변수들 사이에 높은 다중공선성이 존재하게 되면, 회귀계수의 부호가 바뀌거나 중요한 독립변수에 대한 회귀계수가 0에 가까운 값을 추정하게 되어, 의미없는 변수로 보이게 된다.
- 다중회귀분석의 검정에는 전반검정과 부분검정이 있으며, 전반검정은 모든 독립변수를 대상으로 검정하는 절차를 말하고, 부분검정은 완전모형과 부분모형으로 나누어 적합성을 검정하는 방법을 말한다.
- 부분검정에 대한 통계적 결정이 유의하지 않다고 하여 유의적이지 않은 모든 변수를 한꺼번에 제거해서는 안된다.

2. 회귀분석에 필요한 가정에 위배되는 경우

- 회귀분석은 다음의 다섯 가지 가정 ① 모형구성에 대한 가정, ② 측정오차에 대한 가정, ③ 정규성에 대한 가정, ④ 등분산성에 대한 가정, ⑤ 독립성에 대한 가정 아래서 분석이 실시된다.
- 정규성에 대한 가정은 신뢰구간이나 독립변수에 대한 유의성 검정에서 필요한 가정이며, 회귀계수를 추정하는 과정에서는 필요하지 않은 가정이다.
- 등분산성에 대한 문제는 분산안정화를 위한 변수변환으로 극복할 수 있다.

3. 더미변수를 이용한 회귀분석

- 회귀분석에서 독립변수가 메트릭척도가 아닌 명목척도나 서열척도를 갖는 경우에 더미변수를 사용할 수 있다.
- 더미변수는 1과 0으로 값을 할당하여 독립변수로 포함될 수 있으며, (표현방법1) 1과 −1으로 값을 할당하여 (표현방법2) 표현할 수도 있다. 이 경우 회귀계수의 해석이 달라지

게 된다.

▶ 메트릭척도의 독립변수가 더미변수와 섞여있는 회귀모형에서는 두 독립변수의 상호작용효과인 평행성에 대한 가정에 대하여 조사할 필요가 있다.

4. 모형선택 문제

▶ 가장 많이 사용되는 독립변수 선택방법은 단계별 선택법으로, 이 방법은 변수추가법과 변수제거법을 혼합된 방법이다. 이 경우, F-진입값과 F-제거값을 모두 설정하여 주어야 한다.

▶ 최적 선택법은 모든 가능한 회귀모형을 모두 고려하여, 그 중에서 가장 좋은 회귀모형을 선택하는 방법으로, 회귀모형을 평가하는 기준은 일반적으로, 표준오차의 제곱에 대한 추정값인 오차제곱평균 MSE를 많이 사용한다.

논의사항

1. 회귀분석을 이용하여 예측값에 대한 오차는 어떠한 요인에 의하여 영향을 받는지를 논의하시오.

2. 다중공선성에 대한 의미를 설명하고, 높은 다중공선성으로 회귀분석에서 어떠한 문제가 발생하는지를 논의하시오.

3. 전반검정과 부분검정의 차이에 대하여 논의하시오.

4. (경로분석 문제) 21장에 소개된 아파트 매매자료를 이용하여 다음 물음에 답하시오.
   (1) 종속변수를 아파트 매매가격으로 하고, 독립변수를 면적과 방의 수로 하여 다중회귀분석을 실시하고, 여기서 추정된 회귀계수의 의미에 대하여 설명하시오.
   (2) 종속변수를 아파트 매매가격으로 하고, 독립변수를 면적으로 한 단순회귀분석과 종속변수를 아파트 매매가격으로 하고, 독립변수를 방의 수로 한 단순회귀분석을 실시하고, 여기서 추정된 회귀계수의 의미에 대하여 설명하시오.
   (3) ①과 ②의 회귀계수 결과가 다르게 나타나는 이유에 대하여 논의하시오.
   (4) 방의 수가 1개 증가하는 경우, 면적이 평균적으로 얼마만큼 증가하는가?
   (5) 동일한 면적의 아파트에서, 다른 아파트보다 방의 수가 1개 많은 경우, 매매가격이 어떻

게 변하는지를 알아보고 (이러한 차이를 방의 수에 따른 직접효과(direct effect)라고 한다) 방의 수가 1개 증가함으로서 아파트 면적이 증가하여 나타나는 매매가격의 변화(이러한 차이를 방의 수에 따른 간접효과(indirect effect)라고 한다)에 대하여 설명하시오

(6) 앞에서 얻은 결과를 종합하여, 방의 수가 1개 증가하게 되면, 매매가격은 어떻게 변하는지를 아래 그림을 이용하여 설명하고 (1), (2), (4)에서 나타나는 회귀분석 결과에 대한 관계에 대하여 논의하시오.

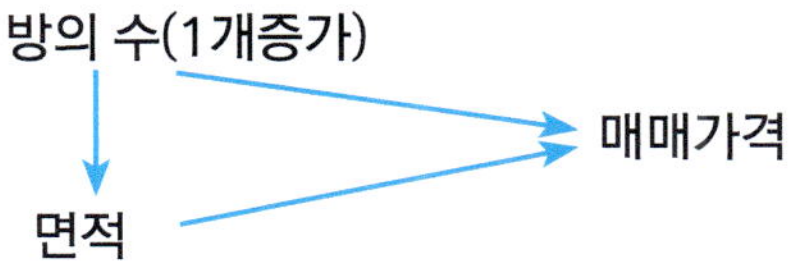

CHAPTER 23
로지스틱 회귀분석

분류모형의 대표적인 모형으로 취급되는 로지스틱 회귀분석 모형은 자료가 두 개의 그룹으로 나누어졌을 경우 두 그룹이 어떻게 다른지를 파악하는 모형을 의미한다. 분류모형은 새로운 자료가 주어지면 특정그룹에 속할 확률이 제공되며, 로지스틱 회귀모형에서 나타나는 회귀계수는 확률을 다른 형태로 표현한 오즈(odds)의 개념으로 해석된다. 로지스틱 회귀모형은 회귀모형의 한 형태로써 비선형 회귀모형으로 취급된다.

로지스틱 회귀분석(logistic regression analysis)은, 자료가 두 모집단으로 나누어진 상황에서, 연구대상이 어떠한 모집단에 속하는지를 예측하는 분류 목적으로 사용되는 통계적 분석방법이다. 두 모집단의 특성에 대한 차이를 파악하여 연구대상의 특성이 어떠한 모집단에 더 가까운지를 파악하는 목적으로 사용되는 통계적 모형을 **분류모형**(classification model)이라고 한다. 로지스틱 회귀모형은 이러한 분류모형의 한 형태이며, 이외에도 다변량분석에서 설명되는 **판별분석**(discriminant analysis)도 분류모형으로 구분될 수 있으며, 또한 이 책에서는 소개되지 않지만, **의사결정 나무모형**(decision tree model)과 **인공신경망 모형**(artificial neural network)도 이러한 분류모형의 형태이다.

로지스틱 회귀분석은 그 동안 의학분야에서 사용되면서 발전되어 왔다. 예를 들어, 심장병에 대한 위험요인을 파악하기 위하여, 환자들의 신체적 특성이나 증상을 조사하고 정상인들의 특성과 비교함으로써 어떠한 특성을 가진 사람들이 심장병에 많이 노출되어 있는지를 파악하고 예측하는 것이다. 하지만, 지금은 기업의 도산을 예측하는 문제부터 10대 소녀의 임신 가능성에 대한 예측문제까지, 사회과학의 모든 분야에서 분류모형의 대명사로 유용하게 활용되고 있다. 예측을 위하여 분류모형에 사용되는 독립변수를 **예측변수**(predictor)라 하고 결과로 나타나는 종속변수를 **목표변수**(target variable) 또는 **분류변수**(classification variable)라고 한다. 〔그림 23-1〕은 이러한 예측변수와 분류변수의 관계를 그림으로 나타내고 있다.

그림 23-1 | 분류모형의 이해

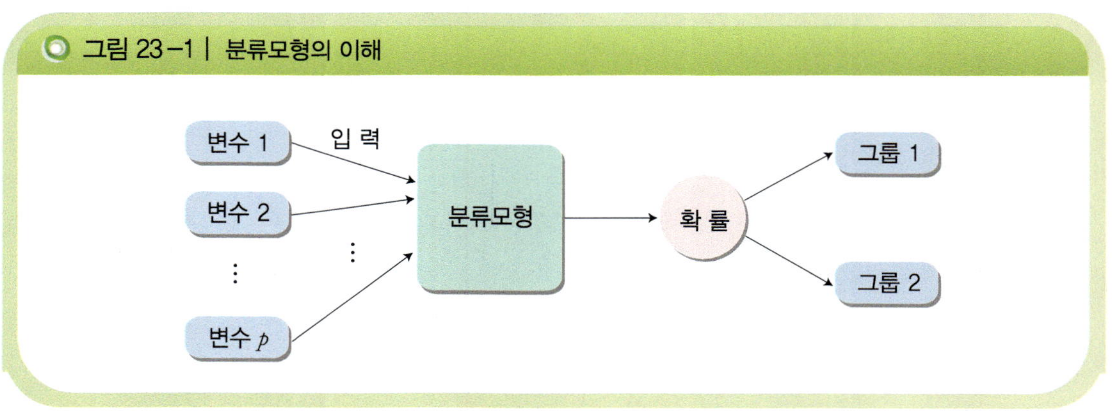

01 로지스틱 회귀분석에 대한 이해

판별분석에서는 서열척도나 명목척도를 갖는 예측변수를 허용하지 않고 있는 반면에, 로지스틱 회귀분석은, 더미변수를 이용하여 서열척도나 명목척도를 예측변수로 취할 수 있다는 특징을 가지고 있다. 또한 메트릭척도를 갖는 예측변수의 경우, 다변량 정규분포(multivariate normal distribution)를 가정할 수 없는 상황에서도 로지스틱 회귀분석은 적용될 수 있다.

(1) 오즈에 대한 이해

로지스틱 회귀모형을 이해하기 위해서는 먼저 오즈(odds; 승수, 승산)에 대한 개념을 이해하는 것이 필요하다. 만일 그룹 1에 속할 확률을 p라 표기한다면, 자동적으로 그룹 2에 속할 확률은 $1-p$가 되며, 이 경우의 오즈는 다음과 같이 정의된다.

$$\text{오즈} = \frac{p}{1-p}$$

예를 들어, 프로야구 경기에서 A팀이 B팀을 이길 오즈가 3이라는 의미는 A팀이 이길 확률은 0.75 (=3/(3+1))이라는 의미이다. 또한 확률 0.75의 오즈를 계산하면, 3 (=0.75/(1−0.75))이 된다.

오즈의 개념이 로지스틱 회귀분석에 활용되는 이유는 오즈가 취할 수 있는 값의 범위가 0에서 무한대까지이기 때문이다. 즉, 확률을 회귀분석에 직접 적용하게 되면, 확률은 0에서 1 사이의 값만을 취하기 때문에, 실수 전체의 값을 갖는 일반적인 회귀모형에 적용될 수 없기 때문이다. 만일 이러한 사실을 무시하고 회귀분석을 적용하게 되면, 확률의 값이 음수로 예측되거나 1보다 큰 값으로 예측되는 문제가 발생할 것이다. 따라서 0에서 무한대까지의 값을 갖는 오즈를 이용하여 확률을 표현하고 회귀분석을 적용시키면 보다 적절한 분석모형이 만들어질 수 있을 것이다.

하지만 오즈를 회귀분석에 직접 적용하게 되면, 다음과 같은 두 가지 문제점이 발생한다. 첫 번째 문제점은 오즈가 0에서 무한대까지의 값을 갖고 음수의 값은 가질 수 없으므로, 일반적인 회귀분석을 적용하게 되면 음수의 예측값이 나타날 수 있다는 것이다. 두 번째 문제점은 오즈와 확률의 관계식에 있다. 확률이 0.5일 경우의 오즈는 1이 되며, 확률이 0에서 0.5 사이일 경우의 오즈값의 범위는 0에서 1 사이의 값을 가지고, 확률이 0.5에서 1 사이일 경우는 1에서 무한대 사이의 오즈값을 가지게 된다. 이러한 오즈와 확률의 관계는 〔그림 23-2〕에 나타나 있다. 〔그림 23-2〕를 살펴보면, 확률이 0.5일때 오즈값은 1이 되며, 확률이 0에서 0.5 사이에서는 오즈값이 0에서 1사이로 매우 완만하게 움직이다가, 확률값이 0.5보다 크면 오즈값의 변화가 커지게 되며, 확률이 0.9 이상이 되면 오즈값이 기하급수적으로 커진다는 사실을 확인할 수 있다. 이러한 오즈값의 불균형성은 특별히 0.9 이상의 확률에서는 매우 큰 오즈값을 갖기 때문에, 단순히 오즈를 기초로 분석을 실시하면 결과를 왜곡시킬 수 있다.

그림 23-2 | 오즈와 확률의 관계

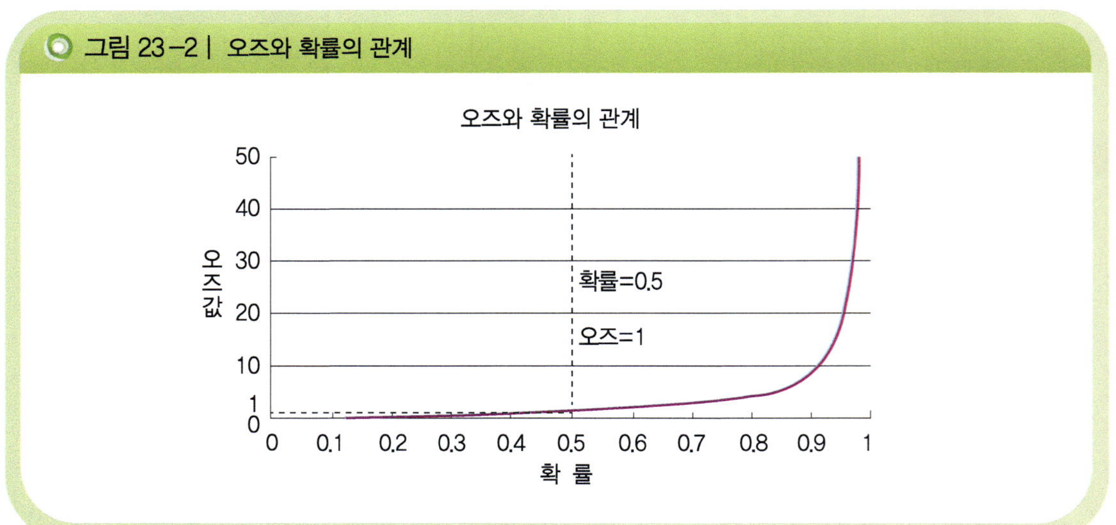

이러한 두 가지 문제점을 해결하기 위하여 사용되는 방법이 오즈값에 자연로그를 취한 로그오즈이다. 로그오즈는 오즈와 다음과 같은 관계식을 갖는다.

$$\text{로그오즈} = \log_e(\text{오즈}) = \ln(\text{오즈})$$
$$\Leftrightarrow \text{오즈} = e^{\text{로그오즈}} = \exp(\text{로그오즈})$$ [1)]

오즈값에 자연로그를 취하게 되면, 0에서 무한대까지의 범위는 음의 무한대에서 양의 무한대까지의 범위로 바뀌게 된다. 즉, 확률의 값이 0에서 1 사이에 있으므로, 오즈가 0에서 1 사이에 있을 경우, 로그오즈는 음의 무한대에서 0까지의 값을 가지게 되며, 1에서 무한대까지의 오즈는 0에서 양의 무한대까지의 로그오즈를 가지게 된다. 결국, 확률이 0.5 이하인 경우의 로그오즈값은 음의 무한대에서 0까지의 값을 가지며, 확률이 0.5 이상일 경우의 로그오즈값은 0에서 양의 무한대까지의 값을 가지면서 0.5를 중심으로 대칭성이 유지하게 된다 (그림 23-3 참조).

---

1) $y = \ln x$의 역함수 형태는 $x = e^y$ 또는 $x = \exp(y)$이다.

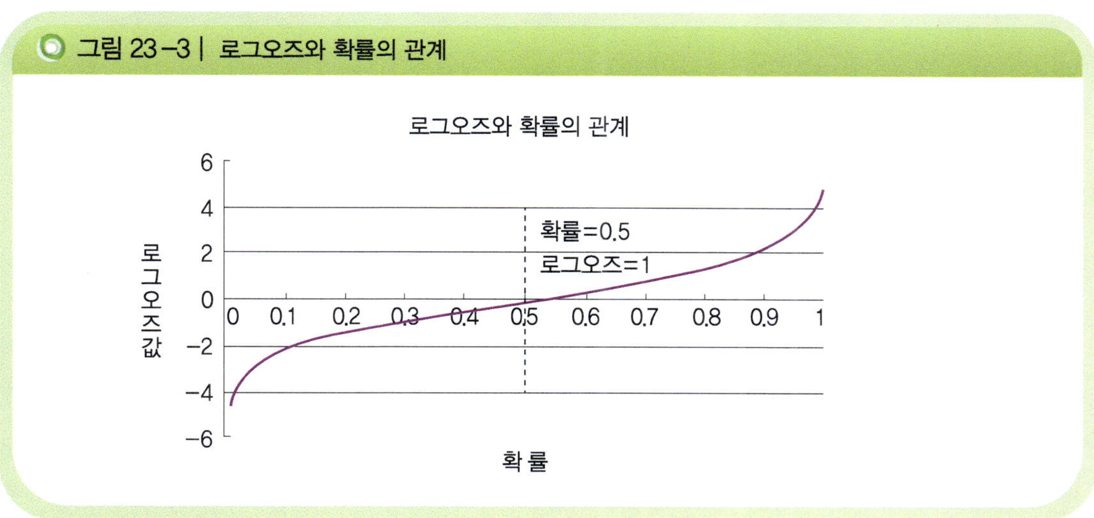

그림 23-3 | 로그오즈와 확률의 관계

이와 같은 사실은 <표 23-1>과 같이 요약될 수 있다.

표 23-1 | 확률, 오즈, 로그오즈의 관계

	값의 범위	특 징
확 률	$0 \le p \le 1$	0.5를 중심으로 대칭
오 즈	0≤오즈≤∞	1를 중심으로 비대칭
로그오즈	∞≤로그오즈≤∞	0을 중심으로 대칭

(2) 로지스틱 회귀모형

종속변수 Y는 두 카테고리 중에서 한 개의 카테고리만을 취하는 명목척도이고, 종속변수를 예측하기 위하여 p개의 예측변수(또는 독립변수) $x_1, x_2, \cdots, x_p$가 조사되었다고 하자. 이 경우 확률 p는 종속변수 Y가 첫 번째 카테고리에 속하게 되는 확률을 의미하며, 자동적으로, $1-p$는 두 번째 카테고리에 속하는 확률이 된다. 확률 p에 대한 오즈를 오즈(p)라 표기하고, 이에 대한 로그오즈값을 로그 오즈(p)라 표기하면, 다음과 같은 관계식이 성립함을 확인할 수 있다.

$$\text{로그오즈}(p) = \ln(\text{오즈}(p)) = \ln\left(\frac{p}{1-p}\right)$$

이 경우, 로지스틱 회귀모형(logistic regression model)은 다음과 같이 정의된다.

$$\text{로그오즈}(p) = \ln\left(\frac{p}{1-p}\right) = \alpha + \beta_1 x_1 + \beta_2 x_2 + \cdots + \beta_p x_p$$

이러한 로지스틱 회귀모형의 형태는, 종속변수가 로그오즈 값이라는 것과 오차항을 나타내는 ε항이 없다는 것을 제외하고는 다중회귀모형의 형태와 비슷하기 때문에, 회귀모형이라는 표현을 사용하게 되며, p와 예측변수 $x_1, x_2, \cdots, x_p$ 사이에서는 선형관계를 유지하지 못하고 있으므로 비선형 회귀모형(nonlinear regression model)이라 부른다.

로지스틱 회귀모형을 적용하기 위하여 필요한 기본적인 가정은 로그오즈값이 예측변수와 선형적인 관계, 즉 $\alpha + \beta_1 x_1 + \beta_2 x_2 + \cdots + \beta_p x_p$로 표현될 수 있어야 하다는 것이다. 또한 로지스틱 회귀모형의 특징은, 예측변수에 대하여 어떠한 분포의 가정도 필요하지 않다는 것이다. 이러한 부분은 다변량 정규분포를 가정하고 분석하는 판별분석과 비교하였을 경우, 상당히 큰 장점이 될 수 있다. 또한 예측변수가 명목척도일 경우도 판별분석에서는 어려움이 발생하지만, 로지스틱 회귀모형에서는 적절한 형태의 더미변수를 추가시켜서 어려움을 해결할 수 있다.

이러한 로지스틱 회귀모형은 확률 p의 함수로 재구성할 수 있는데 이러한 형태의 방정식을 로지스틱 회귀방정식(logistic regression equation)이라고 한다. 로지스틱 회귀방정식은 다음과 같이 표현된다.

$$p = \frac{1}{1 + \exp[-(\alpha + \beta_1 x_1 + \beta_2 x_2 + \cdots + \beta_p x_p)]}$$

(3) 로짓모형과 프로빗모형

만일 p를 어떠한 그룹에 속할 확률이라 정의하고, x를 예측변수라고 한다면, x를 이용하여 p를 어떻게 알 수 있는가의 문제는 로지스틱 회귀분석에서 핵심문제가 된다. 이 경우, p와 x 사이의 함수관계를 모형화하여 분석이 실시되는데, 일반적으로 많이 사용되는 모형으로는 로짓모형(logit model)과 프로빗모형(probit model)이 있다. 여기서 로짓모형은 지금까지 설명한 로지스틱 회귀모형과 같은 것으로서, 다음과 같은 로지스틱 함수(logistic function)로 정의된다.

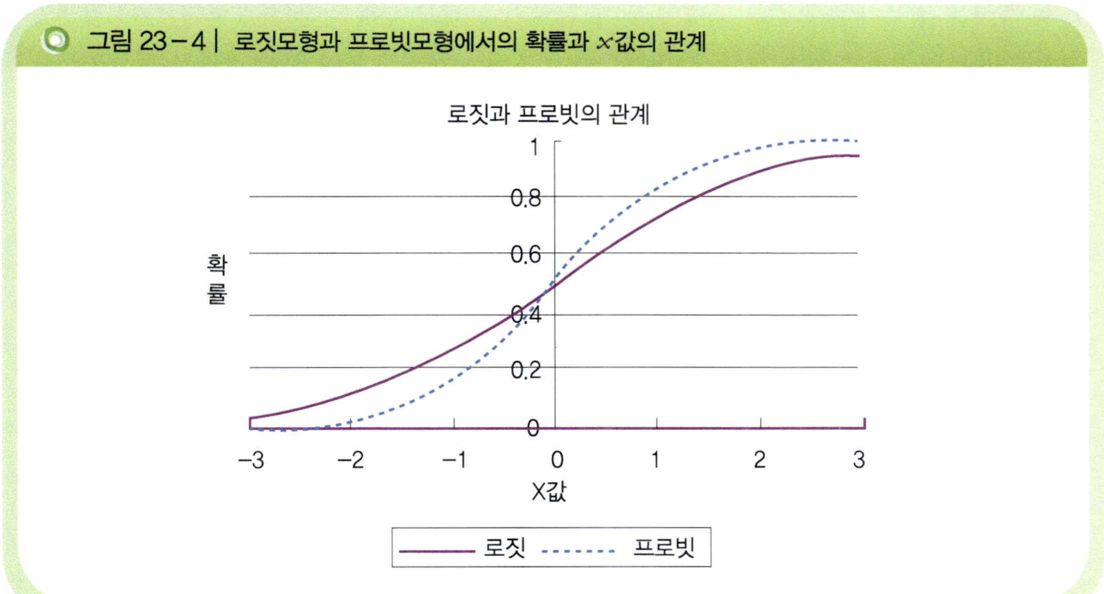

$$p_x = \frac{1}{1 + \exp[-(\alpha + \beta x)]}$$

평균이 0이고 분산이 1인 표준정규분포에 대한 누적분포함수를 Φ (대문자 phi)라고 표기하자.[2] 이러한 표준정규분포의 누적분포함수를 이용하여 p 와 x 사이의 함수관계를 모형화하게 되면, 다음과 같은 프로빗모형이 정의된다.

$$p_x = \Phi(\alpha + \beta x)$$

〔그림 23-4〕는 α가 0이고 β가 1인 경우의 p 와 x 사이의 함수관계를 그래프로 나타낸 것이다. 〔그림 23-4〕를 살펴보면 로짓모형과 프로빗 모형인 p가 0.5인 지점에서 일치하지만, 로짓모형이 훨씬 완만한 곡선을 형성하고 있고, 곡선이 부드러우면서 두꺼운 꼬리분포를 가지고 있다는 사실을 확인할 수 있다. 또한 프로빗모형은 확률이 0.5를 중심으로 1이나 0으로 급하게 증가 또는 감소되고 있다는 사실을 확인할 수 있다. 이러한 사실은 연구관심이 되는 확률이 0.5 주위(이 경우는 x의 값이 0근처)에 있을 경우에는 두 모형 모두 거의 비슷한 결과를 제시하여 주지만, 확률이 0이나 1 근처에 있는 경우(이 경우는 x의 값이 0으로부터 멀리 떨어져 있는 경우)에는 서로 상이한 결과를 제공할 것이라고 판단할 수 있다. 즉, 1에 가까운 확률

2) 이 경우, 0보다 적을 확률은 0.5가 되고, 1.96보다 적을 확률은 표준정규분포표에 의하여 0.975가 되므로, $\Phi(0) = 0.5$이고 $\Phi(1.96) = 0.975$가 된다.

을 예측하는 경우에는 프로빗모형에 의한 결과가 로짓모형에 의한 결과보다 높은 확률값을 추정하게 되며, 0에 가까운 확률을 예측하는 경우에는 로짓모형에 의한 결과가 프로빗모형에 의한 결과보다 높은 확률값을 추정하게 되는 특징을 가지고 있다.

이러한 로짓모형과 프로빗모형을 다중회귀분석의 형태로 바꾸면, 다음과 같이 표현할 수 있다.

$$\text{로짓모형}: \ell n\left(\frac{p_x}{1-p_x}\right)=\alpha+\beta x$$

$$\text{프로빗모형}: \Phi^{-1}(p_x)=\alpha+\beta x$$

여기서 $\Phi^{-1}(\bullet)$는 표준정규분포에 대한 누적분포함수 $\Phi(\bullet)$의 역함수이다.[3] 요약하면, 로짓모형에서는 확률 p에 대한 로그오즈의 형태가 다중회귀모형에 적용되며, 이러한 로그오즈로 변환하는 것을 로짓(logit; log unit)이라 한다. 프로빗모형에서는 표준정규분포에 대한 누적분포함수 $\Phi(\bullet)$의 역함수인 $\Phi^{-1}(\bullet)$를 이용하여 다중회귀모형을 적용하게 되는데, 이러한 변환 $\Phi^{-1}(\bullet)$를 프로빗(probit; probability unit)이라고 한다.

프로빗모형과 비교하여, 로짓모형은 완만한 부드러운 곡선을 가져서 사회과학연구에서 많이 사용되는 모형이므로 본서에서는 로짓모형을 중심으로 분류모형을 설명하기로 한다.

(4) 로지스틱 회귀분석과 판별분석의 비교

로지스틱 회귀방정식을 추정하기 위하여, 다중회귀분석에서 많이 사용하는 최소제곱법(least square method)을 이용하게 되면, 추정값이 불안정한 것으로 알려져 있기 때문에, 일반적으로, 최대우도법(maximum likelihood method)이라는 방법을 사용하여 로지스틱 회귀방정식을 추정한다. 특별히 표본의 수가 많은 경우에는 최대우도법에 의한 추정값은 매우 안정적인 것으로 알려져 있다.

하지만, 예측변수의 분포가 정규분포를 따르는 경우는 판별분석에 의한 추정값이 최대우도법에 의한 추정값과 비교하여 적은 수의 표본으로도 보다 정확한 추정값을 제공하는 효율적인 방법인 것으로 알려져 있다. 그러나, 비록 적은 수의 표본일 경우도 예측변수의 분포가 정규분포를 따르지 않는 경우에는 최대우도법에 의한 로지스틱 회귀방정식의 추정이 우수한 것으로 알려져 있다. 대부분의 경우, 특별히 예측변수의 분포가 정규분포를 따른다는 사실과 무관하게, 판별분석의 결과와 로지스틱 회귀분석에 대한 결과는 거의 일치한다. 하지만, 명목

3) 이 경우, 0보다 적을 확률은 0.5가 되고, 1.96보다 적을 확률은 표준정규분포표에 의하여 0.975가 되므로, $\Phi(0)=0.5$이고 $\phi^{-1}(0.975)=1.96$가 된다.

척도를 갖는 예측변수를 무리하게 판별분석에 적용하여 분석하는 경우에는 두 분석에 대한 결과가 서로 다르게 나타나는 것으로 알려져 있다.

02 독립변수가 명목척도인 경우의 해석

로지스틱 회귀분석의 가장 큰 장점이라면, 명목척도의 독립변수를 사용할 수 있다는 것이다. 예를 들어, 여자 183명과 남자 111명으로 구성된 294명의 소비자를 대상으로 제품 A에 대한 구입여부를 조사하였더니 <표 23-2>와 같이 나타났다고 하자.

표 23-2 | 성별에 따른 제품A의 구입 여부

성 별	제품 A 구입	제품 A 비구입	합 계
여 자	40	143	183
남 자	10	101	111
합 계	50	244	294

이 경우, 제품 A의 구입여부를 예측하는 문제에 초점이 맞추어져 있다면, 종속변수는 제품 A의 구입여부이고, 독립변수는 명목척도인 성별이 된다. 만일 소비자가 여자라면 제품 A를 구입하는 오즈는 40/143이 되며, 남자의 경우 제품 A를 구입하는 오즈는 10/101이 된다. 이러한 두 오즈의 비율을 오즈비(OR; odds ratio)라 하고, 다음과 같이 계산된다.

$$\text{오즈비} = OR = \frac{40/143}{10/101} = \frac{40 \times 101}{10 \times 143} = 2.825$$

즉, 여자가 제품 A를 구입할 오즈는 남자가 제품 A를 구입할 오즈의 2.825배가 된다는 의미이다. 여기서 제품 A를 구입하는 것을 기준으로 잡을 필요는 없다. 즉, 제품 A를 구입하지 않는 경우의 여자와 남자의 오즈비는 다음과 같다.

$$\text{오즈비} = OR = \frac{143/40}{101/10} = \frac{1}{2.825} = 0.354$$

이제 로지스틱 회귀분석 문제를 생각하여 보자. 독립변수인 성별이 명목척도이므로, 남자일 경우는 $x = 0$으로 하고, 여자일 경우는 $x = 1$로 하는 더미변수(dummy variable)를 생각하여 보면 로지스틱 회귀모형은 다음과 같이 표현될 수 있다.

$$p_x = \frac{1}{1 + \exp[-(\alpha + \beta x)]}$$

이에 대한 SAS프로그램과 결과를 보면, 다음과 같다.

```
data one; input 성별 $ 구입여부 $ 도수;
  dummy=0; if 성별 eq '여자' then dummy=1;
cards;
남자 구입      10
남자 비구입   101
여자 구입      40
여자 비구입   143
;
proc logistic order=data;
  freq 도수;
  model 구입여부 = dummy;
```

SAS를 통한 분석결과

Analysis of Maximum Likelihood Estimates

Variable	DF	Parameter Estimate	Standard Error	Wald Chi-Square	Pr > Chi-Square	Standardized Estimate	Odds Ratio
INTERCPT	1	−2.3125①	0.3315	48.6619	0.0001	.	.
DUMMY	1	1.0386②	0.3767④	7.6018	0.0058⑤	0.278052	2.825③

로지스틱 회귀모형의 모수 α에 대한 추정값 a는 결과 ①과 같이, −2.313이 나타나고, 모수 β에 대한 추정값 b는 결과 ②와 같이 1.039로 나타난다. 즉, 추정된 로지스틱 회귀방정식은 다음과 같이 표현된다.

$$\hat{p}_x = \frac{1}{1+\exp[-(-2.313+1.039x)]}$$

이 경우, 성별의 차이를 나타내는 더미변수에 대한 회귀계수 1.039가 중요한 의미를 갖는데, 이러한 회귀계수 값은 여자와 남자의 제품 A에 대한 구입여부를 나타내는 오즈비를 자연로그 취한 값이 된다. 즉,

$$1.039 = \ell n 2.825 \Leftrightarrow e^{1.039} = 2.825(\text{오즈비, 분석결과 ③ 참조})$$

또한, 절편항을 나타내는 모수 a에 대한 추정값 −2.313은 남자일 경우(즉, $x = 0$일 경우)의 오즈에 대한 자연로그 값이 된다. 즉,

$$-2.313 = \ell n\left(\frac{10}{101}\right)$$

오즈비의 근사적인 신뢰구간은 b의 추정값 (분석결과 ② 참조)과 표준오차 (분석결과 ④ 참조)를 이용하여 다음과 같이 계산할 수 있다.

$$\text{오즈비에 대한 95\% 신뢰구간: } \exp[b \pm 1.96 \times \text{표준오차}]$$
$$\Leftrightarrow \exp[1.039 \pm 1.96 \times 0.3767] = (1.35, 5.91)$$

오즈비에 대한 95% 신뢰구간이 1을 포함하고 있지 않으므로, 오즈비가 1이 되어 성별간에 차이가 없다는 가설은 유의수준 5%에서 기각될 수 있음을 확인할 수 있으며, 이에 대한 p값은 0.0058로 나타나고 있음을 확인할 수 있다(분석결과 ⑤ 참조).

명목척도의 독립변수와 메트릭척도의 독립변수가 혼합된 로지스틱 회귀모형의 경우도 이와 비슷하게 설명될 수 있다. 예를 들어, 제품 A의 구입여부에 관한 문제에 대하여, 다음과 같은 로지스틱 회귀방정식이 추정되었다고 가정하자.

$$\hat{p}_x = \frac{1}{1+\exp[-(-0.676-0.021(\text{나이})-0.037(\text{소득})+0.929(\text{성별}))]}$$

이 경우, 성별은 명목척도이므로, 메트릭척도를 갖는 독립변수인 나이와 소득의 선형적인 관계에 의한 효과를 통제한 상태에서 나타나는 여자가 제품 A를 구입할 오즈비는 $e^{0.929} = 2.532$가 된다는 것이다. 하지만, 이러한 해석은 나이, 소득과 성별 사이의 상호작용효과가 없다는 가정아래서 만들어진 해석이다.

만일 명목척도를 갖는 독립변수의 카테고리 수가 3 이상인 경우는 23장에서 설명한 더미변수를 이용한 회귀분석의 방법을 그대로 적용하여, 두 개 이상의 더미변수를 만들어 표현할 수 있다.

03 독립변수가 메트릭척도인 경우의 해석

소득수준에 따라 제품 A의 구입여부가 어떻게 변하는지를 파악하는 예를 이용하여 독립변수가 메트릭척도인 경우의 로지스틱 회귀분석에 대하여 알아보도록 하자. <표 23-3> 자료는 소득수준을 5개의 등간척도의 개념으로 구분하여, 각 10명의 소비자를 대상으로 제품 A를 구입한 사람의 수를 조사한 자료이다.

표 23-3 | 소득수준에 따른 제품 A의 구입여부

소득수준	총 대상자 수	제품 A를 구입한 수
1	10명	3명
2	10명	5명
3	10명	4명
4	10명	8명
5	10명	7명

이 경우, 연구자가 알고자 하는 것은 소득수준에 따라 제품 A를 구입하는 사람의 수가 어떻게 변하는가에 있다. 따라서 종속변수는 제품 A의 구입여부가 되며, 독립변수는 메트릭척도의 소득수준이 된다. 이에 대한 SAS프로그램과 결과를 보면, 다음과 같다.

```
data one; input 소득수준 조사대상 구입수;
cards;
1 10 3
2 10 5
3 10 4
4 10 8
5 10 7
;
proc logistic;
  model 구입수/조사대상 = 소득수준;
```

SAS를 통한 분석결과

Analysis of Maximum Likelihood Estimates

Variable	DF	Parameter Estimate	Standard Error	Wald Chi-Square	Pr > Chi-Square	Standardized Estimate	Odds Ratio
INTERCPT	1	-1.2324①	0.7086	3.0246	0.0820	.	.
소득수준	1	0.4701②	0.2195③	4.5843⑤	0.0323⑥	0.370225	1.600 ④

분석결과 ①을 살펴보면, 로지스틱 회귀모형의 모수인 α에 대한 추정값 a는 −1.23으로 나타나며, β에 대한 추정값인 b는 0.47로 나타난다 (분석결과 ② 참조). 따라서, 제품 A를 구입할 확률을 $p_{구입}$이라 표기한다면, 다음과 같은 다중회귀모형의 형태로 로지스틱 회귀모형을 표현할 수 있다.

$$\text{logit}\,(p_{구입}) = \ell n(오즈) = \ell n\left(\frac{p_{구입}}{1-p_{구입}}\right) = -1.232 + 0.470(소득수준)$$

즉,

$$p_{구입} = \frac{1}{1+\exp[-(-1.23+0.470(소득수준\ ))]}$$

대부분의 경우, 로지스틱 분석결과에서 나타난 회귀계수는 판별분석의 결과에서 나타나는 계수와 일치하지만, 절편항은 다르게 나타날 수 있다. 로지스틱 회귀고형의 절편항에 대한 값 −1.23는 제품 A에 대한 구입여부를 구분하는 분류점(cutoff value) 역할을 한다. 즉, −1.23 + 0.470 × (소득수준)의 값이 0을 만족하는 소득수준 2.6(=1.23/0.47)은 제품 A를 구입할 확률이 0.5가 되는 소득수준을 의미하며, 소득수준이 2.6 이상일 경우에는 제품 A를 구입할 확률이 0.5 이상이 되기 때문에, 제품 A를 구입한다고 예측하는 것이다.

또한 소득수준에 대한 회귀계수 값인 0.47에 대한 자연로그의 역함수 $e^{0.47} = 1.6$ 은 소득수준이 한 등급 올랐을 경우, 오즈의 증가비율이 된다 (분석결과 ④ 참조). 즉, 소득수준이 한 등급 오르게 되면, 제품 A를 구입할 오즈는 1.6배 증가하게 된다. 또한 소득수준이 2등급 오르게 되면, $e^{2\times0.47}$배로 제품 A를 구입할 오즈가 증가된다는 의미이다. 소득수준이 2등급 올랐을 경우의 오즈비에 대한 95% 신뢰구간은, 분석결과 ②의 소득수준의 회귀계수와 분석결과 ③의 표준오차를 이용하여, 다음과 같이 계산된다.

$$오즈비에\ 대한\ 95\%\ 신뢰구간 : \exp[kb \pm 1.96 \times k \times 표준오차]$$

$$\Leftrightarrow \exp[2 \times 0.47 \pm 1.96 \times 2 \times 0.22] = (1.08,\ 6.06)$$

회귀계수에 대한 유의성 검정은 분석결과 ②의 소득수준에 대한 회귀계수를 분석결과 ③의 표준오차로 나눈값, 즉, *Z*값을 이용하여 이루어진다. 즉,

$$Z\text{값} = \frac{0.4701}{0.2195} = 2.1417$$

이 경우, 책의 <부록>에 나타나 있는 표준정규분포표를 이용하면, *Z*값인 2.14보다 큰, 즉, 꼬리부분의 확률이 0.016[4)]으로 나타난다는 사실을 확인할 수 있다. 일반적인 회귀계수에 대한 검정은 양측검정이므로, *p*값은 0.032(=2×0.0162)가 되어, 유의한 회귀계수라고 유의수준 5%에서 판단할 수 있다.

*Z*값을 이용한 회귀계수에 대한 검정방법을 SAS 결과에서는 **왈드의 카이제곱 통계량**(Wald's chi-square statistic)으로 표현하고 있다. 왈드의 카이제곱 통계량은 *Z*값을 제곱한 값으로, *Z*값을 이용한 검정방법과 동일한 검정방법이다. 즉,

$$\text{왈드의 카이제곱 통계량} = (Z\text{값})^2$$

왈드의 카이제곱 통계량은 분석결과 ⑤에 나타난 바와 같이 4.5843이 되며, 이 값은 *Z*값인 2.1417의 제곱과 대략적으로 일치함을 확인할 수 있다. 이에 대한 *p*값은 0.0323으로, 앞에서 설명한 *Z*값을 이용한 회귀계수에 대한 검정방법에서 나타난 *p*값과 일치하게 되며, 유의수준 5%에서 이 회귀계수는 유의한 것으로 판단할 수 있다 (분석결과 ⑥ 참조). 하지만, 이러한 두 방법들은 모두 **대표본이론**(large sample theory)에 근거한 근사적인 검정법이기 때문에, 적은 수의 표본에서 무조건적으로 적용하여서는 안된다.

04 모형선택 문제

(1) 로지스틱 회귀모형의 추정과정

모형선택 문제를 이해하기 위하여, 먼저 로지스틱 회귀모형을 추정하는 과정에 대하여 간

4) 이 값은 표준정규분포를 따르는 변수가 2.14보다 적은 확률을 의미한다. 즉, Pr(Z>2.14)에 해당하는 값이 0.0162이라는 의미이다.

단하게 알아보도록 하자. 로지스틱 회귀모형은 이항분포(binomial distribution)를 기초로 하는 우도함수(likelihood function)라는 함수식이 존재하여,[5] 이 값을 최대로 만드는 회귀계수값이 추정값이 된다. 이러한 추정값은, 우도함수를 최대화시켰다는 의미에서 최대우도추정량, 또는 MLE(maximum likelihood estimator)이라고 부른다.

결국, 로지스틱 회귀모형의 추정과정은 우도함수가 최대값을 갖는 상태의 회귀계수값, 즉 MLE를 찾는 과정이 된다. 이 경우, 우도함수의 최대값을 수학적인 식으로 표현하는 것은 불가능하며, 수치해석적인 방법으로 반복하면서 찾아가게 되는데, 일반적으로 많이 사용되는 방법으로 반복된 가중 최소제곱법(IRLS: interated reweighted least square method)이다. 다음의 결과는 반복된 가중 최소제곱법에 의하여, 여러 번의 반복을 거쳐, 우드함수의 최대값을 찾는 과정을 나타내고 있다.

SAS를 통한 분석결과

Maximum Likelihood Iterative Phase

Iter Step	−2 Log L①	INTERCPT	X1	X2	X3
② 0 INITIAL	63.421275	0.174353	0	0	0
1 IRLS	37.792297	−1.564964	1.253077	3.609268	0.823833
2 IRLS	31.346903	−3.217628	2.532311	3.586209	1.685463
3 IRLS	28.921120	−4.922241	5.076901	0.128605	2.551269
4 IRLS	28.440311	−5.965526	7.633223	−4.141094	3.053534
5 IRLS	28.420276	−6.231859	8.329473	−5.398266	3.182448
6 IRLS	28.420237	−6.244577	8.362106	−5.457986	3.188635
7 IRLS ③	28.420237	−6.244603	8.362173	−5.458109	3.188648

SAS 결과를 살펴보면 우도함수에 자연로그를 취하고 −2를 곱한 값이 분석결과 ①에 나타나 있다. 우도함수를 최대화시키는 것이 이러한 반복과정의 목적이므로, 우도함수에 자연로그를 취하고 −2를 곱한 $-2\,\ell n\,L$, 즉, 분석결과 ①의 값을 최소화시키는 것이 이 과정의 목적이 된다. 분석결과 ②를 보면, 독립변수인 X1, X2, X3에 대응하는 회귀계수에 0의 값을 초기값으로 주었으며, 절편항은 0.174353으로 주었음을 확인할 수 있다. 초기값이 설정되면 이 값으로부터 IRLS 방법을 이용하여 우도함수를 최대화하는 반복이 시작되는데, 분석결과 ③을 살펴보면, 7번의 반복에 의하여 우도함수에 자연로그를 취하고 −2를 곱한 값, 즉, $-2\,\text{In}\,L$이 28.42의 최소값에 도달하였음을 확인할 수 있으며, 이 경우의 X1, X2, X3에 대응하는 회귀계수 값

5) 우도함수에 대한 자세한 내용은 본 책의 범위를 벗어나므로 생략하기로 한다.

은 각각 8.36, −5.46, 3.19로 나타났음을 확인할 수 있다.

(2) 로지스틱 회귀모형의 적합도검정

이제 MLE에 의하여 추정된 로지스틱 회귀모형이 어느 정도 적합한지를 평가하는 적합도검정(goodness-of-fit test)에 대하여 생각하여 보자. 적합도검정은 자료를 완벽하게 재현할 수 있는 완전모형(full model)에 대한 최대우도함수 값과 세 개의 독립변수 X1, X2, X3만을 이용하여 예측한 부분모형(partial model)의 최대우도함수 값의 차이를 계산하여 판단한다. 만일 두 모형의 우도함수의 차이가 크게 나타났다면, 부분모형의 최대우도함수 값이 충분히 크지 않다는 의미이며, 따라서 부분모형은 적합하지 못한 모형으로 판단할 수 있다. 만일 두 모형의 우도함수의 차이가 적게 나타났다면, 부분모형의 최대우도함수 값은 충분히 크므로 적합한 모형이라고 판단할 수 있을 것이다.

하지만, 로지스틱 회귀모형에서는, 일반적인 다중회귀모형 과정과는 다르게 최대우도함수 값이 너무 큰 경우도 문제가 있는 것으로 본다. 즉, 두 모형의 최대우도함수 값의 차이가 너무 적으면, 과잉맞춤(over-fitting)으로 인한 것으로 판단하여, 추가적으로 독립변수를 모형에서 제거하거나, 복잡하게 구성된 모형을 간소화시키는 조정이 필요하다. 결국 최대우도함수 값의 크기가 너무 적은 것도 좋지 않지만, 너무 큰 것도 좋지 않다. 이러한 비교는, 두 값의 차이 자체에 대한 크기보다는, 이에 대응되는 p값을 살펴봄으로써 심각성의 여부를 판단할 수 있게 된다. 다음은 적합성검정을 회귀분석의 분산분석표의 형태로 표현한 SAS 결과이다.

SAS를 통한 분석결과

MAXIMUM–LIKELIHOOD ANALYSIS–OF–VARIANCE TABLE

Source	DF	Chi–Square	Prob
INTERCEPT	1	6.98	0.0082
X1	1	1.98	0.1599
X2	1	0.16	0.6921 ⑤
X3	1	7.36	0.0067
LIKELIHOOD RATIO	42	28.42	0.9458 ④

이 경우를 살펴보면, 적합도검정의 결과 완전모형에서 나타난 최대우도 함수값과 부분모

형에서 나타난 최대우도 함수값의 차이는[6], 28.42로 나타나며 (분석결과 ④ 참조), 이에 대한 p값은 0.9458로 1에 가까운 매우 높은 값을 나타내고 있음을 확인할 수 있다. 따라서 여기서 얻은 회귀모형은 과잉맞춤 상태에 있다고 판단할 수 있으며, 분석결과 ⑤에 나타난 가장 유의하지 않은 독립변수인 X2를 모형에서 제거함으로써 과잉맞춤의 문제를 해결할 수 있을 것으로 판단된다.

(3) 두 로지스틱 회귀모형의 선택문제

그렇다면, 독립변수 X1, X2, X3을 모두 포함하는 완전모형과 X2를 제거한 상태의 X1, X3 을 포함한 부분모형과의 선택문제를 생각하여 보자. 독립변수 X1, X2, X3를 모두 포함하는 완전모형에서의 결과는 다음과 같다.

SAS를 통한 분석결과 (완전모형)

Model Fitting Information and Testing Global Null Hypothesis BETA=0

Criterion	Intercept Only	Intercept and Covariates	Chi−Square for Covariates
AIC	65.421	36.420	.
SC	67.250	43.735	.
−2 LOG L	63.421	28.420 ③	35.001 with 3 DF ① (p=0.0001)
Score	.	.	22.011 with 3 DF (p=0.0001)

독립변수를 모두 포함한 완전모형에서 X2를 제거한 X1, X3을 포함한 부분모형에서 나타난 결과는 다음과 같다.

분석결과를 보면, 완전모형은 독립변수를 3개 포함하고 있으므로, 절편항을 제외한 추정되는 회귀계수는 3개이고, 따라서 우도함수의 자유도는 3이 된다 (분석결과 ① 참조). 부분모형에서는 독립변수가 2개 포함되어 있으므로, 절편항을 제외한 추정되는 회귀계수는 2개이고, 우도함수의 자유도는 2가 된다 (분석결과 ② 참조). 모형을 선택하는 문제는 이러한 두 결과의 우도함수값에 대한 차이를 조사함으로서 판단한다.

SAS 결과에서는 우도함수를 자연로그 취하여 -2배를 하였으므로, 우도함수의 최대화는 $-2\ \ell n\ L$의 최소화와 동일한 의미를 갖는다. 즉, 부분모형과 비교하여 완전모형의 $-2\ \ell n\ L$의 값이

6) 실제로는 최대우도함수값을 자연로그 취하여 −2배한 값의 차이를 나타낸다.

SAS를 통한 분석결과 (부분모형)

Model Fitting Information and Testing Global Null Hypothesis BETA=0

Criterion	Intercept Only	Intercept and Covariates	Chi-Square for Covariates
AIC	65.421	34.573	.
SC	67.250	40.058	.
-2 LOG L	63.421	28.573 ④	34.849 with 2 ② DF (p=0.0001)
Score	.	.	21.138 with 2 DF (p=0.0001)

현저히 적게 나타난다면, 부분모형에서 새로운 변수가 추가되었을 경우, 이 변수의 역할이 모형에서 중요하다는 의미로 해석될 수 있을 것이다. 이와 반대로, 두 모형의 $-2\,\ell n\,L$의 값이 비슷하다면, 새로운 변수는 큰 의미를 가지고 있지 않다고 판단할 수 있을 것이다.

분석결과 ③을 살펴보면, 완전모형의 $-2\,\ell n\,L$값은 28.420으로 나타나며, 부분모형의 $-2\,\ell n\,L$ 값은 28.573으로 나타난다 (분석결과 ④ 참조). 따라서 두 값의 차이는 0.153(=28.573−28.420)이 된다. 부분모형이 완전모형과 차이가 없다는 가정아래서 이 차이는 카이제곱 분포를 따르게 되며, 자유도는 두 모형의 자유도에 대한 차이가 된다. 유의수준를 5%로 설정한다면, 차이를 나타내는 검정통계량은 자유도 1인 카이제곱 분포를 따르게 되므로, 책의 <부록>에 있는 카이제곱분포표를 보면, $\chi^2_{0.05}$ 에 해당되는 지점이 3.84로 나타나기 때문에, 이 값이 임계값이 된다. 계산된 검정통계량 값은 임계값보다 작게 나타나므로 (0.153<3.84), 두 모형은 유의한 차이가 나타나지 않는다는 귀무가설을 기각할 수 없는 통계적 결정을 내리게 된다. 결국, 부분모형으로 완전모형의 역할을 충분히 할 수 있으므로, 독립변수 X2를 포함시킬 이유가 없어지게 된다.

이러한 절차를 반복적으로 적용하여 유의한 독립변수들을 선택적으로 포함시킬 수 있다. 이 경우, 다중회귀분석에서 설명한 **단계별 선택법**(stepwise selection method)이 적용되어, 최적의 독립변수 구성이 가능하게 된다.

05 분류모형에 대한 오차

오차는 실제값과 모형에서 제공되는 예측값의 차이를 말한다. 이러한 오차를 정확하게 측정하기 위해서는, 오차율 측정과정에서, 모형추정을 위하여 사용된 자료를 제외시키는 것이 바람직하다. 모형추정을 위하여 사용된 자료를 오차율 측정과정에서 제외시키는 이유는, 모형추정과정 자체가 자료를 가장 잘 적합하도록 맞추어주는 역할을 하기 때문에, 이러한 자료를 이용하여 오차율을 측정하게 되면, 형편없는 모형일지라도, 매우 좋은 결과가 나타날 수 있기 때문이다. 결국 정확한 오차율을 측정하기 위하여 자료를 구분할 필요가 있는데, 이와 같이 남겨놓은 표본을 유보표본(hold-out sample) 또는 검사용 자료(test sample)라고 한다. 일반적으로, 오차는 분산에 관련된 요소와 바이어스에 관련된 두 개의 요소로 구분하여 분석하게 된다 (그림 23-5 참조).

그림 23-5 | 오차의 구성

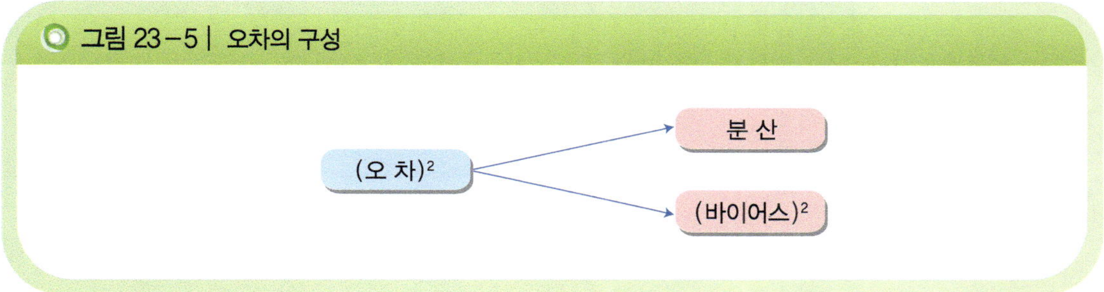

(1) 오차의 측정

만일 종속변수가 메트릭척도라면, 일반적인 다중회귀모형을 사용하여 오차를 측정할 수 있다. 다중회귀모형에서 많이 사용되는 모형평가를 나타내는 척도로는 MAE(Mean Absolute Error), MSE(Mean Squared Error), RMSE(Root Mean Squared Error)가 있다. 만일 검사용 자료의 수가 n이고, $\hat{y}_i$를 모형에서 제공하는 i번째 관측사례의 예측값이고, y_i를 i번째 관측사례의 실제값이라고 한다면, MAE, MSE, RMSE는 다음과 같이 정의된다.

$$\text{MAE} = \frac{1}{n}\sum_{i=1}^{n} | y_i - \hat{y}_i |,\ \text{MSE} = \frac{1}{n}\sum_{i=1}^{n}(y_i - \hat{y}_i)^2,\ \text{RMSE} = \sqrt{MSE}$$

여기서 MSE와 RMSE는 실제로 같은 개념의 척도임을 확인할 수 있다.

만일 종속변수가 명목척도의 형태를 갖는 로지스틱 회귀모형의 경우, 모형평가를 위한 오차는 조금 다른 의미를 갖는다. 예를 들어, 도산예측모형을 이용하였을 경우, i 번째 기업이 도산할 확률을 0.7로 예측하였다면, MAE는 i 번째 기업이 실제로 도산한 기업일 경우는 $|1 - 0.7|=0.3$ 이 되며, i 번째 기업이 정상기업으로 남아 있을 경우는 $|0 - 0.7|=0.7$ 이 된다. MSE와 관련된 오차는 i 번째 기업이 실제로 도산한 기업일 경우는 $(1 - 0.7)^2=0.09$ 가 되며, i 번째 기업이 정상기업일 경우는 $(0 - 0.7)^2=0.49$가 된다. 이 경우, MSE를 이용하여 로지스틱 회귀모형에 대한 오차를 측정하였을 경우의 값을 브라이어 점수(Brier score)라고 한다. 이러한 방법은 여러 분류모형중에서 한 개의 모형을 선택하고자 할 경우 유용하게 사용될 수 있는 모형평가의 척도이다. <표 23-4>는 MAE와 MSE를 계산하는 간단한 예를 보여주고 있다.

표 23-4 | MAE와 MSE의 계산 예

y_i	$\hat{y}_i$	$\|y_i - \hat{y}_i\|$	$(y_i - \hat{y}_i)^2$
0	0.3	0.3	0.09
1	0.8	0.2	0.04
평 균		0.25 (MAE)	0.065 (MSE)

(2) 제1종 오류와 제2종 오류

로지스틱 회귀모형에서 주로 발생하는 예측문제는 제1종 오류(Type I error)와 제2종 오류(Type II error)로 구분하여 분석된다. 예를 들어, 도산한 기업을 기준으로 하였을 경우, 제1종 오류는 도산한 기업을 잘못하여 정상기업으로 분류하는 경우를 의미하며, 이에 대한 확률은 α로 표현한다. 제2종 오류는 정상기업을 도산기업으로 잘못 분류하는 경우를 의미하며, 이에 대한 확률은 β로 표현한다.

제1종 오류와 제2종 오류는, 모형을 평가하고자 하는 경우, 항상 함께 고려되어야 한다. 어떠한 경우에는 제1종 오류를 최소화하는 특성을 가진 로지스틱 회귀모형이 만들어질 수 있으며, 다른 경우에는 제2종 오류를 최소화하는 특성을 가진 로지스틱 회귀모형이 만들어질 수 있다. 따라서 연구자는 주어진 문제의 성격에 따라 제1종 오류와 제2종 오류에 대한 상대적인 중요성을 부여하여야 한다. 하지만, 중요하게 생각하는 오류를 제1종 오류로 설정하는 것이 일반적이다.

일단 로지스틱 회귀모형이 추정되면, 제1종 오류와 제2종 오류의 상대적 중요성을 감안하여, 분류값을 적절하게 조절하는 과정이 필요하다. 기업의 도산확률을 이용하여, 도산여부를 예측하고자 한다면, 분류값이 높은 경우는 가급적 기업을 도산기업으로 분류하지 않겠다는 뜻이며, 따라서 실제 도산기업을 정상기업으로 분류하는 제1종 오류에 대한 확률, α값이 증가하는 반면에 정상기업을 제대로 분류하는 확률 $1-\beta$값이 증가하여 제2종 오류에 대한 확률은 감소한다. 반대로 분류값을 낮게 잡는 경우는 α값이 감소하고 β값이 증가하는 현상이 발생한다. 결국 분류값을 정하는 경우는 오분류에 대한 손실이나, 분류를 잘 하였을 경우의 이익을 고려하여 결정하여야 한다.

> 어떠한 기업의 도산할 확률이 0.4로 나타났다면,
> 분류값이 0.6인 경우: 정상기업으로 분류 (α증가, β감소)
> 분류값이 0.3인 경우: 도산기업으로 분류 (α감소, β증가)

〔그림 23-6〕은 어떤 도산예측모형의 분류값에 대한 제1종 오류와 제2종 오류에 대한 오분류비율(%)의 관계를 나타내고 있다. 이 그림을 살펴보면 분류값이 0.4에서 0.5 사이에서 제1종 오류에 대한 확률 α와 제2종 오류에 대한 확률 β가 일치함을 확인할 수 있다. 만일 제1종 오류와 제2종 오류의 손실비용이 같고 도산 기업과 정상기업의 비율이 같다면, 0.4와 0.5 사이

그림 23-6 | 분류값에 따른 제1종오류 및 제2종오류의 오분류비율의 변화

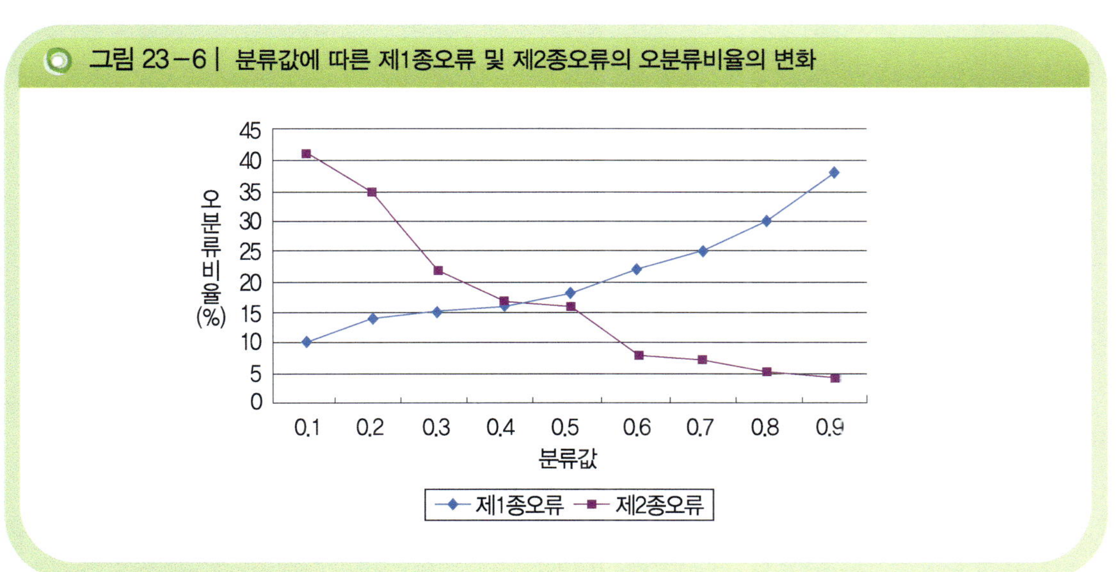

에서 최적의 분류값이 결정될 것이다.

(3) 오분류에 따른 손실비용

예를 들어, 은행에서 대출에 대한 심사를 위하여 도산예측모형을 적용하는 경우, 제1종 오류의 손실비용이 제2종 오류의 손실비용보다 크게 나타난다. 이러한 의미는 도산한 기업을 정상기업으로 분류하는 손실이 정상기업을 도산기업으로 분류하는 손실비용보다 크다는 의미이다.

〔그림23-7〕은 제1종 오류의 손실비용이 제2종 오류의 손실비용보다 3배 크다고 가정하고, 분류값에 따라 손실비용이 어떻게 변하는지를 나타낸 그래프이다. 이 결과를 살펴보면 분류값이 0.3에서 0.4 사이에 있을 경우 최소의 손실비용이 나타난다는 사실을 확인할 수 있다. 만일 분류값을 높게 잡는다면, 제1종 오류가 증가하게 되므로 매우 높은 오분류에 따른 손실이 발생한다. 따라서 낮은 분류값을 정함으로써 제1종 오류의 증가를 막는 동시에 적절하게 제2종 오류를 허용하여 전체적인 총 오분류에 의한 손실비용을 최소화하는 최적화 과정을 통하여 분류값을 정하여야 한다.

그림 23-7 | 분류값에 따른 제1종 오류 및 제2종 오류의 손실비용 변화

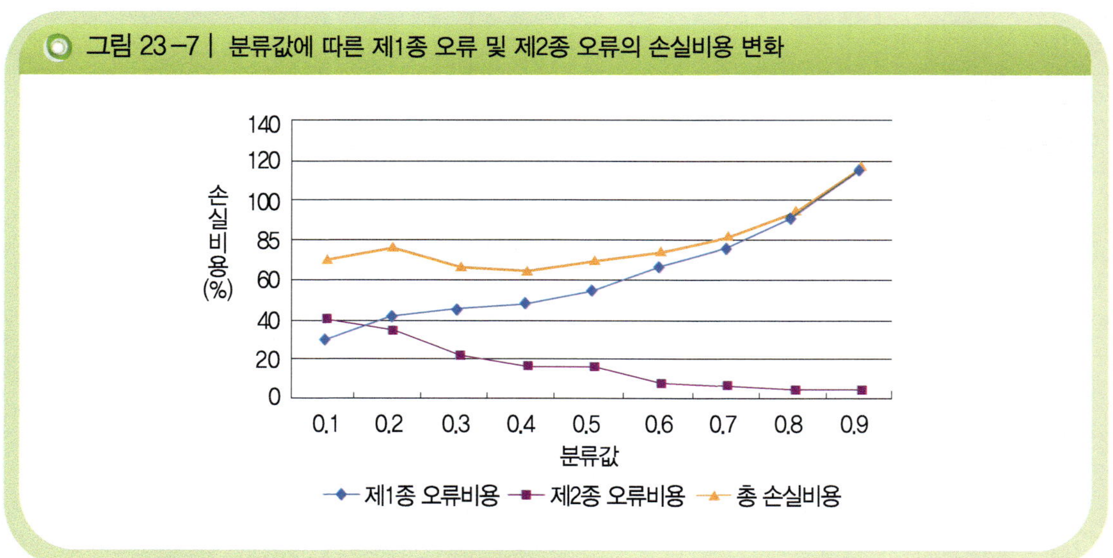

요 약

▶ 로지스틱 회귀분석은 자료가 두 모집단으로 나누어진 상황에서, 연구대상이 어떠한 모집단에 속하는지를 예측하는 분류 목적으로 사용되는 통계적 분석방법이다.

1. 로지스틱 회귀분석에 대한 이해

▶ 판별분석에서는 서열척도나 명목척도를 갖는 예측변수를 허용하지 않고 있는 반면에, 로지스틱 회귀분석은, 더미변수를 이용하여, 서열척도나 명목척도를 예측변수로 취할 수 있다는 특징을 가지고 있으며, 메트릭척도를 갖는 예측변수의 경우, 다변량 정규분포를 가정할 수 없는 상황에서도 로지스틱 회귀분석을 적용될 수 있다는 특징을 가지고 있다.

▶ 확률을 다른 형태로 표현한 것이 오즈이며, 다음과 같이 정의된다.

$$\text{오즈} = \frac{p}{1-p}$$

▶ 로지스틱 회귀모형은 오즈에 자연로그를 취한 값, 즉, 로그오즈를 이용하여 분석하며, 다음과 같은 모형으로 구성된다.

$$\text{로그오즈}(p) = \ell n\left(\frac{p}{1-p}\right) = \alpha + \beta_1 x_1 + \beta_2 x_2 + \cdots + + \beta_p x_p$$

▶ 만일 로그오즈를 취하지 않고 표준정규분포의 역함수를 적용하게 되면, 프로빗모형이 된다.

2. 독립변수가 명목척도인 경우의 해석

▶ 독립변수가 명목척도인 경우의 로지스틱 회귀분석은 오즈의 개념으로 회귀계수를 해석하여야 한다.

3. 독립변수가 메트릭척도인 경우의 해석

▶ 독립변수가 메트릭척도인 경우도 오즈의 개념으로 회귀계수를 해석되어야 하며, 분석 자체가 대표본이론에 근거한 만들어진 분석방법이기 때문에, 적은 수의 표본에서 무조건적으로 적용하여서는 안된다.

4. 모형선택 문제

- ▶ 로지스틱 회귀모형의 추정과정은 이항분포의 형태로 구성된 우도함수를 최대화하는 과정이며, 우도함수가 최대인 상태의 회귀계수값을 최대우도추정량 MLE이라 한다.
- ▶ 추정된 로지스틱 회귀모형이 어느 정도 적합한지를 평가하는 적합도검정은 자료를 완벽하게 재현할 수 있는 완전모형에 대한 최대우도함수 값과 독립변수로 구성된 부분모형의 최대우도 함수값의 차이를 계산하여 판단한다.
- ▶ 부분모형의 최대우도 함수값이 너무 크게 나타나면, 과잉맞춤으로 모형을 간소화시키는 조정이 필요하다.
- ▶ 로지스틱 회귀모형에서의 변수선택 문제는 다중회귀분석에서 사용하는 단계별 선택법이 적용될 수 있다.

5. 분류모형에 대한 오차

- ▶ 오차를 정확하게 측정하기 위해서는, 오차율 측정과정에서, 모형추정을 위하여 사용된 자료를 제외시키는 것이 바람직하다. 따라서 오차율을 측정하기 위하여 자료를 구분할 필요가 있는데, 이와 같이 남겨 놓은 표본을 유보표본 또는 검사용 자료라고 한다.
- ▶ 모형평가를 나타내는 척도로는 MAE, MSE, RMSE가 있다.
- ▶ 로지스틱 회귀모형에서 주로 발생하는 예측문제는 제1종 오류(Type I error)와 제2종 오류(Type II error)로 구분하여 분석되며, 연구자는 주어진 문제의 성격에 따라 제1종오류와 제2종 오류에 대한 상대적인 중요성을 부여하여야 한다.
- ▶ 제1종 오류를 심각하게 받아들이는 것이 일반적이며, 분류값의 조정과정은 제1종 오류의 증가를 막는 동시에 적절하게 제2종 오류를 허용하여 전체적인 총 오분류에 의한 손실비용을 최소화하는 과정이 된다.

논의사항

1. 두 모집단을 분류하는 로지스틱 회귀분석에서 결과가 0이나 1로 나타나지 않고, 0에서 1 사이의 확률로 표현하는 이유에 대하여 논의하시오.
2. 로지스틱 회귀분석이 확률을 이용하지 않고, 로그오즈를 이용하여 확률을 표현하는 이유에 대하여 논의하시오.
3. 확률과 독립변수의 관계가 실제로 S 모양의 형태가 아니라 J 모양의 형태를 갖는 경우에도 로지스틱 회귀분석을 적용할 수 있는지에 대하여 논의하시오.
4. 어느 자동차회사의 마케팅 부서에서는 로지스틱 회귀분석을 이용하여 자동차에 대한 구매의도를 파악할 수 있는지를 알아보기 위하여 33명의 소비자를 대상으로 예비조사를 실시하였다. 랜덤으로 선택된 33명의 소비자를 대상으로 연간 소득과 조사 당시 보유하고 있는 차의 보유기간을 조사하였다. 이러한 조사가 끝난 후, 1년 뒤에 추적조사(follow up study)를 실시하여 신차의 구입여부를 조사하였더니, 아래와 같은 결과가 나타났다.

소비자 id	1	2	3	4	5	6	7	8	9	10	11	12	13	14	15	16	17
구입여부 (1=구입)	0	0	1	0	0	1	1	1	0	1	1	0	0	1	0	0	1
연간소득 (백만원)	32	45	60	53	25	68	82	38	67	92	72	21	26	40	33	45	61
보유차량의 기간	3	2	2	1	4	1	2	5	2	2	3	5	3	4	3	1	2
소비자 id	18	19	20	21	22	23	24	25	26	27	28	29	30	31	32	33	
구입여부 (1=구입)	0	1	0	0	1	1	0	0	1	0	0	1	0	0	1	0	
연간소득 (백만원)	16	18	22	27	35	40	10	24	15	23	19	22	61	21	32	17	
보유차량의 기간	3	4	6	3	3	3	4	3	4	3	5	2	2	3	5	1	

(1) 로지스틱 회귀분석을 실시하여 결과에 대하여 논의하시오.

(2) 연간 5천만원의 소득이 있는 가정에서 현재 3년이 지난 차를 보유하고 있다면, 다음 해에 자동차를 구입할 확률이 어떻게 되는지를 계산하시오.

(3) 어느 가정이 다른 가정과 비교하여, 2천만원 소득이 높고, 2년 오래된 차를 보유하고 있다면, 신차를 구입할 오즈는 어떻게 변하며, 확률은 어떻게 변하는지에 대하여 신뢰구간을 이용하여 설명하시오.

(4) 보유차량 기간을 독립변수로 포함시킨 로지스틱 회귀모형과 포함시키지 않은 로지스틱 회귀모형을 비교하여 분석하고, 결과에 대하여 논의하시오.

(5) 연간소득과 보유차량의 기간 사이에 존재할 수 있는 상호작용효과는 어떠한 의미를 갖는지에 대하여 설명하시오.

(6) 신차의 구입여부를 예측하기 위하여, 어떠한 다른 독립변수가 사용될 수 있는지에 대하여 논의하시오.

CHAPTER 24

분산분석 I : 그룹비교 연구

ANOVA라고 부르는 분산분석은 두 개 이상으로 구성된 그룹의 평균들이 서로 다른지 비교하는 목적으로 사용되는 분석이다. 이 경우 종속변수는 메트릭척도가 되며, 독립변수는 그룹을 구분하기 위한 카테고리로 구성된 명목척도의 형태를 취한다. 그룹의 평균을 비교하는 방법임에도 불구하고 분산이라는 용어를 사용하는 이유는 처리효과를 나타내는 그룹간 분산과 오차를 나타내는 그룹내 분산을 비교하여 분석이 이루어지기 때문이다. 만일 그룹간 분산이 그룹내 분산과 동일하게 나타난다면, 처리효과로 구분되는 그룹간 분산은 오차에 의한 변동으로 취급될 수 있기 때문에 처리효과가 없는 것으로 판단하게 된다. 그룹간 분산과 그룹내 분산의 비율은 그룹평균들이 얼마나 서로 다른지를 나타내는 수치로써, 분산분석의 F값에 해당한다.

분산분석(ANOVA; Analysis of Variance)은 두개 이상으로 구성된 그룹의 평균을 비교하는 목적으로 사용되는 통계분석 방법이다. 분산분석이 평균을 비교함에도 불구하고 분산이라는 용어를 사용하는 이유는, 각 그룹에서 나타나는 평균에 대한 정확성이 분산을 이용하여 측정되기 때문이다. 종속변수와 독립변수가 모두 메트릭척도를 갖는 일반적인 회귀분석과는 다르게, 분산분석은 종속변수가 메트릭척도이며, 독립변수는 명목척도를 갖는다. 즉, 그룹의 구분을 나타내는 변수가 분산분석에서는 독립변수의 역할을 한다는 의미이다. 다중회귀모형에서 독립변수가 명목척도일 경우에는 더미변수를 이용하여 분석할 수 있다고 설명하였는데, 이러한 더미변수를 이용한 회귀분석의 확장한 형태로 분산분석을 볼 수 있다.

분산분석은 전통적으로 농업연구를 위해 개발되었다. 예를 들어, 사용된 비료의 유형이나 토질에 따라 수확량이 어떻게 달라지는가를 조사하는 경우가 이에 해당된다. 하지만 현재의 분산분석은 산업별 기업의 특성을 파악하는 연구나, 마케팅조사, 인력관리, 약품연구, 각종 산업연구 등에 활발히 적용되고 있다. 분산분석이 적용되는 예로는 포장에 따라 매출액이 어떻게 차이가 나는지를 판단하여 가장 효과적인 포장을 결정한다든지, 열처리방법이 품질에 어떤 차이를 내는지를 조사한다든지, 여러 치료방법 중에서 환자의 회복에 어떤 차이를 내는지를 조사하는 것 등을 들 수 있다. 이 경우, 독립변수에 해당하는 포장모양이나 열처리방법, 치료방법 등은 명목척도를 갖는 변수가 된다.

01 분산분석에 사용되는 용어의 정리

분산분석의 용어를 익히기 위하여 다음과 같은 예를 들어보자.

수면시간에 따라 판단능력에 대한 차이가 나타나는지를 실험하기 위하여, 첫 번째 그룹의 사람들은 잠을 재우지 않고, 두 번째 그룹의 사람들은 4시간의 수면을 취하게 하고, 세 번째 그룹의 사람들은 8시간의 수면을 취하게 한 뒤, 판단능력을 측정하는 실험을 생각하여 보자. 이 경우, 만일 수면시간에 따라 사람들의 판단능력이 차이를 보이지 않는다면, 수면시간은 판단능력에 영향을 미친다고 볼 수 없으며, 만일 수면시간에 따라 사람들의 판단능력이 차이를 보인다면, 수면시간은 판단능력에 영향을 미치는 요인이 될 것이다.

이렇게 수면시간이 과연 인간의 판단능력에 영향을 미치는지를 조사하는 과정을 **실험**(experiment)이라고 하며, 실험을 행하는 사람을 실험자, 실험이 행해지는 대상을 **실험단위**(experimental unit)라고 한다. 위의 예에서는 실험이 행해지는 대상이 사람이므로, 이 경우에는 실험단위를 피실험자라고도 한다. 여기서 실험요인(experimental factor) 또는 인자(factor)란 실험자가 통제하는 변수로 종속변수(또는 반응변수)에 영향을 미칠 것으로 판단되는 변수이다. 앞에서 설명한 예에서 인자는 수면시간으로 실험자가 통제하는 변수가 된다. 인자가 한 개일 경우를 단일요인 분산분석(one-factor ANOVA) 또는 일원배치 분산분석(one-way ANOVA)이라고 하며, 인자가 두 개일 경우는 2요인 분산분석(two-factor ANOVA) 또는 이원배치 분산분석(two-way ANOVA)이라고 한다.

처리수준(treatment level)이란 실험자가 설정한 특별한 독립변수의 상태를 말하며, 처리(treatment)란 인자의 여러 수준(level)을 총체적으로 표현하는 용어이다. 앞의 예에서, 처리는 수면시간이 0시간, 4시간, 8시간을 의미하며, 처리수준의 수는 세가지가 된다. 종속변수(dependent variable) 또는 반응변수(response variable)는 실험자가 관심을 갖고 있는 실험의 결과로, 앞의 예에서는 판단능력을 측정한 점수는 종속변수에 해당된다.

결국 분산분석에서는 처리에 따라 종속변수 값의 평균에 대한 차이가 존재하는지의 여부를 검정하는 것이며, 검정결과에 따라 인자가 종속변수에 영향을 미치는지의 여부를 판단하게 된다. 즉, 분산분석에서의 가설은 두 개 이상의 평균을 비교하는 다음과 같은 형태를 취한다.

$H_0 : \mu_1 = \mu_2 = \cdots = \mu_c$

H_1 : 최소 두개 그룹에 대해 서로 다른 μ_i와 μ_j가 존재한다.

$\mu_i \neq \mu_j, (i \neq j : i, j = 1, 2, \cdots, c)$.

여기서 c 는 처리수준의 수를 나타내며, $\mu_i (i = 1, 2, \cdots, c)$는 처리수준 i를 적용하였을 경우의 종속변수에 대한 모평균을 나타낸다. 따라서, 만일 귀무가설 H_0를 기각할 수 없는 통계적 결정이 나타난다면, 이와 같은 사실은 처리수준에 따라 종속변수에 대한 평균의 차이가 나타나지 않는다는 의미이므로, 인자가 종속변수에 영향을 미친다고 말할 수 없다고 판단할 수 있을 것이다. 즉, 앞의 예에서, 수면시간에 따라 판단능력에 대한 평균의 차이가 뚜렷하게 나타나지 않는다면, 수면시간은 인간의 판단능력에 영향을 미치는 요인으로 볼 수 없다는 것이다.

분산분석의 가장 기본적 형태인 단일요인 분산분석을 소개하면서, 분산분석의 개념을 설명하기로 한다.

분산분석에 대한 가정

분산분석에 필요한 가정은 크게 세 가지로 구분하여 설명할 수 있다. 첫 번째 가정은 **독립성**(independence)에 대한 가정으로, 이 가정이 깨지는 경우에는 분산분석을 사용하여서는 안된다. 하지만, 특수한 형태의 상관관계를 유지하면서 자료가 관측되는 경우에는 다음 장에서 설명하는 **반복측정에 의한 분산분석**(ANOVA with repeated measurements)을 이용하여, 분산분석을 적용시킬 수 있다.

두 번째 가정은 **정규성**(normality)에 대한 가정으로, 이 가정은 **중심극한정리**(central limit theorem)에 의하여 표본의 수가 어느 정도 많을 경우에는 엄격하게 적용될 필요가 없는 가정이다. 하지만, 자료의 분포가 정규분포와는 큰 차이가 나는 분포를 가지게 되면, 심각하게 판단하여야 한다. 결국, 정규성에 대한 가정은 자료의 분포가 정규분포로부터 얼마만큼 다른지의 정도에 문제라고 생각하는 것이 바람직하다. 즉, 정확하게 정규분포를 따라야 한다는 가정은 완화될 수 있지만, 너무 크게 벗어나는 경우에는 자료의 수를 파악하여 판단하는 것이 바람직하다. 예를 들어, 자료가 정확하게 정규분포를 따르지는 않지만, **종모양**(bell-shaped)을 따른다면, 자료의 수가 3개만 되어도 표본평균의 분포는 정규분포에 가깝게 근사되는 것으로 알려져 있다. 하지만, 자료의 분포가 한 쪽으로 심하게 치우친 비대칭분포를 따른다면, 자료의 수가 100이어도 표본평균의 분포는 정규분포와 차이가 나는 분포를 따르는 것으로 알려져 있다.

세 번째 가정은 **등분산성**(homogeneity of variance)에 대한 가정이다. 이 가정은 모든 처리수준에서 나타나는 오차항의 분산이 일정하다는 가정을 의미하며, 이러한 가정이 만족되지 못하는 경우에는 종속변수의 변환을 통하여 문제를 해결할 수 있다.

결국, 분산분석은 독립성에 대한 가정을 제외하고는, 변수변환이나 표본의 수를 증가시킴으로써 가정에 대한 조건을 완화시킬 수 있다. 특별히, 각 처리수준의 반복수가 일정한 균형된 실험설계(balanced design)의 경우는, 독립성에 대한 가정을 제외한 나머지 두 가정이 심각하게 위배되어도, 매우 안정적인 분석결과를 제공하는 것으로 알려져 있다.

02 단일요인 분산분석

단일요인 분산분석(one-factor ANOVA)의 일반적인 실험설계의 형태는 모든 처리수준을 랜덤화하여 할당하는 단일요인 완전랜덤화 실험설계(one-factor completely randomized design)이다. 이 경우, 한 개의 인자가 서로 다른 처리수준에서 얼마만큼의 평균 차이가 존재하는지를 파악하는 것이 주요 목적이 된다. 15명의 학생을 대상으로 세 가지 교육방법에 따라 학생들이 어떠한 차이를 나타나는지를 파악하는 예를 이용하여 단일요인 분산분석을 설명하여 보자. 우선 15명의 학생을 랜덤으로 5명으로 구성된 세 그룹으로 나눈 다음, 각각 세 가지 교육방법을 적용하고, 성적을 측정하는 단일요인 완전랜덤화 실험설계를 통하여 <표 24-1>과 같은 결과가 나타났다.

표 24-1 | 세 가지 교육방법에 대한 성적결과

교육방법 1	교육방법 2	교육방법 3
77	80	83
79	82	91
87	86	94
85	85	88
78	80	85
81.2(평균)	82.6(평균)	88.2(평균)

전체평균: 84점

이 경우, 처리는 세 가지 교육방법이 되며, 처리대상이 되는 학생은 실험단위가 된다. 각 교육방법은 실험단위인 학생에게 랜덤으로 할당되었고, 세 가지 교육방법이 모두 실험에 적용되었기 때문에 완전랜덤화 실험설계가 된다. 완전랜덤화 실험설계의 주요목적은 실험자가 통제하는 인자 이외에 종속변수에 영향을 미칠 수 있는 다른 인자의 효과를 희석시키기 위한 것이다.

(1) 단일요인 분산분석모형

세 가지 교육방법에 대한 예에서, 전체평균은 84점이며, 교육방법 1을 적용한 첫 번째 학생의 점수는 77점으로 7점 낮은 점수가 나타났다. 그렇다면, 이러한 낮은 점수는 어떠한 원인에 의하여 나타난 것일까? 분산분석에서는 이러한 차이를 두 가지 요소로 구분하여 설명한다.

첫 번째 요소는 교육방법에 따른 차이로서 실험에 관심대상이 되는 효과이다. 만일 교육방법 2가 효과적인 교육방법이라면, 교육방법 2를 적용한 모든 학생은, 교육방법 1과 비교하여, 높은 점수를 받을 것이라고 기대할 수 있을 것이며, 따라서 높은 평균점수를 받을 것이라고 예상할 수 있을 것이다. 교육방법 1에 대한 평균점수는 81.2점이므로 전체평균인 84점보다 2.8점 낮게 나타났다. 따라서 교육방법 1을 적용하게 되면, 평균적으로 2.8점 낮은 점수를 받을 것이라고 예상할 수 있으며, 이 값은 교육방법 1에 대한 효과가 된다.

전체평균과 차이가 나타나는 두 번째 요소는 학생들이 가지고 있는 개인적인 특성이다. 이러한 학생들의 개별적인 특성은 모두 다를 것이며, 이러한 차이는, 랜덤화과정을 통하여 세 그룹에 고르게 분포되어 있기 때문에, 그룹간에서 존재한다기 보다는 그룹내에서 존재할 것이라고 예상할 수 있다. 즉, 5명의 학생으로 구성된 그룹내의 점수가 큰 차이를 나타낸다면, 학생들의 개인적 특성이 강하게 나타나고 있다고 볼 수 있다는 것이다. 교육방법 1에 적용된 첫 번째 학생점수인 77점의 경우를 살펴보면, 교육방법 1을 적용하면, 평균적으로 81.2점을 받아야 하지만, 이 학생의 개인적인 특성으로 인하여 4.2점 낮게 나타났다. 결국 4.2점은 교육방법으로 설명할 수 없는 부분으로 볼 수 있으며, 분산분석에서는 오차로 취급한다. 이와 같은 두 가지 요소를 정리하면, 다음과 같이 표현할 수 있다.

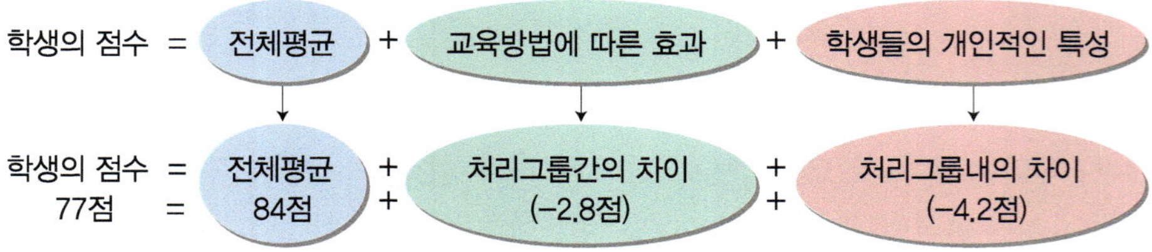

단일요인 분산분석모형은 다음과 같다.

$$X_{ij} = \mu + \alpha_i + \varepsilon_{ij}$$

여기서, X_{ij} : i번째 처리수준이 적용되는 j번째 실험단위의 관측값

μ : 전체평균

α_i : 처리수준 i의 효과

ε_{ij}: 처리수준 i가 적용되는 j번째 관측값의 오차

(2) 실험에 대한 오차

단일요인 분산분석모형에서 오차를 나타내는 ε_{ij}는 평균이 0이고 표준편차가 σ인 정규분포를 따른다고 가정한다. 따라서 i번째 처리가 적용되는 그룹의 j번째 관측값 X_{ij}는 평균이 $\mu+\alpha_i$이고 표준편차가 σ인 정규분포를 따르게 된다.

이러한 오차항 ε_{ij}는 같은 처리그룹내에서도 관측값의 차이가 존재하기 때문에 필요하다. 예를 들어, 교육방법 1을 적용한 5명의 학생 모두 같은 성적을 받을 것이라고 기대할 수는 없다는 것이다. 이러한 차이는 실험자가 통제하는 교육방법 이외에 성적에 영향을 줄 수 있는 다른 요인 기인하는 것으로 판단하며, 우연하게 발생하는 오차로 취급하여 그 크기를 ε_{ij}로 나타낸다.

(3) 분산분석에서의 가설설정

세 가지 교육방법에 대한 분산분석의 주요목적은 교육방법에 따라 차이가 있느냐 없느냐 하는 것이다. 세 가지 교육방법에 의한 평균점수는 각각 81.2점, 82.6점, 88.2점으로 나타났으며, 이러한 3개의 평균점수에 대한 차이가 우연한 차이인지 또는 우연한 차이로 보기에는 너무 큰 의미가 있는 차이인지를 판단하는 것이 분산분석의 주요 관심사가 된다. 세 가지 교육방법의 모집단 평균을 각각 μ_1, μ_2, μ_3로 표현하면, 귀무가설과 대립가설은 다음과 같이 표현된다.

H_0 : μ_1,= μ_2,= μ_3

H_1 : μ_1, μ_2, μ_3 모두가 같지는 않다.

분산분석의 가설검정에 대한 원리

만일 세 모집단 평균 μ_1, μ_2, μ_3가 동일하다는 귀무가설이 사실이라면, 표본평균들은 모두 같은 모집단으로부터 추출된 값이므로, 표본평균의 차이는 표본추출에 따른 우연한 차이로 고려될 수 있을 것이다. 즉, 세 그룹의 평균점수에 대한 차이와 세 그룹내의 관측값에 대한 차이는 모두 표본추출과정에서 발생하는 우연한 오차로 취급될 수 있다는 의미이다. 분산분석에서는 첫 번째 차이를 처리(또는 그룹)간의 차이라 부르고, 두 번째 차이를 처리(또는 그룹) 내 차이라고 부른다. 세 그룹의 표본평균 사이의 차이(처리간의 차이)는 전체평균으로부터 떨어진 세 그룹의 표본평균의 차이를 의미하며, 처리내 차이는 각 그룹내 개별 관측값이 그 관측값이 속해있는 그룹의 표본평균으로부터 떨어진 차이를 의미한다.

만일 귀무가설이 사실이라면 처리간의 차이와 처리내 차이는 모두 우연하게 나타나는 오차를 의미하므로 크게 다르지 않을 것이다. 즉, 세 그룹에서 나타나는 표본평균 간의 차이는 우연하게 나타나는 오차로 취급되는 처리내의 차이와 크게 다르지 않다는 것이다. 하지만, 귀무가설이 거짓이고, 각 처리의 모집단 평균이 실제로 서로 다르다면, 처리간의 차이는 우연한 차이보다 크게 나타날 것이고, 그 값은 우연한 차이를 나타내는 처리내 차이보다 훨씬 크게 나타날 것이다. 이와 같은 결과는 처리간의 차이가, 우연한 오차뿐만 아니라, 처리효과에 의해서도 발생될 것이라는 사실에 기인한다.

여기서 처리내 차이는 항상 우연한 오차를 나타낸다. 따라서 처리간의 차이가 처리내 차이보다 훨씬 크다면 귀무가설을 기각하고 교육방법에 대한 효과가 존재한다고 말할 수 있는 것이다.

따라서 세 가지 교육방법에 대한 표본평균이 동일한 모집단 평균으로부터 얻어진 것인지, 아니면 교육방법에 따른 효과에 의한 차이가 존재하여, 서로 다른 모집단 평균으로부터 얻어진 것인지를 결정하여야 한다. 만일 귀무가설이 참이라면, 세 가지 교육방법에 따른 차이가 없다는 의미이므로, 세 가지 교육방법에서 나타나는 그룹내 분산과 교육방법에 따라 나타나는 평균점수에 대한 그룹간의 분산이 비슷하게 나타날 것이다.

(4) 제곱합, 자유도, 제곱평균

분산분석 모형에서 어떠한 효과를 표현하기 위하여, 차이를 이용하였다. 이러한 차이는 한 학생의 점수를 분석하는 경우에는 큰 무리가 없지만, 15명 학생 모두에게 적용하게 되면, 부호가 서로 상쇄되어, 항상 합이 0이 되는 특징을 갖는다. 따라서 15명의 학생에 대한 교육효과나 개인적인 특성에 따른 효과를 표현하는 차이는 부적절한 수치이다. 이러한 문제점을 해결하기 위하여 만들어진 것이 제곱합(SS; Sum of Squares)이다. 제곱합은 차이를 제곱한 것으로, 모든 값이 양의 값을 가지고 부호가 다르기 때문에 상쇄되어지는 문제점을 해결하여 준다.

제곱합은 관측값과 평균의 차이를 제곱하여 더해 준다는 의미로 변동(variation)이라 표현하기도 한다. 모든 제곱합은 더해진 자료가 얼마만큼 자유스럽게 결정되느냐를 나타내는 자유도(degree of freedom)를 가지게 된다. 제곱합을 자유도로 나누어 준 값은 제곱평균(MS; Mean Squares)이라고 한다. 제곱합은 그룹간 제곱합(SSB; Sum of Square Between group), 그룹내 제곱합(SSW; Sum of Square Within group) 또는 오차제곱합(SSE; Sum of Square due to Error), 총제곱합(SST; Sum of Square Total)으로 구분된다. 이에 대하여 자세히 알아보도록 하자.

◆ 그룹간 제곱합

세 가지 그룹에 대한 평균의 차이를 나타내는 그룹간 제곱합(SSB; Sum of Square Between group)에 대하여 알아보자. 그룹간 제곱합은 세 그룹의 평균과 전체평균의 차이를 제곱하여 모두 더하고, 이를 각 그룹내의 반복수만큼 곱한 값이 된다. 교육방법의 예에서는 각 그룹에 5명의 학생점수가 측정되었으므로, 반복수는 세 그룹 모두 5가 된다. 이를 수식으로 표현하면, 다음과 같다.

그룹간 제곱합(SSB) $= \sum_{i=1}^{c} r_i (\bar{X}_i - \bar{X})^2$

여기서,

- c : 처리수준의 수
- r_i : i번째의 처리그룹에 대한 반복수
- $\bar{X}_i$: i번째 처리그룹의 평균
- $\bar{X}$: 전체평균

교육방법의 예를 이용하여 그룹간 제곱합, SSB를 계산하여 보면, <표 24−2>와 같다.

표 24-2 | 그룹간 제곱합의 계산 예

교육방법 1을 적용한 그룹	$(\bar{X}_1 - \bar{X})^2 = (81.2 - 84)^2 = 7.84$
교육방법 2를 적용한 그룹	$(\bar{X}_2 - \bar{X})^2 = (82.6 - 84)^2 = 1.96$
교육방법 3을 적용한 그룹	$(\bar{X}_3 - \bar{X})^2 = (88.2 - 84)^2 = 17.64$
SSB의 계산	$\sum_{j=1}^{3} \gamma(\bar{X}_i - \bar{X})^2 = 5(7.84) + 5(1.96) + 5(17.64) = 137.2$

◆ 그룹내 제곱합

그룹내 제곱합(SSW; Sum of Squares Within group) 또는 오차제곱합(SSE; Sum of Square due to Error)은 그룹내의 개별 관측값이 각 그룹평균으로부터 떨어진 차이를 제곱하여 더한 값으로 다음과 같이 표현된다.

$$\text{처리내 제곱합(SSW)} = \sum_{i}^{c} \sum_{j}^{r_i} (X_{ij} - \bar{X}_i)^2$$

여기서,

c : 처리수준의 수

r_i : i 번째의 처리그룹에 대한 반복수

X_{ij} : i 번째 처리그룹의 j 번째 실험단위의 관측값

$\bar{X}_i$: i 번째 처리그룹의 평균

교육방법의 예를 이용하여 그룹내 제곱합, SSW를 계산하여 보면, <표 24-3>과 같다.

표 24-3 | 그룹내 제곱합의 계산 예

j	$(X_{1j}-\bar{X}_1)^2$	$(X_{2j}-\bar{X}_1)^2$	$(X_{3j}-\bar{X}_1)^2$
1	$(77-81.2)^2=17.64$	$(80-82.6)^2=6.76$	$(83-88.2)^2=27.04$
2	$(79-81.2)^2=4.84$	$(82-82.6)^2=.36$	$(91-88.2)^2=7.84$
3	$(87-81.2)^2=33.64$	$(86-82.6)^2=11.56$	$(94-88.2)^2=33.64$
4	$(85-81.2)^2=14.44$	$(85-82.6)^2=5.76$	$(88-88.2)^2=.04$
5	$(78-81.2)^2=10.24$	$(80-82.6)^2=6.76$	$(85-88.2)^2=10.24$
합 계	80.80	31.20	78.80
SSW	$\sum_{j=1}^{c}\sum_{i=1}^{r}(X_{ij}-\bar{X}_j)^2=80.80+31.20+78.80=190.80$		

◆ 총제곱합

총제곱합(SST; Sum of Square Total)은 개별관측값이 전체평균으로부터 떨어진 차이를 제곱하여 더한 값으로 다음과 같이 표현된다.

$$총\ 제곱합(SST)=\sum_{i=1}^{c}\sum_{j=1}^{r_i}(X_{ij}-\bar{X})^2$$

여기서,

c : 처리수준의 수

r_i : i 번째의 처리그룹에 대한 반복수

X_{ij} : i 번째 처리그룹의 j 번째 실험단위의 관측값

$\bar{X}$: 전체 평균

교육방법의 예를 이용하여 총제곱합, SST는, 관측값의 수가 모두 15이고, 전체평균이 84이므로, 다음과 같이 계산된다.

$$총제곱합(SST) = (77-84)^2 + (79-84)^2 + \cdots + (85-84)^2 = 328$$

총제곱합 SST는 그룹간 제곱합과 그룹내 제곱합의 합과 일치하는 수학적인 관계식이 성립한다. 즉,

총제곱합(SST) = 그룹간 제곱합 (SSB) + 그룹내 제곱합 (SSE)
328 = 137.20 + 190.80

분산분석에서는 그룹간 제곱합과 그룹내 제곱합을 비교하여, 두 제곱합이 비슷하다면, 교육방법에 따른 차이가 없다고 결론을 내리며, 그룹간 제곱합이 그룹내 제곱합보다 크게 나타나면, 교육방법에 따른 효과가 존재한다고 결론을 내린다. 하지만, 그룹간 제곱합과 그룹내 제곱합은 직접 비교할 수 있는 수치가 아니다. 왜냐하면, 그룹간 제곱합을 계산하는 과정에서 그룹의 수가 3개이고, 마지막 한 그룹은 전체평균인 84점을 맞추어야 하므로 2개의 값만이 자유스럽게 움직이는 상황이고, 그룹내 제곱합을 계산하는 과정에서는, 각 그룹내에 5개의 관측값이 있지만, 마지막 한 개는 그룹평균을 맞추어야 하므로 4개가 자유스럽게 움직이고, 이러한 그룹이 3개가 있으므로 총 12개(=4×3)의 자료가 자유스럽게 움직이기 때문이다. 이러한 개념은 다음에 소개될 자유도의 의미이며, 이를 기초로 제곱평균에 대한 개념이 전개된다.

◆ 자유도와 제곱평균

그룹간 제곱합에 대한 자유도를 생각하여 보자. 처리수준의 수를 c 라고 한다면, c 개의 그룹평균 중에서, 전체평균($\bar{X}$)을 알고 있으므로, c−1개의 그룹평균 값만 알고 있으면 나머지 하나는 자동적으로 정해진다. 따라서 그룹간 제곱합에 대한 자유도는 c−1이 된다. 교육방법의 예에서는 자유도가 $c-1=3-1=2$이 된다.

다음으로 그룹내 제곱합에 대한 자유도를 생각하여 보자. 각 그룹내의 반복수가 r개 라면, 각 그룹내에는 r개의 관측값이 있다는 의미이고, 그룹평균을 알고 있으므로 $(r-1)$개의 관측값만 알면 나머지 하나는 자동적으로 정해진다. 그런데 이러한 그룹이 c개 있으므로, 그룹내 제곱합에 대한 자유도는 $c(r-1)$이 된다. 교육방법의 예에서는 자유도가 $c(r-1)=3(5-1)=12$이 된다.

총제곱합에 대한 자유도는, 관측값의 수가 rc개이고 전체평균($\bar{X}$)을 알고 있으므로, $rc-1$개의 값만 알면 나머지 하나는 자동적으로 정해진다. 즉 임의의 값을 취할 수 있는 관측값의 수는 $(rc-1)$개 이므로, 총제곱합의 자유도는 $(rc-1)$이 된다. 교육방법의 예에서는 자유도가 $rc-1=(5)(3)-1=14$이 된다.

그룹간 제곱합과 그룹내 제곱합의 합이 총제곱합이 되는 것과 유사하게, 그룹간 제곱합과 그룹내 제곱합에 대응하는 자유도의 합은 총제곱합의 자유도와 일치하게 된다. 즉,

$$rc-1=(c-1)+c(r-1)$$

제곱합을 대응하는 자유도로 나눈 형태를 제곱평균(MS; Mean Square)이라고 한다. 즉, 그룹간 제곱합 SSB를 자유도 $c-1$로 나눈 값을 그룹간 제곱평균(MSB; Mean Square Between group)이라고 하며, 그룹내 제곱합 SSW를 자유도 $c(r-1)$로 나눈 값을 그룹내 제곱평균(MSW; Mean Square Within group) 또는 오차제곱평균(MSE; Mean Sqaure Error)이라고 한다. 교육방법의 예를 이용하여 MSB와 MSE를 계산하여 보면, 다음과 같다.

$$\text{그룹간 제곱평균(MSB)} = \frac{SSB}{\mathrm{c}-1} = \frac{137.2}{3-1} = 68.6$$

$$\text{오차제곱 평균(MSE)} = \frac{SSE}{\mathrm{c}(r-1)} = \frac{190.8}{3(5-1)} = 15.9$$

(5) 분산분석표

두 제곱평균값을 비교하여 보면, 그룹간 제곱평균, MSB가 그룹내 제곱평균, MSE보다 약 4배 이상 큰 값을 가지고 있는 사실을 확인할 수 있다. 세 가지 교육방법이 차이가 없다는 귀무가설 아래에서는 두 제곱평균의 크기가 비슷하여야 하지만, 이 경우에는 그룹간 제곱평균이 오차로 보기에는 너무 큰 차이가 나타나므로, 교육방법에 따른 차이가 존재한다고 결론짓는 것이 타당할 것이다.

하지만, 이러한 타당성에 대한 객관적인 근거를 제시하기 위해서는 그룹간 제곱평균이 그룹내 제곱평균보다 얼마나 커야 하는지를 이야기할 필요가 있다. 즉, 귀무가설이 사실이라고 가정하였을 경우, 이렇게 큰 차이가 날 가능성이 얼마나 있는지를 조사하여, 객관적인 통계적 의사결정을 내려야 할 것이다.

분산분석표(ANOVA table)는 이러한 과정을 일목요연하게 표로 나타낸 것을 의미한다. <표

표 24-4 | 분산분석표의 예

변동원인	제곱합	자유도	제곱평균	F 값
교육방법	137.2	2	68.6	4.31
오차	190.8	12	15.9	
합 계	328	14		

24-4>는 교육방법의 예를 이용하여 만들어진 분산분석표를 보여주고 있다.

<표 24-4>에서 나타난 F값은 그룹간 제곱평균, MSB에서 그룹내 제곱평균, MSE를 나눈 값으로 68.6/15.9=4.31로 계산된다. 한 가지 지적해야 할 것은 처리내 변동원인을 오차라고 괄호속에 표시하고 있는데 이것은 처리내 차이가 우연한 차이를 뜻하는 표본오차에 기인하고 있는 것을 나타내고자 하는 것이다. <표 24-5>는 이러한 분산분석표의 일반적 형태를 나타내고 있다.

표 24-5 | 분산분석표의 일반적인 형태

변동원인	제곱합	자유도	제곱평균	F 값
처 리 오 차	SSB SSE	$c-1$ $c(r-1)$	MSB MSE	MSB/MSE
합 계	SST	14		

(6) F-검정

교육방법에 따른 차이가 존재하는지를 검정하기 위하여 사용되는 검정통계량은 MSB를 MSE로 나눈 F값이 된다. 이 값은 귀무가설이 참일 경우(즉, 교육방법에 따른 차이가 존재하지 않는 경우) F분포를 따른다. F분포는 분자의 자유도와 분모의 자유도로 구분되어 결정되는데, 단일요인 분산분석의 경우, 분자의 자유도는 MSB의 자유도인 $c-1$이 되며, 분모의 자유도는 MSE에 대한 자유도인 $c(r-1)$이 된다.

만일 교육방법에 따른 차이가 존재하지 않는다는 귀무가설이 참이라면, F값은 1에 가까운 값을 가지게 될 것이다. 만일 F값이 1보다 매우 크다면, 이는 교육방법에 따라 점수의 차이가 존재한다고 판단할 수 있으므로, 각 그룹의 모집단 평균은 서로 다르다고 결정하게 되고, 귀무가설을 기각하게 되는 것이다. 따라서 F값이 과연 얼마나 클 경우에 귀무가설을 기각할 것인지를 결정해야 한다.

교육방법의 예에서, 귀무가설이 참이라면, 검정통계량인 F값의 분포는 분자의 자유도가 2이고 분모의 자유도가 12인 F분포를 따르게 된다. 만일 유의수준을 5%로 한다면, $F_{0.05}(2, 12)$에 해당하는 값은 <부록>에 나타나 있는 F분포표를 통하여, 3.88의 값이 임계값임을 확인할

그림 24-1 | 교육방법의 예에 대한 분산분석의 *F*검정

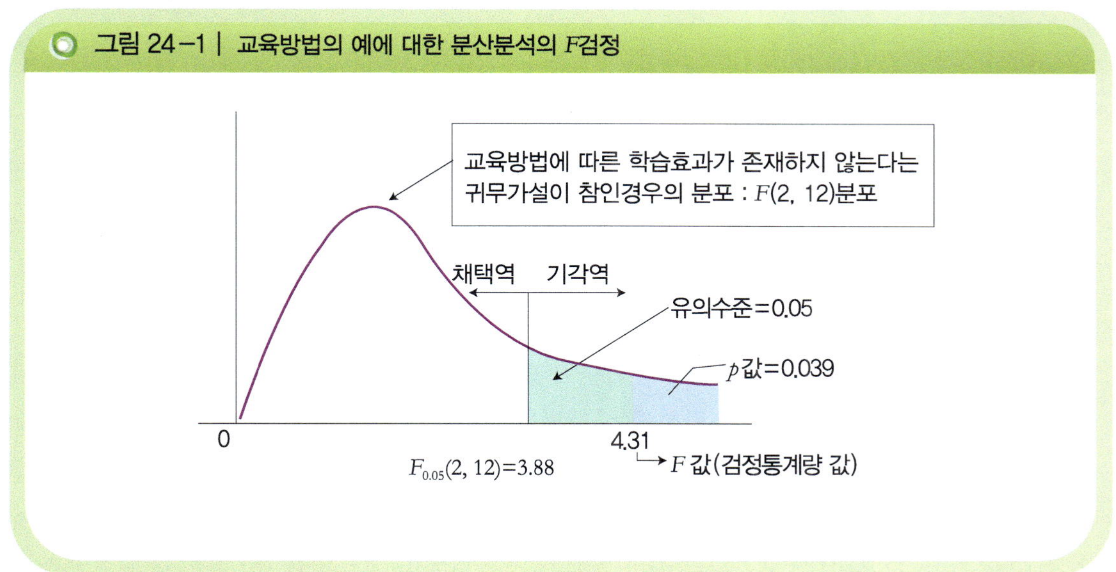

수 있다. 결국, 검정통계량의 값이 3.88보다 크게 나타난다면, 귀무가설이 사실일 가능성은 희박하다고 볼 수 있으므로, 귀무가설을 유의수준 5%에서 기각하게 된다. 〔그림 24-1〕은 이러한 과정을 *F*분포를 이용하여 설명하고 있다.

〔그림 24-1〕을 살펴보면 *F* 값이 임계값 3.88보다 큰 4.31로 나타나므로, 기각역에 속하게 된다. 따라서 유의수준 5%에서 귀무가설을 기각하는 통계적 의사결정을 내리게 된다. 즉, 유의수준 5%에서 교육방법에 따라 평균점수의 차이가 존재한다는 결론을 내릴 수 있다는 것이다. 하지만, 여기서 한 가지 지적하고 넘어가야 할 사실은 교육방법에 대한 효과가 존재한다는 충분한 증거를 확보하기에는 표본의 수가 너무 적다는 것이다. 즉, 각 교육방법에는 단지 5개의 관측값밖에 없기 때문에, 귀무가설이 실제로 참이지만 잘못하여 기각하는 제1종 오류의 위험은 5%로 통제되고 있지만, 귀무가설이 실제로 거짓이지만, 기각하지 못하는 제2종 오류의 위험은 상당히 크게 될지도 모른다는 사실이다. 교육방법의 예에서는 귀무가설을 기각하는 결정을 내렸으므로 제2종 오류의 위험은 존재하지 않는다. 하지만, 표본의 수가 적은 경우에는, 충분한 자료가 존재하지 않으므로, 통계적 가설검정은 매우 보수적인 형태를 취하여, 두드러지게 평균의 차이가 나타나지 않는 이상은 가급적 귀무가설을 기각하지 않으려고 하는 성향을 가지게 된다. 따라서 귀무가설을 기각하지 못하는 결정을 내리게 되면, 연구자는 보다 많은 수의 표본을 요구하는 것은 아닌지 생각하여볼 필요가 있다.

단일요인 분산분석을 실시하는 SAS 프로그램을 살펴보면, 다음과 같다.

```
proc glm;
  class 교육방법;
  model 시험점수 = 교육방법;
```

(7) 다중 비교검정

앞에서 설명한 F-검정을 통하여 만일 귀무가설이 기각되었다면, '유의수준 5%에서 교육방법에 따른 차이가 통계적으로 유의하게 나타났다' 라고 설명한다. 즉, 교육방법에 따라 점수 차이가 존재한다는 의미이다. 하지만 어떠한 교육방법으로 인하여 교육방법의 차이가 발생되는지에 대한 의문은 계속 남게 된다. 3가지 교육방법 모두가 달라서 귀무가설이 기각되었을 수도 있지만, 교육방법1 과 교육방법2는 매우 비슷하지만 교육방법3이 달라서 귀무가설이 기각되었을 수도 있기 때문이다. 이 경우 교육방법들을 쌍(pair)으로 만들어서 서로 차이가 있는지를 검정하게 되는데 이를 다중비교검정(multiple comparison test)이라고 한다. 앞의 예제에서 나타나는 다중비교는 다음과 같이 이루어진다.

첫 번째 비교: 교육방법1 과 교육방법2의 차이 검정
두 번째 비교: 교육방법1 과 교육방법3의 차이 검정
세 번째 비교: 교육방법2 과 교육방법3의 차이 검정

그리고 교육방법1 (평균점수 81.2) 과 교육방법2 (평균점수 82.6)의 차이는 표본오차를 고려하였을 경우 매우 작은 차이이고 반면에 교육방법3 (평균점수 88.2)은 큰 차이이므로 교육방법 1 과 2가 비슷하고 교육방법3이 통계적으로 유의하게 다르게 나타난다고 결론 내릴 수 있다. 이를 도식화시키면 다음과 같다.

```
교육방법1        교육방법2        교육방법3
----------------------------     ----------
```

하지만 다중비교검정 과정을 이해하는 것은 간단하지 않다. 먼저 제1종 오류라고 부르고 α라 표현되는 유의수준 또는 가설검정에 대한 오차율에 대하여 논하여 보도록 하자.

◆ 다중 비교검정에 대한 오차율

가설검정에 대한 오차율은 제1종 오류를 의미하는 것으로 귀무가설이 참임에도 불구하고 잘못하여 귀무가설을 기각하는 확률을 의미한다. 따라서 이 확률을 계산하고자 할 경우에는 귀무가설이 참이라는 가정아래서 검정통계량이 (귀무가설을 기각하는 영역인) 기각역에 속할 확률을 계산하게 되고 이를 유의수준이라고 한다. 이를 분산분석의 경우로 재해석하면 교육방법에는 차이가 없는데 가설검정에서 차이가 나타났다고 잘못 결정을 내릴 확률을 의미한다.

하나의 쌍을 비교하여 나타나는 유의수준인 단일 비교검정 오차율(error rate per comparison)을 α_c 라고 표현한다면, 이는 하나의 비교에 대하여 나타나는 검정에 대한 유의수준을 의미한다. 이제 비교를 여러 번 하는 다중비교의 경우를 생각해 보자. 한 실험에서 모든 가능한 관심 있는 쌍에 대한 비교검정에서 나타나는 유의수준을 실험검정 오차율(error rate per experiment), α_e 라고 표현한다면, 이는 다중비교에서 연구자가 실제로 통제해야 하는 오차율의 의미를 갖는다.

만일 k개의 다중비교검정이 분산분석에서 이루어졌다면, 단일 비교검정 오차율과 실험검정 오차율 사이에는 다음과 같은 관계식이 존재한다.

$$\alpha_e = 1 - (1 - \alpha_c)^k$$

예를 들어, 연구자가 관심 있는 다중비교가 6개 있으며, 각각을 유의수준 5%로 비교검정 하였다면 실험단위 기반의 유의수준, 즉 실험검정 오차율은 다음의 식을 통하여 26%로 증가하게 된다.

$$\alpha_e = 1 - (1 - 0.05)^6 = .26$$

다중 비교검정은 매우 다양한 방법이 있지만, 실무에서 주로 사용되는 피셔의 LSD, 튜키의 HSD,본페로니 방법에 대해서 설명하고자 한다.

◆ 피셔의 LSD 검정

다중비교검정의 가장 간단한 형태로, 여러 번 t-검정을 반복 적용하여 차이를 찾아내는 방법을 피셔의 LSD 검정 (Fisher's LSD test; Least Significant Difference) 검정이라고 한다. 하지만 앞에서 설명하였듯이 피셔의 LSD 검정은 실험검정 오차율을 통제하지 못하고 단일 비교검정 오차율만 통제하기 때문에 다중비교검정에서 높은 유의수준이 나타나며, 따라서 제1종 오류에 대한 확률인 오차율이 증가하게 된다. 따라서 분산분석의 전반검정으로 불리는 F-검정을 통해 귀무가설이 기각되는 결과가 나타났을 경우에만 피셔의 LSD검정을 적용하는 것이 바람직하며, 그렇지 않은 경우에는 사용을 하지 않는 것이 좋다.

분산분석의 F-검정에서 유의하게 나타나면서, 카테고리 수가 c개 이고, 총 관측값의 수가 n개라고하자. i-번째 카테고리의 ni 관측값들의 평균을 라 표기하고, j-번째 카테고리의 nj 관측값들의 평균을 라 표기한다면, 피셔의 LSD 검정통계량 값은 다음과 같다.

$$t = \frac{\bar{X}_i - \bar{X}_j}{\sqrt{MSE\left(\frac{1}{n_i} + \frac{1}{n_j}\right)}}$$

피셔의 LSD 검정통계량은 귀무가설이 참인 경우 MSE에 대한 자유도인 n-c를 갖는 t-분포을 따르게 된다. 따라서 양측검정에 대한 기각역은 다음과 같이 된다.

$$|t| > t_{\alpha/2}(n-c)$$

피셔의 LSD 검정은, 통계방법론적 입장에서는, 그다지 추천 받지 못하는 방법이기는 하지만 적용이 간단하고, 직관적 이해가 쉽기 때문에 실무에서는 자주 사용되는 방법이다. 특별히 앞의 예제와 같이 카테고리 수가 3인 경우에는 다른 방법과 비교하여 가장 우수한 최적의 검정 방법으로 알려져 있다. 하지만 카테고리 수가 증가하면서 급격하게 실험검정 오차율이 증가하는 문제점을 가지게 된다. 실험검정 오차율이 증가한다는 것을 단순히 나쁘게 생각할 필요는 없다. 실험검정 오차율의 증가는 귀무가설이 거짓인데 참으로 결정 내리는 오류인 제2종 오류의 감소를 의미하기 때문이다. 즉, 귀무가설의 거짓을 거짓이라고 말하는 확률인 검정력(power of test)를 증가시켜주기 때문에 조그마한 차이도 쉽게 차이가 나타난다고 결정 내리는 능력이 높아지게 되어 많은 연구자로부터 선호되는 방법이다.

◆ 튜키의 HSD 검정

다중 비교검정법으로 가장 잘 알려진 튜키의 HSD 검정(Tukey's HSD test; Honest Significant Test)은 튜기의 범위검정(Tukey's range test) 또는 튜키-크래머의 방법(Tukey–Kramer method)

으로 불리기도 한다. 튜키의 HSD 검정은 모든 가능한 쌍에 대한 차이를 크기 순으로 나열하고 이에 대한 크기를 t-분포와 비슷하게 생긴 스튜던트 범위분포(studentized range distribution) 또는 q-분포를 이용하여 검정을 하는 방법이다. 각 카테고리 별 관측값의 수가 동일한 경우, 튜키의 HSD 검정은 정확하게 실험비교 오차율을 통제하여 주지만, 관측값의 수가 동일하지 않을 경우에는 실제 실험비교 오차율이 더 작게 나타나는 현상이 발생되어 실험비교 오차율을 유지하는 보장은 받지만 실제로 차이를 제대로 찾아주지 못하여 검정력이 떨어지는 보수적인 결과를 제공하여 준다는 특징을 가지고 있다.

다시 말하면, 튜키의 HSD 검정은 각 카테고리 별 표본 수가 n 으로 동일할 때 효과적이며, 이 경우 검정통계량은 다음과 같다.

$$q = \frac{\left|\bar{X}_i - \bar{X}_j\right|}{\sqrt{MSE/n}}$$

귀무가설이 참인 경우, 검정통계량 q 는 유의수준 α , MSE의 자유도 n-c, 모든 가능한 쌍의 수 r개(=k(k-1)/2)를 기반으로 하는 튜키가 제시한 스튜던트 범위분포의 임계값을 이용하여 가설검정을 진행할 수 있다. 양측검정에 대한 기각역은 다음과 같다.

$$q > q_\alpha(r, n-c)$$

또한 앞에서 설명한 피셔의 LSD 검정과는 다르게 튜키의 HSD는 분산분석에서 나타나는 전반검정인 F-검정의 결과와 무관하게 차이 검정을 진행할 수 있다는 특징을 가지고 있다.

◆ 본페로니 방법

다중 비교검정에서 많이 사용되고 있는 다른 방법 중에 하나가 듄 검정(Dunn's Test)이라고 부르기도 하는 본페로니 방법(Bonferroni method)이다. 만일 r개의 다중비교 대상이 있을 경우 단일 비교검정 오차율과 실험검정 오차율 사이에는 본페로니 부등식(Bonferroni inequality)라고 부르는 다음과 같은 부등식이 성립한다.

$$\alpha_e \le r\alpha_c \Leftrightarrow \alpha_c \ge \frac{\alpha_c}{r} = \alpha_c'$$

즉, 실험검정 오차율을 다중비교 수로 나누면, 그 값은 본페로니 부등식에 의하여 단일 비교검정 오차율보다 낮은 값으로 보장을 받게 되어 안전하게 사용할 수 있다는 의미이다. 예를 들어, 5% 유의수준으로 실험검정 오차율을 통제하고 싶은데, 5개의 쌍으로 된 평균 차이 t-검정을 진행하고 싶다면, 일반적인 임계값 $t_{0.05/2\times5}(n-c)$ 또는 $t_{0.025}(n-c)$ 대신에 본페로니 방법에 의해 조정된 임계값 $t_{0.05/2\times5}(n-c)$ 또는 $t_{0.005}(n-c)$ 를 사용하면 5%의 실험검정 오차율을 보장받을 수 있다는 것이다.

03 2요인 분산분석

단일요인 분산분석에서는 교육방법이라는 한 가지 인자만을 고려하였다. 이 경우 한 가지 인자로 설명된 제곱합이 충분히 크다면 교육방법에 따라 시험점수에 차이가 있다는 결론을 정당화시킬 수 있을 것이다. 그러나 학생들의 시험점수는 교육방법 이외의 다른 인자들, 예를 들어 학생들의 성별이나 평균학점, 강의시간대, 또는 담당교수에 따라 다르게 나타날 수도 있을 것이다.

만일 이러한 다른 인자들에 의한 차이를 실험설계에서 적절히 분리해 내지 못한다면, 이러한 차이는 그룹내 차이인 오차에 포함되어, 오차제곱평균인 MSE값이 크게 나타날 것이다. MSE값이 커지게 되면, 실제로 교육방법에 따라 시험점수에 차이가 있다 하더라도 그룹간 차이를 나타내는 MSB가 MSE와 비교해서 크다고 판단할 수 없게 되므로, 교육방법에 의한 차이는 우연한 오차의 차이로 취급하여, 교육방법의 효과가 없는 것으로 결론을 내리게 된다. 다시 말하면, 실제로 교육방법에 따른 효과가 존재함에도 불구하고, 다른 인자들이 작용하여 그룹내 변동을 나타내는 MSE를 증가시키기 때문에, 상대적으로 교육방법에 의한 변동을 나타내는 그룹간 변동인 MSB가 적게 보이게 되며, 따라서 교육방법에 대한 효과가 없는 것으로 잘못 판단될 수 있다는 것이다.

2요인 분산분석(two-factor ANOVA) 또는 **이원배치 분산분석**(two-way ANOVA)은 인자가 2개인 경우의 분산분석을 의미한다. 2요인 분산분석은 처리효과를 보다 순수하게 파악하게 위하여 다른 인자를 통제하는 목적으로 사용될 수 있으며, 두 인자 모두가 실험의 관심이 되는 효과이기 때문에 사용될 수도 있다. 처리효과를 보다 순수하게 파악하기 위하여 다른 인자를 통제하는 목적으로 사용되는 대표적인 실험설계로 **랜덤화블록 실험설계**(RBD; Randomized

Block Design)가 있다. 만일 두 인자에 대한 효과가 모두 관심대상인 실험일 경우는 완전랜덤화 실험설계(CRD; Completely randomized Design)를 이용하여 실험을 진행할 수 있다.

(1) 랜덤화블록 실험설계

실험단위의 특성에 따라 표본을 비슷한 성질을 갖는 몇 개의 그룹으로 나눈 것을 블록(block)이라 한다. 블록내의 실험단위는 동질적인 특성을 갖는다. 랜덤화블록 실험설계(RBD; Randomized Block Design)는 각 블록내의 실험단위에 교육방법을 무작위로 할당하는 것을 말한다. 예를 들어, 교육방법에 따른 효과가 평균학점에 따라서 크게 달라진다고 판단되면, 학생들의 평균학점에 따라 몇 개의 블록으로 구분하여 실험을 진행하는 것이 우연에 의한 오차를 줄일 수 있는 효과적인 방법이 될 것이다. 블록은, 실험단위를 동질적인 집단으로 구분하여, 우연에 의한 오차(그룹내 변동)의 크기를 감소시키기 위한 목적으로 사용되는 추가적인 인자를 의미한다. 다시 말하면, 랜덤화블록 실험설계는 그룹간의 차이(교육방법에 대한 효과)를 보다 효과적으로 파악하기 위한 목적으로 사용된다.[1] 일원배치 분산분석에서는 총변동을 처리간의 변동과 처리내 변동으로 나누었지만, 무작위 블록설계를 이용한 이원배치 분산분석에서는 블록요인을 추가하여 블록에 따라 나타나는 차이를 파악함으로써 처리내 변동으로 나타나는 오차변동이 그만큼 줄어들게 되고 교수법에 따른 차이가 우연에 의한 차이보다 상대적으로 커지게 되어 교수법에 따른 평균성적의 차이를 보다 뚜렷하게 규명할 수 있다.

(2) 완전랜덤화 실험설계

완전랜덤화 실험설계(CRD; Completely Randomized Design)는 실험단위인 학생에 대한 두 인자의 수준을 랜덤으로 할당하는 실험설계 방법을 말한다. 예를 들어, 교육방법의 효과뿐만 아니라, 강사에 따라 시험점수가 어떻게 달라지는가를 조사하고자 한다면, 교육방법과 강사를 학생에게 랜덤으로 할당하는 완전랜덤화 실험설계가 가능하게 된다. 일반적으로, 완전랜덤화 실험설계에서는 실험단위에게 두 인자의 조합으로 구성된 수준을 랜덤으로 할당하는 실험설계를 의미한다.

랜덤화블록 실험설계에서도 교육방법 이외에 블록이라는 다른 인자가 추가되지만, 블록은 단지 교육방법에 대한 효과를 정확하게 파악하기 위한 것이므로, 블록에 대한 효과의 존재여부는 연구의 관심사항이 되지를 않는다. 하지만 완전랜덤화 실험설계에서는 두 가지 인자 모

1) 랜덤화블록 실험설계는 15장의 통계적 실험설계에서 자세히 다루고 있으므로 이를 참고하기 바란다.

두가 연구의 관심대상이므로, 두 효과 모두에 대한 가설검정이 진행된다.

(3) 2요인 분산분석의 예제1: 상호작용이 유의하게 나타나지 않는 경우

9명의 남학생과 9명의 여학생으로 구성된 18명의 학생을 대상으로 세 가지 교육방법에 대한 효과를 알아보는 실험을 생각하여 보자. 성별과 교육방법에 대한 조합수준은 완전랜덤화 실험설계에 의하여 할당되었으며, 실험의 주요 목적은 교육방법에 대한 효과뿐만이 아니라 성별에 따른 차이가 존재하는지를 파악하는 것이다. 이 경우, 성별과 교육방법은 시험점수에 영향을 미치는 인자의 역할을 하며, 인자가 2개이므로, 2요인 분산분석이 된다. 이러한 실험설계의 결과는 <표 24−6>에 요약되어 있다.

표 24−6 | 2요인 분산분석의 예제1: 성별과 교육방법에 대한 효과

	교육방법1	교육방법2	교육방법3
남학생	70 85 82	48 46 50	50 55 48
여학생	90 88 89	59 54 56	52 66 53

이와 같은 완전랜덤화 실험설계는, 세 가지 교육방법에 대하여, 남학생과 여학생이 모두 조사되었으므로 총 6개의 처리수준으로 구성된 3×2 요인 실험설계(factorial design)가 된다.

이 경우, 총 제곱합은 4개의 요소로 나누어진다. 첫 번째 제곱합은 교육방법에 따른 차이를 나타내는 것이고, 두 번째는 성별에 따른 차이를 나타내는 제곱합이다. 세 번째 제곱합은 교육방법과 성별의 조합에 의하여 나타나는 차이로서 교육방법과 성별의 상호작용(interaction)이라고 한다. 마지막으로 언급되는 제곱합은 학생의 개인적 특성을 나타내는 오차를 나타내는 제곱합이다. 이를 정리하면 다음과 같다.

> 시험점수 = 교육방법에 따른 효과 + 성별에 따른 효과 + 상호작용효과 + 오차
> SST = SSB(교육방법) + SSB(성별) + SSB(교육방법 × 성별) + SSE

이러한 실험설계는, 성별과 교육방법의 각 수준에 동일하게 3명의 학생이 포함되어 있어서 각 처리수준에서 반복수가 동일하게 3번 나타나는 실험설계의 형태를 취하므로, 특별히 균형된 실험설계(balanced design)라고 한다.

이제, 이러한 문제를 분석하기 위한 SAS 프로그램을 알아보도록 하자.

```
data one;
  input 교육방법 $ 성별 $ 시험점수;
cards;
방법1  남학생  70
방법1  남학생  85
  ⋮      ⋮     ⋮
방법3  여학생  53
;
proc glm;
  classes 교육방법 성별;
  model 시험점수 = 교육방법 성별 교육방법*성별;
```

이에 대한 SAS 결과를 살펴보면 다음과 같다.

SAS를 통한 분석결과

```
                  General Linear Models Procedure
                     Class Level Information ①
        Class                Levels              Values
       교육방법                 3           방법1 방법2 방법3
        성 별                   2             남학생 여학생
             Number of observations in data set = 18

                   Dependent Variable: 시험점수 ②
                          Sum of          Mean
   Source          DF     Squares         Square        F Value      Pr > F
   Model            5    4297.7777778    859.5555556    35.00 ③    0.0001 ④
   Error           12     294.6666667     24.5555556
Corrected Total    17    4592.4444444

             R-Square       C.V.        Root MSE              시험점수 Mean
             0.935837     7.796889     4.9553562                63.555556
  Source       DF      Type III SS ⑤   Mean Square      F Value      Pr > F
```

교육방법	2	3958.1111111	1979.0555556	80.60	0.0001 ⑥
성 별	1	320.8888889	320.8888889	13.07	0.0035 ⑦
교육방법*성별	2	18.7777778	9.3888889	0.38	0.6903 ⑧

분석결과 ①은 분산분석에 나타난 인자와 인자에 대한 수준을 요약 정리하여 보여주고 있다. 분석결과 ②는 2요인 분산분석에 대한 제곱합, 평균제곱을 나타내는 분산분석표를 보여주고 있다. 분산분석표를 살펴보면, F값이 35로 나타나며 (분석결과 ③ 참조), 이 의미는 MSB의 값이 MSE의 35배라는 의미이다. 이 값은 우연한 오차로 취급하기에는 너무 큰 값이다. 또한 F값에 대응하는 p값은 0.0001보다 적은 것으로 나타나므로 (분석결과 ④ 참조), 이러한 분산분석표를 통하여 얻을 수 있는 결론은, 교육방법이나 성별은 시험점수에 영향을 미치는 중요한 인자역할을 한다는 것이다.

그렇다면, 다음으로 파악하여야 할 문제는 어떠한 인자가 시험점수에 중요한 영향을 미치는 인자인지를 판단하는 것이다. 이러한 판단은 분석결과 ⑤에 나타나는 **제3종 제곱합**(type III sum of square)을 기초로 하는 F-검정에 대한 p값을 보고 판단하면 된다. 예를 들어, 교육방법에 대한 차이를 나타내는 F-검정에 대한 p값은 분석결과 ⑥에 나타난 바와 같이 0.0001로 나타나므로, 유의한 차이가 유의수준 5%에서 존재한다고 볼 수 있으며, 성별에 대한 차이를 나타내는 F-검정에 대한 p값도 분석결과 ⑦에 나타난 바와 같이 0.0035로 유의한 차이가 유의수준 5%에서 존재한다고 볼 수 있다.

이러한 교육방법과 성별의 효과를 파악하는 과정에서 연구자가 유의하여야 할 사항이 있다. 예를 들어, 교육방법에 따른 효과를 파악하는 경우, 성별에 따른 차이를 무시한다는 것이다. 즉, 교육방법의 효과를 파악하기 위하여, 남학생과 여학생의 점수를 구분하지 않고 합쳐서 계산한다는 것이다. 이와 비슷한 과정으로 성별에 따른 차이를 파악하기 위하여, 세 가지 교육방법을 구분하지 않고 합쳐서 계산한다. 이와 같은 과정은 교육방법에 따른 효과가 성별의 구분없이 일정하게 나타난다는 조건 아래서 이루어질 수 있으며, 성별에 따른 효과 또한 교육방법의 구분없이 일정하게 나타난다는 조건 아래서 인자에 대한 효과가 측정된다. 이와 같이, 두 인자에 대한 효과가 다른 인자를 거치면서 일정하게 나타나서, 전체효과가 교육방법의 효과와 성별에 따른 효과가 더해져서 나타나는 성질을 **가법성**(additivity)이라고 한다.

만일 이러한 가법성이 깨지게 되면, 교육방법의 효과나 성별에 따른 효과에 대한 의미가 없어지게 되며, 교육방법과 성별에 대한 상호작용 효과가 크게 나타나게 된다. 결국, 교육방법의 효과나 성별에 따른 효과를 파악하기 위해서는, 먼저 상호작용효과에 대한 유의성을 검토되어야 한다. 만일 상호작용 효과가 유의하게 나타났다면, 교육방법의 효과나 성별에 따른 효과는 의미를 잃게되며, 성별에 따라 교육방법에 대한 효과가 다르게 나타난다고 해석하여야 한다.

교육방법과 성별의 상호작용 효과에 대한 검정에서, 분석결과 ⑧을 살펴보면, p값은 0.6903 유의하게 나타나지 않는다. 따라서 교육방법에 대한 효과는 성별의 차이에 관계없이 일관되게 나타나고 있다고 볼 수 있으며, 성별에 대한 효과 또한 교육방법에 관계없이 일관되게 나타나고 있음을 확인할 수 있다. 즉, 가법성에 대한 가정이 만족되어, 각 인자의 효과가 다른 인자의 수준을 거치면서 일관되게 나타나고 있다고 판단할 수 있다. 다음의 예제를 통하여 상호작용효과가 유의하게 나타나는 경우에 어떠한 방법으로 해석되는지를 알아보도록 하자.

(4) 2요인 분산분석의 예제2: 상호작용이 유의하게 나타나는 경우

앞에서 설명한 2요인 분산분석에서, 상호작용이 유의하게 나타나지 않았다는 것은 인자에 대한 효과가 가법적으로 나타난다는 사실을 의미한다고 설명하였다. 다시 말하면, 인자 A의 효과는 인자 B의 수준에 관계없이 일정한 양만큼 증가하거나 감소한다는 것이다.

만일 상호작용 효과가 유의하게 나타나는 경우에는 이러한 인자의 효과에 대한 가법성의 성질이 깨지게 된다. 예를 들어, 성별에 따른 효과가 교육방법에 따라 다르게 나타난다면, 가법성을 만족하지 못하게 되어, 교육방법에 따른 전반적인 효과를 판단할 수 없게 만든다. 만일 여학생의 경우는 교육방법 1이 매우 효과적인 것으로 나타나는 반면에, 남학생의 경우는 교육방법 3이 매우 효과적으로 나타난다면, 성별을 무시한 전반적인 교육방법 1과 교육방법 3의 효과를 판단할 수 없게 된다. 이러한 경우에서 유의한 상호작용효과가 나타나게 된다.

표 24-7 | 2요인 분산분석의 예제 2: 성별과 교육방법에 대한 효과

	교육방법 1	교육방법 2
남학생	50 45 55	67 60 58
여학생	70 72 68	51 57 48

두 인자간의 상호작용 효과를 파악하기 위해서는 성별과 교육방법의 조합으로 구성된 반복수가 2 이상이 되어야 한다. 이와 같이 반복수가 2 이상일 경우를 반복있는 2요인 분산분석이라 하고, 반복수가 1인 경우를 반복없는 2요인 분산분석이라고 한다. 반복없는 2요인 분산분석에서는 두 인자간의 상호작용 효과를 파악할 수 없게 되며, 이러한 상호작용효과는 오차항에 포함되어 나타나게 된다.

6명의 남학생과 6명의 여학생으로 구성된 12명의 학생을 대상으로 두 가지 교육방법에 대한 효과를 알아보는 실험을 생각하여 보자. 성별과 교육방법에 대한 조합수준은 완전랜덤화 실험설계에 의하여 할당되었으며, 이러한 실험설계의 결과는 <표 24-7>에 요약되어 있다.

이러한 문제를 분석하기 위한 SAS 프로그램은 다음과 같다.

```
proc glm;
  classes 교육방법 성별;
  model 시험점수 = 교육방법 성별 교육방법*성별;
  means 교육방법*성별;
```

이에 대한 SAS 결과를 살펴보면 다음과 같다.

SAS를 통한 분석결과

Dependent Variable: 시험점수

Source	DF	Sum of Squares	Mean Square	F Value	Pr > F
Model	3	770.25000000	256.75000000	14.20	0.0014 ①
Error	8	144.66666667	18.08333333		
Corrected Total	11	914.91666667			

Source	DF	Type III SS	Mean Square	F Value	Pr > F ②
교육방법	1	30.08333333	30.08333333	1.66	0.2332
성 별	1	80.08333333	80.08333333	4.43	0.0685
교육방법*성별	1	660.08333333	660.08333333	36.50	0.0003

Level of 교육방법	Level of 성 별	N	시험점수 ③ Mean	SD
방법 1	남학생	3	50.0000000	5.00000000
방법 1	여학생	3	70.0000000	2.00000000
방법 2	남학생	3	61.6666667	4.72581563
방법 2	여학생	3	52.0000000	4.58257569

분석결과 ①을 살펴보면, p 값이 0.0014로 나타났으므로, 일단 실험에서 고려한 인자들은 시험점수에 유의한 영향을 미친다고 판단할 수 있다. 그렇다면, 어떠한 인자가 시험점수에 영향을 미치는지를 살펴보도록 하자. 제3종 제곱합을 이용한 인자의 효과에 대한 유의성을 알아보는 분석결과 ②를 살펴보면, 유의수준을 5%로 정하였을 경우, 교육방법과 성별 각각은 유의한 차이가 나타나지 않지만, 교육방법과 성별의 상호작용효과에 대한 p값은 0.0003으로 매우 유의한 결과가 나타났다.

교육방법과 성별의 상호작용 효과가 유의하게 나타난다는 의미는, 성별에 따라 교육방법의 효과가 다르게 나타난다는 의미이므로, 교육방법에 대한 효과와 성별에 따른 차이를 정의할 수 없게 된다. 따라서 남학생일 경우에는 교육방법에 대한 효과가 어떻게 나타나고, 여학생일 경우에는 교육방법에 대한 효과가 어떻게 나타나는지를 구분하여 분석하여야 한다는 것이다.

이와 같이 유의한 상호작용 효과가 나타나게 되면, 어떠한 교육방법이 우수한지를 판단할 수 없게되고, 남학생의 경우와 여학생의 경우를 구분하여 판단하여야 한다. 분석결과 ③을 살

그림 24-2 | 상호작용 효과의 의미

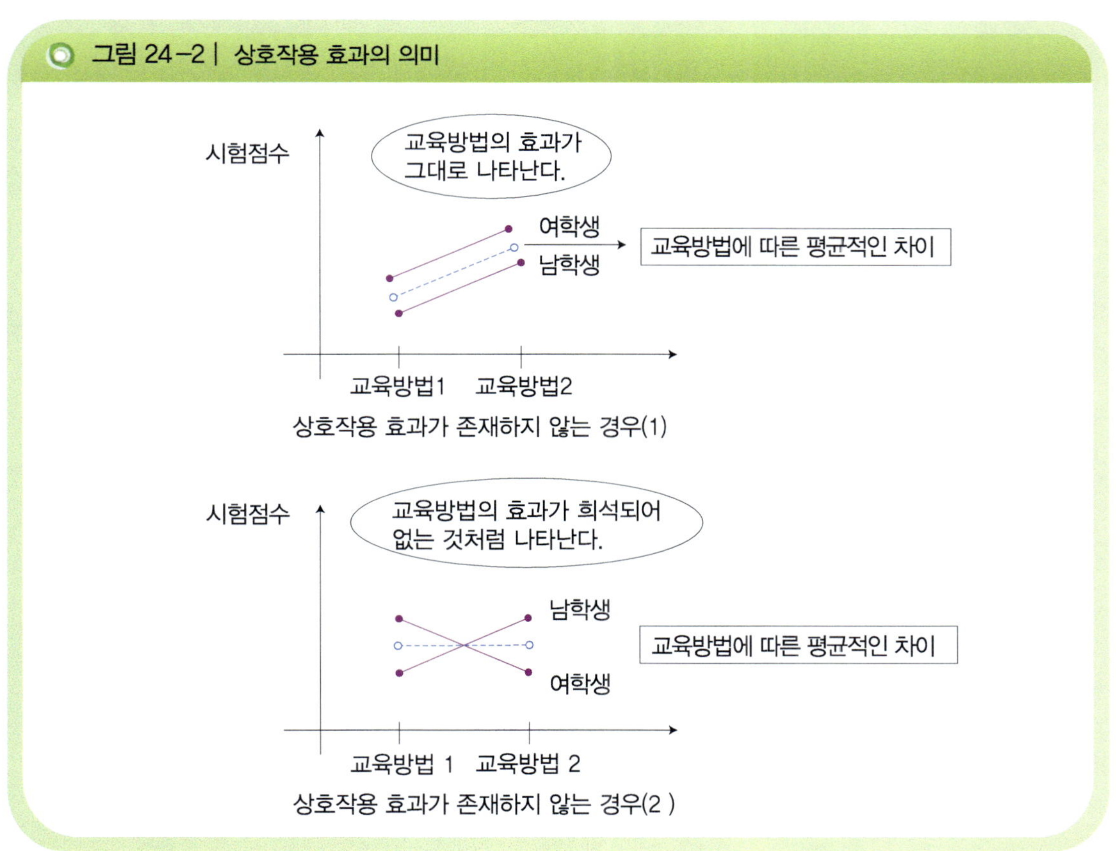

펴보면, 남학생의 경우는 교육방법 2가 효과적인 것으로 나타나며, 여학생의 경우는 교육방법1이 효과적인 것으로 나타난다.

만일 이러한 상호작용 효과를 무시하고 분석하게 되면, 남학생의 점수와 여학생의 점수의 중간에 해당하는 적당한 평균값을 가지게 되므로, 교육방법 1과 교육방법 2에 대한 효과가 없는 것으로 해석되며, 이러한 상호작용효과는 오차항에 포함되므로, 오차제곱합을 나타내는 SSE가 커지는 현상이 발생하게 된다. 결국 의미있는 상호작용효과를 무시하게 되면, 성별에 따른 교육방법의 효과를 파악할 수 없게되며, 마치 교육방법에 대한 효과가 없는 것처럼 보이게 된다. 〔그림 24-2〕는 이러한 상호작용효과가 존재하는 경우와 존재하지 않는 경우의 의미를 교육방법의 예를 이용하여 설명하고 있다.

04 불균형 실험설계에 대한 분산분석

효과적인 분산분석의 결과를 얻기 위해서는, 각 인자수준의 반복수가 일정한 균형된 실험설계(balanced design)가 중요하다. 하지만, 많은 사회과학연구에서는, 응답에 대한 거부나 부정확한 샘플링프레임의 설정 등으로 인하여 결측값(missing value)이 발생할 수 있으며, 이 경우 각 인자 수준에 대한 반복수가 동일하지 않게 되는 불균형 실험설계(unbalanced design)가 만들어지게 된다.

분산분석에 대한 기본적인 가정 중에서 정규성에 대한 가정이나 등분산성에 대한 가정이

표 24-8 | 불균형 실험설계에 의한 분산분석의 예

	남학생	여학생	평 균	수정된 평균
교육방법 1	1, 3 (평균: 2)	10 (평균: 10)	4.67	6.00
교육방법 2	2 (평균: 2)	8, 12 (평균: 10)	7.33	6.00

만족되지 않는 경우일지라도, 균형된 실험설계가 적용하면, 분산분석의 결과는 높은 타당성을 유지하는 것으로 알려져 있다. 하지만, 불균형 실험설계의 경우, 정규성이나 등분산성의 가정을 위배하게 되면, 분산분석의 결과는 민감하게 반응하여, 결과에 대한 타당성이 낮아지는 것으로 알려져 있다. 따라서 연구자는 가급적이면 균형된 실험설계에 의한 반복수가 일정한 자료를 얻고자 노력을 기울여야 한다.

하지만 불가피한 사정으로 인하여 반복수가 일정하지 않은 자료를 얻게되면, 분산분석의 계산과정은 달라지게 되며, 연구자는 결과에 대한 해석에 주의를 기울여야 한다.

6명의 학생을 대상으로 두 가지 교육방법에 대한 효과를 알아보는 간단한 불균형 실험설계를 생각하여 보자. 성별과 교육방법에 대한 조합수준은 완전랜덤화 실험설계에 의하여 할당되었으며, 이러한 실험설계의 결과는 <표 24−8>에 요약되어 있다.

<표 24−8>에 대한 자료를 살펴보면, 교육방법 1은 두 명의 남학생에게 적용되어, 각각 1점과 3점을 얻어 평균 2점을 얻었으며, 한 명의 여학생에게 적용되어 10점의 점수를 얻었다. 따라서 교육방법 1을 적용하였을 경우의 평균점수는 다음의 계산에 의하여 4.67점이 된다.

$$\text{교육방법 1의 평균점수} : \frac{1+3+10}{3} = \frac{14}{3} = 4\frac{2}{3} \simeq 4.67$$

하지만, 4.67점은 교육방법 1의 적절한 평균점수라고 볼 수 없다. 왜냐하면, 평균점수를 계산하는 과정에서, 두 명의 남학생과 한 명의 여학생이 고려되었기 때문이다. 즉, 연구자도 모르는 사이에, 남학생에게는 2/3의 가중치가 할당되었고, 여학생에게는 1/3의 가중치가 할당되어 평균점수가 계산되었다는 것이다. 따라서 교육방법 1을 적용하였을 경우의 남학생 평균점수는 2점이고, 여학생의 평균점수는 10점이므로, 교육방법 1에 대한 평균점수는 다음과 같이 다시 표현할 수 있다.

$$\text{교육방법 1의 평균점수} : \frac{2}{3}\times 2+\frac{1}{3}\times 10 \simeq 4.67$$

이 경우, 남학생에게 2/3의 가중치가 할당되고, 여학생에게 1/3의 가중치가 할당되는 이유는, 연구자의 의도와는 관계없이, 표본구성의 특징 때문에 만들어진 것이므로, 이러한 표본구성의 특성을 고려한 수정된 평균(adjusted mean)[2]의 계산이 필요하게 된다. 수정된 평균은 남학생과 여학생에게 동등한 가중치를 할당하고 평균을 계산하는 방법으로, 교육방법 1에 대한 수정된 평균점수를 계산하여 보면 다음과 같다.

2) SAS에서는 수정된 평균을 최소제곱평균(lsmean; least square mean)이라고 한다.

$$교육방법\ 1의\ 수정된\ 평균점수 : \frac{1}{2}\times 2+\frac{1}{2}\times 10 \simeq 6.00$$

교육방법 2에 대한 수정된 평균점수도, 이와 같은 방법을 적용하게 되면, 6점으로 나타나게 되어, 실제로는 교육방법에 따른 차이가 전혀 없는 것으로 나타난다. 하지만, 일반적인 평균을 사용하게 되면, 남학생과 여학생의 비율이 다른 표본구성의 특성으로 인하여, 두 교육방법에 따른 차이가 있는 것처럼 나타나게 된다.

이와 같이, 불균형 실험설계에서 나타난 자료의 경우는 수정된 평균을 사용하여야 하며, 제곱합도 수정된 평균을 이용하여 계산되어야 한다. 수정된 평균을 이용하여 계산된 제곱합을 수정된 제곱합(adjusted SS)[3)]이라고 한다.

이 경우의 SAS 프로그램은 다음과 같다.

```
proc glm;
  classes 교육방법 성별;
  model 시험점수 = 교육방법 성별 교육방법*성별;
  means 교육방법; /* 일반적인 평균값 계산 */
  lsmeans 교육방법; /* 수정된 평균값 계산 */
```

이에 대한 SAS 결과를 살펴보면 다음과 같다.

SAS를 통한 분석결과

Source	DF	Type I SS	Mean Square	F Value	Pr > F
교육방법	1	10.66666667②	10.66666667	2.13	0.2816
성 별	1	85.33333333	85.33333333	17.07	0.0539
교육방법*성별	1	0.00000000	0.00000000	0.00	1.0000

Source	DF	Type III SS	Mean Square	F Value	Pr > F
교육방법	1	0.00000000④	0.00000000	0.00	1.0000
성 별	1	85.33333333	85.33333333	17.07	0.0539
교육방법*성별	1	0.00000000	0.00000000	0.00	1.0000

3) 제곱합에는 제1종 제곱합(type Ⅰ SS)과 제3종 제곱합(type Ⅲ SS)이 있다. 제1종 제곱합은 앞에서 설명한 일반적인 제곱합을 의미하며, 제3종 제곱합은 수정된 제곱합을 의미한다. 균형된 자료의 경우는 제1종 제곱합과 제3종 제곱합이 항상 일치하며, 불균형 자료의 경우는 제3종 제곱합을 사용하여야 하고, 이 값은 제1종 제곱합과 다르게 나타난다. 따라서, 분산분석에서는, 제3종 제곱합을, 균형된 자료와 불균형 자료 모두에게 적용시킨다고 생각하여도 무방하다.

T tests (LSD) for variable: 시험점수

NOTE: This test controls the type I comparisonwise error rate not the experimentwise error rate.

Alpha= 0.05 df= 2 MSE= 5
Critical Value of T= 4.30

Least Significant Difference= 7.8555
Means with the same letter are not significantly different.

T Grouping	Mean	N	교육방법 ①
A	7.333	3	방법 2
A			
A	4.667	3	방법 1

Least Squares Means

교육방법	시험점수 LSMEAN③	Pr > |T| H0: LSMEAN1=LSMEAN2
방법 1	6.00000000	1.0000
방법 2	6.00000000	

분석결과 ①을 보면, 교육방법 1은 4.67과 교육방법 2는 7.33으로 일반적인 평균을 나타내고 있다. 이러한 평균을 기초로 계산된 제곱합이 제1종 제곱합(type I SS)을 나타내는 10.67이 된다 (분석결과 ② 참조). 하지만, 이 값은 잘못된 평균을 기초로 계산된 제곱합이며, 불균형 자료에서는 제3종 제곱합(type III SS)을 이용하여야 한다고 앞에서 언급하였다. 분석결과 ③을 살펴보면, 교육방법 1과 교육방법 2 모두가 6점인 수정된 평균을 나타내고 있다. 이러한 수정된 평균을 기초로 하는 제곱합이 분석에 사용되어야 하는 적절한 제곱합이며, 이 값은 분석결과 ④에 나타난 바와 같이 0으로 나타난다.

피셔(R. A. Fisher)

R.A. Fisher는 분산분석을 만든 사람으로 1890년 2월 17일 영국에서 태어나서 1962년 7월 29일 호주에서 사망하였다.

통계학자, 수학자, 천문학자, 생물학자, 유전학자로서 분산분석을 위하여 F분포를 만들었다. 상관계수를 만든 Karl Pearson(1857-1936)을 싫어하여, 이 때문에 영국을 떠났다고 한다. t분포를 만든 W.S. Gosset(1876-1937)과 절친한 사이였다고 한다.

요 약

▶ 분산분석(ANOVA)은 두 개 이상으로 구성된 그룹의 평균을 비교하는 목적으로 사용되는 통계분석 방법으로 종속변수가 메트릭척도이며, 독립변수는 명목척도를 갖는다.

1. 분산분석에 사용되는 용어의 정리

▶ 독립변수가 종속변수에 어떻게 영향을 미치는지를 조사하는 과정을 실험이라고 하며, 실험을 행하는 사람을 실험자, 실험이 행해지는 대상을 실험단위라고 한다.

▶ 실험요인 또는 인자란 실험자가 통제하는 변수로 종속변수(또는 반응변수)에 영향을 미칠 것으로 판단되는 변수이다.

▶ 분산분석은 처리에 따라 종속변수 값의 평균에 대한 차이가 존재하는지의 여부를 검정하는 것으로 다음과 같은 가설을 갖는다.

$H_0 : \mu_1 = \mu_2 = \cdots = \mu_c$

H_1 : 최소한 서로 다른 μ_i와 μ_j가 존재한다 $(i \neq j : i, j = 1, 2, \cdots, \text{c})$.

2. 단일요인 분산분석

▶ 단일요인 분산분석의 일반적인 실험설계의 형태는 모든 처리수준을 랜덤화하여 할당하는 단일요인 완전랜덤화 실험설계이다.

▶ 단일요인 분산분석모형은 다음과 같다.

$$X_{ij} = \mu + \alpha_i + \varepsilon_{ij}$$

▶ 제곱합은 관측값과 평균의 차이를 제곱하여 더해 준다는 의미로 변동이라 표현하기도 한다.

▶ 모든 제곱합은 더해진 자료가 얼마만큼 자유스럽게 결정되느냐를 나타내는 자유도를 가지게 된다. 제곱합을 자유도로 나누어 준 값은 제곱평균이라고 한다.

▶ 제곱합은 그룹간 제곱합(SSB), 그룹내 제곱합(SSW) 또는 오차제곱합(SSE), 총제곱합(SST)으로 구분된다.

▶ 그룹간 제곱합 SSB을 자유도 $c-1$로 나눈 값을 그룹간 제곱평균(MSB)이라고 하며, 그룹내 제곱합 SSW를 자유도 $c(r-1)$로 나눈 값을 그룹내 제곱평균(MSW) 또는 오차제곱평균(MSE)이라고 한다.

▶ 분산분석표(ANOVA table)는 분산분석의 과정을 일목요연하게 표로 나타낸 것이다.

▶ 그룹에 따른 평균의 차이를 검정하기 위하여 사용되는 검정통계량은 MSB를 MSE로 나눈 *F*값이다.

3. 2요인 분산분석

▶ 2요인 분산분석 또는 이원배치 분산분석은 인자가 2개인 경우의 분산분석을 의미한다.

▶ 처리효과를 보다 순수하게 파악하기 위하여 다른 인자를 통제하는 목적으로 사용되는 대표적인 실험설계로 랜덤화블록 실험설계(RBD)가 있으며, 두 인자에 대한 효과가 모두 관심대상인 실험일 경우는 완전랜덤화 실험설계(CRD)가 있다.

▶ 각 처리수준에서 반복수가 동일한 실험설계를 균형된 실험설계라고 한다.

▶ 분산분석에서는 제3종 제곱합을 이용하여 인자의 효과를 검정한다.

▶ 상호작용의 효과가 없다는 의미는 인자의 효과가 더해져서 나타난다는 의미로서, 이러한 성질을 가법성이라고 한다.

▶ 만일 인자의 효과에 대한 가법성이 깨지게 되면, 인자의 효과가 더해져서 나타나지 않는다는 의미로서 상호작용 효과가 존재한다는 의미이다.

4. 불균형 실험설계에 대한 분산분석

▶ 자료의 분실이나 결측값으로 인하여 발생할 수 있으며, 각 인자 수준에 대한 반복수가 동일하지 않게 되는 실험설계를 불균형 실험설계라고 한다.

▶ 균형적인 실험설계는 정규성이나 등분산성에 대한 가정이 위배되더라도 다소 안정적인 결과를 제공하지만, 불균형 실험설계는 이러한 가정의 위배에 민감하게 반응한다.

▶ 불균형 실험설계에서의 평균에 대한 분석은 왜곡된 결과를 나타낼 수 있으므로 반드시 수정된 평균을 사용하여야 한다.

논의사항

1. 다음 용어에 대하여 정의하시오

   (1) 가법성 (2) 상호작용효과 (3) 제3종 제곱합

2. 단일요인 분산분석을 이용하여 인자가 종속변수에 어느 정도 영향을 미치는지를 파악하고자 한다. 다음의 네 가지 상황에 대하여 어떠한 결론을 내릴 수 있을 것인지를 판단하고, 이에 대한 타당한 근거를 제시하시오.

상 황	처리그룹간 분산	처리그룹내 분산
1	작 다	작 다
2	작 다	크 다
3	크 다	작 다
4	크 다	작 다

3. 두 개의 인자 A와 B로 구성된 요인실험설계에서, A와 B에 대한 인자의 효과는 유의하지 않게 나타나고, 전체적인 효과를 나타내는 전반검정(F-검정)에서는 유의하게 나타났을 경우, A와 B의 상호작용 효과는 어떠하다고 추측할 수 있으며, 이에 대한 해석은 어떻게 하여야 하는지에 대하여 논의하시오.
4. 20대의 소비자로 구성된 96명을 대상으로 제품에 대한 변별능력을 파악하고자 한다. 96명의 소비자는 남자와 여자로 각각 48명씩 구성되었으며, 48명의 남자와 여자로부터 24명을 랜덤으로 각각 추출하여 브랜드 A와 브랜드 B에 대한 변별능력을 측정하였다. 또한 남자와 여자로부터 24명씩 랜덤으로 각각 추출하여 제품형태의 종류(모양을 중심으로 한 제품형태, 색상을 중심으로 한 제품형태)에 따른 변별능력을 측정하였다. 이 실험에 대한 인자를 정의하고, 다음 가설을 확인하기 위하여 어떠한 인자를 조사하여야 하는지를 설명하시오
   (1) 여자의 제품에 대한 변별능력이 남자의 변별능력보다 높을 것이다.
   (2) 평균적으로, 모양중심의 제품형태가 색상중심의 제품형태보다 제품에 대한 변별능력이 높게 나타날 것이다.
   (3) 제품종류에 따른 변별능력의 차이는 남자보다 여자의 경우에서 더 심하게 나타날 것이다.
   (4) 제품종류에 따른 변별능력의 차이는 브랜드A에서는 나타나지 않고 브랜드 B에서만 나타날 것이다.
   (5) 브랜드 A의 경우, 제품종류에 따른 변별능력의 차이는 남자보다 여자의 경우에서 더 심하게 나타날 것이며, 브랜드 B의 경우는 제품종류에 따른 변별능력의 차이가 남자와 여자에서 동일하게 나타날 것이다.
5. 불균형 실험설계에서는 일반적인 평균을 사용하지 않고 수정된 평균을 사용하여야 하는 이유에 대하여 논의하시오.

CHAPTER 25

분산분석 Ⅱ : 반복측정 연구

반복측정 연구는 연구대상이 모든 처리 수준을 크로스하여 반복적으로 측정되는 실험을 의미한다. 이 경우, 반복적으로 측정되는 인자를 반복인자라고 한다. 반복인자가 한 개인 경우의 단일요인 분산분석은 랜덤화블록 실험설계에 의한 분석과 동일한 형태를 가지게 된다. 하지만, 2요인 분산분석에서 반복인자가 한 개 또는 두 개로 나타나는 경우, 처리효과를 파악하기 위한 F-검정에 사용되는 오차항은, 일반적으로 사용되는 오차제곱합인 MSE와는 다르게 복잡하게 나타나므로, 분석과정에서 세심한 주의가 필요하다.

제3부의 통계적 실험설계에서도 언급한 바와 같이, 반복측정 실험설계는, 연구대상이 사람이고, 선택된 연구대상이 여러 처리수준을 거치면서 반복적으로 결과가 측정되는 실험설계를 의미한다. 본 장에서는 이러한 실험설계를 통하여 얻어진 자료를 분석하는 방법에 대하여 설명하고자 한다. 예를 들어, 모든 연구대상에게 세 종류의 광고를 모두 보여주고, 광고에 대한 선호도를 측정하는 **반복측정 실험설계**(repeated measure design)나, 어떠한 처리가 이루어진 후, 1시간 간격으로 계속적으로 관찰하는 **시계열 실험설계**(time series design)를 이용하여 얻은 자료가 이에 속한다.

반복측정 연구의 특징이라면, 한 연구대상으로부터 여러 개의 자료를 제공받는다는 것이며, 한 연구대상으로부터 제공받은 여러 자료는 하나의 **블록**(block)을 형성하여, 양의 상관관계를 가지고 있으면서 다른 연구대상과는 독립관계를 유지한다는 것이다 (그림 25-1 참조).

그림 25-1 | 반복측정 연구의 자료 구성

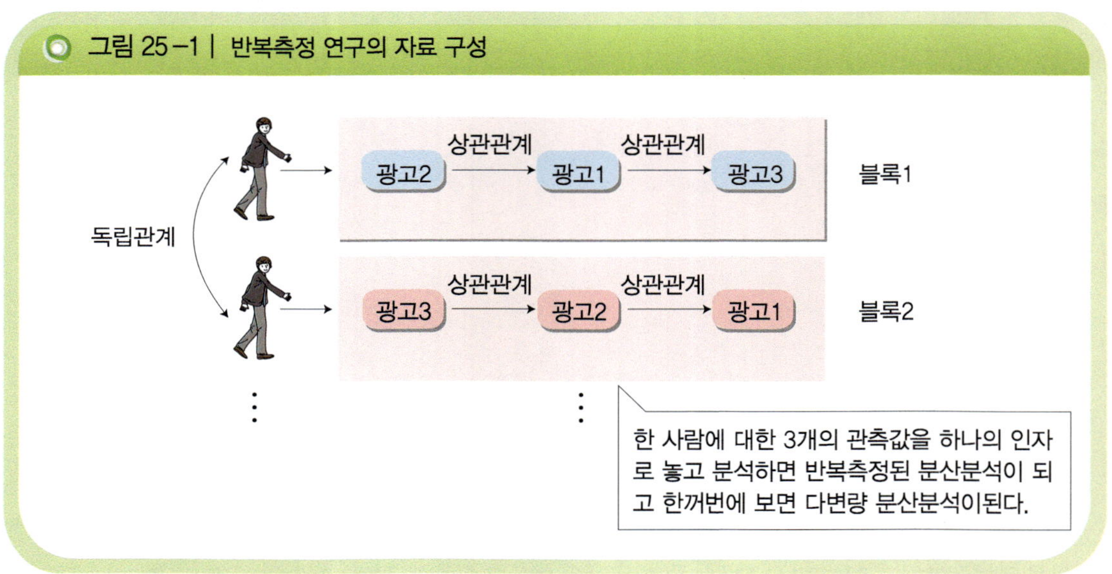

반복측정 실험설계를 통하여 얻은 자료는 **반복측정된 분산분석**(ANOVA with repeated measurement)을 이용하여 통계분석이 가능하며, 이 방법은 **다변량 분산분석**(MANOVA; Multivariate ANOVA)과 동일한 결과를 제공한다.

단일요인이 반복측정된 분산분석

인자를 한 개 가지고 있는 반복측정 실험설계를 단일요인 반복측정 실험설계(one-factor experiment design with repeated measurements)라고 하며, 이러한 실험설계로부터 얻은 자료를 분석하는 분산분석을 단일요인이 반복측정된 분산분석(one-factor ANOVA with repeated measurements)이라고 한다.

(1) 단일요인이 반복측정된 자료의 특징

예를 들어, 4명의 소비자에게 네 종류의 광고를 모두 보여주고, 이에 대한 태도를 조사하는 단일요인 반복측정 실험설계를 생각하여 보자. 이 경우, 자료는 4명의 소비자를 대상으로 관측되지만, 각 소비자가 네 종류의 광고를 평가하기 때문에, 16개의 관측값이 만들어진다. <표 25-1>은 이러한 단일요인 반복측정 실험설계에 의하여 얻은 자료를 나타내고 있다.

표 25-1 | 단일요인 반복측정 실험설계에 의하여 얻어진 자료의 구성

	광고1	광고2	광고3	광고4
소비자 1	5	9	6	11
소비자 2	7	12	8	9
소비자 3	7	8	6	10
소비자 4	5	10	7	10

단일요인 분산분석에서는 한 개의 관측값을 얻기 위하여 한 명의 소비자가 필요하며, 따라서 네 종류의 광고에 대한 태도를 한번씩 얻고자 하는 경우에는 서로 독립적으로 네 명의 소비자를 선택하여 이에 대한 태도를 조사하여야 한다. 하지만, 단일요인이 반복측정된 분산분석에서는 한 명의 소비자가 네 종류의 광고에 대한 태도를 모두 측정하게 되므로, 모든 관측값이 서로 독립이라는 기본적인 가정이 깨지게 되며, 동일한 소비자로부터 측정된 네 종류의

광고에 대한 태도는 일정한 상관관계를 가지며 나타나게 된다.

단일요인이 반복측정된 분산분석이 가지고 있는 가장 큰 장점이라면, 소비자의 개인적인 특성이 제거된다는 것이다. 예를 들어, 소비자 1의 점수를 살펴보면 5, 9, 6, 11로 소비자 2의 점수 7, 12, 8, 9와 비교하였을 경우 점수를 적게 주는 개인적 특성이 있음을 확인할 수 있다. 일반적인 단일요인 분산분석에서는 이러한 개인적 특성이 오차항에 포함되지만, 단일요인이 반복측정된 분산분석에서는 이러한 개인적 특성이 오차항에서 분리되어 오차제곱합인 SSE가 적어지게 된다. 따라서 소비자의 특성이 다양한 상황에서는 단일요인이 반복측정된 분산분석이 매우 유용하게 사용될 수 있다.

(2) 랜덤화블록 실험설계와의 관계

단일요인 반복측정 실험설계를 통하여 얻은 자료구성은 한 소비자가 네 종류의 광고를 평가하기 때문에, <표 25-2>와 같이 **랜덤화블록 실험설계**(randomized block design)와 동일하게 취급된다.

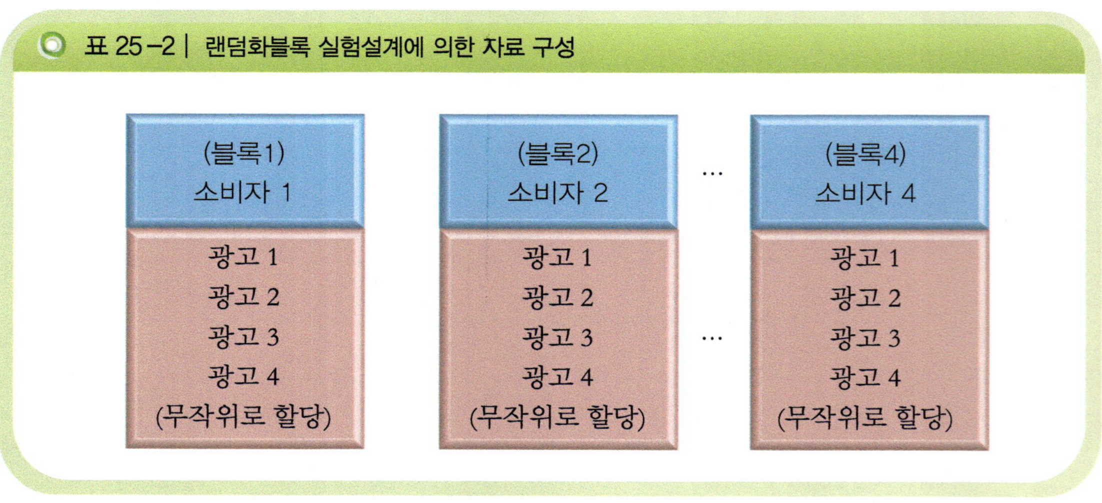

표 25-2 | 랜덤화블록 실험설계에 의한 자료 구성

(3) 단일요인 반복측정 분산분석모형

결국 단일요인이 반복측정된 분산분석은 랜덤화블록 실험설계로부터 얻은 자료의 분석과 동일하게 되며, 이는 소비자에 대한 개별적 특성을 나타내는 인자(블록효과)와 광고효과를 인자로 하는 **2요인 분산분석**(two-factor ANOVA)의 형태를 가지게 된다. 이를 위한 SAS 프로그램을 살펴보면 다음과 같다.

```
proc glm;
  classes 소비자 광고;
  model 선호점수 = 소비자 광고;
  means 광고/duncan; /* 던칸의 다중범위검정을 요구하는 문장 */
```

단일요인이 반복측정된 분산분석에서 소비자와 광고 사이의 상호작용 효과(interaction effect)는 모형에 포함시키지 않는다는 사실을 주목할 필요가 있다. 랜덤화블록 실험설계에서 블록과 처리간에 상호작용 효과가 존재하지 않는다는 가정 아래서 분산분석이 이루어지며, 이와 비슷한 내용으로 단일요인 반복측정 실험설계에서는 연구대상과 처리에 대한 상호작용효과가 존재하지 않는다는 가정아래서 분산분석이 실시된다. 만일 상호작용 효과가 존재하게 되면, 그 효과는 오차항에 포함되어 오차제곱합인 SSE를 증가시키게 될 것이다. 즉, 소비자의 개인적 특성을 나타내는 효과와 광고에 대한 효과를 제외한 나머지 모든 효과는 모두 오차로 취급한다.

그렇다면, 소비자와 광고에 대한 상호작용 효과는 어떻게 해석되어야 하는가? 이러한 상호작용효과는 소비자의 특성에 따라 광고효과가 다르게 나타난다는 의미로 해석되어야 한다. 즉, 선호도가 높은 광고는 소비자의 개인적 특성에 따라 다르게 나타나기 때문에, 일반적으로 특정한 광고가 다른 광고와 비교하여 우수하다고 결론내리지 못한다는 것이다.

만일 특정한 광고가 모든 소비자로부터 일관되게 높은 점수를 얻었다면, 이러한 효과를 상호작용효과와 대비되는 개념으로 주효과(main effect)라고 한다. 따라서 상호작용효과가 존재하게 되면, 광고효과는 모든 소비자에 대하여 일관적으로 나타나지 않으므로 주효과는 정의내릴 수 없게 된다. 만일 상호작용효과가 존재하지 않는다면, 광고는 모든 소비자로부터 일관된 효과가 나타난다는 의미이므로, 주효과를 이용하여 설명할 수 있게 된다.

(4) 단일요인 반복측정 분산분석에 대한 결과의 해석

앞의 SAS 프로그램에 대한 결과를 살펴보도록 하자.

SAS를 통한 분석결과

Class Level Information ①

Class	Levels	Values
소비자	4	소비자1 소비자2 소비자3 소비자4
광 고	4	광고1 광고2 광고3 광고4

Number of observations in data set = 16

Dependent Variable: 선호점수

Source	DF	Type III SS	F Value	Pr > F
소비자	3	4.25000000	0.96	0.4516 ③
광 고	3	50.25000000	11.38	0.0020 ②

Duncan's Multiple Range Test for variable: 선호점수 ④

NOTE: This test controls the type I comparisonwise error rate, not the experimentwise error rate

Alpha= 0.05 df= 9 MSE= 1.472222

Number of Means	2	3	4
Critical Range	1.941	2.026	2.075

Means with the same letter are not significantly different.

Duncan Grouping	Mean	N	광고 ⑤
A	10.0000	4	광고4
A	9.7500	4	광고2
B	6.7500	4	광고3
B	6.0000	4	광고1

우선 결과물 ①은 분산분석에 적용되는 독립변수에 대한 정보를 간단하게 요약하고 있다. 소비자라는 변수는 4명의 소비자로 구성되며, 광고는 4종류로 구성되어 총 16개의 관측값으로 자료가 구성되어 있다는 것을 요약하여 설명하고 있다. 이 실험의 목적은 광고효과가 존재하는지를 판단하는 것이므로, 광고에 해당하는 제3종 제곱합을 이용한 검정인 분석결과 ②를 살펴보면, p 값이 0.0020으로 유의수준 5%에서 광고효과가 없다는 귀무가설을 기각하게 된다. 즉, 광고에 대한 선호도는 네 종류의 광고마다 각각 다르다는 의미로 해석될 수 있다.

분석결과 ③을 보면, 소비자의 개인적 특성에 대한 검정결과도 제공되어 있다. 하지만, 소비자의 개인적 특성은 이 실험의 주요목적이 아니며, 보다 효율적인 광고효과를 얻기 위한 통제의 의미를 갖는다. 따라서 소비자의 개인적 특성이 어느 정도 다양한지를 파악할 수 있는 정도로 해석이 되어야 하고, 광고효과와 같이 심층적으로 효과를 분석하는 것은 의미가 없게 된다.[1)] 만일 반복측정을 무시하고, 단일요인 분산분석을 실시하게 되면, 소비자의 개인적 특성을 나타내는 제3종 제곱합인 4.25는 오차제곱합에 더해지게 된다.

광고에 대한 선호점수가 다르다고 나타났기 때문에, 어떠한 광고가 높은 선호점수를 받았는지를, 던칸의 다중범위검정(Duncan's multiple range test)을 이용하여, 살펴보도록 하자 (분석결과 ④ 참조). 던칸의 다중범위검정에서는 광고에 대한 선호점수가 두 그룹으로 나누어지고 있음을 확인할 수 있다. 분석결과 ⑤를 살펴보면, 광고 4와 광고 2가 높은 선호점수를 얻어서 하나의 그룹을 형성하고 있으며, 광고 3과 광고 1이 낮은 선호점수를 받아서 하나의 그룹을 형성하고 있음을 확인할 수 있다.

(5) MANOVA를 이용한 방법

다변량 분산분석인 MANOVA를 이용하여 이 문제를 해결하려면, 자료를 다르게 구성하여야 한다. 즉, 반복측정된 분산분석에서는 하나의 관측값이 하나의 선호점수와 대응되었지만, MANOVA에서는 네 가지 광고에 대한 선호점수가 하나의 관측값으로 구성되어 4변량 분산분석의 형태를 가져야 한다. 첫 번째 광고에 대한 선호점수를 광고 1이라 하고, 이와 같은 방법으로, 마지막 광고에 대한 선호점수를 광고 4라고 한다면, 다음과 같은 SAS 프로그램을 이용하여 MANOVA를 수행할 수 있다.

```
proc glm;
  model 광고1 광고2 광고3 광고4 = / nouni;
  repeated 광고 4 (1 2 3 4);
```

여기서 광고 1에서 광고 4까지는 네 종류의 광고에 대한 선호점수를 나타낸다. 또한 광고라는 변수는 MANOVA에서 독립변수의 역할을 하지도 않는다. 'repeated' 문장에서 사용된 광고라는 변수는 실제로 존재하는 변수가 아니며, SAS에게 단순히 광고라는 이름으로 4번 반복되

1) 소비자의 개인적 특성은, 소비자를 연구대상으로 선정하는 샘플링에 의하여 결정된다고 볼 수 있기 때문에, 랜덤으로 이러한 특성이 나타난다고 보는 것이 타당할 것이다. 이와 같이 효과가 랜덤으로 나타나는 경우를 랜덤효과(random effect)라고 한다. 하지만, 광고효과는 오차를 가지고 항상 일정한 크기만큼의 차이가 존재하기 때문에, 랜덤효과와 대비되는 개념으로 고정효과(fixed effect)라고 한다.

었다는 내용만 알려주는 역할을 한다.

광고효과를 파악하는 MANOVA 모형에서 특이한 사항은 독립변수가 없으며, 따라서 SAS 프로그램에서 'class' 문장이 생략되고, 'model' 문장에서 독립변수를 나열하는 '='의 오른쪽 부분이 공백으로 남아있게 된다. 즉, 광고효과를 나타내는 부분이 다변량 형태의 종속변수로 구성되어 있기 때문에 독립변수가 없어져 버린 것이다. 'nouni'라는 옵션은 'no univariate'의 약자로서 4개의 광고에 대한 선호점수를 개별적으로 분석하는 ANOVA를 실시하지 말라는 옵션이다. 'repeated' 문장에 사용된 광고는 반복인자(repeated factor)의 이름을 광고로 부르겠다는 의미이며, 4번 반복되는 4개 수준을 가지고 있다는 의미이고, 각각의 수준이름을 1 2 3 4로 부르겠다는 의미이다.

이제 이 프로그램에 대한 결과를 살펴보도록 하자.

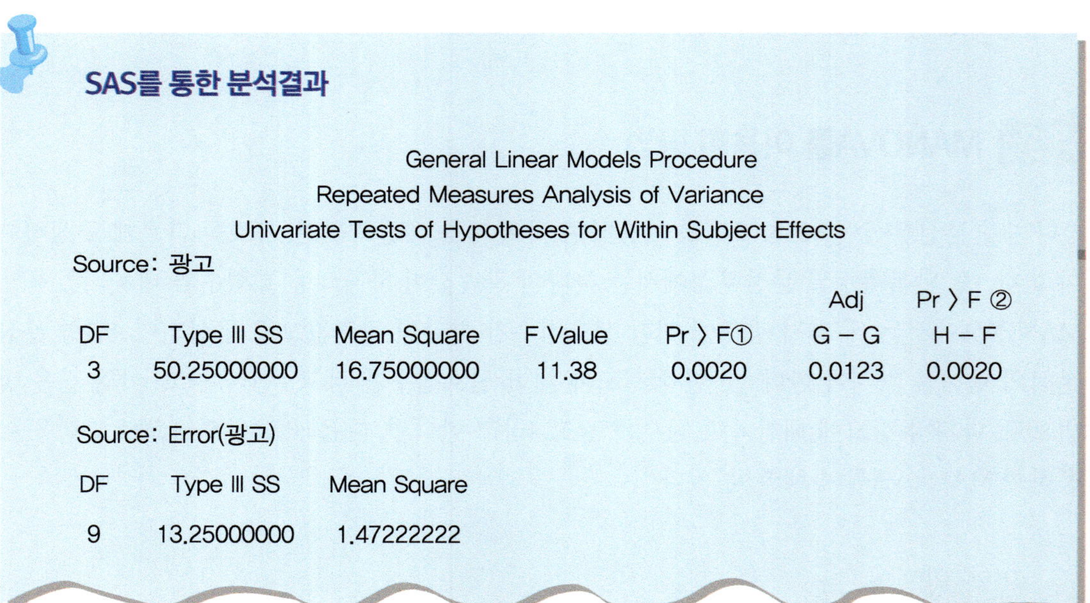

SAS를 통한 분석결과

General Linear Models Procedure
Repeated Measures Analysis of Variance
Univariate Tests of Hypotheses for Within Subject Effects

Source: 광고

DF	Type III SS	Mean Square	F Value	Pr ＞ F①	Adj G − G	Pr ＞ F ② H − F
3	50.25000000	16.75000000	11.38	0.0020	0.0123	0.0020

Source: Error(광고)

DF	Type III SS	Mean Square
9	13.25000000	1.47222222

우선 광고효과를 나타내는 분석결과 ①을 살펴보면, p값이 0.0020으로 반복측정된 분산분석의 결과와 동일하다는 사실을 확인할 수 있다. SAS 결과에서는 다변량 분석에 의하여 조정된 두 가지 검정을 제시하는데 (분석결과 ② 참조), 첫 번째 검정방법은 'G-G'로 표현되는 Greenhouse-Geisser의 수정된 검정이고, 두 번째 검정방법은 'H-F'로 표현되는 Huynh-Feldt에 의한 검정이다. 이러한 두 가지 검정법은, 제1종오류를 엄격하게 통제하여, 가급적이면 효과가 없는 것으로 결론내리려고 하는 보수적인 성향을 갖는 검정법이다. Huynh-Feldt에 의한 검정은 유의수준 5%에서 일반적인 F검정과 동일한 결론을 내리지만, Greenhouse-Geisser의 수정된 검정은 광고효과에 유의한 차이가 없는 것으로 결론을 내리는 상반된 결과가 나타난

다. 이와 같은 사실은, 광고효과가 존재하지 않는다고 결론내리기 보다는, 4명의 소비자만을 대상으로 조사한 자료이기 때문에 Greenhouse-Geisser의 수정된 검정에서는, 보다 확실한 광고효과의 차이를 얻기 위해서는, 많은 표본의 수가 요구된다는 의미로 해석하는 것이 타당하리라고 본다.

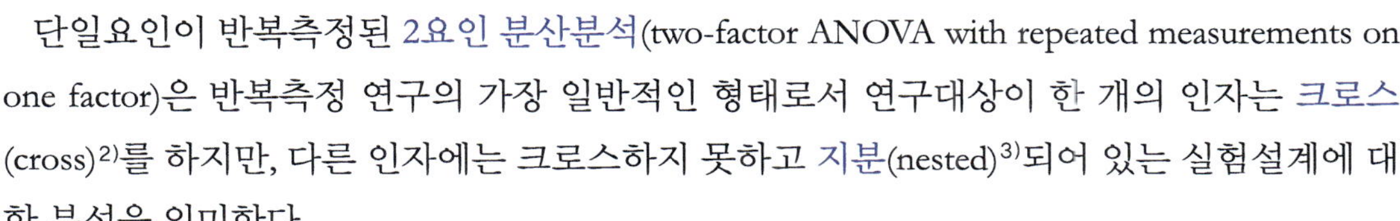

02 단일요인이 반복측정된 2요인 분산분석

단일요인이 반복측정된 2요인 분산분석(two-factor ANOVA with repeated measurements on one factor)은 반복측정 연구의 가장 일반적인 형태로서 연구대상이 한 개의 인자는 크로스(cross)[2]를 하지만, 다른 인자에는 크로스하지 못하고 지분(nested)[3]되어 있는 실험설계에 대한 분석을 의미한다.

(1) 단일요인이 반복측정된 2요인 분석자료의 특징

예를 들어, 6명의 소비자를 랜덤으로 대조그룹(control group)과 처리그룹(treatment group)으로 구분한 다음, 3명으로 구성된 처리그룹에게는 광고를 보여주기 전에 제품에 대한 선호도를 측정하고, 광고를 보여준 후에 제품에 대한 선호도를 측정하였다고 하자. 또한 다른 3명으로 구성된 대조그룹에게는 광고를 보여주지 않고, 단지 처리그룹과 같은 시점에서 제품에 대한 선호도를 측정하였다고 가정하자. 이와 같은 실험설계를 통한 자료가 <표 25−3>에 나타나있다.

<표 25−3>에 나타난 단일요인이 반복측정된 2요인 분석자료를 살펴보면, 소비자는 시점을 나타내는 인자의 수준을 크로스하고 있으며, 광고를 보여주는 처리그룹과 광고를 보여주지 않는 대조그룹에는 지분되어 있음을 알 수 있다. 이 실험의 주요목적은 광고효과가 존재하느냐는 것이다.

2) 크로스란 어떠한 인자의 모든 수준이 다른 인자의 모든 수준과 결합하는 경우를 말한다.
3) 어떠한 인자가 다른 인자의 모든 수준과 결합되어 있지 않다면, 두 인자는 지분되어 있다고 말한다.

표 25-3 | 단일요인이 반복측정된 2요인 분석자료의 예

		시점1 (광고를 보여주기 전)	시점2 (광고를 보여준 후)
대조그룹	소비자1	80	83
	소비자2	85	86
	소비자3	83	88
처리그룹	소비자4	82	94
	소비자5	87	93
	소비자6	84	98

차이1(대조그룹) : 대조그룹의 시점2 선호점수 - 대조그룹의 시점1 선호점수
차이2(처리그룹) : 처리그룹의 시점2 선호점수 - 처리그룹의 시점1 선호점수
광고효과 : 차이2(처리그룹) - 차이1(대조그룹)

이러한 자료에서의 광고효과는 처리그룹에서 나타난 두 선호도의 차이가 대조그룹에서 나타난 두 선호도의 차이와 비교하여 유의하게 큰 차이가 나타나는지를 파악하는 것이다. 이러한 실험설계는 시간에 따라 선호도가 바뀌는 추세가 있는 경우에, 이러한 추세를 대조그룹을 통하여 확인할 수 있으므로, 처리그룹과 비교하여 광고효과를 보다 정확하게 파악할 수 있다는 장점을 가지고 있다.

(2) 쌍체 t 검정

이러한 자료에 대한 분석은 반복측정이 두 번 이루어지므로 쌍체 t검정을 이용하여 쉽게 분석할 수 있다. 하지만, 반복측정이 세 번 이상으로 이루어지는 경우에는 쌍체 t검정을 적용할 수 없게 되며, 이 경우 사용될 수 있는 방법이, 보다 일반적인 분석방법인, 단일요인이 반복측정된 2요인 분산분석이다. 우선 쌍체 t검정을 이용하여 자료를 분석하여 보자. 쌍체 t검정을 실시하기 위해서는 자료가 다음과 같이 구성되어 있어야 한다.

관측번호	소비자	그룹	시점1	시점2	차이
1	소비자1	대조그룹	80	83	3
2	소비자2	대조그룹	85	86	1
⋮	⋮	⋮	⋮	⋮	⋮
6	소비자6	처리그룹	84	98	6

즉, 차이라는 변수는 시점 2에서의 선호점수에서 시점 1의 선호점수를 뺀 값으로 정의한다. 이 경우, 다음과 같은 SAS 프로그램을 이용하여 쌍체 t검정을 실시할 수 있다.

```
proc ttest;
class 그룹;
var 차이; /* 차이 = 시점2의 선호점수 - 시점1의 선호점수 */
```

이에 대한 분석결과를 살펴보면 다음과 같다.

SAS를 통한 분석결과

```
                    TTEST PROCEDURE
                    Variable: 차이
  그 룹        N        Mean          Std Dev        Std Error
  대조그룹      3     3.00000000    2.00000000      1.15470054
  처리그룹      3    10.66666667    4.16333200      2.40370085

  Variances      T        DF       Prob>|T|
  Unequal    -2.8750     2.9       0.0686
  Equal      -2.8750     4.0       0.0452 ②
  For H0: Variances are equal, F' = 4.33   DF = (2,2)   Prob>F' = 0.3750 ①
```

쌍체 t검정을 실시하기 전에, 대조그룹과 처리그룹의 분산이 동일하다는 가정을 검토하여 보자. 분석결과 ①에 의하면, 유의수준 5%에서 두 그룹의 분산이 동일하다는 귀무가설을 기각할 수 없는 결정을 내릴 수 있다. 따라서 두 그룹의 분산이 동일하다는 가정아래서 쌍체 t검정을 실시하면, 분석결과 ②에서 나타난 바와 같이, p값이 0.0452로 유의수준 5%에서 두 그룹이 차이가 없다는 귀무가설을 기각시키는 결정을 내리게 된다. 즉, 대조그룹과 비교하였을 경우, 광고효과가 처리그룹에서 유의하게 나타나고 있다는 의미이다.

(3) 반복측정된 분산분석을 이용한 방법

이제, 동일한 문제를 쌍체 t검정의 보다 일반적인 형태인 단일요인이 반복측정된 2요인 분산분석 문제로 풀어보기로 한다. 앞에서 언급한 바와 같이, 쌍체 t검정은 오직 두 번의 반복이 있을 경우에만 적용될 수 있지만, 단일요인이 반복측정된 2요인 분산분석은 세 번 이상의 반복이 있을 경우에도 적용될 수 있다. 이 경우의 자료구성은 다음과 같다.

관측번호	소비자	그룹	시점	선호점수
1	소비자1	대조그룹	시점1	80
2	소비자1	대조그룹	시점2	83
3	소비자2	대조그룹	시점1	85
4	소비자2	대조그룹	시점2	86
⋮	⋮	⋮	⋮	⋮
12	소비자6	처리그룹	시점2	98

쌍체 t검정에서는 한 명의 소비자가 하나의 관측값을 형성하였지만, 단일요인이 반복측정된 2요인 분산분석에서는 한 개의 선호점수가 하나의 관측값을 형성하고 있으며, 따라서, 한 소비자가 두 개의 선호점수를 가지고 있기 때문에, 한 명의 소비자로부터 두 개의 관측값이 만들어지게 된다. 또한 쌍체 t검정에서는 그룹이라는 변수 한 개만이 독립변수로 적용되어 분석이 이루어지고 있지만, 동일한 자료일지라도, 단일요인이 반복측정된 2요인 분산분석에서는 소비자, 그룹, 시점이라는 세 개의 독립변수(또는 인자)가 사용된다.

또한 소비자는 시점에 대한 모든 수준을 (시점1, 시점2) 크로스하고 있지만, 그룹에는 지분되어 있다. 소비자가 그룹에 지분되어 있는 형태를 다음과 같이 표현하기로 한다.

소비자(그룹)

일반적인 분산분석과는 다르게, 단일요인이 반복측정된 2요인 분산분석에서는 오차항을 개별적으로 지정하여야 한다. 예를 들어, 그룹에 대한 차이를 파악하고자 하는 경우에는 소비자는 그룹에 지분되어 있으므로, 6명의 소비자에 대한 개별적인 특성이 오차항으로 취급되어 그룹에 대한 비교가 이루어져야 한다. 즉, 그룹에 대한 제곱합은 그룹내의 소비자의 특성을 나타내는 제곱합과 비교되어야 한다는 것이다. 여기서 소비자(그룹)에 대한 제곱합은 각 그룹내에서 변동하는 소비자의 개별적인 특성을 나타내는 제곱합이다. 결국 그룹에 대한 차이가 존재하는지를 검정하는 문제는 소비자(그룹)에 대한 제곱합이 오차제곱합의 역할을 하게 된다.

시점에 관련된 제곱합은, 동일한 소비자에게서 관측된 시점1과 시점2에 대한 변동을 의미하므로, 시점과 소비자(그룹)의 상호작용이 오차항으로 남게된다. 즉, 그룹에 대한 차이를 비교하는 경우의 오차항과 시점에 대한 차이를 비교하는 오차항이 다르게 된다. 따라서 SAS를 이용하여 분석하는 경우에는 오차항을 다음과 같이 지정하여 주어야 한다.

```
proc glm;
  classes 소비자 그룹 시점;
  model 선호점수 = 그룹 소비자(그룹) 시점 그룹*시점 시점*소비자(그룹);
  test h=그룹 e=소비자(그룹);
  test h=시점 그룹*시점   e=시점*소비자(그룹);
```

'test' 문장은 'model' 문장에서 사용된 제곱합을 이용하여 인자에 대한 효과를 검정하고, 검정하기 위하여 사용되는 오차항을 지정할 수 있게 만들어 준다. 즉, 그룹에 대한 차이를 검정하고자 하는 경우에는 소비자(그룹)에 대한 제곱합을 오차항으로 사용하고, 시점과 그룹*시점에 대한 차이를 검정하고자 하는 경우에는 시점*소비자(그룹)을 오차항으로 사용하겠다는 의미이다. 이에 대한 SAS 결과를 살펴보도록 하자.

SAS를 통한 분석결과

Tests of Hypotheses using the Type III MS for 소비자(그룹) as an error term

Source	DF	Type III SS	Mean Square	F Value	Pr > F
그 룹	1	90.75000000	90.75000000	11.84	0.0263 ①

Tests of Hypotheses using the Type III MS for 소비자*시점(그룹) as an error term

Source	DF	Type III SS	Mean Square	F Value	Pr > F
시 점	1	140.08333333	140.08333333	26.27	0.0069 ②
그룹*시점	1	44.08333333	44.08333333	8.27	0.0452 ③

분석결과 ①을 살펴보면, p값이 0.0263으로 유의수준 5%에서 그룹간에 차이가 있는 것으로 나타난다. 이 의미는 대조그룹과 처리그룹의 평균적인 선호점수가 서로 다르다는 의미이지만, 이 연구에서는 의미가 없는 수치라고 볼 수 있다. 왜냐하면, 그룹의 차이를 판단함에 있어, 이 수치는 시점 1과 시점 2를 모두 고려하여 판단한 것이므로, 만일 광고효과가 존재하여 처리그룹의 시점 2에서 높은 선호점수가 나타난다면, 그룹간의 차이가 있는 것으로 나타날 수 있기 때문이다.

분석결과 ②를 살펴보면, p값이 0.0069로 유의수준 5%에서 시점간에 차이가 있는 것으로 나타나고 있다. 이 의미는 그룹을 무시한 전반적인 시점간의 차이, 즉 시점1과 시점2의 차이가 유의하게 나타나고 있다는 의미로서, 이 수치 또한 특별한 의미를 가진 수치라고 볼 수 없다. 예를 들어, 광고효과가 존재하여, 처리그룹의 시점 2에서 높은 선호점수를 갖는다면, 시점1의 선호점수보다 전체적으로 높은 평균 선호점수를 시점 2에서 가질 수 있기 때문이다.

그렇다면, 이 연구의 관심사항인 광고효과는 어디에 있는 것일까? 우선, 이 실험에서 광고효과에 대한 의미를 다시 한번 생각하여 보자. 만일 광고효과가 존재한다면, 처리그룹에서 나타나는 시점 1에 대한 선호점수와 시점 2에 대한 선호점수의 차이는 대조그룹에서 나타나는 두 시점의 차이와는 다르게 나타나게 될 것이다. 즉, 각 그룹의 두 시점에 대한 차이는 서로 다르다는 의미이며, 이러한 효과는 그룹과 시점의 상호작용효과로 표현될 수 있다. 분석결과 ③을 살펴보면, p값이 0.0452로 유의수준 5%에서 그룹과 시점의 상호작용효과는 유의하게 나타나는 것으로 결론을 내릴 수 있으며, 이 값은 쌍체 t검정에서 나타나는 p값과 동일함으로 확인할 수 있다. 〔그림 25-2〕는 이러한 그룹과 시점의 상호작용효과, 즉 광고효과를 표현한 그래프이다.

그림 25-2 | 그룹과 시점에 따른 선호점수에 대한 평균값

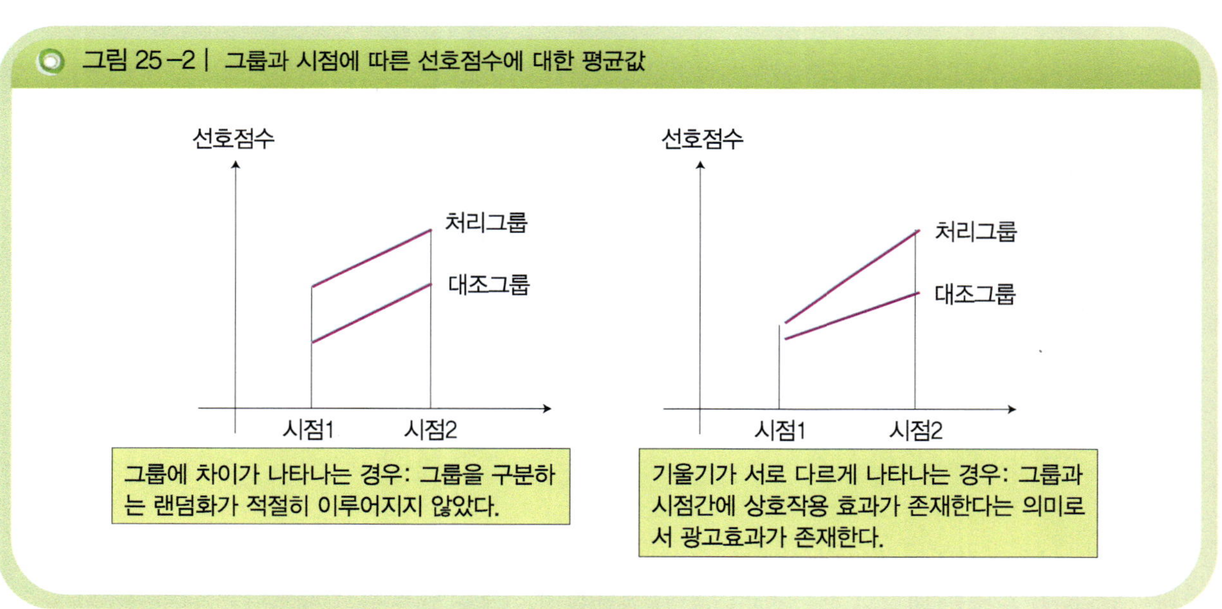

만일 그룹과 시점의 상호작용효과가 존재하지 않는다면, 시점 1과 시점 2의 차이가 두 그룹에서 동일하게 나타난다는 의미이며, 이러한 의미는 광고효과가 없다는 것으로 판단할 수 있다. 즉, 〔그림 25-2〕에 나타나는 두 그룹에 대한 직선이 평행하게 나타나는 경우가 광고효과

가 존재하지 않는 경우라고 볼 수 있다는 것이다. 이와 반대로, 그룹과 시점의 상호작용효과가 존재한다면, 광고효과가 있는 것으로 판단할 수 있다. 즉, 〔그림 25-2〕에 나타나는 두 그룹의 직선은 평행하지 않다는 의미이며, 어떠한 그룹에 속하느냐에 따라 시점 1과 시점 2의 차이가 다르게 나타난다는 것이다.

(4) MANOVA를 이용한 방법

마지막으로 다변량 분산분석인 MANOVA를 이용하여 이 문제를 접근하여 보자. MANOVA를 사용하는 경우의 자료구성은 다음과 같다.

관측번호	소비자	그룹	시점1	시점2
1	소비자1	대조그룹	80	83
2	소비자2	대조그룹	85	86
⋮	⋮	⋮	⋮	⋮
6	소비자6	처리그룹	84	98

즉, 쌍체 t검정의 자료 형태와 동일하며, 이 경우, 시점1의 선호점수와 시점2의 선호점수가 모두 종속변수가 되는 이변량 분석(bivariate analysis)의 형태를 취하게 된다. 이 경우의 SAS 프로그램은 다음과 같다.

```
proc glm;
   class 그룹;
   model 시점1 시점2 = 그룹/nouni;
   repeated 시점 2 (0 1);
```

'repeated' 문장에서는 시점1과 시점2에서 나타나는 반복인자를 시점이라고 부르겠다는 의미이며, 이러한 반복인자에 대한 수준의 수는 2개이며, 각각 0과 1로 정하겠다는 의미이다. 이에 대한 SAS 결과를 살펴보도록 하자.

SAS를 통한 분석결과

General Linear Models Procedure
Repeated Measures Analysis of Variance
Repeated Measures Level Information

Dependent Variable	시점1	시점2
Level of 시점	0	1

Manova Test Criteria and Exact F Statistics for
the Hypothesis of no 시점*그룹 Effect
H = Type III SS&CP Matrix for 시점*그룹 E = Error SS&CP Matrix
S=1 M=-0.5 N=1

Statistic ⑥	Value	F	Num DF	Den DF	Pr > F
Wilks' Lambda	0.32611465	8.2656	1	4	0.0452
Pillai's Trace	0.67388535	8.2656	1	4	0.0452
Hotelling-Lawley Trace	2.06640625	8.2656	1	4	0.0452
Roy's Greatest Root	2.06640625	8.2656	1	4	0.0452

General Linear Models Procedure
Repeated Measures Analysis of Variance
Tests of Hypotheses for Between Subjects Effects

Source	DF	Type III SS	Mean Square	F Value	Pr > F
그 룹	1	90.7500000	90.7500000	11.84	0.0263 ①
Error	4	30.6666667	7.6666667 ②		

Repeated Measures Analysis of Variance
Univariate Tests of Hypotheses for Within Subject Effects
Source: 시점 ③

DF	Type III SS	Mean Square	F Value	Pr > F	Adj G - G	Pr > F H - F
1	140.08333333	140.08333333	26.27	0.0069	.	.

Source: 시점*그룹 ④

DF	Type III SS	Mean Square	F Value	Pr > F	Adj G - G	Pr > F H - F
1	44.08333333	44.08333333	8.27	0.0452	.	.

Source: Error(시점) ⑤

DF	Type III SS	Mean Square
4	21.33333333	5.33333333

분석결과 ①을 보면, 그룹간의 차이가 유의하게 나타나며, 그룹간의 차이를 검정하기 위하여 소비자간의 제곱합, 즉 소비자(그룹)에 대한 제곱합이 오차항으로 이용되었음을 확인할 수 있으며, 이 값은 분석결과 ②에 나타나 있다. 소비자내의 제곱합과 관련된 효과는 시점과 그룹*시점으로 (분석결과 ③과 ④ 참조) 이에 관련된 오차항은 시점*소비자(그룹)이 된다 (분석결과 ⑤ 참조).

마지막으로, 분석결과 ⑥에서는, 다변량분석(multivariate analysis)의 가설검정에서 많이 사용되는 Wilk's Lambda, Pillai's Trace, Hotelling-Lawley Trace, Roy's Greatest Root가 제공되어 있다. 종속변수가 한 개인 단일변량분석(univariate analysis)에서는 F-분포를 이용한 검정법 만으로도 충분하지만, 다변량분석에서는 이와 같이 한 가지의 검정법으로 문제를 간단히 해결할 수 없다. 그렇다면, 다변량분석에서는 어떠한 검정법을 사용하는 것이 바람직한가? 많은 통계학자들이 이 문제에 대하여 연구하였지만, 아직까지 어떠한 검정법이 우수하다고 알려진 사실은 없다. 다만, 대부분의 경우, 이러한 검정법에 대한 결과는 서로 비슷하게 나타난다는 것이다.

만일 이러한 검정법들에 대한 p값이 서로 큰 차이를 나타내고 있지 않다면, 어느 방법을 사용하여도 별 문제가 되지 않을 것이다. 하지만, 서로간의 차이가 크게 나타난다면, 자료의 형태나 처리효과의 특성에 따라 다양한 결론이 나타날 수 있기 때문에, 다변량 통계이론에 대한 보다 깊은 지식이 요구된다.

03 2요인이 반복측정된 2요인 분산분석

(1) 자료의 특성

2요인이 반복측정된 2요인 분산분석(two-factor ANOVA with repeated measurements on both factor)은 앞에서 설명한 단일요인이 반복측정된 2요인 분산분석과 비슷한 분석이지만, 연구대상이 두 개의 인자 모두를 크로스하여 반복측정되는 부분에서 차이가 있다. 예를 들어, 새롭게 개발된 커피에 대한 선호도를 조사하는 실험을 생각하여 보자. 이 경우, 3명의 소비자를 선택하여, 기존의 커피에 대한 선호도를 오전과 오후로 나누어서 조사하고, 새롭게 개발된 커피에 대한 선호도를 오전과 오후로 나누어서 측정하는 경우의 실험이 이에 해당된다. 이 경우, 오전과 오후를 구분하는 인자(변수이름: 시간)와 기존커피와 새롭게 개발된 커피를 구분하는 인자(변수이름 : 커피)로 구성되어 2요인 분산분석의 형태를 이루며, 3명의 소비자가 시간과 커피에 대한 모든 수준을 크로스하므로 2요인이 반복측정된 분산분석이 되는 것이다. 이에 대한 자료가 다음과 같이 나타났다고 가정하자.

	시점 (변수명)			
	오 전		오 후	
	커피 (변수명)		커피 (변수명)	
	기존커피	새로운커피	기존커피	새로운커피
소비자1	65	70	55	60
소비자2	72	78	64	68
소비자3	90	97	80	85

이 실험의 주요목적은 새로운 커피에 대한 효과가 기존커피와 비교하여 차이가 있느냐는 것이고 이러한 새로운 커피의 효과가 오전과 오후에 구분없이 동일하게 나타나느냐는 것이다. 이 경우, 기존커피의 오전과 오후에 대한 선호도점수는 새로운 커피에 대한 오전과 오후의 효과를 측정하기 위한 대조그룹 역할을 하게된다. 이러한 실험은 3개의 모든 인자(소비자, 시점, 커피)가 서로 크로스하고 있으므로, 3×2×2 요인실험설계(factorial design)가 된다.

(2) 반복측정된 분산분석을 이용한 방법

반복측정된 분산분석을 실시하기 위해서는 자료가 다음과 같이 구성되어야 한다.

관측번호	소비자	커 피	시 점	선호점수
1	소비자1	기존커피	오전	65
2	소비자1	기존커피	오전	55
3	소비자1	새로운커피	오후	70
4	소비자1	새로운커피	오후	60
⋮	⋮	⋮	⋮	⋮
12	소비자3	새로운커피	오후	85

2요인이 반복측정된 2요인 분산분석에서는 한 개의 선호점수가 하나의 관측값을 형성하고 있으며, 따라서, 한 소비자가 네 개의 선호점수를 가지고 있기 때문에, 한 명의 소비자로부터 네 개의 관측값이 만들어지게 된다. 또한 소비자, 커피, 시점이라는 세 개의 독립변수(또는 인

자)가 모형에서 사용된다.

일반적인 분산분석과는 다르게, 2요인이 반복측정된 2요인 분산분석에서도 오차항을 개별적으로 지정하여야 한다. 반복된 인자에 대한 오차항은 소비자와 반복된 인자의 상호작용효과, 즉 소비자*반복된 인자가 된다고 생각하면 기억하기가 쉽다. 예를 들어, 커피에 대한 차이를 파악하고자 하는 경우에는 소비자*커피가 오차항으로 취급되어, 커피에 대한 비교가 이루어져야 한다. 시점에 따른 차이에 대한 오차항은 소비자*시점이 되며, 커피*시점에 대한 차이의 오차항은 소비자*커피*시점이 된다. 2요인이 반복측정된 2요인 분산분석을 실시하기 위한 SAS 프로그램을 살펴보면 다음과 같다.

```
  proc glm;
    classes 소비자 커피 시점;
    model 선호점수 = 소비자|커피|시점;

/* 위의 문장은 다음 문장과 동일한 문장이다.
    model 선호점수 = 소비자 커피 시점 소비자*커피 소비자*시점 커피*시점
                     소비자*커피*시점; */

    test h=커피 e=소비자*커피;
    test h=시점 e=소비자*시점;
    test h=커피*시점 e=소비자*커피*시점;
    means 커피 시점;
```

이에 대한 SAS 결과를 살펴보도록 하자.

SAS를 통한 분석결과

Tests of Hypotheses using the Type III MS for 소비자*커피 as an error term

Source	DF	Type III SS	Mean Square	F Value	Pr > F
커피	1	85.33333333	85.33333333	256.00	0.0039 ①

Tests of Hypotheses using the Type III MS for 소비자*시점 as an error term

Source	DF	Type III SS	Mean Square	F Value	Pr > F
시점	1	300.00000000	300.00000000	300.00	0.0033 ③

Tests of Hypotheses using the Type III MS for 소비자*커피*시점 as an error term

Source	DF	Type III SS	Mean Square	F Value	Pr > F
커피*시점	1	1.33333333	1.33333333	4.00	0.1835 ⑤

Level of		선호점수	
커 피	N	Mean	SD

기존커피	6	71.0000000	12.5219807
새로운커피	6	76.3333333 ②	13.2765457

Level of		----------선호점수----------	
시 점	N	Mean	SD
오 전	6	78.6666667	12.4204133
오 후	6	68.6666667 ④	11.6561858

분석결과 ①을 살펴보면, p값이 0.0039로, 유의수준 5%에서 두 종류의 커피에 대한 선호도에는 서로 차이가 있다고 결론을 내릴 수 있다. 또한 3명의 소비자는 새로운 커피를 기존커피보다 더 선호하고 있다고 판단할 수 있다 (분석결과 ② 참조). 분석결과 ③을 살펴보면, p값이 0.0033으로, 유의수준 5%에서 오전과 오후에 커피에 대한 선호도에 차이가 있음을 확인할 수 있으며, 오후보다는 오전에 커피를 더 선호하는 것으로 판단할 수 있다 (분석결과 ④ 참조).

마지막으로 분석결과 ⑤에 나타난 커피와 시점의 상호작용 효과에 대하여 알아보면, p값이 0.1835로 유의수준 5%에서 유의한 상호작용 효과가 존재하지 않은 것으로 결론을 내릴 수 있다. 그렇다면, 커피와 시점의 상호작용 효과는 어떻게 해석될 수 있는가? 커피와 시점의 상호작용 효과는 시점에 따라 커피의 선호도가 바뀌는 경우를 의미한다. 예를 들어, 오전에는 기존커피를 선호하지만, 오후에는 새로운 커피를 선호한다면, 이러한 효과는 상호작용 효과로 설명될 수 있다. 이 자료의 경우에는 상호작용 효과가 유의하게 나타나지 않았으므로, 새로운 커피가 오전과 오후에서 일관되게 높은 선호점수를 받고있다고 판단할 수 있다. 따라서 새로운 커피나 기존의 커피에 대한 선호도를 오전 오후로 나누어서 파악할 필요가 없게 된다.

이러한 실험의 경우, 연구자는 소비자가 두 종류의 커피를 오전과 오후로 나누어서 평가하는 과정에서 발생할 수 있는 **이월효과**(carryover effect)에 대하여 상당한 주의가 필요하다. 예를 들어, 실험이 진행되기 전에 다양한 종류의 커피에 대하여 맛을 보는 기회를 제공하여, 맛에 대한 친숙감을 갖도록 만들고, 두 종류의 커피와 시점에 대한 순서를 랜덤화하여 이러한 이월효과가 처리효과에 포함되지 않고 오차항에 포함되도록 하는 노력이 필요하다.

(3) MANOVA를 이용한 방법

다변량 분산분석인 MANOVA를 이용하여 이 문제를 접근하여 보자. MANOVA를 사용하는 경우의 자료구성은 다음과 같다.

관측번호	소비자	선호도1 오전, 기존커피	선호도2 오전, 새로운커피	선호도3 오후, 기존커피	선호도4 오후, 새로운커피
1	소비자1	65	70	55	60
2	소비자2	72	78	64	68
3	소비자3	90	97	80	85

즉, 선호도 1, 선호도 2, 선호도 3, 선호도 4가 모두 종속변수가 되는 다변량분석의 형태를 취하게 되며, 독립변수는 이미 종속변수에 포함되어 있으므로, 반복인자를 지정하여주기만 하면 된다. 이 경우의 SAS 프로그램은 다음과 같다.

```
proc glm;
  model 선호도1 선호도2 선호도3 선호도4 = /nouni;
  repeated 시점 2 , 커피 2 /nom;
/* nom 옵션은 'no mulitivariate' 의 의미로서, 다변량분석과 관련된 검정은
  실시하지 않겠다는 옵션이다. */
```

'repeated' 문장에서는 반복인자를 시점과 커피로 이름을 정하였으며, 이는 (오전, 기존커피), (오전, 새로운 커피), (오후, 기존커피), (오후, 새로운 커피)의 순서로 네 개의 선호점수가 구성되어 있다는 의미이다. 이러한 MANOVA 분석의 경우는, 모든 인자가 소비자에 의하여 반복측정이 되므로, 소비자내에서 발생하는 변동으로 취급되며, 소비자간에 발생하는 변동과 관련된 인자는 없다.

04 반복측정된 분산분석의 F-검정을 위한 가정

일반적인 분산분석에서 사용되는 F-검정은 ① 정규성에 대한 가정, ② 등분산성에 대한 가

정, ③ 독립성에 대한 가정 세 가지로 요약될 수 있다. 하지만, 반복측정된 분산분석의 F-검정에 필요한 가정은 앞의 세 가지 가정을 포함하여, 추가적으로 연구대상내에서 반복되는 인자 수준들이 동일한 상관계수를 가져야 한다는 복합대칭성(compound symmetry)에 대한 가정이다. 이를 그림으로 표현하면, 〔그림 25-3〕과 같다.

하지만, 복합대칭성에 대한 가정은 반복측정된 분산분석의 *F*-검정을 위한 필요한 조건이 아니라 충분한 조건이라는 사실이 증명되었다. 즉, 복합대칭성에 대한 가정이 다소 위배되더라도, 반복측정된 분산분석의 *F*-검정을 사용하지 말아야 한다고 판단할 필요는 없다는 것이다. 특별히, 자료의 분포가 정규분포를 따르는 경우에는 복합대칭성에 대한 가정을 만족하지 못하더라도, 반복측정된 분산분석의 *F*-검정은 안정적인 결과를 제공하여주는 것으로 알려져 있다.

그림 25-3 | 복합대칭성에 대한 가정

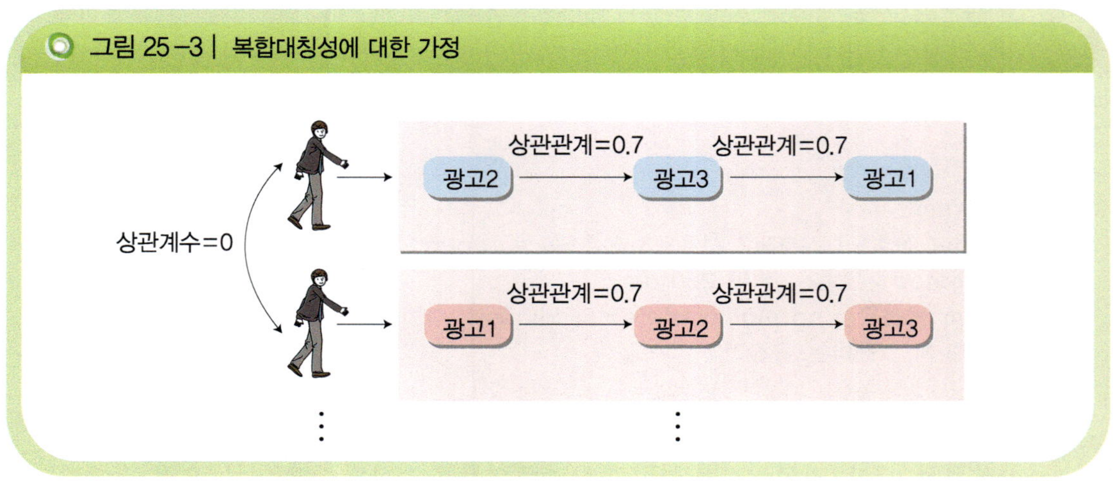

요 약

▶ 연구대상이 인자의 수준을 모두 크로스하는 실험설계를 반복측정 실험설계 또는 시계열 실험설계라고 하며, 이를 통하여 얻은 자료는 반복측정된 분산분석을 이용하거나 다변량 분산분석(MANOVA)을 이용하여 분석이 가능하다.

1. 단일요인이 반복측정된 분산분석

▶ 인자가 한 개 가지고 있는 반복측정 실험설계를 단일요인 반복측정 실험설계라고 하며, 이를 통하여 얻은 자료는 단일요인이 반복측정된 분산분석에 의하여 분석이 이루어진다.

▶ 단일요인 반복측정 실험설계를 통하여 얻은 자료구성은 연구대상이 모든 인자수준을 거치는 과정에서 블록을 형성하기 때문에, 랜덤화블록 실험설계와 동일하게 취급된다.

▶ 단일요인이 반복측정된 분산분석에서는 연구대상과 인자에 대한 상호작용 효과는 존재하지 않는다는 가정 아래서 분석이 이루어진다.

▶ 인자에 대한 효과가 모든 연구대상에게서 일관되게 나타난다면, 이러한 효과를, 상호작용 효과와 대비되는 개념으로, 주효과라고 한다.

▶ 다변량 분산분석(MANOVA)에서는 모든 인자수준에 대한 측정값이 하나의 관측값으로 구성되는 다변량 자료의 상태에서 분산분석이 이루어지는 형태를 말한다.

2. 단일요인이 반복측정된 2요인 분산분석

▶ 단일요인이 반복측정된 2요인 분산분석은 연구대상이 한 개의 인자는 크로스를 하지만, 다른 인자에는 크로스하지 못하고 지분되어 있는 실험설계에 대한 분석이다.

▶ 만일 반복측정된 인자의 수준이 2개라면, 쌍체 t검정을 이용하여 분석할 수 있다. 하지만, 반복측정된 인자의 수준이 3개 이상이라면 쌍체 t검정은 적용할 수 없게 되며, 보다 일반적인 형태인 단일요인이 반복측정된 2요인 분산분석을 이용하여야 한다.

▶ 연구대상이 인자1에 지분되어 있는 경우에는 다음과 같이 표현한다: 연구대상(인자1).

▶ 다변량 분산분석(MANOVA)을 이용하여 단일요인이 반복측정된 2요인 분산분석을 실시할 수 있다.

3. 2요인이 반복측정된 2요인 분산분석

▶ 2요인이 반복측정된 2요인 분산분석 연구대상이 두 개의 인자 모두를 크로스하는 실험설계에 대한 분석이다.

▶ 다변량 분산분석(MANOVA)을 이용하여 2요인이 반복측정된 2요인 분산분석을 실시할 수 있다.

4. 반복측정된 분산분석의 F-검정을 위한 가정

▶ 일반적인 분산분석에서 사용되는 F-검정은 ① 정규성에 대한 가정, ② 등분산성에 대한 가정, (3) 독립성에 대한 가정 세 가지로 요약될 수 있지만, 반복측정된 분산분석의 F-검정에 필요한 가정은 추가적으로, 연구대상내에서 반복되는 인자수준들이 동일한 상관계수를 가져야 한다는 복합대칭성에 대한 가정이 필요하다.

논의사항

1. 복합대칭성과 구형성에 대하여 설명하고, 그 의미에 대하여 논의하시오
2. 어느 연구자는 TV에서 나타나는 폭력적인 장면이 어린아이에게 어느 정도 집중시키는지를 파악하기 위하여, 7살에서 8살까지의 남자아이 20명과 여자아이 20명, 9살에서 10살까지의 남자아이 20명과 여자아이 20명, 11살에서 12살까지의 남자아이 20명과 여자아이 20명으로 구성된 120명의 아이를 대상으로 세 등급의 폭력영화를 모두 보여주고 이에 대한 집중력을 측정하였다.
   (1) 인자의 효과가 어떠한 형태로 표현될 수 있는지 나타내고, 각 인자효과를 검정하기 위한 오차항을 결정하시오.
   (힌트: 어린아이는 나이와 성별에 지분되어 있으며, 세 등급의 폭력영화에 크로스되어 있는 단일요인이 반복측정된 3요인 분산분석의 문제가 된다. 하지만, 나이와 성별을 혼합하여 6개 수준을 갖는 단일요인이 반복측정된 2요인 분산분석으로 문제를 접근하면, 해결할 수 있다.)
   (2) 만일 독립그룹 실험설계를 이용하여 이 문제를 해결하고자 한다면, 몇 명의 어린이가 필요한가? 독립그룹 실험설계와 반복측정 실험설계에 대한 차이점에 대하여 설명하고, 반복측정 실험설계에 대한 장점과 단점을 독립그룹 실험설계와 비교하여 논의하시오.
3. 어느 자동차회사에서는 세가지 판매방법에 따른 판매한 자동차 수의 변화를 파악하기 위하여 9명의 판매원이 선택하고, 랜덤으로 세가지의 판매방법에 각각 3명씩 할당하여, 각 판매원에 대하여 4주 동안 판매한 자동차 수를 조사하였다. 이에 대한 결과가 아래와 같다.

〈1주일 동안 판매한 자동차 수〉

		1주	2주	3주	4주
판매방법1	판매원1	17	12	14	10
	판매원2	14	11	10	8
	판매원3	18	13	12	10
판매방법2	판매원4	12	15	9	7
	판매원5	14	18	16	14
	판매원6	10	12	12	9
판매방법3	판매원7	17	15	18	16
	판매원8	15	14	17	18
	판매원9	15	15	16	14

반복측정된 분산분석을 실시하고, 결과에 대하여 논의하시오. 또한 각각의 판매방법에 대한 평균에 차이가 나타나고 있는지를 최소제곱평균을 이용하여 비교하시오.

4. 다음의 실험설계에서 오차항의 자유도를 판단하시오.

(1) 각 그룹이 20명으로 구성된 2개의 그룹을 비교하는 독립그룹 실험설계

(2) 각 그룹이 14명으로 구성된 4개의 그룹을 비교하는 독립그룹 실험설계

(3) 10명, 16명, 18명, 11명으로 구성된 4개의 그룹에 대한 독립그룹 실험설계

(4) 반복수가 10인 5×4×3 요인 실험설계

CHAPTER 26
공분산분석

공분산분석은 메트릭척도의 독립변수와 명목척도의 독립변수가 혼합되어 있을 경우에 사용되는 분석방법으로 더미변수를 이용한 회귀모형과 동일한 모형을 갖는다. 일반적으로 더미변수를 이용한 회귀분석에서는 메트릭척도의 독립변수에 관심이 있지만, 공분산분석에서는 명목척도의 독립변수에 대한 분석에 초점이 맞추어진다. 공분산분석은 메트릭척도의 독립변수를 이용하여 회귀분석을 실시하여 종속변수와의 관계를 파악한 다음, 이를 이용하여 메트릭척도의 독립변수에 대한 효과를 제거한 수정된 평균을 계산하고, 이러한 수정된 평균을 이용하여 분산분석을 실시하는 분석방법을 말한다.

공분산분석의 개념

실험을 통하여 반응변수(또는 종속변수)의 결과를 측정하는 경우, 우리가 미처 생각하지 못하는 무수한 혼란변수(confounding variable)들이 영향을 미친다. 어떤 혼란변수는 연구자가 이미 알고 있지만, 전혀 통제할 수 없는 변수이기도 하며, 다른 혼란변수는 연구자가 알지 못하는 상태에서 실험이 진행되기도 한다. 랜덤화의 원칙(randomization principle)은 연구자가 알지 못하는 혼란변수의 효과를 비교대상의 그룹에 골고루 할당하게 만들어서 그룹간의 효과에 포함되지 않고 그룹내의 효과에 포함되도록 만들어주는 역할을 한다. 즉, 혼란변수의 효과가 처리효과에 포함되지 않고 오차에 나타나도록 만들어주는 역할을 한다는 것이다. 하지만, 이러한 랜덤화 과정은 그룹내 변동을 나타내는 오차제곱합 SSE를 크게 만들어주며, 따라서 이와 비교되는 그룹간 변동을 나타내는 처리효과를 분명하지 않게 만들어준다.

랜덤화블록 실험설계(randomized block design)는 혼란변수를 블록으로 구분하여, 혼란변수의 효과를 제거하면서 오차를 증가시키지 않는 한 가지 방법이다. 공분산분석(ANCOVA; analysis of covariance)은, 랜덤화블록 실험설계의 목적과 비슷한 목적, 즉, 혼란변수의 효과를 제거하면서 오차를 증가시키지 않는 방법으로 활용된다. 공분산분석은 종속변수가 메트릭척도이며, 독립변수는 명목척도와 메트릭척도 모두를 가지는 경우에 활용된다.

우리는 독립변수가 메트릭척도를 갖는 다중회귀분석의 문제에서 명목척도를 갖는 독립변수가 포함되는 경우 더미변수를 이용한 다중회귀모형을 사용할 수 있다는 사실을 배운바 있다. 따라서 더미변수를 이용한 다중회귀모형은 공분산분석에서 사용되는 모형과 동일한 모형이 된다. 하지만, 분석을 통한 해석과정에서는 상당한 차이가 있다. 더미변수를 이용한 다중회귀모형에서는 명목척도를 갖는 독립변수가 혼란변수의 역할을 하면서, 연구자가 통제하여야 할 대상이 되고, 메트릭척도의 독립변수가 연구의 관심대상이 되는 경우의 분석에 적용된다. 반면에, 공분산분석에서는 메트릭척도의 독립변수가 혼란변수의 역할을 하면서, 명목척도의 독립변수가 연구의 관심대상이 되는 경우의 분석에서 적용된다. 다음의 예를 이용하여 두 분석모형의 차이점을 설명하여 보도록 하자.

더미변수를 이용한 회귀분석	공분산분석
연구문제: 연간소득이 식비지출에 어떠한 영향을 미치는지를 파악하고자 한다. 종속변수: 식비지출 관심대상인 독립변수: 연간소득 통제대상인 독립변수: 도시/시골지역	연구문제: 도시/시골지역에서 식비지출이 어떻게 차이가 나타나는지를 파악하고자 한다. 종속변수: 식비지출 관심대상인 독립변수: 도시/시골지역 통제대상인 독립변수: 연간소득
연구문제: 지능지수에 따른 학습효과를 파악하고자 한다. 종속변수: 시험점수 관심대상인 독립변수: 지능지수(IQ) 통제대상인 독립변수: 학습방법	연구문제: 세 종류의 학습방법에 따른 효과를 파악하고자 한다. 종속변수: 시험점수 관심대상인 독립변수: 학습방법 통제대상인 독립변수: 지능지수(IQ)
연구문제: 아파트의 매매가격이 아파트 크기(평수)에 따라 어떠한 차이가 있는지를 파악하고자 한다. 종속변수: 아파트 매매가격 관심대상인 독립변수: 아파트 평수 통제대상인 독립변수: 지역	연구문제: 아파트의 매매가격이 지역 별로 유의한 차이가 있는지를 파악하고자 한다. 종속변수: 아파트 매매가격 관심대상인 독립변수: 지역 통제대상인 독립변수: 아파트 평수

여기서 한 가지 조심하여야 할 사항은 공분산분석이 랜덤화과정을 대체할 수 있을 것이라는 생각이다. 공분산분석의 결과는 혼란변수의 효과를 제거시켜 주는 것은 사실이지만, 랜덤화가 되지 않은 실험설계에서 공분산분석을 실시하게 되면, 왜곡된 결과가 나타나며, 왜곡되는 정도는 매우 심각하게 나타날 수 있다는 사실이다. 또한 랜덤화과정은 연구자가 미처 알지 못하는 혼란변수를 통제하기 때문에, 이에 대한 중요성은 아무리 강조하여도 부족하지 않을 것이다.

공분산분석에서는 통제대상이 되는 혼란변수인 메트릭척도를 갖는 독립변수를 공변량(covariate; concomitant variable)이라고 한다. 혼란변수에 해당하는 공변량에 대한 효과는 다중회귀분석을 이용하여 제거된 후, 분산분석(ANOVA; analysis of variance)이 실시된다. 즉, 종속변수에서 공변량에 의한 효과를 회귀분석을 이용하여 제거한 후, 나머지 잔차(residual)를 이용하여 각 그룹별 평균이 계산되어, 이러한 수정된 평균(adjusted mean)의 비교가 분산분석을 통하여 이루어 진다는 의미이다. 따라서 공분산분석은 회귀분석과 분산분석을 합쳐 놓은 분석이라고 말할 수 있다.

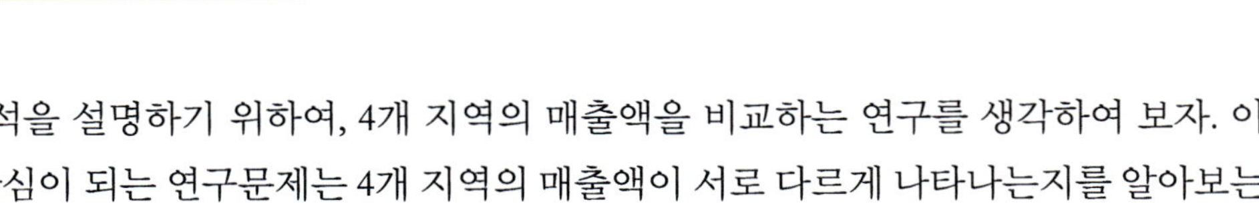

02 공분산분석의 예

공분산분석을 설명하기 위하여, 4개 지역의 매출액을 비교하는 연구를 생각하여 보자. 이 연구에서 관심이 되는 연구문제는 4개 지역의 매출액이 서로 다르게 나타나는지를 알아보는 것이며, 통제하여야 할 혼란변수로 광고비를 고려하였다. 즉, 광고비를 늘리면, 이에 따라 매출액이 증가할 것이므로, 이를 통제한 상태에서 지역 간의 차이가 존재하는지를 파악하는 것이 연구의 주요목적이다. 이에 대한 가상자료가 <표 26-1>에 있다.

표 26-1 | 공분산분석 자료의 예 광고비 단위 (천만원), 매출액 단위 (억원)

	지역1		지역2		지역3		지역4	
	광고비	매출액	광고비	매출액	광고비	매출액	광고비	매출액
	3	2	1	8	2	5	4	11
	2	4	1	9	5	10	6	16
	4	9	4	13	2	3	2	6
평균	3	5	2	10	3	6	4	11

<표 26-1>을 살펴보면, 지역 1의 평균 매출액은 5억원이며, 지역 2의 평균 매출액은 10억원이고, 지역 3은 6억원, 지역 4는 11억원으로 나타나고 있음을 확인할 수 있다. 하지만, 각 지역별 평균 매출액을 직접 비교하는 것은 바람직하지 못하다. 왜냐하면, 각 지역별 지출된 광고비가 다르기 때문이다. 즉, 지역 1의 평균 광고비 지출액을 보면, 3천만원이며, 지역 2의 평균 광고비 매출액은 2천만원, 지역 3은 3천만원, 지역 4는 4천만원으로 서로 다르게 나타나기 때문이다. 예를 들어, 지역 4의 경우 가장 높은 매출액과 광고비를 나타내고 있으므로, 이러한 높은 매출액이 높은 광고비에 의하여 나타난 것인지 아니면, 지역의 특성에 의하여 나타난 것인지를 구분할 필요가 있다는 것이다.

이러한 공분산분석을 실시하는 SAS 프로그램을 알아보도록 하자.

```
proc glm;
  class 지역;
  model 매출액 = 지역 광고비/solution;
/* solution 옵션은 회귀계수에 대한 추정값을 프린트하라는 명령이다. */
  lsmeans 지역/pdiff;
/* pdiff 옵션은 모든 지역 간의 차이를 검정하라는 명령이다. */
```

공분산분석의 SAS 프로그램에서 특징적인 것은 'model' 문장에서 두 개의 독립변수 지역과 광고비를 지정하였지만, 'class'문장에서는 지역만이 지정되어 있다는 것이다. 이 의미는 지역만이 명목척도로서 분산분석의 대상이 되는 독립변수이고, 광고비는 메트릭척도의 독립변수라는 의미이다. 공분산분석 모형이 더미변수를 이용한 다중회귀모형과 동일하다는 사실을 상기하여 볼 때, 'class' 문장은 4개의 지역으로 구분되어 있으므로, 3개의 더미변수를 만들어주는 역할을 한다는 사실을 이해할 수 있을 것이다. 이제 SAS 프로그램에 대한 결과를 살펴보도록 하자.

SAS를 통한 분석결과

Source	DF	Type III SS	Mean Square	F Value	Pr > F
지 역	3	88.43181818	29.47727273	10.41	0.0057 ①
광고비	1	96.18181818	96.18181818	33.97	0.0006 ②

Parameter		Estimate ⑥	T for H0: Parameter=0	Pr > |T|	Std Error of Estimate
INTERCEPT		2.636363636 B	1.52	0.1720	1.73284587
지 역	지역1	-3.909090909 B	-2.75	0.0284	1.41990682
	지역2	3.181818182 B	2.05	0.0792	1.54990447
	지역3	-2.909090909 B	-2.05	0.0797	1.41990682
	지역4	0.000000000 B ④	.	.	.
광고비		2.090909091 ⑤	5.83	0.0006	0.35873318

③ NOTE: The X'X matrix has been found to be singular and a generalized inverse was used to solve the normal equations. Estimates followed by the letter 'B' are biased, and are not unique estimators of the parameters.

Least Squares Means

지 역	매출액 ⑦ LSMEAN	i/j	Pr > |T| H0: LSMEAN(i)=LSMEAN(j) 1	2	3	4

지역 1	5.0000000	1	.	0.0016	0.4903	0.0284
지역 2	12.0909091	2	0.0016	.	0.0036	0.0792
지역 3	6.0000000	3	0.4903	0.0036	.	0.0797
지역 4	8.9090909	4	0.0284	0.0792	0.0797	.

NOTE: To ensure overall protection level, only probabilities associated with pre-planned comparisons should be used.

분석결과 ①을 살펴보면, 지역별 평균 매출액에 대한 차이가 없다는 귀무가설을 유의수준 5%에서 기각하는 통계적 결정을 내리게 되며, 분석결과 ②에서 나타난 바와 같이, 광고비가 매출액에 영향을 미치지 않는다는 귀무가설을 유의수준 5%에서 기각하게 된다. 분석결과 ③에 나타난 내용은, 22장의 다중회귀분석에서 설명한 바와 같이, 다양한 형태의 더미변수 표현이 가능하므로, 유일한 회귀계수를 추정하는것이 불가능하다는 의미를 통계적 용어를 이용하여 복잡하게 설명하고 있다. SAS에서 더미변수를 표현하는 형태는 마지막 카테고리인 지역 4를 0으로 설정하고 나머지를 추정하는 방법을 사용한다 (분석결과 ④ 참조).

분석결과 ⑤를 살펴보면, 광고비에 대한 회귀계수가 2.09로서 5% 유의수준에서 유의한 회귀계수임을 확인할 수 있다. 회귀계수가 2.09라는 의미는 광고비를 1천만원 증가시켰을 경우, 매출액이 평균적으로 2억 9백만원 정도 증가한다는 의미이다. 이러한 사실을 이용하여 광고비에 대한 효과를 제거한 상태에서, 지역별 평균을 비교하는 분산분석이 가능하다. 즉, 광고비를 3천만원 사용한 지역을 기준으로, 기준 지역보다 광고비를 1천만원 더 많이 사용한 지역 4에서는 매출액에서 2억 9백만원을 뺀 상태에서 비교하고, 이와 반대로, 기준 지역보다 광고비를 1천만원 덜 사용한 지역 2의 경우는 매출액에서 2억 9백만원을 더한 상태에서 비교하면 된다는 것이다.

그렇다면, 앞에서는 막연하게 3천만원의 광고비를 기준으로 광고비에 대한 효과를 제거하였지만, 실제로 어느 정도의 광고비를 기준으로 매출액을 비교하는 것이 타당할 것인가? 공분산분석에서는 사실상 어떠한 기준의 광고비를 설정하여도 관계는 없다. 특별한 이유가 없는 경우에는, 광고비의 전체 평균을 기준으로 매출액의 평균을 비교하는 것이 일반적이다. 이 경우에는 지역 1에서 지역 4까지의 평균 광고비가 각각 3천만원, 2천만원, 3천만원, 4천만원으로 나타났으므로, 전체 평균 광고비는 3천만원이 된다. 따라서 3천만원을 기준으로 모든 매출액을 재조정하여 분산분석을 실시하게 되면, 광고비에 따른 효과를 통제한 상태에서 순수한 지역별 효과를 파악할 수 있게 된다. 이에 대한 내용을 그래프로 그려보면, 〔그림 26-1〕과 같다.

그림 26-1 | 회귀분석을 이용한 매출액 자료의 조정

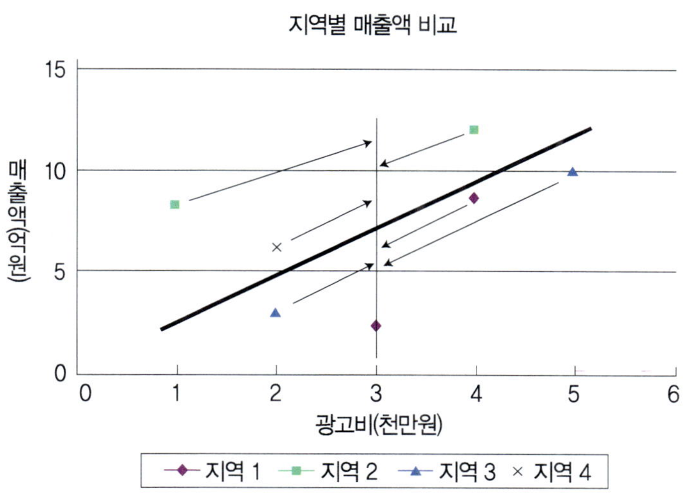

우선, 공분산분석 모형에 대하여 알아보도록 하자.

공분산분석 모형

$$Y_{ij} = \mu + \alpha_i + \beta x_{ij} + \varepsilon_{ij}$$

여기서, Y_{ij}: i번째 지역에 대한 j번째 매출액

μ: 전체 평균 매출액

(SAS의 경우는 마지막 카테고리인 4지역의 평균 매출액)

α_i: i번째 지역에 대한 효과

x_{ij}: i번째 지역에 대한 j번째 광고비

β: x_{ij}에 대한 회귀계수

ε_{ij}: Y_{ij}에 대한 오차항

(여기서 ε_{ij}는 평균 0, 분산 σ^2의 정규분포를 가정한다)

분석결과 ⑥에 나타난 회귀계수를 이용하여 공분산분석 모형에 대한 추정된 모형을 알아보면, 다음과 같다.

지역 1의 매출액 = 2.6364 + (−3.91) + 2.09 × (광고비)

$$\text{지역 2의 매출액} = 2.6364 + 3.18 + 2.09 \times (\text{광고비})$$
$$\text{지역 3의 매출액} = 2.6364 + (-2.91) + 2.09 \times (\text{광고비})$$
$$\text{지역 4의 매출액} = 2.6364 + 0 + 2.09 \times (\text{광고비})$$

광고비에 대한 전체 평균값이 3천만원이므로, 이 값을 추정된 모형에 대입하면, 광고비에 따른 효과를 제거한 지역별 평균 매출액이 다음과 같이 계산된다.

$$\text{지역 1의 매출액} = 2.6364 + (-3.91) + 2.09 \times 3 = 5.00$$
$$\text{지역 2의 매출액} = 2.6364 + 3.18 + 2.09 \times (\text{광고비}) \simeq 12.09$$
$$\text{지역 3의 매출액} = 2.6364 + (-2.91) + 2.09 \times 3 = 6.00$$
$$\text{지역 4의 매출액} = 2.6364 + 0 + 2.09 \times 3 \simeq 8.91$$

이 값은 광고비에 대한 효과를 제거한 수정된 평균값이며, 분석결과 ⑦에 나타난 **최소제곱 평균**(least square mean)의 결과와 일치함을 확인할 수 있다. 결국 광고비에 대한 효과를 제거한 수정된 평균을 비교하는 분산분석이, 회귀분석 이후에 실시되는데, 이러한 종합적인 분석을 공분산분석이라고 한다. 이 결과를 살펴보면, 지역 4는 거의 평균 수준의 매출액을 유지하고 있으며, 지역 2가 매우 높은 매출액을 나타내고 있고, 지역 1과 지역 3은 낮은 매출액을 형성하고 있음을 확인할 수 있다.

03 공분산분석을 위한 추가적인 가정

공분산분석에 대한 가정은 회귀분석에 필요한 가정과 분산분석에 필요한 가정을 모두 만족하여야 하며, 추가적으로 평행성에 대한 가정과 공변량의 처리효과에 대한 독립성의 가정이 필요하다. 이에 대하여 자세히 살펴보면 다음과 같다.

(1) 평행성에 대한 가정

공분산분석에서는 공변량에 해당하는 회귀계수의 값이 모든 수준에서 동일하다는 추가적인 가정이 필요하다. 이는 더미변수를 이용한 다중회귀모형에서 언급한 평행성에 대한 가정과 동일한 의미를 갖는 가정이다. 지역별 매출액의 자료의 경우, 4개 지역 모두 광고비에 대한 회귀계수 2.09를 동일하게 사용하여도 무리가 없다는 가정으로 생각하면 된다. 이러한 가정이 깨지는 경우는 광고비의 매출액에 미치는 효과가 지역별로 다르게 나타난다는 의미이며, 따라서 광고비와 지역에 대한 상호작용 효과(interaction effect)가 존재한다는 의미이다.

이 가정은 매우 중요한 가정이므로, 공분산분석을 실시하기 전에 항상 두 변수의 상호작용 효과를 검정하여, 이 가정이 위배되는지를 검토할 필요가 있다. 공분산분석에 대한 상호작용 효과는 다음과 같은 SAS 프로그램으로 구현할 수 있다.

```
proc glm;
class 지역;
model 매출액 = 지역 광고비 지역*광고비;
```

여기서 '지역*광고비'는 지역과 광고비에 대한 상호작용 효과를 나타내므로 이에 대한 제3종 제곱합에 대한 p값만 조사하면 된다. 이에 대한 결과는 다음과 같다.

SAS를 통한 분석결과

Source	DF	Type III SS	Mean Square	F Value	Pr > F
지 역	3	28.81971253	9.60657084	2.40	0.2083
광고비	1	75.39130435	75.39130435	18.85	0.0122
광고비*지역	3	3.81818182	1.27272727	0.32	0.8130 ①

분석결과 ①을 보면, 지역과 광고비에 대한 상호작용 효과의 p값이 0.8130으로 유의수준 5%에서 효과가 있다고 볼 수 없으므로, 이 문제에서는 공분산분석을 사용하여도 문제가 없는 것으로 판단된다.

만일 지역과 광고비에 대한 상호작용 효과가 유의하게 나타난다면, 광고비에 대한 효과가 지역별로 다르게 나타난다는 의미로서, 지역별 광고비에 대한 회귀계수를 각각 추정하는 다음과 같은 모형을 사용하여야 한다.

$$Y_{ij} = \mu + \alpha_i + \beta_i x_{ij} + \varepsilon_{ij}$$

즉, β_i는 i번째 지역의 광고비에 대한 효과를 나타내는 회귀계수가 된다. 이 경우의 분석은 실제로 상호작용 효과를 검정하기 위하여 만든 상호작용을 포함한 공분산분석 모형과 동일한 모형이 된다.

그렇다면, 상호작용 효과가 유의하게 나타나면, 지역에 대한 효과를 어떻게 해석하여야 하는가? 상호작용효과가 존재하게 되면, 지역에 따른 매출액의 차이는 광고비에 따라 다르게 나타나므로 결과 해석에 있어서 세심한 주의가 필요하다. 상호작용 효과가 없는 일반적인 공분산분석의 경우는 특별한 이유없이 광고비를 3천만원으로 설정하고 비교하는 것이 가능하였고, 광고비에 대한 설정을 1천만원으로 설정하여도 수정된 평균값은 변하지만, 지역에 따른 유의성 검정은 변하지 않게 된다.

하지만 상호작용 효과가 유의하게 나타나게 되면, 광고비를 어느 수준으로 설정할 것인가에 따라 지역효과가 나타날 수도 있고, 나타나지 않을 수도 있다는 사실을 명심하여야 한다. 따라서, 지역에 따른 매출액의 차이를 알고자 하는 경우, 어떠한 광고비 수준에서 지역의 차이를 파악하고 싶은지를 추가적으로 결정하여야 한다.

(2) 공변량의 처리효과에 대한 독립성

공분산분석을 위하여 추가적으로 요구되는 가정은 공변량이 처리효과와 독립이어야 한다는 것이다. 하지만, 사회과학분야의 많은 연구에서는 공변량이 처리효과와 밀접한 관계를 가지고 있는 경우를 쉽게 볼 수 있다. 지역별 매출액 자료의 예에서 특정지역은 광고비가 특별히 많이 사용되는 경우가 이에 해당된다. 이러한 경우 매출액에 대한 변화는 광고비에 의한 것인지 지역 특성에 의한 것인지 구분이 불명확해지게 된다. 물론 회귀분석에 의하여 광고비에 대한 효과가 통제되기는 하지만, 이러한 통제가 효과적이기 위해서는 각 지역별 광고비의 지출이 골고루 이루어지는 것이 바람직하다. 만일 지역의 차이를 나타내는 처리효과가 광고비를 나타내는 공변량의 변화를 만든다면, 광고비에 대한 효과를 제거하는 과정에서 처리효과도 함께 제거되기 때문에, 실제보다 과소평가된 처리효과를 얻을 수 있다. 따라서, 가능하다면, 랜덤화과정을 거쳐서 공변량에 대한 효과가 처리효과에 영향을 미치지 않도록 노력을 기울여야 한다.

요 약

1. 공분산분석의 개념

▶ 혼란변수를 통제할 목적으로 만들어진 분석으로 랜덤화블록 실험설계에 의한 분산분석과 공분산분석(ANCOVA)이 있다.

▶ 공분산분석은 독립변수가 명목척도와 메트릭척도 모두를 갖는 경우에 사용되는 분석방법으로 더미변수를 이용한 다중회귀모형과 그 형태는 동일하지만, 메트릭척도의 독립변수는 통제대상이 되는 혼란변수가 되며, 연구의 관심대상은 명목척도의 독립변수가 된다.

▶ 공분산분석에서는 통제대상이 되는 혼란변수인 메트릭척도를 갖는 독립변수를 공변량이라 하고, 이러한 공변량에 의한 효과를 제거하기 위하여 다중회귀분석을 이용한 후, 분산분석을 통하여 명목척도의 분석이 이루어진다.

2. 공분산분석의 예

▶ 공분산분석 모형은 다음과 같다.

$$Y_{ij} = \mu + \alpha_i + \beta x_{ij} + \varepsilon_{ij}$$

3. 공분산분석을 위한 추가적인 가정

▶ 공분산분석에 대한 가정은 회귀분석에 필요한 가정과 분산분석에 필요한 가정이 모두 포함되며, 추가적으로 ① 평행성에 대한 가정과, ② 공변량의 처리효과에 대한 독립성의 가정이 요구된다.

▶ 평행성에 대한 가정은 명목척도의 독립변수와 메트릭척도의 독립변수 사이의 상호작용 효과가 존재하지 않는다는 의미이다. 만일 두 변수 사이의 상호작용 효과가 유의하게 나타난다면, 공통된 회귀계수 β를 사용할 수 없게 되며, 다음과 같은 모형을 사용하여야 한다.

$$Y_{ij} = \mu + \alpha_i + \beta_i x_{ij} + \varepsilon_{ij}$$

논의사항

1. 혼란변수를 통제할 목적으로 사용되는 랜덤화블록 실험설계와 공분산분석의 차이점과 장점 및 단점에 대하여 논의하시오.
2. 본 장에서 소개된 지역별 매출액 자료에 대하여, 광고비를 무시한 단일요인 분산분석을 실시하고 공분산분석의 결과와 비교하여 어떠한 차이가 나타나는지를 확인하시오. 또한 이러한 차이가 나타나는 이유에 대하여 논의하시오.
3. 다음 자료는 3지역에 대한 광고비와 매출액에 대한 자료이다. 광고비를 공변량으로 하여 공분산분석을 실시하고자 하는 경우 다음 물음에 답하시오.

광고비 단위 (천만원), 매출액 단위 (억원)

지역 1		지역 2		지역 3	
광고비	매출액	광고비	매출액	광고비	매출액
12	26	11	32	6	23
10	22	12	31	13	35
7	20	6	20	15	44
14	34	18	41	15	41
12	28	10	29	7	28
11	26	11	31	9	30

(1) 광고비와 매출액에 대한 분산분석을 실시하고, 결과에 대하여 논의하시오.

(2) 지역을 무시한 상태에서 매출액에 대한, 광고비를 독립변수로 하는 회귀분석을 실시하고, 각 지역별로 회귀분석을 실시하여 회귀계수의 변화에 대하여 논의하시오. 또한 각 지역별 회귀계수를 하나의 회귀계수로 취급하여도 되는지에 대하여 통계적 검정을 실시하시오.

(3) 광고비의 전체 평균값을 기준으로 각 지역별 매출액에 대한 수정된 평균값을 계산하고 컴퓨터에서 계산된 최소제곱평균값과 비교하시오.

(4) 각 지역별 매출액의 차이가 존재하는지에 대하여 공분산분석을 실시하여, 결과에 대하여 논의하시오.

(5) 공분산분석과 분산분석에 대한 결과가 어떻게 다르게 나타나며, 그 이유에 대하여 논의하시오.

(6) 지역을 무시하고 매출액에 대한 광고비의 회귀분석을 실시하였더니, 추정된 회귀방정식이 다음과 같이 나타났다.

$$(\text{매출액}) = 9.974 + 1.816 \times (\text{광고비})$$

이에 대한 잔차는 다음과 같이 나타났다.

지역1 (잔차)	지역2 (잔차)	지역3 (잔차)
−5.771	2.045	2.128
−6.138	−0.771	1.412
−2.689	−0.872	6.780
−1.404	−1.670	3.780
−3.771	0.862	5.311
−3.955	1.045	3.678

잔차에 대하여 분산분석을 실시하여라. 공분산분석의 결과와 동일하게 나타났는가? 어떠한 이유로 그러한 결과가 나타났는지에 대하여 논의하시오.

CHAPTER 27

비모수분석

대부분의 통계분석은 모수분석으로, 자료가 정규분포를 따른다는 가정 아래서 모수를 대상으로 통계적 추측이 이루어진다. 또한 정규분포에 대한 가정이 깨지는 경우라도, 자료의 수가 많거나 또는 자료의 분포가 정규분포와 비슷한 종 모양의 형태를 갖는다면 중심극한정리로 인하여 일반적인 통계분석에서는 심각하게 받아드릴 필요는 없다. 하지만, 자료의 수가 적고 자료의 분포가 정규분포와 크게 차이나는 경우에는 중심극한정리에 의한 모수분석은 타당성을 잃게 된다. 이러한 경우 사용할 수 있는 방법이 비모수분석이다. 비모수분석에서는 자료의 분포에 대한 제약을 받지 않는다는 특징을 가지고 있다.

01 비모수분석이란?

그 동안 설명한 대부분의 통계분석방법은 정규분포를 가정한 상태에서 통계이론이 전개되어 왔다. 예를 들어, 정규분포를 따르는 자료의 평균값을 적당하게 다음과 같이 변환시키면, 자유도가 $n-1$인 t분포를 따른다는 것을 배웠다. 즉,

$$T = \frac{\bar{X} - \mu}{S / \sqrt{n}} \sim t(n-1)$$

이러한 사실을 이용하여, 모집단 평균에 대한 가설검정을 전개하였고, 95% 신뢰구간을 얻는 방법도 전개하였다. 하지만, 이러한 **통계적 추측**(statistical inference) 과정에서 자연스럽게 의문이 가질 수 있는 문제는 '만일 자료가 정규분포를 따르지 않는 경우라면, 어떻게 자료를 분석할 것인가?'에 관한 내용이다. 자료가 정규분포로부터 얻었다는 가정은 상당히 강력한 가정임에 틀림없다. 즉, 정규분포란 하나의 특수한 분포 형태이므로, 자료의 분포가 정규분포를 조금이라도 벗어나는 경우는, 현실에서 매우 흔하게 나타날 수 있다는 것이다. 그렇다면, 이러한 통계분석은 의미가 없다는 것인가?

대부분의 통계분석에서는 자료가 정규분포를 따르는지에 대하여 자세하게 검토하지 않고, t분포나 F분포를 사용하여 평균에 대한 검정을 하거나, 분산분석 또는 회귀분석을 실시하게 된다. 이와 같이, 정규분포에 대한 가정을 엄격하게 적용하지 않는 이유는 **중심극한정리**(Central Limit Theorem)라는 사실이 수학적으로 증명되었기 때문이다. 중심극한정리란 자료의 분포가 정규분포를 따르지 않더라도, 표본평균에 대한 분포는 자료의 수가 어느 정도 크다면, 정규분포를 따른다는 정리이다. 따라서 자료의 수가 적지 않고, 자료의 분포가 정규분포로부터 크게 벗어나지 않는 경우라면, 정규분포의 가정에 상관없이 t분포나 F분포를 사용하여 통계분석을 진행할 수 있다는 것이다.

하지만, 자료의 분포가 정규분포와 너무 다르게 나타나면서, 자료의 수가 적은 경우에는 정규분포를 가정한 상태의 통계분석은 잘못된 결과를 제공하게 된다. 이와 같은 경우에는 전통적인 통계분석보다는 새로운 방법을 찾아야 하는데, 이 경우 사용되는 방법이 **비모수분석**(nonparametric analysis)이다. 일반적인 통계분석은 자료에 대한 분포를 가정하고, 분포의 특성을 나타내는 (예를 들면, 평균이나 분산) **모수**(parameter)에 대하여 추측하는 과정을 거치게 된다. 이러한 일반적인 통계분석 방법을, 비모수분석과 대비되는 개념으로, **모수분석**(parametric analysis)이라고 한다.

비모수분석에서 사용되는 가정은 자료가 어떠한 특정한 분포를 따른다는 것이 아니라, '자료는 메트릭척도의 연속형 분포를 갖는다' 정도의 가정이 대부분이며, 조금 더 강력한 가정이 있다면 '자료의 분포는 대칭분포를 갖는다' 정도의 가정이다. 따라서 비모수분석은 어떠한 형태의 분포에도 적용될 수 있으므로 분포와 무관한 방법(distribution-free method)이라 부르기도 한다.

비모수분석에서 주로 사용되는 통계량은 도수(frequency), 부호(sign), 순위(rank)이다. 도수는 주로 명목척도의 변수를 대상으로 적용이 되며, 부호는 양의 부호와 음의 부호가 몇 개 있는지를 파악하여 분석하는 방법이다. 순위는 자료값을 크기 순으로 나열하였을 경우 몇 번째에 해당하느냐는 것이다. 분포의 중앙값(median)은 순위에 의하여 나타나는 대표적인 통계량이다.

여기서는 적합도검정(goodness-of-fit test)과 독립성검정(independence test)에 대한 비모수분석 방법을 다루고, 두 모집단의 평균이 다른지를 검정하는 윌콕슨 부호순위검정(Wilcoxon's signed rank test)과 분포에 대한 검정을 할 수 있는 콜모고로프-스미르노프 검정(Kolmogorov-Smirnov test)에 대하여 설명하기로 한다.

02 적합도검정

적합도검정(goodness-of-fit test)이란 연구자가 가정한 분포를 따르는지의 여부를 자료를 이용하여 검정하는 방법을 말한다.

적합도검정에서의 가설의 형태는 다음과 같다.

H_0 : 자료의 분포는 특정한 분포를 따른다.

H_1 : 자료의 분포는 귀무가설에서 설정한 특정한 분포를 따르지 않는다.

예를 들어, 명목척도를 갖는 변수 X가 J개의 카테고리로 구성되어 있고, 자료로부터 관측된 도수를 $O_j(j=1, 2, 3, \cdots, J)$라고 표기하자. 그리고 귀무가설에서 가정한 분포에 따라 계산된, J개의 카테고리에 대한 기대도수를 $E_j(j=1, 2, 3, \cdots, J)$라고 표기하자. 이 경우 적합도검정에 사용되는 자료는 <표 27-1>과 같이 구성될 것이다.

표 27-1 | 적합도검정에 대한 자료의 구성

카테고리	1	2	3	…	J
관측도수 기대도수	O_1 E_1	O_2 E_2	O_3 E_3	… …	O_J E_J

(1) 적합도검정의 원리

적합도검정은 관측도수와 기대도수의 차이에 기초를 두고 있는데, 다음과 같은 검정통계량을 사용한다.

$$\chi^2 = \sum_{i=1}^{J} \frac{(O_j - E_j)^2}{E_j}$$

이러한 검정통계량은 카이제곱값이라고 부르며, 관측도수와 기대도수 사이의 일치 여부를 알아보는 척도이다. 이러한 검정통계량에 대한 식으로부터 알 수 있는 사실은, 관측도수와 기대도수 사이의 절대적 차이가 중요한 것이 아니라, 기대도수에 대한 상대적 차이가 중요하다는 것이다. 즉, $(O_j - E_j)^2 = 100$ 이라 해도 $E_j = 10$ 이면, $\frac{(O_j - E_j)^2}{E_j} = 10$ 으로 큰 차이를 나타내지만, $E_j = 200$ 이면, $\frac{(O_j - E_j)^2}{E_j} = 0.5$ 로 그렇게 큰 차이로 취급되지 않는다는 것이다.

이러한 적합도검정은 모든 E_j가 5보다 큰 경우에만 적용시킬 수 있다. 왜냐하면, 모든 E_j가 5보다 큰 조건이 만족되면 (즉, $E_j \geq 5$), 귀무가설이 참이라는 가정 아래서, 검정통계량은 근사적으로 자유도 $J-1$[1]인 X^2분포를 따르기 때문이다. 따라서, 귀무가설은 자유도 $J-1$인 X^2분포에 따른 임계값보다 검정통계량 값이 크게 나타날 경우 기각된다. 여기서 검정통계량 값이 크다는 의미는 각 카테고리의 관측도수와 기대도수의 차이가 크다는 것을 나타낸다.

예를 들어, J개의 모든 카테고리에 대해 $E_j = O_j$를 만족하는 경우라면, 이는 귀무가설에서

1) 여기서 자유도가 $J-1$인 것은 기대도수의 합이 관측도수의 합과 같아야 하기 때문에, 자유스럽게 정해질 수 있는 관측도수의 수는 $J-1$이 된다. 그러나 자유도가 항상 $J-1$은 아니다. 예를 들어 관측자료가 정규분포를 따르는지를 검정할 때는 기대도수와 관측도수의 합이 같을 뿐만 아니라 평균과 분산을 알고 있어야 하므로, 자유도는 $J-3$이 된다.

가정한 분포와 관측도수가 완벽하게 일치하는 경우로서, 검정통계량 값은 0이 된다.

(2) 적합도검정의 예제

어떤 주사위가 공정하다는 가설(즉, 6개의 주사위 눈이 나타날 확률이 같다는 가설)을 검정하여 보자. 여기서 p_j를 j 번째 눈이 나타나는 확률이라면 가설은 다음과 같이 설정된다.

H_0: 모든 p_j는 $\frac{1}{6}$이다. j=1, 2, ⋯, 6.

H_1: 최소한 두 개 이상의 p_j는 $\frac{1}{6}$이 아니다.

실제로 주사위를 48번 던져서 나타나는 눈의 수를 조사하였더니, 1의 주사위 눈부터 6의 주사위 눈까지 각각 4, 7, 8, 13, 11, 5번 관측되었다. 만일 주사위가 공정하다면 각 주사위 눈이 8번씩 나올 것이라고 기대할 수 있을 것이다. 적합도검정에 사용할 자료를 정리하면, <표 27-2>와 같다.

표 27-2 | 주사위를 48번 던진 결과에 대한 자료

카테고리	1	2	3	4	5	6
O_j	4	7	8	13	11	5
E_j	8	8	8	8	8	8

우선 검정통계량을 계산하여 보자.

$$X^2 = \sum_{j=1}^{6} \frac{(O_j - E_j)^2}{E_j}$$
$$= \frac{(4-8)^2}{8} + \frac{(7-8)^2}{8} + \frac{(8-8)^2}{8} + \frac{(13-8)^2}{8} + \frac{(11-8)^2}{8} + \frac{(5-8)^2}{8}$$
$$= 7.5$$

자유도는 5(= 6-1)이므로, 유의수준을 a= 0.05로 설정하면, 임계값은 책의 <부록>에 있는 카이제곱 분포표에 의하여 $X^2_{0.05}(5) = 11.07$ 이 된다. 계산된 검정통계량 값은 7.5이므로, 결국 '검정통계량 값 < 임계값'이 되어 귀무가설 H_0를 기각하지 못하게 된다. 따라서 주사위는 공정하다는 가설을 유의수준 5%에서 기각하지 못한다는 것이다.

앞에서 지적했듯이, 모든 카테고리의 기대도수가 5 이상이 되어야 적합도검정을 사용할 수 있기 때문에, 이러한 조건이 만족되면, 검정통계량 값은, 귀무가설이 참이라는 가정 아래서, X^2분포에 가까워진다. 이 문제의 경우는, 모든 E_j가 5보다 큰 8의 값을 가지므로, 적합도검정을 적용하는데 문제가 발생하지 않는다고 판단할 수 있다.

하지만, 기대도수가 5 이상이라는 조건을 만족시키지 못하게 되는 경우라면, 이러한 조건을 만족시킬 수 있도록, 몇 개의 카테고리를 묶을 수 있다. 카테고리들을 결합하는 과정에서 특정한 방법이 있는 것은 아니지만, 비슷한 특성을 가진 카테고리들을 하나로 묶는 것이 일반적인 방법이다. 이 경우 X^2분포에 대한 자유도가 바뀐다는 사실을 유념하여야 할 것이다.

03 독립성검정

명목척도를 갖는 두 변수에 대한 독립성을 검정하는 문제는 앞에서 소개한 적합도검정의 원리를 그대로 확장시킨 검정방법이다. 여기서 독립사건의 정의에 대하여 알아보도록 하자.

> 임의의 사건 A, B에 대하여, 다음의 조건을 만족하는 경우, 두 사건은 독립이라고 정의한다.
>
> $$\Pr(A \cap B) = \Pr(A) \times \Pr(B)$$

이러한 독립성에 대한 통계적 정의는, 사건 B가 사건 A가 일어날 확률에 조금도 영향을 미치고 있지 않고 있다는 의미로 해석될 수 있다. 다르게 표현한다면, 사건 A가 일어날 것을 예측함에 있어서, 사건 B는 전혀 도움이 되지 않은 정보라는 것이다. 두 변수에 대한 독립성도 이와 비슷하게 해석하면 된다. 즉, 첫 번째 변수를 예측함에 있어서, 두 번째 변수는 아무 역할도 하지 못하고 있다는 의미로서, 두 번째 변수의 값과는 무관하게 첫 번째 변수의 값이 결정된다는 의미로 해석하여야 한다.

독립성에 대한 검정은 다음의 두 예제를 이용하여 자세히 설명하기로 한다.

(1) 독립성검정: 예제1

어떠한 과목이 대학 1학년생과 2학년생들을 대상으로 개설되었는데 성적은 합격과 불합격으로 주어진다고 가정하자. 담당교수는 성적과 학년 사이에 어떠한 관계가 있는지에 관심을 갖고 있다. 두 변수 사이에 아무런 관계가 없다는 귀무가설은 두 변수가 통계적으로 독립이라는 가설과 동일한 의미이며, 이러한 문제의 경우 독립성 검정을 이용할 수 있다. 이 경우의 대립가설은 두 변수 사이에 어떠한 관계가 존재한다는 것이 될 것이다.

학년의 구분과 성적의 결과가 <표 27-3>에 나타나 있다. <표 27-3>과 같이 일목요연하게 도수 자료를 표로 나타낸 형태를 분할표(contingency table)라고 한다. 이 경우, 두 개의 카테고리로 구성된 행변수(성적)와 두 개의 카테고리로 구성된 열변수(학년)가 있으므로 2×2 분할표라고 말한다.

표 27-3 | 학년과 성적에 따른 분할표

성 적 \ 학 년	1학년	2학년	합 계
합 격	150	250	400
불합격	50	50	100
합 계	200	300	500

<표 27-3>에 나타난 분할표를 보면, 4개의 칸(cell)이 존재하는데, 이 과목을 수강한 학생은 반드시 이러한 4칸 중의 한 칸에 속해야만 한다. 그리고 이러한 4개의 칸에 나타난 숫자는 관측된 도수를 의미한다. 여기서 O_{ij}를 i번째 행과 j번째 열에 해당하는 칸의 관측도수라고 하자. 즉, O_{12}=250이 되는 것이다. 이제 각 칸에 대한 기대도수 E_{ij}와 자유도를 결정해야 할 것이다.

귀무가설이 사실이라면, Pr(합격∩1학년) = Pr(합격) × Pr(1학년)이 되고, Pr(합격)과 Pr(1학년)은 주변확률(marginal probabilities)을 나타내어, <표 27-3>의 분할표로부터 다음과 같이 추정할 수 있다.

$$\Pr(\text{합격}) = \frac{400}{500},\ \Pr(1\text{학년}) = \frac{200}{500}$$

따라서 기대도수 E_{11}은 다음과 같이 계산된다.

$$\Pr(\text{합격} \cap 1\text{학년}) = \Pr(\text{합격}) \times \Pr(1\text{학년})$$

$$\Leftrightarrow \quad \frac{E_{11}}{500} = \frac{400}{500} \cdot \frac{200}{500}$$

$$\Leftrightarrow \quad E_{11} = 200 \cdot \frac{400}{500} = 160\,(\text{명})$$

즉, 귀무가설이 사실이라면, 학년과 성적 결과는 서로 독립적으로 결정된다는 의미이며, 200명의 학생으로 구성된 1학년의 합격자 수는 Pr(합격 1 학년) = Pr(합격)으로 표현되어, 1학년의 합격자 수를 예측하는데 학년을 아는 것은 전혀 도움이 되지 못한다는 의미이다. 그러므로 200명의 1학년 집단에서 전체의 합격률, $\frac{400}{500} = \frac{4}{5}$를 곱하면 1학년의 기대되는 합격 인원인 160명이 계산되며, 이 인원수가 E_{11}이 되는 것이다. 이와 유사하게 E_{22}도 아래와 같이 계산할 수 있다.

$$E_{22} = 300 \cdot \frac{100}{500} = 60\,(\text{명})$$

2×2의 분할표에 있어서는 4칸의 기대도수 중 어느 하나를 결정하게 되면 나머지 3개의 기대도수는 자동적으로 결정된다. 왜냐하면 기대도수의 행과 열의 합계는 앞의 분할표에 나타나 있는 합계와 일치해야 하기 때문이다. 따라서 $E_{11} = 160$이라고 결정을 하게 되면, 총 합격자 수가 400명이기 때문에 E_{12}는 반드시 240이 되어야 한다.

일반적으로, r을 행변수의 카테고리 수라고 하고, c를 열변수의 카테고리 수라고 하면, $r \times c$ 분할표에 대한 자유도는 $(r-1)(c-1)$ 이 된다.

위 예제에서 주어진 관측도수를 이용하여 기대도수와 자유도를 구하고, 이에 대한 검정통계량값을 계산하면 다음과 같다.

$$\begin{aligned} X^2 &= \sum_{i-1}^{2} \sum_{j=1}^{2} \frac{(O_{ij} - E_{ij})^2}{E_{ij}} \\ &= \frac{(150-160)^2}{160} + \frac{(250-240)^2}{240} + \frac{(50-40)^2}{40} + \frac{(50-60)^2}{60} \\ &= 0.625 + 0.417 + 2.50 + 1.67 \\ &= 5.21 \end{aligned}$$

따라서 유의수준 $\alpha = 0.05$에서 독립성검정을 할 경우, 임계값 $X^2_{0.05}(1) = 3.84$이므로, 계산된 검정통계량 값은 임계값을 초과하게 된다. 따라서 유의수준 5%에서 귀무가설은 기각된다. 귀무가설을 기각한다는 것은 학년과 성적은 관계가 있다는 의미이다. 이러한 독립성 검정결과를 염두에 두고 분할표를 자세히 살펴보면, 1학년 학생의 합격률이 2학년 학생의 합격률보다 낮은 것을 확인할 수 있다.

일반적인 $r \times c$ 분할표에 있어서 E_{ij}는 다음과 같이 계산된다.

$$E_{ij} = \sum_i O_{ij} \cdot \frac{\sum_i O_{ij}}{n}$$

여기서 n은 표본의 수이다. 또한 검정통계량은 다음과 같이 표현된다.

$$X^2 = \sum_{j=1}^{c} \sum_{i=1}^{r} \frac{(O_{ij} - E_{ij})^2}{E_{ij}}$$

독립성 검정은 적합도검정과 마찬가지로 모든 E_{ij}가 최소한 5 이상은 되어야 적용할 수 있다.

(2) 독립성검정: 예제2

어느 신용카드 회사에서는 회원들의 카드사용 실적에 대하여 평가를 실시하였다. 카드사용실적이 우수한 회원은 연체를 하지 않은 고객으로 '우량'으로 분류하였고, 3달 동안 계속적으로 연체한 회원은 '불량'으로 분류하였다. 집을 소유하고 있는지의 여부와 어느 정도 밀접한 관계를 가지고 있는지를 파악하고자 한다. 이 연구에서 알고 싶은 사실은 집의 소유 여부가 카드사용 실적의 결과와 어떠한 관계를 갖느냐는 것이다. 500명의 회원을 무작위로 선택

표 27-4 | 카드사용 실적에 대한 분할표

집의 소유 여부	카드사용실적 평가		합계
	우 량	불 량	
소유	79	41	120
무소유	231	149	380
합계	310	190	500

하여 조사한 결과, 다음과 같은 분할표를 얻었다.

우선 집을 소유하는 비율과 우량평가를 받는 주변확률에 대하여 알아보도록 하자.

$$\text{집을 소유하는 비율} : \frac{120}{500}, \quad \text{우량평가를 받는 비율} : \frac{310}{500}$$

만일 집의 소유하는 사건과 우량으로 평가받는 사건이 독립이라면, 집을 소유하면서 우량으로 평가받는 비율은 다음과 같이 계산된다.

$$\frac{120}{500} \times \frac{310}{500} = \frac{372}{2500}$$

따라서 500명을 대상으로 한다면, $500 \times \frac{372}{2500} = 74.4$ (명)의 기대도수를 계산할 수 있다.
이와 같은 방법으로 집을 소유하면서, 불량으로 평가를 받는 기대도수는 다음과 같다.

$$500 \times \frac{120}{500} \times \frac{190}{500} = 45.6 \text{ (명)}$$

이러한 기대도수는 집을 소유한 회원의 수인 120명에 맞추어져 있다는 사실을 확인할 수 있다 (즉, 74.4+45.6=120). 따라서 나머지 기대도수의 계산은 주변확률을 맞춤으로써 복잡한 계산없이 쉽게 얻을 수 있다. 예를 들어, 집을 소유하고 있지 않으면서 우량으로 평가받는 기대도수는 우량회원이 310명 이므로 235.6명(=310-74.4)이 되며, 집을 소유하고 있지 않으면서 불량으로 평가받는 기대도수는 불량회원이 190명이므로 144.4명(=190-45.6)으로 계산될 수 있다.

검정통계량을 계산하면 다음과 같다.

$$\begin{aligned} \chi^2 &= \frac{(79-74.4)^2}{74.4} + \frac{(41-45.6)^2}{45.6} + \frac{(231-235.6)^2}{235.6} + \frac{(149-144.4)^2}{144.4} \\ &= 0.2844 + 0.4640 + 0.0898 + 0.1465 = 0.9847 \end{aligned}$$

집의 소유 여부는 두 가지 가능한 값을 갖지만, 총 500명이라는 제약이 따르므로, 집을 소유한 사람의 수를 파악할 수 있다면, 소유하지 않은 사람의 수는 자동으로 결정된다. 따라서 집의 소유여부를 나타내는 측정변수의 자유도는 1이 된다. 신용평가의 등급도 우량과 불량의 두 가지 경우로 나누어지지만, 총 500명이라는 제약으로 인하여 자유도는 1이 된다. 두 측정변수의 독립성에 대한 검정이므로 각 측정변수의 자유도에 대한 곱, 즉, 1×1=1이 전체 카이제곱 분포의 자유도가 된다.

이 경우, 카이제곱값이 크다는 의미는, 관측도수와 독립이라고 가정한 기대도수의 차이가 크다는 의미이기 때문에, 두 측정변수는 서로 독립이라고 결론내리기 어려운 방향으로 통계적 의사결정이 나타날 것이다. 반면에, 적은 카이제곱값이 나타나게 되면, 관측도수와 독립이라고 가정한 기대도수의 차이가 적다는 의미이기 때문에 두 측정변수는 독립이라는 통계적 결정을 내리게 될 것이다. 이 경우, 크고 적음의 기준은 자유도가 1인 카이제곱분포에 의하여 결정된다.

이 경우의 통계적 가설은 다음과 같이 설정된다.

H_0: 집의 소유 여부와 신용평가는 서로 독립적이다.

H_1: 집의 소유 여부와 신용평가는 서로 독립적이지 않다.

'집의 소유 여부와 신용평가는 서로 독립적이다'라는 귀무가설의 의미는 집을 소유한 사람들을 대상으로 조사하였을 경우의 신용평가 결과에 대한 분포와 집을 소유하지 않은 사람들을 대상으로 조사하였을 경우의 신용평가 결과에 대한 분포가 일치하기 때문에 집의 소유 여부가 신용평가 결과에 대한 분포에 아무런 영향을 미치지 않는다는 의미이다. 만일 대립가설인 '집의 소유 여부와 신용평가는 서로 독립적이지 않다'라는 결론이 나타났다면, 집의 소유 여부는 신용평가 결과를 판단하는데 중요한 예측변수의 역할을 할 수 있다는 것으로 해석할 수 있다.

만일 유의수준을 5%로 한다면, 자유도 1의 카이제곱분포에서의 상위 5%에 해당하는 임계값은 $\chi^2_{0.05} = 3.84$이므로, 검정통계량 값이 3.84보다 크면 큰 차이가 난다고 볼 수 있을 것이다. 이 경우, 귀무가설을 기각하고 두 측정변수는 서로 독립이 아니라고 통계적 결정을 내리게 된다. 하지만, 앞에서 계산한 검정통계량 값은 0.9847이므로 그렇게 큰 차이가 나타난다고 볼 수 없기 때문에, 유의수준 5%에서 귀무가설을 기각할 수 없는, 즉, 집의 소우 여부는 신용평가 결과와 독립적이라는 결론을 내리게 된다.

이러한 독립성검정을 실시하는 SAS 프로그램과 결과를 살펴보면 다음과 같다.

```
data one;
  input 집 $ 평가 $ 도수;
cards;
  소유 우량    79
  소유 불량    41
  무소유 우량 231
  무소유 불량 149
   ;
```

```
proc freq order=data;
  weight 도수;
  table 집*평가/chisq;
```

SAS를 통한 분석결과

```
STATISTICS FOR TABLE OF 집 BY 평가
 Statistic                    DF        Value      Prob
-----------------------------------------------------------
Chi-Square                     1        0.985      0.321
```

이 결과를 살펴보면, 검정통계량 값은 0.985로 나타나고, 이에 대응하는 p값은 0.321로 유의수준 5%에서 유의한 관계가 존재하지 않고 있음을 나타내고 있다.

04 모평균에 대한 검정: 윌콕슨 부호순위검정

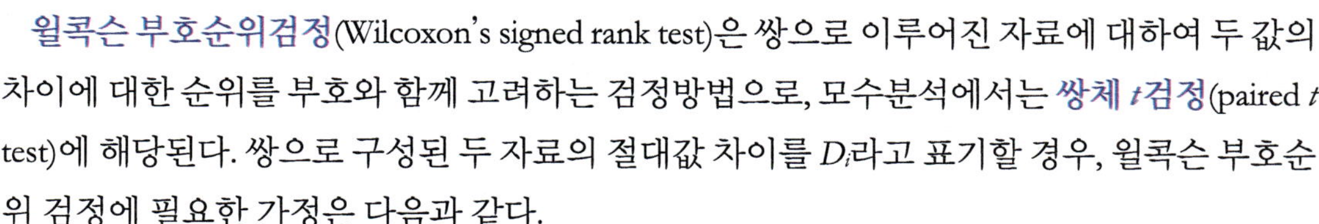

윌콕슨 부호순위검정(Wilcoxon's signed rank test)은 쌍으로 이루어진 자료에 대하여 두 값의 차이에 대한 순위를 부호와 함께 고려하는 검정방법으로, 모수분석에서는 쌍체 t검정(paired t test)에 해당된다. 쌍으로 구성된 두 자료의 절대값 차이를 D_i라고 표기할 경우, 윌콕슨 부호순위 검정에 필요한 가정은 다음과 같다.

- 가정1 D_i는 대칭분포이다.
- 가정2 D_i들은 서로 독립적으로 관측된다.
- 가정3 D_i들은 모두 동일한 평균을 갖는 분포로부터 관측된다.
- 가정4 D_i는 등간척도 이상의 척도를 갖는다.

이러한 가정 아래서, 다음과 같은 귀무가설과 대립가설을 갖는다.

H_0: D_i의 분포는 0을 중심으로 대칭이다.

H_1: D_i의 분포는 0이 아닌 다른 값을 중심으로 대칭이다.

다음과 같은 예제를 통하여, 윌콕슨 부호순위 검정에 대하여 알아보도록 하자.

브랜드 A와 브랜드 B에 대한 소비자의 태도를 파악하기 위하여, 10명의 소비자를 대상으로 선호점수를 측정하였더니, <표 27-5>와 같이 나타났다.

그림 27-5 | 윌콕슨 부호순위 검정을 위한 계산표

소비자	브랜드 A	브랜드 B	차이①	순위(차이)②	부호순위③
1	12	46	−34	7	-7
2	33	72	−39	10	-10
3	56	92	−36	9	-9
4	16	51	−35	8	-8
5	10	30	−20	5	-5
6	52	64	−12	3	-3
7	89	75	14	4	4
8	13	15	−2	1	-1
9	16	27	−11	2	-2
10	46	78	−32	6	-6

<표 27-5>의 ①에 나타나는 차이는 브랜드 A의 선호점수에서 브랜드 B의 선호점수를 뺀 차이를 나타내며, ②에 나타난 순위는 ①에서 얻은 차이의 절대값을 크기 순으로 나열하였을 경우의 순위를 의미한다. 마지막으로 ③에 나타난 부호순위는 ②에 나타난 순위에서 ①에 나타난 부호를 붙인 값을 의미한다.

이 경우의 윌콕슨 부호순위 검정에 대한 귀무가설은 브랜드 A와 브랜드 B의 선호점수 차이에 대한 분포가 0을 중심으로 하는 (대칭)분포라는 것이며, 대립가설은 두 브랜드의 선호점수 차이에 대한 분포가 0을 중심으로 하지 않는다는 것이다. 윌콕슨 부호순위 검정에서는 부호순위를 계산하여, 양의 부호순위를 모두 합하여, T+값을 계산하고, 음의 부호순위를 합하여

T-값을 계산하여, 두 값 중에서 적은 수치에 대한 절대값이 검정통계량 T가 된다. <표 27-5>에서 음의 값을 갖는 부호순위는 모두 9개가 있으며, 이에 대한 순위를 모두 더하면, $T-$값은 -51이 된다. 또한 양의 값을 갖는 부호순위는 1개가 있으며, 따라서 $T+$값은 4가 된다. 결국, 윌콕슨 부호순위 검정을 위한 검정통계량은 두 값 중에서 적은 값에 대한 절대값인 4가 된다.

유의수준 $a=0.05$에서 $n=10$인 경우의 양측검정에 해당하는 윌콕슨 부호순위 검정의 임계값을 책의 <부록>에 있는 표에서 찾아보면, 8의 값으로 나타난다. 따라서 유의수준 5%에서의 기각역은 8보다 적은 값이 되며, 계산된 검정통계량 값은 4로서 기각역에 속하게 된다. 따라서 유의수준 5%에서 두 브랜드의 차이에 대한 분포는 0을 중심으로 대칭이라는 귀무가설을 기각하는 통계적 결정을 내리게 된다.

이러한 윌콕슨 부호순위 검정을 실시하는 SAS 프로그램과 결과를 살펴보면 다음과 같다.

```
data one;
  input 브랜드 A 브랜드 B @@;
  차이 = 브랜드 A - 브랜드 B;
cards;
12 46 33 72 56 92 16 51 10 30 52 64 89 75 13 15 16 27 46 78
;
proc univariate;
  var 차이;
```

SAS를 통한 분석결과

Univariate Procedure

Variable= 차 이

Moments

N	10	Sum Wgts	10
Mean	−20.7	Sum	−207
Std Dev	17.64496	Variance	311.3444
Skewness	0.845997	Kurtosis	−0.18956
USS	7087	CSS	2802.1
CV	−85.2413	Std Mean	5.579825
T:Mean=0	−3.70979	Pr>|T|	0.0048 ②
Num ^= 0	10	Num > 0	1
M(Sign)	−4	Pr>=|M|	0.0215
Sgn Rank	−23.5	Pr>=|S|	0.0137 ①

이 결과에서, Sgn Rank에 해당하는 p값인 0.0137을 보고(분석결과 ① 참조) 통계적 결정을 내리면 된다. 이 방법은 앞에서도 언급한 바와 같이, 모수분석인 쌍체 t검정과 경쟁이 되는 검정방법으로 쌍체 t검정에 의한 p값은 0.0048(분석결과 ② 참조)로 나타난다. 따라서 두 검정방법 모두 유의수준 5%에서 두 브랜드의 선호도에 차이가 있음을 나타내고 있다.

05 분포에 대한 검정

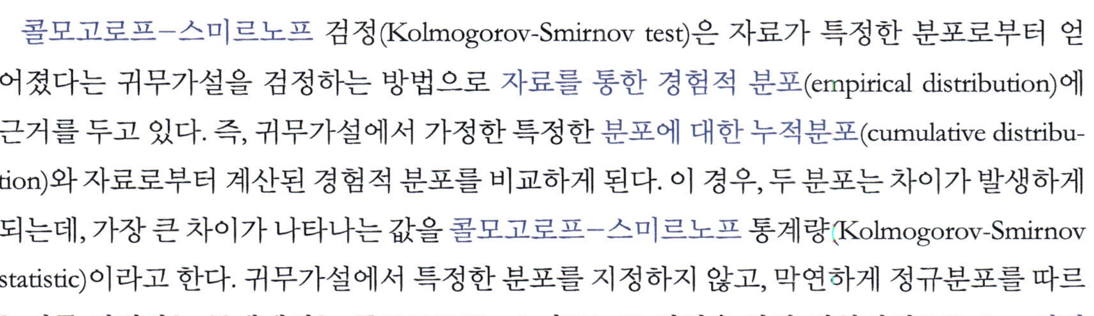

콜모고로프-스미르노프 검정(Kolmogorov-Smirnov test)은 자료가 특정한 분포로부터 얻어졌다는 귀무가설을 검정하는 방법으로 자료를 통한 경험적 분포(empirical distribution)에 근거를 두고 있다. 즉, 귀무가설에서 가정한 특정한 분포에 대한 누적분포(cumulative distribution)와 자료로부터 계산된 경험적 분포를 비교하게 된다. 이 경우, 두 분포는 차이가 발생하게 되는데, 가장 큰 차이가 나타나는 값을 콜모고로프-스미르노프 통계량(Kolmogorov-Smirnov statistic)이라고 한다. 귀무가설에서 특정한 분포를 지정하지 않고, 막연하게 정규분포를 따르는지를 검정하는 문제에서는 콜모고로프-스미르노프 검정을 약간 변형시킨 Lilliefors 검정(Lilliefors test)을 사용한다. 여기서는 두 종류의 예제를 통하여 콜모고로프-스미르노프 검정과 Lilliefors검정을 소개하고자 한다.

(1) 분포에 대한 검정1: 콜모고로프-스미르노프 검정

다음은 담배필터가 타르를 얼마나 제거하는지를 9개의 담배를 가지고 측정한 타르제거지수(TRI: tar removal index)자료이다. 평균이 6.8이고, 표준편차가 0.1인 정규분포로부터 추출된 자료인지를 검정하여라.

TRI 값: 6.85, 6.91, 6.62, 7.22, 6.83, 6.63, 6.92, 7.14, 6.98

콜모고로프-스미르노프 검정은, 앞에서 설명한 바와 같이 누적확률을 계산하여 가정된 분포의 누적확률과 가장 크게 나타나는 차이를 기준으로 통계적 결정을 내리는 방법이다. 이 경우 귀무가설과 대립가설은 다음과 같이 설정된다.

H_0: 자료는 평균이 6.8이고, 표준편차가 0.1인 정규분포로부터 추출되었다.

H_1: 자료는 평균이 6.8이고, 표준편차가 0.1인 정규분포로부터 추출되지 않았다.

여기서는 콜모고로프-스미르노프 검정을 6단계로 나누어서 설명하기로 한다.

(단계 1) 각 자료에 대한 누적확률을 추정한다.

각 관측값의 누적확률은 자료의 경험적 분포로부터 계산되어야 한다. 경험적 분포는 자료를 크기 순으로 나열하여 나타난 순위와 밀접한 관련이 있다. 어떠한 자료값 X에 대한 누적확률을 추정하는 문제는 여러 종류의 방법이 있으나, 여기서는 블럼(Blum)방법을 사용하기로 한다. 자료값 X에 대한 순위를 $rank(X)$라 표기하고, n을 자료의 수라고 하면, 누적확률은 다음과 같이 추정된다.

$$p = \frac{rank(X) - 3/8}{n + 1/4}$$

예를 들어, 자료 중에서 가장 적은 값은 6.62가 되며, 이 경우의 순위(rank)가 1이 되므로, (즉 $rank(6.62) = 1$) 누적확률은 다음과 같이 계산된다.

$$p = \frac{1 - 3/8}{9 + 1/4} = 0.067568 \simeq 0.07$$

(단계 2) 평균이 6.8이고, 표준편차가 0.1인 정규분포로부터 누적확률을 계산한다.

우선 6.62의 표준화된 값인 Z값을 계산하여보면, 다음과 같다.

$$Z = \frac{6.62 - 6.8}{0.1} = -1.8$$

이에 대한 누적확률은 표준정규분포표에 의하여 다음과 같이 된다.

$$\Pr(Z < -1.8) = 0.04$$

(단계 3) 귀무가설이 차이라고 가정한 정규분포로부터 계산된 누적확률 0.04와 자료로부터 추정된 누적확률 0.07의 차이에 대한 절대값을 계산한다. 이 경우에는 절대값의 차이가 0.03이 된다. 이 차이가 크면 클수록 평균이 6.8이고, 표준편차가 0.1인 정규분포로부터 자료가 추출되었다고 보기가 어려울 것이며, 적으면 적을수록 평균이 6.8이고, 표준편차가 0.1인 정규분포로부터 자료가 추출되었다고 볼 수 있을 것이다.

각 자료값에 대하여 이러한 과정을 반복 계산하여 보면, <표 27-6>과 같다.

(단계 4) 콜모고로프-스미르노프 통계량은 이러한 차이 중에서 가장 큰 차이가 나는 값을 말

표 27-6 | 콜모고로프-스미르노프 통계량 계산을 위한 표

자료값	6.62	6.63	6.83	6.85	6.91	6.92	6.98	7.14	7.22
순 위	1	2	3	4	5	6	7	8	9
누적확률	0.07	0.18	0.28	0.39	0.50	0.61	0.72	0.82	0.93
Z값	−1.80	−1.70	0.30	0.50	1.10	1.20	1.80	3.40	4.20
정규분포	0.04	0.04	0.62	0.69	0.86	0.88	0.96	1.00	1.00
차 이	0.03	0.13	0.33	0.30	0.36	0.28	0.25	0.18	0.07

한다. 이 경우에는 5번째 순위의 자료값 6.91에서 0.36의 가장 큰 차이를 나타내므로 이 값이 콜모고로프-스미르노프 통계량이 된다.

(단계 5) 콜모고로프–스미르노프 통계량에 대한 임계값은 책의 <부록>에 있는 표에 의하여 유의수준 5%에서 0.430이 된다. 따라서, 기각역은 0.430보다 큰 영역이 된다.

(단계 6) 계산된 검정통계량 값은 0.36이고, 기각역은 0.430 이상 이므로, 검정통계량 값은 기각역에 속하지 않게 된다. 따라서 유의수준 5%에서 본 자료는 평균이 6.8이고, 표준편차가 0.1의 정규분포로부터 자료가 추출되었다는 사실을 기각할 수 없다. 또한 p값의 범위는, 책의 <부록>에 있는 콜모고로프–스미르노프 통계량에 대한 임계값을 나타내는 표에 의하여, 0.1에서 0.2 사이에 있다는 사실을 확인할 수 있다.

(2) 분포에 대한 검정2: Lilliefors 검정

A대학교에서는 학생들의 어학능력이 다른 능력에 미치는 영향을 파악하고자 연구를 시작하려고 한다. 이러한 연구에 앞서, 통계분석을 위한 일반적인 가정인 정규분포를 따르는지를 파악하기 위하여, 20명의 학생을 무작위로 추출하여 어학능력 점수를 조사하여, 다음과 같은 20명의 어학능력 점수를 얻었다.

547	538	534	565	533	547	540	548	552	531
547	552	551	568	562	561	547	559	537	552

이 자료가 정규분포로부터 추출된 자료라고 판단할 수 있을 것인지를 검정하여라.

이 경우는, 앞의 예제와는 다르게 구체적인 정규분포의 형태가 문제에서 제시되지 않고 있으며, 막연히 정규분포를 따르는지를 알아보는 문제이다. 이러한 경우에는 콜모고로프-스미르노프 검정을 그대로 사용할 수 없고, 콜모고로프-스미르노프 검정을 약간 변형한 형태인 Lilliefors검정(Lilliefors test)을 적용할 수 있다. Lilliefors검정은, 자료를 먼저 표준화시켜서 평균이 0이고, 분산이 1이 되도록 만들어 준 후, 평균이 0이고, 분산이 1인 표준정규분포와 맞는지를 검정하는 방법이다. 이와 같은 과정을 자세히 살펴보도록 하자.

우선 자료를 표준화시켜보자. 표준화는 다음과 같은 식에 의하여 계산된다.

$$Z = \frac{X_i - \bar{X}}{S}$$

본 자료에서는 평균이 548.55가 나타났고, 표준편차가 10.821로 나타났으므로, 예를 들어, 가장 작은 값 531에 해당하는 표준화된 값은 다음과 같이 계산된다.

$$Z = \frac{531 - 548.55}{10.821} = -1.6218$$

이제, 자료로부터 누적확률을 계산하여 보자. 자료값 531은 가장 작은 값이므로, 이에 해당되는 순위는 1이 되며 (즉, $rank(531)=1$), 확률은 다음과 같이 계산된다.

$$p = \frac{1 - 3/8}{20 + 1/4} = 0.0309 \simeq 0.03$$

또한 책의 <부록>에 있는 표준정규분포표에 의하여 표준화된 값인 -1.62에 대한 누적확률은 다음과 같이 계산된다.

$$\Pr(Z < -1.62) = 0.05$$

따라서 자료값 531에서 나타나는 차이는 0.05에서 0.03의 절대값 차이인 0.02가 된다.

이러한 과정을 모든 자료에 적용하여 계산하면, <표 27-7>과 같다.

Lilliefors 검정통계량, 즉, <표 27-7>에 나타난 두 누적확률분포에 대한 절대값 차이의 최대값을 계산하여 보면, 0.06으로 나타난다. 책의 <부록>에 나타나 있는 Lilliefors 검정에 대한 임계값을 나타낸 표를 살펴보면, 유의수준 5%에서 0.192이므로, 기각역은 0.192 이상이 된다. 계산된 검정통계량 값이 0.06이므로, 이 값은 기각역에 속하지 않게 된다. 따라서 유의수준

5%에서 정규분포로부터 크게 벗어나지 않았다고 말할 수 있다.

그림 27–7 | 윌콕슨 부호순위검정을 위한 계산표

자료값	Z값	순 위	누적확률	정규분포	차 이
531	−1.62	1	0.03	0.05	0.02
533	−1.44	2	0.08	0.08	0.00
534	−1.34	3	0.13	0.09	0.04
537	−1.07	4	0.18	0.14	0.04
538	−0.97	5	0.23	0.16	0.06
540	−0.79	6	0.28	0.21	0.06
547	−0.14	8.5 *	0.40	0.44	0.04
547	−0.14	8.5	0.40	0.44	0.04
547	−0.14	8.5	0.40	0.44	0.04
547	−0.14	8.5	0.40	0.44	0.04
548	−0.05	11	0.52	0.48	0.04
551	0.23	12	0.57	0.59	0.02
552	0.32	14	0.67	0.63	0.05
552	0.32	14	0.67	0.63	0.05
552	0.32	14	0.67	0.63	0.05
559	0.97	16	0.77	0.83	0.06
561	1.15	17	0.82	0.88	0.05
562	1.24	18	0.87	0.89	0.02
565	1.52	19	0.92	0.94	0.02
568	1.80	20	0.97	0.96	0.01

(*) 순위가 같은 경우에는 평균순위를 이용하였다.

요 약

1. 비모수분석이란?

▶ 자료의 분포가 정규분포와 너무 다르게 나타나면서, 자료의 수가 작은 경우에 비모수분석을 사용할 수 있다. 비모수분석은 자료가 어떠한 형태의 분포를 따르더라도 적용할 수 있으므로 분포와 무관한 방법이라 부르기도 한다.

2. 적합도검정

▶ 적합도검정이란, 카테고리로 구분된 변수를 대상으로, 연구자가 가정한 분포를 따르는지의 여부를 검정하는 방법을 말하며 검정통계량은 다음과 같다.

$$\chi^2 = \sum_{j=1}^{I} \frac{(O_j - E_j)^2}{E_j}$$

▶ 적합도검정은 모든 E_j가 5보다 큰 경우에만 적용시킬 수 있으며, 이 경우 검정통계량은, 귀무가설이 참이라고 가정한다면, 카테고리수 −1의 자유도를 갖는 카이제곱분포를 따른다.

3. 독립성검정

▶ 독립성검정은 적합도검정의 한 형태로 볼 수 있으며, 두 변수가 서로 독립이라고 가정하고, 기대도수를 계산한 다음 관측도수와 비교하게 된다.

▶ 두 변수에 대한 독립성은, 첫 번째 변수를 예측함에 있어서, 두 번째 변수는 아무 역할도 하지 못하고 있다는 의미로서, 두 번째 변수의 값과는 무관하게 첫 번째 변수의 값이 결정된다는 의미이다.

4. 모평균 차이에 대한 검정: 윌콕슨 부호순위검정

▶ 윌콕슨 부호순위 검정은 쌍으로 이루어진 자료에 대하여 두 값의 차이에 대한 순위를 부호와 함께 고려하는 검정방법으로, 모수분석에서는 쌍체 t검정에 해당된다.

5. 분포에 대한 검정

▶ 콜모고로프-스미르노프 검정은 자료가 특정한 분포로부터 얻어졌다는 귀무가설을 검정하는 방법으로, 자료를 통한 경험적 분포와 귀무가설에서 가정한 특정한 분포의 차이

를 파악하여 검정하는 방법이다.

▶ 만일 귀무가설이 특정한 분포를 지정하지 않고, 막연하게 정규분포를 따르는지를 파악하는 문제라면, 콜모고로프-스미르노프 검정을 변형시킨 Lilliefors 검정을 사용한다.

논의사항

1. 모수분석과 비모수분석의 차이점에 대하여 논의하시오.
2. 어느 마케팅 조사기관에서는, 50명의 남자와 50명의 여자로 구성된 100명의 패널을 대상으로, X맥주와 Y맥주 중 어느 맥주를 더 선호하는지에 대하여 조사하였더니, 다음과 같은 결과가 나타났다.

선호하는 맥주	성 별		합 계
	남 자	여 자	
X맥주	40명	20명	60명
Y맥주	10명	30명	40명
합 계	50명	50명	100명

선호하는 맥주와 성별 사이의 독립관계는 어떻게 해석하여야 하는지에 대하여 논의하고, 실제로 독립적인 관계가 있는지에 대하여 조사하여라.

3. 다이어트 프로그램의 효과를 파악하기 위하여, 6명의 학생을 대상으로 다이어트 이전과 다이어트 이후의 몸무게를 조사한 결과 다음과 같이 나타났다.

	학생1	학생2	학생3	학생4	학생5	학생6
다이어트 이전 (kg)	65	72	70	68	75	71
다이어트 이후 (kg)	62	70	69	67	76	68

(1) 다이어트 이전과 다이어트 이후의 몸무게에 대한 차이는 정규분포를 따른다고 볼 수 있는지를 검정하여라.

(2) 모수분석과 비모수분석을 모두 실시하여 다이어트 프로그램이 효과가 있는지를 검정하여라. 두 분석결과가 일치하고 있는가?

(3) 이 예제를 통하여 모수분석과 비모수분석은 어떠한 특징을 가지고 있는지를 논의하시오.

부 록

표 1 표준정규분포표

$\varphi(z) = \Pr(X \le z)$

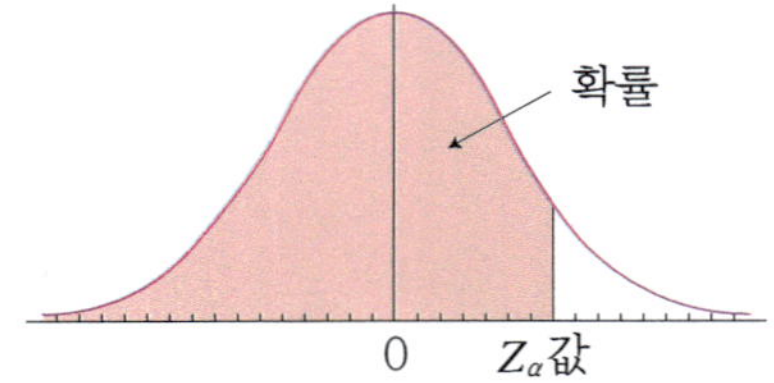

z값	0.00	0.01	0.02	0.03	0.04	0.05	0.06	0.07	0.08	0.09
0	0.5000	0.5040	0.5080	0.5120	0.5160	0.5199	0.5239	0.5279	0.5319	0.5359
0.1	0.5398	0.5438	0.5478	0.5517	0.5557	0.5596	0.5636	0.5675	0.5714	0.5753
0.2	0.5793	0.5832	0.5871	0.5910	0.5948	0.5987	0.6026	0.6064	0.6103	0.6141
0.3	0.6179	0.6217	0.6255	0.6293	0.6331	0.6368	0.6406	0.6443	0.6480	0.6517
0.4	0.6554	0.6591	0.6628	0.6664	0.6700	0.6736	0.6772	0.6808	0.6844	0.6879
0.5	0.6915	0.6950	0.6985	0.7019	0.7054	0.7088	0.7123	0.7157	0.7190	0.7224
0.6	0.7257	0.7291	0.7324	0.7357	0.7389	0.7422	0.7454	0.7486	0.7517	0.7549
0.7	0.7580	0.7611	0.7642	0.7673	0.7704	0.7734	0.7764	0.7794	0.7823	0.7852
0.8	0.7881	0.7910	0.7939	0.7967	0.7995	0.8023	0.8051	0.8078	0.8106	0.8133
0.9	0.8159	0.8186	0.8212	0.8238	0.8264	0.8289	0.8315	0.8340	0.8365	0.8389
1.0	0.8413	0.8438	0.8461	0.8485	0.8508	0.8531	0.8554	0.8577	0.8599	0.8621
1.1	0.8643	0.8665	0.8686	0.8708	0.8729	0.8749	0.8770	0.8790	0.8810	0.8830
1.2	0.8849	0.8869	0.8888	0.8907	0.8925	0.8944	0.8962	0.8980	0.8997	0.9015
1.3	0.9032	0.9049	0.9066	0.9082	0.9099	0.9115	0.9131	0.9147	0.9162	0.9177
1.4	0.9192	0.9207	0.9222	0.9236	0.9251	0.9265	0.9279	0.9292	0.9306	0.9319
1.5	0.9332	0.9345	0.9357	0.9370	0.9382	0.9394	0.9406	0.9418	0.9429	0.9441
1.6	0.9452	0.9463	0.9474	0.9484	0.9495	0.9505	0.9515	0.9525	0.9535	0.9545
1.7	0.9554	0.9564	0.9573	0.9582	0.9591	0.9599	0.9608	0.9616	0.9625	0.9633
1.8	0.9641	0.9649	0.9656	0.9664	0.9671	0.9678	0.9686	0.9693	0.9699	0.9706
1.9	0.9713	0.9719	0.9726	0.9732	0.9738	0.9744	0.9750	0.9756	0.9761	0.9767
2.0	0.9772	0.9778	0.9783	0.9788	0.9793	0.9798	0.9803	0.9808	0.9812	0.9817
2.1	0.9821	0.9826	0.9830	0.9834	0.9838	0.9842	0.9846	0.9850	0.9854	0.9857
2.2	0.9861	0.9864	0.9868	0.9871	0.9875	0.9878	0.9881	0.9884	0.9887	0.9890
2.3	0.9893	0.9896	0.9898	0.9901	0.9904	0.9906	0.9909	0.9911	0.9913	0.9916
2.4	0.9918	0.9920	0.9922	0.9925	0.9927	0.9929	0.9931	0.9932	0.9934	0.9936
2.5	0.9938	0.9940	0.9941	0.9943	0.9945	0.9946	0.9948	0.9949	0.9951	0.9952
2.6	0.9953	0.9955	0.9956	0.9957	0.9959	0.9960	0.9961	0.9962	0.9963	0.9964
2.7	0.9965	0.9966	0.9967	0.9968	0.9969	0.9970	0.9971	0.9972	0.9973	0.9974
2.8	0.9974	0.9975	0.9976	0.9977	0.9977	0.9978	0.9979	0.9979	0.9980	0.9981
2.9	0.9981	0.9982	0.9982	0.9983	0.9984	0.9984	0.9985	0.9985	0.9986	0.9986
3.0	0.99865	0.99869	0.99874	0.99878	0.99882	0.99886	0.99889	0.99893	0.99896	0.99900
4.0	0.99997	0.99997	0.99997	0.99997	0.99997	0.99997	0.99998	0.99998	0.99998	0.99998

표 2 t-분포표

$a = \Pr(T \geq t_a(\text{자유도}))$

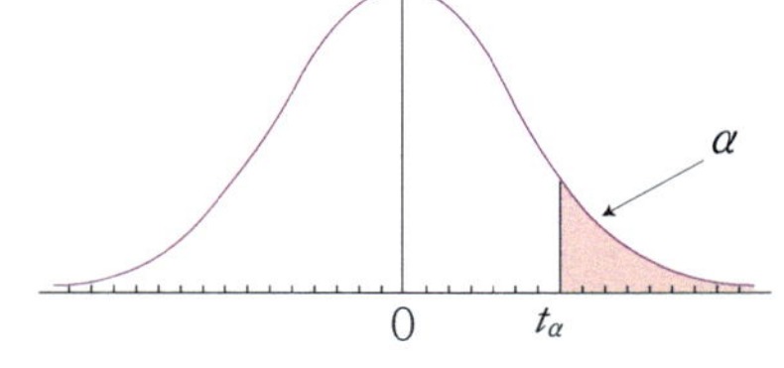

자유도	$t_{0.1}$	$t_{0.05}$	$t_{0.025}$	$t_{0.01}$	$t_{0.005}$
1	3.078	6.314	12.706	31.821	63.656
2	1.886	2.920	4.303	6.965	9.925
3	1.638	2.353	3.182	4.541	5.841
4	1.533	2.132	2.776	3.747	4.604
5	1.476	2.015	2.571	3.365	4.032
6	1.440	1.943	2.447	3.143	3.707
7	1.415	1.895	2.365	2.998	3.499
8	1.397	1.860	2.306	2.896	3.355
9	1.383	1.833	2.262	2.821	3.250
10	1.372	1.812	2.228	2.764	3.169
11	1.363	1.796	2.201	2.718	3.106
12	1.356	1.782	2.179	2.681	3.055
13	1.350	1.771	2.160	2.650	3.012
14	1.345	1.761	2.145	2.624	2.977
15	1.341	1.753	2.131	2.602	2.947
16	1.337	1.746	2.120	2.583	2.921
17	1.333	1.740	2.110	2.567	2.898
18	1.330	1.734	2.101	2.552	2.878
19	1.328	1.729	2.093	2.539	2.861
20	1.325	1.725	2.086	2.528	2.845
21	1.323	1.721	2.080	2.518	2.831
22	1.321	1.717	2.074	2.508	2.819
23	1.319	1.714	2.069	2.500	2.807
24	1.318	1.711	2.064	2.492	2.797
25	1.316	1.708	2.060	2.485	2.787
26	1.315	1.706	2.056	2.479	2.779
27	1.314	1.703	2.052	2.473	2.771
28	1.313	1.701	2.048	2.467	2.763
29	1.311	1.699	2.045	2.462	2.756
30	1.310	1.697	2.042	2.457	2.750
40	1.303	1.684	2.021	2.423	2.704
60	1.296	1.671	2.000	2.390	2.660
120	1.289	1.658	1.980	2.358	2.617
∞	1.282	1.645	1.960	2.327	2.576

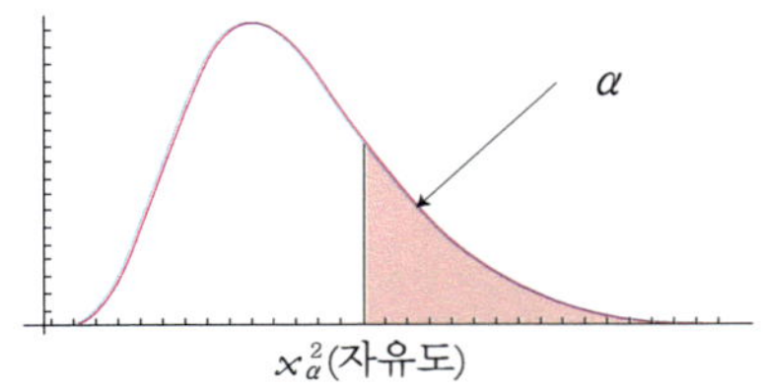

표 3-1 x^2-분포표

$$a = \Pr(V \geq x_a^2(\text{자유도}))$$

자유도 \ a	0.999	0.995	0.99	0.975	0.95	0.90
1	0.000	0.000	0.000	0.001	0.004	0.016
2	0.002	0.010	0.020	0.051	0.103	0.211
3	0.024	0.072	0.115	0.216	0.352	0.584
4	0.091	0.207	0.297	0.484	0.711	1.064
5	0.210	0.412	0.554	0.831	1.145	1.610
6	0.381	0.676	0.872	1.237	1.635	2.204
7	0.599	0.989	1.239	1.690	2.167	2.833
8	0.857	1.344	1.647	2.180	2.733	3.490
9	1.152	1.735	2.088	2.700	3.325	4.168
10	1.479	2.156	2.558	3.247	3.940	4.865
11	1.83	2.60	3.05	3.82	4.57	5.58
12	2.21	3.07	3.57	4.40	5.23	6.30
13	2.62	3.57	4.11	5.01	5.89	7.04
14	3.04	4.07	4.66	5.63	6.57	7.79
15	3.48	4.60	5.23	6.26	7.26	8.55
16	3.94	5.14	5.81	6.91	7.96	9.31
17	4.42	5.70	6.41	7.56	8.67	10.09
18	4.90	6.26	7.01	8.23	9.39	10.86
19	5.41	6.84	7.63	8.91	10.12	11.65
20	5.92	7.43	8.26	9.59	10.85	12.44
21	6.45	8.03	8.90	10.28	11.59	13.24
22	6.98	8.64	9.54	10.98	12.34	14.04
23	7.53	9.26	10.20	11.69	13.09	14.85
24	8.08	9.89	10.86	12.40	13.85	15.66
25	8.65	10.52	11.52	13.12	14.61	16.47
26	9.22	11.16	12.20	13.84	15.38	17.29
27	9.80	11.81	12.88	14.57	16.15	18.11
28	10.39	12.46	13.56	15.31	16.93	18.94
29	10.99	13.12	14.26	16.05	17.71	19.77
30	11.59	13.79	14.95	16.79	18.49	20.60
35	14.69	17.19	18.51	20.57	22.47	24.80
40	17.92	20.71	22.16	24.43	26.51	29.05
45	21.25	24.31	25.90	28.37	30.61	33.35
50	24.67	27.99	29.71	32.36	34.76	37.69
55	28.17	31.73	33.57	36.40	38.96	42.06
60	31.74	35.53	37.48	40.48	43.19	46.46
65	35.36	39.38	41.44	44.60	47.45	50.88
70	39.04	43.28	45.44	48.76	51.74	55.33
75	42.76	47.21	49.48	52.94	56.05	59.79
80	46.52	51.17	53.54	57.15	60.39	64.28
85	50.32	55.17	57.63	61.39	64.75	68.78
90	54.16	59.20	61.75	65.65	69.13	73.29
95	58.02	63.25	65.90	69.92	73.52	77.82
100	61.92	67.33	70.06	74.22	77.93	82.36

표 3-2 χ^2-분포표(계속)

$$a = \Pr(V \geq \chi_a^2(\text{자유도}))$$

자유도 \ a	0.1	0.05	0.025	0.01	0.005	0.001
1	2.71	3.84	5.02	6.63	7.88	10.83
2	4.61	5.99	7.38	9.21	10.60	13.82
3	6.25	7.81	9.35	11.34	12.84	16.27
4	7.78	9.49	11.14	13.28	14.86	18.47
5	9.24	11.07	12.83	15.09	16.75	20.51
6	10.6	12.6	14.4	16.8	18.5	22.5
7	12.0	14.1	16.0	18.5	20.3	24.3
8	13.4	15.5	17.5	20.1	22.0	26.1
9	14.7	16.9	19.0	21.7	23.6	27.9
10	16.0	18.3	20.5	23.2	25.2	29.6
11	17.3	19.7	21.9	24.7	26.8	31.3
12	18.5	21.0	23.3	26.2	28.3	32.9
13	19.8	22.4	24.7	27.7	29.8	34.5
14	21.1	23.7	26.1	29.1	31.3	36.1
15	22.3	25.0	27.5	30.6	32.8	37.7
16	23.5	26.3	28.8	32.0	34.3	39.3
17	24.8	27.6	30.2	33.4	35.7	40.8
18	26.0	28.9	31.5	34.8	37.2	42.3
19	27.2	30.1	32.9	36.2	38.6	43.8
20	28.4	31.4	34.2	37.6	40.0	45.3
21	29.6	32.7	35.5	38.9	41.4	46.8
22	30.8	33.9	36.8	40.3	42.8	48.3
23	32.0	35.2	38.1	41.6	44.2	49.7
24	33.2	36.4	39.4	43.0	45.6	51.2
25	34.4	37.7	40.6	44.3	46.9	52.6
26	35.6	38.9	41.9	45.6	48.3	54.1
27	36.7	40.1	43.2	47.0	49.6	55.5
28	37.9	41.3	44.5	48.3	51.0	56.9
29	39.1	42.6	45.7	49.6	52.3	58.3
30	40.3	43.8	47.0	50.9	53.7	59.7
35	46.1	49.8	53.2	57.3	60.3	66.6
40	51.8	55.8	59.3	63.7	66.8	73.4
45	57.5	61.7	65.4	70.0	73.2	80.1
50	63.2	67.5	71.4	76.2	79.5	86.7
55	68.8	73.3	77.4	82.3	85.7	93.2
60	74.4	79.1	83.3	88.4	92.0	99.6
65	80.0	84.8	89.2	94.4	98.1	106.0
70	85.5	90.5	95.0	100.4	104.2	112.3
75	91.1	96.2	100.8	106.4	110.3	118.6
80	96.6	101.9	106.6	112.3	116.3	124.8
85	102.1	107.5	112.4	118.2	122.3	131.0
90	107.6	113.1	118.1	124.1	128.3	137.2
95	113.0	118.8	123.9	130.0	134.2	143.3
100	118.5	124.3	129.6	135.8	140.2	149.4

표 4-1 F 분포표 $-\alpha$가 0.1인 경우

$$\alpha = \Pr(F \ge F_\alpha(v_1,\ v_2))$$

v_2 \ v_1	1	2	3	4	5	6	7	8	9	10	12	15	20	24	30	40	60	120	∞
1	39.86	49.50	53.59	55.83	57.24	58.20	58.91	59.44	59.86	60.19	60.71	61.22	61.74	62.00	62.26	62.53	62.79	63.06	63.32
2	8.53	9.00	9.16	9.24	9.29	9.33	9.35	9.37	9.38	9.39	9.41	9.42	9.44	9.45	9.46	9.47	9.47	9.48	9.49
3	5.54	5.46	5.39	5.34	5.31	5.28	5.27	5.25	5.24	5.23	5.22	5.20	5.18	5.18	5.17	5.16	5.15	5.14	5.13
4	4.54	4.32	4.19	4.11	4.05	4.01	3.98	3.95	3.94	3.92	3.90	3.87	3.84	3.83	3.82	3.80	3.79	3.78	3.76
5	4.06	3.78	3.62	3.52	3.45	3.40	3.37	3.34	3.32	3.30	3.27	3.24	3.21	3.19	3.17	3.16	3.14	3.12	3.11
6	3.78	3.46	3.29	3.18	3.11	3.05	3.01	2.98	2.96	2.94	2.90	2.87	2.84	2.82	2.80	2.78	2.76	2.74	2.72
7	3.59	3.26	3.07	2.96	2.88	2.83	2.78	2.75	2.72	2.70	2.67	2.63	2.59	2.58	2.56	2.54	2.51	2.49	2.47
8	3.46	3.11	2.92	2.81	2.73	2.67	2.62	2.59	2.56	2.54	2.50	2.46	2.42	2.40	2.38	2.36	2.34	2.32	2.29
9	3.36	3.01	2.81	2.69	2.61	2.55	2.51	2.47	2.44	2.42	2.38	2.34	2.30	2.28	2.25	2.23	2.21	2.18	2.16
10	3.29	2.92	2.73	2.61	2.52	2.46	2.41	2.38	2.35	2.32	2.28	2.24	2.20	2.18	2.16	2.13	2.11	2.08	2.06
11	3.23	2.86	2.66	2.54	2.45	2.39	2.34	2.30	2.27	2.25	2.21	2.17	2.12	2.10	2.08	2.05	2.03	2.00	1.97
12	3.18	2.81	2.61	2.48	2.39	2.33	2.28	2.24	2.21	2.19	2.15	2.10	2.06	2.04	2.01	1.99	1.96	1.93	1.90
13	3.14	2.76	2.56	2.43	2.35	2.28	2.23	2.20	2.16	2.14	2.10	2.05	2.01	1.98	1.96	1.93	1.90	1.88	1.85
14	3.10	2.73	2.52	2.39	2.31	2.24	2.19	2.15	2.12	2.10	2.05	2.01	1.96	1.94	1.91	1.89	1.86	1.83	1.80
15	3.07	2.70	2.49	2.36	2.27	2.21	2.16	2.12	2.09	2.06	2.02	1.97	1.92	1.90	1.87	1.85	1.82	1.79	1.76
16	3.05	2.67	2.46	2.33	2.24	2.18	2.13	2.09	2.06	2.03	1.99	1.94	1.89	1.87	1.84	1.81	1.78	1.75	1.72
17	3.03	2.64	2.44	2.31	2.22	2.15	2.10	2.06	2.03	2.00	1.96	1.91	1.86	1.84	1.81	1.78	1.75	1.72	1.69
18	3.01	2.62	2.42	2.29	2.20	2.13	2.08	2.04	2.00	1.98	1.93	1.89	1.84	1.81	1.78	1.75	1.72	1.69	1.66
19	2.99	2.61	2.40	2.27	2.18	2.11	2.06	2.02	1.98	1.96	1.91	1.86	1.81	1.79	1.76	1.73	1.70	1.67	1.63
20	2.97	2.59	2.38	2.25	2.16	2.09	2.04	2.00	1.96	1.94	1.89	1.84	1.79	1.77	1.74	1.71	1.68	1.64	1.61
21	2.96	2.57	2.36	2.23	2.14	2.08	2.02	1.98	1.95	1.92	1.87	1.83	1.78	1.75	1.72	1.69	1.66	1.62	1.59
22	2.95	2.56	2.35	2.22	2.13	2.06	2.01	1.97	1.93	1.90	1.86	1.81	1.76	1.73	1.70	1.67	1.64	1.60	1.57
23	2.94	2.55	2.34	2.21	2.11	2.05	1.99	1.95	1.92	1.89	1.84	1.80	1.74	1.72	1.69	1.66	1.62	1.59	1.55
24	2.93	2.54	2.33	2.19	2.10	2.04	1.98	1.94	1.91	1.88	1.83	1.78	1.73	1.70	1.67	1.64	1.61	1.57	1.53
25	2.92	2.53	2.32	2.18	2.09	2.02	1.97	1.93	1.89	1.87	1.82	1.77	1.72	1.69	1.66	1.63	1.59	1.56	1.52
26	2.91	2.52	2.31	2.17	2.08	2.01	1.96	1.92	1.88	1.86	1.81	1.76	1.71	1.68	1.65	1.61	1.58	1.54	1.50
27	2.90	2.51	2.30	2.17	2.07	2.00	1.95	1.91	1.87	1.85	1.80	1.75	1.70	1.67	1.64	1.60	1.57	1.53	1.49
28	2.89	2.50	2.29	2.16	2.06	2.00	1.94	1.90	1.87	1.84	1.79	1.74	1.69	1.66	1.63	1.59	1.56	1.52	1.48
29	2.89	2.50	2.28	2.15	2.06	1.99	1.93	1.89	1.86	1.83	1.78	1.73	1.68	1.65	1.62	1.58	1.55	1.51	1.47
30	2.88	2.49	2.28	2.14	2.05	1.98	1.93	1.88	1.85	1.82	1.77	1.72	1.67	1.64	1.61	1.57	1.54	1.50	1.46
40	2.84	2.44	2.23	2.09	2.00	1.93	1.87	1.83	1.79	1.76	1.71	1.66	1.61	1.57	1.54	1.51	1.47	1.42	1.38
60	2.79	2.39	2.18	2.04	1.95	1.87	1.82	1.77	1.74	1.71	1.66	1.60	1.54	1.51	1.48	1.44	1.40	1.35	1.29
120	2.75	2.35	2.13	1.99	1.90	1.82	1.77	1.72	1.68	1.65	1.60	1.55	1.48	1.45	1.41	1.37	1.32	1.26	1.19
∞	2.71	2.30	2.08	1.95	1.85	1.77	1.72	1.67	1.63	1.60	1.55	1.49	1.42	1.38	1.34	1.30	1.24	1.17	1.00

표 4-2 F 분포표– α가 0.05인 경우

$\alpha = \Pr(F \geq F_\alpha(v_1,\ v_2))$

v_2 \ v_1	1	2	3	4	5	6	7	8	9	10	12	15	20	24	30	40	60	120	∞
1	161.45	199.50	215.71	224.58	230.16	233.99	236.77	238.88	240.54	241.88	243.90	245.95	248.02	249.05	250.10	251.14	252.20	253.25	254.31
2	18.51	19.00	19.16	19.25	19.30	19.33	19.35	19.37	19.38	19.40	19.41	19.43	19.45	19.45	19.46	19.47	19.48	19.49	19.50
3	10.13	9.55	9.28	9.12	9.01	8.94	8.89	8.85	8.81	8.79	8.74	8.70	8.66	8.64	8.62	8.59	8.57	8.55	8.53
4	7.71	6.94	6.59	6.39	6.26	6.16	6.09	6.04	6.00	5.96	5.91	5.86	5.80	5.77	5.75	5.72	5.69	5.66	5.63
5	6.61	5.79	5.41	5.19	5.05	4.95	4.88	4.82	4.77	4.74	4.68	4.62	4.56	4.53	4.50	4.46	4.43	4.40	4.37
6	5.99	5.14	4.76	4.53	4.39	4.28	4.21	4.15	4.10	4.06	4.00	3.94	3.87	3.84	3.81	3.77	3.74	3.70	3.67
7	5.59	4.74	4.35	4.12	3.97	3.87	3.79	3.73	3.68	3.64	3.57	3.51	3.44	3.41	3.38	3.34	3.30	3.27	3.23
8	5.32	4.46	4.07	3.84	3.69	3.58	3.50	3.44	3.39	3.35	3.28	3.22	3.15	3.12	3.08	3.04	3.01	2.97	2.93
9	5.12	4.26	3.86	3.63	3.48	3.37	3.29	3.23	3.18	3.14	3.07	3.01	2.94	2.90	2.86	2.83	2.79	2.75	2.71
10	4.96	4.10	3.71	3.48	3.33	3.22	3.14	3.07	3.02	2.98	2.91	2.85	2.77	2.74	2.70	2.66	2.62	2.58	2.54
11	4.84	3.98	3.59	3.36	3.20	3.09	3.01	2.95	2.90	2.85	2.79	2.72	2.65	2.61	2.57	2.53	2.49	2.45	2.40
12	4.75	3.89	3.49	3.26	3.11	3.00	2.91	2.85	2.80	2.75	2.69	2.62	2.54	2.51	2.47	2.43	2.38	2.34	2.30
13	4.67	3.81	3.41	3.18	3.03	2.92	2.83	2.77	2.71	2.67	2.60	2.53	2.46	2.42	2.38	2.34	2.30	2.25	2.21
14	4.60	3.74	3.34	3.11	2.96	2.85	2.76	2.70	2.65	2.60	2.53	2.46	2.39	2.35	2.31	2.27	2.22	2.18	2.13
15	4.54	3.68	3.29	3.06	2.90	2.79	2.71	2.64	2.59	2.54	2.48	2.40	2.33	2.29	2.25	2.20	2.16	2.11	2.07
16	4.49	3.63	3.24	3.01	2.85	2.74	2.66	2.59	2.54	2.49	2.42	2.35	2.28	2.24	2.19	2.15	2.11	2.06	2.01
17	4.45	3.59	3.20	2.96	2.81	2.70	2.61	2.55	2.49	2.45	2.38	2.31	2.23	2.19	2.15	2.10	2.06	2.01	1.96
18	4.41	3.55	3.16	2.93	2.77	2.66	2.58	2.51	2.46	2.41	2.34	2.27	2.19	2.15	2.11	2.06	2.02	1.97	1.92
19	4.38	3.52	3.13	2.90	2.74	2.63	2.54	2.48	2.42	2.38	2.31	2.23	2.16	2.11	2.07	2.03	1.98	1.93	1.88
20	4.35	3.49	3.10	2.87	2.71	2.60	2.51	2.45	2.39	2.35	2.28	2.20	2.12	2.08	2.04	1.99	1.95	1.90	1.84
21	4.32	3.47	3.07	2.84	2.68	2.57	2.49	2.42	2.37	2.32	2.25	2.18	2.10	2.05	2.01	1.96	1.92	1.87	1.81
22	4.30	3.44	3.05	2.82	2.66	2.55	2.46	2.40	2.34	2.30	2.23	2.15	2.07	2.03	1.98	1.94	1.89	1.84	1.78
23	4.28	3.42	3.03	2.80	2.64	2.53	2.44	2.37	2.32	2.27	2.20	2.13	2.05	2.01	1.96	1.91	1.86	1.81	1.76
24	4.26	3.40	3.01	2.78	2.62	2.51	2.42	2.36	2.30	2.25	2.18	2.11	2.03	1.98	1.94	1.89	1.84	1.79	1.73
25	4.24	3.39	2.99	2.76	2.60	2.49	2.40	2.34	2.28	2.24	2.16	2.09	2.01	1.96	1.92	1.87	1.82	1.77	1.71
26	4.23	3.37	2.98	2.74	2.59	2.47	2.39	2.32	2.27	2.22	2.15	2.07	1.99	1.95	1.90	1.85	1.80	1.75	1.69
27	4.21	3.35	2.96	2.73	2.57	2.46	2.37	2.31	2.25	2.20	2.13	2.06	1.97	1.93	1.88	1.84	1.79	1.73	1.67
28	4.20	3.34	2.95	2.71	2.56	2.45	2.36	2.29	2.24	2.19	2.12	2.04	1.96	1.91	1.87	1.82	1.77	1.71	1.65
29	4.18	3.33	2.93	2.70	2.55	2.43	2.35	2.28	2.22	2.18	2.10	2.03	1.94	1.90	1.85	1.81	1.75	1.70	1.64
30	4.17	3.32	2.92	2.69	2.53	2.42	2.33	2.27	2.21	2.16	2.09	2.01	1.93	1.89	1.84	1.79	1.74	1.68	1.62
40	4.08	3.23	2.84	2.61	2.45	2.34	2.25	2.18	2.12	2.08	2.00	1.92	1.84	1.79	1.74	1.69	1.64	1.58	1.51
60	4.00	3.15	2.76	2.53	2.37	2.25	2.17	2.10	2.04	1.99	1.92	1.84	1.75	1.70	1.65	1.59	1.53	1.47	1.39
120	3.92	3.07	2.68	2.45	2.29	2.18	2.09	2.02	1.96	1.91	1.83	1.75	1.66	1.61	1.55	1.50	1.43	1.35	1.25
∞	3.84	3.00	2.60	2.37	2.21	2.10	2.01	1.94	1.88	1.83	1.75	1.67	1.57	1.52	1.46	1.39	1.32	1.22	1.00

표 4-3 F 분포표 $-\alpha$가 0.01인 경우

$\alpha = \Pr(F \geq F_\alpha(v_1, v_2))$

v_2 \ v_1	1	2	3	4	5	6	7	8	9	10	12	15	20	24	30	40	60	120	∞
1	4052.8	4999.3	5403.5	5624.2	5763.9	5858.9	5928.3	5980.9	6022.4	6055.9	6106.6	6156.9	6208.6	6234.2	6260.3	6286.4	6312.9	6339.5	6365.5
2	98.50	99.00	99.16	99.25	99.30	99.33	99.36	99.38	99.39	99.40	99.42	99.43	99.45	99.46	99.47	99.48	99.48	99.49	99.50
3	34.12	30.82	29.46	28.71	28.24	27.91	27.67	27.49	27.34	27.23	27.05	26.87	26.69	26.60	26.50	26.41	26.32	26.22	26.13
4	21.20	18.00	16.69	15.98	15.52	15.21	14.98	14.80	14.66	14.55	14.37	14.20	14.02	13.93	13.84	13.75	13.65	13.56	13.46
5	16.26	13.27	12.06	11.39	10.97	10.67	10.46	10.29	10.16	10.05	9.89	9.72	9.55	9.47	9.38	9.29	9.20	9.11	9.02
6	13.75	10.92	9.78	9.15	8.75	8.47	8.26	8.10	7.98	7.87	7.72	7.56	7.40	7.31	7.23	7.14	7.06	6.97	6.88
7	12.25	9.55	8.45	7.85	7.46	7.19	6.99	6.84	6.72	6.62	6.47	6.31	6.16	6.07	5.99	5.91	5.82	5.74	5.65
8	11.26	8.65	7.59	7.01	6.63	6.37	6.18	6.03	5.91	5.81	5.67	5.52	5.36	5.28	5.20	5.12	5.03	4.95	4.86
9	10.56	8.02	6.99	6.42	6.06	5.80	5.61	5.47	5.35	5.26	5.11	4.96	4.81	4.73	4.65	4.57	4.48	4.40	4.31
10	10.04	7.56	6.55	5.99	5.64	5.39	5.20	5.06	4.94	4.85	4.71	4.56	4.41	4.33	4.25	4.17	4.08	4.00	3.91
11	9.65	7.21	6.22	5.67	5.32	5.07	4.89	4.74	4.63	4.54	4.40	4.25	4.10	4.02	3.94	3.86	3.78	3.69	3.60
12	9.33	6.93	5.95	5.41	5.06	4.82	4.64	4.50	4.39	4.30	4.16	4.01	3.86	3.78	3.70	3.62	3.54	3.45	3.36
13	9.07	6.70	5.74	5.21	4.86	4.62	4.44	4.30	4.19	4.10	3.96	3.82	3.66	3.59	3.51	3.43	3.34	3.25	3.17
14	8.86	6.51	5.56	5.04	4.69	4.46	4.28	4.14	4.03	3.94	3.80	3.66	3.51	3.43	3.35	3.27	3.18	3.09	3.01
15	8.68	6.36	5.42	4.89	4.56	4.32	4.14	4.00	3.89	3.80	3.67	3.52	3.37	3.29	3.21	3.13	3.05	2.96	2.87
16	8.53	6.23	5.29	4.77	4.44	4.20	4.03	3.89	3.78	3.69	3.55	3.41	3.26	3.18	3.10	3.02	2.93	2.84	2.75
17	8.40	6.11	5.19	4.67	4.34	4.10	3.93	3.79	3.68	3.59	3.46	3.31	3.16	3.08	3.00	2.92	2.83	2.75	2.65
18	8.29	6.01	5.09	4.58	4.25	4.01	3.84	3.71	3.60	3.51	3.37	3.23	3.08	3.00	2.92	2.84	2.75	2.66	2.57
19	8.18	5.93	5.01	4.50	4.17	3.94	3.77	3.63	3.52	3.43	3.30	3.15	3.00	2.92	2.84	2.76	2.67	2.58	2.49
20	8.10	5.85	4.94	4.43	4.10	3.87	3.70	3.56	3.46	3.37	3.23	3.09	2.94	2.86	2.78	2.69	2.61	2.52	2.42
21	8.02	5.78	4.87	4.37	4.04	3.81	3.64	3.51	3.40	3.31	3.17	3.03	2.88	2.80	2.72	2.64	2.55	2.46	2.36
22	7.95	5.72	4.82	4.31	3.99	3.76	3.59	3.45	3.35	3.26	3.12	2.98	2.83	2.75	2.67	2.58	2.50	2.40	2.31
23	7.88	5.66	4.76	4.26	3.94	3.71	3.54	3.41	3.30	3.21	3.07	2.93	2.78	2.70	2.62	2.54	2.45	2.35	2.26
24	7.82	5.61	4.72	4.22	3.90	3.67	3.50	3.36	3.26	3.17	3.03	2.89	2.74	2.66	2.58	2.49	2.40	2.31	2.21
25	7.77	5.57	4.68	4.18	3.85	3.63	3.46	3.32	3.22	3.13	2.99	2.85	2.70	2.62	2.54	2.45	2.36	2.27	2.17
26	7.72	5.53	4.64	4.14	3.82	3.59	3.42	3.29	3.18	3.09	2.96	2.81	2.66	2.58	2.50	2.42	2.33	2.23	2.13
27	7.68	5.49	4.60	4.11	3.78	3.56	3.39	3.26	3.15	3.06	2.93	2.78	2.63	2.55	2.47	2.38	2.29	2.20	2.10
28	7.64	5.45	4.57	4.07	3.75	3.53	3.36	3.23	3.12	3.03	2.90	2.75	2.60	2.52	2.44	2.35	2.26	2.17	2.07
29	7.60	5.42	4.54	4.04	3.73	3.50	3.33	3.20	3.09	3.00	2.87	2.73	2.57	2.49	2.41	2.33	2.23	2.14	2.04
30	7.56	5.39	4.51	4.02	3.70	3.47	3.30	3.17	3.07	2.98	2.84	2.70	2.55	2.47	2.39	2.30	2.21	2.11	2.01
40	7.31	5.18	4.31	3.83	3.51	3.29	3.12	2.99	2.89	2.80	2.66	2.52	2.37	2.29	2.20	2.11	2.02	1.92	1.81
60	7.08	4.98	4.13	3.65	3.34	3.12	2.95	2.82	2.72	2.63	2.50	2.35	2.20	2.12	2.03	1.94	1.84	1.73	1.60
120	6.85	4.79	3.95	3.48	3.17	2.96	2.79	2.66	2.56	2.47	2.34	2.19	2.03	1.95	1.86	1.76	1.66	1.53	1.38
∞	6.64	4.61	3.78	3.32	3.02	2.80	2.64	2.51	2.41	2.32	2.19	2.04	1.88	1.79	1.70	1.59	1.48	1.33	1.05

표 5-1 더빈-왓슨 검정표

▶ 유의수준 5%일 경우 (양측검정)

N	p=1		p=2		p=3		p=4		p=5	
	d_L	d_U	d_L	d_U	d_L	d_U	d_L	d_U	d_L	d_U
15	1.08	1.36	0.95	1.54	0.82	1.75	0.69	1.97	0.56	2.21
16	1.10	1.37	0.98	1.54	0.86	1.73	0.74	1.93	0.62	2.15
17	1.13	1.38	1.02	1.54	0.90	1.71	0.78	1.90	0.67	2.10
18	1.16	1.39	1.05	1.53	0.93	1.69	0.82	1.87	0.71	2.06
19	1.18	1.40	1.08	1.53	0.97	1.68	0.86	1.85	0.75	2.02
20	1.20	1.41	1.10	1.54	1.00	1.68	0.90	1.83	0.79	1.99
21	1.22	1.42	1.13	1.54	1.03	1.67	0.93	1.81	0.83	1.96
22	1.24	1.43	1.15	1.54	1.05	1.66	0.96	1.80	0.86	1.94
23	1.26	1.44	1.17	1.54	1.08	1.66	0.99	1.79	0.90	1.92
24	1.27	1.45	1.19	1.55	1.10	1.66	1.01	1.78	0.93	1.90
25	1.29	1.45	1.21	1.55	1.12	1.66	1.04	1.77	0.95	1.89
26	1.30	1.46	1.22	1.55	1.14	1.65	1.06	1.76	0.98	1.88
27	1.32	1.47	1.24	1.56	1.16	1.65	1.08	1.76	1.01	1.86
28	1.33	1.48	1.26	1.56	1.18	1.65	1.10	1.75	1.03	1.85
29	1.34	1.48	1.27	1.56	1.20	1.65	1.12	1.74	1.05	1.84
30	1.35	1.49	1.28	1.57	1.21	1.65	1.14	1.74	1.07	1.83

H_0(귀무가설): $p=0$ vs H_1(대립가설): $p\neq0$ 이고,
d를 더빈-왓슨 통계량이라고 할 때, 의사결정 규칙은 다음과 같이 된다.

$d<d_L$ 또는 $4-d<d_L$이면, H_0를 기각,
$d>d_U$ 이고 $4-d>d_U$ 이면, H_0를 기각하지 못한다.
만약 위의 두 경우에 해당하지 않으면 결론을 내릴 수 없다.

표 5-2 더빈-왓슨 검정표(계속)

▶ 유의수준 5%일 경우 (단측검정)

N	p=1		p=2		p=3		p=4		p=5	
	d_L	d_U	d_L	d_U	d_L	d_U	d_L	d_U	d_L	d_U
15	0.95	1.23	0.83	1.40	0.71	1.61	0.59	1.84	0.48	2.09
16	0.98	1.24	0.86	1.40	0.75	1.59	0.64	1.80	0.53	2.03
17	1.01	1.25	0.90	1.40	0.79	1.58	0.68	1.77	0.57	1.98
18	1.03	1.26	0.93	1.40	0.82	1.56	0.72	1.74	0.62	1.93
19	1.06	1.28	0.96	1.41	0.86	1.55	0.76	1.72	0.66	1.90
20	1.08	1.28	0.99	1.41	0.89	1.55	0.79	1.70	0.70	1.87
21	1.10	1.30	1.01	1.41	0.92	1.54	0.83	1.69	0.73	1.84
22	1.12	1.31	1.04	1.42	0.95	1.54	0.86	1.68	0.77	1.82
23	1.14	1.32	1.06	1.42	0.97	1.54	0.89	1.67	0.80	1.80
24	1.16	1.33	1.08	1.43	1.00	1.54	0.91	1.66	0.83	1.79
25	1.18	1.34	1.10	1.43	1.02	1.54	0.94	1.65	0.86	1.77
26	1.19	1.35	1.12	1.44	1.04	1.54	0.96	1.65	0.88	1.76
27	1.21	1.36	1.13	1.44	1.06	1.54	0.99	1.64	0.91	1.75
28	1.22	1.37	1.15	1.45	1.08	1.54	1.01	1.64	0.93	1.74
29	1.24	1.38	1.17	1.45	1.10	1.54	1.03	1.63	0.96	1.73
30	1.25	1.38	1.18	1.46	1.12	1.54	1.05	1.63	0.98	1.73

H_0(귀무가설): $p=0$ vs H_1(대립가설): $p>0$ 이고,

a를 더빈-왓슨 통계량이라고 할 때, 의사결정 규칙은 다음과 같이 된다.

$d<d_L$이면 H_0를 기각,

$d>d_U$이면 H_0를 기각하지 못한다.

만약 위의 두 경우에 해당하지 않으면 결론을 내릴 수 없다.

표 6 윌콕슨 부호순위 검정표

단측 검정 양측 검정	$a = 0.5\%$ $a = 1\%$	$a = 1\%$ $a = 2\%$	$a = 2.5\%$ $a = 5\%$	$a = 5\%$ $a = 10\%$	$a = 10\%$ $a = 20\%$
n=4	0	0	0	0	1
5	0	0	0	1	3
6	0	0	1	3	4
7	0	1	3	4	6
8	1	2	4	6	9
9	2	4	6	9	11
10	4	6	9	11	15
11	6	8	11	14	18
12	8	10	14	18	22
13	10	13	18	22	27
14	13	16	22	26	32
15	16	20	26	31	37
16	20	24	30	36	43
17	24	28	35	42	49
18	28	33	41	48	56
19	33	38	47	54	63
20	38	44	53	61	70
21	44	50	59	68	78
22	49	56	67	76	87
23	55	63	74	84	95
24	62	70	82	92	105
25	69	77	90	101	114
26	76	85	99	111	125
27	84	94	108	120	135
28	92	102	117	131	146
29	101	111	127	141	158
30	110	121	138	152	170

표 7 콜모고로프-스미르노프 검정표

단측검정 양측검정	a = 10% a = 20%	a = 5% a = 10%	a = 2.5% a = 5%	a = 1% a = 2%	a = 0.5% a = 1%
n=1	0.900	0.950	0.975	0.990	0.995
2	0.684	0.776	0.842	0.900	0.929
3	0.565	0.636	0.708	0.785	0.829
4	0.493	0.565	0.624	0.689	0.734
5	0.447	0.509	0.563	0.627	0.669
6	0.410	0.468	0.519	0.577	0.617
7	0.381	0.436	0.483	0.538	0.576
8	0.358	0.410	0.454	0.507	0.542
9	0.339	0.387	0.430	0.480	0.513
10	0.323	0.369	0.409	0.457	0.489
11	0.308	0.352	0.391	0.437	0.468
12	0.296	0.338	0.375	0.419	0.449
13	0.285	0.325	0.361	0.404	0.432
14	0.275	0.314	0.349	0.390	0.418
15	0.266	0.304	0.338	0.377	0.404
16	0.258	0.295	0.327	0.366	0.392
17	0.250	0.286	0.318	0.355	0.381
18	0.244	0.279	0.309	0.346	0.371
19	0.237	0.271	0.301	0.337	0.361
20	0.232	0.265	0.294	0.329	0.352
21	0.226	0.259	0.287	0.321	0.344
22	0.221	0.253	0.281	0.314	0.337
23	0.216	0.247	0.275	0.307	0.330
24	0.212	0.242	0.269	0.301	0.323
25	0.208	0.238	0.264	0.295	0.317
26	0.204	0.233	0.259	0.290	0.311
27	0.200	0.229	0.254	0.284	0.305
28	0.197	0.225	0.250	0.279	0.300
29	0.193	0.221	0.246	0.275	0.295
30	0.190	0.218	0.242	0.270	0.290

표 8 Lilliefors 검정표

표본의 크기	$a = 0.10$	$a = 0.05$	$a = 0.01$
n=4	0.344	0.374	0.414
5	0.319	0.344	0.398
6	0.295	0.321	0.371
7	0.280	0.304	0.353
8	0.266	0.290	0.333
9	0.253	0.275	0.319
10	0.241	0.262	0.303
11	0.232	0.252	0.291
12	0.223	0.243	0.281
13	0.215	0.233	0.270
14	0.209	0.227	0.264
15	0.202	0.219	0.256
16	0.195	0.212	0.248
17	0.190	0.207	0.241
18	0.185	0.201	0.234
19	0.181	0.197	0.230
20	0.177	0.192	0.223
21	0.173	0.188	0.219
22	0.170	0.185	0.214
23	0.165	0.181	0.210
24	0.162	0.177	0.205
25	0.159	0.173	0.202
26	0.156	0.170	0.198
27	0.153	0.166	0.193
28	0.151	0.165	0.191
29	0.149	0.162	0.188
30	0.146	0.159	0.183

색 인

ㄱ

ㄴ

ㄷ

ㅅ

ㅈ

ㅊ

ㅎ

저자 약력

서울대학교 계산통계학과 학사

미국 University of Missouri-Columbia 응용통계학 석사 및 박사

육군사관학교 수학과 교수부

서울대학교 경영학과 초빙교수

University of Houston College of Business, Fulbright Scholar & Exchange Professor

State University of New York (SUNY) at Stony Brook, Adjunct Professor

현, 서강대학교, 경영대학/경영전문대학원 교수

연구방법론의 이해

2014년 3월 10일 1판 1쇄 발행

2015년 9월 20일 2쇄 발행

저 자 이 군 희

발행인 류재식 · 류재원

발행처 도서출판 **북넷**

서울 용산구효창동 5-3 대신빌딩 2층

등 록 2010년 6월 7일(제2010-000069호)

전 화 (02)395-2341

팩 스 (02)395-2303

정가 39,000원

ISBN 978-89-98581-14-5 e-mail: book2341@naver.com